国家社会科学基金重大项目（11&ZD160）资助

现代城市交通法治
发展报告
(2011—2015)

主　编　周佑勇
副主编　顾大松　刘启川

中国社会科学出版社

图书在版编目(CIP)数据

现代城市交通法治发展报告.2011—2015／周佑勇主编．—北京：中国社会科学出版社，2017.9

ISBN 978-7-5203-1107-6

Ⅰ.①现⋯ Ⅱ.①周⋯ Ⅲ.①城市交通运输-交通法-研究报告-中国-2011—2015 Ⅳ.①D922.296.4

中国版本图书馆CIP数据核字(2017)第236612号

出 版 人	赵剑英
责任编辑	梁剑琴
责任校对	石春梅
责任印制	李寡寡
出　　版	中国社会科学出版社
社　　址	北京鼓楼西大街甲158号
邮　　编	100720
网　　址	http：//www.csspw.cn
发 行 部	010-84083685
门 市 部	010-84029450
经　　销	新华书店及其他书店
印刷装订	北京君升印刷有限公司
版　　次	2017年9月第1版
印　　次	2017年9月第1次印刷
开　　本	710×1000　1/16
印　　张	35
插　　页	2
字　　数	610千字
定　　价	118.00元

凡购买中国社会科学出版社图书，如有质量问题请与本社营销中心联系调换
电话：010-84083683
版权所有　侵权必究

说　　明

　　本报告系周佑勇作为首席专家承担的国家社科基金重大项目"现代城市交通发展的制度平台与法律保障机制研究"成果之一。本报告的编写，以充分体现该国家社科基金重大项目在理论与实践上取得的成果为原则，同时参照了30余本"中国法治发展报告""中国西部法治发展报告""中国市场经济法治发展报告""中国地方法制发展报告""中国证据法治发展报告"以及北京、上海、湖南、河南、江苏等省份"法治发展报告"的体例和写作方式。在整体架构上，以"上篇、中篇、下篇"依次编排"总报告""专题研究""高端论坛与决策咨询"三个主体部分。

　　上篇"总报告"，除了对现状经验的总结和梳理，以及呈现近五年来我国城市交通法治发展取得的成效之外，重点根据本课题组研究的成果对未来城市交通法治发展的趋势做出预测和展望。具体而言，首先，从现代城市交通发展理念、交通法治体系、交通执法模式、城市公共交通、道路通行权保障、交通法治教育六个方面客观评价城市交通法治发展的积极进展，有的放矢地分析现代城市交通法治发展中的不足与存在的问题。其次，依托课题组近年来取得的系列研究成果，结合城市交通法治发展实践的深度把握，对城市交通法治未来发展的基本动向做出大胆预测，提出"互联网+"时代的城市交通立法的路向、轨道公共交通法治发展的着力点、智能交通技术的法律制度装置的基本内容、政府对城市交通的监管模式将趋于缓和、城市交通执法规范化程度提高、民众交通法治观念和维权意识将不断增强等城市交通法治的基本图景。

　　中篇"专题研究"，设置七个专题，共计28篇文章。专题内容的设计以及各专题顺序的编排是基于两点考量。一是按照"从整体到部分再到整体"的逻辑进路，首先，从公共交通关涉问题法律规制的整体高度（专题一），探析城市公共交通民营化与城市公共交通规划编制法治化中的相关法律问题；其次，从掣肘城市交通发展的关键问题出发，不但全面剖析网约车科学治理的基本路径以及如何对收费公路有效规制等社会热点问题（专题二、专题三），而且直接从法治化层面回应现代城市发展进程中交通安全与交通拥堵两大难题（专题四、专题五、专题六）；最后，回归到现代城市交通未来走向的整体高度，探求城市绿色交通发展的法治路径，进一步明确法治化治理背景下绿色交通工具发展的努力方向（专题七）。二是相关文章基本上为2011年国家社科基金重大项目"现代城市交通发展的制度平台与法律保障机制研究"立项以来，课题组成员围绕该主题经过辛勤努力、深度研究所取得的科研成果，相关成果大多已在核心期刊发表，并有多篇被《人大复印报刊资料》《人民法院报》《中国公路》等刊物转载。需要说明的是，由于绿色交通理念是近年来城市交通较为突出的热点问题，经征得同意，在具体设计中加入了充分体现该主题的两篇非课题组成员关于"城市绿色交通"的成果（专题七）。

下篇"高端论坛与决策咨询"，涉及"高端论坛概要""决策咨询建议"与"决策咨询课题"三大板块，其主要内容为近年来课题组围绕该项目召开的重要会议、推进交通法治建设实践以及2011年以后课题组成员依托该国家社会科学基金重大项目取得的相关决策咨询项目。首先，"高端论坛概要"板块整理并概述了课题组举办的关涉城市交通法治发展的国内国际会议，主办的高端论坛有"违反黄灯信号通行行为查处执法方式"研讨会、"首届城市停车治理论坛"、"第二届城市停车治理论坛""第三届城市停车治理论坛""收费公路通行费价格形成机制研究"国际研讨会、"'黄灯通行'交通与法律问题"研讨会、"第一届新能源交通政策论坛""互联网时代打车软件的政府监管之道"研讨会等。历次会议有一个共同的鲜明特征就是，因应现代城市交通领域社会热点问题和难点问题，为城市交通法治化建设和国家经济社会发展汇集民智民力。其次，"决策咨询建议"板块呈现了课题组成员参与城市交通法治化治理的实践成效，也是城市交通法治理论研究向实践转化的重要体现。主要通过以下方式提出"决策咨询建议"。其一，通过向有关立法机关和行政机关出具完善法律规范建议书或者提出推进法治建设意见，例如，提出审查《深圳市人民政府关于实行小汽车增量调控管理的通告》的法律建议书；提出《道路交通事故处理程序规定（征求意见稿）》修改建议；提出公安部黄灯"禁行"行政复议申请书，该成果被公安部理论研究部门重视；提出对《收费公路管理条例》修订的法律意见；在交通运输部出租汽车改革座谈会上提出专家建议；呈送成果要报《交通限行限购政策的合法性困境及其对策建议》。其二，通过有影响力的报刊发表治理城市交通难题的法治对策，比如在《中国社会科学报》上提出《完善执法查处，治理交通拥堵》的专家意见；在《人民日报》上鼓励并支持交通违规"优惠券"的做法；在其他报刊上发表《公路免费通行券的构想不可行》《立法厘清产权，确保国有停车场公益性》《以法治促进手机软件召车等电召服务有序发展》《促成城市停车难题治理共识，推动地方停车规范的出台》《促成城市停车难题治理南京共识，推动地方停车规范的出台》等城市交通治理的法治建议。最后，"决策咨询课题"是课题组成员在该重大项目的带动和引领下申报成功的交通法治化治理的系列项目。目前，研究团队已经主持承担国家及省部级、厅局级等各类交通法治相关课题近20项，其中主要收录了重在提供决策咨询的课题成果。可以说，国家社科基金重大项目"现代城市交通发展的制度平台与法律保障机制研究"对于推进国内现代城市交通法治化研究的辐射效应，已逐步表现为规模化、专业化与精细化。

本报告属于一种初步尝试，尚有很多不成熟之处，期望得到各位专家和读者的批评指正，以期作为连续性发展研究报告能够定期不断推出并加以逐步完善。

编　者
2017年3月8日

目 录

上篇 总报告

2011—2015 年现代城市交通法治状况与未来展望 …………………（3）
  一 绿色城市交通从理论走向实践 ……………………………（4）
  二 城市交通法治体系逐步完善 ………………………………（5）
  三 城市交通执法日渐科学与文明 ……………………………（7）
  四 城市公共交通优先发展 ……………………………………（9）
  五 民众出行权保障逐步推进 …………………………………（10）
  六 城市交通法治宣传与教育的深入 …………………………（12）
  七 预测与展望：未来城市交通发展基本趋势 ………………（14）

中篇 专题研究

专题之一：公共交通治理 ………………………………………（21）
城市交通民营化中特许经营权利的生成逻辑与法治边界 ………（21）
  一 引言：一个新的分析框架的提出 …………………………（21）
  二 特许经营权利的生成逻辑 …………………………………（24）
  三 特许经营权利运行状况之三维度量 ………………………（27）
  四 政府介入的法理基础及其展开 ……………………………（33）
  五 特许经营权利的法治边界 …………………………………（37）
  六 结语 …………………………………………………………（44）
交通规划民营化及其法治建构 …………………………………（45）
  一 研究缘起：交通规划民营化的新课题 ……………………（45）
  二 交通规划民营化的提出及其展开 …………………………（46）
  三 交通规划民营化之合理性基础 ……………………………（52）
  四 交通规划民营化之行政法建构 ……………………………（58）

我国城市公共交通规划编制法治化路径思考 ……………………… (66)
    一　城市公共交通规划的转变趋向 ……………………………… (67)
    二　城市公共交通规划编制的现实困境 ………………………… (69)
    三　城市公共交通规划法治化的域外经验 ……………………… (71)
    四　城市公共交通规划编制法治化的具体路径 ………………… (73)
    五　结语 …………………………………………………………… (76)

城市公共交通行业绩效管理水平提升对策研究 …………………… (77)
    一　问题的提出与文献综述 ……………………………………… (77)
    二　绩效衡量：政策、预算、绩效"三合一" ………………… (80)
    三　绩效评估：公众参与式评估与技术理性式评估的整合 …… (84)
    四　绩效追踪：绩效管理与决策的双重反馈 …………………… (87)
    五　结语 …………………………………………………………… (90)

专题之二：网约车规制 ……………………………………………… (91)

"专车"立法刍议 ……………………………………………………… (91)
    一　什么是"专车"？ …………………………………………… (91)
    二　"专车"立法的必要性 ……………………………………… (97)
    三　"专车"立法的模式 ………………………………………… (100)

从强制缔约看"打车软件"的法律规制 …………………………… (104)
    一　各地对"打车软件"规制的实践及存在的问题 ………… (105)
    二　出租车承运服务强制缔约的正当性 ……………………… (110)
    三　"打车软件"加价行为与缔约内容强制 ………………… (113)
    四　"打车软件"导致缔约机会实质不平等 ………………… (116)
    五　应对"打车软件"挑战的路径 …………………………… (119)

专题之三：收费通行规制 …………………………………………… (125)

收费公路免费通行规定之法律反思 ………………………………… (125)
    一　问题的提出 ………………………………………………… (125)
    二　免费通行相关规定是否符合法律保留原则 ……………… (126)
    三　免费通行规定对公路收费权是否构成征收 ……………… (130)
    四　免费通行规定对于公路经营公司损失的补偿问题 ……… (134)
    五　结语 ………………………………………………………… (137)

节假日免收通行费政策的行政法检视 ……………………………… (138)
    一　问题的提出 ………………………………………………… (138)
    二　免收通行费之行政征收性质辨思 ………………………… (139)

三　免收通行费政策公益目的之考量 …………………………（142）
　　四　高速公路通行费法律性质之界定 ………………………（144）
　　五　结语 …………………………………………………………（146）
公路收费制度不宜由行政法规确立 ……………………………（148）
　　一　《修订征求意见稿》拟定高速公路长期收费制度缺乏
　　　　上位法根据 …………………………………………………（149）
　　二　《修订征求意见稿》拟定高速公路长期收费制度与上位法
　　　　相抵触 ………………………………………………………（151）
　　三　公路收费制度的重要调整属于立法保留事项 ……………（154）
　　四　结语 …………………………………………………………（157）
我国收费公路存续的正当性及其规制建议
　　——兼及《重大节假日免收小型客车通行费实施方案》
　　　　之检讨 ………………………………………………………（159）
　　一　收费公路存续正当性之理据 ………………………………（160）
　　二　《方案》正当性之检视 ……………………………………（166）
　　三　规制收费公路的应然之道：《方案》之修正 ……………（173）

专题之四：交警权力规制 ……………………………………（180）
交通警察权的法治模式及其当代图景 …………………………（180）
　　一　规范主义控权模式的盛行及其失灵 ………………………（181）
　　二　功能主义建构模式的滥觞：由涵摄迈向衡量 ……………（183）
　　三　治理模式的比较与选择 ……………………………………（185）
　　四　交通警察权法治化治理的当代图景 ………………………（188）
我国交通警察权的内部构造及其展开 …………………………（192）
　　一　交通警察权的来源要素 ……………………………………（193）
　　二　交通警察权的主体要素 ……………………………………（198）
　　三　交通警察权的运行要素 ……………………………………（200）
　　四　交通警察权的对象要素 ……………………………………（203）
　　五　交通警察权的保障要素 ……………………………………（210）
我国交通警察权力配置的价值维度与改革方向 ………………（215）
　　一　交通警察权承载价值之省思 ………………………………（216）
　　二　交通警察权价值定位："新秩序观"之提倡 ……………（221）
　　三　"新秩序观"对交通警察权力配置之寓意 ………………（225）

交通警察权与其他行政权的关系及其实现 ………………………… (233)
- 一 关系图谱及其外在表征 ………………………………………… (234)
- 二 职务间协助的法理基础 ………………………………………… (237)
- 三 协助要件与责任承担 …………………………………………… (240)

诉讼外交通警察权与司法权的关系构造及其路向 ………………… (246)
- 一 一个被忽视的命题：当诉讼外交通警察权遇上司法权 ……… (246)
- 二 诉讼外交通警察权与司法权"碰撞"之根由 ………………… (248)
- 三 权力构造之变革：《宪法》第135条新解 …………………… (252)
- 四 诉讼外两者良性运转之设想 …………………………………… (259)

专题之五：交通安全之酒驾治理 ……………………………………… (265)

醉驾型危险驾驶罪刑事证据规则研究
——基于刑事一体化的尝试性构建 …………………………… (265)
- 一 醉驾型危险驾驶罪理论与实务难题：如何建立有效的证据规则 ……………………………………………………………… (267)
- 二 醉驾型危险驾驶罪刑事证据规则之确立：以证据的证明力为中心 ………………………………………………………… (270)
- 三 结语 ……………………………………………………………… (288)

醉驾犯罪血液酒精含量鉴定证据证明力之判断 …………………… (290)
- 一 问题的提出：如何判断醉驾犯罪证据的证明力 ……………… (290)
- 二 醉驾犯罪血液酒精含量证据客观性的判断标准：排除合理怀疑 ……………………………………………………………… (292)
- 三 强制截停和强制取证时证据的合法性判断：基于驾驶权非自然权利观之分析 ………………………………………………… (296)
- 四 结语 ……………………………………………………………… (304)

醉驾案件认定引入被告人对质权问题探讨 ………………………… (305)
- 一 对质权产生的域外根基：美国理论界和实务界对司法鉴定证据的质疑 …………………………………………………… (306)
- 二 对质权的缺失：我国醉酒驾驶案件中司法鉴定证据的畸重性 ……………………………………………………………… (311)
- 三 对质权的引入：利用申请制和远程双向视频技术对醉驾鉴定人对质 …………………………………………………… (315)
- 四 结语 ……………………………………………………………… (322)

醉驾危险性判断问题 …… （323）
一 危险犯两分法的逻辑难题：以醉驾型危险驾驶犯罪为例 …… （323）
二 从具体危险性犯到适格犯：危险犯第三类型的发展谱系 …… （328）
三 适格犯在我国刑法中的具体应用 …… （336）
四 结语 …… （342）

醉驾犯罪酒精临界值标准法理定位与适用思辨 …… （344）
一 我国醉驾犯罪酒精临界值标准及适用中的问题 …… （345）
二 酒精临界值标准的性质：醉驾犯罪构成要件符合性证据要素 …… （347）
三 双层证据准则体系："绝对/相对不能安全驾驶"酒精临界值之确立 …… （353）
四 双层酒精临界值标准的司法适用及其人权保障意义 …… （359）
五 结语 …… （361）

危险驾驶行为入罪的客观标准之分析 …… （362）
一 作为危险犯客观标准之"显见可能性" …… （363）
二 基于客观标准不明的危险驾驶罪认定难题 …… （368）
三 "显见可能性"标准之具体应用 …… （370）

论我国醉驾认定的程序化建构 …… （378）
一 现状：我国当前的醉驾认定的程序 …… （378）
二 问题：我国醉驾认定程序之粗糙性 …… （379）
三 借鉴：英美法系国家（地区）醉驾认定程序 …… （385）
四 构建：我国醉驾认定程序之确立 …… （393）

专题之六：交通拥堵治理 …… （397）
治理交通拥堵的法治思维
——以北京市为例
一 以人为本的治堵理念 …… （398）
二 立法先行的治堵保障 …… （400）
三 目的实现的治堵执法 …… （401）
四 损害最小的治堵原则 …… （402）
五 危害控制的治堵目标 …… （403）
六 人人参与的治堵方式 …… （404）

交通拥堵的法律应对 …………………………………………… (406)
    一 问题的提出 ……………………………………………… (406)
    二 当前治理交通拥堵的应对措施分析 ……………………… (408)
    三 西方发达国家大城市治理交通拥堵的经验 …………… (411)
    四 治理交通拥堵的法律对策 ………………………………… (413)

交通治堵方案征求民意的法治考量 …………………………… (417)
    一 问题的提出：民主决策的尝试及其得失 ………………… (417)
    二 行政决策程序法定化是科学决策、民主决策的保障 …… (420)
    三 科学决策、民主决策法治化的制度设计 ………………… (422)
    四 以交通治堵决策程序法治化为契机，全面提升政府
        决策水平 …………………………………………………… (426)

从法哲学视角反思国家治理的行政"限购令"
    ——以国内六市的"限购令"为例 ………………………… (428)
    一 "汽车限购法令"的现实语境与反思的镜像 …………… (429)
    二 治理主体跛足之病："汽车限购法令"的异常与主体
        缺位 ………………………………………………………… (431)
    三 治理机制单调之痛："汽车限购法令"的效度失真与
        政府失信 …………………………………………………… (434)
    四 治理方式简单之果："汽车限购法令"的价值偏颇与
        社会失序 …………………………………………………… (437)
    五 城市交通拥堵的社会综合治理："汽车限购法令"的
        修塑（代结语） …………………………………………… (439)

专题之七：城市绿色交通 ………………………………………… (445)

我国城市交通环境绿色发展的法治路径 ……………………… (445)
    一 我国城市交通环境绿色发展的基本要求和目标 ………… (446)
    二 我国城市交通环境绿色发展所面临的严峻挑战 ………… (447)
    三 绿色发展思路和法治解决方式已获举国共识 …………… (449)
    四 我国城市交通环境绿色发展的法治路径 ………………… (450)

电动自行车的治理 ……………………………………………… (454)
    一 引言 ………………………………………………………… (454)
    二 在"禁"与"限"之间 …………………………………… (455)
    三 国家标准的修订 …………………………………………… (458)
    四 生产与销售管理 …………………………………………… (460)

五　道路交通管理 ………………………………………………… (462)
六　在用超标车辆的过渡方案 …………………………………… (463)
七　结语 …………………………………………………………… (467)

下篇　高端论坛与决策咨询

高端论坛概要 ……………………………………………………… (471)
一　召开"违反黄灯信号通行行为查处执法方式"研讨会 …… (471)
二　举办"首届城市停车治理论坛" …………………………… (471)
三　举办"第二届城市停车治理论坛" ………………………… (472)
四　举办"第三届城市停车治理论坛" ………………………… (473)
五　召开"收费公路通行费价格形成机制研究"国际
　　研讨会 ………………………………………………………… (473)
六　召开"黄灯通行"交通与法律问题研讨会 ………………… (473)
七　召开第一届新能源交通政策论坛 …………………………… (474)
八　举办"互联网时代打车软件的政府监管之道"研讨会 …… (474)

决策咨询建议 ……………………………………………………… (476)
一　完善执法查处，治理交通拥堵 ……………………………… (476)
二　审查《深圳市人民政府关于实行小汽车增量调控管理
　　的通告》的法律建议书 …………………………………… (478)
三　交通限行限购政策的合法性困境及其对策建议 ………… (482)
四　公路免费通行券的构想不可行 ……………………………… (486)
五　对《收费公路管理条例》修订的法律意见 ………………… (489)
六　立法厘清产权，确保国有停车场公益性 …………………… (491)
七　以法治促进手机软件召车等电召服务有序发展 ………… (497)
八　促成城市停车难题治理南京共识，推动地方停车
　　规范的出台 ………………………………………………… (506)
九　提出应创新打车软件监管模式，以信息化推进交通
　　运输现代化 ………………………………………………… (509)
十　提出《道路交通事故处理程序规定（征求意见稿）》
　　修改建议 …………………………………………………… (511)
十一　提出公安部黄灯"禁行"行政复议申请书 ……………… (517)
十二　关于南京市出租车改革与规范网约车工作的建议 …… (519)

十三　公安部重视课题组"黄灯通行"研究成果 ………………（524）
十四　参加交通运输部出租汽车改革座谈会并出具专家
　　　建议 ……………………………………………………（525）
十五　鼓励并支持交通违规"优惠券"的做法 ………………（531）

决策咨询课题 ………………………………………………………（532）
　一　醉酒驾驶罪的证据问题与鉴定技术规范化研究 …………（532）
　二　城市交通文明建设的法治保障机制研究 …………………（533）
　三　城市交通管制法治化问题研究 ……………………………（535）
　四　城市交通拥堵治理决策的合法性保障机制研究 …………（537）
　五　北京市治理交通拥堵的法律对策研究 ……………………（538）
　六　城市公共交通行业管治模式及规制建设 …………………（539）
　七　城乡公共客运服务均等化法律规制研究 …………………（539）
　八　区域一体化进程中的交通法治发展问题研究 ……………（540）
　九　我国智能汽车产业发展面临的法律风险及防控机制
　　　研究 ……………………………………………………（542）
　十　我国交通警察权要素研究 …………………………………（543）
　十一　道路交通警察权力配置的法治路径 ……………………（544）

上篇

总报告

2011—2015年现代城市交通法治状况与未来展望

摘　要："法治"是现代城市交通发展历程中贯彻始终的鲜明主题。课题组以2011—2015年城市交通法治实践为样本，总结我国城市交通法治在法治理念、法治体系、交通执法、公共交通、民众出行以及交通法治教育等方面的基本状况，在历史的反思中归纳我国城市交通法治积累的基本经验，并对未来交通法治发展的基本趋势做出预测和展望。

关键词：2011—2015年；城市交通；交通法治

随着我国城市化进程的不断加快以及人们生活水平的不断提高，人们出行日益增多，对出行速度和质量的要求也日益提高。但日益拥堵的道路和不断恶化的环境却表明了我国城市交通目前所处的困境，其带来的问题并非仅仅是交通拥堵，还有城市环境的污染、经济损失……

解决好城市交通拥堵和城市交通系列问题成为各级政府关乎民生的重要职责，也成为衡量各级政府保障公民出行权利和检验政府城市交通公共服务质量与水平的重要标准。政府要紧紧围绕出行的安全、速度和效率的质量目标作出不懈的努力。而基于现有的通行基础条件，在当前解决城市居民出行问题的诸多对策中，城市交通法治是化解问题的关键。

2011—2015年是我国"十二五"战略规划布局与实施的阶段，是我国城市扩张的重要时期，也是我国交通法治建设逐步健全和趋于完善的时期。可以说，"十二五"期间是我国城市交通快速发展的五年，也是我国城市交通法治化建设的五年。2013年交通运输部《关于全面建设交通运输法治政府部门的若干意见》正式实施，开启了在新形势下全面建设交通运输法治政府部门的起点，进一步提出了交通运输和城市交通依法行政的新的要求；2014年十八届四中全会通过了《中共中央关于全面推进依法治国若干重大问题的决定》，全面布局法治中国、法治交通、法治城市交通建设的目标与任务；2015年《立法法》修改，赋予所有的设区市以地方立法权，为差异化的地方城市交通法治提供了基础和可能。

在2011—2015年我们面临十分严峻的城市交通治理的形势下，各级政府积极有为，城市居民广泛参与，我们正迈向城市交通法治化治理的康庄大道。

一　绿色城市交通从理论走向实践

作为现代化主要载体的工业化，与之相伴的是一个从农业社会形态走向工业社会形态的程式化的路径依赖。与发达国家较为循序渐进式的城市化相比，我国加速推进的工业化使得我国城市化呈现出跳跃式的不均衡特点。不平衡的城市发展条件、二元的社会保障造成城市尤其是较为现代化的大城市人口急速膨胀。在城市的交通基础设施建设与发展并没有做好充分准备的条件下，便产生了诸多我们称为"城市病"的系列问题，城市交通拥堵便是顽疾之一，城市交通呼唤着可持续的发展要求。

城市交通的供给既要能满足群众的出行需求，又能符合"两型"社会的建设要求实为最佳目的。绿色交通是治愈当前包括城市交通治理难题的一副良剂。城市绿色交通呼应了城市可持续发展的要求，旨在发展多元化的城市交通体系，减少交通拥挤，降低大气污染，促进社会持续、公平发展，建设节省交通费用的城市交通运输系统，其表现出"节能减排、绿色环保、资源节约"的特征。

在编制《中华人民共和国国民经济和社会发展第十三个五年规划纲要》时，首次将"绿色"理念和发展写入规划并单独成篇，绿色发展是该规划的重要原则，提出构建绿色交通运输体系，体现了"适度超前"的交通运输发展战略；2012年党的十八大作出"经济建设、政治建设、文化建设、社会建设、生态文明建设"五位一体总体布局，"平安、文明、绿色、高效"成为我国城市交通改革和城市交通发展与法治化的方向。

城市绿色交通是一个从理念、规划到技术、模式、措施和保障的综合体系，应当统筹规划、全面推进、循序渐进。2011—2015年，中央和地方政府以系统化的方法对城市绿色交通的路径进行了探索并取得了实效。绿色城市交通正从理论走向实践，从理念走向应用。

——重视城市交通系统的规划，践行城市交通治理的规划先行。杭州市建立了绿色城市交通评价指标体系，并以此为基础，建立了杭州市综合交通规划和慢行系统规划（包括非机动车廊道布局图、步行单元主导功能示意图、非机动车换乘枢纽点布局、滨河慢行系统规划），为解决城市病未雨绸缪。

——减少私家车保有和使用率，发展绿色城市公共交通。2014年，上海巴士集团新添置了近1300辆新能源公交车，其中763辆为混合动力公交车，533辆为纯电动公交车。截至2015年5月，广州市共推广应用新能源汽车4490辆，电动公交车100台。山东寿光公交公司现有公交车257辆，其中新能源混合动力公交车60辆，纯电动公交车183辆，新能源公交车和纯电动公交车占比达94%以上，是山东省内一次性投放新能源公交车数量最多的首家县级城市公交运营企业，同时也是省内首家投放使用纯电动公交车的县级公交运营企业。深圳市通过倡导市民自行车出行减少城市私家车保有和使用率，目前由政府出资发放的自行车卡就有3400张，使用率也较高，每天达1200人次。发展电动公交车同样是不错的选择，其具有零排放效果，如中山市每年都购进14辆纯电动公交车，逐步改善城市公交的动力结构。

——减少城市交通工具对不可再生能源的消耗、积极寻找可再生绿色能源，提高城市交通工具技术水平与标准。青海省积极推广沥青路面就地冷再生技术、温拌沥青路面混合料应用技术和沥青路面就地热再生技术等。2010年工信部为准确把握汽车燃料消耗，降低能耗，颁布了《轻型汽车燃料消耗量标示管理规定》。

——先行试点示范，降低能耗与排放，使城市交通对土地的占用和噪音的影响降至最小。近年来，一些地方通过建立生态示范区的方式来贯彻绿色交通理念，比较有名的如正定生态区、中新生态城等，其从规划到建设和管理都体现了绿色交通的理念。

二 城市交通法治体系逐步完善

法治中国的推进对立法提出了更高的要求，中国特色的城市交通法律制度体系的建设，已经从有法可依进入良法治理的深层推进阶段。2011—2015年正是中国特色的城市交通法治实现从有法可依到良法治理的嬗变过程。从源头上保障城市交通发展不仅做到有法可依而且要实现良法治理。在这五年间，我国城市交通立法融于交通立法之中，规范性交通法律文件不断完善和发展，已经形成具有7部法律、27部行政法规、358件部门规章的法律体系。

(一) 关于中央性制度规范的完善

随着法治体系的初步建立，城市交通法治立法建设从注重弥补空缺转向提升现有立法质量，从法的制定手段转向法的修改、补充和完善的立法手段，中央城市交通立法的科学性和实践性指向不断增强。

2011—2015年城市交通法律的完善主要表现为现有规范的修改：专门规制城市交通的单行法在我国并不存在，实质也无必要，关于城市交通的现实问题在现有的规范体系的规制下能有效得以解决。2011—2015年全国人大及其常委会并没有出台综合规制交通运输的专门法律，只是适应道路交通安全形势的新变化，修改了《道路交通安全法》这一综合规制道路安全的基本法。2011—2015年城市交通行政法规的完善表现为创制与修改的双重进路：2012年4月5日国务院颁布了《校车安全管理条例》，2012年11月9日国务院修订《道路运输条例》，等等。2011—2015年交通运输部部门规章及其软法规范的完善同样因循了制定与修改的进路：新出台《出租汽车经营服务管理规定》部门规章和《交通运输行政执法证件管理规定》等，新出台了《交通运输部关于全面深化交通运输法治政府部门建设的意见》的软法规范等，修改和完善了《机动车驾驶员培训管理规定》等规范性文件。

中央性城市交通制度规范是实现城市交通法治化的前提和基础，在实现有法可依的前提下，通过对涉及城市交通法律、行政法规、部门规章的修改和完善，不断增强其科学性，为城市交通法治化打下了坚实的根基。

(二) 地方性制度规范的完善

2015年《立法法》修改赋予所有设区市以地方立法权。基于我国各个城市的规模、发展程度、人口数量、通行交通基础条件的巨大差异，在中央立法的统一要求下，通过地方性法规和规章的形式来针对具体城市交通的状况进行"精准"治理，实为行之有效的途径。

城市交通状况具有较大的差异性，每个城市的交通基础设施条件不同、城市的吸引力不同、居民的道德修养不同，因而地方性立法相对于全国性立法而言在治理城市交通问题时往往表现为地方性立法针对性强、相对灵活的优点，更容易取得治理成效。我国各城市所在地的人大和政府，结合本地区交通、当地经济发展、环境生态等具体情况，配合城市功能地位，一方面做好科学制定城市交通的立法规划，另一方面适时出台符合当地交通状况特点的地方性法规或规章。制定的地方性法规有《上海市查处车辆非法客运若干规定》（2014年6月通过）等，修改的地方性法规有《上海市道路运输管理条例》（2011年第四次修改）、《上海市公共汽车和电车客运管理条例》

（2011年第四次修改）等，制定的地方性政府规章有《北京市机动车停车管理办法》（2014年1月1日）、《山西省汽车租赁管理办法》（2012年2月24日）等。此外在2011—2015年间，针对软法规范较为混乱、规制不统一、多头要求的问题，各地方人大和政府着重做好交通领域内相关红头文件等软法规范的清理工作，避免多头管理，互相抵触。

在2011—2015年，针对城市交通治理的立法针对性不断增强。如针对环境污染问题，很多地方出台了严格尾气排放标准与检查的规定；针对道路交通拥挤、私家车呈现倍增的趋势，一些地方出台了限制私人轿车持有和使用区域、加大小汽车在市区的使用成本、支持优先发展公共交通的制度规范。立法针对性是立法科学性的前提，针对性、科学性的治理城市交通的规范性文件的出台大大增强了城市交通问题的治理效果。

三　城市交通执法日渐科学与文明

城市交通治理除了科学立法的前提，更为关键的是城市交通治理规范的严格执行和普遍遵守。我国城市交通治理的核心问题并不是缺乏治理规范，而是执法的软化，严格的执法是实现城市交通治理有序的关键。在2011—2015年，城市交通执法通过综合执法与规范执法程序的改革实现了城市交通执法体制和执法方式的进步。

——城市交通综合执法体制的建立。城市交通涉及公安交警、路政、城市管理等多个政府工作部门，目前交警部门负责人员和车辆管理，城管负责市容管理，交通部门负责运政、路政，这种看似分工负责的机制如果没有很好的沟通和协调机制必然产生因"经纪人"的本性的政出多门或不作为的"多头执法"问题。这种交通部门与公安交警部门的城市交通管理权的分工有利于实现其分权、制衡与监督，但是容易引发公安部门与交通部门的分歧与矛盾。在当前较为严峻的城市交通治理环境下，城市交通管辖权的分割、执行权的分散不利于治理效率的提升，如果城市交通执法体制滞后，必将与城市急速扩张的趋势形成鲜明的对比而形成较为严重的城市问题和城市病症。

高效的城市交通治理要求在针对城市交通的行政执法过程中多方联动、协同管理，而不是条块分割、各自为政。国务院积极推进大部制改革，2009年批准了在原交通部的基础上组建，国家民用航空局、国家邮政局等部门均在此次"大部制"改革中划归交通运输部管理的改革方案，为进一步理顺各种关系，真正做到依法治交创造了有利条件。在实践中，各地方交通行政主管部门已经认识到建立综合性交通执法体制的必要性，并从各自实际出发，进行了有益探索。在深圳、上海等城市人口较多，城市交通压力较大的城市，较早进行了综合交通执法的探索和试点，建立了一体化的城市交通治理监管机制和体系，实践证明取得了较好的成效：既有利于克服交通、交警、城管部门消极不作为的推诿，也有助于解决利益导向的积极"多头"管辖的作为，有助于提升执法效力和保护相对人合法权利，最终有利于城市交通状况的改善。自2014年年初开始，以建立综合执法体制为目标的永城市交通运输执法体制改革历经8个月方告结束。2014年运城市交通综合执法支队加大对"黑客车""黑出租"的打击力度，规范公交车、出租车营运行为，"查处擅自从事道路运输经营等违法、违规案件597起"，实现了运城城市交通环境的明显改善。

——建立了城市交通文明执法的正当程序。城市交通执法领域中以罚代管等不规范现象在我国曾普遍存在，甚至成为一种主要的城市交通治理处罚方式，其目的的正当性受到了普遍质疑。经过这五年来的努力，以罚代管现象虽仍然存在，但是已经得到了有效遏制。城市交通执法正当程序基本建立，"钓鱼式""隐蔽式"执法方式被叫停。

针对我国目前较为严峻的城市交通问题，为有效打击交通违法经营、交通违法犯罪等行为，规范交通营运秩序，有的地方交通执法管理部门采取了一些非常规的城市交通执法方式，如"钓鱼式""隐蔽式"城市交通执法方式。发生于2009年9月8日上海市闵行区的交通行政执法案例，堪称城市交通"钓鱼式"执法的典型，"钓鱼式"城市交通执法方式在针对城市"黑车"治理方面确实取得了立竿见影的成效，但遭到了公众的一致谴责和强烈批评。公众认为这种行政执法方式违背了正常行政执法程序与行政伦理，也引发了社会各界对我国城市交通管理与政府行政执法程序的深入思考。学界围绕"钓鱼式"执法的批判如雨后春笋般接踵而至，主要认为城市交通的"钓鱼式"执法违反了程序正义的原则，且因相对人在执法人员引诱下实施了违法行为，其"故意"因而丧失，不具备行政违法责任的构成要件。各地纷纷出台规定叫停城市交通执法中的"钓鱼式"执法，首先是地方立法对"钓鱼式"执法方式进行了排除，国内最早对叫停"钓鱼式执法"的规范文件是《湖南省行政程序规定》，后城市交通"钓鱼式"执法方式逐渐被全面叫停。

自"杜宝良事件"以后，城市交通执法部门偏好的"隐蔽式"执法受到质疑和批判。"隐蔽式"起源于城市交通执法，其标准图像是将电子眼置于一个非常隐蔽难以被发现的处所，或者是在没有电子眼的条件下，交警躲在某个隐蔽的角落，"守株待兔"地等待违法违章的司机上钩。隐蔽执法从起因和目的都发生了偏斜，大部分是为了获得创收收入，当属"执法陷阱"，有悖于行政执法"公开性"原则，导致公正丧失，容易造成民众对执法部门的信任危机。深圳最早叫停了城市交通"隐蔽式"执法，浙江湖州市交警支队向社会公布非现场执法地点23期，公布206个固定电子警察、视频抓拍、智能卡口的路口路段。

四　城市公共交通优先发展

从行业的属性上来说，城市公共交通是准公共物品，公共物品具有非排他性和非竞争性，就非排他性和非竞争性两个特征而言，城市公共交通由于通常需要付费才能享受到服务，因此具有一定的排他性，但除出租车的消费由于竞争性较强，更接近私人物品之外，城市公共交通的整体在消费上并不具有竞争性。因此，城市公共交通是处于公共物品和私人物品之间的准公共物品。城市交通的公益属性，公共交通在整个交通运输中的主体地位，赋予政府以发展城市交通的主体责任担当。从市民的愿景管窥，安全、文明、高效的出行成为市民对政府作为的热切期待，政府应当从权利保障的角度把方便群众出行、维护交通秩序作为城市交通管理的主要任务。

基于对于公民出行权的政府保障责任，城市交通取得了公益的属性。一方面，投资和建设城市交通是各级政府义不容辞的职责，政府是城市交通公共产品的供给者。切勿走入误区，将公共道路建设作为营利性的产业来对待，通过公共道路建设来增加当地政府的财政收入。另一方面，地方政府要逐步加大对城市公共交通的投入。面对城市的扩张、人口的增长、私家车的增长，政府必须不断增加城市交通建设的财政预算。"修路的速度必须高于或等于城市人口增速"，否则城市的交通状况将不断恶化。从一些中小城市近年来也面临堵车等城市问题就可以看出，"城市病"正从大城市向中小城市蔓延。

城市治理是个综合系统工程，面对城市的急剧扩张，城市交通的公益属性要求政府必须积极作为，在私家车遍地开花、疾速增长的趋势下，积极发展城市公共交通便成为首选，即公共交通优先的政策。2012年，国务院为实施城市公共交通优先发展战略，出台了《关于城市优先发展公共交通的指导意见》，提出了"在规划布局、设施建设、技术装备、运营服务等方面，明确公共交通发展目标，落实保障措施，创新体制机制，形成城市公共交通优先发展的新格局"。在国务院《关于城市优先发展公共交通的指导意见》的政策支持下，很多地方政府通过多种途径和方式来优先发展公共交通，包括：降低公交费用、增设公交站点和延长公交营运时间，积极筹资建设城市地铁等轨道交通。

较为遗憾的是，自2009年起，交通运输部就起草了《城市公共交通条例》，但是一直处于修改、征求意见和报批的过程中而没能通过，2015年10月10日交通部运输网站消息，交通运输部方面表示将继续加强与国务院法制办的沟通和协调，促进《城市公共交通条例》尽早获得通过。而城市交通在过去的几年时间内却发生了难以让人预期的问题：拥堵不堪！城市公共交通优先发展面临从理念、政策到路径的界定模糊问题！国务院《关于城市优先发展公共交通的指导意见》作为软法规范针对城市公共交通治理问题显然力不从心，立法的滞后性已显而易见。相比较而言，源于实践的需要催生了地方规范的优先生成，广东省中山市虽不是交通压力最大的城市，却较早对城市公共交通的发展做出了思考，先后出台了《中山市优先发展城市公共交通实施方案》等6个规范性文件，并对中山市的公共交通进行了远景规划："到2020年建成以快速公共交通和轨道交通为骨架，以常规公交为主，出租车为补充的多层次的市域公共客运交通系统。"并提出了增加跨市交通线、大站交通快线、市内直达交通专线、学校学生专线、旅游包车专线等减轻城市交通压力的措施。

五 民众出行权保障逐步推进

城市居民出行权属于出行权、自由权的范畴，本义可以理解为市民在城市中自由出行的权利。出行权包括至少四类权利，分别是："出行通行权、出行占用权、出行选择权、出行知情权。"实质上出行权的外延要远超出这四类，还包括出行保障和出行救济权，并且出行权的内容应与出行方式、经济发展水平具有一定的关联性，因而是一个动态的范畴。

对于出行权属于基本权利的认识趋于统一。出行权是公民的基本权利之一，其历史十分悠久。出行权首先属于基本人权的范畴，出行权就是公民依照自然和社会属性享有的、不可剥夺的基本人权。

上述关于出行权权利属性的证成表述为自由权的属性，更有学者认为出行权具有生存权的特点，认为出行权具有了最低级意义上的生存权表征，这实则可以理解为出行权的多维度特征。但是多数学者认为：出行权对于我国公民而言是一项宪法未明确列举的基本权利。有学者认为城市居民出行权与城市居民交通权在内涵上无实质性的区分，在外延上范围基本相当。

城市居民出行权体现了公平出行的设定与实施要求。一方面，体现了不同主体平等的出行权。对于残疾人出行权要给予特殊的优待。残疾人同健全人一样，都享有出行权。但受制于各种主客观因素，实际生活中残疾人出行困难。随着平等的理念由形式平等发展至实质平等，对社会上难以实现基本权利的弱势群体应实行倾斜保护，以矫正形式平等带来的结果上的不平等。从盲道建设、优先通行、残疾人专座等方面保障残疾人公平出行权，严格实行《城市道路和建筑物无障碍设计规范》。另一方面合理划分机动车与非机动车的城市道路资源。在城市化与私家车急速增长的时期，为有效化解机动车交通堵塞问题，在城市交通改造中占用、压缩甚至取消人行道和非机动车道现象较为常见。"资料显示，5%驾驶机动车的人却占用了85%以上的城市道路资源。"据统计，目前中国城市居民步行和自行车出行一般占全方式出行的60%，受到严重挤压的人行道和非机动车道无法畅通，行人被挤到非机动车道或机动车道，人车混行状况导致交通事故频发、隐患倍增。行人和非机动车必须享有平等的道路通行权利，要以确保"公共交通设施畅通"和"行人和非机动车安全、畅通出行"为基本前提，要保障大多数人的公平出行权利。

城市居民的出行权是一项基本权利，对国家公权力而言则是一项基本的义务，理应受到国家公权力的保护。日益恶化的城市拥堵不仅产生了一系列的经济社会问题，也严重影响了城市居民出行权的实现。政府作为公共产品的供给者，负有积极与消极的义务，一方面要积极改善城市交通条件、积极预防，另一方面政府承担消极的救济义务，使得市民出行权不受政府和他人非法侵害。为有效缓解城市交通拥挤、减少污染，倡导绿色出行，大力发展公共交通成为各个城市在化解城市病、保障城市居民实现出行权的过程中的不二选择。2012年湖南长沙市出台了《长沙市推进社会管理法治化实施纲要》，指出城市交通管理首先要保障人民群众的出行权，"我们将城市交通管理纳入了民生保障的范畴，加大了社区停车场建设开放力度，规范停车场管理"。落实公交优先政策，加强公交专用道的设置和管理，加大对交通违法行为的整治，加强对高峰时段重要堵点的疏导力度来保障城市居民的出行权。

六　城市交通法治宣传与教育的深入

城市道路交通状况除了受到交通基础设施条件的影响，更取决于城市居民道路交通观念，因而道路交通宣传教育活动的作用就举足轻重。只有遵守交通法规的观念逐步增强，才能使交通行为逐步规范化，虽然这是个缓慢的进程。

——"全国交通安全日"专题宣传教育活动。设立专门的"全国交通安全日"不仅具有形式的象征意义，体现出政府对交通安全的重视，更有通过"全国交通安全日"这样一个纪念日的载体实现对公民的交通安全的宣传、教育、警示的实质作用。2012年11月18日，国务院向公安部做出正式批复，同意将每年12月2日设立为"全国交通安全日"。2015年11月10日至12月8日开展了以"拒绝危险驾驶、安全文明出行"为主题的宣传教育活动。12月2日"全国交通安全日"是全年道路交通安全宣传的重中之重，其重要性不言而喻。"全国交通安全日"不仅起到宣传教育作用，而且通过多部门的联动专项集中治理还能起到警示作用。

——宣传报道载体多样与丰富。公共宣传媒介基于对象广泛的资源优势成为交通安全与文明的宣传教育的主要载体，各地方先后建立了交通电视台和交通广播台，为城市交通的安全、文明、快捷出行营造氛围、普及知识、教育警示、咨询服务，能切实起到弘扬城市交通法治理念及促进遵守交通法规的重要性作用；利用专门型的交通报刊和休闲类的城市晚报等平面媒介，进行交通安全和文明的系列报道，刊载比较典型的交通违法行为，设置"曝光台"，引发社会价值认同；通过开设交警、交通部门的微信公众号、官方微博等互联网新型媒介，发布城市交通实时动态、宣传交通政策法律知识，用图片、视频等报道典型案例，吸引市民注意，进行安全教育警示。宣传报道的内容与载体、手段、文字等要相契合，并与当下的城市交通主题及国家法治建设主题相契合。如在2015年着重开展"危险驾驶罪"的案例宣传，利用普法宣传阵地，利用新媒体平台开展警示教育，酒驾警示成为当年度的重点。

——安全文明宣传用语的人性化。传统的安全用语宣传较为生硬，如"严禁闯红灯""无证驾驶、酒后开车一律拘留"等，因为较为强制性的语言表达、缺乏人性化容易使接触者产生抵触情绪，不仅难以接受甚至适得其反，难见宣传效果。而人性化的安全文明警示用语的征集活动本身就是最好的宣传方式，人性化的安全文明用语的警示语更能打动人心。较为正式的报告语言容易使民众对宣传用语产生抵触情绪和心理，不但起不到宣传教育的效果，反而落得形式主义的恶名。而亲昵的富有人文关怀的用语却能收到意想不到的效果，如"情牵文明之行，心系安全之路""纠正您一次违章，送给您一片关爱""心存安全念，家盼亲人归"等。这些富有文学性、艺术性的安全文明警示用语情真意切，使民众感受到关爱的真情。2015年3月咸阳市公安局交警支队联合市文明办、共青团咸阳市委，在全市范围内开展"文明交通我宣言"交通安全文明用语征集活动，掀起了遵守交规、参与文明交通的热潮。2014年12月15日肃宁交通局印发了《交通行政执法用语规范》等。这些都起到了良好的教育与宣传的效果。

——分类针对不同群体开展有针对性的城市交通宣传教育活动。城市交通的参与者涉及面广、人员众多，集中宣传力量、拓展宣传手段，重点对城市建设的渣土车司机、出租车司机、公交车司机、校车司机、危化品运输企业的司机、在校中小学生等开展针对性的城市交通安全文明的宣传教育活动。

如针对城市建设的渣土车治理，2015年××市重典治渣，出台了至少13个文件，针对渣土市场的各环节包括渣土企业的资质、运输许可，到渣土运输过程中的超速、超载、抛洒，渣土车的牌号标示等整个渣土市场的过程实施无空白监管。从2015年8月15日起，由市容部门牵头，交警、路政、运政等多部门参与，开始长达4个月之久的渣土专项治理活动，取得了明显效果。针对中小学生的交通出行安全问题，多数城市开展了针对中小学生交通安全文明教育活动。2013年1月杭州市长桥小学制定了《杭州市长桥小学法制副校长及校外辅导员工作制度》。再有开展送交通安全法律法规、安全知识"八进"（进部队、进社区、进学校、进人员密集场所、进机关、进企业、进农村、进施工队伍）活动。让学生、家庭、企业负责人及每位城市交通参与者知法、懂法、守法，进一步提升整个城市的法治交通意识、文明交通水平。

——开展交通安全通报和警示教育活动。对重大交通事故肇事逃逸案及时报道，既是对社会和公众有所交代，也是对社会和市民的警示与教育。对于涉及危害公共城市安全和造成较为严重的生命和财产损失的典型案例通过微博、公众号等进行警示教育。北京市二环路曾有摩托车飙车，成都一女司机在驾车途中因行驶变道原因遭后车男司机逼停，随后遭到殴打致伤。这些案例经媒体和市民曝光后引起了强烈的社会反响。既教育了当事人，也警示了有不良交通违法和不文明倾向的相对人。

综上，伴随着收入水平和生活水平的提高，中国走入汽车社会，城市居民得以首先受益。在加速实现现代化、工业化的过程中，城镇化又使得大量的农村居民转变成市民。然而我国城市的交通基础设施和市民文化道德修养似乎并没有为此做好准备，这构成了当前我国城市交通问题症结的根源。在现有的交通基础条件、人口条件和素养之下，城市交通治理的法治化实为根本出路。城市交通治理的法治化建设应当直面问题，回应难题，方能取得实效。

然而城市的病症却不仅表现如此，经济社会发展的不平衡性带来了我国城市发展程度的巨大差异性，所谓一线、二线、三线城市的划分验证了城市的差异及吸引力，大大小小各类城市应对城市病的压力呈现不均衡性。以法治作为当前化解城市病的主要手段不能诉求一种统一的"模板式"的制度体系，符合本地城市特点的地方性法规、规章和软法规范等地方规范性文件应当发挥更大的作用。

在2011—2015年的城市交通治理中，更具有针对性的立法完善，综合执法体制和正当的程序，富有成效的法治宣传与教育发挥了重要作用，城市居民出行权作为基本权利生成并获得了一定程度的保障，绿色城市交通的理念因城市生态的恶化受到重视。

城市交通的建设和完善不能依靠法治建设的单兵突进，城市交通规划的科学性与前瞻性，交通基础设施的建设和优化，市民文化与道德修养的提升，市民节约资源、保护环境的生产方式、生活方式、出行方式的改变才是治本之道，而这更是一个循序渐进的改变过程。

城市交通治理，只有起点，没有终点；改革与观念转化、修养提升，永远在路上。机制创新，制度创新，更没有尽止。面对经济社会发展新常态，城市交通法治仍然面临诸多的新问题等待破解。

七　预测与展望：未来城市交通发展基本趋势

可以预见的是，在"十三五"期间，我国仍将伴随着城市化进程的加快，人口仍然会向城市涌动；随着城市居民消费水平的提高，城市机动车特别是小汽车的数量仍会持续增长，城市交通将面临不断增长的压力。

1. 适应"互联网+"时代的城市交通立法将逐步完善

互联网技术变革了人们的生产、生活和思维方式，也影响和塑造了城市居民的出行方式。近年来随着互联网和移动大数据的发展，通过互联网手机软件预约用车，实现点对点服务的网约车区别于传统出租车和商务车的新型城市居民出行方式应运而生。常见的有专车、快车等，专车包括一号专车、优步专车等。学界将其统称为网约车，主要通过互联网和大数据平台实现其运行和监管。

网约车带来了城市居民出行方式的变革。一方面，极大地方便了城市居民的出行。面对城市交通拥堵、出行停车困难，践行绿色出行的理念，部分城市居民放弃购车和驾驶私家车出行的选择，但当遭遇快速出行的需求之时，传统公共交通难以满足其要求，又遭遇若干时段"打车"困难。网约车无疑满足了人们快速出行的需求。另一方面，网约车又可将社会闲置车辆综合利用，既可以为车主增加收益，又能满足社会出行需要，提高汽车使用率，减少市场行驶车辆保有量，减轻城市交通压力并节约资源。

与此同时，问题接踵而来。网约车将导致传统产业与新兴产业利益的强烈冲突，网约车自身存在诸如车辆状况、司机背景、乘客安全、权利保障、对出租车市场造成不公等问题，以及政府监管方式变化所引发的监管困难。2015 年 10 月 10 交通运输部发布《网络预约出租汽车经营服务管理暂行办法（征求意见稿）》所引发的激烈争议就是最好的例证。针对互联网技术条件对网约车的法律规制是适应交通科技发展的需要。

2. 轨道公共交通发展法治化

公共交通优先发展将是今后政府解决市民福利和化解城市拥堵的必然选择。传统汽车公共交通因容量小、能耗高、占用空间面积大、通行速度和效率低，将保持适当保有量并逐步减少，城市轨道交通将迅速发展。立体式的城市轨道交通能有效解决城市汽车公共交通所面临的问题：轨道交通速度快、通行效率高，轨道交通依附于高架和地下，不占用地面空间、节约土地资源，轨道交通安全系数高，轨道交通容积量大、可有效满足市民出行需求。2011—2015 年期间我国平均每年建成轨道交通线路约 300 千米，共有 17 个城市开通了城市轨道交通，诸如北京、上海、广州、深圳等地轨道交通的运营里程远超过了世界发达国家的城市，而且目前中等城市的轨道公共交通正在规划和建设之中，中部省会城市合肥目前就有 3 条轨道交通线同时在开工建设。

城市轨道交通的大发展是大中城市应对交通拥堵、践行公共交通优先发展的不二选择，但是在城市轨道交通的建设和运营中也暴露出高端人才缺乏、运营安全风险增大、政府出资压力较大等问题，尤其是投融资机制不健全和人才培养的缺陷成为制约城市轨道交通的瓶颈。城市轨道交通的法治化成为当前亟须解决的首要问题，目前对于城市轨道交通的规制主要由地方性法规或规章调整，立法技术不高且规定千差万别，特别是城际轨道交通的连接将会带来规范适用的冲突问题。应当尽快出台专门性的城市轨道交通法律或行政法规，回应城市轨道交通融资、土地使用、联合开发等现实问题，使城市轨道交通的建设和运营能做到有法可依、法治统一。

3. 智能交通技术法治配套将随之跟进

解决城市交通拥堵问题既与城市人口数量和素质、通行条件有关，也与交通管理和通行效率有关。在无法较快改变城市人口容积和城市交通基础设施的前提下，技术就成为化解矛盾的关键，智能交通技术在今后解决城市问题中将大有用武之地。

建立在高新技术基础之上的智能交通，被认为是代表了交通现代化的发展方向，是进入信息时代我国交通运输业的发展模式。城市智能交通具有非常宽泛的外延，包括了城市交通管理智能化，信息智能化，收费智能化，公共交通调度、信息和售票的智能化，城市停车管理智能化，等等。

城市交通智能系统（Intelligent Transportation Systems，ITS）一方面着力于构造安全、高效率的居民出行。通过对城市交通信息监控、交通控制、事故预测与预警、救援、定位、信息查询等智能化城市交通系统的构建，保障居民出行安全，提高居民出行效率，减少出行的时间、财力成本。另一方面城市交通智能化要求支持低碳与绿色的节能环保型交通设施、车辆和交通管理系统。智能交通包含了广泛的内涵和全面的要求，其内在包含着节约城市土地资源、降低城市交通工具能耗的基本要求，因而智能交通必然是绿色与低碳的城市交通。智能系统可以提升通行效率，智能化的交通信息服务、智能轨道公共交通的发展将极大地降低城市交通工具的能耗，既能实现个体节约的私益，又能实现节约资源、保护环境的公益。

在城市智能交通技术中，必须紧紧抓住城市交通系统中的 GPS 定位技术、传感器技术、数字导驶技术、陀螺和电子地图等关键技术有所突破，才能在智能化城市交通管理过程中取得实质性的进步，有效化解矛盾。智能交通技术的研发、使用、运营、管理等问题仍然是当前城市交通发展中的规制空白，规范性法律文件应回应现实需要而尽快生成。

4. 政府对城市交通的监管模式将趋于缓和

从公共产品的供给职责来看，有关城市道路等基础设施理应由政府依靠国家财力和物力提供、维护和保障，传统干预行政在保障民生、维护秩序方面发挥了积极的作用。但是当前，崇尚管制的干预行政已经无法应对当今社会多元的利益诉求、个人福利的实现以及社会利益的最大化。英国、美国、加拿大、日本等国家不规制或缓和规制的做法为从干预行政向给付行政的嬗变提供了思路，城市交通民营化作为城市交通监管规制缓和的模式应运而生。城市交通民营化在遵循市场规律的基础上，通过促使民营化得以施展魅力的权能——特许经营权利来实现。"受管制的公用事业要接受包括价格管制、服务质量要求、公共运营商管制在内的多种管制约束。"城市交通的民营化最早作为化解政府财力不足的应对之策，然其所具有的优势慢慢得以彰显：服务质量和水平提升，产业市场活力增强。我国城市交通的民营化范围包括出租汽车出租公司、公交公司、城市轨道公司等的民营化，并进一步向城市交通的其他方面进行拓展。在我国的试点和应用过程中既有成功的案例，也有失败的典型。

不容忽视的事实是，公共交通民营化后，恣意涨价、公共安全缺乏、服务质量难保等一系列问题接踵而至，导致对城市交通民营化的信心退减。理想的路径是：在政府的担保之下，通过制度构架和规则细化建立对城市交通民营化的信心。

5. 城市交通执法将更为规范

在建立城市交通综合执法机制的基础之上，全面梳理并建立城市交通执法部门的权力清单制度。综合执法机构无论采取什么样的模式，都不能替代和淹没可以作为行政主体的路政、交管等相关行政机关的在组织法框架下应享有的权力和承担的责任。因而既要厘清综合执法机构的权力、责任清单和相关黑名单，也要厘清综合执法机构组成机关的权力、责任清单和相关黑名单。城市交通执法权力的治理应当秉持"规范主义控权模式为主、功能主义建构模式为辅"的治理模式，主要从立法调控、执法治理、司法技术三个向度展开制度设计。

城市交通执法的标准化将不断增强，以标准化作为城市交通执法规范化的主导路径，建立包括执法装备标准、执法行为标准、系统信息建设标准和执法文书标准。城市交通执法标准化主要依赖于城市交通行政的裁量基准来实现。

城市交通执法的刚性与柔性并举，界限将逐渐清晰。刚性的城市交通执法主要针对城市交通严重违法行为和犯罪行为，严格执法并追究其行政及刑事责任。如《刑法修正案（九）》第八项将刑法第133条修改为在四种情形之下在道路上驾驶机动车处拘役并处罚金。城市交通执法公开透明度将不断增强，并接受社会监督。城市交通的柔性执法将针对轻微交通违法行为：

城市交通执法将更为人性化，坚决取消以罚代管的不合理现象。对于诸如轻微的交通违法行为，可以采取劝说、警告、教育后免于罚款的"劝告式"柔性化执法方式。对于轻微的交通违法行为的柔性化执法，既可以改变政府貌似以罚款为主的"唯利是图"的执法形象，同时可以有效地向轻微违法行为人普及道路交通安全知识，也有利于建立和谐的城市交通治理行政主体与相对人的关系，进而实现和谐城市交通的愿景。

6. 民众交通法治观念和维权意识将不断增强

城市居民交通法治观念的增强是一个渐进的而较为缓慢的过程，城市居民交通法治观念的增强也被认为是解决城市交通问题的固本之计。推动我国城市居民交通法制观念增强的因素首先在于法治国家建设的推进。自十八届三中全会以来，国家全面布局和深入推进法治中国建设，全面推进法治中国建设理所当然包括了法治的城市交通的逻辑内涵，这将为城市居民法治观念的增强提供背景和动力。其次在于对城市交通法治进行卓有成效的宣传教育工作，尤其是使人印象深刻的警示教育增强民众遵守法规的戒惧心理。最后，城市居民素质逐渐提升。每年涌入大中城市的多为应届大学生，城市居民接受交通法治教育具有更优越的资源和信息优势。同时城市相对于小城镇和农村，严格的交通法规的执行无形中会强化居民的交通法治观念。

交通法治的背景和交通法治观念的增强衍生出城市居民较强的维权意识，并且将在今后的城市交通法治发展中不断增强。出行权需要宪法、法律予以确认，并且要求国家承担起保障出行权的国家义务：获得国家尊重和认可，获得国家预防保护和救济保护。今后城市居民出行权将会从理论的证成进入法律的文本，进而成为受国家保护、不容社会侵害的现实权利。

我国城市交通面临着城市化的人口迁移、早期规划的欠合理性、人口素质等多方因素的影响。在依法治国的背景和号角下，城市交通是法治不可或缺的疆域，随着科技的发展，城市交通会不断面临新的问题，然而法治注定是解决城市交通问题、维护交通秩序、保障市民基本权利的利器。

中篇

专题研究

专题之一：公共交通治理

城市交通民营化中特许经营权利的生成逻辑与法治边界

周佑勇[*]

摘 要：我国当下乏力的制度规范与浓重管制意味的研究成果，难以为特许经营权利提供切实有效的保障。以保护特许经营权利为中心，借由生成逻辑获知其权能性质，并以此为基点明晰其法治边界，可为关涉主体的权利（权力）义务（责任）配置提供一个新的分析框架。该分析框架通过以下内容展开：特许经营权利源自公共利益外化的特许经营协议，是一种私权利；特许经营所涉三组法律关系的实践困境亟待法治化治理；政府介入有国家担保责任和财产权社会义务的理论基础；特许经营权利空间不仅限于特许经营协议，还包括未作明示的属于经营权的当然权利；政府介入行为除遵循已有法律规范外，应承继《行政许可法》相关条款的法治经验，并在施以行政法一般原则统制时，注意"不对称管制"等特殊规则的应用。

关键词：特许经营权利；特许经营协议；法治边界

一 引言：一个新的分析框架的提出

2015年初，备受关注的沈阳、南京、成都、长春、南昌等多地出租车罢运事件，[①] 把多年遭受质疑的出租车公司特许经营权利的合法性与正当性

---

[*] 周佑勇，东南大学法学院教授。
① 参见叶曜坤《当打车软件遇上出租车罢运……》，《人民邮电》2015年1月16日。

问题再次纳入公众视野。① 问题的症结在于，特许经营者的权利能力是否应有限度以及应限定在何种范围内。同样，2013年6月14日，一私家车途经由政府特许经营的南京长江隧道时，遭遇破胎器而引发纠纷，"破胎器事件"一度引发关注并饱受民众诟病，② 主要问题有：特许经营者是否有权设置破胎器？如果没有，应采取何种救济措施？如果认为其是自救行为，是否应有界限？同时，作为授予特许经营一方的政府是应置若罔闻、有限监管抑或全面禁止？

事实上，相似城市交通特许经营事件也面临着上述类似追问：2006年湖北黄冈因公交承运商停运三天导致市民无车可乘；③ 2008年长沙民营公交车拒载老人；④ 尤其是2008年被称作全盘民营化的十堰公交公司，由当地政府收回特许经营权并予以接管。

倘若法治的脚步紧跟实践的步伐并能相得益彰，上述问题便可在法治的轨道中化解。问题是，现有乏力的制度规范以及囿于传统思维的研究成果，无法为现实社会出现的问题提供切实有效的解决方案。

详言之，一方面，经过检索、梳理并审视全国性法律规范与国家政策，⑤ 不难发现，其大都是国家政策宏观维度的鼓励与引导，以及规则层面上义务或责任的科加，而对特许经营权利的详细规定却付之阙如。尽管，新近六部委颁布实施的《基础设施和公用事业特许经营管理办法》从总则、

---

① 参见李俊杰《出租车特许经营合法性遭质疑》，《民主与法治时报》2010年3月22日；杨红岩《出租汽车行业管理走向规范化——专家建议实行特许经营，鼓励企业规模化发展》，《中国交通报》2011年4月20日。

② 据考证，南京长江二桥、三桥、曲胜等高速公路收费站均设有破胎器，该破胎器并不能立即阻却通行车辆，而是车胎被扎破后一定时间后司机才会有所感知，因而在高速上存在重大安全隐患。

③ 参见刘春燕《公交承运商闹矛盾 湖北黄冈40万市民无车可乘》，《长江商报》2006年11月12日。

④ 参见杨兴云《长沙公交民营化：老无所依》，《经济观察报》2008年4月2日。

⑤ 经由北大法意法律资源库检索与现有政策的查询，国家层面适用的相关规范政策有：2002年12月建设部《关于加快市政公用事业市场化进程的意见》；2004年《行政许可法》；2004年建设部《市政公用事业特许经营管理办法》；2005年国务院《关于鼓励支持和引导个体私营等非公有制经济发展的若干意见》；2005年建设部《关于加强市政公用事业监管的意见》；2005年建设部《关于优先发展城市公共交通的意见》；2010年国务院《关于鼓励和引导民间投资健康发展的若干意见》；2010年国务院《关于进一步鼓励和引导民间资本进入市政公用事业领域的实施意见》；2013年国务院《关于加强城市基础设施建设的意见》；2014年国务院《关于创新重点领域投融资机制鼓励社会投资的指导意见》；2014年国家发展和改革委《关于开展政府和社会资本合作的指导意见》；2014年财政部《关于推广运用政府和社会资本合作模式有关问题的通知》；2015年财政部、国家发改委等六部委《基础设施和公用事业特许经营管理办法》。

特许经营协议订立、履行、变更和中止、监督管理和公共利益保障、争议解决、法律责任七个方面细化了社会资本参与行政任务的具体规则，但不无遗憾的是，该规章并无关涉特许经营权利的直接条款。值得欣喜的是，湖南、深圳、成都、杭州等地出台的有关市政公用事业特许经营的地方性法规与政府规章，单设专门条款明确特许经营权利[①]对此已予以补正，大致涵盖自主经营权、依法获益权、排除侵害请求权、价格调整建议权、优惠政策享有权等，然而，特许经营权利之下的上述权能规定较为笼统，面临前述诘问，亦无法为特许经营者的权能限度提供有效解释。

另一方面，我国法学界对此已给予关注，但从既有研究成果[②]来看，囿于传统管制导向的法治思维，并受制于现有规范政策的影响，依旧多是从政府管理者的角度展开研究，基本上表现为立足于监管者单向度地强调政府责任的发展变革与监督控制的立法完善，而鲜有从行政相对人权利的新面向进行抉微钩沉，尚未真正获知相对人的权利空间，因此，现有研究进路非但不能很好地契合现代宪政之权利保障的基本精神，而且不利于利益相关者权利（力）的有效配置与规制。

因此，应当摒弃传统崇尚管制的研究思路，尝试从作为行政相对方的特许经营者入手，结合已有的城市交通民营化案例，探寻特许经营者应有的权利范畴，并以此检视政府的行政活动，从而实现政府与特许经营企业的有序对话，无疑，可以为确定政府监管合理边界提供一种新的分析思路。笔者以为，在基本法理上，获致这一效果的根本在于明晰特许经营权利边界。当然，这一目的的达成需要从特许经营权利的生成逻辑与性质定位、权利运行

---

① 以《成都市人民政府特许经营权管理办法》为例，第20条（特许经营者权利）规定，特许经营者在特许经营期内享有下列权利：（一）独立经营管理特许经营权，国家机关、社会团体和其他组织不得非法干预其正常经营活动；（二）根据《特许经营合同》的约定，通过提供公共产品和服务而获得合理收益，并承担相应风险；（三）请求市或区（市）县人民政府及其有关部门制止和排除侵害其特许经营权的行为；（四）对发展规划和价格等的调整提出合理建议；（五）平等享受有关优惠政策；（六）法律、法规、规章规定或《特许经营合同》约定的其他权利。

② 较有代表性的成果有：杨卓敏：《城市公共交通民营化的法律问题》，《法学》2004年第7期；宋华琳：《公用事业特许与政府规制》，《政法论坛》2006年第1期；敖双红：《公共行政民营化法律问题研究》，法律出版社2007年版；章志远：《公用事业特许经营及其政府规制》，《法商研究》2007年第2期；饶常林、常健：《论公用事业民营化中的政府责任》，《行政法研究》2008年第3期；杨欣：《民营化的行政法研究》，知识产权出版社2008年版；章志远：《民营化、规制改革与新行政法的兴起》，《中国法学》2009年第2期；邓敏贞：《公用事业公私合作合同的法律属性与规制路径》，《现代法学》2012年第5期；张青波：《行政主体从事私法活动的公法界限》，《环球法律评论》2014年第3期；李霞：《公私合作合同：法律性质与权责配置》，《华东政法大学学报》2015年第3期。

状况、政府介入的法理基础以及权利行使的法治边界等多向度加以推衍。

二 特许经营权利的生成逻辑

从行政法的传统理论来看，国家公用事业，尤其是重大基础设施的建设、管理以及运作，应当为现代政府任务的当然内容，理应借助国家财力与强制力加以实现，因而，作为公共事业之一的城市交通建设与管理也当为其应然之义。然而，福利行政与给付行政的到来，打破了以"管制"为核心的高权行政的管理模式，出现了倡导放松管制以增益社会福祉为导向的治理范式。这是因为，"尽管管制在一定程度上缓解了经济发展引发的许多矛盾，但仍然因其管制费用高，程序不公正、复杂而不宜利用，缺乏民主性和合法性等受到猛烈批评"①。同时，崇尚管制的干预行政已经无法应对当今社会多元的利益诉求、个人福利的实现以及社会利益的最大化，此外，英国、美国、加拿大、日本等域外国家不规制或缓和规制的事实，② 也印证了"强制力逐渐退居幕后已是进步国家法律上的一项特色"③ 这一论断。

在管制缓和与追求善治的背景下，回应传统管制困境的进路有诸多选择，而最为常见的方式便是，抛却以往政府单向度管理的思维逻辑，换以社会多元参与治理的方式。其中，民营化④便是政府以私法方式完成行政任务的惯常做法。"受管制的公用事业要接受包括价格管制、服务质量要求、公共运营商管制在内的多种管制约束。作为回报，受管制的公司在服务范围内接受被保护的特许，其投资者被准许有机会在回报率限制之下获得收益。"⑤ 此种治理路径的选择，多源于国家人力、财力负担与国家义务之间矛盾的无奈之举，同时，亦多基于民营化过程中市场经济规则的有效运用，以及效益最大化实现的期待可能性。而其内在生命力可从实践外化的不同形态中予以探寻。

一般而言，民营化有三种不同的型构模式，具体包括形式民营化（组织民营化）、功能民营化、实质民营化。形式民营化是指国家对于行政任务

---

① 章剑生：《现代行政法基本理论》，法律出版社2008年版，第7—8页。
② 参见杨建顺《规则行政与行政责任》，《中国法学》1996年第2期。
③ [英] Dennis Lloyd：《法律的理念》，张茂柏译，台湾联经出版事业公司1984年版，第34页。
④ 民营化一般是指将本属于公法调整或者公权力机关直接实施的公益行为，采取委托、承包以及转让等私法方式交由社会私主体加以完成的活动。
⑤ [美] J. 格里高利·西达克、丹尼尔·F. 史普博：《美国公用事业的竞争转型》，宋华琳等译，上海人民出版社2012年版，第109页。

的履行，选择私法之法律形式，设立公司经营之；功能民营化又称部分民营化，国家将部分任务交由私人组织执行之；而实质民营化意指国家将行政任务实际移转予私人，形同放弃该任务者。① 实际上，南京长江隧道公司的设立与发展，以及前文提及的公交公司都是民营化的体现，只不过，它们分属于不同的类型。具体而言，现有的南京长江隧道公司是由持股90%的南京交通集团与持股10%的浦口国资公司组建而成，由于南京交通集团与浦口国资公司皆属于国有资产的管理主体，因而南京长江隧道公司运营与管理只是形式的民营化；而长沙公交除了由具有公权力色彩的湖南巴士和龙骧巴士公司占市场份额的2/3外，还有嘉年华巴士公司、凯程公交公司、万众公交公司、众旺公交公司等7家民营公交企业参与经营，② 所以长沙公交属于部分民营化，与之类似，2003年民营企业进军湖北十堰公交公司——尽管最终失利，也是部分民营化的表现；此外，华兴公交公司这一民营企业完全经营湖北黄冈交通的事实，正是实质民营化的体现。

尽管城市交通民营化的类型迥异，但基本上遵循着市场经济的基本规则，并且，共同具备促使民营化得以施展魅力的权能——特许经营权利。这种权能并不是企业与生俱来的，更不是一蹴而就即可获致的，而是需要一定的资质，且在与政府的多次协商对话中逐步生成的。譬如，建设部《市政公用事业特许经营管理办法》第7条③对特许经营竞标者从七个方面对其设定详细的准入条件，在第8条④对选取竞标者规定严格的程序，具备上述条件后方可具备签订特许经营协议的资格，而第9条⑤又对协议内容进行近乎

---

① 陈敏：《行政法总论》，自刊本，2012年，第672—673页。
② 参见《民营化水土不服，长沙公交市场化困顿》，《经济观察报》2010年3月2日。
③ 第7条规定，参与特许经营权竞标者应当具备以下条件：（一）依法注册的企业法人；（二）有相应的注册资本金和设施、设备；（三）有良好的银行资信、财务状况及相应的偿债能力；（四）有相应的从业经历和良好的业绩；（五）有相应数量的技术、财务、经营等关键岗位人员；（六）有切实可行的经营方案；（七）地方性法规、规章规定的其他条件。
④ 第8条规定，主管部门应当依照下列程序选择投资者或者经营者：（一）提出市政公用事业特许经营项目，报直辖市、市、县人民政府批准后，向社会公开发布招标条件，受理投标；（二）根据招标条件，对特许经营权的投标人进行资格审查和方案预审，推荐出符合条件的投标候选人；（三）组织评审委员会依法进行评审，并经过质询和公开答辩，择优选择特许经营权授予对象；（四）向社会公示中标结果，公示时间不少于20天；（五）公示期满，对中标者没有异议的，经直辖市、市、县人民政府批准，与中标者签订特许经营协议。
⑤ 第9条规定，特许经营协议应当包括以下内容：（一）特许经营内容、区域、范围及有效期限；（二）产品和服务标准；（三）价格和收费的确定方法、标准以及调整程序；（四）设施的权属与处置；（五）设施维护和更新改造；（六）安全管理；（七）履约担保；（八）特许经营权的终止和变更；（九）违约责任；（十）争议解决方式；（十一）双方认为应该约定的其他事项。

苛刻的限定。不仅如此，《基础设施和公用事业特许经营管理办法》第18条[1]对特许经营协议增添了更为详尽的内容。从分析法学的角度来看，不难发现，政府的行政许可与特许经营协议是主导特许经营者权利生成的两大要素。易言之，政府的行政许可与特许经营协议共同构筑了经营者权利的生成脉络，创设了经营者新的权利型构，并在拓展特许经营者活动疆域之时将其细化。

更进一步，政府的行政许可是特许经营者获取权利的前置性条件，"许可本身并不与权利、特权或自由等同，许可是创设自由（特权）或权利的构成性事实"[2]。实质上，特许经营者权利的明晰化是借助于特许经营协议，毕竟，"在一个混合式行政的时代，在一个对公权力和私权力的创造性相互作用极其依赖的时代，合同乃行政法之核心"[3]。行政主体正是通过特许经营协议，实现了传统上私人无法染指的领域，移交给私主体加以经营运作，同时也在此进程中伴生着特许经营者权限的具体化。从特许经营权利的生成进路，可抽象出其基本的逻辑结构：传统禁止—政府行政许可—特许经营协议—特许经营权利，由此，我们可以更为清晰地得知，特许经营权利来源于行政主体与特许经营者签订的特许经营协议，简言之，特许经营协议是产生特许经营权利的直接源泉。当然，法律、法规、规章规定的其他权利亦是特许经营权利的应然内容，只不过，法律规范明定的权利事项只是为特许经营权利的生成提供客观的外部条件，或为特许经营权利的扩张与延伸提供规范依据。由此看来，特许经营权利产生于协议签订之时，存续于特许经营期内，终止于协议约定期限或法定事由。

值得注意的是，特许经营权与特许经营权利不可等同。两者虽只有一字之别，却差之千里。对此，地方性规范做了一定程度的回应，如《成都市

---

[1] 《基础设施和公用事业特许经营管理办法》第18条第3款规定，特许经营协议应当主要包括以下内容：（一）项目名称、内容；（二）特许经营方式、区域、范围和期限；（三）项目公司的经营范围、注册资本、股东出资方式、出资比例、股权转让等；（四）所提供产品或者服务的数量、质量和标准；（五）设施权属，以及相应的维护和更新改造；（六）监测评估；（七）投融资期限和方式；（八）收益取得方式，价格和收费标准的确定方法以及调整程序；（九）履约担保；（十）特许经营期内的风险分担；（十一）政府承诺和保障；（十二）应急预案和临时接管预案；（十三）特许经营期限届满后，项目及资产移交方式、程序和要求等；（十四）变更、提前终止及补偿；（十五）违约责任；（十六）争议解决方式；（十七）需要明确的其他事项。

[2] 王智斌：《行政特许的私法分析》，北京大学出版社2008年版，第109页。

[3] ［英］卡罗尔·哈洛、理查德·罗林斯：《法律与行政》（下卷），杨伟东等译，商务印书馆2004年版，第554页。

人民政府特许经营权管理办法》第 2 条①对特许经营权、特许经营权出让、特许经营权转让做了区别对待并做出释解。其中，笔者较为赞同将特许经营权定位为市场准入权，而非经营性权利。不过该条并未明确特许经营权利的内涵。其实，特许经营权利是一种私权利，尽管历经公法与私法的合力作用，究其本质，不外乎是经营者通过特许经营协议所获得的建设、经营、管理权限，并由此意欲获利的民事权利。

三 特许经营权利运行状况之三维度量

进一步来说，特许经营权利的实现，除了与政府的关联不言而喻外，必将关涉与交通最为密切者的权利——使用者的道路通行权，此外，有些情况下会涉及既有员工的利益。② 在理论上，民营化的优越性的发挥，通过施以政府的管制并配以私主体自律，便可在预置的规则中彰显。而遗憾的是，前文所列举的事例否定了这一假设，并且，关涉主体之间也并未因特许经营协议相安无事。那么，我们需要追问的是，在特许经营权利的场域内，影响权利实现的法律关系有哪些？与关系主体之间出现问题的症结在哪里？其他关系主体在何种程度上影响特许经营权利的实现？

就公共交通民营化而言，与特许经营权利相关法律关系有：因特许经营协议而生的行政主体与经营者之间的行政合同关系，经营者与道路通行者之间的有偿民事服务关系，以及经营者与劳动者之间的劳动合同关系。进言之，现实中案例所折射出三组权利（力）关系的博弈：民营化策略统摄下行政主体维护公益与特许经营者追逐私益之冲突，特许经营权利与道路通行权之冲突，以及特许经营权利与既有员工利益之冲突（如图 1 所示）。究其本质，冲突的根由在于，不同特质的社会主体主张的利益诉求迥异，诚如学者所谈到的"权利冲突的实质是利益的冲突和价值的冲突"③。不过，这三

---

① 《成都市人民政府特许经营权管理办法》第 2 条规定，本办法所称政府特许经营权（以下简称特许经营权），是指经特定程序而获得的对有限自然资源开发利用、公共资源配置以及直接关系公共利益的特定行业的市场准入权。本办法所称特许经营权出让，是指政府将特许经营权在一定期限内授予经营者的行为。本办法所称特许经营权转让，是指经营者在特许经营期内将特许经营权转让给其他经营者或投资者的行为。《昆明市特许经营权管理办法》第 2 条第 2 款也有大致相同的规定。

② 公共交通由国营变为私营后，因管理主体或经营主体不同，工作人员相关劳动权利实现方式亦有所不同。

③ 参见刘作翔《权利冲突的几个理论问题》，《中国法学》2002 年第 2 期。

组关系主体冲突的缘由、表现形式、引发的后果以及可能危害等有所不同。以下就此加以剖析,以探知特许经营权利运行样态及其效力空间。

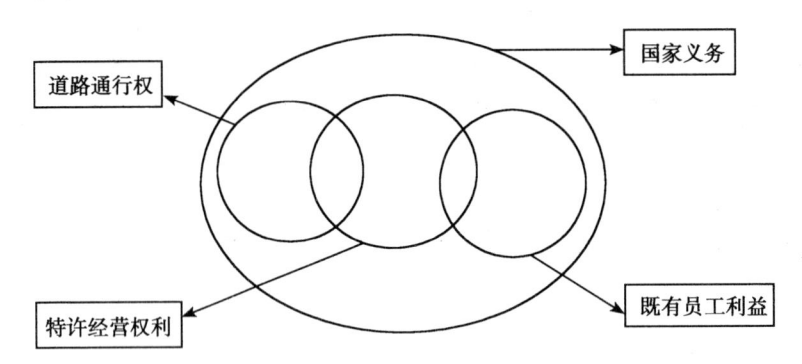

图1 公共交通民营化后不同主体之间的利益交互关系

(一) 特许经营者与行政主体的利益冲突

首先从公共交通民营化运动的直接实施者——行政主体与特许经营者——加以观察。传统上,两者本处于不同的规范体系之中,遵循不同的价值理念,并且两者通常意义的关联,大多是单向度的管理或者服务关系,同时带有明显的位阶意味。而契约治理模式革新了行政主体与特许经营者之间的关系。双方利益的表达方式也随之得以改变,"根本性标志,是利益主体的平等性和双向性交涉"[1],而其外化形式便是特许经营协议,毕竟,"协议(pacta)构成了在绝对(absolute)责任与有条件的(hypothetical)责任之间的某种桥梁"[2]。并且,经由协议,使得行政主体的公权力色彩趋近于零。在此过程中,行政主体的公权力质变为契约权利,易言之,行政主体与特许经营者应通过协议方式确立双方的权利义务关系。即便是具备公权色彩的监管权、单方变更解除权等,也应当在协议中约定,并予以明确,从而公私合作的契约行政便得以建立。因而,协议在一定程度上勾勒了双方可平等协商并能意思自治的理想图景。进一步说,在该近乎平等的法律关系中,特许经营协议关涉当事人的权利冲突也成为可能。

两者之所以存在冲突,在于彼此寻求的利益不同。毋庸置疑,行政主体的使命在于维护并实现公共利益,公共交通主管部门也不例外。而民营化这一手段是"通过与私人部门配合及关系之调整,从而改善人民所接受服务

---

[1] 于立深:《契约方法论》,北京大学出版社2007年版,第173页。
[2] [德] 萨缪尔·普芬道夫:《论人与公民在自然法上的责任》,支振锋译,北京大学出版社2010年版,第80页。

的品质"①，其"目的是更好的政府，更美好的社会"②。这一目标的实现，不仅要求行政活动过程要充分顾及公益的实现，而且行政活动结果也要为了公益的达成。而特许经营者仅仅是为了营利性考量——只不过其行为的客观结果与行政主体活动要求具有一致性，并且，逐利本性是其活动的内在动力。在私利导向的驱动下，特许经营权利实现的过程与结果亦具有浓郁的自私性，这就与其经营对象的公益属性形成鲜明的对比，两者的冲突不言而喻。

按照这一逻辑理路，似乎行政主体一方处于劣势。现实是，政府由协议的权利一方，恢复为传统的管理者，单方面践踏合约，甚至是直接予以制裁。譬如，因十堰公交四次罢工，政府直接接管而夭折的民营化个案，其中一个重要原因在于，政府非但没有因客观情势变更——油价的飙升——而做出积极的补偿，也未执行建设部《关于优先发展城市公共交通的意见》有关城市公共交通企业承担社会福利（包括老年人、残疾人、学生、伤残军人等实行免费或者优惠乘车）和完成政府指令性任务增加支出应予以经济补偿的规定。不可否认，政府可冠以公共利益之名做出该行为，并且该行为可能符合协议的约定，但在政府接管企业之前，并未考量客观情况的变化以及对国家政策的置之不理，严重损害了特许者的可期待利益。又如，面对湖北黄冈公交承运商闹矛盾，引发的全城四十余万市民三天无车可乘这一事件，政府由起初的谨慎观望，③ 到舆论压力下的被迫介入，折射出政府维护公益的不力，以及特许经营者唯利是图的特性。

在此，上述两则事例所引发的两个诘问值得我们关注。其一，政府是严格恪守特许经营协议的约定，全然不顾客观情势的变化而任由公益消减，还是坚守公益至上原则下断然介入损害公益之经营活动？其二，特许经营者是在遵守协议的前提下，最大限度地追寻效益的最大化，而无须念及企业社会责任与社会的道德评价，还是循规蹈矩地肩负其政府原有的公益责任，有节制地谋取一定的利润？两个问题的答案，直指政府与特许经营者的活动疆域。而作为两者关系发生的纽带——特许经营协议，应当对此有明确的界

---

① 詹中原：《公共行政理论与实务之分析》，五南图书出版公司1994年版，第21页。
② ［美］萨瓦斯：《民营化与公私部门的伙伴关系》，周志忍等译，中国人民大学出版社2002年版，第24页。
③ 事件之初，黄冈市政府一负责人声称："政府在这个事情上只能协调，不可能干预公交公司内部矛盾，更不可能强制承包商出车。"参见刘春燕《公交承运商闹矛盾 湖北黄冈40万市民无车可乘》，《长江商报》2006年11月12日。

定,亦即协议双方权利义务的详尽约定,尤其是出现利益冲突之时,哪些情形下是从特许经营协议中寻求救济,哪些是政府可以直接以维护公益的特权无条件介入,等等,毋庸置疑,都应当作为特许经营协议的当然内容。

不过,需要进一步回答的是,政府与特许经营者之间的所有权利(力)与义务(职责)是否都可以在协议中予以细化?答案无疑是否定的。这也为两者之间利益的冲突埋下了隐患。这是因为,尽管特许经营者的权利来源于政府的授予,然后政府并非把所有相关权力一并转让,而仅仅是给付行政下的部分国家义务。即便转让协议中有约定,而约定内容的模糊性与抽象性,在面对社会发展中层出不穷的新问题时,往往表现为束手无策,加之,协议之外,政府公益之名下介入的不可期待性,都导致政府与特许经营者之间的利益冲突不可避免。由此观之,特许经营者与政府的利益冲突并非仅限于特许经营协议的界域内,亦表现为双方协议中付之阙如的事项。

(二)特许经营权利与道路通行权之冲突

不可否认,政府与道路通行者之间因国家义务而生的无偿服务或者有偿征收的公法关系,借由行政许可、特许经营协议,而转化为经营者与道路通行者之间有偿使用的民事关系。因而,我们在关注政府与经营者之间权利义务配置之时,需要更多地考量公共交通经营者与使用者之间的关系,进言之,应充分考量经营者的特许经营权利与使用者的道路通行权,能否在同一轨道上(权利位阶性并无优劣之分,并在民事活动中相互作用)并行不悖。并且,应当承认,相较于特许经营者与政府之间的关系,特许经营者与通行者之间关系和谐与否,直接关系着民营化策略能否顺利实施,并决定着行政主体放松管制的初衷能否达成。

事实上,城市公共交通民营化过程——政府有限度地隐退,及对经营者有节制地引入——所发生的角色置换,使得民营化后特许经营者与道路通行者之间的联系最为密切,同时,两者之间的权利冲突亦表现得最为激烈。尽管我们也可以把两者所分别享有的特许经营权利与通行自由权之间的冲突,抽象为利益的冲突并展开分析。然而,处于同一位阶平等权利之间的冲突,不同于非完全意义的平等主体之间的利益冲突,换言之,两种权能有着利益类型化的共同表现形式——权利,且同处于私法场域内产生法律关系。由此,探究两者之间的权利冲突较为合适。

尽管,从我国已有的法律文本中,无法找寻到"道路通行权"这一概念，但在基本法理上，道路通行权作为路权①的主要内容，"被认为是所有当事人（jedermann）均享有的权利，这里的权利，具体包括，请求道路管理者、交通行政机关、道路所有人允许其在道路上通行，以及请求他人停止侵害（该权利被定位为物权性的利用权）"②。申言之，按照社会法治国的理念，道路通行权的实现，隐含着国家有义务提供交通基础设施以供给民众平等使用。而公共交通民营化后，国家的这一义务在很大程度上移转给特许经营者。由此看来，道路通行权能否实现直接取决于特许经营者。从根本上讲，特许经营权利与道路通行权具有内在的一致性。一般而言，经营者负责道路的养护、管理，并提供确保安全通过的必要设施等服务，相应地，通行者为此服务支付一定的价款。然而，民营化在城市公共交通领域受挫的现实，所折射的特许经营权利与道路通行权的冲突，考问着经营者的权利空间以及通行者道路通行权的内在边界。为更好地展示两者冲突的面貌，笔者选取前文提及的"破胎器事件"与"拒载老人事件"为例进行阐释。

首先，对"破胎器事件"加以分析。途经南京长江隧道的车辆需要交纳一定的通行费，这是公共交通民营化的应有之义，亦即，道路通行权的实现需要附带一定的义务。而南京长江隧道公司之所以设置破胎器并加以启用，从表象上看，用意在于防止过往车辆逃费现象的发生，其本质上是为了维护其特许经营权利。故而，采取积极措施进行维权无可厚非。易言之，源于民营化衍生的两者之间的民事合同关系，并按照有偿使用的原则，通行者缴纳一定的使用费，是不存在问题的。那么，对未履行缴费义务的行为——恶意逃费或过失漏缴，进行抗辩亦在法理之中。并且，《收费公路管理条例》第33条规定内容之"有权拒绝其通行"对此也作了确认。问题是，现有法律规范之于具体维权的方式，未予以枚举，因而，应当考察，采取破胎器维权方式以拒斥侵权行为，能否经得住正当性的检视。

依循"法不禁止即自由"的法理，隧道公司设置破胎器也并无不可。从利益衡量的角度来看，在采取其他救济方式缺乏效益性或者无法获致的情况下采取即时自救，亦符合一般的法理。只不过，长江隧道公司启用破胎器

---

① 事实上，在谈论与交通相关的权利时，路权是一个广泛被运用的概念，所谓的路权是指人（或车）使用道路的权利，更确切地说，路权一词乃为规范行人或驾驶人，在行车时对道路所享有的权利与应负担的义务，并且，路权不仅涵盖通行权，而且包括先行权、占用权等权利。参见许育典、陈碧玉《交通部门宪法在我国的探讨》，《成大法学》第24期。

② [日]大桥洋一：《行政法学的结构性变革》，吕艳滨译，中国人民大学出版社2008年版，第207—208页。

消损通行者财产权益,以阻却通行的做法,有违反宪法之嫌。① 更为严重的是,此举有可能引发重大交通事故,并进而威胁通行者的生命安全,导致重大的财产损失。由此看来,隧道公司仅仅为阻却通行者的违约行为而采取的因应之策,隐藏着重大的安全隐患。因而,设置破胎器的正当性是值得商榷的。不过,从另一个侧面看,破胎器的设置不当并不意味着应当对其断然废弃,而使得道路使用者之通行不受节制。只要民营化这一基本事实存在,通行者之民事缴费义务则不可消除。这也在一定程度上印证了特许经营者采取抗辩措施的必要性。

其次,如果说"破胎器事件"不能很好地例证特许经营权利与道路通行权之冲突,那么"拒载老人事件"可以为两者的冲突态势作进一步的补充。与一般私主体的经营权无异,自主选择消费主体以及自由决定经营方式亦应为特许经营权利的当然内容,并且,在不违反国家强制性规范或禁止性规定情形下,对该自由经营行为应当予以尊重。顺延此逻辑,老人持有"优待证"需减免费用,以及老人乘车出现纠纷的概率偏高等潜在不利益情形,都与经营权利的商业诉求格格不入,从而导致作为经营方执行者的公交司机遇到老人之时,做出拒载的行为。因此,老人借助公共交通设施实现通行权的期待因民营化遭遇不能达成的可能。诚然,此种具有歧视意味的经营方式,严重侵犯了老人的道路通行权。但是,倘若对其予以放任,那么按照公共选择理论,所假设的"经济人"必定对国家善尽照顾老人义务的政策置若罔闻,而肆意追逐私有利益。因而,诸如对老人等弱势群体的特殊对待,应该成为探究特许经营权利边界的考量因素。

(三) 特许经营权利与既有员工利益之冲突

尽管上述两个理路的论析,可以较好地感知特许经营权利外部射程的大致范围及其作用效果,但是从逻辑论证的周延性考量,如若对内部关涉法律关系——经营者与劳动者之间的用工合同关系——一并加以探究,那么我们必将获associated更为全面的特许经营权利整体景象。实践中已有的案例,也证明了从该路径剖析特许经营权利空间的不可或缺性。譬如,2008年十堰市公交民营化挫败的直接诱因是特许经营权利与既有员工利益的冲突——公交司机的四次罢工,引发政府对城市公交全面接管,最终导致经营活动难以为继。可见,改制后的经营者与职工的劳务关系,直接关系特许经营权利能否

---

① 我国《宪法》第51条规定,中华人民共和国公民在行使自由和权利的时候,不得损害国家的、社会的、集体的利益和其他公民的合法的自由和权利。

实现。

遗憾的是，我国民营化过程中相关的政策与法律规范，并无改制后经营者与职工相关权利义务的制度设计，即便在现有的特许经营协议示范文本[①]中，也无迹可寻。不过，从建设部《关于优先发展城市公共交通的意见》第7条有关内容[②]透射的精神，不难解读出，特许经营企业内部劳动关系在改制后，完全可以按照市场化加以运作。当然，市场化是否涵摄两者劳资关系，应取决于特许经营协议对此是否有约定。从《市政公用事业特许管理办法》第9条对特许经营协议内容设计要求观之，特许经营的事项、范围应在特许经营协议的当然约定之中。因此，如果公交员工的劳务关系在民营化之列，那么对公交职工的安置管理或薪酬福利等应在协议中约定一二。由此，特许经营者对原有职工的权利义务便可清晰。

即便如此，也规避不了这一逻辑现象：经营者趋利性诉求以及商业优胜劣汰规则，驱使员工不顾公共交通的公益性而肆意地畸形追求利润。此外，员工习惯于公用事业单位改制之前的福利待遇，以及对事业单位的职业荣耀感，较为排斥市场化运作下经营者的绩效考核、按劳分配等评价机制。故此，导致民营化后十堰公交"五年四次罢工事件""长沙拒载老人事件"，甚至"合肥司机撞死人事件"[③]的发生。

四　政府介入的法理基础及其展开

通过特许经营权利三个面向的考察，得知在其作用空间内出现诸多问题，可见，民营化伴生的特许经营权利的获致并非一帆风顺。倘若不能对所涉症结加以消解，以及特许经营权利不能得以有效保障，那么非但会影响特许经营者的积极性，而且会增加民众对民营化策略的疑虑，并进而遮蔽民营化的制度优势。

---

① 2004年建设部下发了《城市供水特许经营协议示范文本》《管道燃气特许经营协议示范文本》《城市生活垃圾处理经营协议示范文本》等示范文本，供各地在实施特许经营制度时参考。

② 第7条部分内容为：要深化国有城市公共交通企业改革；在产权明晰的基础上，引导社会资金和国外资本参与企业改革和重组，优化企业的资本结构，实行投资主体多元化；要按照建立现代企业制度的要求，完善企业法人治理结构，深化企业内部人事、用工和收入分配三项制度改革，分流企业办社会职能，创造企业改革发展的良好环境，使企业真正成为自主经营、自我发展、自我约束、自我完善的市场主体。

③ 民营化后，司机因公司制度、高负荷工作等原因，引发悲剧的发生。参见《合肥反省公交民营之痛：野蛮行车5个月撞死11人》，《第一财经日报》2007年5月24日。

面对现实的困境，从法理上深度剖析化解问题的可能路径，是行政法学研究者的重要使命。从发生学上讲，问题的根源应当回归到特许经营权利的生成之初，申言之，应当追溯到民营化之前的国家义务。因为特许经营权利源自国家义务，是国家完成公益任务的变相体现方式之一。因此，面对特许经营权利的尴尬境遇，国家应当由"幕后"走向"舞台"，发挥其应有的调控职能。这就需要反思民营化前后国家责任的不同形式，以明晰国家介入的具体广度和深度。毕竟，"在民营化的发展下，政府与民间各自的责任分野与政府角色的再界定是必须认真检讨的问题"[1]。

不可否认，在现代宪法国家中，国家对于行政任务之履行恒负有责任，且并不会因执行机构之法律形式而有所不同。[2] 传统高权行政下，国家的这一责任往往表现为直接执行责任。而较之秩序行政，给付行政背景下任务的实现，并非需要政府身体力行，"因民营化项目的国家任务属性并未改变，只是程度不等地由私人参与履行罢了"[3]。国家仍必须从事适当之监督及管理，以确保民间机构所提供之物资、劳务，其数量及品质皆能符合一定标准，并以公平机会提供给民众，如有收费，亦应适当。[4] 由此观之，与民营化之前相比，民营化后国家的责任形态是有所不同的。

对此，德国学者G. F. Schuppert提出国家责任阶段论，亦即依据国家执行行政任务由强至弱，依序将行政责任区分为履行责任（Erfüllungsverantwortung）、保障责任（Gewährleistungsverantwortung）、网罗责任（Auffangverantwortung）。[5] 具体而言，履行责任是指国家或公法人自行从事特定任务之责任；保障责任指特定任务虽由国家或其他公法人以外之私人与社会执行之，但国家或者其他公法人必须负起担保私人与社会执行任务之合法性，尤其是积极促其符合一定公益与实现公共福祉之责任；而网罗责任则着重在备位功能，仅于具公益性之管制目的无法由私人与社会达成或管制失灵时，此项潜在之国家履行责任始被予显性化。[6] 就民营化后的国家任务而言，国家直接承担履行责任

---

[1] 许宗力：《论行政任务的民营化》，载《当代公法新论（中）》，元照出版公司2002年版，第593页。

[2] 詹镇荣：《民营化法与管制革新》，元照出版公司2005年版，第108页。

[3] 许宗力：《法与国家权力（二）》，元照出版公司2007年版，第428页。

[4] 陈敏：《行政法总论》，自刊本，2012年，第675页。

[5] G. F. Schuppert, Die öffentliche Verwaltung im Kooerationsspektrum staatlicher und privater Aufgabenerfüllung: Zum Denken in Verantwortungsstufen, Die Verwaltung 31 (1998), S. 415 ff. (423). 转引自詹镇荣《民营化法与管制革新》，元照出版公司2005年版，第125页。

[6] 詹镇荣：《民营化法与管制革新》，元照出版公司2005年版，第125页。

的情形逐步消逝，而是让位于特许经营主体，由幕前转到幕后。按照G. F. Schuppert 的国家责任阶段理论，此时的国家责任形态表现为保障责任或网罗责任。易言之，国家在脱卸直接履行责任后，不仅要保障承继者之履行效果不次于国家亲自履行，而且，在民营化之履行出现异常状况之时，负有直接接管的担保责任。

诚然，网罗责任是国家在审慎条件下直接介入私经济行为的责任形态，亦是国家担保行政任务履行的实现方式，因而网罗责任隶属于国家的担保责任。由此观之，在公共交通民营化后国家承担的责任应为担保责任。在此，需要指出的是，明晰民营化后的国家责任形态的意义在于，在理论上对此研究范式应当予以及时调整与更新，并在新的理念下，设计行政主体活动的相关制度，更为重要的是，政府在民营化后介入公共交通领域时，国家应当保持审慎的戒惧态度，有所为，有所不为。诚如有学者提到的，"如果国家设施以前的功能和任务因新的市场形势而不再有意义，国家就应当将其责任限制为对市场的监控，确保市场竞争秩序，不得用其他形式的垄断变现延续以前的行政垄断"[①]。

那么，民营化后国家担保责任的内涵与外延是什么呢？按照人民主权原则和社会契约理论，政府权力源自民众授予，公益化的政府义务随之相生。从根本上讲，民营化后担保责任的主体，应溯源至国家为公共利益践行者，并且其担保的客体为公共利益。尽管公益的实现任务委托给特许经营者，然其固有的责任并未由此消减。在此过程中，国家与社会主体分工协作：国家对社会主体的行为加以激励和控制，以确保其符合公共利益；社会主体在法定或约定的规则下，有序参与行政任务，发挥其内在功效——"委托私人行使公权力可以减少行政部门组织、人事等固定经费支出，具有效率、效能的正当性"[②]。

由此看来，国家担保责任意味着官民间是一种合作模式，各有其应负责的部分，国家系经由大致的条件设定以及相关结构性的要求而影响私人，促使公共福祉有关的目标能够受到应有的调控而为落实，但国家并非亲自承办之。[③] 在外延上，国家担保责任包括但不仅限于：给付不中断的担保义务；

---

① ［德］汉斯·J. 沃尔夫、奥托·巴霍夫、罗尔夫·施托贝尔：《行政法》（第三卷），高家伟译，商务印书馆 2007 年版，第 468 页。
② 黄锦堂：《行政组织法之基本问题》，翰庐出版公司 2005 年版，第 462 页。
③ 参见黄锦堂《行政任务民营化之研究》，载《公法学与政治理论》，元照出版公司 2004 年版，第 500 页。

维护与促进竞争的担保义务；持续性的合理价格与一定给付品质的担保义务；既有员工的安置担保义务，以及人权保障义务与国家赔偿责任。[1] 当然，国家的担保责任，"对于公益维护之时段，应提前于政府规划民间参与公共建设计划方案时即予开始，并持续之后阶段之招商公告、甄选程序、契约缔结，以及计划执行等各该阶段"[2]。

此外，需要指出的是，在逻辑上，从特许经营权利的面相考量容许公权力介入的理论基础，亦是不可或缺的。如此，一方面可以避免传统高权行政图景下，国家单方面的武断介入而造成矛盾多发情形的出现；另一方面，从被介入主体权利的社会义务中寻求呼应，契合合作行政的内在要求。

特许经营权利的容许性需要从其权利的特性切入分析。"以官方许可、专利和其他创设权利的行政行为为基础的权利都不是公法权利"[3]，特许经营权利亦是如此。如前文所述，特许经营权利是经营者因特许经营协议而享有的经营、管理并意欲营利的权利，因而，特许经营权利是财产权的种概念。在理论上与实践中，财产权的社会义务性已经得到确认。"以保护私人自由为中心的传统财产权理念，开始让位于将财产权的社会关联性予以同等强调的理念。"[4] 譬如，德国学者强调财产权内容和界限的法定主义；日本学者一般则应用内在制约论和（公共）政策制约论这两个主要概念来讨论有关财产权制约的理论。[5] 在法律规范上，《魏玛宪法》第153条第1款中规定："所有权……。其内容以及其界限，由法律规定"；《德国基本法》第14条第2款规定："财产权负有义务。财产权的行使应当同时服务于公共福利"；《日本宪法》第29条规定："财产权的内容应符合公共福利"。尽管我国宪法并未对财产权的社会义务予以直接限定，但是宪法所明确的社会主义原则（第1条第2款）、保护劳动者的要求（第42条第2款）、权利的一般性限制（第51条）等规定，是财产权社会义务在我国的变相表述，同时构成论证财产权社会义务的宪法基础。此外，"社会主义权利观要求权利的个体性与权利的社会群体性相协调。在必要时允许国家权力从社会群体利益出

---

[1] 参见许宗力《法与国家权力（二）》，元照出版公司2007年版，第454—457页。
[2] 参见刘姿汝《从消费者权益观点谈ETC案》，《台湾本土法学杂志》总第82期。
[3] [德] 格奥格·耶利内克：《主观公法权利体系》，曾韬、赵天书译，中国政法大学出版社2012年版，第61页。
[4] 参见张翔《财产权的社会义务》，《中国社会科学》2012年第9期。
[5] 参见林来梵《论私人财产权的宪法保障》，《法学》1999年第3期。

发，对个人权利做适当的限制、干预或控制"①。由此推展，特许经营权利为了公共福祉做出一定让步和牺牲，乃是特许经营权利社会义务的表现。

五 特许经营权利的法治边界

不过，特许经营权利的社会义务性，并不意味公权力对特许经营权利的克减没有限度。在民营化的有关方案与法制的设计中，尤应注意业者的基本权的保障；国家不得赋予过多的要求，否则将有害于社会自我责任以及私部门之行动的理性以及自我调控的可能性。② 换言之，国家的介入活动应当有所节制，并对特许经营者的合法权利保持应有的尊重。国家过度介入民间，必然会打破通过协议形成的如哈耶克所说的"自发秩序"。③ 那么，国家与私主体活动之间有没有界限？如果有，国家介入的限度在哪里？这一问题事关特许经营权利的边界，必须予以澄清。

公共交通民营化是合作行政的外化，更为合作主义的表现形式之一。合作主义的锋芒所向，就是要在思想上和组织上取消国家与社会的界限，因而，也要取消公共生活与私人生活的界限。④ 事实上，所谓合作或协商，也经常是在"高权阴影下"，所谓国家之担保责任，也暗示着国家应负最后责任，因此可看出行政法上人民之参与及合作其界限仍存在。⑤ 只不过，两者的边界不再那么泾渭分明。

将"公共利益"作为公民基本权利的界限，同时作为立法机关限制基本权利的唯一理由，是当今世界各国宪法的通例。⑥ 并且，"国家或其他公权力行为应重视公益，已成为行政法上的重要原则，且具有宪法层次之效力。国家或其他公法人之机关所为之行为，不论以公法方式或私法方式为之，必须以达成公益为目的"⑦。由此观之，"公法范式不像刑法范式或者民法范式那样关注作为行为人和受害者的个人的权利和利益，它更关注社会的

---

① 郭道晖：《社会权力与公民社会》，译林出版社2009年版，第31页。
② 黄锦堂：《行政任务民营化之研究》，载《公法学与政治理论》，元照出版公司2004年版，第501页。
③ 章剑生：《现代行政法的基本理论》，法律出版社2008年版，第8页。
④ [美] R.M. 昂格尔：《现代社会中的法律》，吴玉章、周汉华译，译林出版社2008年版，第169页。
⑤ 陈春生：《行政之学理与体系》，元照出版公司2007年版，第71页。
⑥ 张翔：《基本权利的规范建构》，高等教育出版社2008年版，第63页。
⑦ 林锡尧：《行政法要义》，自刊本，1999年，第56页。

总体福利——'公共利益'"①,进言之,公共利益是公权力介入私权利的根本理据。可见,公共利益成为公权力介入特许经营活动的当然理由,自不待言。

(一) 特许经营权利空间

然而,需要指出的是,由于公共利益概念的模糊性和不确定性,诱发公权力行为的恣意妄为,容易出现特许经营者对行政主体的介入活动无法预期,并易致公权力机关以公益之名行私利之实。由此看来,如果单纯以公共利益作为公权力介入的边界,显然是不科学的。因而,探析具有可操作性,并且易于辨识的定界标准较为妥当。不过新的分析理路仍应在公共利益统制之下展开。前已述及,作为公共利益外化结果的特许经营协议,直接影响着前文所示法律关系的产生、变更与消灭,由此,在一定程度上可以认为,三组法律关系建基在特许经营协议之上。特许经营权利也因之生成、拓展和延伸。同时,鉴于前文述及的政府介入,仅为担保责任之下的有限行政活动,因而,可以通过明晰介入对象的权利空间,以为政府介入行为提供忌惮的因素与标准。特许经营权利空间的具体论析,可以借助特许经营协议进行阐发。

首先,就行政主体与经营者而言,特许经营协议是政府与特许经营者在意思一致情形下达成的合约,是约束双方活动的最高章程,并且直接生成了特许经营权利。可以想象的是,公司契约不仅可以提供社会服务或实现管制的目的,也能够作为实现诸如公正、公开和责任性等公法价值的机制。② 因此,可以认为特许经营协议匡定了特许经营权利的权限和边界。不仅如此,特许经营协议对政府监管,尤其是临时接管的明确规定,在一定程度上细化了政府介入经营活动的具体情形。特许经营协议与已有的法律规范中有关限制特许经营的规定,共同构成了限制特许经营权利的文本规范。质言之,限制或者剥夺行使特定公法权限的权利(即所谓经营权)的要件,只在以下两种情况中存在:一是尚未满足法律上的特许的全部要件或违反特许经营协议的约定;二是特许行为中,预定了限制或剥夺其权利的宗旨。③ 另外,特

---

① [澳] 皮特·凯恩:《法律与道德中的责任》,罗李华译,商务印书馆2008年版,第412页。
② [美] 朱迪·弗里曼:《合作治理与新行政法》,毕洪海、陈标冲译,商务印书馆2010年版,第556页。
③ [日] 米丸恒治:《私人行政——法的统制的比较研究》,洪英等译,中国人民大学出版社2010年版,第46页。

许经营协议没有约定或约定较为宽泛，以及法律规范中未予以明确而属于经营权的应有内容的事项——譬如，变更经营策略或者经营模式——都应当视为特许经营权利的范畴。在此情形下，只要该行为没有侵犯公共利益之虞，以及侵害他人正当利益，国家自不会干预，否则，便存有国家介入的可能。

其次，在三组法律关系中，经营者与通行者的关系最为密切。特许经营协议的存在，根本上是为了使国家的给付义务得以细化与优化，所约定提供的公共产品和服务的数量、质量、标准等，本应由国家提供而借由特许经营者付诸实施。因而，经营者与通行者之间并不是一般意义上的民事法律关系。虽然"从法律的角度，每一个法律意义上的人（个体、团体、国家）都有在法律的限度内追求和获取自己最大利益的正当权利，也有在法律的限度内维护和保护自己利益的正当权利"①，但是，由于特许经营权利负有一定的社会义务，而受到一定程度的克减。相对于通行者，经营者除了享有一般民事权利外，应遵循特许经营协议内容及其精神，尤其是在公益原则的统制下，负有更多的谨慎与注意义务。具体而言，除了保证经营行为符合特许经营协议以及不违反法律规范的强制性规定外，经营与管理活动，不得违反民营化之最终价值，不得侵犯公共安全、社会秩序等公共利益，即便是存在侵犯公共利益之可能情形，亦应当予以禁止。这也是国家介入这一民事活动的边界所在。由此看来，遭遇破胎器的车辆，因在高速路疾速行驶有危及公共安全的可能性，而生有国家介入的必要。

最后，归因于行政主体与经营者缔结的特许经营协议，经营者与既有员工之间的法律关系才得以建立。与此同时，实现了借由市场机制变革行政官僚体制主导下的人事与劳资关系，以及进一步拓宽特许经营权利。然而，应当承认，"在受托民间机构经营一个既有公共设施的情形，对既有员工权益的保障，国家责无旁贷，惟国家仍非不得与受托人商定由受托人继续负起对既有员工的安置义务"②。诚然，如果国家把城市公共交通内部员工管理交由经营者一并民营化，那么就应当按照协议约定内容，并遵循市场规则行事。同样，经营者也应按照特许经营协议市场化运作。基于此分析，不难得出，特许经营权利不仅包括经营协议明确的权利，而且包括协议未明确的作为用工单位应当享有的正当权利，如奖励表现优异的员工、对严重违反规章制度的员工可解除合同等。但经营者的经营活动应当以增益社会福祉为宗

---

① 参见刘作翔《权利冲突的几个理论问题》，《中国法学》2002年第2期。
② 许宗力：《法与国家权力（二）》，元照出版公司2007年版，第457页。

旨，否则，如若出现违法劳动合同规范，严重侵害劳动者的合法利益，或有无视经营协议、畸形追逐利润，以及其他侵犯公共利益之虞情形，国家不得置若罔闻，而应视情况予以监管，甚至予以接管。

(二) 政府介入的限度

需要进一步追问的是，民营化后国家担保责任之下，行政主体应当在何种程度上介入特许经营活动？我们以为，除了依循现有特许经营的法规、规章，尤其是《基础设施和公用事业特许经营管理办法》第五章"监督管理和公共利益保障"设定的具体规则，有必要引入并借鉴《行政许可法》设定许可事项的实践经验和价值理念，同时辅以行政法一般原则的统制。

1.《行政许可法》有关规定之借鉴

应当明确，对特许经营权利应秉持必要的尊重与戒惧，笔者以为，可以借鉴《行政许可法》第13条[①]有关可以不设行政许可事项的具体规定，对此加以细化。因为行政许可是行政主体介入私人活动的外延之一，行政许可秉持的精神和理念亦是公权力介入的当然内容。因而，第13条所透射的对私主体与市场尊重的价值取向与法治精神，应当为国家介入特许经营活动所承继。更为重要的是，以第13条所列明事项作为判别公权力限制介入的清单，不但可以避免以公共利益为名的判别的模糊性，而且契合十八届三中全会《中共中央关于全面深化改革若干重大问题的决定》、十八届四中全会《中共中央关于全面推进依法治国若干重大问题的决定》中关于"市场在资源配置中起决定性作用"战略安排。因此，行政主体在介入特许经营活动时，应当尊重经营者治理能力、市场的调节能力、社会组织的自律能力以及事后监督效果，对属于第13条所列事项的情形，行政主体不应予以介入干涉。

然而，值得注意的是，"个人利益的过分扩张不仅仅会损害到其他个人利益，还可能有损公共领域所代表的公共利益，公法对此就不能袖手旁观、无动于衷。为了保证公共领域不被侵蚀，一方面要防止政府权力对于市民社会自治空间的侵略，另一方面，也要防止市民社会中对个人利益的追逐无限扩张"[②]。故而，国家直接介入不可避免。如同引入并借鉴《行政许可法》

[①] 第13条规定，本法第12条所列事项，通过下列方式能够予以规范的，可以不设行政许可：(一) 公民、法人或者其他组织能够自主决定的；(二) 市场竞争机制能够有效调节的；(三) 行业组织或者中介机构能够自律管理的；(四) 行政机关采用事后监督等其他行政管理方式能够解决的。

[②] 金自宁：《公法/私法二元区分的反思》，北京大学出版社2007年版，第110页。

第 13 条的理据，行政主体直接介入特许经营活动，亦有援用《行政许可法》第 12 条①有关"可以设定行政许可事项"的必要。申言之，可以借鉴第 12 条第 1、2、4 项的规定，对经营活动危及公共安全、生命财产安全，影响社会正常秩序，以及设备设施物品等需要设定安全标准的，行政权力才可以直接介入。

2. 行政法一般原则之统制

当然，行政主体介入限度的展开，离不开平等保护、法律保留、信赖保护、正当程序、比例原则等原则的规制。尽管法律规范和经营协议对政府涉入经营活动情势已细致述明的，可为行政主体的介入提供较为清晰的路径，但仍需接受上述原则的制约，并由其加以补足。

首先，平等原则要求"行政权的行使，不论在实体上或程序上，对于相同事件应为相同处理，对于不相同的事件，不得为同一处理，且除非有合理、正当的理由，不得为差别待遇"②。行政主体在介入特许经营活动之时，除了应禁止恣意，并受行政自我拘束原则规制外，应特别关注差别对待问题。具体而言，特许经营三种可能形态（形式民营化、实质民营化、功能民营化）下，特许经营者的权利能力是不同的，因而国家介入的密度亦应当有所差异。这是因为，形式民营化仅为组织之法律形式的改变，行政任务本身并不因之而释至私人之手，行政任务依旧有国家自己执行，③ 并且，功能民营化也只是将国家部分执行的责任交由社会，并未放弃自己执行的义务，而实质民营化则是承担国家的所有执行责任。与这种差异相伴的是，形式民营化与功能民营化之企业往往承继原有基础设施、资金、组织人员、社会资源等，具有先天的市场主导影响力，而实质民营化之企业在很多情形下往往从零开始，逐步建立前者所承继之资源。如果对民营化三种不同形态加以一致对待，难免显失公平。因而，存在此正当、合理的理由，而生有平等

---

① 第 12 条规定，下列事项可以设定行政许可：（一）直接涉及国家安全、公共安全、经济宏观调控、生态环境保护以及直接关系人身健康、生命财产安全等特定活动，需要按照法定条件予以批准的事项；（二）有限自然资源开发利用、公共资源配置以及直接关系公共利益的特定行业的市场准入等，需要赋予特定权利的事项；（三）提供公众服务并且直接关系公共利益的职业、行业，需要确定具备特殊信誉、特殊条件或者特殊技能等资格、资质的事项；（四）直接关系公共安全、人身健康、生命财产安全的重要设备、设施、产品、物品，需要按照技术标准、技术规范，通过检验、检测、检疫等方式进行审定的事项；（五）企业或者其他组织的设立等，需要确定主体资格的事项；（六）法律、行政法规规定可以设定行政许可的其他事项。
② 城仲模：《行政法之一般法律原则（二）》，三民书局 1998 年版，第 101 页。
③ 詹镇荣：《民营化法与管制革新》，元照出版公司 2005 年版，第 108 页。

原则之差别对待的必要。那么,"为促进并确保任务私人化后各经济主体间享有机会均等之竞争机会,不对称管制(asymmetrische Regulierung)之建构即成为最重要且具成效之管制机制"①。进一步讲,国家在介入不同形态下特许经营活动时,应当对实质民营化企业给予格外的关照,如给予补贴、纳税优惠等政策倾向性照顾。

其次,法律保留原则的重点在于保留的范围。对此有不同的理论学说,大致有"侵害保留说""全面保留说""折中说""重要事项说""国会保留说"等。即便如此,上述理论学说有着共通的基础性价值:明确权力秩序,确立授权禁区,② 以及共同的核心:基本权利限制之法律保留。我国《立法法》第8条、第9条确立的法律保留具体事项,契合了"重要事项说",秉持了公民重要权利义务由法律保留的要义。行政权介入特许经营活动,关系到经营者之特许经营权利能否实现及其实现程度,因而,应当考虑纳入法律保留的考察范围。结合前文国家担保责任的分析,我们以为,政府接管(暂且不论接管的具体事由)会对特许经营权利产生根本影响:政府对特许经营基础设施与公用事业的接管,特许经营者将面临移交全部特许资产或档案,往往伴随着特许经营权利的丧失;政府接管行为并不以补偿作为基本要件。由此看来,相较于行政征收或征用,政府接管行为对权利人造成的损害更为严重。而2015年新修订的《立法法》将"非国有财产的征收、征用"作为制定法律的法定事项,因而,政府接管特许经营项目应当为法律保留的当然内容。可见,这就需要提升新制定的《基础设施和公用事业特许经营管理办法》的位阶,并跟进相关法律的制定与完善。不过,"唯对于突发情况,例如自然灾害或经济危机,须紧急应变之情形,则无须法律之事前授权"③。于此情形,因政府接管行为造成的损失,应予以相应补偿。

再次,源于特许经营协议的存在,引入并适用信赖保护原则不可或缺。信赖利益保护基本上源于宪法保障人民对法安定性的信赖以及宪法对财产权保障之规定。④ 该原则的适用需要具备三个要件:作为信赖基础的行政行为、行对人基于信赖而进行一定的活动、信赖活动为善意并无过失。⑤ 当人民符合信赖保护原则之要件后,面临国家欲变更、削减人民信赖之法律状态时,

---

① 詹镇荣:《民营化法与管制革新》,元照出版公司2005年版,第137页。
② 周佑勇:《行政法基本原则研究》,武汉大学出版社2008年版,第188页。
③ 陈敏:《行政法总论》,自刊本,2012年,第172页。
④ 李惠宗:《行政法要义》五南图书出版公司2002年版,第127页。
⑤ 周佑勇:《行政法基本原则研究》,武汉大学出版社2008年版,第233—235页。

将产生存续保护（Bestandsschutz）以及财产保护（Vermögensschutz）的效果，而公益在判断信赖保护原则之效果时，居于判断基准之地位。[①] 这意味着，国家不但应当兑现特许经营者的信赖利益——譬如协议中列明甚至以其他形式约定的补贴，而且应对因公益之必要情形下介入经营活动，而造成的损失给予补偿。

在上述过程中，公权力介入的程序装置的配套尤为重要。倘若政府不断运用这些契约提供重要的服务且外包其传统的职能，要求政府/私人契约吸收诸如公正、理性和责任性等公法规范的压力就会大大增强。[②] 因为"某项义务一旦交由私人办理，往往会规避公法所设计的各种规范机制，从而使得公法的价值——负责、透明、公共参与——被侵蚀"[③]。因此，应在程序上确保行政权力的运行必须符合最低限度的程序公正标准，做到避免偏私、行政参与和行政公开，[④] 换言之，要经由利害关系人回避、职能分离、听证、陈述申辩、告知、说明理由等制度的检视，实现介入活动获致程序正当性。国外对此已有较为成熟的规定。以德国利益陈述程序（Interessenbekundungsverfahren）的规定为例，"私人倘认为由其履行国家任务或从事服务公共目的之企业活动，比由国家经营者更有效，或至少相同有效，国家在适当情形，应予该私人有说明、陈述之机会"[⑤]。

最后，公权力的介入应当由有"帝王条款"之称的比例原则全程规制。"比例原则（der Grundsatz der Verhältnismäßigkeit）源于警察国家时代，为了公共安全与秩序之目的，对人民基本权利采取限制手段，而此目的与手段的调和原则，即是德国行政法学理上之比例原则，意旨国家在干预人民自由、权利时，不可为达目的而不择手段。"[⑥] 该原则对于控制行政裁量权意义非凡。因而，国家介入特许经营活动之时，应依循比例原则适当性、必要性、相称性之要求，确保介入手段与目的之间适当、合理；至于达成目的有多种方式的，应选择最有利于保护特许经营权利的方式。

[①] 城仲模：《行政法之一般法律原则（二）》，三民书局1998年版，第249—251页。
[②] ［美］朱迪·弗里曼：《合作治理与新行政法》，毕洪海、陈标冲译，商务印书馆2010年版，第494页。
[③] 廖元豪：《政府业务外包后的公共责任问题研究》，载政治大学法学院公法中心编《全球化下之管制行政法》，元照出版公司2011年版，第483页。
[④] 参见周佑勇《行政法的正当程序原则》，《中国社会科学》2004年第4期。
[⑤] 许宗力：《法与国家权力（二）》，元照出版公司2007年版，第443页。
[⑥] 林腾鹞：《行政法总论》，三民书局2012年版，第94页。

六　结语

至此，本文大致呈现出了特许经营权利的空间以及公权力介入的限度，由此，我们可以感知特许经营权利的边界，并可据此判断前文述及案例中相关当事人行为的正当性。并非仅限于此，当面对"广泛的外包带来了大量契约设计方面的挑战，使得政府能够通过委任逃避宪法审查，而至少在某些情况下可能被认为与自由民主的原则不相容……外包可能削弱第三方受益者的影响，他们在私人控制的决策过程中仅享有有限的参与权"[①] 时，特许经营权利边界的厘定，可为国家监管的制度设计乃至给付行政的纵深化发展提供较为可行的路径，同时，在公权力不当行使时，经营者可以基于此进行有效抗辩。

然而，不容忽视的事实是，公共交通民营化后，因涨价、公共安全、服务质量、社会秩序等重归国有化的大量案例，在一定程度上暗示着民营化规制策略的乏力。如果人们因存在自我挫败的规制策略就认为应该安于现状，或应该完全依赖市场，或直接回归管制，那将是一场灾难。[②] 理性的选择是，面对公权力的强势与私权利的软弱，应在国家担保责任下进行卓有成效的规则细化与制度架构。诚如林明锵先生所言，"针对公权力之发动与介入法律关系之发生、变更或消减之部分，更应细致规范，以符合依法行政之原则外，并且可以确保无滥用公权力或出卖公权力之法情事产生"[③]。

[①] [美] 朱迪·弗里曼：《合作治理与新行政法》，毕洪海、陈标冲译，商务印书馆 2010 年版，第 555 页。

[②] [美] 凯斯·R. 桑斯坦：《权利革命之后——重塑规制国》，钟瑞华译，中国人民大学出版社 2008 年版，第 121 页。

[③] 林明锵：《营建法学研究》，元照出版公司 2006 年版，第 93 页。

交通规划民营化及其法治建构

周佑勇[*]

摘 要：在我国，尚处于萌芽状态的交通规划民营化亟须理论构建与制度架构。经分析发现，交通规划民营化有其特定内涵以及特有的民营化模式，并且，该制度的合理性基础在于：现实与理论的双重驱动；裁量权的理性回归；政府职能改革的应有之义。为了使该制度能在实践中更好地加以运用，需要通过行政法对所涉主体的权利（权力）义务（职责）进行配置。在实体上，应当推进交通民营化政策规范的制定；建立交通规划民营化管理委员会；明确交通规划民营化的适用条件；确立监管交通规划民营化的法律依据。在程序上，应在规划准备、草案拟定以及规划确定三个阶段予以具体的制度设计。

关键词：交通规划；民营化；交通规划民营化

一 研究缘起：交通规划民营化的新课题

时至今日，城镇化中交通规划的任务主要由政府规划部门、规划设计院或高等院校"分而治之"。而这一格局在城镇化进程中逐步被打破。进言之，城镇群的出现与城乡统筹发展的趋势，催生了综合交通规划的需求，并挑战着传统的交通规划模式。原有的交通规划主体已难以有效应对纷繁复杂的规划任务，[①] 已出现的民营化的交通规划咨询公司，昭示着交通规划由市场化运作的动向。值得注意的是，十八届三中全会《中共中央关于全面深化改革若干重大问题的决定》，有关"从广度和深度上推进市场化改革""加快事业单位分类改革""推广政府购买服务"等规定，为交通规划民营化发展提供了国

---

[*] 周佑勇，东南大学法学院教授。
[①] 尽管城市交通的队伍在独断壮大、城市交通的事业在蓬勃发展，但是，面对我国众多的大中小城市交通规划设计咨询市场需求，面对突发式的小汽车快速增长的严峻势头，交通规划工作者要做的事情实在太多，而交通规划的机构和人才又实在太少！参见杨涛《城市交通规划业三大趋向》，《城市交通》2006年第1期。

家政策确证。由此看来，在我国，交通规划民营化将是大势所趋。

遗憾的是，一方面，从现有规范来看，2010年住房和城乡建设部制定实施的《城市综合交通体系规划编制办法》（下文简称为《办法》）与《城市综合交通体系规划编制导则》（下文简称为《导则》），以及2014年11月交通运输部颁布实施的《城市公共交通规划编制指南》（以下简称为《指南》）并未涉及交通民营化的事项，并且，有关民营化的法律规范中亦没有关乎交通规划的规定；另一方面，尽管刻下"行政任务民营化"的研究成果已较为成熟，相应的制度规范也逐步跟进，然而，当前关涉交通规划民营化的研究成果却付之阙如，尤其是行政法学研究者令人意外的缺场。

对此，需要追问：当前"行政任务民营化"的研究成果以及现有规范，是否足以涵摄交通规划民营化，而无须另行研究？还是行政法学者尚未感知交通规划民营化有其特殊性，而异于一般的行政任务？事实上，实践中交通规划民营化的缓慢态势，以及法律规范的空白，在一定程度上暗示了交通规划民营化的独特性，并有进一步展开研究的必要性。基于此，笔者提出如下论点："行政任务民营化"的一般理论和现有规范不能简单地适用于交通规划，而应当予以特别对待。鉴于该论题鲜有行政法学视角的解读，而有必要全面、直观地呈现交通规划民营化的理论与制度图景，本文将主要从三个方面展开论述：一是交通规划民营化的提出及其展开；二是交通规划民营化的合理性基础；三是架构交通规划民营化之行政法制度。

二　交通规划民营化的提出及其展开

迄今，交通规划民营化尚未成为固定的提法，并且已有的研究成果也未对此加以阐释，可见，直接借鉴现有成果的路径是不可行的。因而，笔者首先选择从交通规划这一基础概念入手，渐进式地分析交通规划民营化的可能面向。

（一）交通规划之语涵

交通规划作为"行政规划"（行政计划）[1]的当然内容与外延之一，面临着与其上位概念行政规划同样的问题。由于"制定行政计划的目的各种各样，其内容也包罗万象，因此，要明确地予以定义是极其困难的"[2]。主要原因是

---

[1] 在大陆法系国家，行政规划与行政计划基本上是等同使用的，笔者亦认可该用法，如未作说明，规划与计划的称谓并无差异。

[2] [日]南博方：《日本行政法》，杨建顺、周作彩译，中国人民大学出版社1988年版，第60页。

计划是新生事物，对其多样性难以进行系统的整理，而且它与国家活动的传统方式也不甚切合。① 不过，有关行政规划已有的研究成果与法制实践，可为交通规划概念的厘定提供镜鉴。在理论上，大致从主体单一性、目标设定性、手段综合性、广泛裁量性、变动性、法定性等要素架构行政规划的内涵；② 在法制实践中，2013年5月实施的《西安市行政程序规定》明确了行政规划的概念及其具体程序，其中，把行政规划定义为行政机关为实现特定行政目的，对将来一定期限内拟采取的方法、措施等对外做出具有法律约束力的设计与部署，但不包括采取规范性文件或者行政指导形式的规划。此外，我国台湾地区"行政程序法"第163条规定，行政计划，系指行政机关为将来一定期限内达成特定之目的或实现一定之构想，事前就达成该目的或实现该构想有关之方法、步骤或措施等所为之设计与规划。

当然，我们完全可以援用上述有关行政规划的概念，对交通规划予以释解。然而，不容忽视的是，交通规划特殊性决定了其不同于一般的行政规划。譬如，前文述及的交通规划由咨询公司承担的新现象，以及交通规划所特有的易变动性、复杂性、专业性、与土地使用密切相关、与相对人的利益密切相关的特点。③

除此之外，应当明确，城镇化过程中交通规划并不仅限于某一运输方式的专项规划，更多的是综合交通规划。具体的规划事项，可以从《办法》与《导则》中予以获知。《办法》第11条④明确了交通规划的具体内容：调

---

① ［德］哈特穆特·毛雷尔：《行政法总论》，高家伟译，法律出版社2000年版，第404页。
② 大致从目标设定性、手段综合性、广泛裁量性、变动性、法定性等要素架构行政规划的内涵。参见郭庆珠《行政规划及其法律控制研究》，中国社会科学出版社2009年版，第35页。
③ 王青斌：《行政规划法治化研究》，人民出版社2010年版，第74—77页。
④ 第11条规定，城市综合交通体系规划应当包括下列主要内容。（一）调查分析：以调查为依据，评估城市交通现状，分析交通存在的问题，构建交通战略分析模型。（二）发展战略：根据城市发展目标等，确定交通发展与土地使用的关系，预测城市综合交通体系发展趋势与需求，确定综合交通体系发展目标及预期的交通方式结构。提出交通发展战略和政策。确定交通资源分配利用的原则，确定各种交通方式的发展要求和目标。（三）交通系统功能组织：确定交通系统功能组织的原则和策略。论证客运交通走廊，确定大运量公共客运系统的组成和总体布局。论证货运交通走廊，确定货运通道布局要求。（四）交通场站：提出各类交通场站设施规划建设原则和要求。论证城市交通与对外交通的衔接关系，确定各类综合交通枢纽的总体规划布局、功能等级、用地规模和配套设施；确定城市公共交通场站规划建设指标、布局和用地规模；确定城市物流设施用地、布局和规模。（五）道路系统：确定城市各级道路规划指标和建设标准；确定城市主要道路网络布局和主要道路交叉口的基本形式和建设要求，确定自行车与步行交通系统网络布局和设施规划指标，确定自行车与行人过街的基本形式和总体布局要求；提出公共交通专用道设置原则。（六）停车系统：论证城市各类停车需求，提出城市不同区位的分区停车政策，确定各类停车设施规划建设基本原则和要求。（七）近期建设：制定近期交通发展策略，提出近期重大交通基础设施安排和实施措施。（八）保障措施：提出规划的实施策略和措施，评价规划方案的预期效果。

查分析、发展战略、交通系统功能组织、交通场站、道路系统、停车系统、近期建设与保障措施。颁布其后的《导则》细化了《办法》的规定，从交通发展战略、综合交通体系组织、对外交通系统等12个方面对交通规划提出了内容要求，从现状调研、交通调查、现状分析、方案制订等7个方面罗列了交通规划的技术要点，以及从成果形式、规划文本、规划说明书等5个方面明确了交通规划成果要求。与《办法》和《导则》不同，《指南》在内容上涵盖了规划实施安排、规划预期效果评估、规划实施保障措施等更为详尽的规划后期安排事项。至此，我们可以大致感知城镇化中交通规划的整体图景。

借由上述内容，我们可以将交通规划定义为：为了科学配置交通资源，实现综合交通发展战略，行政主体通过价值评估和利益衡量，事先设定专项交通或者综合交通发展目标、交通方式结构，并设计具体实施步骤和措施方法的活动。需要说明的是，由于交通规划具有一定意义上创制性、政策性的特点，交通规划的主体除由行政主体承担外，不排除其他私主体参与规划任务的执行。此外，交通规划的外延是极为广泛的，不仅包括某一专项规划，如城市道路系统规划、货运系统规划等，而且包括城市综合交通规划，如现代交通与城市空间形态、土地使用布局如何协调。鉴于交通规划的类型并无封闭性，同时为了学理上论述的方便，[①] 笔者以交通规划效力的强弱为标准，将其分为资讯性交通规划、影响性交通规划以及命令性交通规划。

具体而言，资讯性交通规划仅为交通规划主体向外发布的消息、预测或判断，是规划主体的一种意向的表达，对当事人没有拘束力，多指交通规划的宏观政策；影响性交通规划是对资讯性交通规划的进一步细化，具有明确的内容，具有较强的诱导性，不过仍不具备拘束力，如《中国铁路中长期发展规划（2008—2020年）》《上海综合交通战略（2006—2020年）》《武汉市城市交通发展战略规划》；命令性交通规划往往经行政机关制定，常以法律规范的形式加以外化，多具有强制性和规范性，譬如，1988年公安部和建设部共同制定、至今仍在实施的《停车场规划设计规则》。

（二）交通规划民营化可能性与模式选择

1. 交通规划民营化的可行性

诚如有学者所言，"全面而深入地探讨行政任务民营化与行政委托理

[①] 李惠宗：《行政法要义》，五南图书出版公司2000年版，第464页。

论，应当成为行政计划领域的重要研究课题"①，可见，交通规划民营化亦应当引起行政法研究者足够的重视。对此，需要追问的是，将民营化理论援引至交通规划领域的可能性理据在哪里？这是交通规划民营化这一命题能否成立的逻辑前提。

不过，需要首先明确的是，"公共行政民营化实际上已经跳脱出公营事业释股的狭隘概念，应指一切有私人、私部门参与履行行政任务的现象，换句话说，如果从国家的角度来观察，民营化系指国家利用或透过民间、私人的资源以达成其行政任务的想象"②。而对于行政任务民营化，是存有一定的限制的。一般认为，"国家自我组织以及以物理强制力为后盾的行政事务除外后的一切国家事务，都有民营化的潜在可能性。至于民营化与否之决定，宪法既不禁止，也不鼓励，更不强制，而完全让诸合目的性取向的政策考量"③。换言之，"行政部门依据法规范所承担或者以合法的方式执行的所有事务"④都可以予以民营化，当然，诸如司法、强制执行、警察与军事等本质上运用物理上强制力的国家任务，不容许民营化。⑤ 但是，这并不排除国家将强制性国家任务部分委任于私人执行的可能性，譬如美国的监狱矫正交由私人公司实施。由此可见，《导则》关涉的交通规划的工作要求——调研交通发展中存在的问题、研究交通发展趋势、提出综合交通体系框架等——不在民营化禁止范围之列，对交通规划予以民营化，自不待言。

尽管我国宪法性规范中，尚无交通规划民营化的直接规范依据，但是，"只要不违背现行法律秩序，并且委托机关仍然保留了监督与秩序支配权限，那么仍然符合民主原则，不存在不合宪的问题"⑥。与一般行政任务民营化相同，政府在民营化后承担担保责任，可见，交通规划民营化具有宪法上的容许性。

---

① 参见杨建顺《计划行政的本质特征与政府职能定位》，《中国人民大学学报》2007年第3期。

② 许宗力：《论行政任务的民营化》，载《当代公法新论》（中），元照出版公司2002年版，第582页。

③ 许宗力：《法与国家权力（二）》，元照出版公司2007年版，第443页。

④ J. Hengstschlager, a. a. O (Fn. 12), VVDStRL 54/1995, S. 173; H. Baurer, a. a. O. (Fn. 4), VVDStRL 54/1995, S. 250. 转引自陈爱娥《国家角色变迁下的行政任务》，《月旦法学教室》第3期。

⑤ 参见许宗力《论行政任务民营化》，载《当代公法新论》（中），元照出版公司2002年版，第595页。

⑥ 敖双红：《公共行政民营化法律问题研究》，法律出版社2007年版，第93页。

此外，着眼于功能主义考究交通规划民营化的可能性，亦可得出肯定的答案。从公共产品"公共生产"的角度看，规划产品的生产（规划编制）未必要由公共部门来承担，在早已市场化了的当今规划设计市场上，完全可以有私人部门性质的民营、股份制设计机构来生产城乡规划公共产品且其所生产的规划产品质量比国有规划设计院亦毫不逊色。①

2. 交通规划民营化之模式选择

那么，交通规划民营化是否仅为民营化理论在交通规划领域的简单套用，而组合而成的概念呢？答案是否定的。根本原因在于，交通规划民营化不同于一般的行政任务民营化。这就需要考量民营化理论嵌入交通规划的限度与可能范围。笔者择取民营化的三种不同型构模式——组织民营化、功能民营化、实质民营化——逐一检视分析，探究交通规划民营化的模式选择，以展现其民营化的真实样态。

组织民营化又称为形式民营化，是民营化中最为简易的模式，仅将公权力主体按照私法的法律形式变更为私主体。此种模式并不因此导致行政任务的转移，依旧由政府自己执行，只不过，由此可以避免政府官僚体制的科层式管理，通过"导入企业经营与管理模式，提升执行任务之弹性与效率"②。而在当前事业单位改制的背景下，原有的规划局下属的事业单位，改制为股份（有限责任）公司的形式，按照公司模式加以运转，即为交通规划民营化之组织民营化的表征，如江苏省交通规划设计院股份有限公司。

与组织民营化不同的是，功能民营化引入了私主体的一定程度的参与。具体而言，功能民营化过程中，国家并未放弃自己执行的责任，国家的任务属性不变，只是在执行阶段借助私人力量完成行政任务。其惯常形式包括行政助手、专家参与与行政委托。首先，行政助手是在行政主体的指挥监督下从事技术性、辅助性工作，实践中交通规划单位合同制聘用员工从事设计任务，便是行政助手。其次，专家参与在专业性强、技术性要求高的交通规划领域，更为重要。"专家参与是指国家将某特定实务全权委托私人专家独立执行，之后再根据该私人专家之决定以国家名义作成最后之决定。"③ 根据《导则》要求，交通规划方案的制定与评价过程，应当有专家参与。最后，

---

① 余建忠：《政府职能转变与城乡规划公共属性回归》，《城市规划》2006年第2期。
② 詹镇荣：《民营化法与管制革新》，元照出版公司2005年版，第107页。
③ 林子仪：《行政检查业务委托民间办理法制之研究》，我国台湾地区"行政院"研究发展考核委员会1998年编印，第82页。

在功能民营化中,行政委托是私人参与度最高的。一般伴随着行政契约或者直接的行政决定。当前处于萌芽状态的民营交通咨询机构,往往是通过协议方式,有偿为政府提供交通规划咨询、设计等服务。由此看来,交通规划予以功能民营化是不存在问题的。

在民营化中,实质民营化是民间参与程度最强的一种模式。"实质民营化系指原先的国家任务改为由一私人所掌有之企业加以承办,于此所称的民营化从而包括任务面与组织面。国家对于该承办私人企业,正如同对待其他的企业一样,没有任何特别;除非该相关法律有明确授权,否则国家不能予以干涉。"① 易言之,实质民营化的范围不仅限于行政任务的民营化,而且包括组织结构、人事的民营化,形同政府放弃了国家任务,仅承担国家担保责任。此外,实质民营化多出现在不涉公权力之行使的公共服务、给付行政领域。② 由此看来,命令性交通规划的存在,挑战着实质民营化模式能否适用于交通规划。因为,如前文所述,命令性交通规划的强制性,以及需权力机关确定的要求,决定了命令性交通规划不可能放任由私主体予以组织上主导,其实施必须经由行政主体实施。此时,政府承担的不仅是担保责任,更多的是履行责任。而"在履行其给付任务时,多要求私人企业至少应提供若干履行协助,不过应只限于技术上的协助,而不能参与行政机关的决策功能"③。当然,不排除在这一过程中,把部分任务交由私主体执行。

此外,交通规划的最后确定,尤其是命令性交通规划,涉及交通系统的总体部署和安排,它不仅涉及作为该规划之行政主体,而且对与该规划执行有关的其他行政主体、公民个人以及社会组织等不特定的人群产生拘束效力——基于这种拘束力,交通规划产生了如抽象行政行为之普遍效力。④ 因而,实质民营化在交通规划领域是行不通的。对此,美国的交通规划现状也印证了在交通规划中推行实质民营化是不可取的。"美国各大都市区交通规划机构创立于1962年颁布的《联邦资助公路法案》,目前主要有4种形式:政府协会形式、相对独立的机构、县政府内的规划机构及由交通规划师和交

---

① 黄锦堂:《行政任务民营化之研究》,载《公法学与政治理论》,元照出版公司2004年版,第481页。
② 许宗力:《法与国家权力(二)》,元照出版公司2007年版,第431页。
③ [德]施密特·阿斯曼:《秩序概念下的行政法体系建构》,林明锵等译,北京大学出版社2012年版,第162页。
④ 江国华:《中国行政法(总论)》,武汉大学出版社2012年版,第259页。

通工程师组成的地域性机构"①,并且,"美国的交通规划是由专门的官方或半官方机构来编制或修订的"②。

综上,交通规划民营化模式只能选取形式民营化与功能民营化,而不适合实质民营化。基于此,并结合前文对交通的论析,我们可以对交通规划民营化做如下定义:交通规划部门通过公司组织型能改制,或者借助私主体的力量,实现交通资源的科学配置与交通各子系统的有效规划。

三 交通规划民营化之合理性基础

以上剖析了交通规划民营化的制度内涵及其型构模式,那么,为何将民营化理论引入交通规划领域中呢?对其具体理论分述如下。

(一)现实与理论的双重驱动

经验表明,新事物的出现是社会需求的外在表征,并伴生着理论的推展。的确,交通规划民营化不但源自现代交通发展的现实需要,而且有干预行政向给付行政演进的理论背景。具体而言,根据国务院印发的《国家新型城镇化规划(2014—2020年)》显示,截至2014年,我国常住人口城镇化率为53.7%,并且当前处于迅速增长的态势。可以预见,城镇之间与区域交通联系的态势更加明显,交通需求时空分布和服务要求都将面临深刻变化,高铁、城际铁路、航空、高速公路、城镇公交的综合规划面临严峻挑战。③ 随之而来的是,交通规划的专业性更强、任务量更大,导致传统意义上交通规划主体应接不暇,无法有效应对城镇化引发的城市规划的变革。更为严重的是,交通规划容易出现如同城市规划面临的问题:"劳民伤财的'形象工程';急功近利的规划调整;寅吃卯粮的圈地运动;脆弱资源的过度开发;盲目布局的基础设施;杂乱无章的城郊用地;任意肢解的城乡规划;屡禁不止的违法建筑。"④ 面对上述情形,当前通过扩充规划公务人员编制,显示是不可行的。同时,寄希望于现有规范单方面地规制规划行为,

---

① 参见彭建、王雪松《国际大都市区最新综合交通规划远景、目标、对策比较研究》,《城市规划学刊》2011年第5期。

② 参见王雪松、彭建《美国大都市最新综合交通规划比较研究》,《规划研究》2012年第1期。

③ 参见马林《关于加强大城市交通规划建设与管理工作的建议》,《城市规划》2011年第2期。

④ 参见高慎盈、尹欣、陈俊珺《仇保兴把脉"城市病"》,《温州瞭望》2006年第3期。

亦不可避免交通规划乱象的出现。毕竟，规划裁量性的存在，在短时间内不宜评判规划行为的正当性与否。由此可见，需要探索新的路径来化解该问题。实践中，已初见端倪的交通规划民营化，不失为一种可行的选择。这是因为，接受委托并进行交通规划的组织或者人员，一般都具有符合要求的专门资质或较强的专业素质，能很好地应对现代交通规划中出现的新问题，同时，通过新生力量的注入，可以更好地确保交通规划的科学性。

在理论上，交通规划民营化有给付行政发展的理论背景。当下，现代行政法面临新问题：坚守"传送带"的宪政理论致使行政面临合法性危机；多元利益主体冲突加剧以及组织化倾向；风险社会下个人福利及其保障的严峻形势，[①] 对此，奥托·迈耶推崇的秩序行政、强权行政已经无法有效应对。这是因为，"随着社会结构的日益复杂，昔日行政机关所具有的资讯取得与人力资源优势逐渐丧失，行政官僚必须仰赖当事人的合作与配合，才能完全实践行政决定的内涵，满足决策的需要。传统的由行政机关透过行政处分决定政策内涵的决策模式，往往流于僵化，无法因应个别具体状况的需要，造成管制成本的浪费"[②]。在此背景下，传统的秩序行政、消极行政逐步转变为福利行政与积极行政，社会法治国理念逐步深入人心。以倡导合作、参与、服务为特色，以实现社会福祉为宗旨，以私法方式完成行政任务的国库行政，在实践中取得积极效果。这在很大程度上取决于交通规划的重大特征，策划制定者具有广泛的裁量自由。[③] 并且，交通规划主体之活动方式有更多的选择自由，"特别是在给付行政（Leistungsverwaltung）与指导行政（Lenkungsverwaltung）的领域中，在不抵触法律规定或者事物本质的前提下，行政不仅可以根据公法，同时也可以根据私法从事活动"[④]。其中，行政任务民营化乃是行政主体以私法方式完成行政任务的重要方式。

进言之，内含于行政活动的交通规划，亦应秉承给付行政的生成背景与民营化的制度优势。事实上，给付行政推动了传统交通规划理念与规则的革新。而交通规划民营化打破了以往行政机关独揽、不透明、恣意的规划模式，以建立参与、合作、科学、透明交通规划为原则，致力于官民协治、公

---

① 章剑生：《现代行政法基本理论》，法律出版社2008年版，第1—6页。
② 叶俊荣：《面对行政程序法——转型台湾的程序建制》，元照出版公司2002年版，第128页。
③ ［日］盐野宏：《行政法》，杨建顺译，法律出版社1999年版，第154页。
④ Vgl. Hartmut Maurer, Allgemeines Verwaltungsrecht, 13. Aufl., 2000, §17 Rn. 1. 转引自程明修《行政法之行为与法律关系理论》，新学林出版股份有限公司2006年版，第27页。

私协力的交通规划格局,从而最大化地实现社会公共福祉,这正是给付行政的要义之所在。

(二) 裁量权的理性回归

"在行政计划的策划制定中,与一般的裁量行为相比,行政厅具有更加广阔的判断余地和形成自由。这就是所谓的计划裁量或计划形成自由。"[1] 应当承认,行政主体在交通规划中的裁量权亦远胜于一般的行政活动。因此,除杜绝裁量权的恣意外,应同时积极确保交通规划符合理性。其中,将民间力量引入交通规划,可有效保证裁量权合乎理性。吊诡的是,我国尚无专门的交通规划法律规范,更遑论关涉民间力量规制交通规划裁量权的直接规范。可喜的是,《办法》第13条明确了综合交通体系规划编制完成后,应征询公众意见的规定,但此种情形下公众参与力度和对规划成果的影响力是极为微弱的。对此,尽管颁布其后的《导则》对公众参与的范围进行了拓宽,明确了交通规划方案形成过程中,应采取多种方式征求相关部门和公众意见,但该文件仅为交通规划编制的指引性文件,并没有拘束力。

可见,刻下通过寻求交通规划的直接规范,以消减交通规划裁量恣意危险的努力,是徒劳的。因而,只能另辟蹊径,寻找规制交通规划裁量权的相关规范。纵览现有实定法规范,只能冀望于《城乡规划法》《规划环境影响评价条例》、行政程序规范等法律规范。遗憾的是,作为制约裁量权的民间力量——公众参与、专家咨询——的制度设计,更多的是流于形式,难以达到有效制衡的预置目标。

具体而言,《城乡规划法》第26条[2]明确的规划草案意见征询、第27条[3]仅限于总体规划基本确定前的专家参与、第46条[4]规划修改阶段的意见征询等,只是规划草案拟订后,公众或者专家参与的影响力较小,按照公众

---

[1] [韩] 金东熙:《行政法Ⅰ》(第九版),赵峰译,中国人民大学出版社2008年版,第142页。

[2] 《城乡规划法》第26条规定,城乡规划报送审批前,组织编制机关应当依法将城乡规划草案予以公告,并采取论证会、听证会或者其他方式征求专家和公众的意见。公告的时间不得少于三十日。组织编制机关应当充分考虑专家和公众的意见,并在报送审批的材料中附具意见采纳情况及理由。

[3] 《城乡规划法》第27条规定,省域城镇体系规划、城市总体规划、镇总体规划批准前,审批机关应当组织专家和有关部门进行审查。

[4] 《城乡规划法》第24条规定,省域城镇体系规划、城市总体规划、镇总体规划的组织编制机关,应当组织有关部门和专家定期对规划实施情况进行评估,并采取论证会、听证会或者其他方式征求公众意见。组织编制机关应当向本级人民代表大会常务委员会、镇人民代表大会和原审批机关提出评估报告并附具征求意见的情况。

参与的阶梯理论,① 该种参与只能称为象征性的参与。而对关涉规划实质内容的,在初拟阶段应有的现状分析、需求分析、方案拟订等,并没有公众或专家参与的制度设计,哪怕是利害关系人参与的规范,亦付之阙如。当然,尽管第24条②规定了规划委托的条件要求,但实践中被委托单位常为规划部门的直属事业单位,基本上可视为规划部门自己的行为,并不存在民间力量的引入。与《城乡规划法》类似,其他涉及规划公众参与的相关规范,如《规划环境影响评价条例》第13条③与《西安市行政程序规定》第121条④亦是规划草案拟定后的参与。从公共选择理论来看,作为"经济人"的公众或者专家,与大多数草案不存在利害关系,而很少对此予以过多的关注,并施加影响,因而,现有法律规范关涉公众参与的事后性,对交通规划裁量权趋于理性的影响,是极为有限的。

另一方面,我国交通规划实践中的案例,也说明了公众事后参与的简陋性,从而导致规划裁量理性的缺失。以杭州BRT项目规划为例,2004年制定的《杭州城市大容量快速公交专项规划》,只有专家参与评估,并没有公众在制定过程中的参与。据此建设运营的快速公交1号线,遭受市民诸多非议,如造成道路资源浪费、分道器的安全隐患、提速有限等。⑤ 与此形成鲜

---

① 美国学者谢里·阿恩斯坦根据公众在规划中参与的不同程度,提出了没有参与、象征性参与、实质性参与的阶梯理论。

② 《城乡规划法》第24条规定,城乡规划组织编制机关应当委托具有相应资质等级的单位承担城乡规划的具体编制工作。从事城乡规划编制工作应当具备下列条件,并经国务院城乡规划主管部门或者省、自治区、直辖市人民政府城乡规划主管部门依法审查合格,取得相应等级的资质证书后,方可在资质等级许可的范围内从事城乡规划编制工作:(一)有法人资格;(二)有规定数量的经国务院城乡规划主管部门注册的规划师;(三)有规定数量的相关专业技术人员;(四)有相应的技术装备;(五)有健全的技术、质量、财务管理制度。规划师执业资格管理办法,由国务院城乡规划主管部门会同国务院人事行政部门制定。编制城乡规划必须遵守国家有关标准。

③ 《规划环境影响评价条例》第13条规定,规划编制机关对可能造成不良环境影响并直接涉及公众环境权益的专项规划,应当在规划草案报送审批前,采取调查问卷、座谈会、论证会、听证会等形式,公开征求有关单位、专家和公众对环境影响报告书的意见。但是,依法需要保密的除外。有关单位、专家和公众的意见与环境影响评价结论有重大分歧的,规划编制机关应当采取论证会、听证会等形式进一步论证。规划编制机关应当在报送审查的环境影响报告书中附具对公众意见采纳与不采纳情况及其理由的说明。

④ 《西安市行政程序规定》第121条规定,行政机关拟定规划草案之后,应当在受规划影响范围内发布公告,明确规划的主要内容、陈列和阅览的时间、地点,公民、法人或者其他组织提出意见或者异议的方式、时间和地点,以及逾期提出的异议将不予考虑等事项。发布公告可以在电视、报纸、政府网站上进行。行政机关可以设置专门的设施方便阅览。

⑤ 参见《杭州快速公交引发诸多质疑,政府面临魄力考验》,《中国经济时报》2006年8月23日。

明对比的是，美国"普捷湾公交"规划，因充分考虑市民及相关利益集团的权益，决策由公众做出，交通规划提高公共利益的效果得到普遍的认可。①

面对上述制度与实践中的困境，交通规划民营化可一定程度地补足民众参与性低，尤其是传统规划主体裁量理性欠缺的问题。譬如，"几十年来，人们已经认识到交通设施，尤其是高速公路的建设会对人们的生活的地点和方式产生巨大的影响。但是，同样在非常多的情况下，高速公路规划基本上是单纯讨论交通问题，而没有顾及它对整体居住方式和自然环境会产生怎样的影响"②。交通民营化的推展，可以迫使规划主体更为客观地考虑多元主体的利益诉求，并且可以避免地方政府片面地追求地方利益或者部门利益，减少腐败的发生。最为重要的是，通过规划方案拟定、确定、修改等过程的参与，把民智、民力、民意充斥到规划决策之中，推进规划裁量趋于理性，以及规划方案达致科学性。这也是现代国家实现"程序治理"深层要求。③

(三) 政府职能改革的应有之义

传统交通规划作为行政规划的专项规划之一，是政府善尽照顾国民责任的应有内容，并且交通规划的整个过程完全由政府一手操办。需要关注的是，社会经济状况的变化，尤其是福利社会下利益主体的多元诉求，诱发的新任务，迫使政府从传统的行政任务中尽量抽身。然而，依托于税收财政的政府，寄希望于用增加税收来提高政府能力的做法，在现代社会是行不通的。可行的路径之一便是政府"瘦身"的新公共管理运动。发轫于英国撒切尔夫人执政之时的民营化改革，波及世界各国，并已卓有成效。何以考虑某些国家任务要以民营化方式办理，基本上是为了减轻行政负担，且认为民营化由于在诸如用人、预算与财务等制度上都能享有更大的弹性空间，因而可以比传统上由国家机关处理所谓公营化，更能有效配置国家资源，更有效率同时又不失正确地完成国家任务的缘故。④对此，我国政府亦意识到民营

---

① 参见陈佩虹《城市交通规划制度研究》，博士学位论文，北京交通大学，2013年。
② [美] 约翰·M. 利维：《现代城市规划》，张景秋等译，中国人民大学出版社2003年版，第216页。
③ 参见唐明良《新行政程序观的形成及其法理》，《行政法学研究》2012年第4期。
④ 许宗力：《法与国家权力（二）》，元照出版公司2007年版，第463页。

化的优越性，并采取了积极的因应之策。① 借此，正悄无声息地推进政府职能改革，当然，这也是考验政府执政技艺的重要方式。这是因为，交通规划民营化亦面临着诸如意识形态、腐败、民族主义、失去控制的潜在阻力或者风险。②

然而，与一般的民营化不同的是，交通规划不宜采取实质民营化。正是因为如此，可以有效规避民营化的一般风险。前已述及，交通规划民营化是政府主导下的组织民营化与功能民营化，反过来，民营化制度的引入，促使政府按照市场精神改造政府组织，并借鉴市场规则对活动方式予以改进，从而增进行政活动的弹性。在此过程中，公私协力的合作关系逐步建立。诚如有学者所言，"现行公、私部门之运作系立基于公共建设之伙伴关系上，并由公部门扮演诱导性和支配性的角色，而私部门则是扮演配合性角色，唯其未来的互动关系应朝向共同参与、平等互惠及责任分担的协力关系迈进，而非泾渭分明"③。故而，处于民营化萌芽状态的交通规划，可以推进传统政府的管理模式，在交通规划民营化的实践中予以渐进式的变革。由此，一方面，政府可以与受委托组织和个人相互协作，"以有限之资源有效达成目的，并可调和各种多元之利益关系，促进经济及社会之发展"④；另一方面，政府通过交通规划实务的外包，可尝试精简机构以节约政府财政开支，同时可以提高行政效益。

---

① 我国政府颁布了一系列民营化的政策规范，譬如，2002年12月建设部颁布《关于加快市政公用事业市场化进程的意见》；2004年《行政许可法》有关尊重市场规律的规定；2004年建设部《市政公用事业特许经营管理办法》；2005年国务院《关于鼓励支持和引导个体私营等非公有制经济发展的若干意见》；2005年建设部《关于加强市政公用事业监管的意见》；2010年国务院《关于进一步鼓励和引导民间资本进入市政公用事业领域的实施意见》；2013年十八届三中全会《关于全面深化改革若干重大问题的决定》中有关加快政府职能转变的规定；2013年国务院《关于加强城市基础设施建设的意见》；2014年国务院《关于创新重点领域投融资机制鼓励社会投资的指导意见》；2014年国家发改委《关于开展政府和社会资本合作的指导意见》；2014年财政部《关于推广运用政府和社会资本合作模式有关问题的通知》；2015年财政部、国家发改委等六部委《基础设施和公用事业特许经营管理办法》；等等。
② 敖双红：《公共行政民营化法律问题研究》，法律出版社2007年版，第38—41页。
③ 陈明灿：《国土政策与法律学术论文集》，翰庐图书出版有限公司2006年版，第141页。
④ Vgl. Maurer, Allg. VwR11, §16Rdnr. 10. 转引自陈敏《行政法总论》，自刊本，2012年，第628页。

四　交通规划民营化之行政法建构

以上分析表明，交通规划民营化有独特的内涵，并且具有合理性基础。可是，如果要将这一制度具体化，并能在实践中更好地加以运用，则需要通过行政法来规范化。这是因为，交通规划民营化是行政主体变相的民营化（组织民营化）或者行政主体支配下的民营化（部分民营化），因而，交通规划民营化是在行政主体的推动下完成的。质言之，行政法对该制度所涉主体的权利（权力）义务（职责）的配置，决定着该制度功效能否彰显。对此，既需要与民营化统制下的已有制度规范保持一致，又需要创设一些新规范。笔者以为，可以从实体与程序两个向度加以展开。

(一) 行政实体法规制

"使行政计划与法治行政原则相协调的首要办法，是要求行政计划的制定有法律依据，对行政计划的内容予以实体法上的制约。"[①] 交通规划民营化制度在我国的深入发展，需要实体法的保障。

1. 推进交通规划民营化政策规范的制定

"政府通过制定行政法规、规章和规范性文件为社会组织、团体和个人提供行为规则（作为法律的具体化和补充）。"[②]

在我国，当前有关民营化的规范和政策集中于公用事业，并且，相关法律规范的位阶较低，对民营化参与人的行为规制较为有限。遗憾的是，这些规范无法涵摄交通规划民营化。因而，交通规划民营化的有效推进，需要重新制定或完善相应规范。"根据传统的法律保留论，难以要求非拘束性行政规划必须有作用法范畴的法律根据，但是，从行政规划在现实中所具有的重大功能来看，是不应该使其完全脱离法律规制的。"[③] 交通规划民营化之形式民营化与功能民营化，仅为从事执行性任务，皆不产生法律拘束力。同时，按照我国《立法法》第8条、第9条之规定，以及所投射的重要事项法律保留的精神来看，本文关涉的交通规划民营化不在其列。即便如此，交通规划民营化亦应当在法治的轨道之内。

不容乐观的是，在我国宪法文本及其宪法性法律中，尚无民营化的直接

[①] 杨建顺：《日本行政法通论》，中国法制出版社1998年版，第567页。
[②] 姜明安：《论法治政府的全方位建设》，《行政法学研究》2013年第4期。
[③] 姜明安：《行政法与行政诉讼法》（第3版），北京大学出版社2007年版，第297页。

依据。然而，上位法的滞后性并未阻却民营化的发展，前文述及的已成气候的民营化实践即为例证，并且交通规划民营化具有宪法的容许性。当前，有"良性违宪"之嫌的关涉民营化的建设部规章、地方政府规章以及国家政策，所折射的立法精神与经验，亦可为交通规划民营化所借鉴。我们以为，完全有必要制定行政机关主导下的有关交通规划民营化的规章与政策规范，以为该制度在我国深入拓展提供规范依据。具体可以借鉴江苏省颁布实施的有关城市市政公用事业的一系列规范性文件，① 对交通规划民营化进行招标投标、履约保证、公众参与、公益董事或监督员、效果评估等方面的制度设计。

进一步说，待条件成熟之时，应当构筑更高位阶的法律规范，由国务院制定全国性的交通规划民营化的行政法规。当然，上述行政机关主导下规范的制定，需要基本法的依据。这就需要在宪法文本修改之时，确认行政任务民营化的法律地位。

2. 建立交通规划民营化管理委员会

交通规划民营化制度优势的发挥，需要独立机构的推进。对此，应当借鉴《成都市人民政府特许经营权管理办法》设立特许经营管理委员会的规定，建立交通规划民营化管理委员会。由该委员会负责交通规划民营化的决策与管理，代表行政机关审核被委托人资质（资格）、具体条件、委托合同、实施状况等。其具体职责包括：拟制本行政区划内交通规划民营化的政策，明确民营化的具体范围和条件；组织对涉及本区域内交通规划，经民营化后形成成果、方案的公开与公众参与，以及涉及重大公共利益或者影响他人合法权益的听证；组织相关部门与专家对民营化形成方案的评审；监督和管理本区域内交通规划民营化的实施情况，尤其是对现状调研、交通调查、需求分析、方案拟定的准确性和科学性，予以监管，同时应当检查其他有关委托协议的签订和履行情况；处理民营化过程中出现的投诉、举报，应及时做出回复，并说明理由；组织并监督管理交通规划民营化招投标事宜；处理交通规划民营化管理委员会日常事务，向行政机关提交年度监督检查报告；等等。

---

① 2007年江苏省建设厅先后颁布了《江苏省城市市政公用事业特许经营中期评估制度》《江苏省城市市政公用事业特许经营招标投标制度》《江苏省城市市政公用事业产品和服务质量监管制度》《江苏省城市市政公用事业履约保证制度》《江苏省城市市政公用事业公益董事或监督员制度》《江苏省城市市政公用事业公众参与监督制度》等规范性文件。

至于交通规划民营化管理委员会的机构设置、人员组成、议事规则等，可以参照《深圳市城市规划委员会章程》予以细化。譬如，合理配置委员会中公务人员与非公务人员的比例；秘书长与副秘书长分别由规划主管部门首长和业务主管首长担任，并负责日常事务；等等。

3. 明确交通规划民营化的适用条件

首先，应当明确交通规划民营化的适用情形，亦即可民营化的具体事项。一般而言，交通规划可予以民营化的事项包括：现状调查与问题分析识别；提出初步设想、措施；建立交通模型进行交通需求分析总体预测；发展目标与发展策略分析；制订线路规划方案；制订基础设施规划方案及建设计划；制定公交财政与票价政策、扶持措施；提出城乡一体化的研究成果；规划方案的优化与协调。① 同时，对照交通规划整个步骤中所涉事项：目标确定、组织工作、数据调查、相关基本模型分析、分析预测（交通发生预测、交通分布预测、方式划分预测）、方案设计、方案评价、反馈修改，② 我们不难得出，除了交通规划方案的最终确定，其他事项都可以加以民营化。

其次，交通规划民营化的被委托者应当限定为法人或其他组织。前已述及，交通规划民营化的选择模式为组织民营化与功能民营化。交通规划组织民营化即为行政机关法人化，简单地说就是将特定国家机关独立出来，赋予其与国家法人有异的法律人格。③ "行政法人概念则非着重于分权以及修正行政一体性之面向，而系从解除国家管制、提升效率效能之角度出发。析言之，行政法人之理念，旨在于协助国家或地方自治团体行政任务减量；组织、人事、财政、审计等松绑，以及提升公共任务执行之透明性、效率与竞争力。"④ 这是我国当前交通规划民营化最为常见的形式。

而对于交通规划民营化之功能民营化，按照一般的民营化理论，作为私人的行政助手与专家皆为功能民营化中的参与者，然而，鉴于交通规划的任务量、社会影响性以及专业性，笔者以为，单个的私人完成交通规划是有难度的，并且对规划的质量无法有效确保。故而，被委托者亦应当定位为法人或其他组织。由此看来，除了行政机关、社会团体外，作为事业单位法人的大专院校、科研院所，以及其他法人或组织都可以作为交通规划民营化的

---

① 参见《南宁市规划管理局南宁市公共交通规划（2008—2020）采购信息公告》，http://www.ccgp.gov.cn/site13/cgbx/dfbx/2009/5/15/885839.shtml。
② 严凌、范海雁：《交通规划案例分析》，中国铁道出版社2008年版，第7—9页。
③ 许宗力：《法与国家权力（二）》，元照出版公司2007年版，第465页。
④ 詹镇荣：《民营化法与管制革新》，元照出版公司2005年版，第227页。

被委托者。

4. 确立监管交通规划民营化的依据

"真正的民营化政府责任是不能被转移的,所转移的只是透过民间功能所表现出来的绩效;且真正的民营化并不会造成政府角色的消失,而只是减少而已。因为政府仍要承担政策说服、规划、目标设定、监督标准拟定以及执行、评估及修订导正等功能,因此民营化的成功,是建立在一个健全的政府功能基础上的。"① 的确,民营化过程中,政府由"幕前"转到"幕后",由传统的履行责任,变更为担保责任,但其国家义务并未移转或消减。由此观之,尽管规划民营化的模式选择决定了政府在交通规划民营化中的支配地位,但政府对其他主体承担交通规划的品质予以担保的责任,亦逐步呈现出来。

然而,"在公私伙伴关系的情形下,政府在提供服务中的作用比政府本身资助和提供服务的情形下更加间接,责任性的期待更加难以满足"②。故而,在此情形下,政府的监管更应加以明确。不过,在担保责任下,较之传统的监管方式,政府的监管手段应有所调整。国家推动民营化的方式不外乎法规、行政处分与契约,以行政处分与契约前后连接的双阶行为也屡见不鲜。③ 不可否认,行政机关在民营化中的支配作用是通过法律规范、行政许可、行政合同等予以体现。因法律规范的构建,前文已谈及,在此不再赘述。

具体而言,行政许可是行政机关之外的主体进入交通规划领域的关键。政府在遵循《行政许可法》的有关规定以及上述制度设计外,应当树立尊重市场机制、可持续发展、行政效益的理念,创造其他主体进入交通规划的良好环境。这是因为,"行政计划之重要性日增,因在一个大规模、分工组织、高科技、复杂、多样、错综的社会生活体,不能单靠孤立的、短视的或即兴式的理念加以控制"④。

经由行政许可准入交通规划民营化后,便是对关涉当事人的权利义务的合同约定。国家对行政任务仍保有较强的控制权,国家对私人主体的要求更

---

① 詹中原:《民营化政策——公共行政理论与实务之分析》,五南图书出版公司1993年版,第10—11页。
② [美]朱迪·弗里曼:《合作治理与新行政法》,毕洪海、陈标冲译,商务印书馆2010年版,第653页。
③ 许宗力:《法与国家权力(二)》,元照出版公司2007年版,第447页。
④ 林腾鹞:《行政法总论》,三民书局2012年版,第393页。

多的是通过合同的具体条款来体现。① 施以合同规制，是政府细化担保责任的根本之道，也是规范被委托者权利义务的根本路径。诚如有学者所言，"合同正成为一种新行政特权"②。政府依托该"特权"，应当编制指导性示范文本，明确合同双方的权利义务。对此，可参照2004年建设部下发的《城市供水特许经营协议示范文本》《管道燃气特许经营协议示范文本》《城市生活垃圾处理经营协议示范文本》的内容。

（二）行政程序保障

由于交通规划具有强大的裁量性、变动性，天然滞后性的实体法规则无法有效应对，因而，程序的规制显得更为重要。"程序的规则之所以重要，正是由于在实体法上不能不给予行政机关巨大权力的缘故。"③ 此外，需要明确的是，异于交通规划，交通规划民营化的行政程序规制，不仅承继了确保交通规划科学性与民主性的程序规则，而且更为重要的是，如何从制度上设计受委托者嵌入交通规划的程序规则。换言之，交通规划程序多限于如何控制行政机关的裁量权，而交通规划民营化程序，更多地关注如何选定相对人及其程序权利的实现。

基于上述缘由，笔者以为，交通规划民营化的行政程序设计，应当以受委托者程序权利的实现为中心。同时，为了更好地配置交通民营化关系主体的程序权利义务，应按照交通规划的一般程序——规划制定前的准备、草案拟订、规划确定——涉及相对人程序权利为脉络，展开论析。当然，因客观情况的变化，交通规划亦可能会涉及方案的修改，不过该过程只是交通规划制定的一般过程的类似，故而不再赘述。

1. 规划准备阶段

就交通规划民营化而言，这一阶段是选择相对人的阶段。选择相对人至为重要，倘所托非人，而是民营化不幸沦为国家卸责，乃至官商勾结、利益输送的代名词，则推动民营化将是未蒙其利反先受其害了。④ 因此，行政机关在此阶段，应当及时公开交通规划可接受民营化的具体事项、申请人的资质或者条件要求、申请人的权利义务、申请期限等，应尽可能采取招投标的方式选取最优的申请人。这是因为，招投标方式不仅是我国《行政许可法》

---

① 于安：《降低政府规制：经济全球化时代的行政法》，法律出版社2003年版，第130页。
② ［英］卡罗尔·哈洛、理查德·罗林斯：《法律与行政》，杨伟东等译，商务印书馆2004年版，第468页。
③ 王名扬：《英国行政法》，中国政法大学出版社1987年版，第152页。
④ 许宗力：《法与国家权力（二）》，元照出版公司2007年版，第447页。

第 53 条"行政机关应当通过招标、拍卖等公平竞争的方式作出决定"的要求,而且该方式可以较为公正地选取合适的竞标者。当然在竞标者有限或者不适宜采取招投标时,亦可以选取招募或者竞争性谈判的方式选取相对人,不过应当对此及时予以公告,以此保障民众知晓并能予以监督,尤其是利害关系人,可及时采取有效措施予以抗辩。如果有利害关系人提出异议,应给予陈述权和申辩权,并及时说明理由。在此过程中,其他申请者可对有利益牵连或者个人偏见的行政机关参与人员提出回避的请求。

而对于申请人以及社会公众,享有知情权与要求说明理由的权利,尤其是有异议的申请者有获得救济的权利。具体而言,利害关系人与其他公众可以请求行政机关公开交通规划民营化的待细化的事项,或者未列明而应当告知的其他的事项,譬如,相对人的从业经验、组织信誉等。对于落选的申请者,应给予其申诉、行政复议以及提起诉讼的权利。

2. 草案拟定阶段

该阶段是交通规划民营化的实质部分,民营化主要任务的完成是在该阶段进行的。交通规划民营化作为行政机关之外的主体参与行政任务的重要方式,尽管在较大程度上对传统"象征式参与"或"表面化参与"进行了补强,但是,不能因此而放弃其他民众参与的努力。这是因为,交通规划民营化是政府支配下的行政活动,说到底,是国家义务下的政府行为,只不过由此政府行为的民主性获得了提升。然而,"民主是一种社会管理体制,在该体制中社会成员大体上能直接和间接地参与或可以参与影响全体成员的决策"[①]。"我们要防止我们的权利和利益不受政府的侵害,不受那些影响和操纵政府的人的侵害,就只有充分地参与到政府行为的决定中去。"[②] 因而,只有其他民众广泛参与,我们方可获致周延的民主正当性。

对此,可能有学者会提出异议。不可否认,"尽管公众参与对于规则的质量、可接受性以及规则最终的成功贡献良多,它也会使规则制定复杂化,并使政府机构直接陷于强有力的竞争势力之中"[③]。与因民众广泛参与达致的成果相比,这一切都是值得的。毫无疑问,我们这一时代必须忍受政府在

[①] [美] 科恩:《论民主》,聂崇信、朱秀贤译,商务印书馆 1988 年版,第 10 页。
[②] [美] 罗伯特·达尔:《论民主》,李柏光等译,商务印书馆 1999 年版,第 60 页。
[③] [美] 科尼利厄斯·M. 克温:《规则制定——政府部门如何制定法规与政策》(第 3 版),刘璟、张辉等译,复旦大学出版社 2007 年版,第 177 页。

治理机能上更多轻微的不效率。①

那么,应当如何设计其他公众参与的程序呢?除了在前文述及的交通规划民营化管理委员会中增加非公务人员、建立合理的遴选机制、坚持表决多数原则外,可以有限度地借鉴法国全国公共辩论委员会的经验。该机构对于公路、铁路、机场、港口等超过3亿欧元的高成本投资项目必须组织公开辩论,主要作用在于:负责监督有关国家利益的建设项目的公众参与过程;向公众开放所有信息,让公众了解;组织公开辩论;把收集信息、意见和建议提供给政府。② 而对于投资成本较低的交通项目,亦应当坚持对民营化的所有事项予以公开,并接受社会公众监督。

尽管在此阶段,规划草案的拟订并不能对社会公众权益产生影响,但是该草案极有可能成为最终方案。因而,亦应当通过信息公开,并尝试建立交通规划被委托者与民众之间的平等沟通机制,尤其是应书面告知利害关系人参与其中,当然这一过程需要行政机关的主持。参与渠道的畅通可以对民营化参与者的行为产生威慑力,并进而推进草案的科学性臻于完美。

3. 规划确定阶段

该阶段是经民营化后的交通规划工作,能否予以法定认可并产生效力的阶段。被委托者的工作并未因此完结,应参与到规划方案的确定程序之中,并就相关异议对所拟订的方案或参与的工作做出说明,配合并服从行政机关在确定过程中的安排。进一步说,草案拟订后,行政机关在履行必要的告知义务外,应当组织对该草案的专家论证、听证或者以其他方式征求专家与社会公众的意见,并尝试构建交通规划确定裁决制度。

具体而言,在专家论证与听证环节,应当要求交通规划民营化受委托者参会,并接受民众或者利害关系人的询问,同时应当给予受委托机关说服行政机关采纳其工作成果的机会。尤其是在听证环节,应当留意,主持听证的机关应当由不是确定规划的机关担任,以确保其保持超然的中立地位。在听证开始后,听证机关应当对草案的拟订过程和草案的内容做出说明,并同时要求受委托者就参与交通规划的具体事项、考量的因素、成果的科学性等做出说明,并尝试建立受委托者与民众或利害关系人辩论的机制。听证机关应将当事人的意见、已达成的共识、尚存在的异议、自身对交通规划听证的事

---

① [英]詹姆斯·兰迪斯:《行政过程》,载[英]彼得·H. 舒克编著《行政法基础》,王诚、曾刚等译,法律出版社2009年版,第13页。

② 蔡定剑主编:《公众参与——欧洲的制度和经验》,法律出版社2009年版,第32页。

项的建议做成报告。应当明确,交通规划民营化的事项,未经过受委托者参与的,应当将该听证行为视为无效。因为,受委托者是交通规划的深度参与者,对规划事项最为熟知,如果在此过程中,受委托者缺场,将无法真实地展现交通规划草案拟订的始末。此外,在听证与论证环节,受委托者可就提交成果未被采纳部分提出异议,并要求说明理由。

  接下来,便是交通规划方案的最终确定。"计划确定程序之规范,系对影响多数不同利益及涉及多数不同主管机关之计划,经由单一程序之决定,期能合理调和公益及私益之冲突,并提高行政效率之一种设计。"[1] 在该过程中,亦应当考虑受委托者的介入。对此,应当引入《德国联邦行政程序法》第75条规划确定程序的规定。如果规划确定机关经审查,发现"应采取必要的预防措施或者设立和保持有关设施,以保护公共福利或避免对他人正当利益造成消极后果",而在草案中未涉及的,完全可以考虑,这一工作交由交通规划民营化受委托者来完成。果如是,受委托者基本上参与了交通规划的整个过程,参与的本质要义就得到了最大化的体现。

---

  [1] 廖义男:《计划确定程序规范之探讨——台湾行政程序立法中争论之议题》,载《东亚行政法学研究会第三届年会暨行政程序法国际研讨会论文集》(1998),第33页。转引自王青斌《行政规划法治化研究》,人民出版社2010年版,第177—178页。

我国城市公共交通规划编制法治化路径思考

杨 洁 过秀成 杜小川[*]

摘 要：以推动城市公共交通规划的法治建设为目标，分析新形势下我国城市公共交通规划的转变趋向，就规划编制体系、编制主体、编制程序等方面存在的问题进行剖析，通过对国外城市公共交通规划法治经验的借鉴，提出了我国城市公共交通规划编制法治化完善的具体途径。

关键词：城市公共交通；规划编制；法治化

城市公共交通规划是城市规划编制体系中的重要组成部分，涵盖设施规划、运营组织、行业管理等诸多方面。近年来不少城市在地方政府的统一领导下，逐步完成了城市公共交通相关规划的编制，但编制过程中规划主管部门、编制单位以及公交运营企业等受到认识水平、经济实力、体制机制和实践经验等因素的制约，很多编制工作都游离于法治轨道之外，规划目标难以得到充分落实。2007年4月11日，《城市公共交通条例（草案）》（以下简称《草案》）面向全社会公开征求修改意见，这标志着我国第一部国家层面的公共交通法案的制定取得了重要进展。《草案》要求地方人民政府应当根据城乡规划组织城市公共交通规划的编制，通过规划手段将公共交通的发展纳入规范、有序的框架之下。以往对城市公共交通规划的编制要求更多强调规划技术的科学性，但现在规划正逐渐由简单的工程建设计划向政府的公共政策转变，注重与规划管理、政策制定相结合。城市公共交通规划向公共政策转变，其地位得到提高，权限得到扩大，这决定了规划参与者的社会责任和社会义务大大增强，只有走向法治化才能有效发挥城市公共交通规划的公共干预职能。因此，在落实科学发展观、建设和谐社会、实行公交优先

---

[*] 杨洁，东南大学法学院讲师；过秀成，东南大学交通学院教授；杜小川，东南大学交通学院博士研究生。

的背景下，探讨推进并完善城市公共交通规划编制法治化的问题尤为必要。

一 城市公共交通规划的转变趋向

(一) 从物质规划向公共政策转变

城市公共交通规划的主要任务是理顺公共交通体系，分析不同类型的公共交通的特点和适用条件，明确不同层次公共交通的功能定位、服务对象和服务水平，统筹安排不同层次、类型的公共交通之间的衔接和换乘枢纽布局，进而形成一体化的公共交通体系。这在一定程度上带有政府主导的物质规划的特点。近几年我国城市公共交通规划工作的背景发生了很大变化，城市公共交通规划的公共政策属性进一步被认知，[①] 其逐步被视为一种协调与维护公众交通权益，解决公共交通行业发展相关问题，由政府与其他相关利益主体共同协商形成、以政府强制力为保障的公共交通资源配置政策。从"物质规划"走向"公共政策"，即以"规划"为手段，通过公共选择权力的行使，从公众和整体的利益上提出城市公共交通发展的"游戏规则"，这一过程离不开以法治作为保障手段。

(二) 从配合从属向优先引导转变

我国的城市规划与交通规划的关系经历了"配合""协调""引导"三个发展阶段。城市公共交通隶属于城市综合交通系统，早期由于规划层级低，在城市空间及交通资源调配过程中一直处于较为被动的地位。2000年以后，"交通引导发展"的理念逐渐被接受和采纳，以公交优先为出发点，注重城市空间结构与公交结构、中心体系与公交枢纽体系、用地布局与公交廊道的相互协调，使城市公共交通规划与其上位规划不断融合、相互协调、保持反馈已成为我国城市规划编制研究者与实践者的共识。《草案》第10条规定"城市人民政府规划主管部门在组织编制控制性详细规划时，应当与城市公共交通规划相衔接，并优先保障城市公共交通设施用地"，第13条规定"规划、建设航空港、铁路客运站、水路客运码头、公路客运站、居住区、商务区等建设项目的，应当按照国家有关标准规划、建设配套的城市公共交通设施"，进一步从立法层面强调了城市公共交通规划与城市规划的互动与融合。

---

① 参见卢毅、李华中、彭伟《交通发展规划向公共政策转变的趋势》，《综合运输》2010年第4期。

(三) 从城乡二元分割向城乡统筹转变

在城乡客运方面，按照以前我国相关行业的规定，在城市规划范围之内，由城市建设系统养护的道路是城市公交的营运范围，超出该范围则属于公路客运范围。公交客运、公路客运由城建和交通两个部门独立管理。受城乡交通管理体制分割的影响，在城乡接合部的场站设施功能往往缺乏有效划分，城乡公共客运线路与城市公交线路在相互衔接和延伸过程中存在复线或衔接不当的情况，在一定程度上影响了城乡间公共交通的高效、便捷联系。2007年10月通过的《城乡规划法》打破了"就城市论城市、就乡村论乡村的规划制定与实施模式"，将以市、县、镇、乡和村为网络节点的城乡居民点体系纳入了同一法律框架，实现了规划管理的城乡统筹。2008年大部制改革后各地城乡交通运输归口交通运输主管部门实施统一管理，体制协调问题得以缓解。城市公共交通规划的视野已不能仅仅局限于城市中心区，必须反映城乡一体化发展对城市公共交通系统的发展要求。

(四) 从政府主导向多元利益主体博弈转变

城市公共交通是由政府组织提供、满足城市居民出行需求的一项公共服务，兼具公益属性与经营属性。[1] 忽视公共交通的公益性属性将直接导致公共利益的损害；而忽视公共交通的经营性属性则会导致行业发展活力丧失，效率下降，最终也将损害公共利益。在传统计划经济体制影响下，公共交通基础设施的各项建设与行业发展取决于政府基本投资计划的部署与安排。政府担当城市公共交通资源代理人和规划编制主体双重角色，规划实际上是政府主导的单向决策，市场和公众作为利益主体并没有充分显现。自20世纪90年代起，我国公共交通的民营化改革全面启动，城市公共交通发展的动力机制由国家计划及投资转变为地方政府、公交运营企业、社会公众等各方主体之间互动的利益关系推动发展。如果规划不能体现各种利益主体的意愿，不能找到各方利益的平衡点，必然带来社会割裂与利益冲突。城市公共交通规划只有在编制过程中在不同利益主体之间进行博弈，在"促进公交行业有序竞争"和"方便城市居民出行"之间寻求一个平衡点，方可辨明其正误和可行性，将字面的设想转变为有益、有效的行动。

---

[1] 参见杨卓敏《城市公共交通民营化的法律问题》，《法学》2004年第7期。

二 城市公共交通规划编制的现实困境

国内外专家学者及科研机构对城市公共交通规划的编制工作进行了积极的思考、探索和实践,但面对我国体制转型及现实工作中纷繁复杂的城市发展要求,规划工作者在编制规划过程中也经常面临诸多难题。

(一) 编制体系层次模糊

城市公共交通规划从宏观控制到微观设计,从设施建设到运营组织,包含多层面、多阶段的内容。常见的城市公共交通规划有三类:城市综合交通规划中的公共交通系统规划、公共交通专项规划、公共交通改善规划。其中,公交专项规划包括轨道交通系统规划、快速公交系统规划、常规公交线网规划、出租车发展规划等,一个专项规划有可能着重于需求预测、线网规划、场站布局、运营组织、行业管理等一个或几个方面的内容。[①] 为满足城市公共交通建设、运营和管理的需要,各地还结合自身情况对现有的规划体系与规划内容进行了扩展与深化,如××市对保障型住房片区的通勤公交方案进行了专项研究,佛山市对公共交通特许经营中所面临的成本核算、线路确定、运营监管等方面的规划控制进行了探讨。[②] 此类探索对完善城市公共交通规划编制体系不无裨益,但在实际操作中未能及时有效地对不同类别的公共交通规划分类加以梳理整合,明确相应的编制规范标准及法律地位,使得不同规划各有侧重,规划管理工作中出现了规划管理依据层次多、数量大、内容复杂、规划依据多元等问题,损害了规划成果的严肃性。迫切需要厘清市公共交通规划体系与城市交通规划体系、城市规划体系的衔接关系,对城市公共交通规划按等级、层级及先后阶段划分形成规范的制定体系。

(二) 编制主体定位不明

城市公共交通涉及城市发展规划、土地开发、城市交通基础设施的建设与维护、公共交通车辆的购买与保养、规范行业技术标准、交通安全管理、票价、税费、补贴政策的制定实施等多个方面,与城建、规划、公安交警、交通、财政、计划、物价、土地、税收等多个职能部门密切相关。《草案》

[①] 参见卢毅、李华中、彭伟《交通发展规划向公共政策转变的趋势》,《综合运输》2010 年第 4 期。

[②] 参见赵一新、曾小明《公共交通特许经营的制度安排与规划控制——以佛山市禅城区近期公共交通发展规划为例》,《城市规划》2009 年第 4 期。

提出"城市人民政府应当组织交通运输、城乡建设、规划、公安等部门根据城市总体规划编制城市公共交通规划",确立以地方政府作为编制组织主体。但现行的城市公共交通行业管理体制有三种主要模式:第一种是传统的由交通、城建、市政、城管、公安等部门对交通运输实施的"多部门交叉"的管理模式;第二种是由交通部门对公路和水路客货运输、城市公共交通和市域范围内的道路客运进行统一的管理模式;第三种是设立一个综合交通部门进行统一协调管理,即"一城一交"的综合管理模式。[①] 城市公共交通规划编制组织主体的确立受行业管理模式的影响,政府不同主管部门的委托对规划的编制要求也会有所不同,如城建部门更侧重于公共交通基础设施的建设及与其他公共基础设施的协调,交通部门更关注公共交通系统的组织与运营,财政、物价部门需要考虑公共交通的资金投入保障、票制票价体系制定、政策性亏损补贴等。考虑城市公共交通规划多层面、多阶段的特征,所有类别的城市公共交通规划都由地方政府组织编制并不切合实际,但规划编制的多头管理容易导致编制计划的无序,编制内容也会缺乏整体的平衡。

规划编制的实施主体是指受规划编制组织主体委托具体负责编制工作的编制单位。为保证规划质量,理应对城市公共交通规划编制的实施主体实行"门槛式"的资质审核制度。但国务院或规划行政主管部门尚未出台相应的行政法规或规章来规范城市公共交通规划的编制资质。目前城市公共交通规划一般由具有城市规划编制资质的咨询机构完成,规划编制组成人员主要为城市规划、交通规划的专业技术人员,由于缺乏经济、社会、法学等方面技术人员的参与,城市公共交通的公益性和经营性往往被忽视。同时,编制单位一般对城市公共交通发展的基础数据缺乏长期的收集、整理和研究,影响了规划的针对性、有效性与科学性。

(三) 编制程序有待完善

长期以来我国的城市公共交通规划更侧重于强调规划技术的科学性,编制单位对规划编制过程中目标确定、数据收集、准则设计、方案比较、方案优选等一系列技术环节的理论与方法掌握较为成熟。但城市公共交通规划的整体编制程序包括制订编制计划、选定编制单位、形成规划草案、审查规划草案、征询公众意见、上报批复等过程;为保证规划成果的严肃性,规划的成果表达、报批、修改还应遵循一定的上报、公示、听证、评估等程序。在

---

① 参见谢地、肖恺《我国城市公共交通行业的政府规制改革亟待深化》,《贵州财经学院学报》2011年第4期。

实际操作中,审批界面模糊及公众参与缺失是城市公共交通规划编制程序中最为突出的两个问题。对于不同类别、不同层级的公交专项规划是纳入城市规划统一审批还是单独审批,是由市级层面审批还是由规划部门或会同专业单位审批,审批的内容、程序及审批的效力等,都需要进一步规范。同时,城市公共交通规划的复杂性、社会性决定了单靠政府应对公共交通规划中的种种问题只能是孤掌难鸣。征求公众意见能使站在不同利益角度的政府、公交企业、市民在参与规划编制的过程中平等地交流与讨论,有效地完善规划方案。但在我国受自身环境、利益、年龄、职业等条件的限制,普通市民规划法律意识淡薄,公众参与积极性不高;公众在获取政府有关规划信息、表达意见等方面没有明确和畅通的制度渠道;在参与过程中,"参与—反馈—再参与"的机制没有形成,即使在规划的编制阶段征求了公众意见,在成果报送审批阶段极少有编制机构出具对公众意见采纳情况的说明。公众远没有享受到城市公共交通规划的管理与监督权力。城市公共交通规划编制作为一个技术过程而非立法过程,规划成果难以具备法律规章要求的刚性约束,也给予了地方政府尤其是另届政府在规划实施及修改方面的随意性。

三 城市公共交通规划法治化的域外经验

在欧美等地,公共交通行业的快速发展主要得力于完善的法规体系引导,依法管理、多方协调已成为其公交发展的一个基本特征。经过多年的实践逐步形成了较为完整的城市公共客运交通法规体系,从资金供给、机构设置、权责划分、科学规划、民主参与等方面对规划的编制提供了法律保障。[1][2][3]

在规划的资金供给方面,1962年美国国会通过《联邦支持高速公路法》(*The Federal-Aid Highway Act of 1962*, FAHA-1962),指出在城市范围内的任何交通(包括公共交通)项目要得到联邦政府的资金资助,必须保证这些项目是来源于充分吸引民众和相关政府部门参与,一个连续滚动(Continuing)、综合全面(Comprehensive)、多方协调(Cooperative)的规划过

---

[1] 参见周江评《美国公共交通规划立法及其政策启示》,《城市交通》2006年第3期。
[2] 参见卓健《法国城市公共交通的发展建设与组织管理》,《国外城市规划》2004年第5期。
[3] 参见刘文洋、李红昌《国外城市公交立法的经验及借鉴意义》,《技术经济》2005年第6期。

程。为实现这一规划过程，FAHA-1962 特别提供了一个关于交通规划和研究资金保障的条款。这一条款规定，联邦政府提供给各地交通项目资金的 1.5%必须专门用于交通规划和研究。换言之，这一条款保证了任何得到联邦资金的交通项目，都将有一笔稳定的交通规划和研究的资金。

在规划范围方面，为使城市公共交通按照网络发展的自身规律和需要进行建设，摆脱行政边界的束缚和行政管辖的影响，法国在 1949 年、1973 年、1982 年法令逐步完善的过程中确定"城市交通服务区"（PTU）作为地方政府组织城市公共交通的合法空间范围。如果单个市镇独立组织自己的城市公交，PTU 就是其公共交通网络覆盖到的建成区部分；如果若干个市镇共同组建城市公交网络，PTU 则是这些市镇有公共交通通达的建成区范围的综合。在德国，公共市郊客运被视为现代城市规划中不可缺少的一个组成部分。早在 1964 年，德国交通专家委员会就做了全面系统的关于改善城乡交通状况的报告，指出在人口不断增多的情况下，公共市郊客运对于解决城市或城乡地区交通问题具有重要作用。鉴于此，联邦政府立法目标就是组织和资助公共市郊客运，将公共市郊客运基础设施的规划同区域规划、地方规划以及城市建设紧密联系。

对于规划的管理与组织，1966 年美国的《交通部法案》（*The 1966 Department of Transportation Act*，DOTA-1966）从形式和行政上确立了美国交通部联邦城市公共交通管理局（Urban Mass Transportation Administration，UMTA）对公共交通事务的综合管理、指导权利和责任。由于法国的"城市交通服务区"（PTU）与行政区划没有直接关系，1982 年颁布的《国家内部交通组织方针法》（*Loi d'Orientation sur les Transport Intérieur*，LOTI）确定由各相关市镇议员组成"城市交通管理委员会"（AUTO），将城市交通网络的建设与管理事务从市镇政府中分离出来，独立实施管理。"城市交通管理委员会"是该"城市交通服务区"区域范围内公共交通的最高领导机构和决策机构。

在科学规划与民主决策方面，1966 年美国国会通过的《示范城市和大城市发展法案》（*The Demonstration Cities and Metropolitan Development Act*，DCMDA）规定任何想得到联邦政府 DCMDA 允许用于（交通）设施规划、建筑用途资金的城市，必须保证有关设施的规划和建设通过一个区域性质的规划机构的评审。该法案促进了区域性规划机构（Metropolitan Planning Organization，MPO）的设立，使得公共交通项目的规划受制于民主性、区域性、综合性等要求。法国的交通委员会、德国的交通运输专业联合委员会、中国香港地区的交通咨询委员会都属于参与城市公共交通管理的法定的非政府机构。这些机构一般由政府有关人员、交通专家、公共交通经营者和市民代表组成。法国的城市交通法规定："国家、有关地方政府及关心城市交通的代表，在城市规划原则下，通过民主协商，共同制定交通政策和实施方案。"

虽然我国的公共交通法规研究与制定正逐步走向科学与规范，但相比国外公交发达都市的法规而言，体系不完整、缺乏可操作性、缺少其他相关法律法规配合等问题依旧相当突出。总结国外公共交通法治化的相关经验，需要通过立法保证相对稳定的公共交通规划过程和资金来源；城乡统筹，从市域甚至区域的角度审视城市公共交通规划问题；在规划的组织与管理过程中，对不同参与主体的责、权、利予以明确，特别需要在法律上认定公众参与城市公共交通规划与管理的权力。下文针对我国各地城市公共交通规划编制过程中存在的突出问题提出法治化治理的具体途径。

四　城市公共交通规划编制法治化的具体路径

（一）明确法定规划，与城市规划编制体系统筹协调

从实施主体和对象的需求出发，简化明确不同层次的规划，"因时制宜、因繁就简"，区分法定规划和非法定规划，建立以法定规划为核心、非法定规划为补充的规划编制层级体系，形成"顶层设计—法定规划—专项研究"的联动机制，减少规划编制的盲目性和随意性，实现城市公共交通规划研究、编制与实施的协调统一。城市公共交通规划的法定规划侧重于确定骨干公交线路的走向、边界与公交场站设施的规模、用地，使公共交通基础设施项目与整个城市的开发建设有机衔接。在法定的基础设施规划编制前期，以城市公共交通总体发展战略研究及体系规划的制定为核心作为"顶层设计"，指导法定规划的编制及专项研究的开展；在法定规划的编制期间，可结合实际同步开展公交专项规划，分析不同类别公交系统的客流需求、线网及场站布局、对其他交通设施的协调要求等，为法定规划中公共交通基础设施项目的用地控制指标提供依据。在法定规划编制之后，结合工程设计与市场需求，深化专项研究，制订项目实施计划、运营组织方案、行业发展规划等。建议由城市人民政府负责城市公共交通规划法定内容的编制、审批、实施、修改等管理工作；城市公共交通管理部门负责非法定规划的行政管理工作。

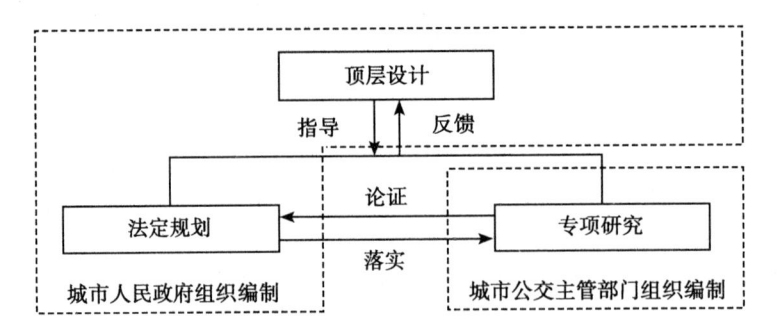

图1 城市公共交通规划编制体系结构

城市公共交通基础设施如骨干公交线路、场站设施等专项规划是城市规划的重要组成部分，涉及城市空间分配、建设时序的统筹安排，应纳入城市规划综合平衡考虑，与城市规划统一审批，使之具有法定效力。对应于我国现行的城市规划编制体系，从城镇体系规划、城市总体规划、控制性详细规划到修建性详细规划，不同阶段对城市公共交通规划的编制内容与深度要求有所不同。在城镇体系规划阶段通过引导不同性质、规模、职能的城镇布局在城镇体系内构建主要客流走廊，明确区域公交枢纽与主要城镇的布局关系，确定其主要职能。在城市总体规划阶段，结合城市综合交通规划的编制要求确定相关内容，包括：不同交通分区内的公共交通发展指标、主要公交客流走廊及客流强度、公交发展模式及系统构成、骨干公交线路布局方案及规划廊道控制要求、公交场站设施的规模及控制要求。在控制性详细规划阶段，进一步明确公共交通基础设施的配置标准和配置要求，规定公共交通设施的用地界线；将公共交通线路的组织纳入规划，结合出行需求特征确定公交停靠站点，满足公交站点半径覆盖率的指标控制要求；明确公共交通枢纽的布局，保持其与城市中心等级规模的对应关系。

（二）完善编制依据，为规划编制工作提供技术支撑

（1）深化技术指标。1995年颁布的《城市道路交通规划设计规范》是国家唯一一部涉及城市公共交通规划的技术文件，内容涵盖公共交通方式选择、车辆配置、线网、换乘枢纽及场站设施用地布局等多项相关技术指标。但迄今为止并没有对该规范进行更新，缺乏城乡公共交通客运规划的编制标准、城市不同分区公共交通发展的差异化要求、城市公交分担率的设定、复线的控制、公交专用道的设置条件等。需要全面梳理规划技术控制要素中的相关指标，淘汰落后的标准与准则，对既有规划技术标准进行修订与完善。

（2）健全行业标准。国务院主管部门需出台交通规划从业人员职业资格制度以及交通规划设计单位资质等级认定管理办法，对承担城市公共交通规划编制工作单位就人员构成、技术职称、技术装备等提出具体要求。为配合规划的实施，各地应因地制宜，制定公交行业的服务规范，设计公交营运模式，建立公交企业的市场准入与退出机制，并重点明确公交运营企业在城市公共交通规划编制阶段的权利与义务。

（3）出台编制办法。尽快出台《城市公共交通规划编制办法》及其实施细则，确定规划原则、规划范围与期限、分阶段规划内容、规划成果形式等。为与"顶层设计—法定规划—专项研究"的联动机制相协调，建议将规划成果分为"法定文件"与"技术文件"两类。"法定文件"包括"文本"和"图表"，按法定程序批准并具有法律效力。"技术文件"包括规划说明书、专题研究报告、基础资料汇编等，用于分析现状、论证规划意图、解释规划文本等，作为"法定文件"的技术支撑。

（三）规范编制程序，保证编制过程的科学、合法、高效

为了规范规划的编制行为，保障规划的科学性，城市公共交通规划的编制应逐一经历前期筹备、方案起草、征求意见、衔接协调、技术审查、人大审议、批准公布等环节。在前期筹备阶段，城市人民政府及公共交通管理部门根据城市建设与公共交通行业发展需要编制规划计划，财政部门将规划编制所需经费列入年度预算，编制规划任务书，择优委托规划设计单位，签订项目合同书，提供相关基础资料。在方案起草阶段，规划编制主体坚持立足现状、面向未来、因地制宜、城乡统筹、集约发展等基本原则，按时保质完成规划编制任务书的各项要求。在征求意见阶段邀请同级政府部门、公交企业和市民代表等召开座谈讨论会，对编制规划初步方案进行充分论证，并形成征询意见；对于重大事项应当举行听证会。在衔接协调阶段将规划草案送交上一级发展规划主管部门与相关规划进行衔接，衔接不成的事项由上一级发展规划主管部门进行协调。由编制任务下达单位组织技术审查并提交地方人民代表大会审议；对于法定规划内容纳入城市规划统一审批。规划经批准后将成果印制、公布、归档和组织宣传。

在规划实施期间，规划编制的组织主体应定期组织有关部门、专家、社会公众，采用问卷调查、抽样统计、个别访谈等形式对规划目标的实施情况进行跟踪评估，依据评估报告分析问题成因，追究责任主体，提出改进办法，在必要的情况下对规划方案进行修改。对修改的前提条件和审批、备案等程序做出相应规定，明确未按规定程序随意修改规划的政府和相关责任人的法律责任。

(四)倡导民主规划,保障公众的知情权、参与权、决策权与监督权

公众是城市公共交通发展的最直接受益者,城市公共交通规划编制公众参与机制的建立过程是不断扩大民主的过程。民主的规划编制有助于体现以人为本,维护社会公平与公正,在管理者与民众之间建立良好的沟通渠道,加强对公交建设运营的反馈作用,真正实现政府、公交企业与公众在规划编制过程中的良性互动。规划编制民主参与形式可分为直接民主与间接民主两类。直接民主主要表现为公众参与,间接民主主要体现为人大参与,规划编制不同阶段的民主参与形式如表1所示。

表1　城市公共交通规划不同编制阶段的民主参与形式

编制阶段	民主参与形式
前期筹备	通过在城市主要报纸上刊登公告、向社区发放通知单和宣传册等手段在全市范围内公开宣布
方案起草	采用向市民发放填写调查表的形式对公众的出行意愿进行调查和摸底,包括出行方式、次数、目的、时段、时耗、路径,及对公交服务的满意度等
意见征求	形成纲要文本、图纸,吸引市民参与规划讨论,可现场接待、征求意见,亦可向社会公开展示,搜集反馈意见后进行取舍工作
技术审查	邀请专家、学者组成的评委会与市民或市民代表共同参与成果的审定
人大审议	人大代表或常委会委员对规划内容发表意见、提出建议、做出评价,以发挥人大反映民意的作用
批准公布	以简单易懂的形式,如图片、照片、详细的文字说明等面向公众展示规划成果
规划实施	邀请公众参与规划定期评估,受理公众的投诉意见,公开规划的调整方案

五 结语

法治建设是现阶段规划变革的核心内容之一,在各地积极贯彻落实"公交优先"战略、结合自身实际陆续制定各类城市公共交通规划的背景下,需要在城市公共交通规划的编制过程中体现法治所要求的规范、博弈及制度化的协调。本文从分析城市公共交通规划的转变趋向入手,剖析我国城市公共交通规划编制面临的诸多困境,借鉴欧美等国相关的法律保障措施,指出应建立"顶层设计—法定规划—专项研究"的联动机制;由城市地方人民政府、公交主管部门分别承担法定规划与非法定规划的组织工作,对规划编制的实施主体实行行业资质审核制度;完善技术标准,规范规划成果,以系统、民主的行政程序保障规划的严肃性、权威性、科学性与规范性。

城市公共交通行业绩效管理水平提升对策研究

杨 洁 过秀成[*]

摘 要： 城市公共交通行业绩效评估结果是政府考核企业经营水平、出台公交优先财政补贴政策、调整与配置公交线路场站资源等重要决策的依据。建立有效的公交绩效管理制度，对于落实国家公共交通优先发展战略、改善公交行业服务质量具有重要影响。本文从绩效衡量、绩效评估与绩效追踪三个层面提出公交行业绩效管理水平提升对策。引入新绩效预算理论，通过公交绩效合同与绩效指标实现行业政策、预算与绩效的"三合一"；兼顾公众参与式评估与技术理性式评估的各自优势，以专业评估机构为主导，建立多方协作绩效评估模式；设计公交行业绩效追踪机制，反馈指导绩效管理过程和行业政策制定。

关键词： 城市公共交通；绩效合同；绩效指标；绩效评估；绩效反馈

一 问题的提出与文献综述

城市公共交通是满足人民群众基本出行需求的社会公益性事业，是城市功能正常运转的基础支撑。建立行之有效的公交行业绩效评估体系，是公交企业了解自身运营水平、主管部门进行行业监督、社会公众表达服务满意程度的重要途径，也是深入贯彻落实国务院《关于城市优先发展公共交通的指导意见》的重要举措。除了能以货币形式表现出来的城市公交运营成本及收益价值外，城市公共交通具有公益性和巨大的正外部性，能够有效支撑城市功能正常运转，引导城市功能布局和城市形态发展，缓解交通拥堵和资源环境压力，体现以人为本和社会公平正义。因此，运用"绩效"概念来衡量城市公共交通运营活动的效果，所指的不单纯是经济的概念，即运营成

---

[*] 杨洁，东南大学法学院讲师；过秀成，东南大学交通学院教授。

本与投入之间的关系，还包括效率与效能两项指标。前者涉及投入和产出之间的关系，后者涵盖产出与客观效果之间的关系。

城市公共交通系统绩效的输入与输出值具有可观测性与可控性，具备实施绩效管理的先决条件。[1] 不同于其他公共服务，城市公共交通行业面临更充分的市场竞争，因此更渴求通过战略规划与绩效评估挖掘产能，提升绩效水平。Poister 等（2013）以美国 88 个中小城市为研究对象，分析对公交行业采用绩效管理后的实践效果，结果表明各城市公交行业的生产效率均得到了显著的提升。[2] 国外公交行业同样经历着民营化与逆民营化的过程，公交绩效的评估结果可用于分析公交行业市场化运作模式以及政府财政补贴制度的科学性与合理性，很多学者围绕公交行业服务水平与政府财政补贴（Karlaftis 等，1997[3]；Bly 等，1986[4]，1980[5]；Cervero，1984[6]，1986[7]）、公交绩效与行业民营化水平（Leland 等，2009[8]；Perry 等，1986[9]）等问题进行了深入研究。绩效衡量需要客观、公正的标尺，从 20 世纪 50 年代起美国城市交通运输委员会就提出了城市公交服务的标准、目标与测算方法，后续研究者在指标体系与计算方法上不断修正与改进（Fielding 等，1978[10]；Meyer

---

[1] Jennings, E. T., and M. P. Haist, *Putting Performance Measurement in Context*, Georgetown University Press, 2004.

[2] Poister, T. H., O. Q. Pasha and L. H. Edward, "Does Performance Management Lead to Better Outcomes? Evidence from the U. S. Public Transit Industry", *Public Administration Review*, No. 4, 2013.

[3] Karlaftis, M. G., and P. S. McCarthy, "Subsidy and Public Transit Performance: A Factor Analytic Approach", *Transportation*, No. 3, 1997.

[4] Bly, P. H., and R. H. Oldfield, "The Effects of Public Transport Subsidies on Demand and Supply", *Transportation Research A*, No. 6, 1986.

[5] Bly, P. H., F. V. Webster, and S. Pounds, "Effects of Subsidies on Public Transport", *Transportation*, No. 9, 1980.

[6] Cervero, R., "Cost and Performance Impacts of Transit Subsidy Programs", *Transportation Research A*, No. 5/6, 1984.

[7] Cervero, R., "Examining the Performance Impacts of Transit Operating Subsidies", *Journal of Transportation Engineering*, No. 5, 1986.

[8] Leland, S., and O. Smirnova, "Reassessing Privatization Strategies 25 Years Later: Revisiting Perry and Babitsky's Comparative Performance Study of Urban Bus Transit Services", *Public Administration Review*, No. 5, 2009.

[9] Perry, J. L., and T. T. Babitsky, "Comparative Performance in Urban Bus Transit: Assessing Privatization Strategies", *Public Administration Review*, No. 1, 1986.

[10] Fielding, G. J., R. E. Glauthier, and C. A. Lave, "Performance Indicators for Transit Management", *Transportation*, No. 4, 1978.

等，1981[①]；Hartgen 等，1996[②]）。美国交通运输研究委员会在归纳各方研究的基础上发行了《公共交通通行能力和服务质量手册》，提出了公交性能指标与公交服务指标两类指标，[③] 其中性能指标反映了公交行业提供的就业机会、资产收益、对交通污染或拥堵问题的缓解等，服务指标体现了公交服务的可达性、舒适性与便捷性。

  国内关于城市公交行业绩效管理方面的研究主要集中于绩效影响因素分析、指标的选取与定量计算。城市公交营运生产活动涉及多个利益相关者，不同学者也从不同利益相关者的角度出发设计评价指标与评估方法。王海燕等综合考虑城市公交行业环境和资源、公交企业运营服务、相关主体满意度三个方面的因素，提出了公交行业绩效评价模块及指标体系。[④] 严亚丹等采用面向产出的数据包络分析方法，以公交企业和乘客的立场对单条公交线路的运营效率和服务效益进行了评价。[⑤] 杨晓光等基于服务学理论，从乘客对公交服务真实感知视角建立了公交运行服务指标评价体系。[⑥] 李强等以公交运营企业的角度建立了公交服务可靠性评价指标，用以了解乘客对公交服务的需求和满意程度，进而改善公交服务，提高企业运营效率。[⑦] 上述研究成果均是以建立多层级、综合的监控指标体系为目标，寻找公交营运过程中的现实问题，继而优化营运过程，实现利益相关者价值的最大化。但绩效管理是搜集绩效信息、进行绩效衡量、设计与执行适当的绩效管理系统、推动绩效评鉴的整体活动过程。[⑧] 完整的绩效管理是一项战略导向的系统工程，涉及体制创新、权力重组与流程再造，涵盖绩效衡量、绩效评估、绩效追踪三个过程。[⑨] 既有研究大多致力于设计一套衡量公交行业绩效的标尺，如何营

[①] Meyer, J., and J. Gomez-Ibanez, *Autos, Transit, and Cities*, Harvard University Press, 1981.

[②] Hartgen, D. T., and J. A. Segedy, *Peer Groups for Transit System Performance*, Working Paper, Center for Interdisciplinary Transportation Studies, University of North Carolina at Charlotte, 1996.

[③] 美国交通运输研究委员会编著：《公共交通通行能力和服务质量手册》，中国建筑工业出版社 2009 年版，第 200 页。

[④] 参见王海燕、唐润、于荣等《城市公交行业绩效评价体系研究》，《中国工业经济》2011 年第 3 期。

[⑤] 参见严亚丹、过秀成、叶茂《基于 BCC 模型的常规公交线路绩效评估方法》，《交通运输系统工程与信息》2010 年第 4 期。

[⑥] 参见杨晓光、安健、刘好德等《公交运行服务质量评价指标体系探讨》，《交通运输系统工程与信息》2010 年第 4 期。

[⑦] 参见李强、缪立新《基于公交企业观点的公交服务可靠性评价指标研究》，《中国市场》2009 年第 45 期。

[⑧] 李允杰、丘昌泰：《政策执行与评估》，北京大学出版社 2008 年版，第 182 页。

[⑨] 张旭霞：《公共部门绩效评估》，对外经济贸易大学出版社 2007 年版，第 68 页。

造多方合作的评估体系，如何设计及执行有效的评估，如何对绩效进行持续性的监测、记录和考核以推动绩效不断持续改进，此方面系统性研究成果较少。

本文运用公共部门绩效管理理论，从绩效衡量、绩效评估、绩效追踪三个层面对我国城市公共交通行业绩效管理过程进行理论分析与对策建议，以期对我国城市公交行业发展与服务质量改善提供有效的指导意见。文章的结构安排是：第一部分分析研究背景，对既有相关研究总结回顾；第二部分探讨公交行业绩效合同与绩效指标的拟定，尝试对公交行业实施新绩效预算管理，实现"目标—预算—效果"之间的高度关联；第三部分分析公众参与式评估与技术理性式评估的适用性，提出多方协作的绩效评估模式；第四部分研究绩效追踪回馈系统，对绩效管理过程和行业政策制定提出反馈指导。

二　绩效衡量：政策、预算、绩效"三合一"

（一）目标导向下的绩效合同签订

我国城市公共交通的管理体制由政府统包经营向国有主导、多方参与的模式转变，其管理呈复杂化趋势。如何更好地配置有限资源，提高投资效益，推动城市公交的可持续优先发展，是政府和企业亟待思考和认真解决的问题。城市公共交通作为城市生产的社会共享资源之一，其兼具公益属性与生产属性，需要政府提供政策性亏损补贴以适当降低票价吸引乘客乘坐公交，取得整体经济效益和社会效益最大化。补贴资金的来源主要由地方政府负责解决。城市政府在安排预算时通过"企业政策性亏损"科目来核算；中央财政对于公共交通补贴未纳入中央财政预算科目，目前仅分配了部分燃油补贴。[①] 在实践操作中，由于没有明确的公交成本核算及审计制度，未能将公交公司的运营水平与乘客满意度挂钩，影响了政府补贴资金的高效利用。

以绩效为基础的"新绩效预算"理论其核心在于通过制定资金支出的绩效目标，建立绩效预算评价体系，使预算和绩效挂钩，逐步实现资金从"注重资金投入管理"向"注重支出效果管理"转变。[②] 新绩效预算管理的

---

① 交通运输部道路运输司：《城市公共交通管理概论》，人民交通出版社2011年版，第36页。
② 参见王丽萍、郭岚、张勇《高校新绩效预算管理体系研究》，《财会通讯》（学术版）2008年第7期。

核心在于签订绩效合同，即将传统预算中存在的隐性合同关系转化为显性合同关系，从而将公共预算转变成一种合同预算。绩效合同中一般包括支出部门所需要的资金水平、支出上的权力、资金使用后的产出和效果以及测量产出和结果的绩效指标。[①]

（1）上下级行政部门间的绩效合同。2011年，交通运输部决定在"十二五"期间组织开展国家"公交都市"建设示范工程，由交通运输部与"公交都市"建设试点城市人民政府签订《共建国家"公交都市"示范城市合作框架协议》，在协议中明确国家"公交都市"示范工程的建设目标、建设重点、支持政策、保障措施和相关各方的责任分工等内容。随后，又制定了《公交都市考核评价指标体系》，包括考核指标、参考指标以及各创建城市自身提出的特色指标；文件要求各创建城市结合自身实际，在公交都市创建实施方案中提出各项指标的创建目标值，交通运输部将对各创建城市的创建方案进行评审，组织专家分别确定各城市的创建目标值，作为对公交都市创建成效验收考核的依据。在传统预算中，上级机构对于下级机构的支出行为一般通过命令的方式控制，但此次，交通运输部与各创建城市之间尝试按照一种与市场上讨价还价逻辑相同的方式协商资金拨付与使用关系，由传统自上而下的等级制组织结构转变为合同关系，可以称为新绩效预算管理理念的一种体现形式。

（2）主管部门与企业间的绩效合同。地方政府与公交运营企业之间签订绩效合同同样具有广阔的应用空间。公交线路经营权是特殊的资源性利益，取得线路经营权的公交运营企业通常情况下会与政府签订公交线路特许经营权合同，在合同中明确特许经营内容及有效期限，特许经营服务的质量标准、安全管理、行业规范，服务价格的确定方法、标准及调整程序，公用设施的管理、维护、建设和更新改造，特许经营权的变更、续展、提前收回、临时接管、终止，以及双方的职责等内容。但特许经营权合同并不等同于新绩效预算管理中的绩效合同。政府所提供的政策性亏损补贴都是按年度拨付，这意味着主管部门对线路经营情况考核、监管要制度化、滚动式，适时调控，不能等到经营期限到期后才落实。城市空间格局与功能的调整使得商业、公共服务设施、居住点等新的客流集散点不断涌现，道路改建、扩建、新建等现象也非常普遍，要求公交线路及时做出相应变动，线路延长、改道、缩短甚至被取消的情况时有发生。政府应根据当年度公交企业营运状

[①] 参见马骏《新绩效预算》，《中央财经大学学报》2004年第8期。

况、城市经济发展状况、道路交通运行状况、社会物价水平和劳动工资水平等，及时调整公交补贴政策，设定服务目标与职责，每年一度与公交企业签订预算绩效合同。每一年度的绩效合同执行情况可作为特许经营期满后线路经营权延续或退出管理的依据。

(二) 检验合同实施效果的绩效指标拟定

为检验绩效合同完成效果，必须设计一套足以衡量绩效目标实现程度的指标系统，以进行不同部门与不同时期的比较。绩效指标可分为量化指标与定性指标两大类：量化指标为可以用统计数据加以表示的指标，如万人公共交通车辆保有量、公交站点覆盖率、百公里线路成本费用等；定性指标涉及价值判断，仅能以主观感受加以表示，如乘客满意度、公交规划实施情况、配套政策制定情况等。绩效评估必须兼顾客观性、不重复性及可操作性的先决条件，在建立指标时遵循SMART原则，即指标是具体的（Specific），可反映绩效合同有效期内比较详细的目标；是可衡量的（Measurable），具有连贯性与可比性；是可获得的（Attainable），指标信息可以通过一定的手段获取；是相关的（Relevant），与政府、企业、公众的期望具备一致性；是以时间为基础的（Time-based），指标以合同有效期为约束。

(1) 国家公交都市考核指标。交通运输部颁布的《公交都市考核评价指标体系》是对各创建城市公交都市创建成效验收考核的依据，考核的对象既包括创建城市的决策者，也包括公交服务的供应者。从考核内容看可分为三大类（见表1）：①与公交企业经营活动密切相关的包括车辆、线路、场站在内的公交供给能力指标、运行效率指标、交通安全指标、便民服务指标、内部管理指标；②创建城市地方政府的政策扶持情况；③公交都市创建所产生的社会效果。但公交都市建设是一项复杂的系统工程，是包括法规、政策、空间、设施、财税、管理、服务等多个方面的综合体系，倘若将该指标体系作为绩效合同的评价指标，仍有相当大的完善空间。一是响应土地集约化使用的要求，对公交引导下的紧凑型用地开发效果进行评估；二是响应多模式公交一体化发展的要求，对公交系统换乘的便捷性进行评估；三是响应企业生产效率提升的要求，对公交企业财务分析指标进行评估；四是响应城市交通法治化治理的要求，对城市公共交通法规政策的制定进行评估。

表1　　　　　　　　　公交都市考核评价指标体系

企业经营	车辆	1. 万人公共交通车辆保有量（标台/万人）（定量） 2. 绿色公共交通车辆比率（%）（定量） 3. 公共汽电车平均年龄（年）（定量）
	线路	4. 公共汽电车线路网比率（%）（定量） 5. 公交专用车道设置比率（%）（定量） 6. 公共汽电车线路网密度（公里/平方公里）（定量）
	场站	7. 公共汽电车进场率（%）（定量） 8. 公共汽电车车均场站面积（平方米/标台）（定量） 9. 公共汽电车港湾式停靠站设置率（%）（定量） 10. 公共交通站点500米覆盖率（%）（定量）
	运行	11. 城乡客运线路公交化运营比率（%）（定量） 12. 公交优先通行交叉口比率（%）（定量） 13. 公共交通智能化系统建设和运行情况（定性） 14. 公共交通正点率（%）（定量） 15. 早晚高峰时段公共汽电车平均运营时速（公里/小时）（定量） 16. 早晚高峰时段公共交通平均拥挤度（%）（定量）
	安全	17. 公共汽电车责任事故死亡率（人/百万车公里）（定量） 18. 轨道交通责任事故死亡率（人/百万车公里）（定量）
	便民	19. 公共交通投诉处理完结率（%）（定量） 20. 公共交通乘车一卡通使用率（%）（定量） 21. 公共交通一卡通跨省市互联互通（定性）
	管理	22. 公共交通职工收入水平（%）（定量）
政策扶持		23. 公共交通运营补贴制度及到位率（%）（定性） 24. 城市公共交通规划编制和实施情况（定性） 25. 建设项目交通影响评价实施情况（定性） 26. 公共交通优先发展配套政策制定情况（定性）
社会效果		27. 公共交通机动化分担率（%）（定量） 28. 公共交通出行分担率（%）（定量） 29. 公共交通人均出行次数（次）（定量） 30. 公共交通乘客满意度（%）（定性）

（2）地方政府公交绩效评价标准。地方政府对公交企业进行绩效评估，评估指标不但应重视信度、效度，更应重视其实用性，亦即能够反映公交企业营运业务的性质，以降低衡量的复杂度。在此，笔者借用学者弗莱恩（Flynn）的"4E"概念架构，从四个层面来思考绩效指标的类型（见表2）。其中经济性指标（Economy）用以衡量人力、预算、财产等应用于公交服务提供活动开支节约程度；效率性指标（Efficiency）关注公交企业投入与产出关系，衡量生产效率；效能性指标（Effectiveness）主要通过乘客对公交系统的使用情况和满意程度来衡量；公平性

指标（Equity）主要反映地区间的公交服务是否存在差异性。但"4E"指标的侧重点不尽相同，在某一地区或某一时期内，四类指标的紧迫性或重要性并非一致，甚至可能出现相互排挤的状态，如经济性指标和公平性指标常常会相互冲突。因此应以效能为判断基准，秉持公交优先，兼顾效率与经济，科学、有效地为地方政府与公交企业签订的绩效合同筛选绩效指标。

表2　　地方政府对公交企业绩效评估的"4E"指标

经济性 （Economy）	公交线路总成本费用、百公里线路成本费用、公交线路单车收入、公交线路单车成本费用、车队经费占总成本费用比例、营运业务费占总成本费用比例、管理费用占总成本费用比例、流动比率、资产负债率、客运线路业务收入增长率、毛利率等
效率性 （Efficiency）	线路条数、线路长度、运营车辆总数、行驶总公里、营业行驶公里、公交线路车行驶公里、车日公里、运行班次、高峰小时出车率、在岗驾驶员人均行驶公里、行车责任事故、千公里行车事故费用、驾驶员违章率、重大服务责任事件等
效能性 （Effectiveness）	运客总人次、公交线路车运客人次、日均线路运客人次、公交线路业务收入、客运线路业务营运车日收入、线路车百公里收入、线路平均票价、车辆媒体及车厢内广告收入、万人次乘客投诉率等
公平性 （Equity）	公共交通站点300米/500米覆盖率、公共汽电车线路网密度、城乡客运线路公交化运营比率等

三　绩效评估：公众参与式评估与技术理性式评估的整合

（一）营造多方协作评估体系的缘由

政府在落实"公交优先"发展战略时往往注重观感和意识形态而缺少对业绩的关注。新公共管理主张用企业精神来改造政府，在政府中推行全面质量管理，追求顾客至上、顾客导向，关注公众满意度。为了在"促进公交行业有序竞争"和"方便城市居民出行"之间寻求一个平衡点，需要将所有利益相关者涵盖到绩效评估系统之中。

在传统计划经济体制影响下，公共交通基础设施的各项建设与行业发展取决于政府基本投资计划的部署与安排。政府作为城市公共交通资源代理人和行业管理者双重角色，重要的公交基础设施建设与运营服务调整往往是政府主导的单向决策，市场和公众作为利益主体并没有充分显现。自20世纪

90年代起，我国公共交通的民营化改革全面启动，城市公共交通发展由地方政府、公交运营企业、社会公众等各方主体之间互动的利益关系推动发展。公交行业绩效管理过程，实质上是一种利益表达、竞争和选择的过程；在这一过程中，相关利益主体都是不同的认识主体，他们通过各种程序平台，交换、学习、整合关于利益和决策方案的资源，最终形成利益分配的方案。

因此，使利益相关者能够真正参与到公交营运绩效项目运行评估过程中，从政府、企业和公众三个方面真实反映公交运营的实际效果和长远影响，真正体现城市公交服务的公众满意导向，为政府新一轮的政策性亏损补贴提供切实可行的反馈意见，将是保证城市公共交通可持续优先发展的重要内容，也是交通问题社会治理能力锻炼和提升的良好机会。

（二）公众参与与技术理性模式的比较

受利益相关主体各自需求和不同价值判断影响，公交运营绩效模式可分为公众参与式绩效评估模式和技术理性式绩效评估模式。

（1）公众参与式绩效评估模式。公众作为公交服务的直接使用者最有资格进行评判，有助于实现政府供给与社会需求的吻合。很多地方主管部门或公交运营企业为掌握公交服务的质量，了解公众对公交服务的满意程度，会不定期地组织公交服务满意度调查，征求公众对公交服务的意见和建议。但此类评估采集到的公众评价大多是一种直观的心理感受，大多是主观的、一般性的，有时甚至可能是无意识的，相关参与者需求强烈程度不同可能会干扰正常的价值判断过程，进而影响到评议结果的客观性。

（2）技术理性式绩效评估模式。该模式追求一种客观的理性化，维系于政府部门专门知识和评价技术的高超运用，建立在科学的、逻辑性的数据论证之上。[①] 例如很多主管部门会定期统计和审核公交运营企业的营运业务、技术机务、人力资源、信息化管理、会计财务、资产经营等相关指标，了解企业的营运服务水平与质量、公司的损益情况和财务状况等。在绩效评估中，公众满意度只是作为社会服务效果的依据被参考，绩效评估主要是验证政府决策和企业运营是否符合客观的技术理性。

参与式绩效评估主体的广泛性和大众性决定了活动本身与高度的技术化和专业化的"不兼容性"。公众参与式绩效评估强调政府的公交行业扶持政策对公众需求的回应性和满足程度，并以此作为政策正当性的基础；而技术

---

① 张国庆：《公共政策分析》，复旦大学出版社2004年版，第58页。

理性式绩效评估更关注公交企业经营活动对既定目标的实现程度。但是，为使内部效能优化所需要的手段（以及相应的评估指标体系）与外部公众对效能的感受（以及相应的评估指标体系）可能并不完全一致，有时甚至是冲突的。[①] 目前主要的绩效评估模式有：主管部门内部评估式、专业机构评估式、社会代表评估式和社会民众参与式。其中专业组织包括主管部门委托的大专院校和研究机构，社会代表则从人大代表、政协委员，及新闻单位、行业组织等机构中遴选。各类评估模式具有自身不可替代的优越性，但也存在着一定缺点，优缺点分析见表3。

表3　　　　公交行业绩效评估中各评估主体的优缺点分析比较[②]

指标 主体	角色定位	关注焦点	评估成本	权威性	独立性	专业性	参与性	时效性	影响力	结果运用
主管部门	管理者	是否差	较低	强	弱	较强	强	强	强	强
社会代表	监督者	如何不变差	较低	强	较强	较弱	较强	较强	较强	较强
社会民众	顾客	是否好	高	弱	弱	弱	强	较弱	弱	弱
专业评估机构	局外人	如何变好	较高	弱	强	强	较强	弱	较强	较弱

（三）多方协作评估模式的构建与完善

多方协作评估模式作为一种必要而有效的外部制衡机制，具有客观性、专业性与权威性，可以整合不同相关主体的利益，促使政府与企业改革，拓宽利益诉求机制，引导公众以理性合法的方式表达各自利益诉求。因此，公交行业绩效评估引入多方协作评估模式，形成专业评估、公众参与、政府主管三位一体的协作机制，可确保评估结果的客观性和全面性，促进公交绩效管理制度的健康发展。

（1）以专业机构评估为主导。无论是社会代表评估式还是社会民众参与式评估，都属于公众参与式绩效评估模式，具有自身的局限性。以专业机构为评估主体的第三方评估组织专业性强其相对独立，具有评估资质的交通运输规划与管理方面的科研院所及专业咨询机构均可承担其职责。关于公交企业经营方面的内容主要运用技术理性和专业知识进行评价，关于公交出行价值体现与利益偏好等内容通过公众参与方式予以评判。通过收集民意，依

[①] 王锡锌：《公众参与、专业知识与政府绩效评估的模式——探寻政府绩效评估模式的一个分析框架》，《法制与社会发展》2008年第6期。

[②] 表形结构参见吴宾、孙慧慧、孙莹《构建住房保障政府绩效评估的多元主体模式探论》，《理论导刊》2013年第7期。

托专业评估技能综合分析评估结果,将可靠、广泛、可行的评估意见反映给公交行业主管部门,构建管理部门与公众之间的沟通桥梁,使公众参与式绩效评估和技术理性式绩效评估有机结合。

(2) 建立配套保障制度。为确保绩效评估工作的顺利进行,需建立专业评估机构资质审查制度。主管部门在正式委托评估任务之前明确公交行业绩效评估所需的资质要求、专业水平、评估范围、参与条件等;公平、公正地选择专业评估组织,通过公开招标或竞争性谈判,签约分化,避免对某一组织的单方面依赖。完成评估任务授权后,给予评估组织一定的独立性空间,运用法律手段保障其享有调查和评估公交行业绩效情况的权利。建立评估责任制度,即明确主管部门和被评估者在评估过程中需落实的具体责任,以及应如何帮助及配合评估机构开展工作;同时也应建立评估机构的责任追究制度,从而使绩效评估做到责权分明与责权统一。

(3) 实施信息资源共享。信息是公交行业绩效评估有效进行的重要资源,让评估组织与社会公众了解公交发展各个方面的资料、信息和数据,是保障绩效评估工作真实、高效开展的前提;将评估指标、评估方法及路径、公众评价的相关信息充分公开,才能消除主管部门与公众之间信息不对称现象,有效遏制暗箱操作的发生。公交行业绩效评估信息系统的建设可实现管理部门、运营企业、社会公众、评估机构间良好的交流与沟通,促进部门决策的科学化,提高企业的生产效率,发挥评估机构客观、中立的监控作用,提升公众对公交发展政策的可接受性。

四 绩效追踪:绩效管理与决策的双重反馈

(一) 公交行业绩效追踪回馈系统设计

绩效追踪是指对组织的绩效进行持续性的监测、记录与考核,以此作为改进组织绩效的基本依据。[1] 长期以来在绩效管理的研究中,更多注重绩效管理的目标设计、计划和评估方面,较少涉及对绩效评估结果的反馈。[2] 一个完整的公交绩效管理过程应包括绩效目标制定—执行—评估—反馈—改进几个阶段。绩效目标制定是核心,企业按照绩效合同要求开展生产活动是关键,绩效评估是对前一阶段工作的反馈,反馈的结果又会成为下一阶段工作

---

[1] 张旭霞:《公共部门绩效评估》,对外经济贸易大学出版社 2007 年版,第 72 页。
[2] 参见王永丽、时勘《绩效反馈研究的回顾与展望》,《心理科学进展》2004 年第 2 期。

的"前车之鉴"。

一个有效的评估和反馈系统能够给利益相关者提供有关任务执行过程中出现的重大变化信息,是连接评估方与被评估方的纽带,评估方将绩效结果传达给被评估方,被评估方将个人对评估过程与结果的想法传递给评估方,如此,有关绩效评估的信息就构成了一个回路,信息链不至于在绩效评估的环节中中断。主管部门与被评估者对反馈出来的问题采取怎样的态度,如何去解决和改进以及相应的结果如何,直接影响补助资金的有效使用和公交服务水平的不断提升。重视反馈提出的问题,以科学、认真的态度努力去解决或改进,将有效推进公交行业绩效管理的良性循环,否则重评价而不重解决、形式主义的"走过场"将会陷入恶性循环。只有将绩效评估结果真正反馈至各相关利益主体,增强相关利益主体的回应效能,才能保证绩效评估结果发挥积极作用。公交行业绩效追踪的回馈过程可参考图1。

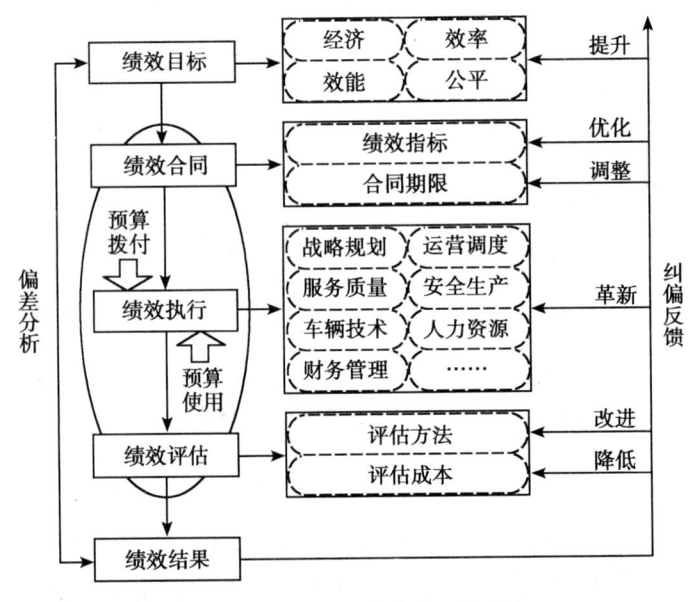

图 1 公交行业绩效追踪回馈系统

对公交行业的绩效追踪同时具有学术上与实务上的双重功能:一方面将公交绩效评估结果建立信息数据库,对评估信息进行深度分析、挖掘和提炼,形成二次反馈机制,在留足充分整改时间之后,再次评估,可累积社会科学知识应用在行业问题的知识运用成果;另一方面可提供政府与企业决策者更加充分的决策信息,拟定妥适的政策方案,检验绩效评估中反馈出来的问题和矛盾是否得到了解决或改进、解决或改进的程度如何、乘客是否满意等。

(二) 对绩效管理过程的回馈

(1) 检视绩效目标与现实环境之间的落差。绩效评估既是一个对事实进行判断的过程,也是一个综合价值体现的过程,运用科学的方法针对公交行业绩效进行系统评估,可明确行业管理政策和措施到达目标的范围和程度,以及社会对此政策措施之需求与价值体现等信息。城市居民对公交服务有很大程度的依赖性和使用"惯性",要求公交服务的提供必须注重经济、效率、效能和公平。但当前正处于我国城市交通转型与改革的关键时期,各地公交行业发展的基础水平与面临形势差别迥异,没有统一可参考借鉴的模式。在政策制定过程中,决策者规划得再完善,也难免会有瑕疵或预料之外的结果出现。因此评估结果可提供拥有信度和效度的信息,作为决策者在下一个评估周期修改或完善绩效目标的依据。

(2) 检视绩效指标与绩效执行间的妥适性。一项经由缜密商讨与设计的绩效合同,在合同执行时有可能会遭遇到合同内容不切合实际,以至于执行困难的问题。假如绩效评估的结果显示预期设定的绩效指标不符合实际,则必须修正预期产出与实际问题间的落差,重新根据绩效目标确定实现目标的执行周期,拟定完善的指标体系与指标预期值。另一种情况是,指标体系及预期值的设定完全没有问题,而是被评估者在提供公交服务阶段或者是评估者在绩效评估阶段出现缺失。面临此种情况,可检视评估者和被评估者的工作流程、资源分配、参与者的意愿和态度,以及具体的运作机制等,并适时加以修正。

(3) 厘清绩效评估结果责任的归属。第三方评估机构在绩效评估结束后须形成书面形式地评估,提交给主管部门,使之了解绩效合同实施的最终情形。通过科学、客观地评估,可以厘清合同执行结果优劣的责任归属问题。到底是绩效合同的制定规划有问题,还是执行不力或者执行方法不当的问题?这些都应由客观的绩效评估报告来解答。由此观之,绩效评估也具有促进提升利益相关者责任意识的积极功能。

(三) 对行业政策制定的回馈

(1) 作为实现行业政策利益相关者信息互联互通的途径。绩效评估结果的运用有助于决策者在公交行业政策规划阶段获取较多充分信息,以便于更周延谨慎地制定政策。而对于被评估者和社会大众而言,评估结果的信息除了可重新厘清政策是否符合利益相关者价值主张与诉求,也可满足一般民众知情权,了解政策的实施绩效是否符合民意。通过信息沟通,公众可了解公交行业的实际发展情况，企业可获悉群体的公交出行偏好。由此，当某项倡导公交优先的政策出台时，信息沟通可强化利益相关主体行动的一致性，为政策的落实奠定民意基础。

（2）作为制定公交行业补贴补偿及税费扶持政策的依据。由于政策资源的稀少性与竞争性，凭借公正客观地评估报告，可以作为调整未来政策方向或目标的参考，并作为分配政策资源的有力依据。通过对地方政府公交主管部门的绩效考核，完善中央和省级财政支持引导的城市公交财政保障制度，合理分配公交基础设施建设、企业技术改造、节能环保以及信息化建设等方面的资金投入；通过对公交运营企业的绩效综合考评，确定企业的合理利润水平，并根据该利润水平确定每年度政府对企业的财政补贴额度，从而寻找公交行业公益性与经营性的平衡点。

（3）作为公交线路经营权退出管理的标尺。绩效考评结果可用于监督企业在运营中执行取得线路经营权时确定的行车作业计划执行、车辆配置、服务质量、运行安全等方面制度的情况。根据公交线路特许经营权合同和分阶段的绩效合同，经绩效考核评议，线路经营者达不到线路经营情况的，行业主管部门应责令其限期整改，整改期满，考核合格的可继续经营，整改期满仍不符合管理要求的，应取消线路经营权。绩效考评结果是行业主管部门依法行使行政许可和监督职权的保障，也有助于维护各方权益，规范营运服务，保障公交的安全运行与可持续发展。

五　结语

完善城市公共交通行业绩效管理过程是提高各级政府和有关部门对公交优先发展的认识、提升公交服务水平、推进公交优先发展战略落实的重要手段和有效途径。笔者认为应基于新公共预算理论，探索建立针对城市政府和公交企业两个层面的绩效衡量指标，通过绩效合同的签订与执行，提高公交行业财政补助资金的使用效率；综合公交运营活动利益相关者的不同需求与价值判断，建立专业评估、公众参与、政府主管三位一体的多方协作评估模式；运用绩效评估结果推动公交行业绩效管理工作不断完善发展，将其作为公交财政补贴、线路经营权调整等政府重要决策的制定依据。

专题之二：网约车规制

"专车"立法刍议

顾大松[*]

摘 要："专车"系基于移动互联网与大数据技术，通过手机软件提供的预约用车，具有实时召车与零工经济特性。推动"专车"立法是凝聚改革共识、防范化解风险、引领创新的必然要求。"专车"立法应从地方性法规入手，构建容纳网约"顺风车"的立法模式。

关键词：专车；零工经济；顺风车；立法

2015年10月10交通运输部发布《网络预约出租汽车经营服务管理暂行办法（征求意见稿）》，将近年来互联网企业推出的"专车"业态立法问题提到日程上来，同时也引发了社会热议，不同学科的人均参与到这次征求意见的热烈讨论中，交通运输部也罕见地邀请持强烈反对意见的专家学者座谈，听取不同意见，彰显对这一立法的高度慎重。由于"专车"新业态与国人出行密切相关，同时对现有出租汽车业形成强烈冲击，且又直接涉及国家"互联网+"战略在交通领域的落地贯彻问题，因此需要高度重视并科学立法。本文拟从"专车"界定入手，主要探讨"专车"立法的必要性与模式，希望能为仍在进程中的"专车"立法提供助益。

一 什么是"专车"？

所谓"专车"，顾名思义，是专为某人提供乘用服务的车辆。传统上比

---

[*] 顾大松，东南大学法学院副教授。

较典型的"专车"是公务用车意义上的"专车"。但是,本文所称的"专车"区别于公务用车,属于市场主体而非国家机关提供的用车方式,其准确称谓应是"移动互联网预约车",即基于移动互联网与大数据技术,通过手机召车软件提供的预约用车,如目前市场上比较流行的滴滴专车、一号专车、神州专车、易到用车、优步专车等。"专车"依托移动互联网与大数据技术,使得用车需求与车辆供给之间能够实现精准与高效匹配,属于一种技术进步带来的用车方式变革。

不过,由于"专车"称谓源于市场自发并为民间所通用,一直未有正式定义,需要认真考察其发展过程、界定其特性,才能更为全面地认识"专车"。

第一,"专车"系在"商务车"基础上形成,因其移动互联网与大数据技术特性区别于"商务车"。

"商务车"是21世纪初一些城市汽车租赁企业响应高端商务客户用车需求,主要通过电话预约、网络预约开展的用车形式。其中,"商务车"出现并得到较好发展的代表城市是江苏省苏州市。21世纪初,苏州市经济迅速发展,外资企业大规模增长,中外商务客机场接送业务量很大,由于企业自有车辆承担该类事务的财务与管理成本高,苏州市汽车租赁行业发现了这个市场,通过汽车租赁与代驾服务的整合,形成了商务车产品。特别是2004年《行政许可法》实施后,原有苏州市政府规章对汽车租赁许可不再有上位法依据,苏州市运管处于2006年宣布不再对汽车租赁业实施行政许可,放开了汽车租赁市场,汽车租赁公司开展的商务车业务完全进入市场竞争,推动了商务车业务在苏州的发展壮大。因此,有商务车历史的城市与地区,往往对移动互联网时代的商务车升级版——"专车",采取了比较开明的态度。如上海市客管部门就一直对租赁车整合代驾公司提供的"专车"业务采取认可态度,执法过程中查处"专车"也针对的是私家车辆提供"专车"活动,其中应有苏州"商务车"主要在上海机场普遍开展业务的历史原因。即使是2010年苏州市人大出台《苏州市道路运输条例》、2012年江苏省人大出台《江苏省道路运输条例》对汽车租赁设置了行政许可,苏州市与江苏省交通主管部门一直以来对商务车的"租赁公司+代驾公司"的模式持相对宽松态度,如《苏州市道路运输条例》第29条就明确规定:"婚车租赁和为企事业单位提供一年以上汽车租赁的,可以提供驾驶劳务,其驾驶员应当取得客运从业资格。"2014年11月19日,南京市交通局在江苏省交通运输厅的指导下,回应出租汽车司机因为抗议"专车"形成的

"卸载打车软件"风波时,对于"专车"就没有一禁了之,而是指出:"召车软件信息服务商应当遵守现行法律法规,根据法定条件,对申请信息服务的车辆进行验证,为合法营运者提供信息服务,并加强自律和日常监管。"为软件信息服务商合法开展信息服务指明了方向,间接肯定了"专车"的地位。而交通运输部 2015 年 1 月 8 日对中国交通新闻网记者的发言,在中央主管部门层面明确了"专车"的说法,也在发言中对"专车"属性进行了概括,即"租赁汽车通过网络平台整合起来,并根据乘客意愿通过第三方劳务公司提供驾驶员服务"形成的创新。

不过,"专车"系移动互联网与大数据技术改造"商务车"后形成,两者之间已经有了质的不同,特别是过去的"商务车"的电话预约、网络预约(主要是 PC 互联网预约)已经被司机与乘客端智能手机普及基础上的移动互联网预约方式所替代,与此同时,"专车"平台的后台大数据分析与自动调度,可以基于乘客需求进行精准配车,甚至可以基于大数据预测需求进行车辆调度,进而实现高效用车。在这个意义上,"专车"已经在技术特征上与"商务车"形成了本质的区别,属于移动互联网与大数据技术基础下的新型用车方式。

第二,"专车"具有即时召车特性,不同于计划性强的预约出租汽车。

一直以来,我国城市交通的小汽车客运服务以出租汽车服务为主流,合法的预约用车也主要由出租汽车承担。但是,由于出租汽车服务属于一种标准服务,如价格标准统一,车型基本统一,很难满足个性化的用车需求。为解决这一问题,近年来从中央到地方交通主管部门都在积极探索出租汽车预约服务形式,主推电话、手机、网络方式的出租汽车电召服务,如《交通运输部关于规范发展出租汽车电召服务的通知》就指出:"我国城市出租汽车运营模式主要以巡游为主,运营服务随机性、盲目性较强,增加了燃料消耗和污染物排放,增大了运营成本,占用了道路资源。通过发展出租汽车电召服务,引导出租汽车逐步改变以巡游为主的运营模式,能够减少车辆空驶和道路占用,缓解城市交通拥堵,促进行业节能减排,产生良好的经济效益和社会效益。"正是在交通运输部文件的指导下,各地交通主管部门积极进行出租汽车电召服务探索,其中典型代表是江苏省苏州市的电召出租汽车服务模式。2014 年年初,苏州市公共客运交通协会发布了《苏州市区出租汽车电召服务管理规定(试行)》,对电召出租汽车服务进行了明确,其基本方式在于成立出租汽车电调中心进行需求与供给匹配,即乘客通过电话、手机、网络等方式向出租汽车电调中心提出用车需求,由电调中心有针对性地向出租汽车驾驶员发布用车信息，驾驶员应召后，按照乘客用车信息完成承运服务。由于有了电调中心的调度作用，加之高于苏州市普通出租汽车的价格及预约用车定位（除了在固定车位空车搭客与服务实施完毕时乘客下车时的实时搭客外，电召出租汽车不得巡游揽客），电召出租汽车服务方式推出以后，运行比较顺利，逐渐形成了区别于一般出租汽车的预约出租汽车服务雏形。

在各地交通主管部门纷纷开展的出租汽车电召服务的基础上，交通运输部2014年10月20日通过的《出租汽车经营服务规范》中，正式明确了区别于传统出租汽车预约服务的预约出租汽车类型，该部门规章第20条、第53条分别规定："县级以上道路运输管理机构应当按照出租汽车发展规划，发展多样化、差异性的预约出租汽车经营服务。""'预约出租汽车经营服务'，是指以七座及以下乘用车通过预约方式承揽乘客，并按照乘客意愿行驶、提供驾驶劳务，根据行驶里程、时间或者约定计费的经营活动。"同时也将出租汽车电召服务与预约出租汽车服务做了区别，如该规章第53条就规定："'出租汽车电召服务'，是指根据乘客通过电讯、网络等方式提出的预约要求，按照约定时间和地点提供出租汽车运营服务。"也有城市在其地方性法规的修订过程中，明确增加预约出租汽车类型，如湖北省武汉市法制办公室于2015年3月4日发布的《武汉市出租汽车管理条例（征求意见稿）》第8条、第21条规定了预约客运出租汽车的许可条件、运行与标志要求，并在第53条规定预约客运出租汽车的定义："'预约客运出租汽车'，是指不在道路上巡游揽客，不喷涂、安装客运出租汽车标识，通过通信、网络等预约方式承揽乘客，根据乘客意愿行驶，并按照行驶里程、时间或者约定计费的小型客车。"交通运输部2015年10月10发布《网络预约出租汽车经营服务管理暂行办法（征求意见稿）》则在交通运输部《出租汽车经营服务规范》的基础上，进一步独立提出了"网络预约出租汽车经营服务"，并将其界定为："以互联网技术为依托构建服务平台，接入符合条件的车辆和驾驶员，通过整合供需信息，提供非巡游的预约出租汽车服务的经营活动。"

出租汽车通过发展电召形式，再向独立的预约出租汽车发展，并在立法上得到规范，这是从出租汽车业态衍生新型预约出租汽车的路径，2015年10月10日交通运输部公布的《网络预约出租汽车经营服务管理暂行办法（征求意见稿）》则是适应移动互联网时代预约出租汽车发展趋势的最新立法努力。但是，现有市场自发形成的"专车"，因其依托的移动互联网与大数据技术，与传统出租汽车衍生出的预约出租汽车之间仍然存在质的不同，其中主要区别就是技术变革导致的预约属性淡化、即时召车属性的强化。

现在我国立法上使用的"预约出租汽车",在美国称为 For-hire Vehicle,在英国则称为 Private Hire Vehicle,与巡游揽客的出租汽车 Taxi,属于不同的类型,因此将其冠以"出租汽车"并不准确,为表示区别,可以称之为"约租车"。如美国纽约市的行业管制机构——出租汽车和豪华车委员会(TAXI and Limousine Commission) 就将约租车和出租汽车严格区分开来:约租车一般不能安装出租汽车的顶灯,也不能着色成出租汽车的黄色;更重要的是,约租车不能巡游揽客,只能停留在调配站中等待调配。更为重要的区别还在于——约租车数量不受限制,而从事巡游揽客的出租汽车数量则受到严格的管制。不论是从国外的行业分类,还是从交通运输部《出租汽车经营服务管理规定》与《网络预约出租汽车经营服务管理暂行办法(征求意见稿)》相关要求看,预约出租汽车与出租汽车均属于不同的性质,前者不受数量管制,提供的车型和服务种类一般较多(车型可以有微型小汽车、中高档轿车,也可以有豪华轿车),更倾向于有计划的预约用车服务,如《苏州市区出租汽车电召服务管理规定(试行)》第 3 条就明确规定:"预约用车是指乘客实际用车时间与提出用车需求时间间隔大于 30 分钟。"

不论是国内从出租汽车电召服务试点后上升为交通运输部《出租汽车经营服务管理规定》确定的预约出租汽车,还是国外发展较为成熟的约租车,其预约方式的技术特性更多属于计划性的出行用车,与巡游出租汽车路面揽客服务方式仍然具有差异化发展的空间。但是,"专车"的技术进步,特别是移动互联网技术的准确定位与即时沟通功能,加之"专车"平台大数据技术形成的精准调配,使得"专车"的即时需求响应已经成为其主要特性,约租车的计划性在"专车"上已经被即时性代替,这也是"专车"区别于约租车的重要特征之一。

第三,"专车"有零工经济的特性,区别于传统出租汽车与约租车的职业经济特性。

在国内,互联网企业在早期推出的"专车"业务,与交通运输部《出租汽车经营服务管理规定》中的预约出租汽车均可纳入约租车类型,主要属于高品质、个性化的用车方式,与巡游出租汽车之间有差异化发展的空间。交通运输部在 2014 年 1 月 8 日肯定市场自发的"专车",也是看到了市场自发形成的"专车"与巡游出租汽车之间差异发展的特点,进而表态肯定这种跨界创新。这种"专车"模式以四方协议为基础,即互联网平台+租赁汽车+代驾驾驶员的组合为用车人提供服务,以企业法人为主体,遵循专职司机+专用车辆的路径提供用车服务,这实际上仍然是一种职业经济的模式。

但是,市场的发展并不以人的意志为转移,互联网企业以"四方协议"为基础推出"专车"后,由于市场的激烈竞争,原有的职业经济模式迅速因为私人小汽车加入,转变为"零工经济"的模式。2014年年中,Uber进入北京市场时,就受北京市交通委员会鼓励私人小汽车合乘文件启发,以"拼车"(即小汽车合乘)名义推出的"人民优步"专车,其竞争对手——运营"滴滴打车"软件的小桔科技公司迅速跟进,推出类似的"滴滴快车"业务迎接挑战,两家公司的竞争将"专车"业态迅速推入零工经济的时代,特别是为了提升"专车"的即时响应特性,提高用户体验,互联网平台吸收了大量私人小汽车参与服务,使得私人小汽车驾驶员也能利用软件平台开展业务成为普遍现象。这种利用存量私人小汽车开展出行服务的模式,是一种利用移动互联网技术快速匹配供需方,适合私家车主利用闲暇时间提供用车服务的形式,是一种典型的零工经济。[①]

私人小汽车以零工经济模式参与"专车"服务,相较于职业经济形式的出租汽车与约租车而言,对于交通潮汐现象的解决有其独特的优势。目前,出租汽车牌照发放采取特许制,有严格的数量管制,为了平衡供给与需求,城市出租汽车数量既不能高,也不能低,而交通出行特别是对出租汽车的需求又有"潮汐现象",即高峰时段打车人多,平峰时段打车人少。如果以高峰时段需求确定出租汽车数量,必然导致平峰时段出租汽车数量供给过多,因此在出租汽车特许制下城市交通早晚高峰时段出租汽车供给必然是不足的。同理,特许制下的出租汽车数量也不能按照平峰时段需求因素确定,这也必然导致平峰时段出租汽车供给较多。因此,在出租汽车数量仍然采取特许制进行数量控制的情况下,"专车"平台下私人小汽车以零工经济的兼职业态提供出行服务,能够在高峰时段弥补出租汽车供给数量不足的问题,而在平峰时段又因其属于约车而非巡游揽客模式,不致过多占用道路公共资源。与此

---

① 据国际劳工组织高级经济学家吉宁·伯格与非标准形式就业技术官员瓦莱里奥·德·斯特凡诺介绍,"零工经济"主要有两种形式,一是"群体工作",二是"经应用程序接洽的按需工作"。"群体工作"由一群能够接入互联网的个体在网络平台上完成,内容既有技术性较强的任务,也有常规性任务,工作者可能来自世界各地。"经应用程序接洽的按需工作"指用户通过手机应用程序搜索提供运输、家政、维修等的服务人员,工作者通常就是本地居民。上述两类工作的共同点是利用互联网和移动技术快速匹配需求方和供应方,且工作时间和地点灵活性较高。参见《"零工经济"对劳动保护提出新挑战》,《中国社会科学报》2015年7月20日第1版。

同时，职业经济形式的出租汽车与约租车，因其专职驾驶员与营运车辆的配置导致其存在沉没成本，即为了营运而已经发生不可收回的支出，如时间、金钱、精力等，当成本预期不能得到回收并得到合理回报时，必然引发以此为业的出租汽车公司与司机的不满，埋下了出租汽车停运事件的深层诱因。而"专车"平台下的私人小汽车以零工经济的兼职业态提供出行服务，则不存在沉没成本高及相应的问题。① 从这个角度，私人小汽车在互联网平台整合下，提供出行服务，是零工经济的典型特性，也有其独有价值。

二 "专车"立法的必要性

2015年10月10日交通运输部发布《网络预约出租汽车经营服务管理暂行办法（征求意见稿）》，将快速发展的"专车"业态的立法问题提到日程上来。在征求意见的过程中，既有要求尽快立法的呼声，也有"让子弹再飞一会儿"的声音。② 在2015年10月10日交通运输部召开的深化出租汽车改革专题新闻发布会上，运输服务司副巡视员徐亚文指出："将新业态纳入出租汽车管理范畴，构建包括巡游出租汽车和预约出租汽车新老业态共存的多样化服务体系。在国务院《对确需保留的行政审批项目设定行政许可的决定》的法律框架下，对新老业态实行分类管理，逐步融合发展。"在同一新闻发布会上，交通运输部法制司副司长魏东就《网络预约出租汽车经营服务管理暂行办法（征求意见稿）》所作的专门说明中，进一步阐明了这一办法的立法背景："自2014年7月以来，一些互联网企业陆续推出网络预约出租汽车服务，对于满足社会公众多样化、差异性出行需求发挥了积极作用，但同时也暴露出一些突出问题：如发展定位不清晰、主体责任不明确、接入非营运车辆、乘客安全和合法权益缺乏保障、对出租汽车市场造成不公平竞争等。特别是今年3月份以来，部分企业通过补贴等抢占市场，接入非营运小客车从事运输活动，冲击了正常市场秩序，影响出租汽车行业及

---

① 当然，零工经济类的"专车"业态在较好地处理了交通潮汐现象与出租车等职业经济业态沉没成本高问题的同时，专车司机与互联网平台之间的劳工关系如何处理，又是目前影响"专车"业态发展及专车司机劳动权益保障的重大争议问题。参见《劳工问题：共享经济的阿喀琉斯之踵?》，http://www.huxiu.com/article/130549/1.html。

② 如2015年10月15日、11月7日交通部召开的两次专家座谈会上，均有关于立法必要性的讨论。参见交通运输部网站报道《坦诚交流聚共识 寻求最大公约数——交通运输部出租汽车改革专家座谈会荟萃》，http://www.moc.gov.cn/zhuantizhuanlan/gonglujiaotong/chuzuqchygg/gefangguandian/201510/t20151016_1906120.html。

社会稳定，网络预约出租汽车服务亟待规范。"①

由此可见，交通运输部对于"专车"立法基本思路，是将市场上出现的"专车"定性为网络预约出租汽车，拟通过网络预约出租汽车立法带动出租汽车行业深化改革，同时规范市场形成的"专车"，国务院《对确需保留的行政审批项目设定行政许可的决定》系其立法依据。由此可见，交通运输部的立法思路并不认同"专车"属于新兴业态，正如有专家在交通运输部座谈会上所说的："无论是以前的马车，还是后来的出租汽车、网约车也好，提供的核心服务没有改变，就是个性化的出行服务，只是乘车形式、交易方式会有变化，但是绝对改变不了出租服务的本质。"②

但是，如本文第一部分所讨论的，"专车"是一种新兴业态，不仅其预约属性区别于巡游揽客性质的出租汽车，其即时召车属性也区别于计划性强的约租车，更因其零工经济特性与出租汽车和约租车均存在不同，交通运输部以国务院《对确需保留的行政审批项目设定行政许可的决定》设定的出租汽车许可规范"专车"，就存在着定位不准的问题，这也是这次《网络预约出租汽车管理暂行办法（征求意见稿）》出台存在巨大争议的原因所在。③

但是，交通运输部公布的《网络预约出租汽车管理暂行办法（征求意见稿）》立法草案存在定位问题，不等于"专车"立法不具有必要性。相反，开展"专车"立法不仅有利于凝聚改革共识、防范化解风险，也是引领创新的必由之路，迫切需要尽快立法、科学立法。

第一，推动"专车"立法是凝聚改革共识、防范化解风险的必需。

任何一个新兴事物出现后引发的利益关系调整，往往在旧有法律规范中缺乏针对性的应对措施，而出租汽车行业系实行严格政府管制的领域，因此

---

① 《交通运输部介绍关于网络预约出租汽车经营服务管理暂行办法等内容》，http://www.scio.gov.cn/xwfbh/gbwxwfbh/xwfbh/jtysb/Document/1451721/1451721.htm。
② 2015年11月7日交通运输部再次在北京就《网络预约出租汽车管理暂行办法（征求意见稿）》召开专家座谈会上，深圳大学韩彪教授的发言。参见《交通部召开规范网约车发展座谈会聚焦四大议题》，http://finance.chinanews.com/gn/2015/11-09/7612868.shtml。
③ 笔者参加交通运输部10月15号座谈会时就提出："应慎重对待部门的行政立法，当前可以由地方推动网约车的试点，待相关立法条件成熟以后，需要由国家统一规范的，由国务院来制定行政法规。"参见《坦诚交流聚共识 寻求最大公约数——交通运输部出租汽车改革专家座谈会荟萃》，http://www.moc.gov.cn/zhuzhan/jiaotongxinwen/xinwenredian/201510xinwen/201510/t20151016_1905904.html。而傅蔚冈、刘莘、王静、张效羽等行政法学人联名提出《关于暂缓制定〈网络预约出租汽车经营服务管理暂行办法〉的建议》，http://finance.ifeng.com/a/20151022/14033981_0.shtml。

即使"专车"属性与出租汽车不同,但因其实现的目标与出租汽车存在一致性,必然引发新旧业态的直接冲突,近年来国内出租汽车业以抗议"专车"为名的停运事件频发,就有这方面的原因。不过,随着十八届三中全会决定所部署的全面深化改革工作日渐深入,出租汽车行业的深化改革已是大势所趋,出租汽车行业也需要兴利除弊,如交通运输部相关负责人就在出租汽车深化改革专题新闻发布会上坦承,出租汽车行业存在行业定位失准、供需失衡、经营权管理不尽规范、服务水平难以提升,以及新旧业态冲突等问题。因此2015年5月18日,国务院同意并转发国家发展改革委《关于2015年深化经济体制改革重点工作的意见》时,明确要求"出台深化出租汽车行业改革指导意见",并要求"自觉运用法治思维和法治方式推进改革,实现深化改革与法治保障的有机统一。研究改革方案和改革措施要同步考虑改革涉及的立法问题,做到重大改革于法有据。将实践证明行之有效的改革举措及时推动上升为法律法规。需要突破现有法律规定先行先试的改革,要依照法定程序经授权后开展试点。通过法治凝聚改革共识、防范化解风险、巩固改革成果"。

不论是市场形成的"专车"业态还是已有的出租汽车业态,在交通运输部看来均存在着较大的问题,需要通过深化改革方式予以处理。不过,无论是将"专车"业态纳入传统出租汽车业态规范,还是通过"专车"业态的增量改革带动传统出租汽车行业的发展,均存在利益关系需要协调的问题,这实际上就是立法的功能所在。因此,通过立法平衡各方利益关系,是出租汽车行业深化改革进程中不可避免的问题,而引致出租汽车行业动荡不安的"专车"立法就势在必行。

第二,推动"专车"立法是立法引领创新的必然要求。

交通运输部发布的《网络预约出租汽车经营服务管理暂行办法(征求意见稿)》属于部门规章草案,属于行政立法的范畴。但是,部门规章的制定以实施上位法规定为依据,如《立法法》第71条第2款就规定:"部门规章规定的事项应当属于执行法律或者国务院的行政法规、决定、命令的事项。"交通运输部在阐明《网络预约出租汽车经营服务管理暂行办法(征求意见稿)》的上位法依据时,也明确为国务院《对确需保留的行政审批项目设定行政许可的决定》,需要将市场自发形成的"专车"纳入出租汽车框架予以规范。与此同时,交通运输部提出的出租汽车行业深化改革三原则之一就是"鼓励创新,依法规范",将创新放在重要的地位。但是,"专车"作为一种新兴业态,在旧有法规中不可能寻找到规范依据,以旧有的出租汽车法规为依据规范"专车"是削足适履。在法理上,部门规章的行政立法以实施上位法为出发点,也不可能通过部门规章进行创新,部门规章引领创新存在着"逻辑悖论"。①

与此同时,2015年7月5日发布的国务院《关于积极推进"互联网+"行动的指导意见》中,明确提出了11项重点行动,其中第九项行动即为"互联网+"便捷交通,要求"加快互联网与交通运输领域的深度融合,通过基础设施、运输工具、运行信息等互联网化,推进基于互联网平台的便捷化交通运输服务发展,显著提高交通运输资源利用效率和管理精细化水平,全面提升交通运输行业服务品质和科学治理能力"。在出行领域,"互联网+"便捷交通就是以互联网平台为基础,整合多种交通工具进而实现出行更方便、更快捷的目标。不论是出租汽车行业深化改革的部署还是"专车"新业态的立法,均应当置于"互联网+"便捷交通行动的大局中考虑。不过,虽然国务院部署"互联网+"便捷交通行动共同牵头单位为国家发展和改革委员会与交通运输部,但并不等于立法引领创新的任务就属于国家发展和改革委员会与交通运输部,如前所述,部门规章立法引领创新存在着逻辑上的悖论,通过比部门规章效力层级更高的立法引领"专车"新业态的发展,甚至以"专车"新业态为重心,推动互联网平台联结所有交通工具,实现"互联网+"便捷交通目标,就成了一个比较迫切的任务。

交通运输部《网络预约出租汽车经营服务管理暂行办法(征求意见稿)》的出台,是落实《关于2015年深化经济体制改革重点工作的意见》"出台深化出租汽车行业深化改革指导意见"要求的具体表现,其重心在于"深化改革"。多年来我国改革成功的经验,往往是少数地方先行先试,进而推广至全国的路径,立法引领"专车"创新也当遵从地方先行先试的规律。而2015年新修订的《立法法》普遍赋予设区的市在"城乡建设与管理、环境保护"等方面的立法自主权,因此,"专车"创新的立法引领更需要从地方性法规的立法入手。

三 "专车"立法的模式

"专车"作为一种新兴业态,对旧有的业态如出租汽车行业已经形成较

---

① 顾大松:《"网约车"新规应尊重地方先行先试》,财新网观点频道(http://opinion.caixin.com/2015-10-12/100861894.html)。

为直接的冲击,属于一种颠覆性创新,以法治思维与方式推动"专车"创新的同时,必须将其纳入出租汽车行业深化改革中予以系统考虑。因此,按照国务院同意并转发的国家发展改革委《关于2015年深化经济体制改革重点工作的意见》要求,"需要突破现有法律规定先行先试的改革,要依照法定程序经授权后开展试点。通过法治凝聚改革共识、防范化解风险、巩固改革成果"。有必要通过法定程序授权后试点开展"专车"的地方立法。

地方城市在交通运输部《网络预约出租汽车经营服务管理暂行办法(征求意见稿)》发布之前,也有基于"专车"新业态特性开展的先行改革,如上海市于2015年10月8日正式宣布向滴滴快的全资控股子公司上海奇漾信息技术有限公司发放"约租车网络平台经营资格证书",开启了"专车"改革的先行先试,改革的基本思路就是"政府管平台,平台管车辆",具体方案就是从事"专车"业务的私人小汽车符合条件不必转为营运车辆,驾驶员经平台而非交通主管部门审核准入,交通主管部门则对平台实行事中事后监管。[①] 但是,由于上海市交通委员会发放的《约租车网络平台经营资格证书》的法规依据为《上海市出租汽车管理条例》,在传统法规中进行颠覆性创新,仍然存在法理上的不足,上海这一试点方案正式公布后的实施效果并不理想。据报道,2015年10月30日上海市交通委组织召开的出租行业驾驶员座谈会对"上海模式"做出澄清,即滴滴取得经营资格证仅仅是平台拥有网络约租车的平台方具有的经营资格证,不具有对车辆及人员审核的权利,"现在没有权利,以后也没有权利"[②]。这说明,没有地方性法规引领,"专车"创新往往无法行稳致远。

目前,交通运输部的《网络预约出租汽车经营管理暂行办法》征求意见期已经结束,有可能在修订后正式出台。不过,即使《网络预约出租汽车经营管理暂行办法》正式出台,仍然是一个规范功能的行政立法,规范的仍然是预约出租汽车业态,无法引领"专车"创新。由于地方性法规效力高于部门规章,即使交通运输部《网络预约出租汽车经营管理暂行办法》部门规章正式出台,通过地方性法规的立法来引领"专车"创新,特别是这类地方性法规应该遵循什么样的立法模式,仍然非常有必要研究。

交通运输部的《网络预约出租汽车经营管理办法(征求意见稿)》以

---

① 《滴滴快的上海"补证"渐进式改革探索专车合法化》,《国际金融报》2015年10月12日。
② 《上海交通委:滴滴不具有对车辆及人员审核的权利》,《广州日报》2015年11月3日。

网络预约出租汽车为规范重点，希望和既有的出租汽车形成差异化竞争，进而满足城市居民个性化出行需求。这是一种以约租车为中心的职业经济立法模式，仍然排斥私人小汽车利用闲暇提供出行服务的兼职经济。但是，目前各家互联网企业在国内各大城市推出的"专车"服务，又往往以"顺风车"（又称"拼车"）名义展开。北京市交通委员会曾于2013年年底发布《关于北京市小客车合乘出行的意见》，明确"上下班通勤合乘和节假日返乡、旅游合乘各方当事人，可以合理分摊合乘里程消耗的油、气、电费用和高速公路通行费用"。许多互联网企业正是因为北京市交通委员会这一文件，纷纷在北京开展移动互联网出行创业。交通运输部发布的《网络预约出租汽车经营服务管理暂行办法（征求意见稿）》第49条也特别规定："私人小客车合乘，也称为拼车、顺风车，是不以营利为目的，在通勤或节假日出行时，由合乘服务提供者事先发布出行计划，出行线路相同的人选择乘坐合乘服务提供者的小客车，并分摊部分出行成本（仅限燃料成本及通行费）或免费互助的出行方式，不适用本办法。"即使以职业经济模式定位的《网络预约出租汽车经营服务管理暂行办法》正式出台，也无法遏止以"顺风车"（或"拼车"）名义开展的"专车"服务。因此，为了落实国务院"互联网+"便捷交通行动计划，结合互联网企业已经开展的创业创新，有必要立法鼓励互联网企业搭建移动互联网一站式出行平台，在其接入目前法有明文的出租汽车、预约出租汽车、定制巴士基础上，进一步整合具有兼职经济属性的"顺风车"，从而构建容纳"顺风车"的"专车"立法模式。①

具体而言，容纳"顺风车"的"专车"立法模式主要应包括如下内容。

第一，城市交通数据开放的要求。搭建移动互联网一站式出行平台，需要互联网平台能够链接一切交通工具，进而实现无缝链接，其中，既存交通信息资源向社会普遍开放为社会所用为基础，国务院《关于积极推动"互联网+交通"行动的指导意见》在其"提升交通运输服务品质"部分就明确要求："推动交通运输主管部门和企业将服务性数据资源向社会开放，鼓励互联网平台为社会公众提供实时交通运行状态查询、出行路线规划、网上购票、智能停车等服务，推进基于互联网平台的多种出行方式信息服务对接和一站式服务。"

第二，理顺出租汽车+互联网的条件。"专车"是互联网+交通的典型表现，也是推动传统出租汽车深化改革的重要外因。但是，没有传统出租汽车

---

① 顾大松：《鼓励网约"顺风车"》，《南方周末》2015年11月13日。

行业的升级换代，"专车"创新不可能顺利，因此"专车"立法应当统筹出租汽车+互联网的变革。当下，阻碍出租汽车+互联网的主要原因在于出租汽车价格的定价方式，出租汽车接入网络预约时无法根据供需调整价格，使其处于天然的弱势地位，因此传统出租汽车行业普遍认为"专车"存在不公平竞争，强烈要求实施出租汽车市场定价。为了平衡这一矛盾，有必要在实施网络调度的出租汽车中实行政府指导价，充分发挥运价调节出租汽车运输市场供求关系的杠杆作用，实现出租汽车+互联网的变革。

第三，引入第三方社会组织认证方式，鼓励互联网平台上的"顺风车"。目前，虽然合理分摊成本的"顺风车"在北京有政策支持，但是"顺风车"的开展仍然处于无序状态，交通执法部门也往往将互联网平台上的"顺风车"界定为非法营运予以执法查处。因此，有必要引入第三方社会组织认证方式，鼓励上下班通勤、节假日返乡、旅游等特定情形下的网约"顺风车"，从而在出租汽车、预约出租汽车等职业经济形式之外，以兼职经济方式推动交通潮汐现象的解决，实现城市交通出行的"互联网+"。

从强制缔约看"打车软件"的法律规制

单平基[*]

摘　要：对新技术的规制不能脱离法治轨道。"打车软件"的规制实践无法回应公众质疑的现实暴露出缺乏私法理论支撑之单纯行政强制管制的不足。"打车软件"加价功能违背了出租运输服务强制缔约之价格强制义务，而弱势群体对移动互联网技术的不熟悉使其丧失了平等缔约机会，违背了强制缔约实现契约实质正义的制度初衷。占用公共资源之新技术的推行应使全体公众受益，更不应成为违反既有制度的手段。面对挑战，对"打车软件"因噎废食地绝对禁止或毫不干涉地放任均不足取。应取消"打车软件"加价功能，以规制司机任意加价行为，发挥价格在合理配置公共资源中的作用；同时将"打车软件"与声讯电召平台对接，提供多元供车途径以保障特殊群体的平等缔约机会，进而真正实现契约实质正义。

关键词："打车软件"；强制缔约；价格强制；缔约机会

现代技术变革为法规范的解释及适用带来了新课题，急需法学理论的检视和反思。"打车软件"是近来盛行的一种约租[①]模式，其操作程序为：用户利用手机下载软件后输入起点和目的地，选择"是否支付小费"，出租车司机根据行驶路线、是否有小费等选择是否接单。这方便了善于利用移动互联网技术之"拇指一族"的日常出行，但也引发了社会公众的诸多质疑。其一，凭小费竞价打车可能导致变相涨价，使得出租车司机对乘

---

[*] 单平基，东南大学法学院副教授。

[①] "软件打车"属约租（For-hire Vehicle）范畴。约租源于20世纪20年代，得益于无线电技术的突破。但当时约租要求接线员、调配员与出租车司机多方协作，高昂的成本和复杂的程序使约租的市场占比一直较低。其真正发展是在20世纪80年代，计算机调配技术使约租程序大大简化，GPS定位系统进一步提高了约租效率。参见荣朝和、孙光等《出租车业的竞争、契约与组织》，经济科学出版社2012年版，第336页。

客"挑肥拣瘦",甚至拒载。① 其二,这导致不熟悉移动互联网技术的群体"打车更难",习惯街头招手打车者甚至很难打到车,② 引起公众强烈不满,③ 并引发大量出租服务纠纷。④ 面对社会质疑,各地针对"打车软件"纷纷出台了诸如禁止使用、高峰期禁用、纳入统一平台调度等各种规制措施。然而,这些僵化的行政规制措施由于缺乏私法理论的支撑,并不能有效回应公众质疑。由于社会配置出租车运输公共资源的手段以及出租车承运服务合同毕竟是属于私法范畴的问题,这在根本上涉及"打车软件"与出租运输服务强制缔约行为是否矛盾这一深层私法问题,体现为我国《合同法》第289条所规定之公共运输服务强制缔约是否包含缔约价格强制,"打车软件"加价功能是否与价格强制义务相悖,如何保障特殊群体的平等缔约机会。在此背景下,合同法亟须对该项新技术运用所引发的社会问题进行回应。⑤ 鉴于针对"打车软件"的法律规制所具有的丰富私法意涵,本文将从强制缔约的角度切入,从契约实质正义的视角对上述问题予以解答,为当下"打车软件"的法律规制实践提供有效方案,并在更为广阔的语境下揭示私法规范在国家对新技术规制过程中发挥作用的逻辑和途径,为包括但不限于"打车软件"的法律规制开启一扇重新审视、建构治理技术的视窗。

一 各地对"打车软件"规制的实践及存在的问题

(一)各地对"打车软件"的规制实践评价

面对公众对"打车软件"的质疑,各地对"打车软件"的规制方式并不一致,大致可归纳为以下几种模式。

一是绝对禁止使用。此种模式对"打车软件"持绝对否定态度,禁止

---

① 参见王建慧、滕芙勤《用软件叫车 的哥"搭架子"没有小费不愿来》,《新闻晚报》2013年1月23日第1版。
② 参见王建慧、秦川《打车APP野蛮求生》,《新闻晚报》2013年5月7日第1版。
③ 参见汪昌莲《"打车软件"莫成"拒载硬件"》,《广州日报》2014年1月24日第2版;曲广宁《市民的哥叫好的召车软件 官方缘何叫停》,《南方日报》2013年5月23日第1版。
④ 例如,2014年1、2月山东青岛市涉及"打车软件"的投诉74起,其中投诉"打车软件"费用纠纷、老年人打车难及司机拒载的占42%。参见张译心《出租车行驶中禁用打车软件》,《青岛晚报》2014年3月1日第2版。
⑤ 对社会现实进行回应理应是合同法题中之义。See Melvin Aron Eisenberg, "The Responsive Model of Contract Law", *Stanford Law Review*, Vol. 36, No. 5, May, 1984.

司机装载及使用该软件。例如，2013年出台的《深圳市关于加强手机召车软件监管的通知》要求，各企业应"全面排查驾驶员队伍，对已经安装手机召车软件的驾驶员必须责令卸载，不得继续使用。如果有继续安装使用的，将按不诚信经营记入驾驶员档案，并列入量化考评"。

二是高峰期禁用。此种模式禁止司机在交通高峰时段使用"打车软件"，对其他时段的使用不予限制。例如，2014年出台的《上海市加强出租汽车运营服务管理相关措施》第2条第3款规定，出租车在早晚高峰时段严禁使用"打车软件"提供约车服务，除公安交警管理规定禁止停车的区域以外，对乘客扬招"待运"车辆不停的，即视为"拒载"。

三是出租车行驶过程中禁止使用。此种模式禁止司机在行驶过程中使用"打车软件"，对非行驶中的使用不予限制。例如，2014年出台的《青岛市出租汽车电召服务管理试行办法》第10条规定，出租车驾驶员在行驶过程中应禁止使用打车软件，在停车状态下可以主动抢答电召业务，执行出租车经营者和调度中心下达的电召服务指定调派任务。

四是纳入统一平台调度。此种模式通过行政强制手段推出"打车软件"统一官方平台，出租车司机应及时应答调度中心的调派任务。例如，2013年出台的《北京市出租汽车电召服务管理试行办法》第2条第1款规定，电召服务是乘客通过电话、网络、手机等形式经过调度中心调派出租车满足用车需求的服务方式。调度中心根据乘客用车需求和驾驶员业务应答情况，实行应答调派或指定调派。为此，北京市推出了96106统一电召平台。[①] 另外，南京也为"打车软件"推出了官方平台"招车宝"。[②]

五是未做规制，自由使用。此种模式对"打车软件"不做行政规制，允许司机及乘客自由使用软件。如天津、广州、重庆、无锡等均未出台规制措施，原则上允许公众自由使用。[③]

然而，各地的规制措施既无法实现对"打车软件"的规范运行，也不

[①] 参见刘佳、曲忠芳、孙丽朝《交通部拟将打车软件接入统一平台》，《北京商报》2014年5月28日第2版。

[②] 参见董梦颖《新版"招车宝"悄然上线》，《金陵晚报》2014年4月4日第4版；张红《南京官方出租车电召平台4月起试用》，《南京晨报》2014年2月20日第3版。

[③] 参见陈瑶《"圈地"目的达到 打车软件降温》，《天津日报》2014年3月19日第7版；冯叶、魏凯《上海早晚高峰禁用打车软件 广州暂不跟进》，《南方都市报》2014年2月28日第1版；王薇《打车软件烧钱之战影响重庆 扪门的哥随身带三部手机》，《重庆晚报》2014年2月27日第7版；容芊《无锡叫车软件都可用 但是司机违规加价要受罚》，《江南晚报》2013年4月28日第8版。

能回应公众的合理质疑。这体现在以下几个方面。

第一,绝对禁用"打车软件"的模式不利于新技术的推广运用。"打车软件"是移动互联网技术应用于公共交通领域的体现,乘客和司机通过智能手机约定出行路线,既可节约时间和选择成本,避免乘客在路边长久等待,又可降低出租车空驶率,使出租车资源得到更有效的配置。新技术的推广运用与既有法律制度的冲突和磨合是一种正常现象,不能因噎废食地绝对禁止新技术的运用。

第二,高峰期禁用"打车软件"的模式对缓解高峰期"打车更难"的矛盾确实起到一定作用,但并未从根本上实现"打车软件"的规范运行。一方面,在高峰期禁用"打车软件"将无从发挥该软件的新技术优势;另一方面,在非高峰期使用"打车软件"时亦会导致司机"因价选客"、拒载及其他群体"打车更难"问题。由此上海城市交通运输管理处也不得不承认,在高峰时段新增运力配置方案出台前,禁用"打车软件"仅是临时性措施。[①]

第三,在行车中禁用"打车软件"的模式旨在避免司机在驾驶中因使用软件可能产生的安全隐患,[②] 未在根本上涉及软件加价功能导致的司机"因价选客"、拒载及弱势群体"打车更难"等问题。换句话说,公众对"打车软件"的质疑并非这种模式的主要着眼点。

第四,为"打车软件"推出官方统一调度平台实际上是一种僵化的行政规制措施。规范被"打车软件"搅动的出租车市场应鼓励通过研究应用新技术来提升服务,推动"打车软件"在法制框架内"优雅"转身,而非采取僵化的行政禁令的方式,否则效果必将适得其反。事实的确如此,北京市推出的96106统一电召平台运营近一年来,仍未获得乘客和出租车司机的广泛认可。许多司机仍保持着对"打车软件"的依赖,却不运用统一电召平台。[③]

第五,对"打车软件"不做规制,任由其无序发展的模式亦不可行。对任何新技术的推行或限制均不能脱离法治轨道,更不应成为违反既有制度的手段。"打车软件"加价功能对强制缔约的违背及所致弱势群体缔约机会

---

① 参见罗传达《杭州开始整治打车软件:已有出租车公司禁用》,《都市快报》2014年2月28日第3版。
② 参见孙璐璐《出租车行车中禁用打车软件》,《青岛早报》2014年3月1日第7版。
③ 参见刘佳、曲忠芳、孙丽朝《交通部拟将打车软件接入统一平台》,《北京商报》2014年5月28日第2版。

的不平等表明，放任"打车软件"的运用并不可行。

（二）规范"打车软件"亟须私法理论支撑

无法回应公众质疑及合理规范"打车软件"的原因在于，各地的规制实践多是单纯从行政管制角度进行僵化的强制规范，缺乏私法层面的理论支撑。对"打车软件"的规制实践反映出，任何法律规制都必须依循其内在制度逻辑，这也是一个普适性的法理学命题。对"打车软件"这一引起社会广泛关注的新事物进行法律规制，绝不仅仅涉及私法或行政法领域的课题，也绝非某一单纯的部门法所能解决，而是需要不同部门法的学者从不同角度进行探讨，综合运用各种规制途径方能取得最佳的规制效果。其中，潜藏其后的私法问题不应被僵化的行政管制措施所简单化约。对"打车软件"的任何法律规制都无法也不应忽视对其中出租车承运服务合同的关注，更不应将行政规制措施与私法理论探讨视作完全孤立、毫不相干的领域。民事法律行为原则上应由双方当事人按照自己的意思表示自由决定，公权力非有正当理由不得干预。作为例外，行政管制介入出租车承运服务合同的原因在于出租车承运负载着公众出行便利这一公共性目的，因为"社会力量的自由竞赛绝对不会导致社会出现最佳状态，社会问题也没有随着行为自由和财产自由的实现而得到解决"[①]，这也是我国《合同法》第289条规定"从事公共运输的承运人不得拒绝旅客、托运人通常、合理的运输要求"，进而通过强制缔约制度保护社会弱势群体权益[②]的缘由。当"打车软件"的运用导致强制缔约所承载的公共利益无法实现时，就必然需要对私法理论予以反思。然而，各地的规制实践都陷入对"打车软件"实行单纯行政性强制管制的囹圄，普遍忽略了从私法角度对其进行探讨。

亟须从私法角度进行检视和反思的原因还体现在，公众对"打车软件"的质疑在本质上涉及"打车软件"的使用与出租车运输服务强制缔约行为之间是否矛盾这一深层的私法问题。出租车承运人既然负有强制缔约的义务，是否有权利用"打车软件""因价选客"，可否对未选择支付小费或未使用"打车软件"的群体进行拒载？强制缔约是否包含对缔约内容（如价格条款）的强制？在"打车软件"冲击之下，如何保障弱势群体的平等缔约机会？既然我国《合同法》及主要城市的地方规范性文件均对出租车运

---

① 参见［德］迪特尔·施瓦布《民法导论》，郑冲译，法律出版社2006年版，第52页。
② 参见王利明《民法的人文关怀》，《中国社会科学》2011年第4期。

输服务强制缔约进行了规定,① 就不应对"打车软件"的使用与强制缔约行为之间的矛盾视而不见,何况任何具有正当性的行政规制措施都必须能够经受住包括私法在内的理论及规范的检验。反观当前全社会对"打车软件"问题的关注,主要集中在交通安全风险(如司机行车中下单)、② 软件企业是否恶性竞争、③ 对软件的行政规制④等领域,唯独缺乏私法层面的理论论证。

毋庸讳言,私法层面的相关制度也仅是规制"打车软件"的一个重要方面,其并不具有解决"打车软件"所有问题的能力。然而,"打车软件"必须经由出租车承运服务合同的缔结方能发挥作用的机理决定了私法规制的不可或缺性。从强制缔约角度探讨"打车软件"法律规制背后所蕴含的丰富私法逻辑,有助于避免对新技术的法律规制陷入"头痛医头,脚痛医脚"的窠臼,从而为包括但不限于"打车软件"在内的新技术的法律规制提供具有可操作性的制度建言。

值得注意的是,交通运输部于2014年7月17日发布了《关于促进手机软件召车等出租汽车电召服务有序发展的通知》(以下简称《电召服务通知》),提出"严格执行出租汽车价格管理规定"以防止利用"打车软件"加价、议价,以及"逐步实现出租汽车电召服务统一接入管理"以保障弱势群体平等缔约机会的规范思路。适逢国家层面的统一规制措施出台之际,为便于措施的有效推行及良好实施,笔者认为其更加不能缺少私法层面的理论支撑。

---

① 各地一般均对出租运输服务强制缔约进行了具体规定。参见《北京市出租汽车管理条例》(2002年)第16条、《南昌市城市出租汽车管理条例》(2002年)第20条、《深圳经济特区出租小汽车管理条例》(2004年)第39条、《天津市客运出租汽车管理规定》(2005年)第22条、《上海市出租汽车管理条例》(2006年)第25条、《南京市城市公共汽车出租汽车客运管理条例》(2006年)第22条、《青岛市出租汽车客运管理条例》(2006年)第17条、《无锡市出租汽车管理条例》(2006年)第22条、《杭州市客运出租汽车管理条例》(2007年)第21条、《苏州市客运出租汽车管理办法》(2007年)第26条、《广州市出租汽车客运管理条例》(2009年)第23条、《重庆市出租汽车客运管理暂行办法》(2013年)第21条。
② 参见陈志佳《江苏将为打车软件立规 拟接入统一电召平台》,《现代快报》2014年3月4日第9版。
③ 参见谢晨《"快的""嘀嘀"承诺今起杭州范围内取消加价功能》,《杭州日报》2014年3月8日第4版。
④ 参见顾大松《应柔性对待"野蛮"生长的打车软件》,《东方早报》2014年3月4日第7版。

二 出租车承运服务强制缔约的正当性

出租车承运服务合同属于强制缔约范畴是论证"打车软件"对强制缔约的挑战及应对路径的逻辑前提。

(一) 理想与现实：意思自治及强制缔约的限制

意思自治是合同法的基本原则。古典契约理论认为，当事人拥有完全的认知能力并能使自己利益最大化，不需要法律的家长式关怀。[1] 意思自治原则建立在交易主体高度抽象化的基础上，主张民事主体是抽象的、一般的人，而不是具体的人，[2] 它赋予民事主体在法定范围内广泛的行为自由，被认为是民法的基本理念与价值。每个人都可自主地形成与他人的私法关系，形成此类关系的手段首推合同。[3] 在此理论框架下，当事人可自由决定是否缔约及确定合同内容，契约正义表现为契约自由，或者说契约自由本身即意味着正义或公正。然而，面对社会中"具体"而非"抽象"的个人，理想与现实之间出现了巨大的虚拟空间，绝对的意思自治必然成为一种纯粹的理论设计。将民事主体预设为"抽象的人"的理论设计更多的是从脱离社会现实的民事主体地位抽象平等（包括经济力量和智识）出发，形成一种"真空"下的规范秩序，忽略了以社会分工为基础的现代社会经济结构之下的天然不平等性，难以体现对现实社会中弱者的关怀。[4] 建立在绝对意思自治概念基础之上的理论使得法学家挣扎于他们不可能解决的困难之中。[5] 契约自由经常在某些领域导致契约不正义，而契约正义才是整个契约法的最高价值目标。在某种意义上，一部契约自由史，就是契约如何受到限制，经由淳化而实践契约正义的记录。[6]

强制缔约恰是一座沟通绝对意思自治之理想世界与主体能力不平等之现实社会的制度桥梁。法律为避免严重的不公平后果或为满足社会要求可对私

---

[1] See Melvin Aron Eisenberg, "The Limits of Cognition and the Limits of Contract", *Stanford Law Review*, Vol. 47, No. 2, Jan., 1995.
[2] 参见王利明、易军《改革开放以来的中国民法》，《中国社会科学》2008 年第 6 期。
[3] [德] 卡尔·拉伦茨：《德国民法通论》上册，王晓晔、邵建东等译，法律出版社 2003 年版，第 41—42 页。
[4] 参见朱岩《强制缔约制度研究》，《清华法学》2011 年第 1 期。
[5] [美] 詹姆斯·戈德雷：《现代合同法理论的哲学起源》，张家勇译，法律出版社 2006 年版，第 284 页。
[6] 参见王泽鉴《债法原理》，中国政法大学出版社 2001 年版，第 74 页。

法自治予以限制,①使其只有在法律秩序的限制下才能发挥作用。强制缔约就是为矫正私法形式主义,追求契约实质正义,从而对契约自由进行限制的法律制度。其对特定主体施加与他人缔约的义务,非有正当理由不得拒绝。按照意思自治原则,受要约人对要约并无承诺的义务,是否进行承诺是他的一种权限。经典的合同订立方式为:要约是一种意思表示,它赋予对方以反过来表示同意的方式订立合同的权限;若受要约人行使了此项权限,就被称为"承诺"了要约。②然而,若法律规定受要约人非有正当理由不得拒绝该要约,则强制缔约就表现为法律对民事主体施加了强制承诺义务。个人或企业的缔约自由受到限制,负有应相对人之请求与其订立合同的义务。③当要约人发出要约以后,受要约人无正当理由不得拒绝,必须与之订约,因此其选择相对人的自由也受到限制,如承运人必须对旅客的要约进行承诺,既使其丧失了决定是否缔约的自由,也使其丧失了选择缔约伙伴的自由。④

(二) 契约实质正义:出租车承运服务强制缔约之正当性基础

强制缔约限制了缔约自由,只有具备特别理由才应被法律承认。⑤它适用于出租车承运服务合同,具有内在正当性,这至少体现在以下几个方面。

第一,出租车承运服务强制缔约有利于消除当事人意思能力的不对等。一般而言,消费者与经营者之间结构性地存在"信息的质、量以及交涉力的差距",而这种差距是规范契约缔结过程的重要因素。⑥在出租车承运服务合同中,乘客的意思能力相较于经营者而言通常较低,需要适用《合同法》第289条的规定,通过强制缔约规范缔约过程,注重从"抽象人"到"具体人"的转变,即出租承运人不得拒绝为乘客提供服务的合理要求,进而使处于弱势地位的乘客利益得到保护。⑦具体而言,出租车排队等候顾客或在路上招揽顾客上车,衡诸目前交易习惯,应解释为要约邀请。乘客招手

---

① 参见 [德] 卡尔·拉伦茨《德国民法通论》上册,王晓晔、邵建东等译,法律出版社2003年版,第42页。
② See E. Allan Farnsworth, *Contracts* (4th edition), Aspen Publishers, Inc., 2004, p. 143.
③ 参见王泽鉴《债法原理》,中国政法大学出版社2001年版,第77页。
④ 参见易军、宁红丽《强制缔约制度研究——兼论近代民法的嬗变与革新》,《法学家》2003年第3期。
⑤ [德] 迪特尔·梅迪库斯:《德国债法总论》,杜景林、卢谌译,法律出版社2004年版,第70页。
⑥ 参见 [日] 山本敬三《民法讲义Ⅰ》,解亘译,北京大学出版社2004年版,第188—189页。
⑦ 参见王利明《民法的人文关怀》,《中国社会科学》2011年第4期。

或明确表示乘坐为要约，出租车载客为承诺。① 在强制缔约之下，承运人必须进行承诺，属于强制承诺的一种情形。

第二，强制缔约适用于出租车承运服务合同有利于弥补乘客的缔约能力不足，更加完整地实现民事主体的意思自治。法律出于某种公共政策考量，会对特定领域的契约自由予以限制，以私法规范协助实现公共目的。强制缔约即是"为了一个受益人的合法权益，在无权利主体意思拘束的情况下，使一个权利主体负担与该受益人签订具有特定内容或应由中立方指定内容的合同的义务"②。这个"受益人"在出租车承运服务合同场合就体现为意思能力较弱的乘客。这并未否定意思自治原则，更非意欲否定以意思自治为核心的民法理念，而是为了弥补乘客在协商能力上的欠缺。这一"提高市场弱者地位，增强其实现自己意思能力"的做法，更接近于私法本质。③

第三，出租车承运服务强制缔约有利于公共运输资源的合理配置。若缔约人对关涉相对人基本生活的特定营业构成垄断或相对垄断，原则上就需对用户负担强制缔约义务。最为典型的代表是电力、煤气、天然气、自来水、铁路、航空、公共运输等公用事业领域。其中，出租车承运服务属于向不特定人提供服务的一种公共运输服务，占用着社会公共资源，理应承担应乘客请求而订约的义务。如王利明教授所言，承运人一般属于公用企业，提供的服务具有一定的行业垄断性，旅客、托运人除接受承运人提供的服务外，一般别无选择。④ 这要求承运人非有法定正当理由不得拒绝乘客通常、合理的运输要求。

第四，从根本上讲，强制缔约适用于出租车承运服务合同与其旨在实现的契约实质正义完全契合。实质正义是一种追求社会最大多数成员福祉的正义观，强调对不同情况和不同的人予以不同的法律调整，从而保障结果公平。私法自治要求承运人可自由决定是否承诺，而强制缔约则使承运人负有必须缔约的义务，传统的契约自由在此受到限制。但这并非对契约自由的挑战，而是对自由绝对化的合理制约。契约自由与其说在被修正，不如说在被强制回归到本来的价值定位上去，进而实现契约实质正义。

---

① 参见王泽鉴《债法原理》，中国政法大学出版社2001年版，第74—78页。
② ［德］迪特尔·梅迪库斯：《德国债法总论》，杜景林、卢谌译，法律出版社2004年版，第70页。
③ 参见［德］迪特尔·梅迪库斯《德国民法总论》，邵建东译，法律出版社2001年版，第362页。
④ 参见王利明、房绍坤、王轶《合同法》，中国人民大学出版社2009年版，第385—386页。

必须说明的是，出租车承运服务强制缔约仍属合同范畴，而非法定债之关系。运输服务合同涉及双务有偿给付，法律通常无法直接规定当事人的具体履行内容，① 我国《合同法》第289条无法作为承运人履行义务的直接来源。合同义务须建立在个人同意的基础上，即使强制缔约亦不例外。申言之，出租车承运服务强制缔约并未取代缔约所必需的要约和承诺程序，不同的仅是这种承诺具有强制性。②

三 "打车软件"加价行为与缔约内容强制

"打车软件"加价功能③是对出租车运输服务强制缔约之价格强制义务的违反，更是对契约实质正义之价值目标的背离。

（一）强制缔约之内容强制

"打车软件"协议加价是否与强制缔约相悖在根本上涉及强制缔约是否包含缔约内容（尤其是价格条款）强制这一深层问题。质言之，强制缔约除对缔约自由的限制外，应否包含缔约内容强制？

缔约内容强制是指法律对契约内容进行强制性干预，限制当事人决定缔约内容的自由。学界对此存在肯定与否定两种观点。肯定说认为，强制缔约不仅包括缔约自由强制，也包括缔约内容强制。为避免缔约义务人任意提高缔约条件，从而轻易逃避强制缔约义务，在一些情况下，缔约内容应由法律规定或由中立方提供。倘若缔约义务人任意提出缔约条件，致使相对人难以接受，则强制缔约制度将意义尽失，制度运行结果可能违背设立的初衷。④相反，否定说认为，强制缔约仅是对当事人是否缔约及选择缔约相对人自由的限制，不包括缔约内容强制。无论是由法律规定还是由中立方提供的契约条款，只有在双方同意的基础上才可成为契约内容。⑤

缔约内容强制必须具有正当性基础，否则可能对缔约人的意思自治产生

---

① 参见朱岩《强制缔约制度研究》，《清华法学》2011年第1期。
② See E. Allan Farnsworth, *Contracts* (4th edition), Aspen Publishers Inc., 2004, p.143.
③ 除加价功能之外，对软件使用者的双向补贴也是"打车软件"的商业优势所在，但两者毕竟不同。加价功能内附于"打车软件"之中，使用者可长期选择使用此项功能；双向补贴则是商家为招揽用户的短期营销行为，不可能长久推行。实际情况也是如此，"打车软件"厂商现已纷纷取消了对乘客的现金补贴。参见庄春晖《嘀嘀快的今起暂停乘客端补贴》，《东方早报》2014年5月17日第11版。
④ 参见崔建远《强制缔约及其中国化》，《社会科学战线》2006年第5期。
⑤ 参见冉克平《论强制缔约制度》，《政治与法律》2009年第11期。

严重威胁。在一般情况下,"任何人都可以与自己所选择的人缔结合同(缔约自由),并且自由地确定合同规范的内容(确定合同内容的自由)"①。倘若法律将受强制缔约规范的合同预设为格式条款,在许多情况下,处于弱势地位的消费者,只能被动地接受大企业的订约条款,其决定契约内容的自由事实上成为幻影。

在一些特定场合,强制缔约功能的发挥往往离不开缔约内容强制。它在限制缔约自由的同时,通常也会排除当事人决定合同内容的自由。② 意思自治有时并非一种绝对的善,往往无法构成合同内容绝对自治的基础。若缔约义务人为逃避强制缔约义务而在缔约过程中任意提高缔约条件(如过分提高价格)使相对人难以接受,则需要法律对合同内容进行强制干预。例如,电价、水价、公共交通的票价等都需经由物价部门确定或核准。反对缔约内容强制学者的担心则可用格式条款的规制予以消除。

(二)"打车软件"加价行为对缔约内容强制的违背

出租车承运服务强制缔约应包含缔约价格强制,而"打车软件"加价行为则是对此的背离。只有如此解释,才符合我国《合同法》第289条的立法原旨。

第一,价格强制有利于避免缔约义务人恶意提高缔约条件以规避强制缔约的适用,使强制缔约真正发挥功能。"在某种商品紧俏的情况下,关于以放弃私法自治原则的方式来进行法律干预行为的妥当性问题首先体现在价格的制定上。"③ 若承运人通过"打车软件"加价功能任意提高缔约价格以逃避强制缔约义务,就需要法律通过价格强制促使承运人负担与乘客签订具有特定价格条款的合同的义务,从而保护乘客的合法权益。

第二,价格强制有利于弥补乘客缔约能力的不足。"拇指一族"虽利用软件一时便利了缔约,但一旦允许加价,从长期看,最终受损的往往仍是乘客。由于双方信息不对称,司机难免利用优势地位抬价损害乘客利益,而这恰是强制缔约旨在避免的行为。如果一方当事人能够凭借其比较强劲的地位订立有利于自己的合同,则对另一方实力较弱的当事人而言,给付与对待给

---

① [德]卡尔·拉伦茨:《德国民法通论》上册,王晓晔、邵建东等译,法律出版社2003年版,第718—719页。
② 参见[德]迪特尔·梅迪库斯《德国债法总论》,杜景林、卢谌译,法律出版社2004年版,第70页。
③ [德]维尔纳·弗卢梅:《法律行为论》,迟颖译,法律出版社2013年版,第12页。

付就不可能等价或等值了。① 这在无形中赋予了司机选择缔约相对人的自由，增加了出价低者的缔约难度，与出租车承运服务强制缔约的初衷越行越远。

第三，目前我国出租车承运服务不具备价格竞争的条件。是否允许价格竞争的一项基本依据是市场供求状况。国内大城市的出租车供给远远不能满足消费者的需求，根本不具备平等的议价环境。规制契约价格的目的在于防止承运人利用较强的谈判能力设定对乘客不利的条款，避免乘客遭到不恰当的、严重违背公平原则的不利影响。② 循此，为矫正可能给乘客带来的不利，依法确定出租车承运价格成为一种必要选择。

第四，出租计费标准的确定必须经过法定程序，考量多重因素，即便修改也需依法进行。针对重要的公用事业价格，为避免经营者利用优势地位获取不当利益，③ 必要时可实行政府指导价或政府定价。就出租车承运而言，通常会规定起步价和单位里程价，并按里程计费。这需遵循法定程序（如价格听证），并考量当地人口、经济状况、司机收入、税费、公共交通状况、出租车保有量等多重因素。只有在定价程序合法、考量因素合理的情况下方能制定或修改计费标准，而缔约人的意思则渗透在对价格条款的确定过程（如价格听证会）中。另外，价格规制的对象应包括乘客及承运人双方，乘客主动加价也属于价格管制范围。这也是发挥价格在公共资源配置中的作用及维护出租车承运市场秩序的必然要求。

第五，长远来看，加价功能在推高价格的同时，也必将导致出租车空驶率提高。空驶率过高已成为出租车司机的一个心病，而价格上涨极可能加剧客源流失。一项针对 2 万多名北京市民的调查表明，半数以上的受调查者乘坐出租车时首先考虑票价，低价位出租车是多数人的首选。④ 加价可能致使乘客向其他出行方式（如公交车、私家车等）转移，进一步增加出租车空驶率并可能带来城市交通的更大拥堵。

第六，从根本上讲，价格强制与强制缔约旨在追求的契约实质正义完全

---

① 参见［德］迪特尔·梅迪库斯《德国民法总论》，邵建东译，法律出版社 2001 年版，第 144 页。
② 参见［德］卡尔·拉伦茨《德国民法通论》上册，王晓晔、邵建东等译，法律出版社 2003 年版，第 781 页。
③ See Oren Bar Gill, "The Behavioral Economics of Consumer Contracts", *Minnesota Law Review*, Vol. 92, No. 3, May, 2008.
④ 参见王军《出租车行业不需任何准入管制》，《新闻周刊》2004 年第 3 期。

契合。如果稀缺商品为人们生活所必需，那么只能取消涉及该商品交易的私法自治。通常情况下，一方负有缔结合同的义务，并且合同条款由法律预先规定，① 个人意思自治的实际范围与绝对意思自治的理论设计必然出现应有差距。通过强制缔约形成的价格条款，都需经由物价部门确定或者核准。如果允许缔约义务人任意要价，对用户和消费者不免过于苛刻，强制缔约的运行结果可能违背设立的初衷。②

四 "打车软件"导致缔约机会实质不平等

弱势群体对移动互联网技术的不熟悉导致了"打车更难"的现象，使其实际上丧失了平等缔约机会。

(一) 缔约机会平等是强制缔约的适用前提

近代民法以抽象人格的形式平等为基础，对当事人的实际谈判能力并不过多关注。这直接决定了形式平等是意思自治的基本特征，至于在实际交易中因知识、信息及经济等差异所致实质不平等则并非民法关注的主要问题。③ 近代民法主张人与人之间具有"平等性"和"互换性"，④ 原则上不考虑主体在年龄、性别、种族、经济实力、知识水平等方面的差异。如拉德布鲁赫所言，它并不考虑农民、手工业者、制造业者、企业家等之间的区别。私法中的人作为被抽象了的各种人力、财力等的个人而存在。⑤

然而，民法不能脱离现实中活生生的具体个体而仅探讨"抽象"的人。意思自治作为一种形式平等基础上的自由，没有顾及实际上人人并非平等的事实。⑥ 一个普通的消费者和一个巨型的垄断企业之间缺乏对等的谈判能力，如果一味地追求形式平等，将会使民法的价值体系僵化。在缔约中拥有优势者于博弈中会获得更有利的地位，实际上享受了比弱势方更多的利益，造成了实质不平等。法律需要对这种实质不平等加以适当限制。⑦ 即使在以自由竞争为主导的经济土壤中，社会主体的个体差异也不应被忽略。把法律

---

① 参见［德］维尔纳·弗卢梅《法律行为论》，迟颖译，法律出版社2013年版，第12页。
② 参见崔建远《强制缔约及其中国化》，《社会科学战线》2006年第5期。
③ 参见王利明《民法的人文关怀》，《中国社会科学》2011年第4期。
④ 参见梁慧星主编《从近代民法到现代民法》，中国法制出版社2000年版，第169—170页。
⑤ ［德］拉德布鲁赫：《法学导论》，米健译，中国大百科全书出版社1997年版，第66页。
⑥ 参见［德］迪特尔·梅迪库斯《德国民法总论》，邵建东译，法律出版社2001年版，第144页。
⑦ 参见王利明《民法的人文关怀》，《中国社会科学》2011年第4期。

上的手段赋予那些本来已经很强大的人，只会使这种差异长期存在下去。①

保障具体个体的平等缔约机会是强制缔约适用的前提，更是实现契约实质正义的必然要求。强制缔约强调从"抽象人"到"具体人"的转变，旨在增强市场弱者实现内心意思的能力，更接近私法本质。只有在注重个体差异的前提下，强制缔约才能在现实生活中真正得以实现。古典合同法的形式主义和一体性必然要被语境化的法律推理所取代。现代合同法的"实质化"通过诸如适用于消费者和雇员等特定阶层的规则设计，打破了法律规则的一般性，也迫使法院在解释法律的过程中直面社会和经济现实，挑战了合同形式主义法律推理的封闭性。② 这意味着具体个体享有在相同情况下要求平等对待以及在不同情况下要求差别对待的权利。③ 缔约机会平等意味着每个消费者都能平等地与垄断企业缔结以生存和生活必需品为给付的合同，"公正"地分配稀缺商品。④

（二）不使用"打车软件"具体个体之缔约机会不平等

弱势群体对"打车软件"的不熟悉致使其丧失实质意义上的平等缔约机会，更给其基本生活带来不便。这体现在以下方面。

第一，"打车软件"限制了对软件不熟悉之乘客要约的发出。一旦乘客无法发出要约，承运人所负之强制承诺义务就将毫无意义。意思自治的工具是法律行为，旨在引起法律效果之意思的实现，⑤ 必须经由意思表示发出。简言之，法律行为旨在通过意思表示引起法律后果的发生。当一些乘客的要约无法发出时，即便承运人负有强制承诺义务，也将无法实现。

第二，基于年龄（如老年人）及活动能力（如残疾人）的限制，特定群体可能更需选择出租车出行。有学者认为，出租车是介于公共与私人交通工具之间的准公共物品，主要满足社会公众的特殊出行和具有一定消费能力群体的出行需求，不应承担普遍服务义务。⑥ 这的确指出了我国出租车行业

---

① 参见［德］迪特尔·梅迪库斯《德国民法总论》，邵建东译，法律出版社2001年版，第144页。
② See Hugh Collins, *The Law of Contract* (4th edition), LexisNexis Press, 2003, p. 38.
③ 参见［英］P. S. 阿狄亚《合同法导论》第5版，赵旭东等译，法律出版社2002年版，第22页。
④ 参见［德］维尔纳·弗卢梅《法律行为论》，迟颖译，法律出版社2013年版，第12页。
⑤ 参见［德］迪特尔·梅迪库斯《德国民法总论》，邵建东译，法律出版社2001年版，第142—143页。
⑥ 参见顾大松《应柔性对待"野蛮"生长的打车软件》，《东方早报》2014年3月4日第7版。

的现状,但不能以此规避强制缔约的适用。

其一,社会经验表明恰是出租车拒载现象较公交车更为普遍,更应成为强制缔约重点适用的领域。

其二,不熟悉"打车软件"的群体受年龄、身体状况等因素的限制,并不能自由选择其他交通工具,可能更需要选择出租车出行,这些人的权益应得到更多关注。

第三,强制缔约对缔约自由的合理限制被"打车软件"在无形中"不当松绑"。具体个体的价值实现与其在法律体系框架内的自身能力成正比。富有权威、财富及能力的人,拥有达到他们目的的更多手段。[1] 而对于贫穷、无知和缺乏一般意义上手段的人而言,其并不能通过"打车软件"实现对自身权利和机会的利用。出租车承运所负载之公共利益决定了运用强制缔约保障能力欠缺之特殊群体出行的必要性,因为一个理性的利己主义驾驶者不会考虑对道路上其他人的影响。[2] 承运人极易利用"打车软件"任意选择相对人,完全挣脱了强制缔约对其选择相对人自由的合理限制。更糟糕的是,不会使用"打车软件"者自始便被排除在可供选择的对象之外。

第四,特殊群体丧失缔约机会之后会对日常生活产生不利影响,甚至会失去基本的生活条件。自来水、电力、煤气、公共交通等领域有两个明显特征:其一,这些商品是消费者生存和生活的基本条件;其二,这类企业负载着公共利益且通常具有垄断性或独占性,须负有强制缔约义务。在出租车承运领域亦如此,承运人居于垄断地位且提供的服务关乎社会成员的日常出行,因而其不能拒绝乘客的要约,否则乘客的出行便利将难获保障。[3] 然而,"打车软件"却剥夺了不会使用者的平等缔约机会,致使其打车更难,更对其日常出行带来不便,由此引发的投诉也与日俱增。[4]

第五,从深层意义上讲,弱势群体平等缔约机会的丧失与强制缔约旨在实现的契约实质正义完全相悖。缔约机会平等是强制缔约的内在意蕴。如果公正表现为"给每一个人他所应得的",那么它在任何社会共同体中都是一项必不可少的道德原则,在法律制度上的体现之一就是要保障人们本应平等

---

[1] 参见 [美] 约翰·罗尔斯《正义论》,何怀宏、何包钢、廖申白译,中国社会科学出版社1988年版,第202页。

[2] See Richard A. Posner, *Economic Analysis of Law* (Seventh Edition), Aspen Publishers Press, 2007, p.401.

[3] 参见王利明、易军《改革开放以来的中国民法》,《中国社会科学》2008年第6期。

[4] 参见张译心《打车软件将接入电召平台》,《渤海早报》2014年3月3日第5版。

享有的缔约机会。① 民法不应忽略社会生活中的个体差异而仅言及形式上的平等，其对社会弱者的平等缔约机会必须进行特别保护。出租运输行业具有公共性或公益性，若听任司机自由决定是否缔约及选择当事人，必将损害乘客利益，进而违背契约实质正义。

五 应对"打车软件"挑战的路径

对新技术的推行或限制不能脱离法治轨道。占用公共资源推行的"打车软件"理应使全体社会成员受益，更不应成为违反既有制度的手段。

（一）使"打车软件"运行于法制框架内

新技术的推行与法律制度的磨合是一种正常现象，更为反思及完善既有制度及法学理论提供了契机。这种磨合一般体现为以下情形。其一，新技术的运用违反了既有制度，但既有制度的存在不具有合理性，则新技术的出现可促进落后法律制度的蜕变。其二，现有法律框架之下尚无法寻找到对新技术规范的制度依据，则新技术的出现有利于及时发现及填补法律漏洞。其三，新技术违反了既有制度，且该制度具有存在的正当性基础，则必须通过对新技术的规范使其运行于法制框架内。

"打车软件"的出现就属于上述第三种情形。"打车软件"加价功能对缔约价格强制义务的背离及所致弱势群体缔约机会的不平等已表明其违背了强制缔约制度。循此，要消除"打车软件"的弊病，放任其无序发展并不可行，社会应对其合法边界保持足够警觉并进行必要规制，避免使其成为违反既有制度的手段。当然，也不应在缺乏充分理论论证的情形下就盲目地出台僵硬的规制措施，否则其效果将适得其反，从而陷入传统行政管理"什么都管而什么都管不好"的尴尬之中。② 申言之，"打车软件"的法律规制既是应对新技术运用对法律制度挑战的一个局部写照，也体现出国家对社会经济事务的调控能力，其成功与否将映射出国家对新技术治理方式的重大转型是否可能。而若缺乏正当性的私法理论基础，公权力主体将无法获得关于治理对象的系统性知识，原初意图再好的治理努力都将陷入被动。

面对"打车软件"给强制缔约带来的挑战，亟须对其在现有制度框架内予以改造。一方面，不能僵硬地通过行政管制措施因噎废食地绝对禁止新

---

① See A. J. M. Milne, *Human Rights and Human Diversity*, The Macmillan Press, 1986, p. 46.
② 参见周佑勇《公共行政组织的法律规制》，《北方法学》2007年第1期。

技术的发展。"打车软件"作为移动互联网技术应用于公共交通领域的体现，毕竟能够更好匹配需求与供给两端，有利于实现公共交通供给目标。另外，绝对禁止"打车软件"的运行也与社会现状不符。利用"打车软件"的受众已非常广泛，绝对禁用几乎不可能。另一方面，为应对"打车软件"对强制缔约的挑战，应取消其加价功能，同时为弱势群体的平等缔约机会提供制度性保障。

必须承认的是，当前对新技术的规制实践所遵循的均是"先发展，后规范"的模式。无法忽略的现实是，违反既有制度之新技术的推行往往在受政府干预后其商业模式已获成效，此时运用现有立法资源的规制只能是一种事后规范。"打车软件"是一个新事物，但肯定并非个例。伴随现代科技的进步，此类新技术必会层出不穷。如何健全新技术的市场准入及合法审查机制，实现新技术"先规范，后发展"，使新技术自始运行于法制框架内，继而使公众享受符合法制规范之新技术带来的"后发性利益"，更是将来需要解决的问题。

(二)"打车软件"加价功能之取消

出租车行业属社会公用事业，按照《价格法》规定应依法实行政府定价或政府指导价。可能有人会从市场自由交易原则出发认为，乘客愿意加价、司机愿意承接系双方自愿协商的结果，应无可厚非。然而，出租车承运服务合同负载着公众出行便利这一公共利益，毕竟不同于普通市场主体之间的交易行为。此处的"政府定价或政府指导价"约束的应是出租车承运服务合同的双方当事人，而非仅指向司机一方。《价格法》的立法宗旨在于规范价格行为，发挥价格合理配置资源的作用。允许乘客任意加价显然违背了这一立法宗旨，无法充分发挥价格在社会公共资源合理配置中的作用，将使"打车软件"意欲追求的公众出行便利的目的因缺失制度支撑而落空。出租车服务收费标准须经过听证，由政府价格主管部门征求乘客、出租车公司和行业协会等各方面的意见，论证其必要性、可行性。全国各省市对出租车运价也有详细的规定。例如，《广东省出租汽车管理办法》第27条第3款规定，出租车经营者应执行政府价格主管部门制定的运价和收费标准。《深圳经济特区出租小汽车管理条例》第32条也规定，出租车租费实行政府定价；第6条同时规定，出租车租费标准的调整应由市运政管理机关提出申请，经市物价管理机关依法定程序审批后公布执行。

出租车服务收费应受社会公用事业计费标准的规范，这直接决定了"打车软件"加价功能存在助长"违法"的嫌疑，可行的做法是取消加价功能。这至少会产生以下积极影响。

其一，促进新技术的推行，避免"打车软件"被"整体叫停"。"打车软件"加价功能是国家层面对其进行规制的重要原因。① 取消加价功能可防止"打车软件"因违反禁止司机和乘客私自约价的法律规定而被整体叫停，毕竟加价并非"打车软件"最重要的功能。有业内人士也表示，按目前的加价订单比例，取消该功能后对软件的影响并不大。② 循此，在法治框架内消除"打车软件"对强制缔约挑战及消除公众质疑的一条可行、合法的路径是取消加价功能，进而促进新技术的推行。

其二，有利于与《价格法》规范相衔接，使新技术运行于法治轨道。在移动互联网快速发展以及"打车难"的市场现状共同作用下，"打车软件"加价功能受到质疑不足为奇。出租车服务需要遵守行业管理规定，收费要严格遵守《价格法》的计价要求，司机如果违反规定乱加价应受查处。针对"打车软件"加价功能对强制缔约的违背，有些城市已出台取消加价行为的规定。③ 例如，北京已明确将手机电召服务商纳入全市统一电召平台，且不许加价。④《上海市加强出租汽车运营服务管理相关措施》第2条第3款也规定："对价外加价行为，一经举报查实，将对司机按多收费处罚，并按照行业法规退还乘客多收部分金额，并再奖给乘客多收部分金额的2倍。"《电召服务通知》也提出了"严格执行出租汽车价格管理规定"以防止利用"打车软件"加价、议价的规范思路，"出租汽车电召服务收费，应当符合当地的出租汽车运价管理相关规定，不得违反规定加价、议价"。

其三，保障强制缔约功能的发挥。使用"打车软件"加价的乘客相当于给付更高价格免去传统的出租车资源通过路边随机匹配模式进行分配所需等待的时间，但对不愿加价或不会使用新技术的乘客并不公平。这极易导致司机以已有预约为由不搭载路边乘客，即使对"打车软件"使用者，相较没有加价或加价较少的短途，司机更愿承接长途线路及出价较高者缔约，⑤变相鼓励了强制缔约所禁止的拒载和"挑客"行为，易导致竞价行为，致

---

① 参见《电召服务通知》第六点。
② 参见谢晨《"快的""嘀嘀"承诺今起杭州范围内取消加价功能》，《杭州日报》2014年3月8日第4版。
③ 同上。
④ 参见陶娅洁《打车软件市场竞争激烈 前景悬疑》，《中国产经新闻报》2013年7月8日第4版。
⑤ 相关调查可参见王建慧、滕芙勤《用软件叫车 的哥"搭架子"没有小费不愿来》，《新闻晚报》2013年1月23日第1版。

使没有加价或加价较少的"打车软件"使用者很难打到车,导致强制缔约形同虚设。承运人在强制缔约之下并无加价权利,更不应使出价高者获得优先权。

(三) 保障弱势群体平等缔约机会的路径

"打车软件"引发的弱势群体"打车更难"现象是新技术导致的新问题,但并非不能通过技术改进及制度完善予以解决。"拇指一族"与限于招手打车者理应享有平等的缔约机会。这是强制缔约旨在保障公众享有的在获得及时、充分、有效信息基础上平等缔约的权利,也是"打车软件"得以推行的正当性基础。为保障弱势群体之平等缔约机会,应将"打车软件"与声讯电召平台对接。电召服务是乘客通过电话、网络、手机等形式经过调度中心调派出租车满足用车需求的服务方式。将"打车软件"与电召平台对接可消解弱势群体的缔约不平等,便于乘客获得合法、安全及高效的出租车承运服务,实现强制缔约所追求的实质正义。这至少具有以下功能。

其一,有利于不熟悉"打车软件"的乘客缔约意思表示的发出,缓解弱势群体的"打车难"矛盾。将"打车软件"与声讯电召平台对接之后,设置电话召车特服号码,使不会使用"打车软件"者也能通过拨打电话的形式召车,满足不同人群的差异化需求。申言之,乘客可通过电话、电脑网络、手机"打车软件"等多种形式满足用车需求,这保障了缔约意思发出途径的多元性。

其二,有利于监督及规范约租服务,进而保护乘客利益。缺少必要法律规制的"打车软件"属于市场经济下的交通运输产品,没有经过专业认证,更缺少行业监管,直接影响到出租车行业的健康发展。将"打车软件"与声讯电召平台对接之后,调度中心可根据乘客需求和司机应答情况实行应答调派或电脑自动调派。如果司机提供电召服务时未按约定时间或地点接送乘客且不提前告知调度中心,或乘客因故不乘坐预约车辆且不提前告知调度中心,均可视为违约行为。建立统一的电召服务管理系统能够为乘客及司机提供电招服务的申诉、受理渠道,进而监督及规范约租服务。

其三,有利于乘客选择合法承运人缔结合同。游离于监管之外的"打车软件"致使一些非法营运者也加入"抢单"行列。虽然安装"打车软件"会要求输入身份证、驾驶证、服务卡、运营证、车牌号等信息,但由于软件与出租监管信息无法联网,并无身份核实注册机制,根本无法证明安装者的从业资质，为"黑车"进入出租市场提供了可乘之机，不仅不利于规范出租市场运营秩序，也给乘客的出行安全带来隐患。将"打车软件"与声讯电调平台对接之后，可对软件的装载主体实行实质身份审核机制，由客服人工审核后方能注册，充分发挥出租车市场准入机制的审查作用，避免"黑车"的非法进入。

其四，有利于减少"打车软件"引起的司机"挑活"、拒载现象。将"打车软件"与声讯电调平台对接之后，可利用技术手段使司机接单流程与电调一致（如只知上车点却不知下车点），防止司机"挑活"、拒载。对接之后，不允许随意加价，司机服务将全部纳入电调平台监控，接单后出租车顶灯可显示为"预约"，路边乘客看到之后也不会招手，即使招手不停被乘客投诉拒载，出租调度系统也可查到司机是否真有预约，方便裁决争议。一旦缔约成功，就不能摆放"空车"标志，否则可能构成《合同法》第42条第2项规定的"故意隐瞒与订立合同有关的重要事实或者提供虚假情况"之情形，需承担缔约过失责任。

其五，便于克服"打车软件"操作存在的安全隐患，使乘客获得安全、高效的服务。现有"打车软件"操作程序之下，承运人开车"抢单"直接影响交通安全。将"打车软件"与声讯电召平台对接之后，一方面，可运用语音呼叫系统，避免司机因看屏"抢单"而分神;[①] 另一方面，可考虑推动"打车软件"与车载电子设备厂商合作，将"打车软件"嵌入车载影像系统设备或导航终端设备中，减少司机另外设置智能手机等装置，并实现即时召车需求信息只能向空载出租车推送和播报,[②] 避免发生司机拨打、接听电话等妨碍安全驾驶的行为，保障出租运营安全。

在将"打车软件"与声讯电召平台对接的基础上，还应健全出租用车多元模式，保障弱势群体缔约的多元化路径。一是建立人工电话、手机软件、网络终端等多种方式的出租电召平台之后，"拇指一族"可运用手机软件和网络方式，老年人可选择人工电话约车，进而满足各层面的需求。二是针对出租市场的弱势群体，可以城市爱心车队为支撑，在司机接送老人或其他弱势群体时给予增加服务评定等级的奖励或直接予以现金奖励，并可考虑

[①] 《道路交通安全法实施条例》第62条规定，驾驶机动车不得有拨打接听手持电话、观看电视等妨碍安全驾驶的行为。

[②] 参见《电召服务通知》第五点。

投放专门针对弱势群体的电召接单渠道。① 三是在设立统一出租车调度服务站或实行排队候客的场所，司机应服从调度指挥，按顺序排队候客，不得通过手机"打车软件"在排队候客区揽客，② 进而保障习惯街头打车者的平等缔约机会。四是加大出租候客站建设，推进完善电话预约、马路扬招、站点候车、手机订制等共存互补的出租供车模式，进而扩大公众拥有平等缔约机会的路径。

---

① 例如，爱心车队对特殊群体（尤其是贫困老人、残疾老人、失能老人和空巢老人）的关注有利于保障平等缔约机会。参见曹浩骏《打车软件补贴车费 这群的哥补贴爱心》，《青年时报》2014年3月6日第11版；王君平《北京爱心的士车队服务老年人》，《人民日报》2011年4月10日第19版。

② 参见《电召服务通知》第七点。

专题之三：收费通行规制

收费公路免费通行规定之法律反思

孟鸿志　秦祖伟[*]

摘　要：收费公路免费通行之条例规定是否符合法律保留原则，不仅应从形式上衡量，还应从实质要求上结合法律授权明确原则综合判断。公路营运公司对公路的收费权源于其与政府签订的公共工程特许合同，该权非公权力，而为私权利范畴。条例规定对公路经营公司之公路收费权进行限制性征收，将其归入行政征收有所勉强，应构成立法征收之命令征收。对于公共工程特许合同双方而言，免费通行规定属不可预见的情况，地方政府负有补偿公路经营公司由此导致之损失的义务。通过延长收费期对公路营运公司进行完全补偿并不符合公正原则之要求。

关键词：免费通行；法律保留原则；私权利；立法征收；部分补偿

一　问题的提出

国务院在1984年出台的"贷款修路、收费还贷"政策极大地促进了我国公路建设的飞速发展。目前，现有公路网中95%的高速公路、61%的一级公路、42%的二级公路是依靠收费公路集资建设的。[①] 为达成进一步提升收费公路通行效率和服务水平，方便群众快捷出行的目的，国务院在2012年7月24日出台了《关于批转交通运输部等部门重大节假日免收小型客车通

---

[*] 孟鸿志，东南大学法学院教授；秦祖伟，东南大学法学院博士研究生。
[①] 参见《交通运输部计划全国公路96%以上将不收费》，新华网，http://news.xinhuanet.com/politics/2011—03/24/c_121224980.htm？prolongation＝1。

行费实施方案的通知》（下文简称《通知》）①。而后，在2013年5月8日，交通运输部发布《收费公路管理条例（修正案征求意见稿）》（下文简称《征求意见稿》），除继续保留原《收费公路管理条例》对公务车辆、进行跨区作业的联合收割机、运输联合收割机（包括插秧机）的车辆实行免费通行外，拟对符合国家规定的整车合法装载鲜活农产品运输车辆以及经国务院批准在特定时段通行的其他车辆，免交车辆通行费。同时，《征求意见稿》第14条规定，对实施免费政策造成影响的，可以通过延长收费年限方式予以补偿。《征求意见稿》将前述《通知》精神予以法规化，并且提出了对经营公司由于免费通行造成损失的补偿方式和途径。

《征求意见稿》免费通行规定提出后，引起社会对收费公路免费通行规定的广泛关注和热烈讨论。免费通行规定是否符合法律保留原则和与之联系紧密的明确原则？经营公司公路收费权为公权力抑或私权利？免费通行决定对于公路经营公司收费权是否构成立法征收？通过延长收费期进行完全补偿是否符合公正原则要求？这一系列问题有待从法律视角予以回答。

二 免费通行相关规定是否符合法律保留原则

行政法基本原则，是指适用于行政法所有领域的法律原则。行政法的基本原则究竟有哪些，甚难描述。按照台湾学者林胜鹞的观点，包括依法行政原则、尊重与保护人性尊严原则、平等原则、明确原则、比例原则和诚实信用原则等12项原则。② 其中，"依法行政原则乃支配法治国家立法权与行政权关系之基本原则，亦为一切行政行为必须遵循之首要原则"③。按照德国学者奥托·迈耶的观点，依法行政原则包括三项原则：一是法律创制原则；二是法律优越原则；三是法律保留原则。我们认为，关于免费通行规定主要涉及其中的法律保留原则。对于法律创制和法律优越原则暂不讨论。法律保留原则的遵循与法律授权明确原则联系密切，要判断收费公路免费通行规定是否违反依法行政原则中的法律保留原则，有必要联系明确原则一并分析。

---

① 该《通知》要求在重大节假日期间，对在依法批准的收费公路上通行的7座及以下小型客车，包括允许在普通收费公路上行驶的摩托车免收通行费。参见马光远《节假日高速公路免费是个馊主意》，《中国汽车界》2012年第10期。
② 林腾鹞：《行政法总论》，三民书局2002年版，第80页。
③ 吴庚：《行政法之理论与适用》，三民书局2006年版，第52—53页。

(一) 免费通行规定形式上符合法律保留原则

法律保留原则，是指宪法关于人民基本权利限制等专属立法事项，必须由立法机关通过法律规定，行政机关不得代为规定，行政机关的任何行政行为必须有法律授权，否则，其合法性将受到质疑。[1] 就法律保留原则的最初含义而言，认为法律保留就是所谓的国会保留、法律直接保留或者狭义法律保留，要求对某些重要事项必须由立法者自己通过狭义法律规定，不能转由其他主体来制定。但随着社会的进步出现了广义法律保留，又叫法律间接保留、相对法律保留，认为"某事项虽应保留由法律加以规定，但仍不排斥法律可以授权行政机关以法规命令规定之。但此之法律授权须符合法律授权明确性之原则，亦即授权之目的、范围、内容必须明确可预见，始符合法律保留之原则"[2]。对于哪些事项必须适用狭义法律保留，德国联邦宪法法院自20世纪70年代通过了一系列所谓重要性判决，提出重要性理论标准。行政法院和各邦行政法院纷纷奉为圭臬。认为不仅干涉行政应有法律保留原则的适用，在给付行政方面，只要关涉人民的基本权利和公共利益的重要的基本决定，仍应由具有直接民主基础之国会，以法律规定之，至于不属于此之非重要事项，则可委诸行政为之。

我国立法者已经认识到对行政权力控制的重要性。立法确定对自由和财产的干涉必须由高等级的法律做出规定，这样就形成了一个基于"法律保留原则"的"干涉结构"。[3] 在《立法法》中，将法律保留观念体现在对立法权限的设定上，《立法法》第8条对包括"对非国有财产的征收"在内的10项事项做出法律保留。并且明确规定，将有关犯罪和刑罚、对公民政治权利的剥夺和限制人身自由的强制措施与处罚、司法制度等事项排除在授权国务院先行制定行政法规的范围之外，也就是对前述事项适用直接法律保留。而对于《立法法》第8条前述直接法律保留事项以外的其他事项，如果还没有制定法律的，可由全国人大及其常委会授权国务院，由后者根据实际需要先行制定行政法规进行调整。

关于收费公路的管理办法，全国人大常委会在《公路法》第68条中进行了明确的授权："收费公路的具体管理办法，由国务院依照本法制定。"国务院据此在2004年9月13号公布，并于同年11月1日施行了《收费公

---

[1] 姜明安主编：《行政法与行政诉讼法》，北京大学出版社2011年版，第68页。
[2] 李惠宗：《行政法要义》，元照出版公司2007年版，第33页。
[3] ［德］奥托·迈耶：《德国行政法》，刘飞译，商务印书馆2013年版，第12页。

路管理条例》，在该条例第 7 条对免收通行费的车辆进行了明确界定。该规定应该说符合法律保留原则的要求。交通部在 2013 年 5 月 8 日发布《收费公路管理条例（修正案征求意见稿）》，该《征求意见稿》拟对符合国家规定的整车合法装载鲜活农产品运输车辆以及经国务院批准在特定时段通行的其他车辆，免交车辆通行费，并且规定了经营公司损失的补偿方式和途径。由于《收费公路管理条例》完成征求意见程序后将以国务院名义颁布施行，属于国务院制定行政法规的行为，按照《立法法》和《公路法》授权规定，相关立法活动形式上应该符合相对法律保留原则的精神实质。

但是，按照前述相对法律保留原则的理论，"某事项虽应保留由法律加以规定，但仍不排斥法律可以授权行政机关以法规命令规定之。但此之法律授权须符合法律授权明确性之原则"。因此，判断收费公路免费通行规定是否符合法律保留原则，不仅应该分析该规定是否有授权立法依据，还需分析相关授权立法是否符合明确原则。

(二) 授权立法实质上有违明确原则

所谓授权立法，是指行政机关根据单行法律和法规或授权决议所授予的立法权而进行的立法活动。[1] 该种行政授权立法，由于可以针对不特定的对象，就一般性事项进行抽象性规范，可对外产生法律效力。依其授权目的及功能的不同，可分为"执行"法律、法规等进行的立法及"补充"法律法规等进行的立法两大类。例如法律可以授权由国务院制定实施办法；或者法律可授权国务院对于法律规定不完全的部分，以制定办法的方式来补充之。同一个授权法规，经常会具备这种双重性格，都有促使法律效力实现之功能和效力。[2]

而所谓明确原则是指明白、确定之原则，具有可了解性、可预见性、可审查性之要素。要求法规范于内容上其构成要件及法律效果之规定必须明白、清楚，使行政机关及人民能了解法规范所保障之价值，法规范所强调或禁止之内容。在授权行为上，要求法律在授权行政机关指定行政命令时，必须就授权之内容、目的、范围，具体明确规定。[3] 授权不明，则会产生空白授权。

所谓空白授权，指法律对本应由法律规定的法律构成要件（前提）甚

---

[1] 陈新民：《中国行政法学原理》，中国政法大学出版社 2002 年版，第 64—66 页。
[2] 同上书，第 116 页。
[3] 林腾鹞：《行政法总论》，三民书局 2002 年版，第 96 页。

至法律效果（法律责任、权利与义务），授权由行政机关来规定。[①] 空白授权体现了立法权对行政权力的完全信任，但是也体现出"立法怠惰"。当将空白授权条款公布时，人们仍不知法律条款的具体内容，无法实现法律的可预见性。空白授权导致行政权与立法权的边界模糊，也使法律和行政法规混为一体。空白授权大多广泛存在于专制国家，原因即在于此。为了对空白授权的危害进行有效的预防，我国由全国人大常委会制定的《立法法》对授权明确性原则进行了明确规定。《立法法》第10条第1款明确规定："授权决定应当明确授权的目的、范围。"但是从收费公路通行费的规定来看，并没有严格遵守《立法法》的精神。关于收费公路的通行费规定，《公路法》第59条对可依法收取车辆通行费的公路范围进行了明确规定。但在对收费期限、收费价格等核心问题上，未做明确规定，却将收费期限和收费价格等授权国务院通过制定行政法规来规范。如《立法法》第68条规定："收费公路的具体管理办法，由国务院依照本法制定。"本规定即属于立法空白授权。

国务院根据《公路法》的授权于2004年制定并颁布了《收费公路管理条例》，对免费通行车辆进行了规定。其第7条第3款规定："进行跨区作业的联合收割机、运输联合收割机（包括插秧机）的车辆，免交车辆通行费。联合收割机不得在高速公路上通行。"第16条第1款规定："对在国家规定的绿色通道上运输鲜活农产品的车辆，可以适当降低车辆通行费的收费标准或者免交车辆通行费。"而2012年7月24日国务院发布的《通知》在《收费公路管理条例》的基础上，进一步扩大免费通行的车辆范围，包括在重大节假日期间，行驶收费公路的7座以下（含7座）载客车辆，包括允许在普通收费公路行驶的摩托车。对《收费公路管理条例》规定和《通知》精神，《收费公路管理条例》（征求意见稿）拟统一进行肯定，其第7条第3款规定"对符合国家规定的整车合法装载鲜活农产品运输车辆和进行跨区作业的联合收割机、运输联合收割机（包括插秧机）的车辆以及经国务院批准在特定时段通行的其他车辆，免交车辆通行费"。关于收费公路收费和免费的相关规定在社会上引起激烈争论。特别是免费规定，涉及对作为重要权利之财产权的限制，导致地方政府和高速公路经营公司利益受损，影响其积极性。而其他交通参与者对此决策也是褒贬不一，实际效果不容乐观。

"从依法行政的原理来看，使法律的法规创造力失去意义的委任立法是

[①] 陈新民：《中国行政法学原理》，中国政法大学出版社2002年版，第119页。

不能被允许的，突破界限的不是制定委任立法的行政机关，而是基于委任方法的错误，即立法机关犯了错误——白纸委任。"① 因此对关涉重要权利之事项，立法机关必须由法律进行限制。而不能交由行政部门行使，以使行政权力不因空白授权威胁到公民权利。

综上所述，尽管收费公路免费通行规定可以由法律授权行政法规加以规定，但法律授权须符合法律授权明确原则，否则，难谓符合法律保留原则。《公路法》对收费期限、收费价格等核心问题未做明确规定，却将其授权国务院通过制定行政法规来规范，并不符合法律授权明确原则，因此实质上并不符合法律保留原则。

三 免费通行规定对公路收费权是否构成征收

免费通行规定对公路收费权是否构成征收，涉及公路经营公司享有的公路收费权性质判断，在此基础上还需进一步明确免费通行规定对该收费权是否构成征收；如果构成，构成何种征收。

（一）公路收费权的权利属性判断：公权力抑或私权利

一种观点认为，该收费权属于行政授权，为公权力。持该理论的学者认为，公路经营公司依据授权取得公路收费权，该权力属于政府的行政授权产生的权力。节假日免收通行费涉及通行费免收权的设定。《公路法》对国务院制定收费公路具体管理办法进行了明确授权，国务院有权据此对免收通行费的时段和车辆做出规定。该决定是对《收费公路管理条例》第7条适用范围的扩大，属于合法正当行为，所以其合法性毋庸置疑。同时，公路经营公司与公路使用人之间属于行政法律关系。② 但是，行政授权理论主要界定行政主体资格，而非对行政授权的随时变更和收回。在司法实务中，一般也将收费公路争议认定为服务合同纠纷，而不是将其纳入行政法律纠纷范畴。

我们认为，公路营运公司对收费公路的收费权源于其与作为行政主体的政府之间签订的公共工程特许合同。所谓公共工程特许合同是行政主体和受特许人之间所订立的合同，后者以自己的费用实施工程建设，工程完成后受特许人在一定期间内对该公共建筑物取得经营管理权，从公共建筑物的使用人方面收取费用作为报酬，或者自己免费使用。在19世纪的法国，公用事

---

① [日]盐野宏：《行政法》，杨建顺译，法律出版社1999年版，第20页。
② 参见虞青松《重新界定公路收费权的法律属性》，《东方早报》2012年10月9日。

业一般采用此种方式。受特许人对公共建筑物的经营被认为是实施某种公务。

公共工程特许合同为公务特许合同的一种。基于公务的特许，行政主体与其他法律主体签订合同，由后者以自己的费用和责任管理某种公务，管理活动的费用和报酬来自使用人的收费，盈亏都由受特许人承担。公务特许合同为行政合同。19世纪完全采用合同理念规范公务特许行为。随着社会的发展，政府加强了对公务特许行为的监管，使其同时具有合同性质和法规性质的双重特质。其中关于当事人之间的协议具有合同性质，关于公务的组织和运行则属于法规范围。公路营运公司对收费公路的收费权是基于特许合同中的协议条款取得，来源于当事人双方签订的行政合同，而非行政授权。该收费权属于依地方政府的特许经营而取得的私权利而非权力，属于受特许人的主观权利，为私权范畴。

但是，关于公务特许当事人之间的法律关系则因不同当事人而有不同：受特许人和行政主体之间的关系为基于行政合同而发生的行政法律关系。而特许公务的使用人和第三人与受特许人之间，由于特许公务实施而发生的关系为私人之间的民事法律关系。同时特许公务的工作人员和受特许人之间的关系也属于私人之间的关系。但特许公务使用人和行政主体之间，基于使用人要求行政主体对受特许人违反法律规定和特许合同具有法规性质条款行为进行监督时发生的关系，属于行政法律关系。[①]

按照该理论，在收费公路当事人之间，其法律关系性质的判断即属明了：公路经营公司和授权行政主体的省级政府之间属于行政法律关系，如果发生诉讼当属行政诉讼，但是需要指出的是，作为中央最高国家行政机关的国务院并不是作为授权行政主体出现的，存在于该行政合同或者行政法律关系之外。公路经营公司和道路使用人之间的收费关系为私人之间的民事关系，如果发生诉讼当属民事诉讼。这也正是我国实践中为什么大多将因为高速公路收费和管理在使用人与公路经营公司之间发生的纠纷按照民事纠纷来处理的原因所在。

如前所述，公路营运公司对收费公路的收费权来源于公路经营公司和作为授权行政主体的省级政府双方签订的行政合同，该权利非权力，为私权范畴。免费通行决定涉及对公路营运公司对收费公路的收费权的限制，该限制是否属于征收，有必要继续讨论。

[①] 王名扬：《法国行政法》，北京大学出版社2007年版，第411—412页。

(二) 免费通行决定对于公路收费权是否构成征收

公益征收之制度，是国家为了某些公益目的的需要，对人民之财产有偿地予以剥夺或限制。这个制度被称为"公用征收"。[①] 西方的公益征收法，起源于罗马时代。近代的意义，由荷兰法学家格劳秀斯所阐明，到法国大革命后，才将财产征收的许可要件列入宪法，成为一个法律制度。以征收之法源为标准，可将征收分为立法征收与行政征收两种。对于免费通行决定对于公路收费权是否构成征收，下文拟从行政征收和立法征收两个方面分别讨论。

1. 关于行政征收的分析

行政征收，是行政主体为了公共利益目的，按照法定的形式和事先补偿原则，以强制方式取得私人不动产的所有权或其他物权的程序。在法国又叫公用征收。行政征收是以具体、个案的方式进行。按照一般理论，行政征收可以分为古典征收、管制性（行政）征收和事实征收。就公路经营公司的公路收费权限制情形而言，有必要对行政征收三种类型分别阐析，以判明该情形是否属于行政征收。

首先，来看古典征收。所谓古典征收，乃是一种获取财产的过程，主要是指为了修筑道路或铁路而取得私人土地，以满足公共设施建设的需要。限于政府为公用取得财产，并且是以具体行政处分方式和程序做出，必须予以全额补偿，是以绝对保障私有财产为出发点，抑制国家公权力的侵犯。对公路经营公司公路收费权限制并非政府为公用取得财产，只是加以权利限制，并且不是通过具体行政处分方式和程序做出，而是通过抽象行政行为方式和程序做出，应该不属于古典征收。其次，来看（行政）管制性征收。[②] 即使按照现在所谓不同于古典征收的"扩张的征收概念"，将征收标的扩充到宪法所保障的财产权利（各种具有财产价值的私权利），构成管制性征收，[③] 该管制性征收可以由行政征收或者由法律直接予以执行（所谓立法征收）。行政征收采用直接以具体行政行为为适用之，立法征收则可直接由法律执行。从收费公路免费通行相关规定来看，是以法规的方式直接限制公路经营公司的具有财产性质的收费权，而不是通过行政主体以个案具体行政处分方式做

[①] 陈新民：《德国公法学基础理论》（增订新版·上卷），法律出版社2010年版，第508页。
[②] 一般论述管制性征收是将其纳入行政征收类型中进行。本文认为管制性征收应该包括立法管制性征收和行政管制性征收两类，故在此特别注明以示强调。
[③] 应松年主编：《当代中国行政法》，中国方正出版社2005年版，第1884页。

出，显然不属于行政管制性征收。最后，看是否符合事实征收（征用）。所谓事实征收（征用），即所谓的公权力附随效果损害，是指公权力在合法行使过程中作为附随效果客观上造成了私人财产的损害，而应予以赔偿的情况。比如公务飞机场的飞机经常飞过农场主人的鸡舍导致小鸡受惊吓撞墙而死即属该种情形。直接导致公路经营公司造成收费损失的是收费公路免费通行相关条例规定，而不是其他公权力合法行使导致的附随客观财产损失（或者称为公权力附随效果损害）。

综上所述，作为抽象的行政行为，《征求意见稿》的规定对公路经营公司公路收费权进行限制性征收，将其归入行政征收有所勉强。有必要进一步看其是否属于与行政征收并列的立法征收。

2. 立法征收的判定理由

立法征收属于德国法上的概念。认为只要直接可因一法律的实施而导致私权利有财产上的损失，即可归属于"立法征收"之概念内。1924年帝国法院民事第五庭在审理一件因矿业法导致退休金被撤销案件时首次对立法征收进行了确认。对于《魏玛宪法》是否规定了立法征收存在争议。根据《魏玛宪法》第153条规定，征收必须"依法律"为之，不同观点者认为，基于法律及行政处分二者功能的"不容相互混淆性质"，对该句的正确理解应该只有"行政征收"，不可因法律直接在征收个案中遂行。必须由行政机关依法律，再颁发个案的行政处分后，才可实行征收。[①] 后来的《基本法》一方面继续维持行政征收，同时亦明确规定，征收亦可"（直接）以法律"而为之，对魏玛时代备受争议的"立法征收"正式予以肯定。[②] 立法征收在台湾学者中也得到认同。将征收分为立法征收和行政征收，并将立法征收进一步分为法律征收和命令征收。按其观点，法律征收，是在财产权限制容许范围内，直接由法律限制人民财产权之行使，而命令征收为在财产权限制容许范围内，由法律授权之法规命令限制人民财产权之行使。二者都要求如未形成对个人特别牺牲的程度，原则上不发生补偿问题。但如国家机关依法行使公权力致人民之财产遭受损失，若逾其社会责任所应忍受之范围，形成个人之特别牺牲者，则国家应予以合理补偿。[③]

可见，《征求意见稿》对符合国家规定的相关车辆规定免交车辆通行

[①] 陈新民：《德国公法学基础理论》（增订新版·上卷），法律出版社2010年版，第470页。
[②] 同上书，第473页。
[③] 黄俊杰：《行政法》，三民书局2005年版，第698—700页。

费，通过该规定对公路经营公司的公路收费权进行限制，导致公路经营公司收费的减少，属于由法律授权之法规命令限制人民财产权之行使的情形，为立法征收中的命令征收，将其纳入立法征收应无疑义。

四　免费通行规定对于公路经营公司损失的补偿问题

（一）免费通行规定对于公路经营公司损失是否应予补偿

如前所述，持行政授权论者认为，国务院有权决定免收通行费的时段和车辆种类。"对于公路经营公司而言，这只是政府对授权内容的单方面变更，公路经营公司对此无权提出异议，也不构成对公路经营公司财产权的侵害，更不存在补偿问题。"①

所谓损失补偿，是指为了实现国家和社会公共利益而合法地给特定人的财产带来特别损害时，基于保障财产权和平等负担的原则，对该损失予以弥补的行为和制度。②从损失补偿的内容上看，包括对公用的限制，其中包括因公共利益剥夺财产权本来效用的限制，属于特别损失的情况下，有必要予以补偿。但对公用限制的补偿，与土地收用的补偿不同，具体如何补偿，至今尚无定论。③

如前所述，《征求意见稿》规定免收通行费的车辆种类，对公路经营公司构成立法征收。由此带来的损失构成公路经营公司的特别牺牲，应予以补偿。但在理论上如何厘清补偿和其原因行为之间的关系，对此试借鉴公务特许理论探讨之。

在公务特许合同中，受特许人享有财政平衡权。该权利是受特许人参加公共工程的主要目的所在，以追求利益最大化。但是基于公务特许合同为行政合同的一种，作为行政合同一方的行政主体可以单方面变更和撤销合同，影响到受特许人财政平衡，此种原因称为统治者的行为。"统治者行为"是行政主体特权在行政合同中的表现。但是统治者行为只以作为合同当事人之一的行政主体为限，如果是合同当事人以外的其他行政主体的行为，则不属于统治者行为，应属于不可预见的情况。所谓不可预见的情况，是指基于国家法律政策或者警察措施，严重影响受特许人的财政平衡的情况。与其他行

---

① 参见虞青松《重新界定公路收费权的法律属性》，《东方早报》2012年10月9日。
② 杨建顺：《日本行政法通论》，中国法制出版社1998年版，第580页。
③ 同上书，第609页。

政合同相比，公务特许合同导致以上两种情况出现的可能性更大，财政平衡权对受特许人更具有重要意义。

对于《征求意见稿》的免收通行费的规定，并非作为公务许可合同一方当事人的省级政府所做出，不能纳入前述统治者行为。该规定是作为行政合同当事人以外的国务院以抽象性行政行为形式做出，为行政立法性行为，属于国家法律政策或者警察措施一类，对于公务许可合同当事人双方而言，是不能预见的重大情况变化，可以归入不可预见的情况，应无疑义。对于不可预见的情况导致的损失，作为合同一方当事人的省级政府负有补偿另一方当事人公路经营公司的义务。

（二）延长收费期进行完全补偿规定之公正性拷问

对政府财产管制权力的约束除了法律保留原则和明确原则外，还应加强行政补偿。通过公正有效的补偿机制，使权利人即使是在为了公共利益目的的情况下，符合法律保留原则和明确原则与正当程序要求，其权利也能得到充分的救济。韩国宪法第23条第3款规定："依据公共必要的财产权的收用、使用或者限制及对其的补偿，由法律规定，应当支给正当的补偿。"①遗憾的是，从国内立法看，除少数立法有对政府限制财产权的补偿义务规定外，一般都没有涉及补偿问题。②使得权利人在承受财产权限制的特别牺牲时无从获得补偿。可喜的是，交通运输部发布《征求意见稿》对补偿做了规定，体现了对权利人利益的充分重视。

但《征求意见稿》规定"国家实施免费政策给经营者合法权益造成影响的，可通过适当延长收费年限等方式予以补偿"是否公平，有必要进一步斟酌。将承担补偿的责任交由延长收费年限期间的收费公路使用者来承担，违背了"谁请客，谁买单"的原则。政府是在收费公路收费高、交通拥堵的情况下，为了"进一步提升收费公路通行效率和服务水平，方便群众快捷出行"的目的，做出节假日小型客车免费的决定，在《征求意见稿》中对于节假日小型客车表述为"经国务院批准在特定时段通行的其他车辆"，同时对于执法公务车和执行抢险救灾任务车辆与符合国家规定的整车合法装载鲜活农产品运输车辆和进行跨区作业的联合收割机、运输联合收割机（包括插秧机）的车辆，都免予收取车辆通行费。政府不管在何种情形下做出免费决定，都应以维护公共利益为目的，来对公路经营公司权利进行

---

① ［韩］金东熙：《行政法Ⅱ》，赵峰译，中国人民大学出版社2008年版，第289页。
② 应松年主编：《当代中国行政法》，中国方正出版社2005年版，第1902页。

限制。由此造成的损失也应该由政府直接以国库财产来买单,也就是由全社会来承担权利人的特别牺牲费用。而不应由延长收费年限期间的收费公路使用者来承担。

可能有人会提出异议,要求按照"谁受益谁买单"原则来处理补偿问题。认为节假日免费享有者受益了,再通过延长收费年限由享有者事后来买单,所谓"羊毛出在羊身上"也合情合理。但是,延长收费期间并不能保证仅仅是享受节假日免费者使用收费公路,还有其他未受益者也会使用收费公路,由他们来承担前者的使用费用未免不公平。同时,对于公务车和惠农绿色通道产生的正效应,享受者实际上是整个社会,对于该类免费产生的费用也应该由整个社会来承担,而不能仅仅由延长收费年限期间的收费公路使用者来承担。

按照"谁受益谁买单"和"谁请客,谁买单"的原则,应该由国家对行政补偿承担责任。

目前关于国家行政补偿费,一般没有单独在国家财政中列支,也不实行集中管理,而是由具体行政补偿义务机关分散管理。[①] 应该在立足国情的基础上,建立并筹集足够的国家专门补偿基金,加强统一管理。以公平、充分地处理好收费公路免费通行对权利人的补偿问题。

同时,其补偿是否遵循完全补偿原则?如前所述,经营公司和当地政府之间基于收费公路产生的关系属于公务特许合同,为行政合同的一种。在行政合同中,对方当事人权利之一就是补偿权。在公务特许合同中,受特许人对因统治者行为产生的财政不平衡有权要求全部补偿,因不可预见情况产生的财政不平衡必须自己负担一部分损失,不能要求全部补偿。[②]

从收费公路免费通行规定看,其并非是作为收费公路特许经营合同一方当事人的地方政府做出,而是作为合同当事人以外的其他行政主体——国务院做出,对合同当事人而言应该属于不可预见的情况,不属于所谓的"统治者行为",而属于"不可预见的情况",对于基于该类规定对公路经营公司产生的财政不平衡只能要求合同对方行政主体予以部分补偿,而不能要求全部补偿。但从《征求意见稿》第14条规定看,对实施免费政策造成影响的,可以通过延长收费年限方式予以补偿,内含完全补偿之意较为明显。应

[①] 董保城、湛中乐:《国家责任法——兼论大陆地区行政补偿与行政赔偿》,元照出版公司2005年版,第241页。

[②] 王名扬:《法国行政法》,北京大学出版社2007年版,第410页。

该对补偿的范围明确限定为部分补偿，以与"统治者行为"导致的财政不平衡补偿相区别。

五　结语

法治要求"政府在一切行动中都受到事前规定并宣布的规则的约束——这种规则使得一个人有可能十分肯定地预见到当局在某种情况中会怎样使用它的强制权力，和根据对此的了解计划他的个人事务"[1]。要求政府要依法行政，对政府的行为进行约束。收费公路免费通行规定的出台，有其公路通行费用高，交通不畅，群众反映强烈的大背景。该规定或者条例草案对于方便群众出行无疑具有重要意义。其规定的做出应坚持法律保留原则。对于公路经营公司和社会公众而言，研究该规定的行为性质、公路收费权的权利属性和补偿的公正性对于体现法律法规的公平正义价值明显。同时该规定也带来一系列的问题，包括刺激有车族出行导致收费公路的大堵车，免费通行范围是否倾向于有钱人；收费期限太短是否违反代际公平和地区公平；可否在重要路段反其道而行之，采取加收费用以限制车流量；等等。有待学界深入研究和法律的进一步完善。

---

[1] ［英］哈耶克：《通往奴役之路》，王明毅等译，中国社会科学出版社1997年版，第73页。

节假日免收通行费政策的行政法检视

孟鸿志　王传国[*]

摘要：收费公路私人投资主体收取通行费的权利并非依行政授权而取得的规费征收权，而是依行政特许契约而取得的具有财产价值的私权利。节假日免收通行费政策尽管具有目的上的正当性，但不能基于公共利益径行限制私人投资主体合法的收费权；所谓的"纠偏"或"警察权力"亦无法为之提供正当化理由。这一政策调整性规范对私人财产权利造成了过度限制，构成了行政征收，只有同时规定补偿条款，这一政府规制才具有实质上的合法性。

主题词：免收通行费；行政征收；公益目的；民事权利

一　问题的提出

2012年7月24日，国务院发布了《国务院关于批转交通运输部等部门重大节假日免收小型客车通行费实施方案的通知》（以下简称《通知》）。根据该方案，春节、清明节、劳动节、国庆节四个国家法定节假日以及当年上述法定节假日的连休日，收费公路将免收小型客车通行费。实施节假日免收费方案的目的是明确的，即"进一步提升收费公路通行效率和服务水平，方便群众快捷出行"，基于此，《通知》被视为政府释放的政策红利，以及让公路还原其公共产品属性的良好决策。

《通知》具有强烈的社会公益性，但其正当性却值得质疑。根据《通知》的规定，免费通行的收费公路范围为符合《公路法》及《收费公路管理条例》规定，经依法批准设置的收费公路，这实际上包括了政府投资以及私人主体投资的收费公路两种类型。政府投资的高速公路免收通行费，可以视为行政给付，自然没有疑问；但是，以行政规范的形式限制私人投资主

---

[*] 孟鸿志，东南大学法学院教授；王传国，东南大学法学硕士研究生。

体的收费权，则值得深入检讨。更重要的是，《通知》规定的保障措施仅限于加强领导、明确责任、完善对策、正面引导等行政管理层面的内容，至于私人投资主体的损失补偿问题则并未涉及。对此，有学者指出：享有高速公路收费权的企业，其经营收费要么有着法律法规依据，要么经过有权行政部门依法核准，或者有着契约上的依据。政府遽然宣布免费通行，无疑将影响高速经营公司的收费权益。因此，经营性公路免费无异于政府拿企业的利益去送礼。[1] 笔者赞同这一见解，我们并不否认节假日免收通行费政策所负载的社会公益目标，但单纯的公益因素显然难以支撑一项政府规制全部的合法性与正当性。

正如 Richard A. Epstein 教授在评论 Just v. Marinette County 一案时所指出的："保持湿地原貌只是为公众带来了一种可能的收益，这并不能排除补偿这项宪法义务。这些案件背后的真正动机是这样一种想法，这在类似的 Sibson v. New Hampshire 案中也同样明显，这就是，填充土地的行为'对沼泽地有害，对人类有害'。但是，谁对沼泽地拥有权利呢？"[2] 基于同样的逻辑，免收通行费可以"进一步提升收费公路通行效率和服务水平，方便群众快捷出行"，但问题的关键在于：谁对收费公路通行费拥有权利呢？从这一视角出发，节假日免收通行费政策构成了对私人财产的征收。也只有基于财产征收的视角，才能厘清关于免收通行费政策的各种争论，并为该政策的检讨提供正确的思考方向。

二 免收通行费之行政征收性质辨思

（一）立法征收概念之引入与检讨

就形式层面而言，该《通知》非常契合德国法上的立法征收。所谓立法征收，即指财产征收可以经由法律直接予以执行。立法征收的概念始于魏玛时期，在一例因矿业法而导致退休金被撤销的案件中，立法征收获得了司

---

[1] 参见秦前红《冷观高速公路免费通行政策》，《新产经》2012年第11期。
[2] Just v. Marinette County 的主要案情为：威斯康星州通过了一部法律，禁止私产所有人在特定的湿地建造掩埋式垃圾处理场。州最高法院认为，为避免对公共权利造成侵害，该限制具有合理性，从而肯定了该法律的合宪性。参见［美］理查德·A. 艾珀斯坦《征收——私人财产和征用权》，李昊等译，中国人民大学出版社2011年版，第132页以下。

法的认可。① 德国《基本法》第 14 条第 3 项则明确规定：只有符合社会公共利益时，方可准许征收财产。对财产的征收只能通过和根据有关财产补偿形式和程度的法律进行。据此，财产征收不仅可以"根据"法律进行，亦可以"通过"法律为之，立法征收被正式建构为一项法律制度，成为行政征收之外独立的财产征收类型。

《通知》作为国务院制定的规范性文件，剥夺了不特定收费主体在特定期间内收取通行费的权利。如果我们在最广泛的意义上理解"立法"的外延，那么，将《通知》纳入立法的范畴，进而将之认定为立法征收，似无不可。而且，根据我国《宪法》第 13 条的规定，国家为了公共利益的需要，可以依照法律规定对公民的私有财产实行征收或者征用并给予补偿。该条亦未明确限定征收只能以行政处分为之，即并未排除立法征收的空间。

以上只是就形式层面而得出的结论。那么，以国务院的决定、命令进行私人财产的征收是否具有正当性？这是需要在实质层面进行回答的问题。《立法法》第 8 条规定："下列事项只能制定法律：……（六）对非国有财产的征收；……"第 9 条规定："本法第八条规定的事项尚未制定法律的，全国人民代表大会及其常务委员会有权作出决定，授权国务院可以根据实际需要，对其中的部分事项先制定行政法规，但是有关犯罪和刑罚、对公民政治权利的剥夺和限制人身自由的强制措施和处罚、司法制度等事项除外。"据此，财产征收属于法律保留的范畴，即使法律做出了授权规定，国务院亦应制定行政法规，并严格遵循授权目的和范围。因而，即使承认我国《宪法》对于立法征收的容认性，根据法律保留原理，其亦仅限于狭义的法律以及根据法律授权条款制定的行政法规。《通知》作为国务院制定的政策调整性文件，显然不属于行政法规，上位法的授权条款亦是付诸阙如。基于此，将《通知》认定为立法征收，并不具有实质上的合理性。

（二）行政征收定性之理由分析

立法征收作为德国法上的制度构建，在比较法的视域中并不具有典型

---

① 在该案中，原告本来有权领取的退休金因矿业法的施行而被撤销。帝国法院民事第五庭认为，矿业法对原告造成了严重的财产上的损害，构成了征收。该案首次肯定了法律可以直接造成财产征收的效果。但是，《魏玛宪法》是否规定了立法征收制度，向来备受争议，该法第 153 条规定：财产征收，唯有因公共福利，根据法律，方可准许之。反对见解即认为，基于法律及行政处分两者功能的"不容相互混淆性质"，对于《魏玛宪法》"依法律"而可征收的正确解释，应当只有"行政征收"。亦即，不可由法律直接执行征收，必须由行政机关依法律，在颁布个案的行政处分后，才可实行征收。参见陈新民《德国公法学基础理论》，法律出版社 2010 年版，第 470 页。

性，大多数国家的立法并未规定这一制度。因此，一般而言，财产征收即等同于行政征收制度。但是，本文之所以首先讨论《通知》成立立法征收的可能性，而非直接认定其行政征收性质，主要是基于以下考虑：在一般的意义上，行政征收总是具体性、个案性的，以行政处分的形式存在；而该《通知》的规范对象显然不特定，并且具有效力上的反复适用性，应当认定为抽象行政行为。因此，《通知》并不符合行政征收的一般形式，反而更加类似于立法征收。为了避免可能产生的逻辑混淆，对此加以厘清即为必要。

但是，如上所述，行政征收一般是以具体性、个案性的行政处分形式存在，因此，将作为抽象行政行为的《通知》认定为行政征收，即非一个当然的结论。笔者将之定性为行政征收，是在征收扩张的视野下展开的。在古典征收阶段，征之之概念界定极为精密，财产征收之标的，只局限于所有权及其他的物权；而在现代，征收的概念得到了扩张，大大超过了最初的范围。"扩张的征收"除了包括古典征收以外，还涵盖了以下两种行为类型。其一，应予补偿的财产权限制。即国家对私人财产权利的限制使之遭受了特别损害。尽管该限制并非直接移转财产所有权，但仍间接地、在效果上拘束了财产权。其二，公权力附随效果损害。即公权力行为本身不具有违法性，但在实施过程中，对于个别的私人财产权造成了附带的不利益后果，逾越了财产权人所能忍受的程度，产生了特别的损害。[①]

根据《通知》的规定，春节、清明节、劳动节、国庆节四个国家法定节假日以及当年上述法定节假日的连休日，收费公路将免收小型客车通行费。据此，《通知》并非直接移转所有权或其他的物权，亦非完全剥夺高速公路通行费的收取权利，仅限制了私人投资主体在特定期间内的收费权益。笔者认为，这构成了应予补偿的财产权限制。正如 Richard A. Epstein 教授所指出的："无论如何划分所有权权利中包含的基本的权能，也无论这一划分发生了多少次，这些碎片的总和以及每块碎片自身，都属于征用权条款的调整范围。"[②] 高速公路收费权益显然属于收益权能的内容，因此，应当认为节假日免收通行费政策构成了应予补偿的财产权限制，即扩张的征收。

---

① 参见应松年主编《当代中国行政法》，中国方正出版社2005年版，第1884页以下。
② ［美］理查德·A. 艾珀斯坦：《征收——私人财产和征用权》，李昊等译，中国人民大学出版社2011年版，第60页。

三　免收通行费政策公益目的之考量

（一）"纠偏"理念的误用

根据《通知》的规定，节假日免收通行费的政策目的是"进一步提升收费公路通行效率和服务水平，方便群众快捷出行"。因此，肯定该规制政策的公共利益目的，应无疑问。然而，有观点认为，我国收费公路的投资模式千差万别，投资回报率不一，加之管理上的缺位，使得超期收费等不合理收费现象大量存在，节假日免收通行费政策恰好可以视为对此的纠偏。[1] 这一观点具有认真检讨的必要。

"纠偏"理念发端于斯通大法官在 United States v. Carolena Products Co. 一案所作的第四脚注。[2] 20 世纪六七十年代，纠偏行动在美国联邦与各州政府的社会政策中广为盛行。但是，通过观察可以发现，纠偏行动主要观照基于种族造成的教育、就业等基本权利的不平等。罗尔斯认为，"正义的第一个原则：每个人都应有平等的权利去享有与人人享有的类似的自由体系相一致的最广泛的、平等的基本自由权利体系"；"正义的第二个原则：社会和经济的不平等的安排应能使它们符合地位最不利的人的最大利益，符合正义的储蓄原则，以及在公平的机会均等的条件下与向所有人开放的官职和职务联系起来"[3]。基于此，纠偏应当仅限于"最广泛的、平等的基本自由权利体系"，至于社会和经济的不平等，则不应通过政策的纠偏予以消弭。

因此，尽管我国的收费公路存在如上所述的诸多不合理收费现象，但收费权作为私人投资主体合法取得的权利，应当承认信赖保护原则的适用。当然，对于超期收费等违法行为，行政机关有权个案性地责令改正或者采取其

---

[1] 参见徐立凡《节假日免费是还路于民的尝试》，《惠州晚报》2012 年 8 月 6 日第 5 版。

[2] 主要内容为：（1）当立法在形式上处于宪法明确禁止的范围之内时，合宪性假定原则的作用范围就可能更窄些——比如最初 10 个修正案，或者当认为第 14 条修正案吸收了这些修正案时，它们也就同样可以说是明确禁止的范围之内；（2）对政治程序进行限制的立法，这些政治程序一般被期望能引起不受欢迎立法的废止，这些立法没有必要考虑在第 14 条修正案之下比在大多数其他的立法类型之下是否受到更加严格的司法审查；（3）我们不必探究类似的考虑是否会讨论对指向特定宗教的制定法的审查，或者针对特定国籍的制定法，或者针对少数族裔。对分散而孤立的少数的偏见可能构成一项特殊情况，这种偏见严重倾向于削减人们通常所信赖的保护少数群体的政治过程的运作，并且可能要求一个相应的、更为严格的司法调查。参见 United States v. Carolena Products Co., 304 U. S. 144 (1938)。

[3] [美] 约翰·罗尔斯：《正义论》，何怀宏等译，中国社会科学出版社 2003 年版，第 11 页。

他管理措施，但无论如何，高速公路收费权问题不应涉及政策"纠偏"。将《通知》认定为"纠偏"，不仅是对"纠偏"理念本身的误读，更是为公权力恣意侵犯私人财产权利埋下了理论上的隐患，此即下文即将论述的"警察权力"问题。

（二）"警察权力"之厘清

从另一个视角观察，在上述观点的背后，其实隐含着美国法上的"警察权力"理论：联邦及各州可以拥有"警察权力"来管理人民，而且连带地可以将人民的自由权及财产权等基本权利予以限制或剥夺。警察权力的行使目的，早期是为了遏制及排除对公益有害之私人行为。[①] 然而，作为经特许经营契约获得的权利，即使公路收费具有现实上的不合理性，其仍然是一项合法的财产权利，难以认为公路收费权的行使属于"对公益有害之私人行为"，似乎并无"警察权力"的适用空间。

然而，"警察权力"理论在此处之所以具有讨论的必要性，乃是因为"警察权力"范围扩张之所致。随着社会管理事务的不断复杂化，"警察权力"不再局限于传统的、消极性质的有害行为排除，更是积极地促进公益，达成社会正义。在著名的 Miller v. Schoene 一案中，最高法院维持了州政府未经补偿就砍伐观赏杉树的权力。法院认为，该行为所保护的苹果树的价值远远超过砍伐的观赏杉树的价值，因而无须精确地考察受到感染的观赏杉树是否构成普通法或制定法上对公益有害之行为。[②] 如果按照扩张的"警察权力"逻辑，节假日免收通行费政策即具有合理性。这是因为，《通知》的目的是"进一步提升收费公路通行效率和服务水平，方便群众快捷出行"，确实可以促进社会公益；相较而言，受到限制、牺牲的仅仅是具有超期收费、收费过高等诸多不合理现象的高速公路收费权。如果作一个纯粹的功利计算，这一问题的答案并不难得出，节假日免收通行费政策也就自然可以被视为"警察权力"的合理运用。

但是，问题的关键在于："警察权力"本身的扩张是合理的吗？如果将警察权力扩张至促进公共福祉的程度，警察权力与征收条款之间即无从区

---

① 参见陈新民《德国公法学基础理论》，法律出版社 2010 年版，第 485 页以下。应当注意的是，美国法上的"警察权力"具有特定的内涵，与我国的警察权性质并不相同。我国的警察权是指由国家宪法和法律授权的、由警察机关和警务人员单方面行使的、以保障国家安全和公共利益为目标的具有特殊强制力的国家行政权，其外化形式是警察职权，是国家权力的重要组成部分，是行政权力的分支。参见彭贵才《论我国警察权行使的法律规制》，载《当代法学》2009 年第 4 期。

② 参见陈新民《德国公法学基础理论》，法律出版社 2010 年版，第 487 页以下。

别。警察权力允许国家限制或剥夺私有财产而不必提供补偿,此时,受到征收条款规制的行为必将遁入"警察权力"之中,私人财产权即失其保障。因此,"警察权力"的扩张必然伴随着私人权利的限缩,基于权利保障的要求,"警察权力"的界限必须得到严格的厘定,"若没有暴力或虚假陈述,就不能通过治安权(Police Power,即警察权力——笔者注)来抹平当事人间可感觉到的经济不平等,这是因为,并不存在需要控制的私人不当行为"①。笔者基本上赞同这一见解,即警察权力仍应回归原初的"有害行为排除"之范畴。在这一界定下,节假日免收通行费政策即无从通过"警察权力"予以正当化,而仍应受到征收条款的规制。

四 高速公路通行费法律性质之界定

扩张的征收概念,使得征收之标的不再以所有权和其他物权为限。德国《基本法》第14条第1项规定的"所有权保障",系和"财产权保障"同义。所有具有财产价值的私权利,如所有权、精神财产权、债权以及其他私法的权利,皆可归属于《基本法》保障范围之内。② 那么,公路收费权是否属于"具有财产价值的私权利"?

《收费公路管理条例》第7条规定:收费公路的经营管理者,经依法批准有权向通行收费公路的车辆收取车辆通行费。该条为公路管理机构和公路经营公司行使收费权的共同法律依据。有论者据此认为:从法条规定看两者取得收费权的方式是一致的。由于公路管理机构系经政府授权而取得规费征收权,因此公路经营公司根据该条规定也是依行政授权而取得规费征收权,而非依行政特许取得价金收取权。公路经营公司与利用人之间为行政征收法律关系,民营化没有改变利用人对国库的公法义务。③ 这一观点如果成立,必然会在逻辑上得出以下结论:国务院决定节假日对部分车辆免收通行费,这是政府依职权扩大免收通行费的范围,具有合法性;对于公路经营公司而言,这只是政府对授权内容的单方面变更,公路经营公司对此无权提出异议,也不构成对公路经营公司财产权的侵害,更不存在补偿问题。④ 笔者认

---

① [美]理查德·A. 艾珀斯坦:《征收——私人财产和征用权》,李昊等译,中国人民大学出版社2011年版,第120页。
② 参见陈新民《德国公法学基础理论》,法律出版社2010年版,第447页。
③ 参见虞青松《重新界定公路收费权的法律属性》,《东方早报》2012年9月25日第12版。
④ 同上。

为，以上观点存在诸多值得商榷之处。

其一，在司法实务上，法院更多地将收费公路争议认定为服务合同纠纷。在"王巍与辽宁省高速公路管理局服务合同纠纷"一案中，① 一审、二审判决均认为，高速公路管理局虽属事业单位，但其享有向驶入辽宁省境内高速公路的车辆收取通行费的权利，故与高速公路使用人之间形成了事实上的服务合同法律关系。由于高速公路管理局疏于管理而引发交通事故，其对此应当承担违约赔偿责任。笔者亦赞同将使用收费公路定性为私法关系。这是因为，《国家赔偿法》对于公共设施致人损害的赔偿责任并未做出规定，如果将使用收费公路认定为公法关系，在发生公共设施致害的情形下，当事人即无从依据《国家赔偿法》寻求救济。基于权利救济的考虑，将之作为私法关系处理具有实益性。相应地，在私法性质的法律关系中，通行费即不应被认为是一种行政规费，而应当作为提供高速公路使用、服务的合同对价。

其二，行政授权是指法律、法规授权具有管理公共事务职能的组织行使特定行政职能，对此，《行政处罚法》及《行政许可法》均有明确的规定。公路经营公司作为以营利为目的的非公益性组织，显然不能成为被授权的对象。在"屈建军、武陟县宏达汽车运输有限公司诉焦作市新时代高速公路有限公司不服高速公路加收费款"一案中，② 法院裁定即指出：对于拒交、逃交通行费而拒不补交的，该条例授权由高速公路路政管理机构处理。因此，被告焦作市新时代高速公路有限公司不属于依法享有行政管理职权的行政主体，其所做出的行为不属于行政行为，本案不属于行政诉讼的受案范围，原告的起诉应裁定驳回。

其三，《收费公路权益转让办法》第3条明确规定：收费公路权益转让，是指收费公路建成通车后，转让方将其合法取得的收费公路权益有偿转让给受让方的交易活动；该《办法》第二章、第三章则进一步规定了收费公路权益转让的条件和程序。此外，《最高人民法院关于适用〈中华人民共和国担保法〉若干问题的解释》第97条规定：以公路桥梁、公路隧道或者公路渡口等不动产收益权出质的，按照担保法第75条第（4）项规定（依

---

① 相关案例参见《王巍与辽宁省高速公路管理局服务合同纠纷一案民事判决书》（2010）辽审二民提字第23号。

② 相关案例参见《屈建军、武陟县宏达汽车运输有限公司诉焦作市新时代高速公路有限公司不服高速公路加收费款一案一审行政裁定书》（2010）武行初字第44号。

法可以质押的其他权利——笔者注）处理；《国务院关于收费公路项目贷款担保问题的批复》亦指出："公路建设项目法人可以用收费公路的收费权质押方式向国内银行申请抵押贷款，……质权人可以依法律和行政法规许可的方式取得公路收费权，并实现质押权。"以上规范明确肯定了收费权转让及质押的合法性，进一步地，即是肯定了收费权的民事权利属性。这是因为，只有民事权利才能转让或质押；如果将收费权定性为行政规费，其根本无从进入民事领域自由流通，权益的转让或质押亦无从实现。这一结论显然与上述法规范存在诸多矛盾之处，如果坚持收费权的行政规费性质，即无法走出这一规范层面的困境。

综上所述，公路收费权并非公法层面的权利。但是，其在民事权利体系中应当如何定位，理论上存在不同见解。有观点认为，公路收益权来自国家利用各种投资建成公路而享有的公路不动产所有权。国家又将公路所有权与公路经营权分开，将公路经营权赋予专门成立的公路经营公司经营管理，其中重要的经营管理权限就是公路收费权，为此将之定性为用益物权较为妥当。[①] 亦有学者提出，公路收费是典型的合同行为，合同的债权人是投资收费公路建设的项目经营法人，收取车辆通行费是其主要的合同权利。[②] 笔者认为，无论是将公路收费权定性为用益物权、普通债权、集合债权甚至是新型财产权利，皆在逻辑上肯定了其私权利性质，自然能够纳入"财产权保障"之范畴。因此，应当认为，节假日免收通行费政策剥夺了私人投资主体在特定期间内收取通行费的权利，构成了对私人财产权利的征收。

五 结语

德国《基本法》第 14 条第 3 项规定有所谓"唇齿条款"：只有符合社会公共利益时，方可准许征收财产。对财产的征收只能通过和根据有关财产补偿形式和程度的法律进行。"在宪法的体系中，财产权保障、征收和补偿三者，不仅在经济上，也在法律上，都已融合为一体，而不可分离。"[③] 但是，就我国目前立法而言，财产管制极少同时规定补偿条款。值得关注的

---

① 参见孙淑云《刍议不动产收益权质押》，《法律科学》2003 年第 3 期。
② 参见谭九生、蒲红华《公路收费权质押贷款担保若干问题的探讨》，《当代法学》2003 年第 1 期。
③ 陈新民：《德国公法学基础理论》，法律出版社 2010 年版，第 474 页以下。

是，交通运输部组织起草的《收费公路管理条例（修正案征求意见稿）》第 7 条规定："……国家实施免费政策给经营管理者合法收益造成影响的，可通过适当延长收费年限等方式予以补偿。……"对于这一规定，人们更多地给予了否定的评价。[①] 笔者亦认为，以"适当延长收费年限等方式"补偿经营管理者基于国家实施免费政策而遭受的损失，的确是一项值得检讨的规定。其所体现出来的，乃是一种粗放而非精细的解决问题的思路。国家实施免费政策给经营管理者合法收益造成的影响，并非不可计量的，只需对其实际遭受的损失予以填补即可。以"适当延长收费年限等方式"予以补偿，不仅会造成对经营管理者的过度补偿，更为重要的是，节假日免收通行费的对象范围仅限于小型客车，一旦延长收费年限，将使得并未享受免收通行费政策的其他车辆使用人承受更重的负担，造成事实上的不平等。

以上均是《收费公路管理条例（修正案征求意见稿）》第 7 条规定所要检讨的内容。但是，该条所表达的损失补偿理念则是值得肯定的，与本文的观点亦是不谋而合。就征收条款而言，如果补偿规定付之阙如，征收条款的制度功能将被彻底消解。在这一意义上，"无补偿即无征收"的"唇齿条款"对于私人财产权之保障，无疑具有更为直接和重大的意义。因此，除却立法技术层面的瑕疵，《收费公路管理条例（修正案征求意见稿）》第 7 条的规定完全可以视为"无补偿即无征收"的宪法原理在我国的具体实践。

---

① 参见傅勇涛、马超《节日免费"秋后算账"？——收费公路新规征集意见引发争议》，http://news.xinhuanet.com/fortune/2013-05/09/c_115707844.htm.；南辰《高速收费年限拟延长补偿假日免费，媒体称朝三暮四》，http://www.chinanews.com/gn/2013/05-12/4808887.shtml。

公路收费制度不宜由行政法规确立

顾大松[*]

摘　要：交通运输部公布的《收费公路管理条例（修订征求意见稿）》调整了收费公路的性质、收费期限、收费形式等重要公路收费制度。其中，增加高速公路偿债期结束后基于管养目的的收费，既不具备现行《公路法》与《预算法》上的依据，也与现行《公路法》的相关禁止性规定相抵触，并与《公路法》确立的"费改税"进程相悖。而《收费公路管理条例（修订征求意见稿）》调整公路收费年限、明确省级政府统一收费制度的内容，因其触及中央与地方在高速公路建设与管理方面的事权与财责分配，也涉及政府还贷公路管理企业债务转换为政府债务的重要财政问题，依《立法法》第8条的立法保留要求，需要通过修改《公路法》的方式进行，而不宜由修改行政法规的形式确立。

关键词：高速公路；管养；收费；立法保留

2015年7月21日，交通运输部发布《收费公路管理条例（修订征求意见稿）》（以下简称《修订征求意见稿》），向社会公开征求意见。《修订征求意见稿》将原有的政府还贷公路、经营性公路调整为"政府收费公路"与"特许经营公路"；明确政府收费公路偿债期拟按实际偿清债务所需时间确定，各省实行统借统还；特许经营公路经营期一般不超30年，届满后与偿债期政府收费公路统一收费；偿债期、经营期结束后实行养护管理收费。按照交通运输部政策法规司副司长魏东在新闻发布会上的介绍，这一修订的目标是："普通公路由政府以收税方式筹集建设养护管理资金，对社会公众提供均等化的公共普遍服务；收费公路则由于以对特定用路群体提供效率服务为目标，用路者的使用频次存在较大差异，而宜采用直接收费的方式，其建设养护管理资金主要由用路者负担，解决税负不公平问题。通过条例的修

---

[*] 顾大松，东南大学法学院副教授。

订，努力构建'以非收费公路为主、收费公路为辅的两个公路体系'。"

《修订征求意见稿》涉及诸多重要的公路收费制度调整，其中代表性的是公路收费性质从政府还贷、经营性向政府收费、特许经营转变，各省级政府对公路收费实施统一借款、统一收费、统一还款，高速公路在偿债期结束后将长期基于管养目的收费。而这些重要调整也迅速引起了社会公众的热议，热议的焦点之一就是高速公路长期收费是否能通过行政法规的修订来确立，理论界与实务界对此存在不同的观点；省级政府对公路收费实施统一借款、统一收费、统一还款等，也存在诸多争议。本文拟以《立法法》《公路法》等法律规定为依据，运用行政法学上相关原理，尝试对公路收费制度的重要调整进行分析，以明确公路收费制度调整的法治路径。

一 《修订征求意见稿》拟定高速公路长期收费制度缺乏上位法根据

《修订征求意见稿》属于行政法规的修改，因此其修订应遵循宪法法律的相关原则和规范。我国《宪法》第89条规定，国务院可以依据宪法和法律制定行政法规。也就是说，行政法规可以是职权立法，也可以是执行性立法。《公路法》第68条规定："收费公路的具体管理办法，由国务院依照本法制定。"这意味着《收费公路管理条例》属于执行性立法，其制定与修改须遵守上位法的规定。因此，我们可以结合该条例此次修订涉及的上位法来具体分析高速公路长期收费的合法性问题。

1. 缺乏《预算法》依据

2015年7月21日，在交通运输部召开的《修订征求意见稿》新闻发布会上，参加发布会的交通干部管理学院张柱庭教授针对记者的提问指出：高速公路偿债或经营到期后基于养护需要收取通行费有《预算法》上的依据。其理由是根据《预算法》，预算包括一般公共预算、政府性基金预算等。一般公共预算支出主要用于一般公共服务，如科教文卫体、农业环保等方面；而政府性基金预算则是依照法律法规规定在一定期限内向特定对象筹集的资金，专项用于特定公共事业发展。"结合高速公路选择性通行的特性，其养护管理费用属于政府性基金预算完成的任务。本次修订是对《预算法》的补充和细化，是有上位法依据的。"

虽然《预算法》也规范实体问题，但其更多的内容与篇幅是对预算管理机构编制和修改预算草案的程序、行政机关修改和通过预算草案的程序、立法机关修改和批准预算的程序以及预算执行与监督过程中的职权与程序等预算管理流程方面的规定，因此主要是程序法。在程序法意义上，《预算法》中有关政府性基金预算管理规定应以相关实体法为依据。预算只是对公共资金的核算和管理方式，并不是政府获取资金的法律依据；《预算法》规定的政府性基金预算形式，只是用于核算和管理各种政府性基金的法律依据。"如果将来法律明确可以通过收费筹集高速公路养护费用，这笔资金的确也可能被纳入政府性基金预算管理。但是，绝不能从《预算法》规定了政府性基金预算方式就推论出，所有的政府性基金都有了法律依据。"《预算法》第9条明确规定："政府性基金预算是对依照法律、行政法规的规定在一定期限内向特定对象征收、收取或者以其他方式筹集的资金，专项用于特定公共事业发展的收支预算。"这里的"法律、行政法规"即为政府性基金征收的实体法依据，具体到公路收费上，就是需要以《公路法》为中心的法律法规依据。也就是说，《预算法》不能确定高速公路偿债或经营期满后能否基于养护管理需要征收通行费，只能由实体法意义上的《公路法》来确定。因此，用程序法意义上的《预算法》关于政府性基金的相关规定来论证实体法上新的高速公路收费形式，是一种倒果为因的循环论证，也颠倒了《预算法》与《公路法》之间的法理逻辑。

2. 缺乏《公路法》依据

有观点认为高速公路偿债期届满后基于管养需要收费，其直接依据就是《公路法》第66条规定，即"依照本法第五十九条规定受让收费权或者由国内外经济组织投资建成经营的公路的养护工作，由各该公路经营企业负责"。有专家就表示："事实上，30多年来，我国的收费公路一直都在执行'收费养护'，征求意见稿只是延续并用文本确认了这一规定。《公路法》并没有对高速公路养护进行明确的规定，而此次征求意见稿提出用收费解决高速公路养护问题，不仅没有违反上位法，反而更是作为下位法对《公路法》具体的扩展，是对'具体实施办法和步骤由国务院规定'的落实。"

这一观点混淆了收费公路经营期内的收费与经营期届满后的收费。《公路法》第60条规定："有偿转让公路收费权的公路，收费权转让后，由受让方收费经营。收费权的转让期限由出让、受让双方约定并报转让收费权的审批机关审查批准，但最长不得超过国务院规定的年限。国内外经济组织投资建设公路，必须按照国家有关规定办理审批手续；公路建成后，由投资者收费经营。收费经营期限按照收回投资并有合理回报的原则，由有关交通主管部门与投资者约定并按照国家有关规定办理审批手续，但最长不得超过国务院规定的年限。"上述《公路法》规定以"收回投资并有合理回报的原则"确定经营性公路收费期限,因此,该法第66条规定的"经营性公路养护由各该公路经营企业负责"适用于收费公路经营期限内,不包括经营期限届满后情形。一旦经营期限届满,依《公路法》第65条规定,由国内外经济组织依照本法规定投资建成并经营的收费公路,约定的经营期限届满,该公路由国家无偿收回,由有关交通主管部门管理。而且,作为实施《公路法》的下位法——《收费公路管理条例》第30条也规定:"收费公路的收费期限届满,必须终止收费。政府还贷公路在批准的收费期限届满前已经还清贷款、还清有偿集资款的,必须终止收费。"《收费公路管理条例》进一步明确收费公路收费期限届满后免费,是对《公路法》相关规定的补充性规定,符合《公路法》的立法本义。因此,认为依据《公路法》第66条规定,高速公路在收费期限届满后可以基于养护征收通行费的观点,实际上是偷换法律概念,混淆了现行《公路法》与《收费公路管理条例》一以贯之的立法本义。

二 《修订征求意见稿》拟定高速公路长期收费制度与上位法相抵触

《公路法》第68条规定:"收费公路的具体管理办法,由国务院依照本法制定。"该条规定是《收费公路管理条例》制定的直接法律依据,同时意味着《收费公路管理条例》可以对《公路法》有关收费公路的条文进行细化与补充。但是,依据上位法与下位法之间的效力位阶规则,行政法规对上位法的修改与补充仍然要受到"不抵触"规则的限制。如《行政处罚法》第10、11、12、13条就规定,在法律对行政处罚已有规定的情况下,法规、规章可以做出具体化的规定,但必须在法律关于行政处罚规定的行为种类、幅度、范围内规定,不得与之相抵触。

1. 直接与《公路法》禁止性规定抵触

《公路法》第58条规定:"除本法第五十九条规定可以收取车辆通行费的公路外,禁止任何公路收取车辆通行费。"这条规定实际上是对作为下位法的《收费公路管理条例》设定新收费形式的限制性规定。而《公路法》第59条规定:"符合国务院交通主管部门规定的技术等级和规模的下列公路,可以依法收取车辆通行费:(一)由县级以上地方人民政府交通主管部门利用贷款或者向企业、个人集资建成的公路;(二)由国内外经济组织依法受让前项收费公路收费权的公路；（三）由国内外经济组织依法投资建成的公路。"

从《公路法》第58条与第59条的逻辑关系看，现行法律确立的收费公路只有两种形式，即政府还贷收费公路与经营性公路。经营性公路可以是国内外经济组织依法投资建成的公路，也可以是受让政府还贷公路形成的经营性公路。基于此，相应的公路收费法定形式只存在两种类型——还贷性质的收费与经营性收费，非上述两种形式的公路收费形式依《公路法》第59条规定受到明令禁止。因此，在《公路法》第58条、第59条没有修改的情况下，直接通过作为下位法的《收费公路管理条例》修改增设高速公路偿债到期后基于管理养护目的的公路收费形式，显然与《公路法》第58条、第59条相抵触。

2. 与《公路法》确定的"费改税"进程相悖

1999年4月29日，第九届全国人大常委会第十次会议讨论《关于修改中华人民共和国公路法的议案》，准备通过立法修订的方式实施"费改税"改革，取消旧有的养路费等多种行政收费，代之以征收成品油消费税（即通常所说的"燃油税"）筹集公路养护资金。但是，由于"费改税"事关重大，全国人大常委会表决中，在参会的125位人大常委中有77票赞成，6人反对，42票弃权，赞成票未达到当时常委会全体成员154人的半数，《关于修改中华人民共和国公路法的议案》未获通过。1999年10月31日，经过再次审议，第九届全国人大常委会第十二次会议最终通过了《关于修改〈中华人民共和国公路法〉的决定》（中华人民共和国主席令第25号），决定将《公路法》第36条修改为："国家采用依法征税的办法筹集公路养护资金，具体实施办法和步骤由国务院规定。"同时，《关于修改〈中华人民共和国公路法〉的决定》第二部分要求："国务院在制定将公路和车辆收费改为征税的实施办法时，应当取消各种不合理收费，确定合理的征税幅度，并采取有效措施，防止增加农民负担，同时防止增加车辆用油以外的其他用油单位的负担。"全国人大常委会的修法决议包含着减少公路收费形式，通过统一税收方式处理公路建设与管理难题的立法意图。"费改税以后，要把税费同时存在的现象予以清理，或者以税的形式出现，或者取消收费将费转移到其他税种中去。"2009年1月1日起实施的成品油税费改革，在没有增加税种的情况下，利用2008年年底至2009年国际油价屡创新低的契机，通过提高价内征收汽油消费税税额的方式，利用窗口时间，在不提高国内成品油价格的情况下适时推行"费改税"；同时，取消原在成品油价外征收的公路养路费、航道养护费、公路运输管理费、公路客货运附加费、水路运输管理费、水运客货运附加费6项收费，逐步有序取消政府还贷二级公路收费。这一改革，较好地抓住了"费改税"推出的时机，加之改革时实际成品油价格没有提高，引发社会震动小；同时，又直接取消6种行政收费，取得了较好的效果。

不过，"费改税"成功启动以后，仍然存在一些尚未理顺的"费"与"税"的关系。如车辆驶入收费公路时，就存在车辆使用人交纳的通行费与通行期间消耗燃油承担的税费重叠的问题。不论是车辆驶入收费公路还是非收费公路，一般情况下均要消耗燃油。这一消耗燃油的过程，实际上就是车辆使用人为国家支付燃油税、为公路筹集养护资金的过程，也是"用路者付费"的深层次体现。但是，根据《公路法》第66条的规定，经营性公路的养护由该公路经营企业负责，而公路经营企业的收入又主要来源于公路收费，这就意味着车辆使用人利用经营性公路时消耗燃油所承担的税负只用于非经营性收费公路的养护；而在经营性公路上行驶时，车辆使用人既要为其没有利用的非经营性公路养护买单，又要为公路经营企业的养护（同时包括其投资与回报）买单。也就是说，在现行收费公路制度下，车辆使用人利用经营性公路通行时，既通过燃油消耗承担了非经营性公路的养护资金筹集义务，又通过支付通行费方式承担了经营性公路的养护成本。在"税"与"费"的关系问题上，车辆使用人受到了双重征收，这恰恰是国家在完善通行费价格形成机制过程中应当通过深化改革方式厘清的。

然而，《修订征求意见稿》有关通行费价格形成机制的条款并未提出上述双重征收问题的解决方案。例如，对于新增的偿债到期后高速公路基于养护管理需要收费的价格标准，该意见稿第17条明确了"应当低于偿债期和经营期的收费标准"要求，却未提及对收费公路的"税"与"费"双重征收问题的解决方案，其确定标准仍为"实际养护运营管理成本、当地物价水平以及交通流量等因素"。与此同时，交通运输部明确提出，通过增设高速公路偿债期结束后基于养护管理需要的收费形式，要将"收费公路体系"与"非收费公路体系"的"两个路网体系"法律化，并作为长期的交通发展战略。如果这一"战略"不能解决成品油税费改革在收费公路上对车辆双重征收的问题，又在高速公路上恢复传统的"养路费"征收，那就没有准确把握20世纪末《公路法》修订所确立的"费改税"的改革精神。这种做法与"费改税"进程相悖，必然是一个存在着重大缺陷的交通发展战略，无法支撑国家长远的交通发展。

三 公路收费制度的重要调整属于立法保留事项

《立法法》第8条、第9条对于立法保留设定了两种情形：一是属于该法第8条规定的范围，一般情况下应由全国人大及其常委会制定法律；二是该法第8条规定的范围在尚未制定法律的情况下，可由全国人大或全国人大常委会授权国务院先行制定行政法规，但"有关犯罪和刑罚、对公民政治权利的剥夺和限制人身自由的强制措施和处罚、司法制度等事项除外"。这就是法律相对保留与绝对保留的范围。因此，判断《修订征求意见稿》能否规定公路收费的重要制度的首要标准是其是否涉及《立法法》第8条、第9条规定的事项。具体而言，主要包括高速公路统一收费是否属于税收基本制度、对非国有财产的征收和征用、财政基本制度或其他立法保留的重要事项。

1. 高速公路统一收费不属于税收事项

《修订征求意见稿》引发的质疑之一，就是该意见稿第9条将现有《收费公路管理条例》第10条的"省、自治区、直辖市人民政府交通主管部门对本行政区域内的政府还贷公路，可以实行统一管理、统一贷款、统一还款"调整为"政府收费公路中的高速公路，由省、自治区、直辖市人民政府实行统一举债、统一收费、统一还款"。该条款将原来部分省级交通主管部门实施的统贷统还推广到所有省级范围，并明确为政府债模式。实行高速公路省级范围内统一收费，实质上是实现高速公路偿债期结束后基于管养需要长期收费的基础。因为只有明确其行政性收费的性质，才能将旧有分散于各条高速公路经营管理企业的分散收费归于政府统一收费，从而实现基于管养需要长期收费的目的。不过，有学者对高速公路统一收费是否属于税收存有疑问："一旦实施捆绑就意味着，车主还要为遥远的从没有去过和使用过的公路缴费。如此一来，公路收费就失去了规费的性质，而变成了一种变相的税收。"

新修订的《立法法》第8条增加一项规定，即"税种的设立、税率的确定和税收征收管理等税收基本制度"只能制定法律。也就是说，如果高速公路在省级范围内统一收费是一种变相的税收，即违反上述法律保留要求，《修订征求意见稿》相关条款则应属违法。

一般认为，税与费在形式上的区别在于，税务机关征税无须实施对等服务或者说具有无偿性，而费的征收则一般要有征收机关的对等服务。如在成本补偿性的收费中，行政机关提供了相应的服务，或者是公共资源的特别利用，基于公平原则由行政机关或行政事业单位依法征收相关费用，如道路停车收费。也正是在这个意义上，税与费的最大区别在于切断纳税人与相应公共服务的联系，进而通过公共财政方式实现相应目标，以统一征税避免收费环节的成本上升，如当年公路领域的"费改税"即有这方面的重要考虑。高速公路建设与管养究竟通过收费还是收税支持也有较大争议，也有不同国家的实践，但高速公路作为一种"俱乐部"式公共物品，可以做到排他性利用，更符合费的直接受益特性，即通过付费人直接利用的方式来利用高速公路。同时，高速公路的收费也不具有强制性，区别于税的强制性，如果车辆驾驶员愿意承担时间及相应成本，也可以利用非收费的普通公路到达目的地。因此，《修订征求意见稿》明确规定省级政府对高速公路统一收费，不存在前述学者所说的形成"变相税收"问题，不属于《立法法》第 8 条中"税种设立"的法律保留事项。

2. 高速公路统一收费不属于征收、征用的事项

行政收费是否属于征收，甚至是否属于《立法法》第 8 条所规定的"非国有财产的征收、征用"，一直存在似是而非的理解。如在早年对《立法法》第 8 条的讨论中就有这样的观点："征收，是指国家以强制力为后盾，依法无偿占有公民、法人或其他组织的财产，例如，对税的征收。……征收除税外，在我国目前还存在多种形式，有些严重侵犯公民的财产权，如对私有企业的平调、各种乱收费，等等。涉及面最广、群众意见最大的是乱收费。如果笔者的上述理解不错，那么，根据《立法法》的规定，今后对公民的收费，将属于法律保留事项，必须由法律规定，或经法律授权。"

《修订征求意见稿》将高速公路收费明确为政府收费，按照上述观点就是"征收"性质，应当属于法律保留范围。实质上，"征收"以补偿为基本特征，如我国 2004 年宪法修正案第 20 条中的财产征收条款，就明确"国家为了公共利益的需要，可以依照法律规定对公民的私有财产实行征收或者征用并给予补偿"。在宪法层面上明确基于公共利益需要对私人合法财产的征收，应以补偿为要件，以此区别于对纳税人、缴费人的"无偿"的"征税、征费"。根据征收的一般理论，征收系公民财产权基于公共利益与国家主权需要而被施加的特别负担，根据公民权利平等保护原理，应对被征收人的特别牺牲予以补偿。正是在此意义上，"无补偿即无征收"，确定补偿原则系多个国家宪法设定征收条款的根本内容。传统制度背景下的"征收"，以"收取赋税"及"政府依法向人民或所属机构收取公粮、税款等"为主要内

容，并无补偿要件，与《宪法》及《立法法》上的非国有财产征收、征用有明显区别。即使行政法学界仍然作为重要主题讨论的"行政征收"，也主要指"征收税费"，与现行《宪法》所规定的"征收"具有本质区别，不宜将其纳入《立法法》第 8 条中的"非国有财产的征收、征用"法律保留事项。

3. 高速公路统一收费涉及"财政基本制度"的内容

交通运输部在《收费公路管理条例》修订说明中指出，条例修订主要原因是适应全面深化改革特别是财税体制改革的新要求。根据新修订的《预算法》和财税体制改革的要求，今后政府为发展公益性事业的举债渠道将统一调整为发行政府债券，并实行总量控制，不得再以其他方式举借政府债务。政府债券的"借、用、还"全部纳入预算管理。现行《收费公路管理条例》确立的收费公路主要制度所依据的政策发生了根本变化，《收费公路管理条例》规定的由地方人民政府交通运输主管部门利用贷款或者有偿集资建设收费公路的筹融资模式需要进行调整，举债和偿债主体将从交通运输主管部门变更为地方人民政府，举债的方式是发行政府专项债券，政府管理的收费公路的车辆通行费收入必须全部纳入政府预算管理。《收费公路管理条例》修订主要是为了适应交通财税体制重大变革，而非自身就是基本财税制度的变革，从这个角度，并不涉及《立法法》第 8 条中法律保留的"基本经济制度以及财政、海关、金融和外贸的基本制度"。

不过，大多数地方高速公路具有重要的国道属性，系国家高速公路网的重要组成部分，基于科学的中央与地方事权关系要求，中央应当通过一定的财政转移支付承担地方的高速公路建设与管理责任，这是基本的财政制度要求。如十八届三中全会决定就要求："适度加强中央事权和支出责任，国防、外交、国家安全、关系全国统一市场规则和管理等作为中央事权；……对于跨区域且对其他地区影响较大的公共服务，中央通过转移支付承担一部分地方事权支出责任。"《修订征求意见稿》将高速公路的建设与管理事权明确为由省级人民政府承担，由其统一借款、统一收费与统一还债，实际上未能科学厘定中央与地方在高速公路建设上的关系，也无法在东、中、西部省份之间均衡实现国家高速公路网建设目标。其正确的处理方法是，应当遵循《立法法》第 8 条有关基本财政制度适用法律保留的要求，通过人大或其常委会修订《公路法》的方式，明确中央与地方在高速公路建设与管理方面的财政转移支付制度。

4. 《修订征求意见稿》涉及重要的立法保留事项

《立法法》第 8 条在明确列举法律保留事项后，在其最后一项概括规定了纳入法律保留其他事项范围——"必须由全国人民代表大会及其常务委员会制定法律的其他事项"。这一立法规定，实际上就是法律保留原则的重要事项保留的表现。所谓"重要事项"，其评判标准在于一个规范对一般大众或个人是否具有"深远广泛的影响"，即对一般大众或者对个人越重要的事务，若涉及基本权之实现或公共事务之形成，则对立法者所作的要求越高。而公共事务重要性的衡量标准，常与规范人范围的大小、影响作用之久暂、财政影响的大小、公共争议性之强弱以及现状改革幅度之大小密切相关。

2014 年 6 月 30 日，交通运输部发布了 2014 年全国收费公路统计公报。公报显示，2014 年全国收费公路通行费收入 3916.0 亿元，支出 5487.1 亿元，收支缺口为 1571.1 亿元，截至 2014 年年底，以高速公路为主的收费公路债务余额为 3.85 万亿元。2015 年正式实施的新《预算法》和 2014 年出台的《国务院关于加强地方政府性债务管理的意见》明确提出，我国对地方政府债务余额实行限额管理。地方政府举债规模，由国务院报全国人民代表大会或者全国人民代表大会常务委员会批准。2015 年 8 月 29 日，十二届全国人大常委会第十六次会议表决通过了《全国人大常委会关于批准〈国务院关于提请审议批准 2015 年地方政府债务限额的议案〉的决议》，2015 年地方政府债务限额锁定为 16 万亿元。该限额由两块构成，一块是截至 2014 年年末的全国地方政府债务余额 15.4 万亿元，一块是 2015 年 3 月全国人大批准的 2015 年地方政府债务新增限额 0.6 万亿元。因此，现有《修订征求意见稿》一旦正式成为法案，因其规定省内收费公路由省级政府统一借款、统一收费、统一还款，这就意味着现有收费公路 3.85 万亿债务将转换为地方债务，而 2015 年新批准的地方债务新增限额是 0.6 万亿元。3.85 万亿高速公路债务是一次性还是分批次转移为地方政府债务？显然要与全国人大常委会设定的地方债务总额与年度限额协调，这恰是重要的财政问题，需要通过全国人大及其常委会决定。

四 结语

行政法规制定与修改需遵循依法行政，这是我国社会主义民主与法治建设的必然要求。行政法规修订是否逾越了权限，不当规定了立法保留事项，需要遵循我国《立法法》相关规定与相关法律保留原理予以审视。前述《修订征求意见稿》存在的诸多问题，也可能会存在于其他的行政法规修订过程中，因此，准确适用《立法法》及相关法律的具体要求，规范行政法规的修改尤为重要。具体而言，行政法规修改是否依法行政的判断，结合本文关于《修订征求意见稿》的典型分析，可以从如下三大方面入手。

（1）是否属于《立法法》第8条、第9条确定的法律保留范围。作为积极的依法行政原则，我国《立法法》第8条、第9条确立的相对法律保留与绝对保留，是审视行政法规修改是否依法行政的重要标准。目前，对于行政法规修改是否符合法律保留要求，又可从两方面入手。一是该行政法规有无全国人大或全国人大常委会的授权决定。如无授权决定，应当提请全国人大或全国人大常委会制定法律，而非修改行政法规。二是修改事项是否属于《立法法》第8条及第8条规定的保留事项，如本文中《修订征求意见稿》修改中触及的中央与地方国道事项基本财政制度问题。

（2）是否具有法律根据。《立法法》第56条规定："行政法规可以就下列事项作出规定：（一）为执行法律的规定需要制定行政法规的事项；（二）宪法第八十九条规定的国务院行政管理职权的事项。"行政法规修改是否具有法律依据，其针对的事项范围就是"为执行法律的规定需要制定行政法规事项"。因此，是否有法律的依据，如《修订征求意见稿》中的高速公路偿债到期征收管理养护目的通行费的《公路法》依据问题，就是行政法规修改的重要前提。判断该事项是否有法律依据，主要是法律解释方法的运用，即依法律解释的位阶，依次运用文义解释、体系解释、立法目的解释等方法，进行是否具有法律依据的判断。

（3）是否与法律相抵触。行政法规除授权立法外，有执行法律规定的立法，也有基于我国《宪法》第89条规定的国务院行政管理职权范围内的立法。授权立法与执行性立法的行政法规制定与修改，需要遵循前述法律保留原则与法律优先中的根据规则，而对于国务院行政管理职权范围内的行政法规制定与修改，则需要运用法律优先中的不抵触规则予以规范。不抵触规则的运用，主要着力点在于行政法规所涉事项有无法律禁止性规定，如《修订征求意见稿》增设的高速公路偿债到期征收管理养护目的通行费形式，就是现行《公路法》第58条、第59条所明确禁止增设的第三种公路收费形式，因此属于违反法律优先原则中的不抵触规则。

我国收费公路存续的正当性及其规制建议
——兼及《重大节假日免收小型客车通行费实施方案》之检讨

刘启川[*]

摘 要：21世纪以降，收费公路存与废的争论备受社会关注。借由宪政维度的解读发现：我国收费公路的存续与现有宪法精神、行政法学理念等理论存有逻辑上的自洽性，并且已有的规范制度，也为其正当性提供直接依据。通过对免费通行决策的法学检视，发现其在诚信原则之遵循、平等保护精神之捍守、正当程序之遵从三个向度存在缺陷。因此提出应在承认并尊重收费公路存续正当性这一客观事实的基础上，首先明晰规制收费公路的科学路径，以消解民众的质疑与抵触；其次，行政主体应平等对待其他通行者，对经营者依法予以补偿；最后，应足量植入公民参与、行政公开、说明理由等程序规则，以保障免费政策的制定过程符合程序正义。

关键词：收费公路；诚信原则；平等保护；正当程序；正当性

1981年霍英东等香港商人投资国道107广深线并设立收费站，正是我国首个收费公路[①]的肇始。并于其后相继出台"贷款修路、收费还贷"（1984年）、《公路管理条例》（1988年）、《贷款修建高等级公路和大型公路桥梁、隧道收取车辆通行费规定》（1988年）、《公路法》（1998年颁布实施，并于1999年与2004年两次修正）、《收费公路管理条例》（2004年）、《关于进一步规范收费公路管理工作的通知》（2006年）等有关政策与法律规范，进一步确证了收费公路合法性。收费公路设置之初，多囿于国家财力

---

[*] 刘启川，东南大学法学院讲师。
[①] 当前，我国收费公路是指按照《公路法》以及《收费公路管理条例》的规定，经批准依法收取车辆通行费的高速公路，包括政府还贷收费公路和经营性收费公路。

匮乏以及技术水平的限制，确为政府无奈之举，并未被民众所非议。而21世纪以降，公路收取通行费行为备受社会民众的诟病。加之，汽车保有量的逐年增长和社会经济生活发展的需要，致使公路通行需求者的便捷通行之诉求越发强烈，免费通行的呼声也随之越发高涨。

考观西方发达国家收费公路存续之状况，可以看出，收费公路历经数量之巨至逐步稀少。[①] 同样的道理，我国收费公路之命运是否也会步西方国家的后尘，逐步放开公路免费制度，并把收费公路控制在一定的限度内？2012年7月24日国务院同意交通运输部、国家发展改革委、财政部、监察部、国务院纠风办等部门制订的《重大节假日免收小型客车通行费实施方案》（以下简称《方案》），这一举措较之以往高速公路普遍收费的状况，似乎是顺应民意、合乎人心、聚集体诉愿之结果，貌似应予以褒奖之义举。不可否认，随之媒体的大肆吹捧与造势以及利益相关者的赞许，尤其从该重大决策中可直接受益的私家车车主的普遍赞誉，使得该《方案》被完全视为政府关注民生的又一力作。而仔细审视《方案》之生成过程与具体内容，不难发现，其正当性存有商榷之处。从理论推衍而言，考究该免费政策之正当性的理路之一是返归其逻辑的对立面并加以驳斥。亦即否定收费公路存在的该当性，并以此证立《方案》之妥当性。而我国收费公路制度之确立有其特殊缘由，并且该制度之存与废并非一日之功。申言之，基于当前中国初级阶段国情与社会生态，收费公路之存续正当性是毋庸置疑的，并且，贸然的政府免费决策是值得商榷的。

一 收费公路存续正当性之理据

关涉收费公路存续必要性的文献资料与研究成果，大都从经济学视角剖析公路的准公共产品特性，[②] 而鲜有宪政维度的思量。宪政之维证成的缺位极易引发质疑声的生成：公路收费无基本法规范支撑，缺乏本原性法律后

[①] 参见洪成文、王萌《关于收费公路发展与政府规制的评述》，《综合交通》2012年第6期。
[②] 参见李玉涛《政策的经济合理性与公众可接受性：中国收费公路的综合反思》，《中国软科学》2011年第3期；孙宝强《收费公路的双重困境须分类分步突破》，《市场经济与价格》2011年第6期；樊建强、李丽娟《收费公路产业发展的多维困境及其根源》，《长安大学学报》（社会科学版）2010年第2期；徐进《准公共物品的市场化提供机制及其评价——以高速公路为例》，《华中农业大学学报》（社会科学版）2009年第6期；蔡利、李海东《高速公路收费的理论依据及政策评价》，《中国物价》2006年第10期。

盾；收费公路存续正当性不足，乃至缺失。此种情形的出现，将导致收费权利主体的回应，在民众此起彼伏的指责声中难免苍白乏力。因此，收费公路存续正当性之宪政维度的证成显得尤为必要。但，吊诡的是，从表象而言，收费公路的存在，必然会直接与道路通行相关者的自由、财产权、人身安全等基本权利有所关联，易言之，公路的收费行为在一定程度上影响、妨碍甚至阻却上述权利的达成。在逻辑上，这已成为探求收费公路存续正当性之法理基础的显性障碍。而表象终究是事物的外在表现形式，只是事物本质的浅层次的外化，有些情况下，甚至成为本质的歪曲反应。把握事物的本质也就把握了事物的基本规律，便可掌控事物的内核与方向。同理，我们不能因现实的某些负面评价而否定了收费公路存续的正当性，正确的理路便是发现问题之中的问题，以探寻更为深厚的法理基础。具体寻踪之路从宪法学因应与行政法学释解两个层面展开。

（一）宪法学因应：本原探寻

宪法是共同体的基本法秩序，它确立了政治统一体应如何构建以及国家任务应如何得以完成的指导原则。[①] 我国宪法也有此功效。尽管不能直接适用，但其勾勒的宪政蓝图已在法律体系的逐步形成中得以实现，并且由此建构的社会秩序也日臻完善。收费公路既为宪法所构设的社会秩序的组成部分，也是宪法图景的践行者。具体而言，我国《宪法》在序言中明确了，我国将长期处于社会主义初级阶段；与此同时，在总则第6条第2款规定了国家在社会主义初级阶段，坚持公有制为主体、多种所有制经济共同发展的基本经济制度。这一宣示性规定与纲领性规范，并不是立法者凭空的杜撰或者简单社会现实的陈述，而是立足于我国的特殊国情基础上对客观现实世界的外化，以及对阶段性制度的构设。收费公路在我国的诞生正是基于此背景的无奈之举。同时，上述宪法规范为收费公路之存续合法性提供有迹可循的宪法规范文本依据。

我国现在处于并将长期处于社会主义初级阶段，这是一个至少上百年的很长的历史阶段，制定一切方针政策都必须以这个基本国情为依据，不能脱离实际、超越阶段。[②] 初级阶段是不发达、经济较为落后、国家综合财力较为有限的社会主义，这一国情注定政府没有足够的能力大范围、高幅度修建

[①] ［德］康拉德·黑塞：《联邦德国宪法纲要》，李辉译，商务印书馆2007年版，第18页。
[②] 参见高放、李景治、蒲国良《科学社会主义的理论与实践》，中国人民大学出版社2008年版，第163页。

公路，而是另辟蹊径，即寻求社会经济组织的支持。① 除政府还贷收费公路采取"贷款修路，收费还贷"的政策以维系必要的公路建设开支外，由国内外经济组织经营的收费公路，许诺投资者可在一定程度上营利。② 申言之，基于初级阶段的国情，投资者的营利行为不会是昙花一现，而是持久的、长期的过程。因此，当前恢复公路公益性属性、还路于民的呼声，是不现实的，也是短期内无法实现的。诚然，初级阶段的国情为收费公路存续提供了空间，宪法层面的列明为其发展拓宽了正当性解构理路。此外，《宪法》第11条明确了非公有制经济的地位、范围以及保障对策。③ 在一定程度上为收费公路投资者的经营行为的正当性提供了注解。同时，我国《宪法》第15条确立了我们实行社会主义市场经济④，并在第3条表明国家坚持充分发挥地方主动性、积极性的原则。⑤ 这也为收费公路的滥觞与发展提供规范依据。此外，除却政府还贷公路，收费公路所收取之"费"并不是公法上谈及的费用的征收，笔者更倾向于认为是经营者通过经营获取价款的行为。当然，这种经营行为有别于一般以上的民商事行为。尽管如此，收费公路在市场经济的背景下，可以按照民商事规范的一般原则与规则进行活动。其内在活力与优势较之计划经济下缺乏竞争激励之主体，尤为明显。故此，现有的宪法文本为收费公路提供了强有力的规范支撑。

需要指出的是，行政主体在公路建设中采用收费公路这一模式，并非简单的囿于国家财力匮乏，也非仅仅为了减少财政投入，更非怠于国家义务而转嫁于社会主体，其终极目的在于配置足量的基础设施，以便于民众生活、经济与社会发展，最大化地服务于社会福祉。正如康德所言，人不是为国家而恰恰相反，国家是为人而存在。国家就是为人的手段，绝没有自身目的。⑥ 国家行为规范的最高外化形式便是宪法，同时，宪法精神正是国家权

---

① 我国《公路法》第4条第2款规定，国家鼓励、引导国内外经济组织依法投资建设、经营公路。

② 我国《公路法》第60条第4款规定，收费经营期限按照收回投资并有合理回报的原则。我国《收费公路条例》第3条规定，公路发展应当坚持非收费公路为主，适当发展收费公路。

③ 我国《宪法》第11条规定，在法律规定范围内的个体经济、私营经济等非公有制经济，是社会主义市场经济的重要组成部分；国家保护个体经济、私营经济等非公有制经济的合法的权利和利益；国家鼓励、支持和引导非公有制经济的发展，并对非公有制经济依法实行监督和管理。

④ 《宪法》第15条第1款、第2款规定，国家实行社会主义市场经济；国家加强立法，完善宏观调控。

⑤ 《宪法》第3条第4款规定，中央和地方的国家机构职权的划分，遵循在中央的统一领导下，充分发挥地方的主动性、积极性的原则。

⑥ 许崇德：《宪法与民主政治》，中国检察出版社1994年版，第256页。

力体制的人本化。① 换言之，宪法所追求的理想状态便是以人为本，获致"人与公民"②的权利为本。这意味着，"人与公民"的权利是国家权力存在、配置和运作的目的，国家权力以保护"人与公民"的权利为己任。③ 而收费公路正是国家为了公民权利的延伸化拓展，做出的权宜之计。其目的也是为了自由、财产、人身等自然权利得到纵深拓宽。尽管收费公路存续时空内会招致质疑、抨击甚至谩骂，但经过利益衡量——较之公路这一公物演变发展的阵痛，以及经过一定时间后公路公益属性的完全恢复——国家的收费公路生成决策是可取的，是权利为本的宪法价值的表征。

（二）行政法学释解：治道变革

承接上述论证，作为基本法之下位法的行政法，也应秉承与践行宪法的精神与价值。申言之，行政法的主要任务在于规范、监视并制约行政的活动，使其总是沿着国民的利益行使，一旦有违法的行为，就予以指出并加以纠正，提供救济，使其努力实现国民利益的行政。④ 这是行政法的终极价值所在，也是行政活动所应遵循的指导原则。无论政府如何更迭，行政主体采取何种管理或治理方式，其行为之理想化图景，便是围绕行政法终极价值的展开与细化。纵览古今中外，因场景、处境和意境不同，该价值的达成进路有所差异。就本文所论及的收费公路这一法现象而言，究其本源，也是现象之于本质的体现，即对行政法终极价值外化的表征。下面就收费公路发轫背景、生成演进与存续逻辑展开论析。

传统行政法学所主张的行政权的不可处分性以及国家不协商原则，并以此建构的行政法学，已经无法满足现代社会发展的需要。随着高权行政、秩序国家向给付行政、福利国家的转变，传统意义上，国家与公民之间管制与被管制的关系逐步软化。而稀释这一强权关系的因素，便是协商、参与、沟通等现代民主法治国家之理念。亦即行政机关在做出行政处分时，须经相对人之听证、陈述意见，甚至须取得其同意，以保障其权益。⑤ 申言之，随着宪政民主的开展，国家与私人间之关系不再仅是上下尊卑之权力隶属关系。相反的，"对等关系日益普遍，而依法行政与契约自由之间也非不能调和，故早期学者如 Paul Laband、Hans Kelsen、Max layer 所持肯定论，认为国家

---

① 参见范毅《论宪法精神的概念》，《现代法学》2004 年第 2 期。
② 沈宗灵：《比较宪法》，北京大学出版社 2002 年版，第 34 页。
③ 范毅：《论宪法精神的概念》，《现代法学》2004 年第 2 期。
④ 杨建顺：《行政规制与权利保障》，中国人民大学出版社 2007 年版，第 16 页。
⑤ 陈敏：《行政法总论》，自刊本，2012 年，第 557 页。

可以与私人订立契约之说法，逐渐被认同而成为主流通说"①。得益于行政契约的特有价值与功能——符合现代法治国家之人民与国家地位对等理念，扩大民众参与行政之管道，增加行政主体应对行政任务的活动空间——契约理念在行政法中的应用应成为世界性的潮流。"从广阔的世界性时代背景来看，现代各国及地区不仅在制度上承认行政契约，而且在应用实践中还大量通过契约观念、方式来解决行政及行政诉讼问题。"② 由此观之，行政主体的治理方式渐次向柔性行政转换，政民协治、公私协力、民营化等法学范畴也逐步生成并格式化，并在法学研究中呈现繁荣景象。该法学范畴在行政法学上制度外化为行政契约、行政合同抑或是行政协议。在我国，这一契约理念已被地方性行政程序规范以"行政合同"③之名加以确认。

　　行政主体治道变革与行政合同制度的确立，暗合了我国收费公路存续的行政法学理论缘由，并为其构设了明晰且法定的制度架构。申言之，行政法学已有理论与我国现有行政法制度，已为证立其正当性存续进行了外部证成。具体而言，从收费公路的两种不同类型逐一加以剖析。因政府还贷公路与经营性公路两者具体治理方式、程式以及进路的差异，其关涉的法律关系也有所差异。

　　政府还贷公路是典型的行政内的私主体辅助行政行为的表现，即"公行政以私法契约，取得其行政活动所必需之物品（例如以买卖、租赁、承揽契约等，取得文具、车辆、土地、办公场所）"④。换言之，私主体仅为单纯的金钱出资行为，至于公路的修建、运营与维护，则由行政主体自行为之，就此而言，也应属于公私协力的范围。详言之，政府还贷公路指在坚持"贷款修路、收费还贷"与"统贷统还"思想的指导下，县级以上地方政府交通主管部门利用贷款或向企业、个人有偿集资建设的公路。⑤ 由此概念可

---

① 参见吴庚《行政法之理论与实用》，自刊本，2000年，第420—425页，转引自林腾鹞《行政法总论》，三民书局2012年版，第599页。
② 杨解君：《论契约在行政法中的引入》，《中国法学》2002年第2期。
③ 譬如，2008年《湖南省行政程序规定》在第五章"特别行政程序与应急程序"中，详细规定了行政合同的内容；2009年《凉山州行政程序规定》如同《湖南省行政程序规定》做了规定；2011年《汕头市行政程序规定》在第六章"特别行为程序"中，明确了行政合同的具体情形；2012年《山东省行政程序规定》也如同《汕头市行政程序规定》进行了明晰化罗列。
④ 陈敏：《行政法总论》，自刊本，2012年，第651—652页。
⑤ 参见我国《收费公路条例》第10条规定，县级以上地方人民政府交通主管部门利用贷款或者向企业、个人有偿集资建设的公路（以下简称政府还贷公路）；第11条规定，建设和管理政府还贷公路，应当按照政事分开的原则，依法设立专门的不以营利为目的的法人组织。省、自治区、直辖市人民政府交通主管部门对本行政区域内的政府还贷公路，可以实行统一管理、统一贷款、统一还款。

析出两点要义：其一，"贷款修路、收费还贷"与"统贷统还"的政策表明国家——省、自治区、直辖市人民政府交通主管部门——对政府还贷公路的监管职责，而贷款还款的责任主体是依法设立的法人组织，从性质上而言，隶属于法律法规授权的组织；其二，从形式上而言，政府与银行、企业组织、个人之间，是在协商一致、遵循契约理念的基础上，即"契约双方当事人互以直接独立的人相对待"①，所达成的借款合同关系，但，因行政主体的介入，而适用行政合同的相关规定。并且在地方性行政程序规定中对该适用事项即"政策信贷"②予以明确。尽管规范中有向企业、个人集资建设公路的美好愿景，但实践中，多由于计划经济体制的影响，私主体融资极为有限。然而，这并不能阻却政府还贷公路在收费公路中的主导地位。相较于经营性公路涉及的法律关系而言，政府还贷公路关涉的简明行政合同关系，很大程度上为当前各个地方逐步取消政府还贷二级公路减少了压力与阻力。

与政府还贷公路的投资主体不同的是，经营性公路的经营主体实际上参与了公路的招投标、建设、经营与管理，并非浅层面的行政辅助者，而是公私协力或行政任务部分民营化的表现，亦从广义上属于行政委托之概念范围。这在一定意义上透视了任务执行主体由国家到私人之转换过程，以及行政主体与私主体之间的合作关系的达成。这种公私合作的模式被称为经营者模式，即经营者在市场竞争的条件下，自负责任地提供所有规划与兴建设施，以及修缮现存设施所必要之服务与措施，并且承担之后的经营管理。③其中，有关的三方主体——经营者、国家、设施使用者——涉及两个层面的法律关系：经营者与国家之间的行政合同关系，经营者与使用者之间民事上服务合同关系。公路经营主体经营管理权限的取得是国家与经营者的深度合作的具体化，也契合行政法学民营化的潮流要求。现有的地方性行政程序规定在行政合同这一章节，所明确的"特许经营"正为经营性公路的制度规范支撑。此外，需要特别指出的是，经营者与利用者之间单纯意义上的民事合同关系，也是从另一个侧面表征了经营者与国家之间行政契约关系的真切性。

---

① ［德］黑格尔：《法哲学原理》，范扬、张企泰译，商务印书馆1961年版，第82页。
② 参见《山东省行政程序规定》第100条；《湖南省行政程序规定》第93条；《凉山州行政程序规定》第83条；《汕头市行政程序规定》第100条。
③ 参见詹振荣《民营化法与管制革新》，元照出版公司2005年版，第12页。

故此，政府还贷公路与经营性公路之存续正当性，与我国现有宪法精神、行政法学理念等理论存有逻辑上的自洽性。同时，已有的规范制度和法律实践，也为其正当性提供了直接依据。

二　《方案》正当性之检视

秉承上述论析，若收费公路存续正当性之理据被确信，则《方案》之于收费公路而言——尤其是经营性公路——是非法的、不正当的。尽管有公益保护与民生保障的标榜之名，但该带有泛道德主义的立场，主张取消公路收费的行政决策，是明显与前文论证存有悖论的。当然，我们不可否认，行政机关在一定条件下，可因公共利益必要保护之需求，对私行为主体之相关权利进行微量克减、必要限制甚至完全剥夺。而行政机关的此种限缩权利的行为，必须符合依法行政原则与权利保护精神。

如果说，重大节假日免收小型客车通行费之决策，是基于重大节假日通行量过大、现有公路收费行为严重影响通行效率以及民众强烈要求取消等缘由，①并且在充分考量公路公益性的基础上，行政主体做出的顺应大多数民众意愿的决断，那么从形式上而言，该行政决策是民主的，并无不当之瑕疵。但是，大多数民意倾向性需求，并不能成为真正意义上实质民主的表现以及剥夺收费公路经营者权利的正当理由。正如约翰·密尔所言："按照一般见解，少数人必须服从多数人，但不能由此认为多数人在战胜少数人以后，就可以完全取代少数人的代表权，无视少数人的意志。相反，在一个真正民主的国家里，每一部分的人都应当有其代表，少数人和多数人一样将得到充分的代表权。"②尽管，时至今日学界对"民主"这一概念并没有达成共识，③但对"民主"盛名下引发"多数人暴政"的可能性是没有异议的。

其实，就经营性公路而言，类似于古希腊时期因民主暴政处死苏格拉底的事件——因《方案》之实施——在一定程度上发生着。尽管不会导致苏格拉底式悲剧的发生，但因代表众多民意所谓民主的行政决策，而引发的经营性公路之经营主体权益遭侵情形，或许因当国民大众沉浸在节假日公路免

---

① 《方案》所列明的收费公路免费的理由为：进一步提升收费公路通行效率和服务水平，方便群众快捷出行。其实就是公共利益的体现。
② ［英］约翰·密尔：《代议制政府》，汪宣译，商务印书馆1982年版，第102页。
③ 参见李林《当代中国语境下的民主与法治》，《中国法学》2007年第5期。

费的喜悦中，抑或是慑于因主张权利而遭受民众、舆论的指责，而鲜有人提及。源于此，笔者试图从诚实信用原则、平等保护精神、正当行政程序三个向度，对《方案》之正当性进行检视。

（一）诚实信用原则之遵循：国家维度的考量

一般意义上来讲，诚实信用原则为私法惯常适用之原则，一般适用于私法范畴，较少与公法相关联。与之相对应，在公法上较多层面使用"信赖保护"或"合法预期保护"。囿于源自德国行政法学的"信赖保护"镶嵌在行政行为的撤销理论中，[1]且从德国的经验来看，信赖保护主要体现在对违法给付决定的撤销上，同时，发端于英国的"合法预期"（the doctrine of legitimate expectations）因生成于自然保护原则的背景下，而主要关注程序性的权利的保障。尽管从现在已有的发展来看，英国的合法预期保护开始逐步青睐实体性保护，但与诚信原则相比，还是有一定差距的。诚信原则的保障空间更高、内涵更为丰富，涵盖了信赖保护与合法预期的所有内涵。

随着公法与私法的交融，诚信原则也渐进在行政立法得到确认，在司法实践中获得运用。如诚信原则在德国——一度信奉"信赖保护"——《行政程序法》《租税通则》《联邦建设计划书》等法律中直接得到体现。[2]我国台湾地区"行政程序法"第8条明确规定："行政行为，应以诚实信用之方法为之，并应保护人民正当合理之信赖"，并在台湾地区判例中得以践行。[3] 2004年国务院发布的《全面推进依法行政实施纲要》明确了依法行政之诚实守信的要求，并且《行政许可法》确立的信赖保护原则也是诚信原则的表现之一。同时，已有案例[4]认可了诚信原则在行政法学上的适用。故此，诚实信用原则不再仅为私法原则，而可在行政法学中加以援用，成为"帝王条款"可以统制公法与私法，成为"所有法律关系的最高指导

---

[1] 参见赵宏《法治国下的行政行为存续力》，法律出版社2007年版，第132页。
[2] 参见刘丹《论行政法上的诚实信用原则》，《中国法学》2004年第1期。
[3] 台湾"行政法院"1963年第345号判例中表明："公法与私法，虽各有特殊性质，但两者亦有共通之原理，私法规定之表现之一般法理者，应亦可适用于公法关系。依本院之最近见解，私法中诚信公平之原则，在公法上应有其类推适用。"而时隔20多年后的第975号判例，则直接适用该论断。
[4] 福州三福钢架制品有限公司诉长乐市国土资源局解除土地合同案，参见国家法官学院、中国人民大学法学院编《中国审判案例要览》（2003年行政审判案例卷），中国人民大学出版社、人民法院出版社2004年版，第46页。

原则"①。

诚信原则具有双面性，不但拘束行政机关，人民亦受有拘束。② 故而，诚信原则不仅约束行政主体，而且对行政相对人一并规制。其大致要义为，行政主体与行政相对人都应当遵守承诺，践行承诺，不可出尔反尔。尤其是行政主体做出的行政活动应当相对稳定，非经法定事由并依法定程序，不得随意变更或者撤销，如因公益或法定事由之考量需要，确需变更或撤回的，应当对造成的财产损失给予公平补偿。

以诚信原则考量《方案》之规定，显然，该《方案》是存有问题的。坦诚地讲，基于重大节假日民众出行愿望强烈与现实出行率大幅度增加，免费政策的出台，一方面可有益于民生，提高通行效率（尽管2012年十一黄金周实施并不顺利），另一方面可以促进旅游发展，带动经济增长。毋庸置疑，从公路使用者和国家而言，该《方案》关乎民生，致力于公益。但经营性公路关涉的三方主体之一的公路经营者的权利，并未在《方案》中提及，而强调的是经营者的义务。我们暂且不论权利与义务的统一性或一致性之法理，单从行政机关的诚信义务性要求而言，《方案》的瑕疵也并未因其"民生关怀"以及"公益保障"之光环，而由此被遮蔽。具体而言，该行政决策是公然侵犯公路经营者财产权的行为，明显违反行政法诚实信用之原则要求。尽管，行政主体在行政合同中享有行政优益权，可以单方面地变更、解除合同，但这要基于一个前提，即因公共利益的需要或因不可抗力、一方有过错等。即便是因公共利益，需要变更合同内容，也应随之赋予公路经营者相应的补偿请求权。但《方案》并未涉及。

我国《公路法》第67条规定："在收费公路上从事本法第四十四条第二款、第四十五条、第四十八条、第五十条所列活动的，除依照上述各条的规定办理外，给公路经营企业造成损失的，应当给予相应的补偿。"该条正是行政法之诚实信用原则的内在要求：因公益变更行政合同或者因行政行为导致不利益之时，行政机关应采取相应补救措施，至少应予以补偿。虽对该《方案》有关的公路经营者一方予以补偿没有直接法律依据，但从《公路法》第67条透射的原则性要求，加之《方案》对经营者而言的侵益性等要素考量，对经营性公路经营者给予补偿是应当的。

另外，值得一提的是，按照交通部部门规章《经营性收费公路管理办

---

① 城仲模：《行政法之一般原则（二）》，三民书局1994年版，第199页。
② 李惠宗：《行政法要义》，五南图书出版公司2002年版，第133页。

法（征求意见稿）》①当初拟定的内容来看，第20条规定，除本办法第19条规定②的情形外，出让方不得擅自收回收费权；但确实因公共利益需要，经省级人民政府批准收回收费权的，应当给予受让方合理经济补偿。而重大节假日期间免收费的规定，其实是在该时间段——春节、清明节、劳动节、国庆节——擅自收回经营性公路的收费权。易言之，该行政决策是公然地违反约定，以及贸然侵犯经营者的财产权的行为。即便是公益之必需，也应当给予合理的补偿，唯此，方可维护诚信政府之形象。

（二）平等保护精神之捍守：公路使用者与经营者视角的思虑

平等保护原则作为人权保障的一项基本原则，主要是用来约束法规、政策制定机关的。③社会规范制度的制定者或决策者，应当以一以贯之的平等保护理念指导规范制定以及规范的实施，这也是法治的基本要义之一。因而，如若检讨《方案》之合法性与正当性，离不开从此视角的切入。换言之，评判《方案》是否遵循以及捍守这平等保护精神，需要把其放在平等保护的场域中进行全方位解析，进行逐一的比对和验证。下面就从平等保护的特有内涵着手，解读《方案》对该精神的捍守程度。

平等保护理念起源甚早，1776年美国《独立宣言》及1789年法国大革命之《人权宣言》，将之发展并提升为宪政上的平等保护，即平等权。并且，该精神在我国《宪法》上有明确的法源依据，即第33条明确规定公民在法律面前一律平等。就平等的实质而言，其是一种社会关系，即两个或两个以上主体之间的相互同等对待关系，以及一个主体对两个或两个以上主体同等对待的关系。④本文从第二层面探析平等保护的理念，即国家对公路的参与主体的同等保护问题。

就平等保护的性质而言，首先是作为客观法规范而存在的，即要求行政主体之行为应符合恣意禁止原则，亦即"行政权的行使，不论在实体上或程序上，对于相同事件应为相同处理，对于不相同的事件，不得为同一处

---

① 虽然2004年《经营性收费公路管理办法（征求意见稿）》经过了广泛地征求意见，但该规范最终未能颁布实施。
② 第19条规定，受让方有下列行为之一的，出让方有权终止协议：（一）受让方未按协议约定履行公路养护与管理义务，造成公路严重破损，影响公路正常使用、提供公共服务，情节严重、拒不改正的；（二）受让方擅自转让全部和部分收费经营权；（三）因受让方破产等原因无法继续履行经营协议；（四）协议中规定的其他事项。
③ 汪进元：《论宪法的平等保护原则》，《武汉大学学报》（哲学社会科学版）2004年第6期。
④ 卓泽渊：《法的价值论》，法律出版社1997年版，第442页。

理，且除非有合理、正当的理由，不得为差别待遇"①。简言之，平等保护客观要求国家应遵循"相同处理"的基本准则，也是平等保护的最低限度要求。而《方案》对收费公路似乎未能完全贯彻平等保护的精神。坦率地讲，除国家与公路经营者外，收费公路关涉的数量最大主体——公路使用者——并未因该行政决策而全部受益。因而，该行政决策所隐含的福利因覆盖面有限，其正当性大打折扣，使人叹惋。②

具体而言，《方案》的普惠范围为"免费通行的车辆范围为行驶收费公路的7座以下（含7座）载客车辆，包括允许在普通收费公路行驶的摩托车"。也就是说，《方案》仅适用于7座以下（含7座）载客车辆以及摩托车，而对于7座以上的载客车辆、所有货车并未涉及。这不得不让人质疑，为何同为通行在收费公路上的车辆，却面临不同的境遇。或许有人会指出，较之7座以上的载客车辆与所有货车，7座以下（含7座）载客车辆以及摩托车数量较大，占据通行车辆的大多数。而这并不能成为《方案》选此非彼的正当理由。申言之，该规定是与平等保护的精神相悖的，并有两点是值得商榷的。其一，7座以下（含7座）载客车辆的所有者——虽未必人人都是经济上的富足者——从概率上而言，其中的大多数应为经济状况较好，并位居社会的上层，而更多经济能力有限、只能坐得起7座以上的载客车辆的民众，却被排除在此次政策红利之外，显然与《方案》所应彰显的关注民生与体现最大程度的分配正义的价值取向大相径庭。其二，经营性公路的特许经营者财产权也应当纳入平等保护的范围之列，尽管其有追逐商业利益的天性以及遭受着国有垄断企业食利自肥的非议，但其应有的财产权利保障是不可或缺的。

从平等保护之客观法规范层面论析后，再从平等保护之主观公权利性质角度审视免费政策内容也是尤为必要的，亦即从平等原则推衍出的行政自我拘束原则与衍生分享请求权观之。③首先，从行政自我拘束原则考观之。所谓行政自我拘束原则（Selbstbindung），是指行政主体如果曾经在某个案件中做出一定内容的决定或者采取一定的措施，那么，在其后的所有同类案件中，行政主体都要受前面所做出的决定或者所采取的措施的拘束，对有关行

---

① 城仲模：《行政法之一般法律原则（二）》，三民书局1998年版，第101页。
② 为此有学者曾言，"粗放式的行政决策可能使一项初衷良好的决策在结果上转变为'馊主意'"，参见秦前红《冷观高速公路免费通行政策》，《新财经》2012年第11期。
③ 参见李惠宗《论平等原则对行政裁量之拘束》，载《宪法体制法治行政（二）》，三民书局1998年版，第87—125页。

政相对人做出相同的决定或者采取相同的措施的原则。① 简言之，行政自我拘束原则的内容和意义在于行政行为或行政决策应受先前合法之行政决定或者行政实务的约束。以此原则纵向观察行政主体近些年的行政决策活动，可以发现，2009年交通运输部与国家发展改革委制定实施的《关于进一步完善和落实鲜活农产品运输绿色通道政策的通知》（以下简称《通知》），明确规定对于影响较大的经营性收费公路企业，视情给予补偿。② 这不得不让人疑虑，《方案》与《通知》有共同的制定主体，并且同为关注民生、惠民的红利行政决策，为何对《通知》中关涉的收费公路有补偿的规范确立，而在制定并实施其后《方案》中并未提及。故此，决策者并未遵循行政自我拘束原则的要求，未能践行平等保护之精神。其次，从衍生分享请求权审察之。衍生分享请求权亦属平等保护导出之主观公权利。此一权利内容系指，行政机关本无行政义务，对于某特定群族之人民，基于合义务之裁量，先于合法之给付，则具有相同条件之其他人，即得援引平等原则以要求行政机关，给予相同之给付。③ 也就是说，"衍生分享请求权除要求行政机关提供特别之金钱给付外，并同时可以要求提供相同服务、公共设施的利用及相同的具体保护措施"④。因而，基于平等保护之衍生分享请求权，7座以上的载客车辆、所有货车也应有享有同7座以下（含7座）载客车辆相同权利，同时，公路经营主体也应有向《方案》制订者给予如同《通知》之补偿请求权。

另外，平等保护之合理差别容忍，不能成为《方案》未顾及其他车辆的正当理由。进言之，合理之差别对待需两点基本要求：不得有过度差别，并且差别对待的结果不能破坏制度之目的。亦即合理差别应符合比例原则与合乎本质目的。而考量该《方案》惠及主体，可以发现车辆间的明显差别与《方案》所欲获致的民生价值是明显不相符的。

（三）正当行政程序之遵从：决策过程向度的批判

如若上述对《方案》实体向度的检讨与剖析不足以消弭民众对其的过

---

① 杨建顺：《论自由裁量与司法审查——兼及行政自我拘束原则的理论依据》，《法商研究》2003年第1期。
② 截至2016年，据查询到的资料，国家并未采取补偿的详细方案与具体行动，或许基于种种原因而未能成行，但《通知》中补偿的提法，至少可以说明决策者还是有法治意识的，这一点应当予以肯定。
③ 李惠宗：《行政法要义》，五南图书出版公司2002年版，第112页。
④ 参见陈慈阳《基本权核心理论之实证化及其难题》，翰芦图书公司1997年版，第79页。

度膜拜，难以达到祛魅的效果，那么程序维度的考量显得尤为必要。"在现代社会中，许多互动过程的进行是借助某种程式化和类型化的做法。……这一特点还进一步体现在诸如'程序正义'这样的制度安排中。也就是说，价值理性（如公平、平等）的实现经常要依循程序的方式才能获得保证。"① 从法律论证的修辞方法来看，"程序可以促使人们从内心承认和接受某种具有强制力的决定，可以相对减弱个人在自作主张时所显露的那些咄咄逼人的锋芒"②。并且，"正当法律程序是防止立法或行政部门僭越专擅、侵害民权的金城堡垒"③。而囿于我国行政法学"重实体、轻程序"以及程序工具主义的传统，正当程序的价值并未得到应有的重视，更遑论完全接受这一价值并加以运用。长期以来人治社会下实用主义理论盛行并大行其道，严重影响了程序法治的推展以及在行政决策过程中程序本位主义的实现。然而不幸的是，这种实用主义理论在当今富国强民的迫切心情中仍获得了前所未有的颂扬与肯定。④ 必须坦诚的是，《方案》正是该背景下的产物，可以说，也是实用主义在行政决策中的体现。尽管该行政决策裹挟了道德的正当性，得到了大多数人的赞誉，但也难以遮蔽其自身程序层面的瑕疵。

详言之，单纯从《方案》内容来看，规范的三个层面——实施范围、工作要求、保障措施——尤其是保障措施中"要切实做好与收费公路经营者的沟通，争取其理解和支持，确保各项工作顺利开展"以及"各地区要通过政府及部门网站、新闻媒体等多种渠道，加强舆论引导和政策宣传，及时发布相关信息，使社会公众及时、全面了解本方案的重大意义及具体内容"的具体规定，在一定程度上似乎有行政程序中说明理由与行政公开的意蕴。而仔细甄别后，可以发现，其与正当程序的说明理由与行政公开之制度要求是有出入的，抑或只是冰山一角，甚至是大相径庭。详言之，说明理由制度适用时间节点为"拟作出行政行为时的初次说明理由和作出行政行为时的再次说明理由"⑤，而《方案》"切实做好与公路经营者的沟通"是明显的事后行为，与说明理由制度的应有之义是相悖的。行政公开的意蕴为行政机关的行政活动，除国家秘密、商业秘密以及个人隐私外，应当通过一定的渠道向行政相对人以及社会公开，其内容主要包括两个方面："一是行

---

① 李猛：《论抽象社会》，《社会学研究》1999年第1期。
② 季卫东：《法律程序的意义》，《中国社会科学》1993年第1期。
③ 荆知仁：《美国宪法与宪政》，三民书局1984年版，第78页。
④ 章剑生：《现代行政法基本原理》，法律出版社2008年版，第286页。
⑤ 李春燕：《行政行为说明理由制度的构建》，《行政法学研究》1998年第3期。

政机关的行政决策活动及其过程公开；二是行政机关制定或决定的文件、资料、信息情报公开。"[1] 从行政过程论来看，行政公开可分为事先公开活动依据、事中公开决定内容、事后公开最终结果三个阶段。然而，依《方案》所谓公开的表述，只能算作行政公开的一个方面——制定文件的公开，亦即事后公开最终结论。

从《方案》生成进程来看，并没有经过充分的论证、征求意见、公众参与以及必要的政策先行试验等程序，而是没有任何征兆，来势迅猛地直接颁布并予以实施。诚然，"如果程序过于烦琐，那么它不仅不能达到公正结果的目的，而且将使有限的人力和物力资源转移到在官僚消耗的无用功上"，然而，必要的抑或是基本的，哪怕是最低限度的程序保障是应当具备的，否则，法治的应有之义会因程序的缺位而难以周延。惜乎行政主体因人治的传统惯性依赖，而未能做到这一点。

吊诡的是，有关鲜活农产品流通"绿色通道"建设的《通知》中明确规定了该政策实施的时间段，即2005年3月1日前为准备阶段——要求地方对"绿色通道"进行摸底并制订地方性建设方案；2005年4月至2005年12月为组织实施阶段。并且，难能可贵的是，《通知》的问世历经了提出问题、确定政策目标、设计政策方案、论证政策方案、选择方案、方案试验到最终决策等一系列程序。[2] 尽管《方案》制定者也进行了一定程度的调研和论证，但与《通知》相比，似乎在正当行政程序方面还是很有差距的。当然，《通知》的制定与执行程序并不完全符合正当行政程序。

三 规制收费公路的应然之道：《方案》之修正

基于上述认识，收费公路存续有充分的宪政依据，其正当性毋庸置疑。但并不能由此推衍出针对收费公路的免费政策是不当的结论。诚然，经过理论推敲和制度验证，《方案》之于诚信原则之遵循、平等保护精神之捍守、

---

[1] 吴建依：《论行政公开原则》，《中国法学》2000年第3期。
[2] 鲜活农产品公路运输"绿色通道"，最初是1995年国务院纠风办、交通部、公安部为落实国务院提出的"菜篮子工程"，三部门先后开通了山东寿光至北京、海南至北京、海南至上海、山东寿光至哈尔滨四条蔬菜运输"绿色通道"，总里程达到1.1万公里，贯穿全国18个省（自治区、直辖市）。其后，四川、湖北、贵州、安徽、浙江、福建等地相继出台减免通行费的政策。2004年，交通部、农业部等七部门联合成立全国高效"绿色通道"工作组，深入各地展开调研，酝酿建立全国鲜活农产品"绿色通道"。参见《我国将建立鲜活农产品流通的"绿色通道"》，http://www.cctv.com/news/china/20040517/100114.shtml。

正当程序之遵从三个向度上存有的漠视，已严重背离宪政法治国家的精神内核。如果借由其任性实施，只会助长行政主体恣意妄为，不利于法治国家的构建，也无益于民众权益的切实保护。尽管多数民众从该政策中得到实惠，但强权行政的理路以及政府单方面决断的色彩依然蕴含在政策的内容之中，如果不加以明示并竭力矫正，难免其他行政决策活动会向其效仿，如此，其负面影响不可估量。因而，在尊重收费公路存续正当性这一既定事实的前提下，并在考量社会需求、公益期待等现实状况的基础上，就很有必要对《方案》进行重新制度化设计与修正——对《方案》所缺失的诚信原则、平等保护精神、正当程序等进行补足，以使其在实体与程序上获得正当化基石，从而达致宪政蕴含的价值与目的。当然，上述逻辑进路的推展，应基于这一命题：明晰规制收费公路的科学路径，以消解民众的质疑与抵触，实现公私协力与民营化制度的良性发展。

首先，充分尊重收费公路存续的客观事实，尤其是经营性公路的正当经营行为。我们不得不尊重这一事实，在财政资金短缺的前提下，如果不借助车辆通行费制度拓宽融资渠道，那么高质量公路的建成将推后若干年。[①] 从审计署在2008年公布的《18个省市收费公路建设运营管理情况审计调查结果》来看，收费公路的取得成效是："加快了公路建设，推动了综合交通运输体系发展，促进了地方经济发展，产生了良好社会效益。"因此，尽管收费公路遭受了诸多非议，但实证调查得出的收费公路存在价值的结论是不容置疑的。我们应当理性地承认收费公路存在的价值，而不是一味地感性责难。如果对收费公路存续正当性之宪政视角解读，还不足以消除民众的排斥与反感，那么相关配套制度的设置就需进一步推进。需要说明的是，经营性公路与政府还贷公路因涉及的法律关系不同，而应当区别对待。

其中，经营性公路是民间资本进入社会事务管理运营的结果，其存续除了有宪政层面的宏观理据外，2005年国务院《关于鼓励支持和引导个体私营等非公有制经济发展的若干意见》，明确了支持非公有资本积极参与公共交通公用事业和基础设施的投资、建设与运营。同时，2010年又出台了被称为"新36条"的国务院《关于鼓励和引导民间投资健康发展的若干意见》，再次指出国家鼓励民间资本参与交通运输建设。并在上述两个文件中强调了国家在政府指导、市场准入、舆论宣传等方面的服务性举措。从此制

[①] 参见周国光《利用非国有资本加快高速公路建设的理论探索》，《长安大学学报》（社会科学版）2007年第1期。

度背景和规范依据来看，经营性公路理应发展得较为顺利。而现实的困境是，准入门槛过高、资本回收周期长、"贷款修路、收费还贷"的政策依赖、地方政府"宁国勿民"的思想、民众感性的抵制以及媒体的"煽风点火"等，导致经营性公路的发展步履维艰。加之，部分经营性公路的经营者不法的收费行为，① 使其前景更为堪忧。故此，为了延续经营性公路的发展，除了细化并切实落实上述规范以及其他有关法律规范外，在坚持《公路法》所确定的"坚持非收费公路为主，适当发展收费公路"的原则下，修改《收费公路管理条例》年限的限制性规定，根据具体情况，对中西部欠发达地区，适当延长经营性公路收费期限并引入政府补助机制以鼓励民间资本的投资热情。此外，政府应当加强对经营性公路的监管，并配以定期的审计、公告以及根据《价格法》规定的科学的收费定价等措施，矫正经营性公路的不当行为。

相较于经营性公路，对于政府还贷公路应施于更为严格的治理方式。从本质上来讲，政府还贷公路的所谓的收费行为，可以理解为行政征收行为。和一般的行政征收不同的是，所收取的费用去向是偿还贷款、集资款或用于公路建设，而不是直接上缴国库。通俗来讲，政府是借用银行、企业或个人的金钱从事管理行为，而该行为正是政府的义务和责任。同时，普通民众所纳之税，已经给政府善尽照顾国民的责任提供了基础。考虑到"贷款修路、收费还贷"时代背景以及中国现有经济实力的增强，国家应尽快取消政府还贷公路。另外，尽管《收费公路管理条例》《收费公路权益转让办法》《关于加强收费公路权益转让管理有关问题的通知》等法律规范，对政府还贷公路转让为经营性公路进行了明确限制，但不可避免政府依据规定变相牟利的可能，因而，应当对此转让行为予以禁止。

其次，行政主体应平等对待其他通行者，并对经营性公路之经营者依法予以补偿。根据前文提及的平等对待的意旨，《方案》未惠及免费通行车辆之外的其他车辆，是不正当的。当然，或许批判者会指出，7 座以上的载客车辆（比如大巴客车）以及货车的经营者从事的是营利行为，不应当给予免费。该种论断是经不住推敲的。具体而言，一方面，不管收费公路使用者是否从事营利行为，其所享有的路权和 7 座以下（含 7 座）载客车辆以及摩托车是等同的，不应当予以差别对待，否则，易使未获免费通行的使用者

---

① 参见中华人民共和国审计署办公厅《18 个省市收费公路建设运营管理情况审计调查结果》，中华人民共和国审计署审计结果公告 2008 年第 2 号。

产生对政策的抵触心理，不利于和谐社会的构建；另一方面，车辆的差别对待，尽管表象为致力民生的努力，实则是本末倒置之举，因为《方案》的宗旨是提高通行效率、便捷出行，而未获得免费通行的车辆，依然接受发卡抬杆放行的方式，必然会影响整体顺畅通行的效果。

当然，交通运输部、国家发改委等部门公布的《关于做好2013年春节假期免收小型客车通行费有关工作的通知》，明确的"合理设置和规范专用免费通道、临时交通标志牌，引导缴费车辆与免费车辆分车道、有序通行"的规定，可以在一定程度上缓解通行拥堵的问题，但非常态化的免费政策并不一定能使所有收费公路使用者有效识别免费车道，因此提高通行效率的政策制定初衷可能无法达成。笔者以为，既然此次行政决策是回归民生、关注效率的价值定位，那么政府就不应该扭扭捏捏、犹抱琵琶半遮面，而应为了公益之要求，大刀阔斧、一步到位。替代性的措施为，准许所有的车辆在已定的四个节假日免费通行。如此，相关部门可以进一步明确，在上述节假日，政府对7座以上的载客车辆的收费行为，施以行政指导，把车辆的收费标准控制在一定的限度内；同时对货车节假日免费，可以有效增加商品流通、平抑物价。这样既可以避免政策有违平等保护的指责，又可以实现实至名归的公共利益。至于由此对经营性公路造成的损失，应当由国家予以补偿。

那么，对经营性公路补偿的法律依据在哪里？其实，从实然法的角度来看，对于经营性公路的补偿没有直接依据。而实践中，有关国家补偿的规范，在制度架构上已较为成熟。如从20世纪80年代以来，随着经济与社会的发展，一些单行法律、法规相继规定了特定领域的补偿问题，[1] 并且，我国2004年《宪法修正案》中明确规定了国家为了公益的需要，可对私人财产进行征收或征用并给予补偿，自此国家补偿制度以根本大法的形式确定下来。尽管没有可以直接适用的补偿规则，但我们完全可以此作为《方案》改进的范例和规范支撑，使《方案》的修订也应顺应"无正当补偿便不能剥夺"（no expropriation without just compensation）[2] 的原则。

进一步追问：对公路经营者补偿应当采取何种标准？我国大多数学者主

---

[1] 石佑启：《私有财产权公法保护研究——宪法与行政法学的视角》，北京大学出版社2007年版，第159页。
[2] ［美］路易斯·亨金、阿尔伯特·J. 罗森塔尔：《宪政与权利》，郑戈、赵晓力、强世功译，生活·读书·新知三联书店1997年版，第157页。

张应采取"公平补偿原则"或"合理补偿原则"。① 我国台湾地区学者多主张合理适当之补偿,如"行政机关之行为对人民所造成之损失,如已超过其所应尽之社会义务,即构成一种特别牺牲,应有国家给予合理之补偿,始符合公平之原则"②。而现行法律规范的表述并不一致,大致有"给予补偿""相应补偿""合理补偿""适当补偿"四种情形。③ 该四种标准适用不同情形,并且其内涵并不相同。"给予补偿"的表述较为模糊,对于补偿的限度不得而知。从文义上解释,"相应补偿"与"合理补偿"都有完全补偿之义,内涵基本等同。"适当补偿"之标准,从文义上解释,可以理解为不等额补偿。对于经营性公路的补偿标准,我们应当采取公平补偿之标准。公平补偿的外延包括完全补偿以及适当补偿。申言之,一般情况下,应以经营者在节假日因免费通行政策造成的实际损失为限,给予全部补偿。尽管此举会加重国家的财政负担,但与由此得来的一个真正意义上倡导人权、民主与法治的国度相比,这一兑换是值得的。当然,如果公路经营者没有履行相应的义务,政府可以根据具体情况给予适当补偿。

最后,足量植入公民参与、行政公开、说明理由等程序规则,以保障《方案》的制定过程符合程序正义。行政决策的订立是行政主体考量民意与社会需求,并执行法律的自由裁量行为。尽管从文义上来看,行政决策是行政主体的单方面的行政行为以及单中心治理模式,而相对于一般意义上的行政立法,行政决策最大的特点在于其过程性,这也为民众广泛而直接地参与行政决策创造条件。同时,把类似《方案》之行政决策纳入程序法治的调整范围也尤为必要。在行政程序法的视域中,其"所规范的行政决策应当是决策过程,即规范动态的行政决策活动过程的程序"④。亦即,确定目标、

---

① 参见唐忠民《宪法保护公民私有财产权的冷思考》,《社会科学研究》2003年第6期;王利明《宪法与私有财产权的保护》,《法学杂志》2004年第4期;石佑启《征收、征用与私有财产权保护》,《法商研究》2004年第3期。

② 李建良:《行政法上损失补偿制度之基本体系》,《东吴法律学报》1999年第2期。

③ 据查到的资料,四种情况依次关涉的法律规范各举一例:《土地管理法》第2条第4款规定:"国家为了公共利益的需要,可以依法对土地实行征收或者征用并给予补偿";《外资企业法》第5条规定:"国家对外资企业不实行国有化和征收;在特殊情况下,根据社会公共利益的需要,对外资企业可以依照法律程序实行征收,并给予相应补偿";《防沙治沙法》第35条规定:"因保护生态的特殊要求,将治理后的土地批准划为自然保护区或者沙化土地封禁保护区的,批准机关应当给予治理者合理的经济补偿";《国防法》第48条规定:"国家根据动员的需要,可以依法征用组织和个人的设备设施、交通工具和其他物资。县级以上人民政府对被征用者因征用所造成的直接经济损失,按照国家有关规定给予适当补偿"。

④ 皮纯协:《行政程序法比较研究》,中国人民大学出版社2000年版,第272页。

搜索和分析信息、确定备选方案、论证选择方案、确定方案、执行中的方案调整等过程。在这一过程规制中，应首推公民参与理论——"民主取决于民众是否参与到公众事务中来"①。以程序为本位的参与理论的要义在于："将行政决定的决策理性从实体问题的精准，转移到相对利害关系人于行政决定程序的公平参与上，希望透过参与所获致的程序理性来结合专业与民意，使行政决定获得正当化基础。"② 因而，为了《方案》正当性基石的构筑，应当在其制定过程中，尽最大可能给行政相关人以及其他社会民众提供参与之机会，至少可"确保免于遭受不可预期之突发性决定，借以实现程序正义之追求，更重要的意义是让参与程序之人民被视为人看待，而不得被视为单纯的国家行为之客体"③。此外，一方面可以通过参与者贡献民智民力，使决策更加民主化、科学化，毕竟"一个独断专横或者不公正地实施行政行为，会降低相对人或公众对行政主体的信任，并引发或增多相对人对行政行为的抵触或纠葛，从而影响行政效益"④；另一方面，一个民众所熟知并经过充分参与的公共政策，公众对其认知、接受是较为顺畅的，对其现实的运作状况是更为关注的——相对于没有参与或者极少程度的参与。故此，《方案》具体内容的再次构设应把公众参与之义精细化，不得仅为流于形式的摆设之策。

在制度层面的表现是，把参与理念外化于《方案》。亦即在其制定的过程中，把该理念融入目标之确定、方案之拟定、方案之选择以及方案之决定的整个过程。换言之，应践行法律、法规规定的听证制度，拓展适用范围，尤其是允许公路经营者这一直接利害关系人申请听证，此外，完善民意调查和民意反映制度，提高公众参与意识和参与水平，健全利益团体表达制度，畅通参与渠道。⑤ 其中，基于"在中国行政过程中，实际上存在专家理性和大众参与的双重缺位"⑥的现实问题，应重点建立重大行政决策民众协商制度与专家咨询机制，并将其贯穿于决策的整个过程，以实现决策民主性、理性化与科学性的有机统一。鉴于所有国民参与决策不可能的现实，以及个人

---

① 吴浩：《国外行政立法的公众参与制度》，中国法制出版社2008年版，第38页。
② 叶俊荣：《面对行政程序法——转型台湾的程序建制》，元照出版公司2002年版，第410页。
③ 李震山：《行政法导论》（修订六版），三民书局2005年版，第263页。
④ 周佑勇：《裁量基准的正当性问题研究》，《中国法学》2007年第6期。
⑤ 参见应松年《社会管理创新要求加强行政决策程序建设》，《中国法学》2012年第2期。
⑥ 王锡锌、章永乐：《专家、大众与知识的运用——行政规则制定过程的一个分析框架》，《中国社会科学》2003年第3期。

表达意见能力的有限性,我们应当尽可能鼓励有序的公民结社和利益团体参与,同时,拓宽参与的广度与深度,注重在对话与协商中形成辩论,最好能有所交锋,反对没有讨论,只有一言堂并单纯寻求共识的毫无意义的参与过程。[1]

当然,参与程序价值的彰显需要行政公开与说明理由制度的配合与保障。依据行政决策之生成可能缘由大致可分为民众意向、政府决定两种类型。《方案》的产生即为政府决定型的。因民意要求而形成的行政决策,尽管极富有民主特色,制定主体也需要行政公开,并就具体事项做出说明。而非民众之群力,抑或因公共利益、管理需要、突发事件等状态下制定的含有少量民意的行政决策,更应公开决策过程与说明理由,并且应增大程序规则的密度,使其更为严格,更为精细化。而我国是缺失程序传统以及程序规制乏力的国度,由政府自由裁量而生成的行政决策居多,因此,在这一"场景"下,行政公开与说明理由制度的功能价值越发明显。从前文的剖析来看,收费公路似乎是此次《方案》的受害者,不但没有政府层面的物质性补偿回应,也无直接有效的公开透明以及理由说明等形式化安抚之举。退一步讲,即便基于经营性公路经营者地位的特殊性,或者假定此次"牺牲行为"成立,也应给予其正当、足量的程序保证。从应然的行政公开与说明理由而言,《方案》所应公开事项包括:准备做出决策的事项及原因、所面临的困难和矛盾等;及时通报决策过程的进展以及公布其中成熟的信息;公开结果以及所基于的理由、依据及其对不同意见的解释说明;违反决策信息公开要求的承担相应的法律后果。[2]

---

[1] 周佑勇:《裁量基准的正当性问题研究》,《中国法学》2007 年第 6 期。
[2] 参见应松年《社会管理创新要求加强行政决策程序建设》,《中国法学》2012 年第 2 期。

专题之四：交警权力规制

交通警察权的法治模式及其当代图景

刘启川[*]

摘 要：在全面深化改革与全面推进依法治国的时代背景下，如何实现交通警察权的全面有效规制，对此应放置于法治视野中予以求解。有必要援引主导西方公法思想的"规范主义"与"功能主义"两种风格，作为布设交通警察权法治化治理方案的价值指引。经深入分析发现：规范主义控权模式业已成为主导的规制策略，但面临失灵的危险；功能主义建构模式实现了由涵摄迈向衡量的治理变化；两种治理模式各有优劣并可互补，应当秉持"规范主义控权模式为主、功能主义建构模式为辅"的治理模式。当前交通警察权的法治化治理应在该治理模式的导引下，主要从立法调控、执法治理、司法技术三个向度展开制度设计。

关键词：交通警察权；法治化治理；法治模式；规范主义；功能主义

党的十八届三中全会审议通过的《中共中央关于全面深化改革若干重大问题的决定》提出了"国家治理体系和治理能力现代化"的总目标，并在党的十八届四中全会审议通过的《中共中央关于全面推进依法治国若干重大问题的决定》中再次予以强调。经验表明，作为实现该目标主要推动者的公安交通管理部门，滥权与越权的诟病已为不争的事实，对其权力加以有效规制是推进当前依法治国新征程与经济发展新常态的首要课题。

---

[*] 刘启川，东南大学法学院讲师。

无疑，较之传统的管制方式，在国家治理体系与治理能力现代化背景下，交通警察权需要治理技术与策略的跟进与更新。笔者以为，应当继续坚持以依法治国为导引，全面把握并设计交通警察权的治理规则。为获致该目的，并避免对策式研究出现的疏漏，很有必要援引主导西方公法思想的两种风格——"规范主义"与"功能主义"，作为布设治理规则的进路。进言之，以规范主义的控权模式和功能主义的建构模式架设制度规则，[1] 以实现对交通警察权的良性治理。

在西方，主宰公法演进与发展的思想可基本上型构为规范主义和功能主义，这也是思考公法问题的基本风格。之所以在研究交通警察权治理时引入规范主义与功能主义，这是因为：其一，规范主义与功能主义是两种近乎对立并且几近极端的公法意识，基本上涵盖了现有所有治理方式，并在一定程度上可视为所有治理方式的提炼和总结，以此作为公权力之一的交通警察权的治理技艺，无疑是周延的证成技术；其二，交通警察权为规范主义与功能主义分析理路作用的发挥提供了得天独厚的"沃土"，"德国警察法学者苏勒（Scholler）曾云：在现代国家中，肯定没有任何一种法律体制，能圆满折动人类自由与安全间之矛盾……为兼顾自由与安全两大要求，需在根本上及个别案件中寻求不同之解决方法"[2]。而两种法益冲突，亦即交通警察权承载的秩序与人权的冲突，正是规范主义与功能主义得以延伸拓展的载体。基于此，笔者选取规范主义与功能主义作为治理交通警察权的分析工具。

一 规范主义控权模式的盛行及其失灵

尽管自由主义与保守主义具有截然相反的生成背景，并有不同的价值追求，然而两者在对待规范上的情有独钟，使得两者在达成各自意愿的路径上出现合流。也因为保守主义与自由主义的共同合力，尤其是端赖于法律的规制作用，规范主义的传统控权模式获得丰硕的智识基础。详言之，保守主义关注权威，尊崇传统，并视个人为社会秩序的有机组成部分，"保守主义者们更有可能信任我们的统治者的德性和高贵精神"[3]；而自由主义将更多的

---

[1] 周佑勇：《行政裁量治理研究》，法律出版社2008年版，第34页。
[2] 李震山：《警察任务论》，登文书局1998年版，第24页。
[3] [英] 马丁·洛克林：《公法与政治理论》，郑戈译，商务印书馆2013年版，第143—144页。

精力和注意力关注于个人的自由权,尤其是将个人自治作为理论预设,"自由主义者们从'个人主要受自利动机的左右'这一假定出发,急于确立一套专为保护个人自由而设计的原则和规则"①。尽管存在这些重大差异,这两种政治意识形态在其看待法律和政府的方式上却分享着某种亲和性。② 因此,规范主义核心要义在于关注法律规范之内的自治,尤为以规则实现消极的治理,以至于规范主义的活动范围僵化在法律的规则之内。从而,基本上可视"规范主义的思维是一种拒绝商谈与共识的独断式的法律解释思维"③。

在规范主义看来,交通警察权的治理必然是伴随规则并依托规则的治理,而规则无非是经由传统民意机关"传送带"式的立法得来的规范。很显然,交通警察唯有信奉规则并在规则预设的轨道中开展行政活动。由此可见,规范主义透射着其重要的特质:以立法权制约交通警察权。"从事物的性质来说,要防止滥用权力,就必须以权力约束权力。"④ 交通警察权亦是如此,为防止权能的滥用与恣意,规范主义的控权必然要求立法权积极介入,同时不难想象司法权的制约效用亦不可或缺。即便前文倡导的新秩序观,也不代表秩序的中心化就可以信奉秩序为圭臬,以秩序为由可无视一切,而是应有规则治理之下的秩序。显然,交通警察权的治理应很大程度上依赖于规范主义的导引。毕竟,"一切有权力的人都容易滥用权力,这是万古不易的一条经验。有权力的使用权力一直到遇到有界限的地方才休止"⑤。也只有在其他权力框定的界域内,交通警察权才能成为令人信服的权能,至少因为规范主义控权机制的存在,交通警察权能的运行才得以有章可循、有法可依。

可见,交通警察权的有效规制需要完全依赖于立法者制定的规则,然而,立法的历史局限性与立法者智识的有限性,决定了规范主义的天然缺陷。规范主义者对立法的期许——"命令或禁止特定行为方式,对于违反行为并胁以'制裁';权利之许予或拒绝,或者危险的分配"⑥——面临着因社会情势的变化而难以如愿的风险。尤其是,现代城市交通警察并不是仅

---

① [英] 马丁·洛克林:《公法与政治理论》,郑戈译,商务印书馆2013年版,第143—144页。
② 同上书,第63页。
③ 王旭:《行政法解释学研究》,中国法制出版社2010年版,第103页。
④ [法] 孟德斯鸠:《论法的精神》(上册),张雁深译,商务印书馆1987年版,第154页。
⑤ 同上书,第154页。
⑥ [德] 卡尔·拉伦茨:《法学方法论》,陈爱娥译,商务印书馆2003年版,第94页。

限于简单的危害交通秩序行为的防止,也应当有效预防交通违法行为的发生。国家的角色已由自由法治国家的防护危险,转变为预防国家(Präventionsstaat),警察机关为了预防或处理大大小小不同之挑战及危险,势必要通过概括条款或较不明确的要件限制,赋予警察较具法律弹性的权限。①

不难想象,规范主义在面临自由法治国向社会法治国的转变之时,表现更多的是无所适从、束手无策,这是因为规范主义者倡导的"法律自治"并不能有效应对新的变化,尤其是法律未做明定的情势。质言之,适法者在企图运用法律规范涵摄法律事实之时,面临着法律规范付之阙如的困境,使得涵摄行为无法成行。退一步讲,如果法律设定的规则过于狭隘,甚至未对社会的新问题、新情势予以关注,那么可以想象,即便是一般需要裁量的行为,恐怕也因规范主义的影响而无法推展。从裁量行为存在的理由及本质得知,对一线员警而言,徒法一定无法自行,必须靠裁量行为来补充法规及标准作业程序之不足。② 因此,管制社会一直处于"常青树"地位的规范主义,面临着无法逾越的现实鸿沟。由此看来,那种寄希望于社会处于常规化秩序③的规范主义,不得不反思其架构制度失灵的缘由以及改进措施。

二 功能主义建构模式的滥觞:由涵摄迈向衡量

可见,需要探寻一种新的治理模式,至少应辅以其他技术或者知识对规范主义予以补正。以社会实证主义、进化论的社会理论以及实用主义哲学为智识基础的功能主义应运而生,可有效地对规范主义的缺陷进行补正。"公法中的功能主义风格……注重法律的意图和目标,并采取一种工具主义的社会政策路径。"④ 功能主义不再如同规范主义纠结于细化的规则或形式化的法律条文,而是在把握行为目标或法律价值的前提下,灵活地选择行为的活

---

① 林明锵:《由防止危害到危险预防:由德国警察任务与权限之嬗变检讨我国之警察法制》,《台大法学论丛》2010年第4期。

② 朱金池:《论警察职权行使之裁量》,载《中央警察大学教授各国警察临检制度比较》,五南图书出版公司2002年版,第371页。

③ [英]弗里德里希·冯·哈耶克:《自由与秩序原理》(上册),邓正来译,生活·读书·新知三联书店1997年版,第201页。

④ [英]马丁·洛克林:《公法与政治理论》,郑戈译,商务印书馆2013年版,第65页。

动方式。那种批判功能主义缺乏反思性的论断并未真正地了解功能主义的精义。① 功能主义者以实用、进化、重实证的秉性对现实问题加以解读，同时，对利益衡量方法的运用体现得淋漓尽致。

"行政法必须从控制和权利转向功能和效率，以有效发挥行政裁量权的自身能动性和促进社会发展的积极功能，这已成为时代的必然。"② 易言之，适法者在传统上掌握法律规则简单涵摄技艺的基础上，应转向精通法律规范适用衡量技术。这是因为，交通警察权乃至所有的交通警察权能都被裁量的术语统治着。

也正是自由裁量权的存在，为功能主义效能的施展提供了平台。具体而言，由支撑交通警察权运作的规范来看，尽管多以羁束性规范为主，而充斥其间的大量的裁量性规则，以及不确定法律概念，确实需要交通警察进行一定程度权衡的技术思考。尤其是在面临突发事件或者紧急状态之时，如果仍旧让交通警察受制于交通规则的羁束，而不赋予其一定的裁量权限，其结果是相当危险的。即便是法律规则臻于完善或近于完美，但是社会情势变化万千而导致先前制定的法律规则，无法有效地涵摄新的社会事实。以惯常使用的方式即时强制为例，针对交通警察处置交通醉驾行为，难免会对机动车驾驶人采取即时强制措施，如约束至酒醒的管束措施。毕竟，警察职权行使法上之即时强制，乃系为排除目前急迫之危害，时间上来不及科以义务（例如作成行政处分），或性质上虽科以义务亦难达其目的者，无须经预为告诫或其他程序，径以实力加诸人民之身体或财产，以实现行政上必要状态之作用。③ 因此，规制警察权包括本文论及的交通警察权，应当关注更为真实的世界，以社会的具体场景引导法律制度的设计。"法律制度是宏大的政治场景的一部分，要想理解法律在现实中的真实作用，抑或要法律在现实中发挥作用，我们就必须在一种社会背景下进行研究。"④ 这就需要功能主义倡导的实用性与合理性的价值取向。"这种功能主义风格不是把法律当做一种与政制完全不同的东西，而是将其视为一种作为政制机器的一部分的工具"，由此才能应对社会变迁的新情势，尤其是日益增多的社会主体间的矛盾与纠

---

① [德] 哈贝马斯：《在事实用户规范之间》，童世骏译，生活·读书·新知三联书店2003年版，第320页。
② 周佑勇：《行政裁量治理研究》，法律出版社2008年版，第38页。
③ 李震山：《警察行政法论》，元照出版公司2009年版，第285页。
④ [美] F. 科恩：《功能主义法理学问题》，《现代法律评论》1937年第1期，转引自王学辉《迈向和谐行政法》，中国政法大学出版社2012年版，第281页。

纷。"如今,行政法律关系转趋多样化、多元化……行政机关所面临(的)不再是单一的私人,而是负责多元的当事人与利害关系人。"① 在此情形下,功能主义较于规范主义的优势表现得尤为明显。

当然,功能主义应避免一种倾向,即把功能主义视作"描绘性角色"②。不可否认,功能主义作用之于现实,离不开对现实状况的充分认知以及对基本情势的了解,不过需要明确的是,该过程仅为功能主义作用发挥的基础性环节。更为重要的是,在社会法治国的呼求下,给付行政与福利行政是必然的趋势。体现较为明显的西方国家尤其是美国,"福利国家已经征服了美国法律,正如已在社会其他领域发生过的情况一样。亚当·斯密无形的手已经被政府及其机构所确定的日益增多的'公共利益'所取代"③。如何继承自由主义法治国家阻止交通警察权膨胀和滥用的行政法传统,并发挥交通警察权的积极功能,实现福利国家、给付国家或者社会国家所肩负的增进全体国民的生活水准和福利的使命,换言之,如何兼顾消极行政(秩序行政)与积极行政(给付行政)功能的问题,是现代行政法所面临的刻不容缓的重大课题。④ 滞后并近乎僵硬的规则,无法有效应对这一新的变化。功能主义的实用与能动品格承接了这一挑战。框架式立法或者委任立法是功能主义在立法层面的重要体现。同时,司法也出现了一定程度的松动,并不只是扮演着传统的"红灯"角色。行政活动在规则面前亦表现得更为大胆,甚至是突破规则,并在现实的驱动下以法律原则甚至法治精神应对社会新问题。

就交通警察而言,交通警察权不应仅仅为规则的守护者,而是推动规则进步与发展的作用者。这就需要交通警察权能够能动运作,并且具有关注现实的情怀。无疑,能动主义下的交通警察权是在已有规则之下的裁量或者衡量行为。

三 治理模式的比较与选择

那么,交通警察权的治理应当选择何种治理模式呢?规范主义的控权模式或功能主义的建构模式,抑或两者兼而有之?如果兼而有之,两者的权重

---

① 杨解君:《走向法治的缺失言说》,法律出版社2001年版,第321页。
② 王学辉:《迈向和谐行政法》,中国政法大学出版社2012年版,第282页。
③ [美]伯纳德·施瓦茨:《美国法律史》,王军等译,中国政法大学出版社1990年版,第205—206页。
④ 杨建顺:《行政规制与权利保障》,中国人民大学出版社2007年版,第133页。

应当如何安排？进一步来说，在初定治理模式的情形下，应当如何布设交通警察权的治理进路？很显然，这需要在比较两种治理模式秉性与交通警察权规制特点是否契合的基础上，才能获知应采取何种治理模式。

前文阐明，规范主义控权模式是一种片面的形式法治，强调保守的法律自治，简言之，规范主义控权模式即为规则之治。不可否认，任何法治国家都是法制国家演变而来，少不了经由法制达成法治的过程，毕竟法制是法治的前提和基础。而法制的组成元素便为规则，也正是由于规则的集合形成了法制。不论社会如何变迁、人类文明如何演进，规则都是不可或缺的，离开基本的规则，社会的变迁将会杂乱无序，人类文明也将难以称为文明。与此同时，规则之治的缺憾也是难以掩饰的。前文述及的规则之治的失灵便是规范主义永远的伤痛，这是因为，规范主义基本上聚焦于外在违法事实防止或者预防，而并未深入地关注行为主体的主观能动性与个案正义的真正实现。因而，这种模式在治理方式的设计上，压制了权力的生长空间及其个性的自主发展。[①] 应当承认，在规范主义控制模式之中存有裁量的空间，诚如吴庚教授所言："选择执行方法系执行行政机关之权限，在法律规定之限度内，执行机关本有裁量之自由，纵然采严格主义之依法行政国家，一般亦认为行政机关得自行决定适当之执行方法。"[②] 然而，规范主义控权模式裁量性的存在，并不能有效地应对社会的新问题新情况，容易出现因无法可依而导致问题无法化解的尴尬局面。

当前的《人民警察法》《道路交通安全法》及其相关规范，基本上是规范主义在交通警察权规制领域中的体现。同时，隶属于警察权之下的交通警察权所具有的强权暴力特性，也离不开规则这一类似"牢笼"的束缚，也只有在规则制约之下的强权机关，才有获得民众接受并产生信任的可能性。因此，交通警察权之于规范主义的控权模式的选择，是毋庸置疑的。此外，应当特别注意的是，规范主义的规则属性基本上与交通警察权之交通秩序中心化的价值内核是一致的。也就是说，道路交通秩序的维护很大程度上取决于规则的成熟程度。基本上可以认为，规则是秩序的前置性条件，只有架构维护交通秩序的完备实体与程序规则，交通秩序与交通安全的实现才具备了期待可能性。当然，通行者的素质与交通警察的执法力度也对交通秩序具有不可低估的影响，然而，通行者素质的高低与交通警察执法活动文明程度都

---

① 周佑勇：《行政裁量治理研究》，法律出版社2008年版，第40—41页。
② 吴庚：《行政法之理论与实用》，中国人民大学出版社2005年版，第329页。

离不开交通规则的评判，也正是交通规则成为度量两者文明水准的核心要素。由此可见，规范主义的控权模式应在交通警察权治理中占据核心地位。从根本上来说，这是交通秩序价值的内在驱动使然，也是抑制交通警察权秉性的需要。

那么，相较于规范主义的控权模式，功能主义的建构模式是不是在治理交通警察权之时处于次要位置呢？笔者以为，功能主义的建构模式之于治理交通警察权而言，应处于辅助地位。这主要是基于两点考虑。第一，与规范主义之"法律自治"对应，功能主义的建构模式基本上可称为"政府自治"，它通过行政裁量运行系统的自我合理建构，来充分展现行政裁量内在固有的能动性和个案性的品质。[1] 应明确，功能主义的建构模式是基建于政府具有良善品质的基础上，并且这一信任得以持续也应在福利行政的背景下，然而交通警察并不完全符合该基础性要件，这是因为，如前所述大量的交通警察权是侵益性的，并且刻下民众对交通警察权的信任感不容乐观，因而，贸然地将功能主义的建构模式大量植入交通警察权治理进程，显然是不合适的。第二，交通警察权所承载的交通秩序为主兼顾人权的价值取向，也决定了功能主义的建构模式不宜在治理交通警察权之时过多地运用。从本原上来看，功能主义建构模式生成与发展的隐含课题是自由裁量权的存在，并且自由裁量权亟须规范。不可否认，在交通秩序与交通安全的规制过程中，避免不了交通警察自由裁量处置的必要。不过，交通警察权的裁量性格应当予以有限度的尊重，应当控制在一定范围内，并且应更多地控制在紧急状况的情景中。

如同学者所言："从未来的使命上讲，我们不应当简单地去试图补上西方国家曾经采取但已过时的规范主义控权模式这一课，而应当着眼于全球化的视野，倡导一种以'原则'为取向的功能主义建构模式。"[2] 只不过，"现在我们必须清楚认识到的是，规范主义与功能主义之间的差异不仅仅是关注重点上的差异；它们从根本上体现着原则上的差异"[3]。也正是源于这种差异并考虑到交通警察权的价值特性，交通警察权法治化应当坚持"规范主义控权模式为主、功能主义建构模式为辅"的治理模式。

---

[1] 周佑勇：《行政裁量治理研究》，法律出版社2008年版，第41页。
[2] 同上书，第42页。
[3] ［英］马丁·洛克林：《公法与政治理论》，郑戈译，商务印书馆2013年版，第87页。

四 交通警察权法治化治理的当代图景

接下来,应在"规范主义控权模式为主、功能主义建构模式为辅"的导引下进行制度构建。需要首先指出的是,"规范主义控权模式为主、功能主义建构模式为辅"主要是针对交通警察权治理制度设计总量的多寡而言的。另外,该治理模式并不意味着在交通警察权治理的制度设计时,完全将规范主义控权模式与功能主义建构模式割裂开来,而是应交融地将两种治理模式引入制度设计之中。

公法的首要功能是提供一种机制,公共服务的高效运行在任何时候都能在这一机制之内得以保证。① 就交通警察权而言,该机制应为规则之治与原则之治并举的合力,只不过,应以规则之治为主、原则之治为辅。从宏观上讲,规制交通警察权的路径无非有立法、行政、司法与社会监督四种。很显然,采取立法、行政、司法与社会监督"四元板块"式的控制,基本上将交通警察权的治理技术一览无余、尽收囊中。对于交通警察权之社会监督部分,笔者将其相关内容糅合在立法、行政、司法相关论述中,不做具体展开,因此,以下将着重从立法、执法与司法三个向度就如何治理交通警察权加以推展。

(一) 立法调控

应尤为关注立法在制度设计之时充分体现人权保障元素,并从法治本原上避免甚至是杜绝交通警察权侵犯人权的可能性,以彰显立法制度之于交通警察权的前置性控制功能。这就需要在立法理念层面确立权力配置的人权属性,以侧重于人权的要素注入法律规范的拟定或者以人权标准检视法律规范,从交通警察权作用力发挥的根源及其运行的各个环节,使人权要素得以全方位贯彻。

具体而言,立法层面的展开将借由权力机关的立法与行政机关的立法,实现细化宪法之人权保障功能,形成治理交通警察权的具体规则。新近修订的《立法法》限定了授权立法的规则,第 10 条第 1 款规定:"授权决定应当明确授权的目的、事项、范围、期限、被授权机关实施授权决定的方式和应当遵循的原则等",由此可见,交通警察法律规范的授权性规定,亦应当

---

① [英] 卡罗尔·哈洛等:《法律与行政》(上卷),杨伟东译,商务印书馆 2004 年版,第 152 页。

细化《立法法》所涉授权性规则，以遏制权力恣意的危险。同时，后发于现行规则之外的新问题，应寄希望于功能主义规范的化解。《立法法》新增的赋予设区市的地方立法权便是功能主义强大实践力量的体现。地方立法机关可借此针对法律规范付之阙如的事项，在宪法原则的指引下进行开创性的法制创建活动，以应对社会实践中的新情形、新问题。2014年12月深圳市人大常委会修订通过《深圳经济特区道路交通安全违法行为处罚条例》与《深圳经济特区道路交通安全管理条例》有关增大以往罚则的处罚力度、新增处罚或禁止事项、创新管理规则等内容，便是赋权之下立法机关及时应对社会新问题的成功范例。

在立法技术上应当注意，实践经验已经较为成熟，并不存在较大争议的事项，应当予以明确规定适用要件和效果要件；而对于存在较大争议尚需实践进一步验证的，应趋向于原则性设定，给予适法者足够的裁量空间，使执法者在此情形下，可以有效实现个案正义。此外，需要指出，鉴于交通警察权的强权本性，细化的治理规则应当占有较高的权重，由此才能契合交通警察权的规制效果。

(二) 执法治理

行政执法活动除应依循法律规范外，应注重运用柔性行政手段，并致力于行政自制规范的建构。严格恪守法律规范，以及遵守规范文本法制内容与法治精神，是规范主义的控权模式的基本要求，也是规制交通警察权的根本法治路径。然而，当前社会矛盾复杂、民众纠纷多元、社会新问题层出不穷，急需多元化的行政纠纷解决机制，尤其是在福利行政与给付行政的推动下，行政活动越发注重协商、沟通、民主等柔性手段的运用，不拘于法律规范的硬性规定，以问题化解为导向的契约行政、说理行政表现出强大的实践生命力，这正是功能主义建构模式的当代表征。不仅限于此，功能主义建构模式的实践经验，正逐步法制化与制度化，如苏州市政府制定全国第一部辅警规章《苏州市警务辅助人员管理办法》，正是在总结实践经验基础上予以法治化的结果。

当然，苏州市辅警法治化经验是政府自制类型之一，这种自制模式往往是行政机关执行现有法律、法规，并加以细化的结果。该种自制规范的设定应注重法律保留原则的运用；应足量植入公民参与、行政公开、说明理由等程序规则，以保障交警部门行政规范的制定过程符合程序正义；[①] 通过建立

---

① 刘启川：《论我国收费公路存续的公法正当性》，《政治与法律》2013年第7期。

多元化的交警部门行政规范后评估主体模式、明晰后评估的对象、健全后评估的标准和方法等方式，架构科学合理并富有民主性的后评估机制。功能主义建构模式的特色不仅在于建构，其潜在之义涵盖批判，通过对现有法制的缺陷更正，获致法的实质正义。

当前，政府自制规则不仅限于传统意义上制定规章或者规范性文件，除此之外，正在如火如荼推行的裁量基准制度、权力清单制度、负面清单制度、责任清单制度，亦是政府自制的当然内容。上述自制规则在实践中逐步得以推崇，特别是在十八届三中全会与四中全会提出"市场在资源配置中起决定性作用和更好发挥政府作用"的战略安排，重新定位了市场、社会与政府之间的关系，其核心要义在于政府应当有所为，有所不为。如何在实定法之外更好地发挥政府作用，是考验政府执政技艺的重大课题。

当前，裁量基准制度尚在摸索阶段，裁量基准多是以总则性规则出现，唯有《浙江省行政处罚裁量基准办法》以政府规章形式将裁量基准制度法定化，然而该裁量基准规范所设定的程序要求过于绝对，与裁量基准的控权逻辑完全背离，[1] 往往不会得到遵守，同时，地方性裁量基准制定主体、实施主体、变更程序等规定较为混乱，法治化程度不高。另外，清单制度虽然可以最大程度上遏制政府不作为、乱作为，然而对清单制度的地位、法治路径并未达成共识。因此，未来法治化治理的推进，一方面应恪守上位法的基本要求，另一方面应达致治理的法治化、民主化、科学化。

（三）司法技术

纵观规制交通警察权的现有司法技术，大致为规范主义控权模式在司法领域的体现。这主要源于我国作为大陆法系成文法的法制传统，不同于判例法的英美法系，法官自由心证的权力和裁量权能是受到限制的。具体而言，按照现行行政诉讼制度，对行政行为以合法性审查为主，仅对个别行为予以合理性审查。由此观之，功能主义建构模式在司法领域的适用空间是较为狭窄的。《行政诉讼法》第60条规定："行政赔偿、补偿以及行政机关行使法律、法规规定的自由裁量权的案件可以调解。"在行政赔偿、补偿、自由裁量权案件中，功能主义才有施展拳脚的空间，不过审判人员再次建构行政主体与相对人关系的空间依然较为有限，仍旧依照当前有关行政赔偿、补偿、自由裁量权的现有规定加以裁判。当然，除了上述空间外，审判人员完全可以按照行政法基本原则审理案件，这是功能主义建构模式在司法上的当然

---

[1] 熊樟林：《裁量基准制定中的公众参与》，《法制与社会发展》2013年第3期。

领地。

从整体上来看,在我国司法改革实践中,跨区域设置法院检察院、立案登记制、扩大受案范围、行政机关负责人出庭应诉、规范性文件纳为审查对象、人民监督员制度、确立调解制度、维持复议机关应作为共同被告等问题的制度化、规范化,虽为规范主义的规则之治,但同时亦为功能主义之最大程度上保护相对人合法权利的原则之治。

按照这种理路,原则之治下的行政诉讼应以保护相对人合法权益为中心,未来行政诉讼制度完善的着力点应从以下层面展开:作为抽象行政行为的规章应纳入审查范围;"应当打破行政诉讼传统上只允许'民告官'的格局,打开'民可告官,官亦可告民'的新局面"[1];建立行政公益诉讼制度;行政机关负责人出庭制刚性化;完善行政案件再审程序;赋予当事人选择管辖的权利;等等。果如是,交通警察权的司法治理现代化便为时不远。

---

[1] 刘启川:《司法救济的逻辑起点:征收补偿协议性质之辨正》,《四川师范大学学报》2014年第2期。

我国交通警察权的内部构造及其展开

刘启川[*]

摘　要：当下，关涉警察权的研究成果多为粗线条式的援用，更遑论交通警察权的精耕细作。同时，交通领域出现的新情势，亟待交通警察权基础问题研究的深化与拓展。鉴于此，选取在共时态下对交通警察权的来源要素、主体要素、运行要素、对象要素和保障要素五个基本构成要素展开论析。经分析发现：交通警察权存有权力设定、内部分配、授权、委托等来源形式；交通警察权的实施者和执行者存在不同样态，并且实践中截然相反的做法与理论并不矛盾；交通警察权运行要素意义重大，现有规范已较为成熟；车辆、行政相对人、交通事故、交通违法行为等应成为对象要素；交通警察权保障要素包括物质性资源与非物质性资源，并且非物质资源越发重要。

关键词：交通警察；交通警察权；基本要素

之前有关警察权的研究，多局限于警察行政权与警察刑事司法权，而对交通警察权这一领域鲜有人研究。结果是，容易模糊各种警种之间的概念，以及混淆警察权能彼此的疆域。现实中出现的新问题："中国式过马路""违章随手拍""闯黄灯被罚案""武汉交警二桥限行外地车辆""曝光醉酒驾驶司机信息"等近年来与交通警察相关的案件，拷问着交通警察权精细化研究的必要性。而交通警察权关涉问题的化解，都离不开对这一权能基础性问题的研究：交通警察权的内部构造。尤其是在当前国家强化治理的时代背景下，对交通警察权进行纵深研究，是"推进国家治理体系和治理能力现代化"的应有之义。

至于研究方法与研究进路。笔者将选取在共时态下，展开对交通警察权的研究。这是因为结构主义方法论之共时态研究，青睐于静止状态下事物的

---

[*] 刘启川，东南大学法学院讲师。

共性，擅长于考察稳定情形下客体的一般属性。世间大多数事物尽管历经时代推移，之所以其称谓并未随之变更，是因为其特质的属性，恒久存乎其上。而维持其特质的这些属性，是组成该事物的基本要素。可见，交通警察权内部构造的铺陈与展开，理应从其内在的基本要素分析开始。一般而言，构筑交通警察权的基本要素，包括来源要素、主体要素、运行要素、对象要素和保障要素。①

一 交通警察权的来源要素

在剖析交通警察权所涉的五大要素中，来源要素处于本源性与基础性地位，是其他要素存在的基础与前提。易言之，来源要素是交通警察权存在正当性的直接依据，在实然法中，其决定了交通警察权的权限、范围、性质，也直接关系进一步研究规制交通警察权的深入程度。不过，需要指出的是，此处论及的来源要素，"并非本源意义上的权力来源问题，因为现代民主国家一切权力皆来源于人民已经是不争的事实"②，由此看来，再对交通警察权源于人民这一命题进行论证，已无多大意义。而本文论述的来源要素集中于在现实的法律规范文本上有迹可循的具体依据，主要是指交通警察权法律渊源，亦即交通警察权配置来源的外在表征。

然而，形式渊源意义上交通警察权的配置来源较为广泛，不易进行面面俱到的铺陈开来。为了避免出现挂一漏万的情形，类型化的处理方式较为可取。为此，我们完全可以参照关于行政权力配置模式的论析理路，③ 并将其

---

① 有学者认为："构成行政紧急权力的一般的、主要的和稳定的要素有：来源要素、主体要素、运行要素、对象要素和保障要素，缺乏上述要素之一，行政紧急权力或不存在，或存在却不能运行，或虽运行但并不能发生实际效果"（戚建刚、杨小敏：《行政紧急权力的制约机制研究》，华中科技大学出版社2010年版，第23页），对此，笔者以为，该学者阐释的行政紧急权力内在构成要素亦是行政权的构成要素，当然也可以作为分析交通警察权内部型构的切入点。

② 戚建刚、杨小敏：《行政紧急权力的制约机制研究》，华中科技大学出版社2010年版，第24页。

③ 之所以在阐释交通警察权配置来源要素之时借鉴行政权力的配置模式，主要是基于交通警察权是行政权的组成部分，并且在性质上交通警察权是行政权。由此看来，两者具有同构性是不存在异议的。进而，把行政权的配置模式直接适用于交通警察权也是不存在问题的。不过需要说明的是，有学者提出交通警察权具有刑事司法的性质，比如交通警察协助侦查交通肇事刑事案件。尽管实践中存在交通警察协助刑事侦查的现实情形，但是不可否认的是，交通警察的这一协助行为，是执行交通法律规范政策、维护交通秩序与安全的行为，并非其主要业务范围，因此，应当认定交通警察权为行政权。

适用于交通警察权内部构造要素的分析。具体而言，交通警察权来源要素主要通过权力设定的交通警察权来源方式、内部分配交通警察权的来源方式、授权性的交通警察权来源方式、委托型交通警察权配置方式四种方式加以展现。①

（一）权力设定的交通警察权来源方式

权力设定的交通警察权来源方式，即国家权力机关为警察主体设定交通警察权，这是交通警察权的初次分配。在我国，当前权力机关对交通警察权进行初次分配的法律有《人民警察法》和《道路交通安全法》。《人民警察法》对交通警察的权限进行了大致的规定，并对交通管制有明确的规定。第6条规定了公安机关的职权之一是，维护交通安全和交通秩序，处理交通事故；同时，第15条规定，县级以上人民政府公安机关，为预防和制止严重危害社会治安秩序的行为，可以在一定的区域和时间，限制人员、车辆的通行或者停留，必要时可以实行交通管制。公安机关的人民警察依照前款规定，可以采取相应的交通管制措施。在此需要指出的是，在我国，负责交通安全与交通秩序是由交通警察这一专门警种完成的，交通管制是公安机关交通警察的当然任务。

相较于《人民警察法》，《道路交通安全法》对交通警察权的配置有更为详尽的规定。以交通管制为例。交通警察享有交通管制权。第39条规定，公安机关交通管理部门根据道路和交通流量的具体情况，可以对机动车、非机动车、行人采取疏导、限制通行、禁止通行等措施。第40条规定，遇有自然灾害、恶劣气象条件或者重大交通事故等严重影响交通安全的情形，采取其他措施难以保证交通安全时，公安机关交通管理部门可以实行交通管制。可见，交通警察在行使交通管制权之时，享有较大幅度的自由裁量权。

---

① "目前行政权力的配置主要包括以下四种来源渠道。一是权力设定的行政权力来源方式。在这种方式下，法律关系的双方是国家权力机关与行政主体。内容既包括设定实施抽象行政行为的权力，也包括实施具体行政行为的权力。二是内部分配行政权力的来源方式。在这种方式下，法律关系的双方是特定的行政机关与该机关内的处级单位、科级单位，以及具体的执法人员。作为内部分配法律关系的行政权力来源方式，可以说是行政权力的第二层次分配。三是授权性的行政来源方式。这种方式，也就是行政授权关系，法律关系的双方是授权主体与被授权主体。它一般是行政主体依法把自己拥有的行政权力的全部或部分转让给其他组织的行为。被授权主体既可以是行政机关的下属机关，也可以是非行政机关。它要解决部分行政机关以及非行政机关在不作为第一层次的行政权力设定法律关系的主体的情况下，行使权力的来源问题。四是委托型行政权力配置方式。这种方式也就是行政委托关系。它是指行政主体依法将其行政职权的一部分委托给非行政机关行使的行为，受委托组织则是指接受行政主体委托而代替行政主体行使部分职权的组织。"参见方世荣、戚建刚《权力制约机制及其法制化研究》，中国财政经济出版社2001年版，第18页。

除了交通管制权外，借由《道路交通安全法》赋予交通警察权限，大致涵盖交通赔偿调解权、行政处罚权、行政强制权等，下文将做详细阐释，在此不做赘述。

(二) 内部分配交通警察权的来源方式

内部分配交通警察权的来源方式可以使得由权力设定的交通警察权更为细化，更具有现实操作性。一般表现为行政机关的内部进行权力的再分配，换言之，按照行政级别在公安机关交通管理部门进行设置，并对不同级别主体的权限范围进行相应的分配。以交通警察之于交通事故处理为例。《道路交通安全法》第五章冠以"交通事故处理"之名，从交通事故现场处理（第70条）、交通事故逃逸（第71条）、事故处理措施（第72条）、交通事故认定书（第73条）、事故赔偿争议（第74条）等多个方面规定了交通警察的权力和职责。详言之，《道路交通安全法》所明确的交通警察的权力主要体现在以下几点。①公安机关交通管理部门接到交通事故报警后，应当立即派交通警察赶赴现场，先组织抢救受伤人员，并采取措施，尽快恢复交通。②交通警察应当对交通事故现场进行勘验、检查，收集证据；因收集证据的需要，可以扣留事故车辆，但是应当妥善保管，以备核查。③对当事人的生理、精神状况等专业性较强的检验，公安机关交通管理部门应当委托专门机构进行鉴定。④公安机关交通管理部门应当根据交通事故现场勘验、检查、调查情况和有关的检验、鉴定结论，及时制作交通事故认定书，作为处理交通事故的证据，交通事故认定书应当载明交通事故的基本事实、成因和当事人的责任，并送达当事人。然而，《道路交通安全法》所涉上述规定都较为笼统，过于粗线条。理论上，为了有效地行使这些权力，最终必须有特定的人或者机构来实施，这就需要进一步的权力分配。那么，再次分配的形式是什么呢？实践中，政府机关往往通过行政法规、规章或者规范性文件的形式将其细化。

相较于国务院《道路交通安全法实施条例》与公安部《道路交通事故处理程序规定》，公安部规范性文件《道路交通事故处理工作规范》对交通警察权二次分配表现得更为明显。具体表现为《道路交通事故处理工作规范》明示了下列内容。①第3条：公安机关交通管理部门办理道路交通事故案件实行分级负责、专人办案、领导审批制度，对造成人员死亡的和其他疑难、复杂案件应当集体研究决定。②第4条：县级以上公安机关交通管理部门应当设置专门的道路交通事故处理机构，并按照道路交通事故处理岗位正规化建设要求，配置必需的人员、装备和办公场所。③第5条：道路交通事故处理实行资格等级管理制度；交通警察经过培训并考试合格，可以处理适用简易程序的道路交通事故；取得初级资格，可以主办除造成人员死亡以外的其他道路交通事故，并可以协助取得中级以上资格的人员处理死亡事故；取得中级或者高级资格，可以处理所有适用简易程序和一般程序的道路交通事故，并可以对道路交通事故案件进行复核；设区市、县级公安机关交通管理部门分管事故处理工作的领导和事故处理机构负责人应当具有中级以上道路交通事故处理资格。

（三）行政授权性的交通警察权来源方式

不可忽视的是，在权力机关配置交通警察权之外，其他交通警察权的获取，更多的是需要行政机关通过授权的方式，转让给行政机关的下属机关，当然，也可以是非行政机关。易言之，行政授权性的交通警察权来源方式主要解决的是，在前文述及的交通警察权初次分配和二次分配之外，行使交通警察权的来源问题。以交通警察管辖权示之。需要首先指出的是，我国现有权力机关制定的法律规范中，并未直接规定交通警察管辖权。据当前可查的法律规范，关涉交通警察管辖权的规章有《道路交通事故处理程序规定》与《道路交通安全违法行为处理程序规定》。质言之，公安部在此两则规章中，较为详细地规定了不同情形下交通警察管辖的类型，从而实现了公安部这一行政主体，对其下属公安机关交通警察管辖权具体配置的授权。不过，两部规章对交通警察管辖权配置的内容有所不同。

具体而言，《道路交通安全违法行为处理程序规定》主要通过第4、第5、第6条规定了交通警察在交通安全违法行为处理程序中的管辖权。第4条规定：交通警察执勤执法中发现的违法行为由违法行为发生地的公安机关交通管理部门管辖；对管辖权发生争议的，报请共同的上一级公安机关交通管理部门指定管辖；上一级公安机关交通管理部门应当及时确定管辖主体，并通知争议各方。第5条规定：交通技术监控资料记录的违法行为可以由违法行为发生地、发现地或者机动车登记地的公安机关交通管理部门管辖；违法行为人或者机动车所有人、管理人对交通技术监控资料记录的违法行为事实有异议的，应当向违法行为发生地公安机关交通管理部门提出，由违法行为发生地公安机关交通管理部门依法处理。第6条规定：对违法行为人处以警告、罚款或者暂扣机动车驾驶证处罚的，由县级以上公安机关交通管理部门做出处罚决定；对违法行为人处以吊销机动车驾驶证处罚的，由设区市公安机关交通管理部门做出处罚决定；对违法行为人处以行政拘留处罚的，由县、市公安局、公安分局或者相当于县一级的公安机关做出处罚决定。

而《道路交通事故处理程序规定》也较为细致地对公安部所属交通警察加以授权。相关条款主要有4条。第4条规定：道路交通事故由发生地的县级公安机关交通管理部门管辖；未设立县级公安机关交通管理部门的，由设区市公安机关交通管理部门管辖。第5条规定：道路交通事故发生在两个以上管辖区域的，由事故起始点所在地公安机关交通管理部门管辖；对管辖权有争议的，由共同的上一级公安机关交通管理部门指定管辖。指定管辖前，最先发现或者最先接到报警的公安机关交通管理部门应当先行救助受伤人员，进行现场前期处理。第6条规定：上级公安机关交通管理部门在必要的时候，可以处理下级公安机关交通管理部门管辖的道路交通事故，或者指定下级公安机关交通管理部门限时将案件移送其他下级公安机关交通管理部门处理；案件管辖发生转移的，处理时限从移送案件之日起计算。第7条规定：军队、武警部队人员、车辆发生道路交通事故的，按照本规定处理；需要对现役军人给予行政处罚或者追究刑事责任的，移送军队、武警部队有关部门。

（四）委托型交通警察权配置方式

与上述三种权力来源方式不同，委托型交通警察权配置方式出现了权能主体的移位。换言之，委托型交通警察权配置方式只是实现了将原隶属于交通警察的行政任务，交由其他主体承担，交通警察仍然对其委托的事项承担责任，受委托的主体一般不具有独立的行政主体资格。此外，与交通警察的固有权能相比，受委托主体一般只是承担交通警察的部分任务。尤其是在交通秩序维护任务日益繁重与交通警察数量有限的紧张张力下，交通警察任务外包与民营化已是大势所趋。

按照行政任务民营化的理论，对于行政任务民营化，是存有一定的限制的。一般认为，"国家自我组织以及以物理强制力为后盾的行政事务除外的一切国家事务，都有民营化的潜在可能性。至于民营化与否之决定，宪法既不禁止，也不鼓励，更不强制，而完全让诸合目的性取向的政策考量"[1]。换言之，"行政部门依据法规范所承担或者以合法的方式执行的所有事务"[2]都可以予以民营化，当然，诸如司法、强制执行、警察与军事等本质上运用

---

[1] 许宗力：《法与国家权力（二）》，元照出版公司2007年版，第443页。
[2] J. Hengstschlager, a. a. O（Fn. 12），VVDStRL 54/1995, S. 173; H. Baurer, a. a. O.（Fn. 4），VVDStRL 54/1995, S. 250. 转引自陈爱娥《国家角色变迁下的行政任务》，《月旦法学教室》第3期。

物理上强制力的国家任务，不容许民营化。①

在我国实践中，交通协管员由委托型配置方式取得的部分交通警察权是极为有限的。2008年公安部规范性文件《关于加强交通协管员队伍建设的指导意见》，对交通协管员的职责进行了明确的界定。同年公安部修订并公布的《交通警察道路执勤执法工作规范》第5条②更为详细地规定了权限事项。

值得一提的是，2012年颁布实施的我国首部地方政府规章《苏州市警务辅助人员管理办法》对辅警的地位、性质、职责、纪律、权利、招录、培训、考核、保障、责任、处分等方面做了详细规定。其中，也是首次以法律规范的形式，在《苏州市警务辅助人员管理办法》第10条第2项，明确了交通协管员的权限：疏导交通，劝阻、查纠交通安全违法行为，维护交通事故现场秩序，开展交通安全宣传教育等警务活动。而交通协管员上述权限的具体内容，由合同予以明确与细化。

二 交通警察权的主体要素

交通警察权的实施者和执行者，是推动交通秩序维护与交通安全治理的根本力量，因此，主体是交通警察权内部型构的基本要素之一。对于一般意义上的权力而言，主体要素的表现形式可以有三种类型：一是群体化的权力主体，它是指众多个体平等地组织国家机关，来承担国家权力；二是个体化的权力主体，它是由个人组成的国家机关承担国家权力；三是两者结合式的权力主体，它是指一方面实行首长负责制，另一方面又有一定的合议制的会议形式作为基础。③ 而在道路交通法治实践中，更多地表现为个体化的权力主体和群体化与个体化相结合的权力主体。譬如，研究拟订道路交通制度规范与政策往往是由群体化与个体化相结合的权力主体加以完成的，具体来说，是由交通警察主管部门公安部组织实施的。而对于道路交通违法行为以及交通事故的查处，是由个体化权力主体即交通警察完成的。

---

① 参见许宗力《论行政任务民营化》，载《当代公法新论》（中），元照出版公司2002年版，第595页。

② 第5条规定，交通协管员可以在交通警察指导下承担以下工作：（一）维护道路交通秩序，劝阻违法行为；（二）维护交通事故现场秩序，保护事故现场，抢救受伤人员；（三）进行交通安全宣传；（四）及时报告道路上的交通、治安情况和其他重要情况；（五）接受群众求助。交通协管员不得从事其他执法行为，不得对违法行为人作出行政处罚或者行政强制措施决定。

③ 陆德山：《认识权力》，中国经济出版社2000年版，第71页，转引自戚建刚、杨小敏《行政紧急权力的制约机制研究》，华中科技大学出版社2010年版，第26页。

同时，按照我国现有"诉讼主体模式"①的行政主体理论，交通警察权的主体要么是行政机关，要么是法律、法规授权的组织。我国《道路交通安全法》第5条规定：国务院公安部门负责全国道路交通安全管理工作；县级以上地方各级人民政府公安机关交通管理部门负责本行政区域内的道路交通安全管理工作。由此可见，在我国目前道路交通中，交通警察权的主体为公安部交通局以及地方公安部门交通局（厅）。

在此需要特别指出的是，自最高人民法院《关于执行〈中华人民共和国行政诉讼法〉若干问题的解释》在具有被告资格的主体中，增加了规章授权的组织后，并在"诉讼主体模式"的影响下，我国行政主体理论随之丰硕。在此背景下，交通警察的范围也随之得到扩充。主要表现为交通辅警人员在一定程度上担当了交通警察的角色，以及巡警具有与交通警察相当的主体资格。交通警察权限范围的这一变化，得力于规章的授权。当然，最为主要原因在于，"警察组织在执行维护社会工作之时，也必须针对工作的轻重缓急进行资源分配。有些工作，警察自然无法推却，但不是每一个与治安有关的工作警察都必须事必躬亲。警力有限而民力无穷，只有借助民力形成全民犯罪防止网，才能有效地维护社会治安"②。这也从根本决定了，出现前文述及的《苏州市警务辅助人员管理办法》，通过政府规章授权交通协管员担负交通警察部分职责的现象。尽管交通协管员并不具有行政执法权，但是，不可否认的是，此举很大程度上颠覆了行政权之执行专属于行政机关的传统观念，也是行政主体紧跟时代步伐、把握现实世界能力提升的表现。申言之，交通协管员的出现，丰富了交通警察权主体要素的内涵，同时也对当代政府处理交通警察与交通协管员之间的关系提出了挑战。

而对于巡警行使交通警察权，在现实世界中出现了两种不同的吊诡现象。易言之，权能同样来源于授权，并且与交通警察担当相同交通职责的巡警，却出现了截然相反的命运。具体而言，伴随着《道路交通安全法》的出台，2004年贵阳市政府颁布实施的规章《贵阳市公安交巡警联合执行警

---

① 之所以把我国当前行政主体理论的特色归为"行政诉讼模式"，是因为发端于20世纪80年代末的行政主体理论，基本上是与我国《行政诉讼法》相伴而生的，这一与行政诉讼被告资格紧密相连的"诉讼主体模式"是中国行政法学理论体系中不可或缺的内容，是中国行政法学者讨论行政主体理论问题的基本范式。这一"诉讼主体模式"较好地解决了中国转型时期确认行政诉讼被告资格的重大理论和实践问题，缓和了行政法学理论的滞后性与司法实践之间的矛盾，适应了当时行政诉讼法的实践需要。参见章剑生《现代行政法基本理论》，法律出版社2008年版，第69页。

② 李湧清、徐昀：《警察行政与刑事司法的经济分析》，五南图书出版有限公司2002年版，第142页。

务暂行规定》第 5 条①，明确交巡警联合执法的范围，由此确立巡警与交警共同维护秩序与安全的主体格局。

吊诡的是，和贵阳市一度相同，上海市于 1999 年以地方性法规的方式通过《关于本市试行交通警察和巡察警察在道路上统一执法的决定》，也明确了巡警与交警统一执法的权限。然而，《道路交通安全法》实施后，2005 年上海市人民代表大会通过了《上海市人民政府关于提请审议废止〈关于本市试行交通警察和巡察警察在道路上统一执法的决定〉的议案》，并在审议意见报告中明确了"随着相关法律的进一步完善和本市的道路交通情况、社会治安形势的新变化，本市试行的交巡警统一执法体制已经不能适应形势发展的需要"，由此，在"终止试行统一执法后，交通警察和巡察警察应当严格按照法律、法规的规定，分别履行各自的职责"。而对于终止统一执法的缘由，当时的提请者做了很好的说明：《道路交通安全法》对道路交通管理的执法主体提出了严格要求；本市道路交通状况的发展变化客观上要求公安机关实现道路交通管理专业化；本市社会治安形势的发展变化客观上要求公安机关进一步提升街面治安防控能力。②

由此观之，巡警在地方上承担的职责范围是不尽相同的，尽管其权力配置的样态有所不同，但是都是属于国家公安部门管理的范畴。换言之，即便是交通警察权的执行存在些许的差异，然而，这并不会影响到交通警察权主体因之的变更。

三　交通警察权的运行要素

"在现代社会中，许多互动过程的进行是借助某种程式化和类型化的做

---

① 第 5 条规定，交巡警联合执行警务的范围：（一）维护交通秩序，疏导交通，纠正交通违法行为；（二）先期处置街面刑事、治安案件；（三）依法堵截逃犯及其他违法犯罪嫌疑人员，查扣交通肇事逃逸车辆；（四）警戒突发性治安事件现场，疏导群众，维持秩序；（五）维护警区内的治安秩序，预防和制止违反治安管理的行为，预防和制止犯罪行为；（六）参加处置灾害事故，维持秩序，抢救人员和财物；（七）接受公民报警或者求助；（八）制止妨碍国家工作人员依法执行职务的行为；（九）劝解、制止在公共场所发生的民间纠纷；（十）制止精神病人、醉酒人的肇事行为；（十一）为行人指路，救助受伤、患病、遇险等处于无援状态的人，帮助遇到困难的残疾人、老人和儿童；（十二）受理拾遗物品，设法送还失主或者送交失物招领；（十三）巡察警区安全防范情况，提示沿街有关单位、群众消除隐患；（十四）执行法律、法规和规章规定由人民警察执行的其他职责。

② 参见《关于提请审议废止〈关于本市试行交通警察和巡察警察在道路上统一执法的决定〉的说明》，《上海市人民代表大会常务委员会公报》2005 年第 2 号。

法。……这一特点还进一步体现在诸如'程序正义'这样的制度安排中。也就是说,价值理性(如公平、平等)的实现经常要依循程序的方式才能获得保证。"① 事实上,交通警察权的实践运行,乃至其权力的配置,都应在程序的轨道中进行。而交通警察权的运行要素,便是交通警察在维护交通秩序、处理交通事故以及应对交通违法行为时,所应遵循的方式、步骤、时限和顺序。

倘若交通警察在面对日常事务中的交通事故与交通违法行为之时,径直依据实体法规范加以处理,而缺乏必要的程序性要素,那么,交通警察的行为可能存在以下两种风险与危害。其一,缺乏程序性要素,交通警察权是无法有效彰显的,从而相对人亦无从全面地感知交通警察权于己的实效,毕竟,交通警察的行为需要借助程序性事项加以外化,即便是在面对无任何意识的醉驾者时,实施行政强制措施,也应当履行基本的程序规定。其二,当下交通警察裁量权过于膨胀,② 此背景下完全寄希望于实体法对交通警察权施以控制,难以抑制权力的恣意、妄为,这是因为,"遵循严格规则主义的行政实体法在防止行政主体滥用行政职权的功能方面的不足日趋明显,尤其是在行政权基本上属于裁量权的现代行政法治社会中,严格规则主义在防止行政主体滥用裁量权方面几乎没有其发挥功能的地方"③,并且,"如法律规定富有弹性,执法者可以自由伸缩于其间,深恐上下其手,以残害人民之自由也"④。

与之不同的景象是,配置程序要素的交通警察权,在以下两个方面是值得期待的。

一方面,程序要素可增进民众之于交通警察权作用的接受度,并维系社会的稳定,而可接受性程度的提升得益于行政程序要素所富含的民主成分。从根本上讲,从属于公共权力之下的交通警察权,来源于民众权利的授予。如若交通警察权的实施与运行,不能体现民意以及缺乏民主,那么,很显然从应然角度而言,该交通警察权之践行是不正当的。退一步讲,完全依赖于

---

① 李猛:《论抽象社会》,《社会学研究》1999年第1期。
② 到了20世纪尤其是第二次世界大战后,行政权的任务和目的发生了巨大的变化,一种以能动地为公民提供福利的行政迅速地形成了共行政的主流[陈新民:《行政法总论》(修订8版),三民书局2005年版,第37页]。随着秩序行政向服务福利的行政的过渡与发展,身居其中的交通警察所行使的自由裁量权,也在不同程度上得到了扩充。
③ 章剑生:《现代行政法基本理论》,法律出版社2008年版,第291页。
④ 林纪东:《行政法新论》,五南图书出版公司1985年版,第42页。

交通警察行政行为合法性，只能解决"以力服人"，难以真正的"以理服人"，更何况，现代法律规范中关涉交通警察权自由裁量的条款是相当多的，由此看来，单纯实体规制交通警察权是不合时宜的。而行政程序的民主性，可以很大程度上化解实体规制的窘境。最为重要的是，在交通警察权运行过程中，嵌入参与、说理等元素，"通过以一种公众认为公平的方式作出决定，当政者可以获得对这些决定的更大认可，就使得决定涉及的各方更容易服从"①。也正是在此过程中，相对人的不同意见，乃至不满情绪，可以在程序要素预设的轨道中得到及时的表达，以及有效的释放。由此，才能实现交通警察参与活动涉及各方主体之间利益的平衡，进而达致在程序规则之下的一种动态的社会稳定，一种可持续发展的社会稳定。

另一方面，确保关乎交通警察实体法的实施，并展示其独特价值。传统意义上，程序规则依附于实体规则，重实体轻程序的意识深入民众骨髓。不可否认，程序要素的工具性价值是客观存在的，并且，程序要素在为实体法预置活动规则以及在矫正违法行为上所进行的努力，是不可小视的。"程序的公平性和稳定性是自由的不可或缺的要素。只要程序适当公平，不偏不倚，严厉的实体法也可以忍受。"② 对此，英国学者韦德也表示："程序不是次要的事情。随着政府权力持续不断地急剧增长，只有依靠程序公正，权力才可能变得让人能容忍。"③ 不仅于此，更为重要的是，民众在程序要素的运作之中，可以享受的仅有程序才可带来的利益。"人们一旦参加程序，就很难抗拒程序所带来的后果，除非程序的进行明显不公正。无论把它解释为参与与服从的价值兑换机制，还是解释为动机与承受的状况布局机制，甚至解释为潜在的博弈心理机制，都无关宏旨。重要的是公正的程序在相当程度上强化了法律的内在化、社会化效果。在西方各国，法治向日常生活世界中的渗透基本上是通过程序性的法律装置而实现的。"④ 毋庸置疑，如果程序要素付之阙如，不难想象，很多实体性规定，都是理想化的空中楼阁。

那么，见诸交通警察行为之中的运行要素，具体的表现形式有哪些呢？事实上，《道路交通安全违法行为处理程序规定》与《道路交通事故处理程序规定》对此已有较为详细的规定。譬如，《道路交通安全违法行为处理程

---

① [日] 谷口安平：《程序公正》，载宋冰编《程序、正义与现代化》，中国政法大学出版社1998年版，第376页。
② 同上书，第375页。
③ [英] 威廉·韦德：《行政法》，徐炳译，中国大百科全书出版社1997年版，第94页。
④ 季卫东：《程序比较论》，《比较法研究》1993年第1期。

序规定》从管辖、调查取证、交通技术监控、行政强制措施适用、行政处罚的决定与执行、执法监督等方面，对交通警察处置道路交通安全违法行为的程序适用，进行了细化。颁布实施其后的《道路交通事故处理程序规定》，在管辖、受理、简易程序、调查、普通程序、现场处置和现场调查、交通肇事查缉、检验和鉴定、认定和复核、处罚执行、损害赔偿调解、涉外道路交通事故处理以及执法监督等方面，对交通警察权的程序运作进行了详细的规定。尤为值得一提的是，公安部在2009年实施的《交通警察道路执勤执法工作规范》与《道路交通事故处理工作规范》这两个规范性文件，对上述两则部门规章进行了细化，程序性更强，更具有操作性。细究上述两则程序规定不难发现，其大致涵盖了现代程序的基本要素，如表明身份、说明理由、回避等一般性规定。尽管具体程序制度的规定不尽完善，但是程序要素在规制交通警察权中的作用已逐步显现。

四 交通警察权的对象要素

有关权力的法学研究，往往会涉猎权力指向的客体。指涉法律关系的权力客体，离不开权力构成要素的分析，毕竟，抽象的法律关系客体是借助于具体的对象要素而被社会所识别与感知的。因此，我们可以认为，对象要素是指促使行为主体采取某一措施的最为基本的元素。大致而言，这些基本元素可以概括为物、自然人，以及由自然人所产生的法律事实。由此可以推知，交通警察权的对象要素，是指交通警察在行使权力之时，所指向的车辆、行政相对人、交通事故以及交通违法行为。下面逐一作简要论析。

（一）车辆及其新发展

毋庸置疑，在道路交通实践中，尤其是现代城市交通，交通警察不可避免地会面对各类车辆，并与之产生法律关系。譬如，直接关系到现代城市交通安全与交通秩序的，通行车辆的登记管理、安全技术检测、强制报废制度等事项，是交通警察业务范围的应有之义。那么，当前规范中所涉车辆的类型，以及相关规定大致如何呢？《道路交通安全法》第11条规定："车辆是指机动车和非机动车。机动车是指以动力装置驱动或者牵引，上道路行驶的供人员乘用或者用于运送物品以及进行工程专项作业的轮式车辆。非机动车是指以人力或者畜力驱动，上道路行驶的交通工具，以及虽有动力装置驱动但设计最高时速、空车质量、外形尺寸符合有关国家标准的残疾人机动轮椅车、电动自行车等交通工具。"由此，我国对车辆的类型进行了细分，出现这一现象的根本原因在于，两种车辆的潜在危险性存在差异，进而对两者的制约程度亦是有所不同的。然而，我国台湾地区对车辆并无如此的区分。台湾"道路交通管理处罚条例"第 3 条规定，车辆是指在道路上以原动机行驶之汽车（包括机器脚踏车）或以人力、兽力行驶之车辆。不过，这并不能由此说明台湾地区并未注意车辆之间的差异性。事实上，台湾"道路交通管理处罚条例"在具体条款设计之时，对此进行了与大陆大致相同的区分：对汽车与慢车进行了不同的规制。

在此需要注意的是，现代城市交通发展的新趋势——轨道交通，尤其是随着地铁时代的到来，新的交通工具——轻轨、地铁——是否会对交通警察提出新的挑战，并因此扩充交通警察权的意涵。在理论上，需要首先解答的是，轻轨与地铁是否属于"车辆"。如果是，将其纳入交通警察权对象要素的研究之列，是不存在问题的。然而，将地铁、轻轨这两种新的交通工具，与上述论及的"车辆"概念进行比对，不难发现，我国地铁与轻轨一方面不满足轮式车辆的要求，另一方面，两者运行的地点，能否称为《道路交通安全法》谓之的"道路"[①]？很显然，"道路"亦不能涵盖地铁与轻轨运行的地点。因而，从现有的法律规范进行形式的逻辑推演，地铁与轻轨并不属于《道路交通安全法》谈及的"车辆"。进一步来说，地铁与轻轨不应成为交通警察权的对象要素。

有意思的是，实践的事例也在一定程度上确证了上述逻辑推衍的结论。譬如，宁波市为应对轨道交通治安状况出现的新问题，成立专门的轨道交通治安分局，其职责范围包括治安管理、警卫、反恐、突发事件处置和安全保卫等。[②] 从轨道交通警察的职责内容来看，其职权仅仅涉及轨道交通中一般的治安事项，与通常意义上我们所理解的交通警察的职权范围——车辆登记、交通事故处理、交通违法行为查处——是有一定差距的。

[①] 《道路交通安全法》中"道路"，是指公路、城市道路和虽在单位管辖范围但允许社会机动车通行的地方，包括广场、公共停车场等用于公众通行的场所。

[②] 2014 年 5 月 19 日上午，宁波市公安局轨道交通治安分局揭牌仪式举行。轨道交通治安分局筹建于 2012 年 5 月，现有民警 128 名，主要担负着轨道交通范围内的治安管理、警卫、反恐、突发事件处置和安全保卫等工作。作为宁波警方专门为地铁时代配备的新警种，组建以来，民警们除了进行警务技能培训外，还到上海进行了实战学习。目前，分局设有警务指挥室、治安大队、侦查大队、技术保障大队和望春桥站派出所、鼓楼站派出所等机构，在 1 号线一期的 20 个站点共设立了 20 个执勤室，配备了近 80 名民警和若干名协辅警，实施驻站式警务，实时开展"站巡、车巡、视巡"等多种治安防控模式，以切实提升人民群众的安全感和满意度。参见《我市轨道交通警察昨亮相》，《宁波晚报》2014 年 5 月 20 日。

此外，需要特别交代的是，之所以出现两类同时致力于处理交通事务的警察职权范围不同，除了在"车辆"这一对象要素上存在差异外，更重要的是，轨道交通秩序维护的职责已经移转给社会主体。以上海市为例，2014年新修订实施的《上海市轨道交通管理条例》第4条第2款[①]明确了轨道交通企业负责秩序的维护，并享有授予的执法权。

（二）行政相对人与交通违法行为

在理论上，与交通警察产生法律关系的行为主体，以及这些行为主体对交通的需求，是现代城市交通得以发展的根本原因。可见，厘清交通警察权对象要素之行政相对人，是研究交通警察权的基础和前提。按照《道路交通安全法》第2条规定："中华人民共和国境内的车辆驾驶人、行人、乘车人以及与道路交通活动有关的单位和个人，都应当遵守本法。"由此可知，交通警察权需要在与下列主体的关系中得以实现。具体包括：车辆驾驶人、行人、乘车人以及其他相关单位和个人。

一般意义上讲，交通警察权作用于行政相对人的重要缘由在于，行政相对人违法行为的存在。相对人交通违法行为是指违反《道路交通安全法》及其他相关法律规范，妨碍交通秩序，影响交通安全的行为。依据上述所列行政相对人的类型，并结合现有规范，可以将相对人交通违法行为分为四类情形予以分析。

1. 机动车驾驶人违法行为

源于机动车的危险性，以及在现代城市发展中，机动车数量的急剧增加与城市道路有限性的矛盾日益突出，因此，对机动车驾驶人的行为如何加以规制，现有规范给予了格外的关注。依据机动车驾驶人违反规范的类型不同，可将其分为违反道路通行规则的违法行为、违反机动车和驾驶人管理规定的违法行为、机动车驾驶人违反交通信号的违法行为、违反安全驾驶操作规范的违法行为。[②] ①违反道路通行规则的违法行为包括逆向行驶、占道行驶、超速行驶、违法超车、违反交替通行规定、未按规定让行、违法装载、违反故障车处置规定、特种车违法、违反交通管制、违法停车、违法会车、违法转弯、违法倒车、违法掉头、违法下陡坡、违法变更车道、违法使用灯

---

① 《上海市轨道交通管理条例》第4条第2款规定，市人民政府确定的轨道交通企业具体负责本市轨道交通的建设和运营，并按照本条例的授权实施行政处罚。轨道交通企业执法人员应当取得执法身份证件，规范执法、文明执法。

② 杨润凯、韩阳：《道路交通违法行为查处实务指南》，中国人民公安大学出版社2013年版，第6—43页。

光、违法牵引车辆、违法鸣喇叭 20 项违法行为。②违反机动车和驾驶人管理规定的违法行为，包括酒后驾车、服用国家管制的精神药品或者麻醉药品后驾车、疲劳驾车、无证驾驶。③机动车驾驶人违反交通信号的违法行为，包括违反交通信号灯规定的行为、违反道路交通标志和标线规定的行为、违反交通警察指挥的行为，以及特种车非执行紧急任务时违反交通信号的行为四种情形。④违反安全驾驶操作规范的违法行为，包括车门车厢没有关好时行车、拨打或接听电话、向道路上抛洒物品、驾驶摩托车手离车把或者在车把上悬挂物品等行为。

2. 非机动车驾驶人违法行为

尽管相较于机动车，非机动车的危险性不可与之相提并论，但是非机动车驾驶人的不当行为，仍然对交通秩序与交通安全存在较大的危害性。此外，非机动车驾驶人的违法行为也是引发交通事故的重要原因之一，同时是交通警察不可回避的工作事项之一。因而，对非机动车驾驶人违法行为的类型进行细化，亦是研究交通警察权对象要素的关键环节。

非机动车驾驶人违法行为的情形，主要包括以下几个方面：非机动车驾驶人醉酒驾车、违法装载、突然猛拐、攀附行使、逆向行驶、不按规定让行、违法占道行使、追逐或曲折竞速、扶身而行、畜力车驭手违法、违反交通信号。

3. 行人与乘车人违法行为

事实上，《道路交通安全法》以及相关法律规范，为行人与乘车人设置了诸多保护性制度，譬如行人享有优先通行权、车辆的避让义务等。但是，不能由此而无视行人与乘车人的违法行为，并造成规制的真空地带。正确的方式是，梳理并厘清行人与乘车人违法行为的可能情形，为平等规制交通警察权的对象要素做好基础性工作。

至于行人的违法行为，较为普遍的是违法横穿道路，此现象在一定情形下曾被戏称为"中国式过马路"①。不可否认，这与国人法律观念的欠缺不无关系。事实上，我国《道路交通安全法》第 62 条明确规定：行人通过路口或者横过道路，应当走人行横道或者过街设施；通过有交通信号灯的人行横道，应当按照交通信号灯指示通行；通过没有交通信号灯、人行横道的路口，或者在没有过街设施的路段横过道路，应当在确认安全后通过。

---

① 主要是指，民众并不过于关注交通信号灯的指示，而是在从众心理的支配下，随从他人闯红灯，以实现通行的目的。

此外，违法跨越道路隔离设施、违法扒车与强行拦车、违法占用车行道、违法抛物击车等行为，也是较为常见的行人与乘车人违法行为。

4. 单位违法行为

实践中，由于单位在道路上的不当行为，致使交通事故的案例并不鲜见。当然，与前述的三类交通违法行为相比，单位违法行为的类型是偏少的。但是其造成的危害性不可小觑。

具体而言，主要有以下四种情形。①违法占用道路。《道路交通安全法》第31条规定：未经许可，任何单位和个人不得占用道路从事非交通活动。②违法挖掘道路。对此，《道路交通安全法》第32条规定：因工程建设需要占用、挖掘道路，或者跨越、穿越道路架设、增设管线设施，应当事先征得道路主管部门的同意；影响交通安全的，还应当征得公安机关交通管理部门的同意；施工作业单位应当在经批准的路段和时间内施工作业，并在距离施工作业地点来车方向安全距离处设置明显的安全警示标志，采取防护措施；施工作业完毕，应当迅速清除道路上的障碍物，消除安全隐患，经道路主管部门和公安机关交通管理部门验收合格，符合通行要求后，方可恢复通行；对未中断交通的施工作业道路，公安机关交通管理部门应当加强交通安全监督检查，维护道路交通秩序。③妨碍安全视距，影响安全通行。《道路交通安全法》第28条第2款规定：道路两侧及隔离带上种植的树木或者其他植物，设置的广告牌、管线等，应当与交通设施保持必要的距离，不得遮挡路灯、交通信号灯、交通标志，不得妨碍安全视距，不得影响通行。④道路管理瑕疵。《道路交通安全法》第105条规定：道路施工作业或者道路出现损毁，未及时设置警示标志、未采取防护措施，或者应当设置交通信号灯、交通标志、交通标线而没有设置，或者应当及时变更交通信号灯、交通标志、交通标线而没有及时变更，致使通行的人员、车辆及其他财产遭受损失的，负有相关职责的单位应当依法承担赔偿责任。

最后，值得特别注意的是，交通违法行为并不仅限于行政相对人，作为交通行为参与者的交通警察，亦有交通违法行为的存在。很多情形下，交通警察权的不当行使，危险性更大。尽管交通警察不属于交通警察权对象要素的范围，但是，因其行为而引发的单位（公安机关交通管理部门）违法行为的存在，亦是应当关注的。譬如，公安机关交通管理部门发现道路通行条件不良，危及交通安全，未及时采取安全措施。[1]

(三) 交通事故

无疑，交通事故是交通警察权作用力发生的基本元素之一。对其概念的厘清，是深入探究交通警察权的基础。一般意义认为，"交通事故，是指发生在交通工具之间、交通工具与人之间的伤害事故"[2]。那么，依据该概念，是否可以认为，但凡"交通工具之间、交通工具与人之间的伤害事故"，都可以认定为交通事故呢？答案是否定的。以航运过程中船舶碰撞事故、航空器之间的碰撞事故为例。两者的管制主体，与我们通常意义上谈及的交通警察是有所不同的。船舶碰撞事故是由交通运输部航道局（海事局）内设公安机关处理，航空器之间的碰撞事故也是由交通运输部民航总局公安机关负责查处。在此需要追问的是，同为广义上的交通事故，为何处置的主体分属于不同的管理机关？在理论上，基本上可以归因于规制领域的专业性与特殊性。那么，较之上述两类事故，本文论及的交通警察所指向的交通事故的独特性在哪里？

对此，《道路交通安全法》对交通事故做了解释，"交通事故"是指车辆在道路上因过错或者意外造成的人身伤亡或者财产损失的事件。从这一概念中，可以析出交通事故的构成要素：道路、车辆、过错或意外、损害后果。申言之，该四种要素对于构成"交通事故"缺一不可，共同合力的作用，才可称为交通警察权意义上的"交通事故"。

不过，过错或意外、损害后果这两类要素在其他交通类事故中，相互是共通的，直接参照已有成果即可，同时也无法彰显本文研究"交通事故"特殊性，因而，笔者不做重点阐释。同时对于车辆，前文已做交代，在此不再赘述。因此，笔者着力于体现"交通事故"特色的"道路"这一要素，加以详细阐述。

"道路"是指公路、城市道路和虽在单位管辖范围但允许社会机动车通行的地方，包括广场、公共停车场等用于公众通行的场所。《道路交通安全法》对"道路"的解释说明，直接明确了交通事故的空间范围，我们完全

---

[1] 《道路交通安全法》第30条规定：道路出现坍塌、坑槽、水毁、隆起等损毁或者交通信号灯、交通标志、交通标线等交通设施损毁、灭失的，道路、交通设施的养护部门或者管理部门应当设置警示标志并及时修复；公安机关交通管理部门发现前款情形，危及交通安全，尚未设置警示标志的，应当及时采取安全措施，疏导交通，并通知道路、交通设施的养护部门或者管理部门。

[2] 邵建：《清末上海城市交通事故与社会舆论——以〈申报〉相关报道为线索》，《社会科学》2011年第7期。

可以据此与其他涉及交通的事故相区别。从"道路"的概念可知，其内容主要由公路、城市道路以及虽在单位管辖范围但允许社会机动车通行的地方。①公路是指按照《公路工程技术标准》（JTG B01—2003）修建的城市间、城乡间、乡村间主要供汽车行驶的公共道路。① 按照《公路法》第 6 条规定，公路按照其在公路路网中的地位分为国道、省道、县道和乡道，并按技术等级分为高速公路、一级公路、二级公路、三级公路和四级公路。②而对于城市道路，现有规范《城市道路管理条例》第 2 条也予以了明确，城市道路是指城市供车辆、行人通行的，具备一定技术条件的道路、桥梁及其附属设施。按照其使用性质的不同，可分为快速交通干道、主要交通干道、一般道路和支路。当然，按照通行对象，城市道路可分为机动车车道、非机动车车道和人行道。③除了公路与城市道路外，《道路交通安全法》较《道路交通管理条例》的进步之处在于，"道路"的外延得到了与时俱进的扩展——增加可供公共交通工具通行的道路。此举意义有二：其一，显示立法者抛却以往"管制为本"立法模式，转向"以人为本"的立法动向，更加注重民众道路通行权的保障；② 其二，符合国际上对"道路"界定的一贯趋势，一般将"道路"界定为公用道路。譬如，《国际道路交通公约（1968年）》把"道路"明确为："供公众通行的任何通道或街道的全部路面"；《意大利交通法》也有类似的规定："道路是用于行人、牲畜及车辆通行的公用露天场所"；此外深受德国法影响的我国台湾地区"道路交通管理处罚条例"亦规定："公路、街道、巷街、广场、骑楼、走廊或其他供公众通行之地方"。

事实上，"道路"的空间范围并不局限于《道路交通安全法》第 119 条对"道路"上述三种类型的界定，在道路以外的区域发生事故，亦存在交通警察权作用的可能。《道路交通安全法》第 77 条规定，车辆在道路以外通行时发生事故，公安机关交通管理部门接到报案的，参照本法有关规定办理。

---

① 姜文龙主编：《道路交通事故处理工作实务指南》，中国人民公安大学出版社 2013 年版，第 1 页。
② 从已废止的《道路交通管理条例》给定的"道路"的概念来看，该概念是在"国家至上"的传统观念之情势下生成的，更多地强化公共性，而鲜于谈及相对人的权利。换言之，原有的"道路"的空间范围，在于强调道路所有权的公共性，而《道路交通安全法》扩充的"道路"的空间范围，更多偏重于相对人道路通行权的公共性。

五 交通警察权的保障要素

经验表明,任何权力因其保障要素的存在,方可称为权力,也是因为保障要素的存在,权力的效用才能得以施展。正如有学者所言:"权力以属于公共机关所有之财富为其物质承担者,公共机关所有之财富与权力之间的正相关关系很明显,国家机构、官吏、军队、警察、法庭的数量、质量等体现权力强弱的客观指标,都是同国家从社会抽取的财富的多少相对应的,也只能靠这些财富来维持;没有相应的财富做保障,法律赋予国家无论多少权力都是没有意义的。"[①] 当然,交通警察权亦是如此,也需要财富后盾的支撑。只不过,支撑交通警察权实现的保障要素,并不仅限于物质资源的保障。现代交通警察权有效性的达致,非物质资源的角色不可或缺,甚至可以说,在服务行政的背景下,非物质资源之于交通警察权的价值更为重要,在一定程度上保证了交通警察权的真正实现,以及确保与相对人之间能够良性互动。那么,作为交通警察权保障要素的物质性资源与非物质性资源,具体的意涵、功效以及表现形式是什么呢?

(一) 物质性资源

物质性的资源是指客观存在的、能够为人们控制和支配的物质实体和智力成果。[②] 传统意义上,基本上以物质性资源来确保交通警察权有效性的达成,很少谈及非物质性资源适用问题。这是因为,物质性保障要素,如巡逻车、勘查车、测速仪、酒精检测仪等,是直接确保交通警察权力实现程度的客观存在。并且,物质性保障要素的支配性影响,源于其来源的主要渠道是国家税收。国家以政府预算的方式,[③] 通过国库划拨给公安机关交通管理部门,而借此配置相应资源。

公安部 2009 年实施的《交通警察道路执勤执法工作规范》第 26 条规定:"交通警察在道路上执勤执法应当配备多功能反光腰带、反光背心、发光指挥棒、警用文书包、对讲机或者移动通信工具等装备,可以选配警务通、录音录像执法装备等,必要时可以配备枪支、警棍、手铐、警绳等武器

[①] 童之伟:《再论法理学的更新》,《法学研究》1999 年第 2 期。
[②] 戚建刚:《法治国家架构下的行政紧急权力》,北京大学出版社 2008 年版,第 58 页。
[③] 对此,2011 年公安部以部门规章形式已经明确。《公路巡逻民警队警务工作规范》第 59 条规定,公路巡逻民警队的经费应当纳入财政预算全额保障,编制应当纳入公安机关编制保障计划。

和警械。"第27条规定:"执勤警用汽车应当配备反光锥筒、警示灯、停车示意牌、警戒带、照相机(或者摄像机)、灭火器、急救箱、牵引绳等装备;根据需要可以配备防弹衣、防弹头盔、简易破拆工具、防化服、拦车破胎器、酒精检测仪、测速仪等装备。"同时,第29条对交通执勤警车做了进一步的要求:"执勤警车应当保持车容整洁、车况良好、装备齐全。"此外,对于执勤警用摩托车亦有规定:"执勤警用摩托车应当配备制式头盔、停车示意牌、警戒带等装备。"

2011年修订的《公路巡逻民警队警务工作规范》对此有更为全面的规定。第61条规定:公安机关应当按照标准为公路巡逻民警队配备必要的警用车辆、武器、警械、计算机、通信器材、反光背心、防护装备、交通事故现场勘查、测速仪、酒精检测仪等装备;执勤警用汽车应当配备反光锥筒、警示灯、停车示意牌、警戒带、照相机、摄像机、灭火器、急救箱、牵引绳等装备;根据需要可以配备防弹衣、防弹头盔、简易破拆工具、防化服、拦车破胎器、酒精检测仪、测速仪等装备。

然而,现实中,交通警察权的物质性资源的外延,已经远非现有规范所能涵盖。除了由国家财政得来的物质性资源外,民众私人的物质性设备,很大程度上也为交通警察权的运用,尤其是在查处交通违法行为和交通事故处理上,发挥了积极作用。譬如,囿于已有设备功效的有限性,交通警察往往借助在超市或者银行设置的电子摄像设备,获取相应证据。又如,新近各地交通警察推崇的"违章随手拍",由民众提供违章图像信息,经交通警察认可后,而作为处罚的证据。由此可见,交通警察权的物质性资源的范围,在现代社会中得到了延伸和拓展。在此需要明确的是,民众配合交通警察提供证据资料,在性质上应当认定为行政助手。

此外,还有一类情形,亦非我们通常意义上所理解的交通警察权的物质性资源。按照行政征用理论,遇有紧急状况或者突发事件,为了公共利益的需要,交通警察依循法律的规定,完全可以征用道路通行者的车辆或其他财物,并于事后给予补偿。其中,征用得来的车辆与其他财物,在征用期间,其使用价值为交通警察所有,将其视为交通警察权的物质性资源是不存在问题的。当然,这需要交通警察事后给予必要的补偿。

可喜的是,公安部《公路巡逻民警队警务工作规范》已有相关规定。第9条规定:"公路巡逻民警因抢救事故受伤人员、处置突发事件等紧急需要,可以优先使用公路上通行的车辆,用后应当及时归还,并支付适当费用;造成损失的,应当赔偿。"该规范中谈及的车辆便可视为交通警察权的物质性资源，不过仅限于征用决定至归还的整个期间。需要指出的是，该规范提及的"造成损失的，应当赔偿"，是不准确的。这是因为，按照基本法理，因合法、正当的征用造成的损失，应当予以补偿而非赔偿。

(二) 非物质性资源

交通警察权的物质性资源固然重要，然而，交通警察权能的完全彰显，仍然不可缺失非物质性资源的保驾护航。尤其是在服务行政与福利行政的场景下，非物质性资源的地位更为凸显。以至于有学者做出如下论断："在警力的性质与资源发生了很大变化，它们赖以产生的资源越来越复杂，非物质性警力在社会关系中的作用凸显的情况下，其软警力的作用方式也不再仅仅体现为直接的物质力与强制的结果，而是体现为柔性的观念和认识的影响。或者说，公安机关维护社会治安的能力，并不仅仅取决于其拥有多么强大的硬警力，而是在很大程度上取决于是否拥有足够强大的软警力。"[1]

其实，非物质性资源即为"软警力"，也是软实力[2]的一种形态。其要义在于，权力主体凭借极强的职业素质与修养、娴熟的法治理念，通过沟通、协商等尊重权力对象的人格尊严的方式，所生成并可固化的执法形象、社会地位与潜在权威。这种非物质性资源与现代社会治理的关注点，多聚焦于柔性行政的铺陈与推进，有异曲同工之妙。退一步讲，非物质性资源必然排斥传统的执法模式。如同罗隆基所阐释的晚近中国的执法样态——"中国一班执政者的习惯，法律条文自为法律条文；个人行动自为个人行动。要人的字条，官吏的电话，团体的公函，随时可以自动执行司法职权"[3]——将逐步被现代执法的理念所淘汰。那么，非物质性资源存在的场域，以及具体的形态是什么呢？

较之交通警察权物质性资源，非物质性资源的特性在于，多存乎于交通警察权运行的过程之中，并且关注现代行政理念如何践行，及对权力对象的影响。就交通警察权而言，其非物质性资源主要包括交通警察素质与执法理念、执法方式选择、内部自制规范、交通警察形象、警民关系质量等。接下

---

[1] 董士昙：《软警力及其价值意蕴》，《公安研究》2008年第10期。

[2] 在约瑟夫·奈看来："软实力……通过吸引力而非强制力获得理想的结果，它能够让其他人信服地跟随你或让他们遵循你所制定的行为标准或制度，以按照你的设想行事。软实力在很大程度上依赖信息的说服力。"参见Joseph Nye, "The Challenge of Soft Power", Time, 1999 (2), 转引自卢建军《警察权软实力的建构》，《法律科学》2011年第5期。

[3] 罗隆基：《什么是法治》，载刘军宁主编《北大传统与近代中国》，中国人事出版社1998年版，第210页。

来的问题是，如何使这些非物质性资源的作用力得以发挥，并达致保障交通警察权运行的目的？笔者以为，非物质性资源主要借由制度化规范加以呈现，尤其是在法治尚需努力的我国。当然，这不能排除因为法律的局限性，而导致交通警察理念一时不能制度化的存在。毕竟，非物质性资源，主要是借助于抽象文化的影响力。然而，对于当前研究者从过于抽象的视角解读非物质性资源，[①] 笔者是不赞同的。这是因为，这种研究极易把非物质性资源虚置化，并且，形而上的研究难以为社会实践提供有效指导。基于此，笔者选取在现有制度规范中，主要从交通警察素质与内部自制、执法方式选择与警民关系质量两个方面，探寻交通警察权的非物质性资源，并结合现代行政的基本理论，对刻下非物质性资源不足之处予以补正。

首先，交通警察素质需要通过执法过程予以外化，在与权力对象的关系活动中体现，直接决定了执法者的形象，并在很大程度上影响交通警察权的运行效果。例如，《交通警察道路执勤执法工作规范》第6—17条"执勤执法用语"的规定，细化了交通警察在执法过程时，如何文明、礼貌、规范的具体程式；第18—24条"执勤执法行为举止"的规定，明确了交通警察执法的严格标准动作，并不失灵活地在服务相对人的理念下，规定"交还被核查当事人的相关证件后时应当方便当事人接取"（第22条）；此外第25—30条对交通警察"着装和装备配备"进行了更为细致的规定。当然，《交通警察道路执勤执法工作规范》列明的对交警的素质要求，是执法活动中最为基本的、必不可少的非物质要素。不限于此，交通警察的素质，除了体现在遵循《交通警察道路执勤执法工作规范》格式化的规定外，更多地表现为，在处置交通违法行为与交通事故之时，所表现出来的协商、沟通等人文精神。倘若将此严格执行，那么，交通警察形象必然会焕然一新。

除了交通警察素质的积极规定外，违反执法基本要求的责任机制，应该更为明确并予以细化。申言之，应当加强交通警察内部自制，使得交通素质得以进一步强化。对此，《道路交通安全违法行为处理程序规定》明确了值日警官和法制员制度（第56条）、执法质量考评与执法责任制（第57条）、执勤执法考核评价标准（第58条）等制度。由此，民众才能更为信赖交通

[①] 至于当前对"软警力"的研究，主张从警察执法的公信力、警察形象的感召力、警察文化的影响力、警察制度的吸引力等方面展开，抑或是从合理定位现代警察权的职能和角色、树立警察权行使的理念、设立警察权的运作目标、选择警察权的运作模式、改进警察权的实施方式等方面建构警察权软实力。参见刘淇《论软警力》，《中国人民公安大学学报》2007年第3期；卢建军《警察权软实力的建构》，《法律科学》2011年第5期。

警察权，其公信力自不待言。

其次，执法方式如何选择是考验现代交警执法技艺的试金石。不可否认，较之传统的行政活动，现代交通警察享有较大的裁量权，尤其是在福利行政与给付行政的场景下，交通警察在执法之时享有更多裁量空间。换言之，交通警察选取何种执法方式，享有一定的自主权。然而，必须正视的是，实践中交通警察实施主要类型化行为——行政处罚、行政强制、行政许可——能直接嵌入柔性行政方式①的情形，是极为少见的。但是，完全可以在交通警察权行使之时，注入合作、协商、沟通等柔性元素，并通过正当程序的实施，增强权力的可接受性。此过程中，交通警察权之权威也在潜移默化中增强。正如有学者所言："权威来源于确信和承认，对于有理性的现代人而言，确信是由证明过程决定的。也就是说，在服从某一决定之前，人们必须考虑做出该项决定的正当化前提。这种前提主要就是程序要件的满足……经过正当化过程的决定显然更容易获得权威性。"②

反观现有关涉交通警察之规范，除了程序性设计外，有关行政处罚、行政强制、行政许可中柔性元素的嵌入度还是有待提高的。

最后，需要强调的是，非物质性资源价值依归在于警民关系的质量，因而创造日常沟通机制，以及事后的沟通与评估，是不可或缺的。对此，《公路巡逻民警队警务工作规范》做了相关规定。譬如，建立执法回访制度（第39条）、警务公开制度（第41条）、定期警营开放制度（第41条）等。借此不但营造了开放的交通警察文化，并可以查漏补缺，推进民众意见及时反馈，而且可以增进双方信赖，并最终营造和谐的执法环境。

---

① 当前已经类型化，并在规范中有迹可循的柔性行政方式，主要包括行政合同、行政指导、违法事实公布等其他非强制行政方式。

② 季卫东：《法治程序的建构》，中国政法大学出版社1999年版，第53—54页。

我国交通警察权力配置的价值维度与改革方向

刘启川[*]

摘　要：当下我国交通警察权能事项过于庞杂，严重影响甚至侵蚀其他行政权能，不利于法治政府建设，因而，应对交通警察权能格局予以法治化改革。以交通警察权蕴含的价值与功能预设系统指导其权能改革是较为科学的路径。经深入分析发现：传统交通警察权秩序价值的正当性面临挑战；现代交通警察权人权属性的应用有其局限性；当前交通秩序行为是交通警察权的秉性亦为道路通行权的实现方式。因此，应确立以交通秩序为主兼顾人权的"新秩序观"。"新秩序观"具有三重寓意：在宏观上，可以实现交通秩序中心化与权力分配体系化，在整体上回答权能改革的基本方向；在中观上，可以推动交通警察任务规范结构变革，获取权能改革的制度保障；在微观上，可以验证和纠偏当前交通警察权能范围，实现权能的分流与归位。

关键词：交通警察；警察权；权力配置；新秩序观

与西方发达国家相比，我国道路交通警察涉足了交通违法行为、交通事故之外的诸多领域，[①] 并且出现不同行政部门实施同一权能的现象。[②] 可以说，交通警察权能事项庞杂的现况，直接造成公安交通管理部门与其他部门职权交织、错乱，严重影响了我国行政权能的有效发挥。从根本上来说，问

---

[*] 刘启川，东南大学法学院讲师。

[①] 经查证相关法律规范发现，我国交通警察权能其他事项包括：车辆登记、机动车驾驶人考试、驾驶证申领（发证、换证、补证）、指导道路交通安全科研工作、交通安全教育、停车场设置与管理、交通信号灯设置。

[②] 以停车场设置、管理为例。目前地方性规范对于停车场设置、管理等相关事宜并未予以统一规定，并且，现有规范对这一问题的规定较为混乱。依据《天津市停车管理办法》第5条、《福州市停车场管理办法》第3条、《兰州市机动车停车场规划建设和管理暂行办法》第4条可知：公安交通管理部门要么负责停车场管理，要么作为主管机关决定所有事务，要么只负责停车场设置。

题的症结在于当前交通警察权力格局并未充分考虑其权能性质与内在价值，进而影响了权能设置的科学性。值得庆幸的是，2015年2月中央审议通过的《关于全面深化公安改革若干重大问题的框架意见》意识到了该问题，并明确要求"建立符合公安机关性质任务的公安机关管理体制，建立体现人民警察职业特点、有别于其他公务员的人民警察管理制度"。遗憾的是，我国学术界尤其是公法学界尚未对此展开深入研究，① 现有理论成果无法为交通警察权力配置改革提供有效指引。为此，我们初步认为，交通警察权能事项改革应首先确立一种规律性认识，以统制权能事项改革的关涉法律规范与制度实践。换言之，穿透交通警察相关规则的表象，挖掘蕴含的价值与功能预设，重新审视交通警察权能事项的配置，以此实现交通警察权能改革的系统展开。

一　交通警察权承载价值之省思

纵观世界各国道路交通法律规范，我们可以发现，秩序与人权是交通警察权承载的基本价值；对交通秩序与人权属性的不同关注直接影响了交通警察任务，进而决定了其权能事项。这在以时间为脉络的制度演进中表现得更为明显。因此，以下主要从传统交通警察权秩序价值与现代交通警察权人权属性两个面向，深度反思交通警察权承载价值存在的问题。

（一）传统交通警察权秩序价值及其问题

传统意义上警察权是强权与秩序的代名词，以直接维持社会之安宁秩序，防止或减少公共危害为目的。② 警察权等同于行政权的态势，为警察国时期基本特征，并且此阶段警察权的功能在于维持秩序，甚至可以说，警察权是秩序的化身。换言之，为了达成一定秩序，自由与人权只能退居其后，同时，为秩序让道也是自由、人权等价值的义务。即便有时冠以"人民福利"之名，但其干预行政特色，也与"人民福利"是背道而驰的。囿于传统自由法治国相关制度构建未能及时跟进，权力制衡乏力，尤其是权利救济管道不畅或不足等，致使自由人权保障多为宣教式的口号，人权保障未能落

---

① 李震山先生意识到这一问题，然而只是简单地做了主观推测，并未深层次解读当前制度设计的根由。参见李震山《道路交通安全行政法制之建构与问题举隅》，《台湾本土法学杂志》总第63期。

② 参见余秀豪《警察学大纲》，商务印书馆1946年版，第3、13页。

到实处。

在上述警察国与自由法治国背景下，警察秩序价值影响并决定了交通警察任务的布设。这在新中国成立之初的交通警察法制中可见一斑。1951年《城市路上交通管理暂行规则》第1条规定："为统一全国城市路上交通管理，维护交通秩序，保障安全起见，特制定本规则。"1955年《城市交通规则》第1条规定："为加强城市交通管理，便利交通运输，维护交通安全，以适应国家经济建设的需要，制定本规则。"改革开放之后，交通警察权价值的秩序定位也一度影响了我国交通警察法制。譬如，1988年《道路交通管理条例》第1条规定："为了加强道路交通管理，维护交通秩序，保障交通安全和畅通，以适应社会主义现代化建设的需要，制定本条例。"由此观之，交通警察权基本上以维护交通秩序为价值依归。然而，奉交通秩序价值为圭臬的正当性面临如下挑战。

其一，不难想象，过度关注秩序至上，必定会出现这一景象：警察权可以延伸至社会生活的方方面面，不仅及于社会危害之防止，亦可强力涉入民众私权领域。在此情形下，位于警察权之下的交通警察权，也基本上承继这一逻辑，交通警察权不会局限于单纯地消极秩序维护，而是常借秩序需要之名，并有侵犯民众权利之虞。譬如，如果缺乏有效规制，交通警察完全可以交通违法行为或交通事故调查取证的名义，或者恣意采取交通管制，或者滥用醉驾抽血检验措施等。坦诚地讲，片面地追求秩序，必然会导致为了秩序而侵犯人权，甚至完全无视人权。不可否认，"文明社会的生存，不可能没有某种武力因素"[①]，同样，交通秩序的实现也必不可少地为交通警察配备一定强制力。片面秩序的追求，在一定程度上意味着强力装备的应用，与此同时，一定个体权利的总量也在一定数量地削减。

其二，从另一个角度来看，过度强调秩序将导致交通警察权的膨胀，尤其是在进行权力配置之时，将过多的事项纳入交通警察管理的范畴，必定会造成其他行政机关权能范围的缩小。这与现代行政发展的基本趋势严重不符。随着社会的发展与分工的精细化，民众对专业化与专门性的要求越来越高，国家的功能不能仅限于消极的秩序维护或者积极强权干预，而是应当与社会需求和社会发展相契合，行政国随之出现。行政国的重要特征在于能有效地回应社会分工和专业化的需要，并设置相应的机关或组织加以管理或者

[①] [英]伯特兰·罗素：《权力论》，吴友三译，商务印书馆1991年版，第189页。

提供服务。如同英国学者 W. Friedmann 所言及的现代国家的五种功能。① 事实上，这是现代国家的基本任务，也是民众对国家的大致期待。上述期待如何在行政国中予以分解并细化，是现代行政法需要面对的问题。无疑，传统交通警察权亦应随之变革。倘若不考虑交通警察秉性与行政部门特性，而将交通警察涉入诸多领域，很显然，这与行政国之精神相违背。

（二）现代交通警察权人权属性应用及其局限

1. 人权保障功能的应用：从虚妄到凸显

可见，传统警察权下交通警察无法有效因应现代社会发展的需要，过度强调秩序的价值取向，与现代行政法的发展趋势格格不入。如同前文所述，在自由法治国的前期，虽然开始关注人权，但是，法治国的理念未被充分认同并得以践行，交通警察的干预行政色彩依旧浓郁，更多的是以人权福利之名继续以往的秩序行为，并无多大改进。

然而，自由主义倡导的自由法治国，在其后期，相关对抗国家权力的制度架构逐步完善。也正是自由法治国得以昌兴之时，20 世纪的社会法治国悄然兴起。基于生存照顾与提供福利的价值，社会法治国已与自由法治国倡导的"不干涉"出现一定的分歧，形成社会治理的两种不同进路。不过，究其本质而言，两种进路的逻辑基点是一致的，都是在不同情势下人权保障的努力。事实上，现代各国包括我国，价值的诉求基本上兼具着自由法治国与社会法治国的双重性格。②

那么，交通警察是否也遵循着自由法治国与社会法治国有关诉诸人权保障的努力？从根本上来讲，警察权乃至一切行政权的根源在于人权，也是人权的维护使其获得行为的正当性。因此，交通警察对人权保障的重视程度非但不应低于秩序，甚至可以说，交通警察的行政活动是人权主导下的秩序行为。

当前人权保障业已成为政府倾力为之的目标，尤其在 2004 年《宪法修正案》中明确了国家尊重与保障人权。交通警察法制规范也对人权保障予以规定并明确化。譬如，《警察法》第 2 条规定："人民警察的任务是维护国家安全，维护社会治安秩序，保护公民的人身安全、人身自由和合法财产，保护公共财产，预防、制止和惩治违法犯罪活动。"《道路交通安全法》

---

① 英国学者 W. Friedmann 主张，一个现代国家其政府应具有秩序维持者、社会服务者、企业经营者、经济统制者、仲裁者五种机能。参见施启扬《民法总则》，自刊本，1996 年，第 403 页。

② 熊樟林：《行政处罚上的空白要件及其补充规则》，《法学研究》2012 年第 6 期。

第1条规定:"为了维护道路交通秩序,预防和减少交通事故,保护人身安全,保护公民、法人和其他组织的财产安全及其他合法权益,提高通行效率,制定本法。"除《道路交通安全法》在交通警察任务的规范结构中加以明确外,与之相关的其他规范,[1]都在规范设定的宗旨中明确了人权保障的价值取向。

尽管《道路交通安全法》第1条"保护公民、法人和其他组织的财产安全及其他合法权益"直接关乎人权保障的价值内容,位列于该条关涉秩序、安全等价值的"维护道路交通秩序,预防和减少交通事故"之后,但至少已经把人权保障纳入考量交通警察执法效果的标准之列。在一定程度上可以获致相应的社会效果和政治效果:"说明人权之保障为目的,职权之行使为手段,如此可收正本清源之效,亦可间接提升警察人员对国民主权之认识,在潜移默化中,提高其民主警察形象,及执法品质。"[2]具体而言,一方面可以促使交警在活动之时除了秩序维护之外,恪记保障人权是与维护秩序、安全等同位阶的任务,并不可只关注秩序与安全,而无视人权;另一方面,之所以在交通警察任务或者道路交通规范设置宗旨之时,将人权价值置于秩序、安全、效率其后,一个重要考虑在于,秩序、安全、效率的终极价值在于实现人权。此时人权并不一定指单个人或者一小部分人的权益,也涵盖更广泛意义上的公共利益。

2. 人权保障属性应用的局限性

(1)辨识标准与区分技术的付之阙如

在交通警察活动领域,尤其是在法治国与社会国的双重品格统制下,交通警察权能运作效果的主要考量因素在于秩序与人权,而无须顾及国度的不同与历史的差异。尽管普通民众对交通警察权也存在矛盾的期望,[3]并往往以此期待评判法律制度抑或行政活动的优劣,但是,并不能以此作为裁量的基准。民众的这种判别标准不足以成为可以接受的辨识标准,是因为其朴素性与主观性过强,缺乏让人信服的客观理据。同时,囿于人权的抽象性与模糊性,交通警察权被冠以的人权保障价值,常常因交通秩序维护之必要而被

---

[1] 参见《道路交通安全违法行为处理程序规定》第1条、《道路交通事故处理程序规定》第1条。
[2] 李震山:《警察任务论》,登文书局1998年版,第18—19页。
[3] 今天的社会大众是用双重标准在要求警察:期望他们一方面人性化,另一方面又能非人性化。参见李涌清、徐昀《警察行政与刑事司法的经济分析》,五南图书出版公司2002年版,第142页。

虚置化，从而造成这一现象的出现："维护治安是政府用以限制人权最常见理由，以保障人权为目的，也缺乏手段应受目的之制约之合比例性考量，导致目的与手段错置之不良现象。"①

不仅归因于此，客观来说，交通警察权人权属性乏力的重要原因在于，当前尚缺乏对人权保护与秩序维护的清晰区分技术，完全区分两者界限的标准很难获致。对此，台湾学者李震山先生有着精辟的论述："人权保障与治安维护本不易清楚划分，此处之所以将人权保障单独列为警察任务之一种，除着眼于警察工作特质与人权有密切关系外，旨在凸显警察应时刻有主权在民之观念，摒弃作之君、作之亲、作之师的传统牧民观念，以人权为重为主的警察任务，方有其生命可言。"②

问题是，交通警察任务的规范结构中列明的人权保障要求，是否如同李震山先生所言，其要义在于人权保障理念的宣示与引导作用？倘若如此，即便在实定法中加以明确，遇有人权与秩序冲突之时，如前所述，人权总是让位于秩序，由此造成民众对交警的认识局限于秩序警察，其信服力也将大打折扣。更为甚者，交通警察权之人权保障属性的意义和价值，将沦为交通秩序价值的附属品，并且，由其主导的统摄秩序价值的期待也将难以满足。

（2）秩序优位于人权的法治风险

前已述及，《道路交通安全法》第1条明确了交通警察任务，在该规范结构中，人权保障相关内容置于秩序维护相关内容之后。这或许是立法者不经意的行为，然而处于总则统领地位的交通警察任务的设定，直接影响了该法其他条款及其细化规则内容的结构设计。

譬如，我国《道路交通安全法》第70条第1款规定："在道路上发生交通事故，车辆驾驶人应当立即停车，保护现场；造成人身伤亡的，车辆驾驶人应当立即抢救受伤人员，并迅速报告执勤的交通警察或者公安机关交通管理部门。因抢救受伤人员变动现场的，应当标明位置。乘车人、过往车辆驾驶人、过往行人应当予以协助。"依照该条规定的先后序位来看，"保护现场"之秩序规范是先于"抢救受伤人员"的人权保障规范。尽管上述条文中明确遇到"人身伤亡的，车辆驾驶人应当立即抢救受伤人员"，然而，囿于"保护现场"留存证据的秩序要求，实践中容易出现两种极端的情形：要么肇事者死板地维持秩序而放任受伤人员伤情恶化，要么积极地救治受伤人

---

① 李震山：《警察任务论》，登文书局1998年版，第24页。
② 同上书，第17页。

员因疏漏保持证据而面临一定的罚责。在此情势下，无疑，交通警察权的行使一般会遵循《道路交通安全法》第70条设定规则的指引，优先关注因"保护现场"留存的证据。①

对此，《道路交通事故处理程序规定》第21条以更为详尽的内容确认了这一规则。第21条规定："交通警察到达事故现场后，应当立即进行下列工作：（一）划定警戒区域，在安全距离位置放置发光或者反光锥筒和警告标志，确定专人负责现场交通指挥和疏导，维护良好道路通行秩序。因道路交通事故导致交通中断或者现场处置、勘查需要采取封闭道路等交通管制措施的，还应当在事故现场来车方向提前组织分流，放置绕行提示标志，避免发生交通堵塞；（二）组织抢救受伤人员……"

试想，倘若寄希望于交通警察维护秩序之时，又能毫无缺漏地保障人权——至少不存在侵犯人权之情形，既考验着交警的执法技艺水平，又是一种巨大的挑战。在法理上，这是对交通警察执法效果的过度苛求，不具有期待可能性。就其后果而言，如若处置不当，要么面临着无视人权的诟病，要么遭受越权或滥权的指责。按照公共选择理论，假设的交通警察这一"经济人"，会首选程序规定的次序处理相应交通事件，而非只"组织抢救受伤人员。"无暇"划定警戒区域"，否则将面临行政违法的苛责。

可见，交通警察评判交通事故关涉当事人双方的价值天平，更多地偏向于秩序而非人权。一个显然的结果是，交通警察执行道路交通规范之时侧重于现场证据的秩序行为，某种意义上纵容着对人权的损害。尽管在侵害发生后，法律规范为漠视受伤人员的肇事者设定了民事或者刑事罚则，但是这些内容都改变不了交通警察在处置交通事故之时所彰显的偏重交通秩序的价值取向。

二 交通警察权价值定位："新秩序观"之提倡

随之而来的问题是，我国当前交通警察权之人权保障属性应用的局限性，亦即现有规定所隐含的交通警察权偏重于秩序的价值取向，会不会引发交通警察权倒退至"警察国"时代的质疑？是否与宪法倡导的尊重与保障人权的精神相悖？如果答案是否定的，那么，人权保障功能偏低处境的正当性理据何在？上述法治风险应当如何规避？笔者以为，这需要从交通警察权

---

① 参见《道路交通安全法》第73条。

的秉性与人权的实现方式着手论析。

应当明确,即便在自由法治国、社会法治国的场域内,警察权的秉性也不能因为情势的不同而做相应调适。其不同于一般的国家行政权,这是因为警察权较于其他行政权具有补充性。"警察系以维持客观的事实上之秩序为目的之国家机关,与警察不得主动地介入有关形成及维持市民相互间之私法关系之纷争完全相同者,警察亦不应积极地支援、推进特定的行政机关之政策。"① 这种补充性还表现为警察权的临时性,"在保护私权所需之特别职权,有身份之确认、管束及扣押,但很清楚的是,各该措施皆仅具临时保全性质"②。此外,警察权与行政权的重要不同在于,警察权的强权性与侵益性远胜于一般的行政权,因此对警察权的运行应课加较一般行政权更为苛刻的条件。位于警察权之下的交通警察权更应如此,应严格地限定在查处交通违法行为、处置交通事故等维护交通秩序事项上。

尤其是,刻下的中国已经进入一个风险社会,而现代道路交通领域是风险的高发区。具体而言,城市交通风险的增大,无非来源于这些问题,也是交警亟待解决的问题:现代城市空间的有限性,人口、车辆急剧增长性,交通事故尤其是重大交通事故的惨烈性与处置及时性要求,驾驶工具的危险性,通行效率与安全的过高期待性,等等。特别是威胁健康与安全的交通事件即使并不变为现实也会消耗成本。③ 而这些都需要交警予以事先应对,并有效化解。其路径无外乎围绕秩序的构建、整合或维护。在此情形下,如果单向度关注道路通行者权利所涉的自由、民主与财产,而无涉交通秩序或给予少量关注,那么现代交通秩序将矛盾重重、混乱不堪。事实上,道路交通安全风险的消解需要尽快重整秩序,在此过程中可能伴随着一定程度人权的消减,但其目的是促进整个交通秩序与安全的实现。至于减损的人权,完全可以通过事后救济的方式予以弥补,此举正是行政法之比例原则的要义所在。因此,从功能主义的视角而言,相较于交通警察权之人权属性,交通警察权秩序价值的权重应适度偏重。

那么,如果交通警察的重心在于维护交通秩序而非关注人权,现代交通警察权是否会导致一种极端:为了交通秩序漠视人权甚至践踏人权?应当看

---

① 梁添盛:《整建我国警察权限法制之研究》,博士学位论文,"国立"政治大学,1999年。
② Scholler:《德国警察与秩序法原理》,李震山译,登文书局1995年版,第79页。
③ 参见 Baruch Fischhoff、Stephen R. Watson、Chris Hope《界定风险》,载金自宁编译《风险规制与行政法》,法律出版社2012年版,第7页。

到的是，秩序与人权并非完全割裂。在自由法治国与社会法治国双重视阈下，秩序是富含人权的秩序，秩序与人权的水乳相融关系，已经基本获得共识。"从最抽象的意义上讲，秩序是事物在时间、空间或逻辑联系上相对固定的结构。对于社会生活而言，秩序总是意味着在社会中存在着某种程度的关系的稳定性、进程的连续性、行为的规则性以及财产和心理的安全性等因素。"① 但若国家存在是以追求人民幸福、保障人民权利为目的，必先以国家能存在及社会秩序能维持为前提，因此，安全秩序目的与追求人民幸福的目的，就成了两个相互关联、彼此影响之主轴。②

当然，单纯从法理上讲，人权与秩序冲突之时，秩序应让位于人权，毕竟，一切国家型构包括维持国家机器运转的秩序，皆源自人权。诚如有学者所言："治安任务必须在保护人权之前提下进行，而人权之保障与人民福祉的追求才是目的，治安应仅是手段。"③ 并且，以此"手段"外化的道路交通规范所一贯秉承的秩序、安全等价值，内含着人权保障的意蕴。应当承认，交通秩序并不必然与人权保障是相悖的，干预行政也并不是品质不良的行政活动。在整合社会秩序方面干预行政是必不可少的，且中国转型时期社会秩序可能更需要干预行政来整合不稳定的秩序。④ 在很大程度上，交通警察对交通秩序的干预行为，是为了个体权益或者公共利益的维护。以前文述及的《道路交通事故处理程序规定》第21条为例，无疑，该条具有鲜明的秩序价值取向，但是，这并不表明交通警察在处置事故时，按照上述规范明定的顺序完成上一个后，才进行下一个环节，而是这些环节基本上是同步进行的。况且，先于考虑现场秩序，如划定警戒区域、实施交通管制、防止警示标志等，一方面是为了防止二次事故，另一方面为他人通行提供必要的警示，避免交通事故的发生。本质上都是为了权利保障与公共利益，并不能因此而过分地苛责交警"只有秩序而无人权"。

需要继续追问，如何才能避免"只有秩序而无人权"的法治风险呢？现代国家配置交通警察权之秩序权能，多是在民主的情形下以"传送带"立法的模式展开，即便是行政立法，也是在汲取参与、听证等民主要素的基础上进行，并配备相应的审核、备案、废除等程序。譬如，2014年6月深

---

① 张文显主编：《法理学》（第三版），法律出版社2007年版，第335页。
② 李震山：《警察任务法论》，登文书局1998年版，第33页。
③ 李震山：《对提升警察办案能力之期待》，载《民间司法改革研讨会论文集》，自刊本，2001年，第3页。
④ 章剑生：《现代行政法基本理论》，法律出版社2008年版，第6页。

圳市交警部门向深圳市人大常委会提请修订《深圳经济特区道路交通安全违法行为处罚条例》《深圳经济特区道路交通安全管理条例》，向社会公开征求意见建议，取得了良好的社会效果。[1] 尽管上述条例中增加了新的罚则，但其目的在于通过维护交通秩序，更好地保障人权与更广泛的公共利益。申言之，现代交通警察维护交通秩序的行为，是富含人权要素的秩序行为。

或许有学者会提出，在社会法治国之福利行政与给付行政的背景下，交通警察权亦应当做出相应的回应，至少应增量人权保障要素。对此，笔者并不苟同。

原因有三。其一，如若赋予交通警察权给付行政的权能，不难想象，交通警察权极有可能又回归到传统警察国时代，其危害前文已做阐述，在此不再赘述。其二，给付行政的角色完全可以由其他行政机关代行或者担任，在行政分工精细化的今天，已不存在障碍，警察内部分工日益明晰化与独立化，上海交巡警分立的成功实践便是明证。[2] 其三，即使交通警察在执法实践中遇有突发事件或者紧急情况，而不属于其职权范围内的事项，并在请求其他机关可以解决的情形下，交通警察亦不应完全介入并代行其他机关职权。并不是说交通警察对此完全坐视不管、置若罔闻，而是应通知相关部门，并在必要的情况下提供协助，当然，这种协助应在法律规范限定的范围内。因此，福利行政的发展趋势不应成为变更或者革新交通警察任务的因由。

综上所述，当前交通警察权力的价值应当定位为以交通秩序为主兼顾人权，我们暂且将其称为交通警察权"新秩序观"。"新秩序观"最大的优势是厘清了当前交通警察权蕴含的价值、功能预设及其序位。换言之，"新秩序观"的基本诉求是交通警察致力于交通秩序与交通安全的维护，其他的皆为其辅助事项。更进一步，在自由法治国与社会法治国双重品格的推动下，交通警察职权范围内——维护道路交通秩序与交通安全，不应是往常普遍存在的被申请行为或消极被动不作为，更多的应是主动履行。如主动指挥交通、主动处置交通违法行为。而对于人权保障的辅助义务，唯有来自其他

---

[1] 参见深圳市公安局《交警拟对交通违法处罚条例和交通安全管理条例进行修改》，http://www.szga.gov.cn/JWXW/JTDT/201407/t20140710_ 69227. htm，2015-6-17。

[2] 参见《关于提请审议废止〈关于本市试行交通警察和巡察警察在道路上统一执法的决定〉的说明》，《上海市人民代表大会常务委员会公报》2005 年第 2 号。

机关或者民众的申请方得以实施。当然，对于突发事件，尤其是民众生命面临重大威胁，来不及寻求他机关救济，否则将导致严重损害之时，交通警察有主动介入的必要。

三 "新秩序观"对交通警察权力配置之寓意

交通警察权力配置与权能改革"牵一发而动全身"，而确立的交通警察权"新秩序观"可有效处理"一发"与"全身"的关系，能够在三个维度上获致交通警察权力配置的全方位改革，实现交通警察权能改革联动效应的良态化。具体而言，在宏观上，实现交通秩序中心化与权力分配体系化，从整体上回答权能改革的基本方向；在中观上，推动交通警察任务规范结构变革，以获取权能改革的制度保障；在微观上，验证与纠偏当前交通警察权能范围，实现权能的分流与归位。

(一) 宏观影响：交通秩序中心化与权力分配体系化

首先，交通警察关注的重心将集中于交通秩序，并以维护交通秩序作为其根本职责。由此实现该警种设置的初衷：借由维护交通秩序实现人权保障。易言之，在交通秩序的维护中，实现民众最为基本的道路通行权。值得一提的是，日本对交通警察权的价值定位更为苛刻：不直接关注人权保障，或宣示交通秩序与人权的关系，而是单纯规定交通警察权的价值在于交通秩序。日本《道路交通法》第1条规定："本法律系以防止道路上之危险，谋求其他道路之安全与顺畅，及有助于防止起因于道路交通之障害为目的。"[1] 但并不能由此否认日本交通警察秩序的维护并无人权保障的元素。我国学者李步云先生更是在其著作中，直呼警察秩序维护价值的唯一性："警察权力的行使只能以维护社会公共秩序为必要，除此之外，警察权力不应该干涉。"[2] 在理论上，我们不难得出交通警察之于交通秩序的维护必然会承继一般警察之于秩序的方式，采取介入的双重标准：危害防止的急迫性与需要强制力的经常性。[3] 不限于此，依循"新秩序观"，基于积极主动维护交通秩序的必要，现代交通警察权能范围及于潜在的、推测性的交通危险。因

---

[1] 本文涉及的日本《道路交通法》条文的引用，皆来自李宪人《警察官放除交通危险权限之研究》，博士学位论文，中央警察大学警察政策研究所，2013年。
[2] 李步云、李先波：《警察执法与人权保护》，湖南大学出版社2013年版，第42页。
[3] 参见高文英《我国社会转型时期的警察权配置问题研究》，群众出版社2012年版，第284页。

此,"新秩序观"之下,交通警察兼具消极维护交通秩序与积极维持交通秩序的双重功能。进一步来说,交通警察权能改革的进行,应以围绕交通秩序中心化为主轴。

其次,交通警察权"新秩序观"更好地厘清了交通警察部门与其他部门之间的关系,尤其是交通警察部门与交通行政管理部门之间的关系。依据当前交通警察执法内容来看,大致可分为干预行政行为与给付行政行为。在"新秩序观"之交通秩序中心化的导引下,交通警察权的实现必然多选择干预行政的方式,而给付行政之于道路通行者,并不被"新秩序观"所青睐。在此情形下,完全可以将给付行政部分交由其他部门尤其是交通行政管理部门。由此观之,交通警察权"新秩序观"在发挥区分行政主体之间关系作用的同时,很大程度上实现了交通领域关涉问题研究的体系化。在一定程度上可以避免"所关注之交通个别或类型案件之处理,若不能掌握全盘体系,自无法掌握问题之根源与治本之解决方案,公权力对交通法律问题所采之措施,屡有捉襟见肘、脚病医脚之现象,就不足为奇"[①]。在此,应当指出当前学者做出的论断——"应当以维护秩序的最低需要为标准调整警察权力的范围,以自由价值的满足为出发点控制警察权"[②]——并未深入地关注警察权秉性,而一味地强调警察权之自由价值等人权保障功能,必然会侵蚀其他行政权的应有疆域,不利于权能配置的体系化与科学化。

此外,"新秩序观"的统摄力也及于警察权内部权能的分配。维护交通秩序的角色定位决定了交通警察不同于其他警种。在警察权内部权能配置之时,应保持交通警察的独立性,应当尤为关注交警与巡警之间的关系。笔者较为赞同将两者予以区分,具体应当借鉴前文述及的上海经验,将两者分开并纳入不同管理系统之中。退一步讲,如果将两者合二为一,则其权能将被放大,随之而来的隐患是,极有可能出现市民法治国家初期类似的场景:警察以"促进人民福利"配合"危害防止"的秩序任务,任意扩大危害范围,致使警察权介入许多行政工作领域。[③] 对此,"新秩序观"关于交通秩序为主的价值定位,直接凸显了其特有的功能疆界,使得交警与巡警分立具有理论上的可行性。因而,将交通警察与巡逻警察分离并置于不同的职权范围

[①] 李震山:《道路交通安全行政法制之建构与问题举隅》,《台湾本土法学杂志》2004年第总63期。
[②] 高文英:《我国社会转型时期的警察权配置问题研究》,群众出版社2012年版,第76页。
[③] 同上书,第127页。

内，是"新秩序观"的基本诉求之一，也是现代行政发展的基本要求。

(二) 中观反思：交通警察任务规范结构变革

无疑，交通警察权"新秩序观"的有效践行需要法制的配套安排。由于"新秩序观"与交通警察任务总则性规范有内在的契合性和一致性，因此，需要反思当前我国交通警察任务规范结构，是否与以交通秩序为主兼顾人权的"新秩序观"达成内在一致。吊诡的是，《道路交通安全法》在警察任务的总则性规定[①]中明确了保障人权与维护秩序的内容，但是并不能解读出与"新秩序观"如出一辙的价值取向。在理论上，设计警察任务的总则性规定的初衷可能有两种：第一，从内容上来看，很显然警察任务透射的价值并无优劣之分，应当予以平等保护；第二，警察任务所涉价值之间是因果关系，也就是说，秩序的维护是为了人权的保障，人权是秩序的目的。

应当承认，不论采信何种解释，交通警察任务规范结构设计的致命缺点是，执法者在法律规定不明确或者缺少规定时，不能有效权衡采取何种方式行使权力。尤其是在我国当前执法人员素质普遍不高的情形下，交通警察任务规范基本上形同虚设，和一般宣示意义的口号无异。

那么，在当前文本无法找到切实可行的解释方案之时，可否采取退而求其次的进路，亦即在《道路交通安全法》的下位规范中找到化解上述困境的出路。经过下位规范的文本查证，[②] 可以发现，要么是没有规定，要么只规定秩序价值，要么延续上位法模式而罗列秩序与人权等价值，由此看来，在我国，关涉交通警察权的所有规范并未为秩序与人权之间关系的辨别提供指引。

交通警察权"新秩序观"，可以为化解这一难题提供思路。"新秩序观"倡导的交通秩序为主，兼顾人权的理念，是交通警察特质与人权表达方式交融的结果，也是对交通警察权运作规律的总结。申言之，从排列的次序来看，人权位列秩序之后，警察权运行之时应依序权衡保护的轻重，一般而言，秩序应被先行考量，人权则位于次要地位。只不过，人权在例外情形下予以优先对待。也正是例外情形的存在，方可足以抗辩自由法治主义者和社会法治主义者过分的苛责与诟病。

---

① 参见《道路交通安全法》第1条。
② 主要查询了《道路交通安全法》的下位规范：《道路交通安全法实施条例》《道路交通安全违法行为处理程序规定》《道路交通事故处理程序规定》《交通警察道路执勤执法工作规范》《公路巡逻民警队警务工作规范》等。

法评判之实质要义都归于其正当性思量，其实现路径在于通过不断的纠错与批判以推进法制的完善。[①] 借由前文法理的深层次论析，不难发现，很有必要将上述思路予以制度化。对此，我国台湾地区立法者很早就意识到该问题，并在法律制度中加以明确。例如，我国台湾地区"警察法施行细则"第2条[②]规定："本法第2条之警察任务，区分如左：一、依法维持公共秩序，保护社会安全，防止一切危害为警察之主要任务；依法促进人民福利为警察之辅助任务。"我们完全可以以此为镜鉴，为修订相关规范提供指引。

鉴于《道路交通安全法》对其他交通安全法律规范的统摄性，如果贸然对其修订，尤其是关乎总纲性交通警察任务的变更，难免会影响法之稳定性，加之修法的成本较为庞大。最为重要的是，倘若以权力机关修法的方式，明文宣示人权与秩序的先后次序，必定会有接踵而来的非议，将遭受一定的政治风险。因此，直接修订《道路交通安全法》第1条并非明智之举。对此，可以参照我国台湾地区的做法，考虑在行政法规中予以细化。具体而言，可以在《道路安全法实施条例》中明确："维护道路交通秩序，预防和减少交通事故，提高通行效率为交通警察的主要任务。保护人身安全，保护公民、法人和其他组织的财产安全及其他合法权益为交通警察的辅助义务。"

（三）微观省察：权能分流与归位

依《道路交通安全法》及其相关规范观之，交通警察权的权能范围主要涵盖：交通管理政策规范研究与拟定、车辆登记、驾驶证申领（发证、换证、补证）、机动车驾驶人考试、交通安全教育、交通事故与交通违法查处中相关权能（行政调解权、行政强制权、行政调查权、行政处罚权等）、交通肇事罪与危险驾驶罪的立案侦查、交通信号灯设置、停车场设置与管理、参与道路交通设施或建设的规划、组织指导道路交通安全科研工作等。

很显然，在微观上考察"新秩序观"如何作用于上述交通警察权能，应按照交通警察权"新秩序观"的基本诉求，验证与纠偏刻下交通警察权

[①] 刘启川：《行政强制执行时间限制与拒绝给付禁止之制度解析》，《现代法学》2013年第3期。

[②] 需要说明的是，2000年11月22日我国台湾地区"内政部"修正的"警察法施行细则"较之以往规定重要不同之处在于，对警察任务区分的内容设定删除了"前项第二款之辅助任务，指协助一般行政机关，推行一般行政而言，其协助并应以遇有障碍，非警察协助不足以排除，或因障碍而有妨害安宁秩序时为限"。由此看来，警察机关辅助行为不仅限于行政协助，也应包括职权外对其他民众人权保障的辅助作用。

的权能范围。具体而言，应从两个层面展开：符合交通警察权"新秩序观"的现有权能予以保留；不符合交通警察权"新秩序观"的予以分流与归位。

1. 应保留的部分权能事项及其限度

无疑，交通警察承继的传统警察一般权力，如交通安全规范草案提请权以及规章或规范性文件的制定权、交警调解权、交警调查权、交警处罚权、交警强制权、交警管制权、交通肇事罪与危险驾驶罪立案侦查等仍由其行使。这是因为，交通安全规范的草案提请以及制定规章或规范性文件的权力，这是一般行政主体（当然要具有一定的行政级别）所普遍具有的权力，交通警察所在部门具有该项权能自不待言；至于交警调查权、交警处罚权、交警强制权、交警管制权、交通肇事罪与危险驾驶罪立案侦查等依托强制力为后盾的权能，正是交通警察权承载价值之"交通秩序为主"的必然要求，亦为交通警察权的当然权能；交警调解权并不以强制力的后盾保障为必要条件，倡导自愿合意合法处理争议，富含人权保障要素，但是实践中调解不成的多以处罚或者强制作为案件终结方式，以修复道路通行者之间应有的交通秩序，因而交警调解权正是"新秩序观"交通秩序为主、人权保障为辅的典型体现。

另外，应当明确，交通警察以上述保留权能事项参与其他行政主体活动之时，其活动方式仅限于行政协助，并多限于职务协助。而对于职务协助之外的情形，诸如在道路规划、交通设施规划过程中交通警察提供其职权范围内的智识资源，从形式上来看，这并不与交通警察权"交通秩序为主"的诉求相符，但是，行政协助行为反而是交通警察权之"兼顾人权"的外在表征。最为主要的理由在于，此举并不会对交通警察带来负担，也不影响其核心权能的发挥。依现况而言，道路交通事务之给付行政部分，大都由公路主管机关依据《公路法》及相关法规掌理之，包括交通工程及设施规划、设计养护等事宜，甚至停车场规划及管理、道路使用规划、道路管理调查、规划、建议及协助规划等，应交由公路主管机关掌理。因为，此部分之工作与危害防止之性质相去甚远。又不需对人民直接使用强制力，不应将之交由危害防止为主要任务之警察执行，一则避免国家行政权警察化，再者，使警察得以戮力于交通事务中具危害处理急迫性的事务上。[①] 因此，交通警察的协助行为不应视为其权能事项。

[①] 李震山：《道路交通安全行政法制之建构与问题举隅》，《台湾本土法学杂志》2004年总第63期。

2. 应分流或归位的权能事项及其解释

车辆登记、机动车驾驶人考试、驾驶证申领（发证、换证、补证）、组织指导道路交通安全科研工作、交通安全教育、停车场设置管理事宜、交通信号灯设置七项内容，是否也应继续由交通警察行使相应权能？下面结合"新秩序观"予以详细分析。

（1）车辆登记与机动车驾驶人考试

车辆登记与机动车驾驶人考试是交通警察对车辆与民众是否具备上路条件的审核，也是对道路管理对象——车辆与人——基础性条件的管理。车辆登记与驾驶证审核发放，皆属于"自由恢复"性质的行政许可，其中，机动车驾驶人考试是获得驾驶证资格前置性的条件。按照"新秩序观"之"交通秩序为主"的一般诉求来看，车辆登记与机动车驾驶人考试既不符合危害防止的急迫性，也不具备使用强制力的必要性。因而，可以将此事项从交通警察权的权限中剔除，交由交通行政管理部门予以负责。对此，可能有人会提出，由交通警察负责车辆登记与机动车驾驶人考试，可以从源头上对车辆和通行人员予以全面管制，更利于交通秩序的维护。笔者以为，这与现代行政精细化的分工不符，也与"脱警化"的世界潮流不符。事实上，由交通行政部门负责车辆登记与机动车驾驶人考试更为合适。作为管理交通的交通行政部门，具有接管车辆登记与机动车驾驶人考试的先天优势和条件。交通行政部门作为驾校的主管机关，[1] 加上全国各地逐步健全交通行政许可制度，[2] 如果将车辆登记与机动车驾驶人考试，纳为交通行政部门的权限范围，显然比公安机关交通管理部门更为合适。

（2）驾驶证申领

是不是驾驶证申领（发证、换证、补证）也应当一并交由交通行政机关管理？笔者以为，应与车辆登记与机动车驾驶人考试区别对待。这是因为驾驶证在现代社会具有特殊意义与价值，它与民众的身份信息紧密相连，在实践中，一定程度上可以与身份证件或护照等同使用。按照现有规定来看，办理身份证件或护照规定了严格条件，并且办理机关都隶属于公安机关。[3] 因此，与身份证件和护照有同质性的驾驶证也应当由公安机关办理。

---

[1] 参见《道路交通安全法》第20条。
[2] 《关于成立江苏省交通运输厅行政许可受理事务中心的通知》，http：//www.moc.gov.cn/st2010/jiangsu/js_ tongzhigg/tzgg_ qita/201305/t20130530_ 1419791.html。
[3] 参见《普通护照和出入境通行证签发管理办法》第2条、《居民身份证法》第6条。

不仅源于此，驾驶证人身属性的认证，与交通警察权"新秩序观"之交通秩序为主，在逻辑上是自洽的，都是为了建构或稳固交通参与者共同体的秩序规则，因此，驾驶证申领（发证、换证、补证）不应从交通警察权之中分流出去，具体仍可由其继续办理。

（3）道路交通安全科研、交通安全教育、停车场设置与管理、交通信号灯设置

对于组织指导道路交通安全科研、交通安全教育、停车场设置与管理以及交通信号灯设置四则事项，一般来说属于给付行政的内容，并不符合"新秩序观"对交通秩序的优先保障诉求，同时皆不具备危害防止的急迫性，以及诉诸强制力的必要性，因此，可以将上述四项内容从交通警察权能中分离出来。

具体说来，①道路交通安全科研任务可以参照《道路交通安全法》有关机动车的安全技术检验的规定，将其实行社会化，交由社会机构予以完成，比如科研院校。②至于交通安全教育，尽管可分为制裁性质的强制性交通安全教育与非强制性的交通安全教育，但是将该事项交由交通行政管理部门实施，是不存在问题的。果如是，加之车辆登记、机动车驾驶人考试、驾驶培训学校一并纳入交通主管部门的辖制范围，更便于交通管理的系统化与科学化。③鉴于实践中多由城市管理部门或交通行政部门设置与管理停车场，很有必要将相关事务工作交由城市管理部门或交通行政部门，公安交管部门只负责行政协助便可。④对于交通信号灯而言，《道路交通安全法》及其相关规范并未明示交通信号灯的设置机关。吊诡的是，同为交通信号的交通信号灯、交通标志、交通标线却予以区别对待，置于不同机关的管制之下：交通标志、交通标线是由交通行政机关设置与管理的；[1] 交通信号灯是由公安交通部门负责设置与管理。[2] 对此，笔者以为，可以参照交通标志、交通标线，将交通信号灯的设置权一同交由交通行政部门。

与此同时，需要明确，交通信号灯的管理权仍由公安交通管理部门享有。这是因为，与交通标志、交通标线性质不同，交通信号灯具有灵活性和动态性，可以经由信号灯对交通秩序加以动态管理，基本上与交通警察的指

---

[1] 参见《关于研究道路交通管理分工和地方交通公安机构干警评授警衔问题的会议纪要》、《公路法》第54条、《浙江省公路交通标志标线管理办法》第2条。

[2] 当前法律规范中并没有交通信号灯设置的明确依据，相关标准如《道路交通信号灯设置与安装规范》（GB14886—2006）和《道路交通信号灯》（GB14887—2011）也只是明确了公安交通管理部门作为标准的提议和起草机关，然而，实践中交通信号灯基本上是由公安交通管理部门设置的。

挥类似。借此交通警察可以根据交通路况实际需要对交通信号灯予以即时调整，实现对交通秩序与安全的延伸指挥。质言之，交通信号灯基本上可以视为交通警察维护交通秩序的重要形式。当然，交通信号灯的管理权归于交通警察，也与"新秩序观"之交通秩序中心化的理念相符。

（4）例外情形下交通信号灯、交通标志、交通标线的设置

需要特别说明的是，"新秩序观"更应在道路交通面临突发事件之时有所体现。应当赋予交通警察设置交通信号灯、交通标志、交通标线的即时权力，以尽快地恢复交通秩序。譬如，日本《道路交通法》第4条做了明确规定："都、道、府、县公安委员会认为有防止道路危险及其他谋求交通安全与顺畅，或防止交通公害及其他道路交通障害之必要时，依政令之规定，得设置、管理道路交通号志或标志等，实施交通整理，禁止行人或车辆等通行，及实施其他道路交通上之规制。"道路交通秩序或因人为事故或因自然灾害出现混乱失序之时，赋予交通警察设置与管理交通信号灯、交通标志、交通标线的即时权力，其意义自不待言。当然，该即时权力具有法理上的正当性。对于突发事件只是表现为突发性的一般事态，警察为有效处置而采取的一些缺少法律授权的措施，甚至可能是和法律规定不符的措施，但具有良好的效益，该措施并不见得不容于法治社会，也不应轻易地否定其合法性，其正当性更多地可以从紧急避险理论中获得。[1] 当然，为防止该项权能的恣意，应以法律规范明定具体适用要件为宜。

---

[1] 余凌云：《警察行政强制的理论与实践》，中国人民公安大学出版社2003年版，第254页。

交通警察权与其他行政权的关系及其实现

刘启川[*]

摘 要：处于行政权谱系的交通警察权与其他行政权的横向关系，表现为职务协助与行政协力。事实上，职务协助的重要性高于行政协力，并且职务协助可为政府规章内容设置不统一问题提供正当性注解。在理论上，现代交通警察职务协助的正当性基础在于：法规范与法事实的错位，城市治理的合作化诉求。进一步来讲，交通警察权与其他行政权之间的协助要件应有所不同，应在双重维度下设计两者之间的协助关系：交通警察的协助行为应具备基础性条件、职权性要求、被动性情势、裁量性过程四个基本要件；而其他行政主体协助行为的"基础性条件"应更为宽泛。同时，对协助请求遭拒与因协助侵犯民众权益的两种类型，应规定不同的救济路径。

关键词：交通警察权；职务协助；协助要件

交通警察权具有行政权的秉性，已无须赘述。实践中，交通警察执法或者从事一般管理活动，离不开其他行政主体的协助与配合。那么，在整个行政权的谱系中，交通警察权处于怎样的地位？交通警察权与其他行政权的关系为何？譬如，交通警察与城市规划部门、交通行政管理部门、城市管理部门等保持怎样的关系？该关系与一般的行政主体之间关系有何不同？如果存有不同，如何设置特殊规则对此加以统制？无疑，只有从理论上回答上述诘问，才能厘清交警部门与其他行政机关的关系，才能更好地理解交通警察权的权能边界，并最终为国家治理能力与治理体系现代化提供智力支持。

---

[*] 刘启川，东南大学法学院讲师。

一　关系图谱及其外在表征

对于行政主体之间的权能关系，有学者有过较为全面的论析。交通警察权亦可在此论断中找到与其他行政权之间关系对应的大致形态。"国家设立机关，设官分职，各有执掌或管辖，旨在分别负责，以共同达成国家目的。但各机关显然无法永久独行其是，必要时仍须相互配合，彼此协助，行政机关间有职务上相互协助义务，此乃所谓职务协助之主要内涵。"[①] 事实上，交通警察权与其他行政权的交互关系，是在其职务范围内产生的，或者借此生成协作关系。换言之，交通警察与其他行政主体并不只是存在职务上的协助关系，也因其职务上的优势或者便利而存在其他协力关系。对此，我国台湾学者李震山先生认为，一行政机关介入其他行政机关之权限行使，而有协助之实质意涵者，皆属行政协助，并从广义上将警察机关与其他机关的协助关系分为三类：因机关相互间有隶属或上下监督关系所形成之协助、因机关间不相隶属关系所形成之协助、行政协力。[②] 其实，李震山先生对行政协助作了较为宽泛的理解。一般意义上讲，机关相互间有隶属或上下监督关系，往往仅为其职权范围的应有事项，这一事项所涉关系主体皆可行使，故不存在协助之因由。对此，《德国联邦行政程序法》对行政协助的有关规定，很好地予以了印证。《德国联邦行政程序法》第 4 条第 2 款规定，于下列情形，无职务上协助之存在：有命令服从关系之官署间所为之协助；所协助之行为，被请求之官署应视为从事自己之职务行为者。因此，因机关相互间有隶属或上下监督关系所形成之协助，不能称为行政协助。同时，需要进一步指出的是，惯常所指的行政协助是指行政主体在履行职责过程中遇到自身无法克服的障碍，向与其无隶属关系的其他行政主体提出协助请求，被请求机关依法提供职务上的帮助以支持请求机关实现其行政职能的制度。[③]

质言之，这一表述其实为职务协助的要义，在传统意义上将因机关间不相隶属关系所形成之协助，等同于职务协助，并且，当前关注警察权研究的学者基本上把关注的焦点，集中于职务协助，而无暇于行政协力。[④] 实际

[①] 梁添盛：《整建我国警察权限法制之研究》，博士学位论文，"国立"政治大学，1999年。
[②] 李震山：《警察行政法论》，元照出版公司 2009 年版，第 69—71 页。
[③] 王麟：《行政协助论纲》，《法商研究》2006 年第 1 期。
[④] 参见李震山《警察行政法论》，元照出版公司 2009 年版，第 71 页。

上，行政协力也是国家权力良好运转的重要方式。行政协力主要是指，经组织法权能配置机关之间，在各自职责范围之内共同发挥作用，协同参与到具体实践的处理。在共同参与的过程中，各参与主体仅在其职权范围开展相应工作，并不存在受到一方节制或领导，而是平等地参与事务互动。与行政协力不同，职务协助强调的是，一机关（往往是请求协助的机关）在整个行政活动中的主导性，需要其他机关的一定程度的配合方能达成任务。需要特别指出的是，李震山先生言及"行政协力"亦不属于职务协助的范畴。

因此，交通警察与其他行政主体的关系中，除却相互间有隶属或上下监督关系，主要表现为狭义的职务协助与行政协力。这也是本部分所要探讨的基本关系图谱。这两组关系在我国现有关涉交通警察的规范中，都有相应的规定。以下作一简要的列举。

实践中，交通警察与其他机关存在协助情形较多，根据不同的标准，其类型亦有所不同。既有不同地域机关之间的协助，又有不同职能机关之间的协助，或者既存在条件保障型、信息提供型，又存在资源共享型协助不同分类。譬如，《道路交通事故处理程序规定》第34条明确了不同地域交通警察之间的协助："接到协查通报的公安机关交通管理部门，应当立即布置堵截或者排查。发现交通肇事逃逸车辆或者嫌疑车辆的，应当予以扣留，依法传唤交通肇事逃逸人或者与协查通报相符的嫌疑人，并及时将有关情况通知案发地公安机关交通管理部门。案发地公安机关交通管理部门应当立即派交通警察前往办理移交。"而对于交通警察与其他机关的协助关系，现有规范有更为详细的规定。《道路交通安全法》第29条规定："道路、停车场和道路配套设施的规划、设计、建设，应当符合道路交通安全、畅通的要求，并根据交通需求及时调整。公安机关交通管理部门发现已经投入使用的道路存在交通事故频发路段，或者停车场、道路配套设施存在交通安全严重隐患的，应当及时向当地人民政府报告，并提出防范交通事故、消除隐患的建议，当地人民政府应当及时作出处理决定。"第30条规定："道路出现坍塌、坑槽、水毁、隆起等损毁或者交通信号灯、交通标志、交通标线等交通设施损毁、灭失的，道路、交通设施的养护部门或者管理部门应当设置警示标志并及时修复。公安机关交通管理部门发现前款情形，危及交通安全，尚未设置警示标志的，应当及时采取安全措施，疏导交通，并通知道路、交通设施的养护部门或者管理部门。"《交通警察道路执勤执法工作规范》第66条细化了需要协助其他机关的法定情形："交通警察遇到职责范围以外但如不及时处置可能危及公共安全、国家财产安全和人民群众生命财产安全的紧急求助时，应当做好先期处置，并报请上级通报相关部门或者单位派员到现场处置，在相关部门或者单位进行处置时，可以予以必要的协助。"

此外，在服务行政的背景下，交通警察肩负一定的服务功能，很大程度上表现为在与其他行政主体的关系中，担任参与者角色，利用自身优势，为其他主体行政决策提供资料性或者条件性支持。《道路交通安全法实施条例》第3条规定："县级以上地方各级人民政府应当建立、健全道路交通安全工作协调机制，组织有关部门对城市建设项目进行交通影响评价，制定道路交通安全管理规划，确定管理目标，制定实施方案。"通过该条款不难看出，道路交通安全管理规划的制定离不开交通警察的参与，这一参与过程蕴含着行政协助的意向。不仅于此，全国各地有关停车场管理办法，都对交警部门与其他行政主体——如城管执法部门、城市规划部门等——之间的协助关系进行了规定。以2012年《兰州市机动车停车场规划建设和管理暂行办法》为例，第12条规定："市建设部门应当根据公共停车场专项规划，会同市城管执法、公安交管部门，制定公共停车场建设年度计划，经市人民政府批准后实施。"第28条规定："市公安交管部门会同市城管执法部门根据区域停车状况和交通条件，依法设置道路停车泊位。任何单位和个人不得违法设置、毁损、撤除道路停车泊位和标志标线，不得妨碍道路停车泊位的停车功能。市公安交管部门会同市城管执法部门设置道路停车泊位时，应当充分听取相关单位和市民的意见。"

一个有意思的现象需要特别注意：同为规制停车场设置的政府规章，对停车场设置与建设的主管机关的规定大有不同。《福州市停车场管理办法》第3条规定："市公安机关交通管理部门是本市停车场主管部门，负责停车场使用的行政管理，并参与停车场专项规划编制和建设规划的审查。市城乡规划主管部门负责组织编制停车场专项规划，以及公共停车场、专用停车场建设规划的审查和监督。市建设、工商行政、价格、城管执法、交通等行政管理部门在各自的职责范围内，协同实施本办法。"而《兰州市机动车停车场规划建设和管理暂行办法》第4条规定："市城市管理综合行政执法部门（以下简称'市城管执法部门'）负责全市机动车停车场管理工作。市发展改革、规划、建设、公安交管、财政、国土资源、价格、人防、工商、税务等部门应当按照各自职责，做好机动车停车场的规划、建设和管理工作。"由此看来，兰州市交通警察只负责停车场的设置，而福州市交通警察的权限更为宽泛，不仅负责停车场的设置，而且还执掌停车场的日常管理。由此需要深思，交通警察的权限应该保留在何种限度内？应遵循怎样的设置原则？

对于该问题，下文将做详细阐述，在此不予以展开。不过，值得肯定的是，正是交警管理部门与其他行政主体之间的相互协助，完成了城市的停车场规划建设和管理工作。

至于交通警察与其他主体之间行政协力，基本上是各主体在其职务权限范围内的活动，只不过，交通警察或者其他主体因完成相应任务的需要，需要另一方或者多方在其职权内共同参与。如《道路交通安全违法行为处理程序规定》第13条规定："调查中发现违法行为人有其他违法行为的，在依法对其道路交通安全违法行为作出处理决定的同时，按照有关规定移送有管辖权的单位处理。涉嫌构成犯罪的，转为刑事案件办理或者移送有权处理的主管机关、部门办理。"我国台湾地区"道路交通事故处理办法"第6条规定："消防机关获知道路交通事故，应即指派救护、救灾人员赶赴事故地点，对伤病患者施以紧急救护、尽速送达就近医院、诊所救治。"可见，该行政协力关系较为简单明了，交通警察与其他主体之间行政协力仅限于职务内的行为，并且，协力的要义多表现为通知或者提醒另一方从事其职务活动。因此，法律规定交通警察或者其他机关必要的告知义务即可。相较于行政协力，交警职务协助较为复杂，下文将重点围绕职务协助加以推展。

二 职务间协助的法理基础

那种认为"借由法律赋予国家机关各项权力，并明定其权力的界线，凡国家机关施政均须遵守"[1]的观点，其实在权力运行的实践中，并未如权力配置之处所预想的那般理想。权力之间的"碰撞"以及必要的协作或配合不可或缺。这主要取决于以下两点原因。

（一）法规范与法事实的错位

应当说，立法者将权力配置于各行政主体，并以法规范的形式予以恒定。在理论上，立法之初，立法者基本上按照其意志设置规范，并期待权力按照预置轨道运行。如此错综复杂的任务分配，导致功能互异，就是彰显权力分立，各有其独立领域，但彼此制衡，避免滥权，借以保障人民权利。[2]然而，社会情势变动不居，立法者的美好愿景，很大程度上不能被完全获致。如果单纯地依托设置的轨道，并不能因应社会出现的新问题，法律规范

---

[1] 方文宗：《交通法律问题评析》，元照出版公司2010年版，第47页。
[2] 李震山：《警察任务法论》，登文书局1998年版，第34页。

的局限性表现得较为突出。在此状况下，倚赖于法规范如同"救火队员"般的及时修订，是不太现实的想法。

当然，有学者或者较为赞同，对此进行较为原则性规定，或者设置任务的形式，赋予行政主体一定幅度的自由裁量权。学界通说认为，即使行政机关被赋予任务权限，在宪法或法律无明文规定履行方式时，行政机关基本上享有任务执行方式与手段之选择自由。[1] 然而，行政主体的该种选择自由应当明确在限定的范围内，以给付行政为主，并以不侵害民众权益为基准。让人担忧的是，在我国，如果以此加以应对，公权力主体侵犯私权利的事件将更多。甚至会出现行政主体凭借其权限，对相对人予以多重处罚。人民的一个违法行为，断不能因为国家统治权划分为不同机关来行使，进而招致不同机关间对同一之违法行为，以处罚性质与种类相同的制裁措施分别加以处罚，因为这种国家公权力作用的分工，无非仅是在达成一个国家的目的而已。[2] 因此，原则性或者任务化设置，也不是一种可行方案。

而行政主体职务间的协助，可以有效地化解这一难题。在交通警察行政活动中，职务协助可以实现交通警察与行政主体职权范围的对话，以及便利法规范有效涵摄法事实，达成交警执法目的。职务协助因而成为调和法规范与法事实间之桥梁，为达此目的，职务协助之法律要件必须明确，除避免相关主管之恣意外，并可借以调和行政权之分工统合两个对立之现象。[3] 只不过，这需要法律规范对协助行为予以明定，或者予以要件化设置。职务协助法律规定明确化后，使法规定与法事实有互补机会，人民权利保障不致产生疏漏，政府追求积极福利行政之目的，方不至于落空或者畸轻畸重。[4]

（二）城市治理的合作化诉求

无疑，现代城市治理非同于以往管理的重要体现在于治理主体的多样性。"此等国家之新角色并得对应行政法上不同层次但交互影响之重要发展变化；亦即，由于国家无法再继续单方管制之角色，因此，行政行为之形成方式，行为态样与内涵也随之变动，人民与国家之互动关系亦相应调整，种种新兴规制不再仅限于公共秩序之维护，更以保障人民权利为出发点，以对

---

[1] 詹镇荣：《民营化法与管制革新》，元照出版公司2005年版，第22—23页。
[2] 陈文贵：《违反行政义务行为之处罚竞合关系研究》，博士学位论文，台北大学，2013年。
[3] 李震山：《警察任务法论》，登文书局1998年版，第80页。
[4] 同上书，第81页。

应多元合作参与之趋势。"① 新兴规制方式不仅限于强调国家与民众的互动与合作，国家权力内部在应对民众福利以及相关事务之时，展开必要的合作与协助，也是现代城市治理合作化的必然要求。"行政契约大量被使用与行政冲突之复杂化及社会之变迁有重大关系，盖行政机关为了解决这种冲突的挑战，必须在传统的高权行为之外，另辟蹊径，寻找一些弹性的手段"② 行政主体内部的协助便是弹性手段之一。通过交通警察与其他主体的合作，可以化解科层制行政结构的困境、有效配置行政资源并可以保持行政平衡与公正。

当前科层制的行政结构有明显的等级与部门，相应的行政事务被划分为不同部门，并被置于不同等级。一般而言，科层制的行政结构是分权化的结果。"行政权中之分权，往往将同一事务或者性质相近之事务，交由不同机关执行以求制衡，但若顾此失彼，权责划分不当，将形成多头马车，事倍功半，此乃当今行政机关屡强调事权统一之原因。分权之后，若不能依法强有力地执行，并秉持职权分工，相互协力精神，各机关终将力量抵消，无法达成行政目的。"③ 当然，也可以借助于上级机关的行政命令予以强制化解，然而，过于付诸强制性指令，不利于行政主体的良性协作，也与现代行政的基本理念不相符。

事实也表明，如果一味地利用指挥命令权来影响警察机关或干预警察的专业，或者一味地热衷于人员的派遣和调度，不思利用机关间"协力"及"协助"的请求和委托关系来寻求彼此人力及专业上的分工合作，……不协调永无化解的可能。④ 不过应当明确，职权的分立亦是为了达成行政目的，"无论建立什么样的模式，政府公共行政的最终目的都是公正、高效地维护公共利益、保障公共秩序"⑤。而交警与其他主体的协助，可以化解职权分立僵硬格局，实现权能部门之间的对话。因此，职权内部的协助是应对科层制行政结构弊病的良药。

通过协助化解科层制行政结构的闭塞与不畅通的天性难题后，随之而来的便是，各部门依托自身优势，为其他机关提供必要支持。很明显，行政效

---

① 吴秦雯：《鸟瞰法国行政法学之发展》，载 2009 年台湾行政法学会主编《行政契约之法理——各国行政法学发展方向》，元照出版公司 2009 年版，第 199 页。
② 陈新民：《公法学札记》，中国政法大学出版社 2001 年版，第 13 页。
③ 李震山：《警察任务法论》，登文书局 1998 年版，第 39 页。
④ 高文英：《我国社会转型时期的警察权配置问题研究》，群众出版社 2012 年版，第 294 页。
⑤ 王麟：《行政协助论纲》，《法商研究》2006 年第 1 期。

率自然得以提升,更为重要的是,避免了因行政主体单独执行而带来的资源浪费,同时,另一机关凭借职能优势而给予的协助,往往优于请求机关自己的能力效果。

三 协助要件与责任承担

"法律上任务之赋予不得作为职权行使之当然依据,行使干预性措施则应有特别授权基础。在遵守这种法治国理念下,又想不影响行政效率,实有赖职务协助以发挥特定作用。譬如,有些机关由法律赋予任务之同时,并未赋予其强有力之执行权,但警察机关却因工作性质,拥有广泛多元之执行权力,在一定要件下,警察就可透过职务协助管道,行使其职权,而完成他机关之任务,以维系其他机关执行力不坠,然而,明确执行协助(Vollzugshilfe)法规范,必先确立。"[①] 然而,如果法规范未先于问题出现,并又出现确需行政协助之情形,那么,单纯寄希望于交通警察的自由裁量权,是一种不负责任的态度,也不是一个法治国家的成熟做法,更何况我国交警整体素质有待提高,以及在交警规避责任的普遍心态下,更有必要细化交通警察协助的基本要件,利于交警以及其他行政主体,在遇有类似情形时,决定得否给予或者提出协助。

(一)双重维度下协助关系获致的要件

当前的研究成果,基本上集中于警察职务协助任务的展开,这一协助主要是指警察单向度的行为,而对警察请求其他机关协助的研究鲜有人论及。这很大程度上是因为,研究者考虑到警察的强权秉性,并认为警察借助其他机关几近不可能。值得庆幸的是,有学者意识到这一问题,"就警察观点言,一般行政机关处于被动地位,除能消极制约治安权力过度扩张滥用,又可积极督促一般行政机关增加执行力,避免过度依赖警察执行协助现况持续不断,将致使警察国家行政型态复现,有损国家形象"[②]。然而,并没有论及其他机关协助警察机关的相关问题。事实上,警察的各个警种,尤其是本文述及的交通警察,有其活动的疆域,并不是所有领域皆可涉入。同样,其他行政机关依然可以在其职权内为交通警察提供必要的协助。因此,在此需要明确,交通警察与其他行政机关协助的必要界限,展开协助的具体要件,

---

① 李震山:《警察任务法论》,登文书局1998年版,第80—81页。
② 同上书,第81页。

以及责任担当方式。

不可否认,"每一种形式的权力都可在无须征求他主体意见甚至违背其意愿的情况下影响其法域。即使当权力的运行是为维护特定主体利益时,也具有这种特点"①。法规范明确规定的协助情形,可以规制协助行为的恣意与滥用,而法规范之外,需要依循权力主体的特性而设计其行为要件。"在立法政策上,非十分必要不应以强行规定,赋予警察协助义务,避免紊乱警察机关与一般警察机关间任务、职权及管辖权之界线,但不论如何,警察机关依法律特别规定得执行协助任务时,应坚守被动性、临时性及辅助性,以免协助任务成为经常性任务,协办业务成为主办业务,影响警察本人任务之推行。"② "通常而言,在一般行政机关执行其职权范围内的治安秩序危害防止时,组织意义上的警察机关和警察人员应尽可能扮演辅助、配合的角色,只有在其他一般行政机关不能给予或者不可能适时防止危害时,警察方可执行。否则会影响警察应有之治安功能的发挥。"③ 由此看来,交通警察职务协助应当秉持被动性、临时性、辅助性原则。

应当明确,交通警察协助的被动性要求,是基于交通警察行使职权侵益性的忌惮,以及对职权配置的尊重。不过,这种尊重是存有例外情形的。一机关因见他机关不能或者不可能适时防止其任务范围内之具体危害时,得不经请求主动请求介入协助之,称为自发性协助(Spontanhilfe oderspontane Amtshilfe)。④ 唯应注意者,肇致危害之事件,必须是单一事件(in einem konkreten Einzelfall),而且该危害需急迫(Gefahr im Verzug),且具有防止不可迟延性(Unaufschiebbarkeit)。⑤ 换言之,在危害正在发生时,且其他职权机关立法处置不具有可期待性。此时,才有交通警察超越其职权范围,直接予以介入并加以处置。当然,这种处置是有限度的,而并不是完全地代行其他机关的职权。唯交通号志故障、标志毁坏、标线不清,若因状况急迫,交通行政机关不能或不可能适时防治危害时,方由警察机关介入,……但警察机关之介入处理仅系暂时性排除危害之措施,譬如以指挥代替故障之号

---

① [意] Giampaolo Rossi:《行政法原理》,李修琼译,法律出版社 2013 年版,第 12 页。
② 李震山:《警察任务法论》,登文书局 1998 年版,第 92 页
③ 高文英:《我国社会转型时期的警察权配置问题研究》,群众出版社 2012 年版,第 281 页。
④ Vgl. Schlink, a. a. O., S. 216ff.
⑤ 德国联邦警察法皆有类似规定。Denninger, polizeiaufgabe, in Lisken/Denninger, Handbuch des Polizeirechts, C. H. Beck, 3. Aufl., 2001, E. Rdnr. 177a-183. 参见李震山《警察行政法论》,元照出版公司 2009 年版,第 72 页。

志，但不必为此而专设检修号志、标志、标线之单位，强化交通行政主管机关此方面之机动性，方是正本清源之道，而非本末倒置地将此事交给具机动性之警察机关负责之。[1] 那么，在法律未做明文规定之时，交通警察协助其他行政机关的要件，应当涵盖哪些内容呢？

一般而言，交通警察的协助行为应具备四个基本要件：基础性条件、职权性要求、被动性情势、裁量性过程。第一，基础性要件是指交通警察的协助应以防止危害发生或者制止危害为基础。"遇有非警察协助不足以排除的障碍，或者因这些障碍对安宁的秩序有妨害"[2]，这也是交通警察介入其他行政主体活动的前提和基础。更进一步，笔者较为赞同，将交通警察的协助限于危害的防止，应不同于一般行政主体之间的职务协助行为。在德国，对于警察的协助有明确的规定。《德国联邦与各邦统一警察法（标准草案）》第1条a规定："其他机关不能或不可能适时防止危害时，方由警察执行之。"第二，即便是协助，不应是漫无目的协助，而是依旧遵循交通警察职权要求或者交通警察任务规制，其协助行为完全受《人民警察法》《道路交通安全法》等法律规范的统制，并以上述规范所保护的法益为准则。第三，被动性情势是指除了法律明确要求，在一般情形下，交通警察的职务协助行为是由其他行政机关的申请引发的，并依其申请的内容为准。需要特别注意的是，即便无法律规范的设定，下列两则情形不受被动性情势的束缚：其一，自发性或者志愿性协助行为，其不具干预性质，且为自己管辖范围内之职务行为，纵然未经请求而协助，并非不宜；其二，遇有重大自然灾害或紧急事故，为避免国家或人民遭遇紧急危难，得依上级之指令，在无特别法令规定下，径行投入协助处理。[3] 第四，其他机关协助的请求，并不当然会得到交通警察的允诺，也不可能直接予以执行或者付诸实施，而是需要交通警察进行一定的义务性裁量。裁量性过程不应关注请求机关的决定合法性，而是应审核请求事项是否在其职权范围内，是否符合协助法定要件。

需要进一步追问，其他行政主体之于交通警察的协助行为，是否可将上述交通警察协助四要件，直接予以援用呢？其实，无须四要件的严格限定，

---

[1] 李震山：《警察任务法论》，登文书局1998年版，第54—55页。
[2] 余凌云：《警察行政强制的理论与实践》（第二版），中国人民公安大学出版社2007年版，第42页。
[3] 参见李震山《警察行政法论》，元照出版公司2009年版，第72—73页。

直接适用我国现有行政程序有关规定即可。① 出现此差异，主要源于作为强权行政主体的交通警察，较之一般的行政主体，对民众权利的影响力，乃至破坏力更甚，因此需要更为严格的限定条件。一般行政机关执行任务遇有障碍，自力足以排除者，自不生职务协助之问题，或遇有障碍，而该障碍之排除，以非警察机关之其他机关能排除且在效率上、经济上较为合理，应不合乎由警察为职务协助之要件。②

可见，相较于交通警察协助行为的四要件，其他行政主体对交通警察的协助行为无须前文述及的"基础性条件"的限缩性框定，并且这种限定对于其他行政主体协助行为也不适宜。换言之，其他行政主体协助行为"基础性条件"应更为宽泛。一般的服务型事项，皆可纳入其中。③ 笔者以为，其他行政主体对交通警察的协助行为，除了具备前文论及的"职权性要求、被动性情势、裁量性过程"三要件外，"基础性条件"应为非其他机关协助不能实现行政目的或通过其他主体协助更为经济。当前，我国现有地方性程序规范设定的协助事由较为局限，并且协助事项的设定较为粗糙。很有必要进一步拓宽行政协助的范围，并在我国统一的行政程序法制定时加以细化。对此，可以借鉴德国行政程序规范，④ 对可协助与不可协助事项皆采取列举与概括性并举的立法模式，同时对协助机关的选择、协助依据、协助费用以及救济方式加以细化。

（二）救济类型与救济管道

在交通警察职务协助领域，招致其他主体责难而权力（权利）受挫的情形主要体现为两种类型：协助请求遭拒与侵犯民众权益。由于两者分属不同的救济轨道，下面依次作简要分析。

1. 请求协助遭拒及其救济

显然，并不是所有的协助请求都能得以实现。不合乎请求机关职权事项

---

① 《山东省行政程序规定》第17条第1款规定：有下列情形之一的，行政机关应当请求相关行政机关协助：（一）独立行使职权不能实现行政目的的；（二）不能自行调查、取得所需事实资料的；（三）执行公务所需文书、资料、信息为其他行政机关所掌握，自行收集难以取得的；（四）应当请求行政协助的其他情形。此外，《汕头市行政程序规定》第15条、《湖南省行政程序规定》第17条都有类似的规定。

② 李震山：《警察行政法论》，元照出版公司2009年版，第75页。

③ 譬如，《道路交通安全法实施条例》第112条规定："农业（农业机械）主管部门应当定期向公安机关交通管理部门提供拖拉机登记、安全技术检验以及拖拉机驾驶证发放的资料、数据。"该条规定相关资料、数据，以及其他的事实资料、文书、信息等，需要其他行政机关提供的，皆属于行政协助的范畴。

④ 具体可以1992年《德国行政程序法》、1997年《联邦德国行政程序法》为镜鉴。

或者违背法律的强制性规定，都是被请求机关当然拒绝的事由，而对于存在瑕疵的协助请求，被请求机关亦可依据裁量权予以拒绝。那么，被拒绝机关是否可以对此听之任之，而只能寻求他策？答案是否定的。在理论上，应当赋予被拒绝一方抗辩的权利。对此，我国地方性行政程序规范的有关规定较为粗浅，只是将争议的解决交由共同的上一级行政机关决定。① 而并没有考虑到现实的实际状况。例如，一省份的县级交通警察请求另一省份交通警察协助查缉逃逸事件，如果遭拒而申诉，按照现行规定，可能只能寻求公安部决定。很可能由此带来成本增加以及执行效率大减。因此，针对该规范疏漏，应在修订程序规范时予以完善。笔者以为，可考虑被拒绝机关，可向被请求机关的上一级机关裁决。如此，可以有效地规避上述问题，并具有较强的现实操作性。

2. 协助行为责任归属与救济

交通警察协助行为的实施，往往直面民众切身权益，如果协助主体双方责任不清，必然会出现救济不畅，并严重损害职务协助的美好愿景。因此，非但应明确协助主体的责任，而且应根据协助的不同情形尽可能穷尽责任归属和救济方式。

承接前文，尽管交通警察与其他行政主体相互协助的要件并不相同，但是对各自行为责任的承担，不应背离"谁过错，谁担责"的基本法理。对此，我国现行行政程序规范已做了规定，如《湖南省行政程序规定》第17条第4款规定："实施行政协助的，由协助机关承担责任；根据行政协助做出的行政行为，由请求机关承担责任。"然而，这一规定较为笼统，并不具有操作性。一般而言，"职务协助执行后，对人民之关系形成外部关系，若人民认为该行为有违法或不当，欲请求救济时，人民无须事先知悉此行为系行为机关本身之行为，或行为机关系执行职务协助之行为，其请求救济所依据之法律，应视救济标的而有所区别。"②

也就是说，如果民众对被请求协助的措施有异议，可以对请求协助机关提起复议或者行政诉讼；如果对协助机关执行的手段、方式存有异议，可以对协助机关提起复议或者行政诉讼；如果对两者行为都有异议，可以向两者一同提起复议或者行政诉讼。对此，对于警察协助行为以及救济方式，

---

① 以《湖南省行政程序规定》第17条第3款规定为例："因行政协助发生争议的，由请求机关与协助机关的共同上一级行政机关决定。"

② 李震山：《警察任务法论》，登文书局1998年版，第105页。

Scholler先生有过较为细致的解读。[①] 需要指出的是，Scholler先生认为救济选择的对象为警察，笔者并不苟同。如前所述，在协助救济的对象选择之时，应尊重当事人选择，并遵循侧重于请求协助机关担责的原则。协助机关毕竟是辅助性机关，仅为其执行方法、方式违法负责。

此外，对于协助费用，一般是由请求机关支付，对此，程序法规范应当一并明确。要件若更明确，可杜绝警察机关与其他行政机关间权责之纷扰，提振公权力，并保障社会大众之权益。[②]

[①] 警察使用警察法规规定的职权或依警察概括条款，便可执行行政机关之内部指令，此时警察系行使独立处分。因此，所提之异议或提出撤销之诉的标的，应是针对警察本身所为之干涉，而其对象亦是作成处分之警察机关，此与警察自身或未其经他机关之指令而作同样的干涉者同。参见Scholler《德国警察与秩序法原理》，李震山译，登文书局1995年版，第303页。

[②] 李震山：《警察任务法论》，登文书局1998年版，第99页。

诉讼外交通警察权与司法权的关系构造及其路向

刘启川[*]

摘 要：现行法律规范并未为诉讼外化解交通警察权与司法权之间的"碰撞"提供直接的制度支撑。究其根源在于，我国宪法缺乏对诉讼外行政权与司法权关系的顶层设计，并且已有条款关涉的"伏势"制约机理，存在嵌入新场域的难度。经深入分析发现：当前权力的宪法构造具有历史局限性，与当下法治的现状不契合，并且，我国已经具备构造诉讼外权力关系的基础与条件。诉讼外两者之间的关系，应当纳入宪法关怀的视野，并应遵循"互相配合、互相制约"的宪法精神指引。基于此，进一步探究诉讼外交通警察权尊重司法权的限度，并提出通过架构诉讼外导向性机制，以确保诉讼外两种权能运转良态化。

关键词：交通警察权；司法权；宪法构造；诉讼外

一 一个被忽视的命题：当诉讼外交通警察权遇上司法权

无疑，诉讼内交通警察权与司法权[①]的关系架构及其权能空间，基本可在法律规范设置情形中获知，并能为现实问题的化解提供直接或者导向性的依据。然而，与之相对的诉讼外两者之间的关系情势，却并不如诉讼内两者关系那般清晰明了。一个最为明显的例证，便是我国根本大法也将司法权与警察权之间的关系限定在诉讼的轨道中，并且，仅限于刑事诉讼中。我国《宪法》第135条规定："人民法院、人民检察院和公安机关办理刑事案件，

---

[*] 刘启川，东南大学法学院讲师。
[①] 为了论证的周延性，并立足于我国的法制实践，笔者选择广义上司法权作为行文的基本范畴：司法权不仅限于法院行使的审判权，还包括检察院执掌的检察权。

应当分工负责，互相配合，互相制约，以保证准确有效地执行法律。"那么，诉讼之外，司法权与警察权，尤其是诉讼外司法权与交通警察权之间是怎样的关系结构呢？新近的一则案例为该问题提供了活生生的素材，并引发了"行政权干预司法权"的新一轮论战。①

纵观案件始末以及学界观点，不难看出，交通警察执法饱受诸多非议与指责，并且，一般民众基本上朴素地赞同"交警扣押行使的是行政权，法院查封行使的是司法权，尊重法院的判决，是一个法治社会公民应尽的责任和义务，即使法院执行存在瑕疵，行政权也应该尊重司法权，也无权干预司法权"②。如此这般言论，即便是放任甚至纵容司法权的"瑕疵"，也不宽宥交通警察权点滴的不当，未免是轻妄的。这是因为，公权力的任何不当或者不法，都不是成熟法治社会所能容忍的。尤其是，在我国当前推进国家治理体系与治理能力现代化的进程中，上述言论的危害性和破坏力是不可估量的。

那么，诉讼之外，交通警察权与司法权两者到底应当是何种关系呢？源于受到惯性思维的束缚，我们时常不假思索地认为：司法机关的人、财、物受制于行政机关，只会存在行政权干涉司法权，何有司法权为难行政权之理？不可否认，尽管，在理论上"行政机关和司法机关都由人民代表大会产生，向它负责并报告工作，并在法律规定的各自权限范围内活动，是相互配合、相互协助的平列机关"③，然而，当前我国法院体制性安排，绕不开政府之于人、财、物的配置，形成了法院"矮于"政府的传统认识。

问题是，并非直接掌控法院人、财、物的政府职能部门，是不是情形大有不同呢？在诉讼轨道之外，是不是也可以延续政府的盛气凌人，与此同时，法院继续卑躬屈膝？还是在诉讼之外两者可以相互制约，抑或其他？对于该问题，理论上基本上鲜有论及。④ 这很大程度上归因于我们对行政权与

---

① 参见《陕西法院押送涉案车被山西交警强行扣留》，《京华时报》2014年6月29日第11版。
② 原硕望：《行政权应尊重司法权》，http://www.chinacourt.org/article/detail/2014/07/id/1329185.shtml。
③ 应松年主编：《行政诉讼法》（修订第2版），中国政法大学出版社2002年版，第43页。
④ 对于两种权能在诉讼外的关系，有学者虽有一定的论述，但是，其成果主要局限于实体与程序双重合法标准来处置两者的关系，并未从两者内在关系结构剖析相互的内在机理，以及从上位法角度获取两者的制度基础。因而，很有进一步深入研究的必要。参见方潇、戴建生《行政权司法权孰"大"孰"小"及其他——则典型案件的法理分析与思考》，《河北法学》2000年第2期。

司法权的一般认识："整体上讲，司法权单向地制约着行政权。"①

另外，需要特别注意一个特别有意思的现象：法院执法人员在途经其他辖区时，因当地交警一路绿灯而畅通无阻，然而，唯独原平交警严厉拒斥。在此需要追问：同为交警，难道因地域不同而执法依据有所不同吗？很显然，答案是否定的。既然，存在拒斥司法权的"理由"，为何其他地方交警对司法权秉持所谓的"戒惧"？更进一步，交通警察权与司法权在执法之时，到底应为何种关系，才是合法的、正当的？我们暂且不考虑可能存在的地方保护主义，而是回归到基本法理上，剖析交通警察是否有权对司法权予以抗辩。

必须承认，交通警察权需要尊重司法权，尤其是生效的裁决，然而这种尊重是否应有限度，而非一味地听之任之？毋庸讳言，我们既不应该单凭主观判断来判断权力的有无，也不应以解释者的恣意来任意歪曲实定法的宗旨。②而是应当基建于我国的政体以及权力配置型构，发掘诉讼外两者关系的内在机理和要义，并由此架构两者的对话制度与制衡机制。

二 诉讼外交通警察权与司法权"碰撞"之根由

(一) 顶层设计的缺失及其隐忧

诉讼内外，交通警察权与司法权的现实运行，也诚如学者言及的："司法权制约行政权是直接通过法院行政审判权来实现的。人们势必要问，行政权不能完全反过来制约司法权，司法权行使的公正和合理又怎么加以保证呢？这种疑虑不无道理。司法权的膨胀和滥用与行政权的膨胀和滥用同样是有害的。以程序法的严密性、复杂性和科学性尚不足以消除人们的上述疑虑。"③ 其实，加之实体法合力调控，司法权也未必无膨胀或滥用之虞。一般而言，交通警察权与司法权皆应依循法律规范的实体与程序要求，来达致国家配置两种权力的目的。不过，不容忽视的是，权力在其内部及其外部的良性运转，除了借助了一般规则的实体与程序规制外，最为重要的是，离不开对权力之间关系的顶层设计。在几乎所有的法律制度下，纯粹的"三权

---

① 张卫平、王青山：《从行政诉讼视角论司法权与行政权的关系》，《学习与探索》1992年第5期。
② [日] 原田尚彦：《诉的利益》，石龙潭译，中国政法大学出版社2014年版，第102页。
③ 张卫平、王青山：《从行政诉讼视角论司法权与行政权的关系》，《学习与探索》1992年第5期。

分立"模式是不存在的,司法权与其他国家权力会产生一定的交叉。① 这种交叉权力最大的隐忧在于,在利益的导引下,容易出现两种极端情形:公权力机关之间争权夺利抑或置若罔闻。其实,公权力之间"相互打架"与"不管不问"的症结,需要回归到根本法中予以追根溯源,查找其存在的病因,方为治本之策。退一步讲,即便在现行的规范之下,可以把诉讼轨道之外交通警察权与司法权"碰撞"纠纷予以化解,然而,如果基本法上缺乏强有力的制度支撑,其隐忧是不言而喻的。

经仔细研读我国现行《宪法》以及其他宪法性法律,可以发现,有且仅有《宪法》第135条与本文述及的交通警察权与司法权相关。《宪法》135条规定:"人民法院、人民检察院和公安机关办理刑事案件,应当分工负责,互相配合,互相制约,以保证准确有效地执行法律。"不难获知,司法机关与公安机关的三层关系(分工负责,互相配合,互相制约),是有明显限定的,即仅限于刑事案件之中。不难想象,三机关聚焦于刑事案件之际,无外乎公安机关负责侦查、检察机关负责移送起诉或者监督或侦查、法院负责审判。不管是学者所极力抨击的"侦查中心主义",还是奔走称呼的"法院中心主义",三者关系都是置于刑事诉讼线性关系之中。我们暂且不追问,为何在其他案件中不明确相关机关之间的关系,而是将论题的焦点集中于诉讼之外交通警察权与司法权之间的关系。很明显,直接关乎交通警察权(行政权)与司法权在诉讼之外两者关系的条款,在宪法文本与宪法性法律中付之阙如。

出现这一问题的潜在危害是较为明显的。

其一,基本法对两者关系事项的不置可否,不利于在相关法律规范修订之时认真对待该问题,甚至,迟延感知完善相关规范的必要性。尽管我国宪法适用尚需时日,但宪法规范以及宪法精神的宣示性作用和导引性价值,对推进法律规范及时跟进实践中的新问题、新情势,并展开相应的完善工作,是大有裨益的。

其二,尽管有学者较为乐观地认为:"司法权一旦超越法律的界限,行政权不但不会配合,而且会与之对抗,这才是必然的。司法独立不受行政机关、社会团体和个人的干涉,并不能与司法权大于行政权等其他国家权力而

---

① 胡建森主编:《公权力研究——立法权·行政权·司法权》,浙江大学出版社2005年版,第358页。

不受限制和制衡画等号。"① 事实上,生效的法院裁判(如同前文案例)抑或是有效的检察院侦查活动,② 一般在法治实践中,较少遭遇行政机关的责难:基本上只进行简单的程序检查,更有甚者,司法机关只是简单地表明身份,无须告知执法的内容及合法要件,便可畅通无阻。而行政机关"与之对抗"的案例是极为少见的。不得不承认的是,这很大程度上与熟人社会下"官官相护"的情结,以及过分信赖其他公权力的传统有莫大的关系。在此情形下,如果在诉讼之外缺乏行政权与司法权关系的顶层设计,那么,在一定程度上可以视同对权力畸形态势的默许,并放纵权力交易以及权力寻租的不良习气,最终会损害公权力形象,并进而侵蚀公民的基本权利。

(二)"伏势"制约机理的缺陷与嵌入新场域的难度

退一步来看,《宪法》第135条有关司法权与行政权之间的关系,能否为解释诉讼轨道外交通警察权与司法权的关系,提供借鉴或启发呢?这需要从深层次地剖析该条文的基本要素和规范构造入手。根据《宪法》135条的内容,我们可以将其分解为四个部分:主体(人民法院、人民检察院和公安机关)、范围(刑事案件)、关系(分工负责,互相配合,互相制约)与目的(准确有效地执行法律)。由此,我们可以清晰地看出,条款限定的"刑事案件"范围,直接排除了诉讼外交通警察权与司法权,援用该条款的可能性。

也正因为"刑事案件"的限定,致使对宪法述明的"分工负责、互相配合、互相制约"三层关系理解的局限性,也无法为诉讼外司法权与行政权关系的解读提供借鉴。前文已提及"刑事案件"隐意在于刑事诉讼,在此不再赘述。而需要追问的是,"互相配合、互相制约"之"互相"是否可以从语义理解为双向关系?果如是,那么抛却"刑事案件"的限定,诉讼外交通警察权制约司法权便成为可能。至少,也可以为理解诉讼外交通警察权与司法权提供一种思路。然而,《宪法》135条的规范结构中"刑事案件"出现,使得"互相"为"双向"的理解成为不可能。详言之,按照我国现行法律规范以及法治实践,三机关在刑事诉讼中的基本态势表现为:检察机关对公安机关侦查的案件进行监督,法院对检察院公诉的案件加以裁

---

① 方潇、戴建生:《行政权司法权孰"大"孰"小"及其他——一则典型案件的法理分析与思考》,《河北法学》2000年第2期。
② 参见《扬子晚报》1998年10月29日第21版。

决。三者之间的关系基本上可以概括为"伏势关系"①,换言之,一方机关的活动直接受制于另一方,并不存在反向制约的问题。并且,在该"伏势关系"中,公安机关与法院并无直接关系,根本不存在行政权制约法院司法权的可能性。

同时,"伏势关系"也注定造就了这一现实:"每一个阶段都只有一个拥有决定权的机关,其他机关的权力(权利)都很小,由此确立每一阶段的权威主导机关,并且充分相信其道德上的自律,能秉公办案,无须其他机关进行制约,进而通过多层次的阶段递进认识,摒除认识上的不足,保证案件真相的发现,从而最终作出公正的裁决。"② 不可否认,"伏势关系"有其存在的必要性,尤其是对效率的提升效果显著。但不能因此忽略反向制约的必要性。申言之,这种主导权能的"自律"能否真正奏效?来自其他机关的制约是否可以熟视无睹?显然,这与"相互制约"要义是不相符的。如果不存在其他机关的制约,对应机关的活动是难以让人信服的。"互相制约之所以是处理三机关关系的核心,还在于如果没有这种制约功能,所谓的分工负责就失去了意义,互相配合也会严重变质。制约本身不是目的,根本目的在于通过制约来保障法律适用的公正性,从而体现保障公民权利的宪法价值。"③

更为甚者,"立法的理想被司法实践无情地扭曲,三机关的分工合作蜕变为只有合作没有制约,而且由于三机关之间权力的不对等和缺少制约,阶段论也变成了侦查决定论,甚至'侦查中心主义'"④。由此观之,"伏势关系"基本上成为单向度的制约关系。

很显然,宪法所绘制的"分工负责、互相配合、互相制约"的美好图景,在"刑事案件"指向下,沦为近乎霸道的单维度的制约关系。毋庸置疑,这种关系结构无法为诉讼外交通警察权与司法权的关系提供可资借鉴的资源。因此,将《宪法》135条嵌入解读诉讼外交通警察权与司法权关系之

---

① 如果说执行刑事诉讼职能的不同国家机关之间在权力互涉的意义上存在一种制约关系,那么,这种制约也主要是一种"递进制约"关系。他们之间的职能关系,不应当是平行的,而应当是起伏的——侦查实施者对检察监督者呈伏势,而检察相对于决定起诉命运的审判呈伏势(否则无以确立审判的权威)。互相制约原则肯定了制约的双向性,却忽略了制约的递进性,明显具有"平分秋色"的意味,从而直接抑制了检察职能,并隐伏了互不买账、互相扯皮的契机。参见龙宗智《评"检警一体化"——兼论我国的检警关系》,《法学研究》2000年第2期。
② 叶青、陈海峰:《由赵作海案引发的程序法思考》,《法学》2010年第6期。
③ 韩大元、于文豪:《法院、检察院和公安机关的宪法关系》,《法学研究》2011年第3期。
④ 叶青、陈海峰:《由赵作海案引发的程序法思考》,《法学》2010年第6期。

中，并作为理据，在法理上是行不通的。

这是因为，诉讼外交通警察权与司法权不同于《宪法》135条的"伏势关系"，两者在诉讼外的轨道中是平等的，即便是制约，也应当是双向的。质言之，"法院在裁判中所为之事实认定与法律解释（认定用法）具有拘束力……其他国家机关基于宣告法律为何乃法院之天职的认知而为之尊重（相对的一般拘束力）"[①]，交通警察权尊重司法权自不待言，同时，法院亦应当接受交通警察在其权限范围的制约。

三　权力构造之变革：《宪法》第135条新解

综上，现行《宪法》第135条并未为诉讼外交通警察权与司法权之间关系提供宪法依据。实践中，可能秉持该观点的学者不在少数：当遭遇诉讼外两者关系之纠纷时，应限于在现行法律规范中找寻依据，而是否存有宪法依据并不重要，更何况我国宪法的适用性尚且值得商榷。这种论断的危险性前文已述，在此不再赘述。不过需要指出的是，如果缺失宪法依据，诉讼外交通警察权与司法权之间关系处置，便成了无源之水、无本之木。因而，接下来需要进一步思考的是，如何在宪法维度内重构公权力结构，以契合社会权力交互过程中，出现的新情势、新问题，从而为诉讼外交通警察权与司法权之间的关系，寻得宪法根源。

（一）当前权力构造的历史局限性及其问题

鉴于前文论析的《宪法》第135条存在的问题，并为了更全面地获知《宪法》第135条设置的初衷，笔者选择借助美国宪法解释中盛行的原旨主义作为分析工具，并借此探究宪法在配置国家权力之初的旨意。原旨主义是指应依据制宪者的意图或者宪法条文的原初含义来解释宪法。[②]尽管掌握的资料有限，不过，从以下资料中，可以获知制宪者的大致意图或者权力关系的原初含义。概言之，主要包括两点：一是借鉴苏联经验；二是汲取"文化大革命"教训。

新中国成立之初，法制建设受到苏联较为广泛的影响。1953年，最高人民检察院党组向中共中央报送《关于检察工作情况和当前检察工作方针任务的意见的报告》，在介绍苏联经验的基础上，论证了借鉴"互相配合、

[①] 汤德宗：《权力分立新论（卷二）》，元照出版公司2005年版，第308页。
[②] 张翔：《美国宪法解释理论中的原旨主义》，《山东社会科学》2005年第7期。

互相制约"原则的必要性。①

在苏联，刑事案件的起诉一般首先是由检察署进行侦查，检察署认为可以起诉的才向法院提出公诉，由法院依法审理。如法院对检察署起诉的案件认为证据不足或未构成判刑条件时，也可发还检察署请其重新侦查或宣告无罪（在预审中是裁定不起诉）。检察长如对法院的裁定不同意时，可以提出抗议，由上一级法院作最后裁定。需要开庭审判的案件，被告人又有辩护律师，而法院在进行审判时一般又系由审判员集体（在一审案件中有陪审员）负责进行审判。同时检察署对法院所判决的案件如认为不妥当时，还可以提出抗告。苏联的检察署与公安机关在工作上也是密切配合的。公安机关逮捕罪犯时，须经检察长事先同意或在逮捕后24小时内报告检察长，检察长接到通知后，于48小时内以书面形式批准拘禁或撤销拘禁。公安机关对案件侦查结果，如认为需要起诉的，其起诉书须取得检察长同意，或将案件移送检察署侦查，决定起诉或不起诉。如公安机关对检察长的处理不同意时，可提出抗议，由上级检察署决定。

中共中央肯定了报告内容，并在其后对检察机关和法院、公安机关之间的关系做了明确表态。②

由于检察机关和法院、公安机关、人民监察委员会之间，既要有明确的分工，又要在工作上互相配合，互相制约；各省、市党委和各级政法党组必须在典型试验时，抓紧领导，统一指挥这些部门，根据我们的实际情况，参照苏联的经验，研究规定这些部门之间的工作关系和工作制度。

事实上，在苏联司法制度中并无"互相配合、互相制约"的原则。这一原则的提出，是当时制宪者智慧的结晶和创造性的成果。③

---

① 孙谦主编：《人民检察制度的历史变迁》，中国检察出版社2009年版，第284页。
② 中共中央文献研究室编：《建国以来重要文献选编》（第5册），中央文献出版社1993年版，第275页。
③ 参见孙谦主编《人民检察制度的历史变迁》，中国检察出版社2009年版，第285页；王桂五《互相配合、互相制约的由来》，载《王桂五论检察》，中国检察出版社2008年版，第429页。

在苏俄的传统上，并没有一个像中国的公安机关（尤其是安全机关的职能也包含在公安机关之中的时候）那样相对集中统一的侦查机关（检察机关成立后，开始从事职务犯罪的侦查）。"互相配合、互相制约"一原则是彭真的秘书李琪提出来的。李琪是研究哲学的。互相制约一词，是借用斯大林在《联共党史》第四章辩证唯物主义和历史唯物主义中关于事物之间的互相关系、互相制约的提法而来的。实际上，在苏联司法制度中并没有互相配合、互相制约的原则。当时提出这一原则实质上是"托苏建制"，正如中国历史上的"托古改制"一样。这一原则的提出，形成了我国司法制度的一个特色。

通过以上资料可以看出，"互相配合、互相制约"原则的提出，很大程度上是受到苏联经验影响的缘故，不过，更多的是立足我国实际，并创造性地设计权力关系的这一原则。不可否认，该原则很好地诠释了司法机关与行政机关的关系构造，符合权能之间的基本规律。

真正推动这一原则入宪的缘由，是"文化大革命"的教训。"宪法之所以明文规定法院、检察院和公安机关的'分工负责，互相配合，互相制约'关系，很大程度上是出于对'文化大革命'期间无法无天沉痛教训的深刻反思和弥补。三机关缺乏合乎制度逻辑的制约关系，相互关系的紊乱使得司法制度成为政治运动的工具和代价。"[①] 因此，三机关的配置与权力关系，得到领导人的格外重视。[②]

鉴于同各种违法乱纪行为作斗争的极大重要性，宪法修改草案规定设置人民检察院。国家的各级检察机关按照宪法和法律规定的范围，对于国家机关、国家机关工作人员和公民是否遵守宪法和法律，行使检察权。在加强党的统一领导和依靠群众的前提下，充分发挥公安机关、检察机关、人民法院这些专门机关的作用，使它们互相配合又互相制约，这对于保护人民，打击敌人，是很重要的。

因此，虽然1982年宪法制定前夕，"分工负责、互相配合、互相制

---

① 韩大元、于文豪：《法院、检察院和公安机关的宪法关系》，《法学研究》2011年第3期。
② 叶剑英：《关于修改宪法的报告——一九七八年三月一日在中华人民共和国第五届全国人民代表大会第一次会议上的报告》，《人民日报》1978年3月8日。

约"已在刑事诉讼法中处于原则性地位，但该原则在最高位阶的根本大法中再次明确。"对于加强社会主义法制，保证准确有效地执行法律、维护公民的合法权益，都有重要的意义，这是我国司法工作中长期行之有效的一项好经验，因此应以根本法的形式加以确认。虽然这一原则在刑事诉讼法中也有规定，但写到宪法中就更加强调了它的重要性和意义。"①

不过，问题是，当时所处的境况，即便是"文化大革命"之前，制宪者也将注意力集中在刑罚上。譬如，1954年《人民日报》刊载《加强检察工作保障国家建设》，并在该文中强调："这种互相配合而又互相制约的司法制度，可以使我们避免工作中的主观性和片面性，保证正确地有效地惩罚犯罪，并防止错押、错判现象，保护人民的民主权利。"② 由此可见，"互相配合、互相制约"的目的，是整治犯罪。而让制宪者更为关注刑事案件中三机关的关系的，"文化大革命"惨痛的事实。③

> 1979年最高人民法院工作报告中指出：据统计，"文化大革命"期间判处的反革命案件中，冤错的比例一般占40%左右，有些地区竟达60%或70%，数量之大，比例之高，后果之严重，是新中国成立以来仅有的。

然而，时隔30余载，"文化大革命"的影响已经基本消除，并且当时的政治环境已不复存在，将司法权与行政权关系构造仍然限定在"刑事案件"之下，其妥当性值得商榷。皮之不存，毛将焉附？在理论上，既然承认司法权与行政权是同位于人大立法权之下的平行权力，那么，"分工负责、互相配合、互相制约"的关系就应当是双向的，只不过，这种配合与制约并不是齐观等量，而是有所偏重。

我国学者已经意识到，《宪法》第135条"刑事案件"范围限定存在的

---

① 肖蔚云：《我国现行宪法的诞生》，北京大学出版社1986年版，第81页以下。
② 《加强检察工作保障国家建设》，《人民日报》1954年5月21日。
③ 沈德咏主编：《中国特色社会主义司法制度论纲》，人民法院出版社2009年版，第114页以下。

问题，并作了更广泛意义理解的尝试。① 遗憾的是，这一尝试只是将检察院与法院的关系，纳入"分工负责、互相配合、互相制约"的考量范围，其结果也是局限于司法机关在诉讼轨道上解读两者关系的构造。但其贡献是不可忽视的：在一定程度上印证了《宪法》第 135 条权力构造之"刑事案件"范围限定的不当性。

更进一步，《宪法》第 135 条权力构造的不当性，不仅限于此，已被忽略的诉讼外司法权与行政权之间关系，亦有适用"分工负责、互相配合、互相制约"的关系构造，并纳入宪法设计的必要。

（二）构造诉讼外权力关系的基础与条件

那么，在"分工负责、互相配合、互相制约"的关系构造中植入诉讼外司法权与行政权，是否与我国"议行合一"的政体相契合？这是该调整需要首先面对的根本性问题。毕竟，任何制度的设计、权力的配置乃至规则的制定，都应围绕我国政体展开。另外，在宪法层面对行政权与司法权的结构性调整，是否确实已经具备变革的现实条件？这是衡量变革价值的最为直接的标准。

1. "议行合一"与人权保障

我们的国家可以而且必须由人民代表大会统一地行使国家权力；同时在这个前提下，对于国家的行政权、审判权、检察权和武装力量的领导权，也都有明确的划分，使国家权力机关和行政、审判、检察机关等其他国家机关能够协调一致地工作。② 诚然，诉讼内外行政权与司法权之间关系如何变动，都离不开人大的领导。这种领导方式最为直接的表现，是通过立法的方式对国家权力予以配置。权力之间的关系构造在现行诉讼轨道内的配置，已经较为明显，并基本上正良性运作。而在诉讼之外，将"分工负责、互相配合、互相制约"引入行政权与司法权的关系调整，需要直面此举是否符合我国人民代表大会制度。

人民代表大会制度的要义"议行合一"，在于体现民意，代表最为广泛

---

① "检察院对法院的法律监督并非仅限于刑事诉讼，它还可以对民事、行政案件提起抗诉，并且对法官在各类案件审判活动中是否廉洁公正也具有监督权。因此，不管是何种诉讼类型，都需要有合理的权力分工、配合与制约关系，'分工负责、互相配合、互相制约'原则适用于民事诉讼和行政诉讼具有合理性。"参见韩大元、于文豪《法院、检察院和公安机关的宪法关系》，《法学研究》2011 年第 3 期。

② 彭真：《关于中华人民共和国宪法修改草案的报告》（1982 年 11 月 26 日），载中央文献研究室编《十二大以来重要文献选编》（上），人民出版社 1986 年版，第 155 页。

的民众的诉求和利益,以及尊重与保障人权。"人权意味着国家法律和政府应该以确认、保护和实现人民大众的基本权利作为目标,更不得妨碍和侵犯人民大众的权利,否则便不具有合法性。也就是说,人权原则要求法治以个人权利为核心价值,并通过对权利的确立和保护来确立和实现法律的权威,只有这样,法治才有别于工具主义的规则之治。"① 人权保障的践行,除了司法权运作、行政权执行等权力主体单方面的活动,以及两者存有交集的诉讼之中,更应当涵盖——时常被忽略——诉讼之外行政权与司法权"碰撞"之时的有效处置。

"碰撞"的潜在之义是"制约",而非"配合"。其实,"理解'分工负责、互相配合、互相制约'条款的规范含义应当以宪法关于公权力制约的精神为基础,寻求合乎立宪主义原理和现代人权保障理念的解释,突出以'制约'为核心的权力关系体系"②。尤其是中国,权力之间制约的意义远大于配合。配合固然有其价值,理论上,权力相互尊重,也寓有便利国家政务和谐推动,进而提高政府效率的用意。③ 而其潜在风险不可低估:本文关涉的法院途经多个辖区道路并未遭受交警查处,而遇原平交警产生纠纷(法院确有违法情形的存在),不难看出,配合在一定程度上意味纵容违法。

而制约体现为权力主体之间的相互纠偏、查错,以此来检视对方是否遵守法律规范,是否有侵犯公益或人权的情形,并裁量是否采取相应的职权行为。诉讼外权力主体之间的制约,优于一般民众,甚至是其他社会监督。由于行政权与司法权并立,处于平等的地位,因而在理论上构成行政权与司法权相互监督、制约的关系,并且具体体现在社会主义国家宪法所规定的各自职权范围中。④ 行政权与司法权往往各自过多地关注行政实体规范或者诉讼程序规范,而忽略对方执行的规范内容,此情形下,以擅长规范的一方监督另一方,不但可以实现实体与程序规范一以贯之,更为重要的是,"每一个机关都对其他机关形成一定制约,同时它也成为其他机关制约的对象"⑤。相互"查漏补缺"的最终目的在于公益的维护与人权的实现。

当然,可能存在两种较为明显的顾虑:诉讼外行政权与司法权的互相制约,必然会影响效率,抑或出现权力主体之间相互打架,消减公权力权威

---

① 夏勇:《人权概念的起源》,中国政法大学出版社2001年版,第178页。
② 韩大元、于文豪:《法院、检察院和公安机关的宪法关系》,《法学研究》2011年第3期。
③ 汤德宗:《权力分立新论(卷二)》,元照出版公司2005年版,第320页。
④ 赵永行:《论行政权与司法权的关系》,《现代法学》1997年第5期。
⑤ 沈德咏:《中国特色社会主义司法制度论纲》,人民法院出版社2009年版,第228页。

性。以下对此逐一批驳。

首先,制约显然不同于配合,更多地强调制衡并防止另一种权能在执掌疆界的恣意、妄为,其代价必然是效率随之下降。以制约得来守法正义,较之存在违法风险的效率,前者的价值胜于后者。有人可能会提出,迟来的正义为非正义。但是,不能以此作为违法的理由。与正当程序之于实体正义的关系类同,程序付诸实施的效果,必将与无程序规则或少程序规制来得缺乏效率。但是,人们更为趋同正当程序得来的正义,尽管伴随着效率的牺牲。以前述交警行政权与司法权冲突为例,交警查处法院违反《道路交通安全法》行为,必然会影响法院的审判活动,但是,由此得来的示范效果——公权力任何活动皆有法依据——完全可以警示其他公权力主体,其深远影响和积极意义,远非一时效率的减损所能达致。

其次,诚如麦迪逊所言,"野心必须以野心相对抗",公权力的膨胀甚至为所欲为,并非仅为我们惯常谈及的行政机关所独有,司法权亦存在。以两种权能在法制框架下展开对抗,并以法律规范为对抗工具,得来的必然是法价值的实现。诉讼外,相互依法制约公权力,怎会失信于民呢?只不过是以制约的方式实现保障人权的终极目的。

需要说明的是,诉讼外司法权与行政权不仅为法治内的制约,也离不开彼此的配合,当然这一配合依旧依法而行。权力间之相互制衡与相互尊重,好比离心力与向心力一般,必须兼而有之,才能保持平衡。[①]

2. 外部条件趋于成熟

前文论证的诉讼外交通警察权与司法权应当相互制约的命题,是否会在实践中出现交通警察权对司法权单向度制约的尴尬局面?易言之,司法权是否具有与交通警察权抗衡的能力?毕竟,刻下司法机关的人、财、物受制于政府,"正是在这种不独立的体制下,法院和检察院只能迎合外部权力的需要,尤其是遵从同级党政机关的指令,成为地方利益的守护者"[②]。不过,所不同的是,公安机关交通管理部门作为政府下属职能部门,对司法的控制力和影响力,远远小于同级党政机关的直接指令。并且,一般情形下,同级交通警察权与司法权处于平行的地位,具有诉讼外相互之间的超然状态。

最为可喜的是,司法改革已然付诸行动。"从某种意义可以说,司法改革也是国家体制营造某种新的可视性盼结构。如果法官真正有威信,审判

[①] 汤德宗:《权力分立新论(卷二)》,元照出版公司2005年版,第321页。
[②] 蔡定剑、王占阳主编:《走向宪政》,法律出版社2011年版,第373—374页。

真正能独立，这种期盼结构就可以为根本性的政治改革提供必要的缓冲装置和动力。"① 当下司法"凭云升降，随风飘零"的局面即将被打破，取而代之的是，不受政府羁绊的独立司法权轮廓逐步清晰。详言之，十八届三中全会提出，改革司法管理体制，并推动省以下地方法院、检察院人、财、物统一管理。其后，《关于深化司法体制和社会体制改革的意见及贯彻实施分工方案》《关于司法体制改革试点若干问题的框架意见》等，制定了各项改革任务的路线图和时间表，明确了试点地区省级统管的改革路径；对人的统一管理，主要是建立法官、检察官统一由省提名、管理并按法定程序任免的机制；对财物的统一管理，主要是建立省以下地方法院、检察院经费由省级政府财政部门统一管理机制。目前，上海、广东、吉林、湖北、海南、青海6个省份已经先行试点，由此可见，司法"去行政化""去地方化"的步伐加快，司法的"软弱性"将成为历史，与行政权抗衡的能力也逐步具备。因此，诉讼外制衡交通警察权的能力自不待言。

此外，我国已经具有较为完备的法律体系，基本实现了"有法可依"。完全可以为诉讼外的交通警察权与司法权相互制约提供法律依据。更为重要的是，民众的法制意识已达到较高水平，具有较高辨识违法与否、正当与否的能力。倘若如本案中交通警察放任法院的违法执行，必然会消减民众对公权力，乃至法治的信任。观念的东西虽然难以捉摸，但其影响力绝不亚于一项制度。② 信息化时代下，民众对公权力的期盼值提升，如果出现公权力机关捍卫法治而相互制约，那么，必将夯实民众的法治观念，增加其对国家的信赖感。特别是在制度演变到民意表达渠道丰富多样和畅通无阻的场合，公共选择的正当程序可以为改革提供合法性的保障，使任何过激行为都成为多余，社会动荡反倒难以出现。③

四 诉讼外两者良性运转之设想

至此，我们可以得出，诉讼外交通警察权与司法权之间的关系，应当进入宪法关怀的视野。这就"需要诉诸司法与行政关系的调整和国家权力结

---

① 季卫东：《宪政新论——全球化时代的法与社会变迁》（第二版），北京大学出版社2005年版，第260页。
② 杨伟东：《权力结构中的行政诉讼》，北京大学出版社2008年版，第28页。
③ 季卫东：《宪政新论——全球化时代的法与社会变迁》（第二版），北京大学出版社2005年版，第264页。

构的重新构造方能实现"①。结合前文论析,《宪法》第 135 条 "刑事案件"限定,应当剔除,如此才更为契合法治内在规律与社会现实的需要。故此,《宪法》第 135 条应当修改为:"人民法院、人民检察院和公安机关,应当分工负责,互相配合,互相制约,以保证准确有效地执行法律。"那么,在此权力构造之下,应如何安排制度装置,以明确诉讼外交通警察权与司法权之间的关系呢?

鉴于在诉讼的轨道内,现有诉讼制度已对制约交通警察权,有较为完善的规定,并且按照规定,司法权对交通警察权的制衡已经较为强势。而现有规定中尚缺乏交通警察权对司法权的制衡机制。因此,笔者将重点放在诉讼外交通警察权尊重司法权的限度上。具体而言,交通警察权应当在何种程度上配合司法权,应在何种限度内制约司法权,以及在制度上如何对这两组关系加以构建,是接下来需要解决的问题。

(一)诉讼外交通警察权尊重司法权的限度

首先需要澄清的是,我们一般意义上所认为的"行政权干涉司法权",多指行政机关对法院或检察院的审判活动或者检察监督活动,超越行政权或者滥用行政权介入正常的司法活动,并影响司法有效进行的行为。当然,这种干涉也包括对生效裁判的执行活动的不当阻却。长期多发"行政权干涉司法权"的惨痛现实,以及由此形成的惯性思维,造成了这一现象:行政权对司法权的任何抗辩——即便是诉讼外日常的执法活动,都被扣上"行政权干涉司法权"之名。这不是一个法治社会的理性认识,而是法治极为不成熟的表现。应以理性的思维,审视两种权能所处的场域,并结合法治社会的理据,做出合法或正当与否的判断。

就诉讼外交通警察权与司法权而言,交通警察在执法之时遇有生效的裁决,理应保持必要的戒惧与尊重。"法院在裁判中所为之事实认定与法律解释(认定用法)具有拘束力,包括对个案当事人的绝对权威性(绝对的个案拘束力),以及其他国家机关基于宣告法律为何乃法院之天职的认知而为之尊重(相对的一般拘束力)。"② 然而,这种尊重并不是无所节制、听之任之,而是应当将司法执行行为视为日常执法的一般行政相对人的行为,并按照职权要求展开相应活动。这是法之平等原则的基本要求,相同之事为相同之处理,更何况,交通警察之于法院的执法行为,尚不存在合理差别的必要

---

① 杨伟东:《权力结构中的行政诉讼》,北京大学出版社 2008 年版,第 30 页。
② 汤德宗:《权力分立新论(卷二)》,元照出版公司 2005 年版,第 308 页。

情形。如此状况之下，如果将一般的行政相对人与法院置于区别对待的境地——放纵法院道路通行安全违法行为或潜在危险，那么，民众对公权力，乃至对法律必定产生微词。真正的法律不是镌刻在铜表上，而是铭刻在公民的心里。① 内心对法信赖感的形成，是建立在法之切切实实的践行之上。如果交警不履行职责，便存在恣意，有悖法之平等原则。同样，法院不遵守交警正常执法之规范，也是不法的。诸如此类，长此以往，法律在民众心中仅存的威严与威信必将消失殆尽。由此看来，法院在执行裁决之时，仅以生效裁决为由，甚至仅仅表明身份，不当的抗拒交通警察的执法行为，是极为危险的。正确的方式是，应当遵守所处场域内的相应法律规范，积极配合并接受交通警察职权范围的执法活动。

或许有人质疑：既然承认诉讼外"互相配合"，那么，交通警察权就应当为法院执行裁决提供便利，并不能责难生效裁决的执行。事实上，"互相配合"是在彼此保持独立性的前提之下，工作程序上的衔接关系，其目的在于达成国家权力的有效运转，而非无原则性地随意配合，甚至是服从。"互相配合"更多强调尊重对方权能，"应避免不当干预其他权力部门核心权力之行使，并尊重其决策（决定）"②，并在必要并不违法的情形下，提供职权范围的帮助。譬如，在本案中法院完全可以请求当地交警部门提供协助，必要时，交警完全可以采取一定的管制措施，以便于法院生效裁决的执行，同时，也避免了潜在交通安全的危险，不失为法院执行时一种可行的方案。

此外，有学者提出，要求司法机关履行实体法律规范"不免有些强为所难"，并将其症结归因于"我们的法律的不协调性、不系统性"。③ 对此，笔者以为，在诉讼之外，司法机关不应当要求法外特权，申言之，司法机关享有一般行政相对人应有的权利，并同时履行义务。如果说，熟知并惯常运用法律的司法机关，在诉讼之外，遵守其他法律规范有难度的话，那么一般的民众是不是更加困难呢？可见，以不熟悉其他实体规范为由，而为司法机关辩护的观点，是站不住脚的。

其实，在理论上，诉讼外交通警察权对司法权尊重，不应与对待行政相

---

① 董皞、王堃：《我国司法体制改革的目标与路径》，《行政法学研究》2014年第1期。
② 汤德宗：《权力分立新论（卷二）》，元照出版公司2005年版，第316页。
③ 方潇、戴建生：《行政权司法权孰"大"孰"小"及其他——一则典型案件的法理分析与思考》，《河北法学》2000年第2期。

对人的态度有区别。也就是说，在交通警察职权范围内，对待司法机关与普通民众，应当一视同仁，对于任何一方的违法行为都应当依法查处。

（二）诉讼外两者良性运转之制度架构

因此，诉讼外交通警察权与司法权"互相配合、互相制约"应以法律为限。问题是，诉讼外两种权能"执法碰撞"多以政治的方式解决，① 并未纳入法律规范的规制中来，尚且不能完全实现两种权能的良性运作。根本的原因在于，我国现行规范中缺乏对诉讼外交通警察权与司法权执法冲突化解的依据。不可否认，执法者在不同的场域内执行相应的法律规范——不管是否存在使用其他规范的难度，也是把纠纷在法律预置的轨道中消解，只不过，在执法者素质有待提高的情形下，单纯依循现行实体法或程序法，而缺乏诉讼外两种权能协调的导向性机制，确实存在类似事件再发的风险。

法治国家的基本要素之一是对国家公权力的监督制约机制，这也是法治国家建设本身的任务。② 那么，协调诉讼外两种权能的导向性机制，应该如何构建呢？无疑，该机制的设计，应在"分工负责、互相配合、互相制约"关系的指引下完成。因为"分工负责"的权能定位已由宪法规范明确，并由其他规范细化，在此不再赘述。因此着力关注诉讼外的交通警察权与司法权"互相配合、互相制约"关系的架构。

依循前文的论证可知，诉讼外交通警察对法院不应有特殊对待，应视为一般行政相对人，并进而对法院的执法行为，依道路交通安全相关规范进行裁量并加以处置。据此，纠纷化解的导向性机制的构设，应当便利现行法律规范的有效实施，以及公权力的有效运转，但最终应以法律为依归。鉴于诉讼外交通警察权与司法权缺乏必要的对话机制，并同时借鉴诉讼内行政权与司法权衔接的成功经验，③ 我们很有必要建立具有更新观念、组织领导、具体监督、实施程序、责任追究等方面的指引性规范，并且，该诉讼外导向性机制并不需要很高的法律位阶，一般的规范性文件即可。不过，为了保障该规范普遍的引导性，这一规范性文件需要国务院、最高人民法院、最高人民

---

① 以原平市法院与华阴市法院"执法碰撞"案为例，该案最终是在双方上级单位、所在地党政机关的协调下才得以化解。

② 参见姜明安《论法治中国的全方位建设》，《行政法学研究》2013年第4期。

③ 目前，诉讼内有关行政权与司法权衔接机制的法律规范，已经较为成熟，并有在各职能部门细化的趋势，这些法律规范主要包括：《行政执法机关移送涉嫌犯罪案件的规定》《关于加强行政执法与刑事司法衔接工作的意见》《农业部关于加强农业行政执法与刑事司法衔接工作的实施意见》《关于在行政执法中及时移送涉嫌犯罪案件的意见》等。

检察院等部门协同制定。

需要强调的是，诉讼外公权力主体往往故步自封、刚愎自用，① 加之，无专门有效的制度规范，其结果，要么是忌于公权而听之任之，要么面对骄枉而互设障碍，而以正当理据抗辩的情形较为少见。与诉讼内权能衔接存在较大差异。诉讼轨道内行政权与司法权之间关系相当明确，基本上处于前文述及的"伏势"结构（在行政诉讼中司法权制约行政权，也契合"伏势"理论），抑或是线性结构，"互相配合、互相制约"的关系结构较为明显，尤其是衔接性较为突出，基本上是环环相扣。

可见，诉讼外导向性机制的构建应当考量这一特殊性。笔者以为，在借鉴诉讼内行政权与司法权衔接成功经验的基础上，"互相配合、互相制约"精神的贯彻，离不开下列观念或规则。

其一，权能平等意识与注重协商理念。在我国，司法权与行政权无孰大孰小之分，它们都是国家权力的组成部分，司法机关和行政机关在行使相应的国家权力的时候其法律地位是平等的，不同的只是其执法方法、手段、对象等差异。② 权能平等观念的生成，更多的是源自内心对法律的敬畏，这种敬畏不限于其本职工作需求的法律，更及于关涉的所有规范。唯此，才能在不同的场域以法律度量行为。"如何避免制度设计和权力运作实践中司法权与行政权的摩擦？一个重要途径是司法机关和行政机关要学会'换位思考'。"③

"换位思考"的过程，也是对法律规范敬畏移转的过程，并在此过程中达成法律的目的。诚如罗素所言："这一切都没有别的目的，只是为了人民的和平、安全和公众福利。"④ 其实，"换位思考"应当付诸实践，推进诉讼外两种权能在执行之时，彼此沟通与协调，以便问题及时化解。所有的权力关系都是工具性的，作为一种协商关系，它旨在强调：权力只是从目的的角度才被构建出来，按照工具性的逻辑，此目的激发了行动者一方的资源投

---

① 譬如，检察院在执法时面对行政机关称道："刑事案件大于一切行政案件，必须无条件服从并放行"，参见《扬子晚报》1998年10月29日第21版。
② 方潇、戴建生：《行政权司法权孰"大"孰"小"及其他——一则典型案件的法理分析与思考》，《河北法学》2000年第2期。
③ 刘峰：《论行政诉讼判决形式的重构——从司法权与行政权关系的角度分析》，《行政法学研究》2007年第4期。
④ ［英］伯特兰·罗素：《西方哲学史》（下），马元德译，商务印书馆1976年版，第80页。

入。① 既然双方已经投入一定的资源——执法的过程伴随着资源的投入，更应平等、协商化解问题，以避免资源的浪费。

其二，纠纷化解及时性原则。诉讼外交通警察权与司法权的摩擦，多为双方的执行权，执行的要义在于及时高效。如果规则设计之时，不考虑这一核心问题，即便是问题经过很长时间得以化解，也违背了两种权能执行的初衷，很大程度上损害了应保护的法益。如在前文提及的案例，前后经历了长达14天才最终解决。因此，建议诉讼外导向性机制，应限定时间，如果可以，限定相应的责任人加以处置。必要的情况下，可以请求交通警察提供协助，以便于及时完成执行任务。

其三，双向追责机制。事实上，本文列举的案例，在现实世界中极为罕见。出现这一状况的原因，前文已有论述，在此不再赘言。其实，这是执法者消极怠法的缘故。退一步讲，从法的有效践行以及社会的公平正义来看，诉讼外两种权能相互制约——在法预设的轨道中制约，是应该予以鼓励的。为了实现这种制约的良态化，有必要设定双向追责机制，换言之，对交通警察放纵司法机关违法，对双方主体都应追究责任，并加重这种惩罚。当然，这一效果的获知，需要借助于社会监督。因而，应畅通相应的举报、申诉、舆论监督的渠道，并按照正当行政程序建立信息公开、说明理由等规则制度。

只有把公权力的运作纳入良性轨道，社会的公共利益、公民的基本权利才有期待的可能性，获致科特威尔所描绘的法律平衡状态："法律表现为一种折中的机制，在所有个人、社会和公共利益要求中保持平衡。法律必须在两个方面发挥作用：一是通过对各类冲突严格分析，然后确立最普通的社会利益；二是通过权利维护和法庭裁决对形形色色的个人要求进行鉴别，确立每个公民应该享有的个人利益。"②

---

① [法]克罗齐耶、费埃德伯格：《行动者与系统——集体行动的政治学》，张月译，上海人民出版社2003年版，第53页。
② [英]罗杰·科特威尔：《法律社会学导论》，潘大松译，华夏出版社1989年版，第83页。

专题之五：交通安全之酒驾治理

醉驾型危险驾驶罪刑事证据规则研究
——基于刑事一体化的尝试性构建

刘艳红[*]

摘　要：醉驾型危险驾驶罪作为类似国外违警罪的特性，决定了该罪出罪通道不应通过《刑法》第13条犯罪概念中但书建立。结合该罪实体要件取决于程序鉴定结果之特性，应跳出刑事实体法之外，结合刑事程序法对刑事证据证明标准有关理论，围绕如何判断醉驾案证据证明力问题并建立相应的证据规则，以严把入罪关。根据醉驾案证据证明力高低不同，可建立如下证据规则：单独呼气酒精测试结果只能作为醉驾案立案侦查依据而非定案证据使用；单独血液酒精含量测试结果可以作为定罪证据使用，且并不违反刑事诉讼法中孤证不立原则，但其客观性与合法性必须经过排除合理怀疑；既无呼气酒精测试也无血液酒精含量测试结果时，仅凭旁证不能认定醉驾犯罪成立。通过尝试建立醉驾案证据规则，反思醉酒驾驶司法解释仅仅根据呼气酒精含量测试结果定罪的规定，警惕理论与实务仅仅根据呼气酒精测试鉴定意见甚至仅凭其他旁证定罪扩大化倾向，严格把握醉驾型危险驾驶罪入罪的证据标准，以充分实现刑事法的人权保障机能。

关键词：醉驾案；证据规则；呼气/血液酒精测试；证明标准；无罪推定

自2011年5月1日《刑法修正案（八）》第22条将醉酒驾驶行为入

---

[*] 刘艳红，东南大学法学院教授。

刑以来，由于该条"在道路上醉酒驾驶机动车的，处拘役，并处罚金"的极简规定，引发了实践中对于醉酒驾驶行为是否一律入罪问题的探讨。仔细分析，是否一律入罪的问题，其要义在于如何以及可否对醉酒驾驶行为建立出罪机制。当前，刑法学者对此问题的探讨主要"固执于刑法学科内部，反反复复讨论《刑法》第13条但书可否适用于该罪。但无论得出何种结论，都无法破解醉驾犯罪作为类似于国外违警罪的立法类型与我国《刑法》第13条但书作为类似于国外重罪出罪条件之间的矛盾"[1]。可以说，醉酒驾驶、扒窃等行为的入罪，在某种程度上正是借鉴国外刑法"严而不厉"的立法模式之产物，与我国刑法传统的"厉而不严"立法模式主导下的罪名有根本性不同。看不到犯罪立法模式之变化，仍旧延续第13条可否适用于这些新罪的传统思路来分析问题，其实是对新立法模式下出罪问题的有意忽视，以及对于类似于国外违警罪行为入刑后所带来的如何出罪等新问题的庸俗化解读。为此，如何跳出传统既定思维，开辟醉酒驾驶行为的出罪通道，是摆在刑事法理论和实务工作者面前的一大难题。

由于醉酒型危险驾驶罪的实体构成要件"醉酒驾驶"的认定，取决于刑事程序法对于酒精含量证据的鉴定意见，或者说，该罪是刑法中仅有的依据单个证据即血液酒精含量测试结果定罪的罪名，从而本罪产生了程序法与实体法上的共有问题，即如何严把证据关从而严把入罪关。如何提高血液酒精含量鉴定证据的证明效力，以化解定罪时仅凭单个证据所可能带来的对被告人人权侵犯之虞，从而通过程序法的保障最终实现刑法罪刑法定主义刑罚处罚的妥当性之要求；如何结合刑事诉讼中孤证不能定案的规则，对血液酒精含量鉴定证据的证明力进行质疑；如何解决没有血液酒精测试结果而只有呼气酒精测试结果，或者只有旁证而无任何酒精测试结果的情况下定罪的证据问题等，由此成为认定醉酒驾驶行为犯罪成立过程中亟待解决的理论与实务难题。在当前从刑事实体法内部暂时难以解决醉酒驾驶行为出罪问题情况之下，基于该种行为涉及程序与实体法问题的双重性，不妨转换视角，基于刑事一体化之思维，跳出刑法之外研究刑法。[2] 为此，本文拟围绕以上问题，通过尝试建立醉酒驾驶行为入罪的刑事诉讼证据规则，以建立严格的入罪关口，从而将不符合证据标准的醉酒驾驶行为不以犯罪处理；同时，亦结

---

[1] 刘艳红：《刑法学研究现状之评价与反思》，《法学研究》2013年第1期。
[2] 参见储槐植《刑事一体化论要》，北京大学出版社2007年版，第25页。

合有关醉酒驾驶行为的最新司法解释①之规定，对该解释中涉及醉酒驾驶行为入罪标准的相关规定进行分析与批判。

一 醉驾型危险驾驶罪理论与实务难题：如何建立有效的证据规则

根据有关法律文件规定，②醉酒驾驶刑事案件（以下统称为"醉驾案"）立案标准，是驾驶人员的血液中酒精含量值大于或者等于 80 毫克/100 毫升。这表明，醉驾案的审判主要是依靠对驾驶人员的血液酒精含量鉴定证据，"驾驶人血液酒精含量是否达到 80 毫克/100 毫升，是衡量醉驾人是否构成危险驾驶罪的唯一标准，其重要性可见一斑。因此，必须高度重视和依法规范收集"③证据。国外醉酒驾驶（以下简称"醉驾"）行为入刑多年的国家比如美国、加拿大等"研究表明，过去几十年，很多无辜的人因单一的刑事科学证据而被错误定罪"④。作为一个施行不久的新罪，目前我国尚未出现醉驾犯罪的错案；但从预防冤假错案角度出发，及时展开对醉驾案定罪证据问题的探讨显然极有必要。我国醉驾案在实践中的表现形式各异，但迄今为止并未就醉驾案件办理中的程序问题出台细则化规定，"证据问题全靠实践摸索"⑤，为此，从确保醉驾案准确定性角度而言，讨论醉驾案定罪证据如何落实的问题显然极有必要。

结合司法实践情况进行分析，醉驾案突出证据问题有三个，即没有进行血液酒精检测时可否仅凭呼气酒精测试结果定罪，在没有呼气酒精测试结果时可否仅凭血液酒精含量测试结果定罪，以及既无呼气也无血液酒精测试结果时可否仅从旁证推定定罪。

---

① 2013 年 12 月 18 日最高人民法院、最高人民检察院、公安部颁布《关于办理醉酒驾驶机动车刑事案件适用法律若干问题的意见》，以下简称《醉驾解释》。
② 2011 年 12 月 9 日《公安机关办理醉酒驾驶刑事案件程序规定（试行）（征求意见稿）》（以下简称《程序规定》），2004 年 5 月 31 日国家质量监督检验检疫总局发布的《〈车辆驾驶人员血液、呼气酒精含量阈值与检验〉国家标准》（以下简称《国家标准》）。
③ 刘海东、曾凯：《县域醉驾重点要查二轮摩托》，《检察日报》2013 年 3 月 26 日第 4 版。
④ Mordechai Halpert, Boaz Sangero, "From A Plane Crash To The Conviction Of An Innocent Person: Why Forensic Science Evidence Should Be Inadmissible Unless It Has Been Developed As A Safety-Critical System", 32 *Hamline Law Review* (2009).
⑤ 李娜：《酒驾案移送检察后强制措施迥异》，《法制日报》2012 年 5 月 2 日第 5 版。

(一) 证据问题之一：血液酒精含量未测试时可否仅凭呼气酒精测试结果定罪

如果驾驶人员在呼气酒精测试之后，以开车逃跑或其他方式逃避或拒绝抽取血样进行血液酒精测试，可否单独依据呼气酒精测试结果定罪？

目前我国相关法规对醉驾案规定了呼气酒精测试、血液酒精测试和申请重新鉴定三个程序。2011年12月9日《公安机关办理醉酒驾驶刑事案件程序规定（试行）（征求意见稿）》（以下简称《程序规定》）第8条规定，"交通警察在道路执勤执法中发现机动车驾驶人有酒后驾驶嫌疑的，应当对其进行呼气酒精测试。"第9条规定，"呼气酒精测试结果达到或者超过醉酒驾驶标准的"或"拒绝配合呼气酒精测试等方法测试的"或"对呼气酒精测试结果有异议的"，则"应当抽取血样，检验体内酒精含量"。可见，在法律文件的规定上，呼气与血液酒精测试之间的关系层级分明。然而，实践中醉驾案证据收集并非能完全贯彻从呼气到血液酒精测试的两级步骤。司法实践显示，"一些醉驾者逃避处罚的花样繁多，最典型的是在造成事故后先离开现场，等到酒精完全挥发后再投案，而此时司法机关已无法确定其驾车当时的血液酒精浓度"[1]。以下案例1与案例2均属此种情况。

案例1：某日晚上11点，肖某与朋友李某等聚餐饮酒，宴会结束后肖某欲开车回家，李某极力劝阻无效，遂向警方拨打了举报电话，并详细描述了肖某的回家路线。警方接到举报电话后，在肖某必经的路口拦截下了肖某，并对肖某进行了呼气酒精测试，结果为113毫克/100毫升。警察随后欲带肖某前往医院验血测试。肖某趁警方做笔录之际，开车加速逃离了现场。本案中的证据问题应该如何处理？

该案反映的问题是，呼气酒精测试结果达到了醉酒驾驶成立标准，但随后未能对驾驶人员进行血液酒精测试，能否直接根据呼气酒精测试结果定案？进一步，"吸气测试结果是不是刑事案件的证据，如果是，应归于何种法定证据形式？"[2] 呼气与血液酒精测试结果之间的证据关系是什么？二者在醉驾案证据体系中各自的地位是什么？此外，该案还反映了在醉驾犯罪的证据收集中，仅仅根据他人的举报，随意对被举报人的车辆强制截停等程序

---

[1] 吴贻伙：《醉驾入刑后，缓刑适用率居高不下》，《检察日报》2012年2月14日第4版，案例1与案例2均属据针对此种情况编写而成。

[2] 记者游春亮、通讯员程海龙：《深圳办理醉驾案件半年面临多重法律难题》，《法制日报》2011年12月6日第4版。

是否正当等问题，而这又事关证据的合法性。

此外，如果驾驶人员的呼气与血液酒精测试结果之间的差异较大，应以何者为准？尤其是，当血液酒精测试结果低于醉驾案立案标准，而呼气酒精测试结果却已达到的情况下，可否单独依据呼气酒精测试结果定罪？

案例2：某日上午9点20分许，甲闯红灯被交警拦截，后发现甲系酒后驾车。交警随即对甲进行了呼气酒精测试，结果为95毫克/100毫升。随后，甲被交警带到某医疗机构抽血测试，并于一个半小时后到达，随后的血液酒精测试结果为76.5毫克/100毫升。此时究竟依呼气还是血液酒精测试结果为准？

（二）证据问题之二：单独血液酒精含量临界值鉴定意见可否证明醉驾行为成立犯罪

醉驾案目前仅以驾驶人员血液酒精含量值为标准认定犯罪之有无，是典型的仅凭单个证据定罪的罪名。如果没有呼气而只有血液酒精测试结果，可否仅凭后者对驾驶人员定罪？

案例3：2011年5月28日晚上9点多钟，乙酒后骑摩托车下班回家，由于光线不太好，加之酒后感觉失控，开着摩托车在马路上逆行的乙，行驶到某小区大门口时，突然撞到路边一堆石子上，当即人仰车翻，乙昏迷。接到路人报警后迅速赶到的交警，闻到乙一身酒味，立即对其进行酒精测试，测试发现其血液中乙醇含量高达236.26毫克/100毫升。[①]

本案中只有血液酒精含量测试结果，没有呼气酒精测试以及其他旁证，能否对乙以醉驾型危险驾驶罪定罪？如果乙以血液酒精含量测试结果不准确为由申请进行重新鉴定，该如何处理本案？《程序规定》第32条明确规定，如果犯罪嫌疑人对血液测试鉴定意见的准确性存有疑问，"可以在办案部门送达《鉴定结论通知书》之日起三日内书面提出重新检验鉴定申请"，然而，较之于其他司法鉴定例如是否为精神病人等的重新鉴定不同，血液酒精含量受酒精挥发和人体吸收消化等的影响，其三日内重新鉴定准确率更值得怀疑。因此，血液酒精含量值在醉驾案中举足轻重的地位，决定了应该更加审慎地对待这一证据。

（三）证据问题之三：既无呼气也无血液酒精测试结果时可否仅依旁证定罪

有的案件既无呼气酒精测试结果，也无当事人血液酒精测试结果，只有

---

① 案例来源：吴贻伙：《醉驾入刑后，缓刑适用率居高不下》，《检察日报》2012年2月14日第4版。

相关旁证证明,当事人可能是酒后驾车,有可能成立醉驾型危险驾驶罪。此时,能否根据这些旁证定罪?

案例4:袁某驾车载乘其妻胡某、朋友姚某到邻镇赴宴,醉酒超速逆向行驶,致骑乘摩托车2人当场死亡。袁某让妻子胡某为其顶罪,并让姚某做伪证。后胡某到公安机关"投案",称肇事车辆系其驾驶。当晚胡某"顶包"把戏终被戳穿,公安机关对已被确定为肇事嫌疑人的袁某抽血测试,但此时袁某血液酒精含量已远低于醉驾标准。从酒精测试结果出发,不能认定为袁某为醉驾或酒驾,但警察从陪同的姚某和一起喝酒的朋友以及饭店服务员处获取旁证,司法机关最终认定袁某"酒后"驾驶成立;由于致死两人不能仅认定为危险驾驶罪,而最终认定袁某交通肇事罪成立,对袁某按照交通肇事罪从重处罚。① 本案中,袁某是否有酒驾情节或者能否认定袁某成立醉驾型危险驾驶罪?

本案症结在于没有呼气更无血液酒精合理测试结果因而难以认定。袁某令其妻子胡某顶罪,虽然其后顶包把戏被戳穿,但是拖延了检验袁某血液酒精含量的时间,再行测试时,袁某体内血液酒精含量已远低于酒驾标准,更不成立醉驾。袁究竟是酒后驾驶或是醉酒驾驶,客观上已无法查清。在此情况下,司法机关一致认定袁某成立酒后驾驶。显然,袁某被认定为存在醉酒驾驶情节,"主要系从旁证中推定而得,……是否妥当,值得商榷"②。

以上醉驾案中的三大证据问题,均反映了在实践中,由于醉驾案主要依赖血液酒精含量鉴定证据,在该证据或不准确或与呼气测试结果不一致或者不具备时,酒驾情节或醉驾犯罪难以认定,在相关证据无法落实时,案件如何处理等问题亟待研究。

二 醉驾型危险驾驶罪刑事证据规则之确立:以证据的证明力为中心

刑事证据规则,是指在刑事诉讼过程中收集、运用、审查、判断证据认

---

① 案例来源:王威、郭鼎:《妻子顶罪逃避酒精测试被揭穿"酒驾"没商量》,《检察日报》2012年5月2日第7版。
② 参见李森《认定醉酒驾驶的几个难点》,《检察日报》2012年5月18日第3版。

定案情时必须遵守的准则。[①] 刑事证据性规则的意义在于规范诉讼过程中的取证、举证、质证和认证活动，它是能够指导司法证明实践具有可操作性的准则，因此刑事证据规则具有规范性、程序性与具体性的特点。[②] 而刑事证据规则的最终目的是提高证据的证明效力，"证据规则决定一个事实认定者在解决事实问题时可以使用什么材料，大多数的证据规则都是关于什么应被接受为证据的问题"[③]。作为倚重酒精含量鉴定证据定案的醉驾犯罪，如何确保各项证据的收集与认定具有规范性与程序性，正是醉驾案件办理过程中亟须解决的问题；如何从理论上总结出可供醉驾案司法证明实践操作的规则，并表明在醉驾案面临形形色色证据的同时，何种证据可以作为定案证据，是醉驾案定罪量刑核心之所在。为此，下文拟结合醉驾案中血液酒精含量鉴定证据、呼气酒精含量鉴定证据以及其他旁证等不同证据的证明效力，基于前述醉驾案理论与实务难题，根据刑诉法有关规定及原理，研究得出如下结论：醉驾案中证据收集与认定可以建立如下证据规则，即单独呼气酒精测试结果不能作为定案证据使用，单独血液酒精测试结果经查证属实后可作为定罪证据；既无呼气也无血液酒精含量测试结果时不能仅依旁证定罪。

（一）证据规则之一：单独呼气酒精测试结果不能作为定案证据予以使用

《醉驾解释》第6条规定："血液酒精含量检验鉴定意见是认定犯罪嫌疑人是否醉酒的依据。犯罪嫌疑人经呼气酒精含量检验达到本意见第一条规定的醉酒标准，在抽取血样之前脱逃的，可以以呼气酒精含量检验结果作为认定其醉酒的依据。"该解释明确确立了呼气酒精含量测试结果可以作为定罪证据使用，然而，这一规定明显不妥。根据我国办理醉驾案有关法规及刑事证据学相关法理，呼气酒精测试结果不能作为定案证据使用；即或是在有其他证据相印证的情况下，也只能作为醉驾案立案侦查的依据使用。

我国诉讼证明模式是印证式的。证明模式，是指实现诉讼证明的基本方式，即人们在诉讼中以何种方式达到证明标准，实现诉讼证明的目的。印证证明模式，即要求认定案件事实有两个以上的证据，其证明内容相互支持（具有同一指向），排除了自身矛盾以及彼此间矛盾，由此而形成一个稳定

---

① 参见房保国《刑事证据规则实证研究》，中国人民大学出版社2010年版，第23页。
② 参见宋英辉《刑事诉讼法学研究述评》，北京师范大学出版社2009年版，第591页。
③ ［美］乔恩·R. 华尔兹：《刑事证据大全》，何家弘译，中国人民公安大学出版社1993年版，第156页。

可靠的证明结构。证据是否确实，正是通过证据间的相互印证才能确认的。① 单独呼气酒精测试结果，无论是否有其他证据可以相互印证，均不能支持其证明醉驾型危险驾驶罪的成立。排除呼气酒精测试结果作为定案证据，意味着在诉讼印证证明模式之下，所谓的相互印证，一定是能够作为定案证据的材料与其他辅材料之间的印证，绝非不分主次，任何材料之间的印证均可证明案件的成立。

1. 呼气酒精测试主体不具备法定鉴定人资格。我国对司法鉴定活动及司法鉴定机构和鉴定人有一系列的法律法规，它们是，2005年2月28日全国人民代表大会常务委员会《关于司法鉴定管理问题的决定》（以下简称《司法鉴定决定》）、2005年9月29日司法部《司法鉴定机构登记管理办法》以及2000年8月14日司法部《司法鉴定人管理办法》。根据它们的规定，司法鉴定是指在诉讼活动中鉴定人运用科学技术或者专门知识对诉讼涉及的专门性问题进行鉴别和判断并提供鉴定意见的活动，任何司法鉴定意见的取得必须由有资质的专业鉴定机构的鉴定人进行。司法鉴定人，是取得司法鉴定人职业资格证书和执业证书，在司法鉴定机构中执业，运用专门知识对诉讼活动中涉及的专门性技术问题进行科学鉴别和判定的专业技术人员。呼气酒精测试属于司法鉴定，理应由专门的司法鉴定人员进行。但司法实践中，对驾驶人员的呼气酒精测试是由交通警察进行，交警作为案件侦查人员，显然有别于具有法定资格的鉴定人员，他们并不具备专业鉴定技术和知识，无法保证鉴定意见准确性。"鉴定意见也可能会囿于鉴定人的资格、鉴定水平和职业操守等原因而发生错误。""鉴定意见的科学性、真实性和权威性，在很大程度上不取决于鉴定意见本身，而依赖于鉴定人的专业资格、鉴定过程和判断能力。"② 同时，警察承担呼气酒精测试的工作，这也违反了新的《刑事诉讼法》（以下简称刑诉法）第28条关于侦查人员不得同时担任鉴定人的规定，不具备鉴定人资格的交警所进行的呼气酒精测试本身在鉴定程序上就是违反刑诉法及鉴定管理法规的有关规定的。这决定了无论呼气酒精测试的结果如何，都不宜作为鉴定意见使用，更不能单独以之作为醉驾案定案证据。

2. 呼气酒精测试结果的准确性尚需质疑。呼气酒精测试结果往往只具有盖然的准确性。呼气酒精测试又被称为初步呼气测试，在美国和加拿大也

---

① 参见龙宗智《中国法语境中的"排除合理怀疑"》，《中外法学》2012年第6期。
② 陈瑞华：《刑事证据法学》，北京大学出版社2012年版，第115页。

被称为初步酒精检查,在我国香港被称为检查呼气测试,它是一种常见检验醉酒状态的方法。英国《道路交通法案》第 6A 条给它下的定义是:初步呼气测试是使用经英国国务大臣认可的仪器对嫌疑人提供的呼气样本进行测试,测试结果将会显示某人的呼气或者血液酒精含量是否有可能超过法定的上限。[1] 但是,实践证明,初步呼气测试结果往往不够准确。比如在加拿大,初步呼气测的仪器经常被校准到血液酒精浓度为 100 毫克/100 毫升时才会显示测试未通过,如果驾驶人员未通过初步呼气测试,便会给警察以合理的理由相信驾驶人员在血液酒精浓度超过 80 毫克/100 毫升的情况下进行了醉酒驾驶的行为。[2]

实践表明,呼气酒精测试结果准确与否,除了与测试主体资质有关,与测试仪器是否精准亦有直接关系。"众所周知,现在交警在路边例行测试的方法,一般使用让司机吹气的方式。一位办理过多起醉驾案的一线法官告诉记者,在审判中,法院一般采信交警部门提供的酒精测试结果。如果酒精测试仪出现故障,被告人在开庭中也难以提出相反的证据,无法对这个酒精测试结果进行质证。"[3] 我国现有法规和各地方性行政规定只是对呼气酒精测试执法过程进行了原则性规定,而对呼气酒精测试仪器这样的细节性问题根本未有涉及。2008 年 11 月 15 日公安部《交通警察道路执勤执法工作规范》附件一规定:"对有酒后驾驶嫌疑的机动车驾驶人员,要求其下车接受酒精检验。对确认没有酒后驾驶行为的机动车驾驶人员,应当立即放行;使用酒精测试仪对有酒后驾驶嫌疑的机动车驾驶人员进行检验,检验结束后,应当告知检验结果;当事人违反检验要求的,应当当场重新检验。"地方性法规,比如 2011 年 11 月 24 日山西省公安厅发布的《公安机关办理醉酒驾驶刑事案件若干规定(试行)》第 9 条规定:"交通警察在道路执勤执法中发现机动车驾驶人员有酒后驾驶嫌疑的,应当对其进行呼气酒精测试。呼气酒精测试应当打印书面测试结果,由涉嫌醉酒驾驶嫌疑人签名、交通警察签名或盖章。涉案人对测试结果有异议或拒绝签名的,交通警察应当在书面测试结果上注明。"这些条文仅仅抽象地涉及了初步呼气测试的执法过程,而

---

[1] "Road Traffic Act 1988", http://www.legislation.gov.uk/ukpga/1988/52 # commentary - c1397107.

[2] Robert Solomon et al., "Random Breath Testing in Canada:Evidence and Challenges", 49 *Alberta Law Review* (2011).

[3] 刘婷、胡振艺等:《醉驾案审判面临 7 个 "模糊地带"》,《新法制报》2012 年 5 月 23 日第 2 版。

对于如何确保测试仪器的安全准确可靠丝毫未有涉及。国外或有关地区早已有立法对此做了明确规定，如 2012 年 3 月 15 日香港政府颁布的《2011 年道路交通（修订）条例》（以下简称《香港道路条例》）第 2 条规定，认可预检设备必须是警务处处长通过宪报予以公告认可的设备。认可操作员是指警务处处长以书面授权警队成员作为操作员，以使用认可的仪器进行初步呼气测试。《加拿大刑法典》第 254 条规定，对于呼气样本的经核准的容器是由加拿大总检察长命令的用于容纳个人呼气样本以供分析的容器，核准的仪器是指为收存人的呼气样品并进行分析以测量其人血液酒精含量而设计的仪器，并经加拿大总检察长核准。合格的技师就呼气取样而言是指经总检察长批派能够操作核准器的人。1988 年英国《道路交通法案》第 6A 条规定：初步呼气测试仪器需要由英国国务大臣予以认可。在美国，呼气测醉仪必须经过定期校准和维护，以保证其持续的精密性。[①]

目前我国醉驾行为刚刚入罪，尚无立法对呼气酒精测试仪器设备标准以及如何确保其精准性等问题进行详细的规定，实践中更是摸着石头过河，各地测试仪器设备差别也很大，这使得我国初步呼气测试仪器的准确性受到质疑，警察进行呼气测试的可靠性也无法保证。另外，很多物质诸如漱口水、呼气喷剂、止咳糖浆等也会包含酒精，摄入后会导致口腔中含有酒精，因此英美国家往往在测试时会询问驾驶人员在测试之前 15—20 分钟有否摄入这些物质。[②] 但是我国所有关于醉驾鉴定程序性规定都没有要求警察在进行初步呼气测试前询问驾驶人员，在接受测试前 15—20 分钟是否有过饮酒行为或者摄入其他可能影响呼气酒精测试准确性的物质。同时，警察在进行呼气酒精测试时不具备专业的鉴定资格，使得鉴定仪器的使用也难以确保及时有效消毒，实务中对于如何确保测试仪器不成为疾病传染的源头或媒介也颇有忧虑。

在呼气酒精测试过程中，受其他因素影响也往往会导致测试结果不准确。有些类型的初步呼气测试仪器会对某些特殊的物质而不是酒精产生反应，比如乙醚、三氯甲烷、丙酮、乙醛甚至是卷烟都会使得这些仪器误认为是酒精。[③] 我

---

① Joseph Tacopina, Chad Seigel, Strategies for Defending DWI Cases in New York 2011 Edition, Aspatore, April, 2011.

② Emanuel Antonio Lebron, Understanding Field Sobriety And Breath Testing Procedures, Aspatore, September, 2009.

③ Leonard Stamm, "The Top 20 Myths of Breath, Blood, and Urine Tests", 29 *Champion* (2005).

国司法实践中就曾出现了"吃'蛋黄派'后能被检查出酒驾"① 的事例。经呼气酒精测试，吃 1 个蛋黄派，酒精值 26 毫克/100 毫升，那么，吃不到 4 个蛋黄派酒精值就可以达到醉驾犯罪成立标准；吃过酒心巧克力或者与饮酒后的他人接吻等均能通过呼气酒精测试发现驾驶人员为"酒后驾车"，② 等等。以上这些均表明呼气酒精测试结果难以成为醉驾案的定案证据。正因如此，国外醉驾案的司法实践中，初步呼气测试结果一般都不能在刑事诉讼中作为最终证据使用和采纳。③

3. 呼气酒精测试结果宜作为立案侦查依据，不应作为定案证据。《国家标准》规定"血液酒精含量大于或者等于 80 毫克/100 毫升"为醉酒驾驶；公安部《关于公安机关办理醉酒驾驶机动车犯罪案件的指导意见》（以下简称《指导意见》）规定："对当事人被查获后，为逃避法律追究，在呼气酒精测试或者提取血样前又饮酒，经检验其血液酒精含量达到醉驾标准的，应当立案侦查。当事人经呼气酒精测试达到醉驾标准，在提取血样前脱逃的，以呼气酒精含量为依据立案侦查。"可以说，这两个行政法规对于呼气酒精测试结果的性质作了明确。这表明，一方面，根据《国家标准》规定，呼气酒精测试并不属于该标准中规定的"血液中的酒精含量"，而是气体中的酒精含量，不宜将其作为醉驾案的定案证据；另一方面，呼气酒精测试结果虽然不能作为认定醉驾犯罪成立的依据，但根据《指导意见》，呼气酒精测试结果可以作为醉驾案件立案侦查的依据，其延伸意义则是可以为警察预测驾驶人员是否有可能处于醉酒状态提供盖然性指导。

然而，实践中有司法人员或者司法部门对上述规定视而不见。一种相当有影响的观点认为："如果醉酒驾驶嫌疑人在进行血液酒精测试前使用各种不正当方法逃避规范测试的，当然也可以依现场呼气测试结论作为定案证据，因其同样具有证据的客观性、合法性与关联性。"④ 对于这种观点，实践中已有呼声回应，如某地方公安部门认为，"只要掌握充分证据，就是测试不到酒精含量，一样可以按照醉酒驾驶来处理"，"只要是现场逃逸的司

---

① 记者单思敬、王鹏飞：《吃蛋黄派会酒驾？血检为准！》，《东亚经贸新闻》2012 年 7 月 15 日第 3 版。
② 参见陈立新《酒驾》，《法制日报》2013 年 1 月 13 日第 8 版。
③ Christopher W. Nicholson, "Maryland's Drunk Driving Laws: an Overview", 11 *Baltimore Law Review* (1982).
④ 黄祥青：《对刑法修正案（八）中盗窃罪与危险驾驶罪相关问题的理解与适用》，《人民法院报》2011 年 5 月 4 日第 6 版。

机，被抓获归案后，要立即抽血，如果测试不到酒精含量，或酒精含量没有达到醉酒标准的，交管部门必须要认真调查，进行取证，比如，调看酒店或路边监控录像，调查与开车人一起喝酒的人，通过外围证据以及证人证言，还原'酒驾'者的本来面目，只要证据确凿，'零'酒精含量，也可按醉驾来处理"[1]。据此，如果无法查验驾驶人员的血液酒精含量，只要有呼气酒精测试结果，就可以定醉驾型危险驾驶罪。这些观点和做法均存疑问。前述表明，呼气酒精测试的主体并不符合鉴定主体资格要求，这导致该结果在作为证据的合法性上存在问题；该测试结果也受多种因素的影响而并不准确，其客观性更是值得怀疑；在无法与血液酒精测试结果印证的情况下，仅仅与证人证言等旁证相印证，并不具备定罪证据所要求的证明能力。将呼气酒精测试结果作为定案证据，不但与《指导意见》将呼气酒精测试结果作为"立案侦查""依据"的规定相违背，也与证据法的基本原理相违背。刑事诉讼的定罪证据必须充分确实，而"'证据充分'即凭现有证据足以认定案件事实，更须有多个证据，且其所含信息具有同一指向"[2]。仅凭呼气酒精测试根本谈不上证据充分的问题；直接采信呼气酒精测试结果作为最终证据使用，是扩大定罪侵犯人权的不妥做法，必须予以警惕。前述案例 1 中的肖某和案例 2 中的甲，虽然呼气酒精测试结果均已达到醉驾案定罪标准，但根据上文分析，由于缺乏最重要的血液酒精测试结果，故对此二人均不能定罪。此种结论也有相关行政法规的支持。根据《程序规定》第 34 条规定，血液酒精含量检验鉴定结论与呼气酒精测试结果不一致的，应当以血液酒精含量检验鉴定结论为准。

总之，呼气酒精测试的主体不具备司法鉴定人资格，测试仪器的精准性也值得怀疑，测试结果的准确性、可靠性与权威性无法保证；呼气酒精测试结果的主要作用在于使警察预测驾驶人员是否醉酒驾驶，它可以作为立案侦查依据，但不能直接作为刑事诉讼活动中的定案证据；它与血液酒精含量测试结果之间是初步证明材料与最终定案证据的关系。即便《醉驾解释》已规定可以依照呼气酒精含量测试结果对醉驾行为定罪，但是，基于前述反对将呼气酒精含量测试结果单独作为定罪证据的法理分析，在实践中也应尽量

---

[1] 通讯员苏交轩、记者朱俊俊：《想逃逸躲酒精检测？没用了　证据一锁定，就可按"醉驾"处理》，《现代快报》2011 年 9 月 28 日第 11 版。

[2] 参见龙宗智《中国法语境中的"排除合理怀疑"》，《中外法学》2012 年第 6 期。

减少单独依据呼气酒精含量测试结果定罪的做法，尽量采集并依据血液酒精测试结果定罪量刑，以严把醉驾行为的入罪关。

（二）证据规则之二：单独血液酒精测试结果经查证属实后可作定罪证据使用

在既有呼气酒精测试又有血液酒精含量测试结果且二者能相互印证的情况下，醉驾犯罪认定没有问题；在没有血液测试结果的情况下，则要反对仅凭呼气酒精测试结果定罪。那么，在没有呼气酒精测试结果，仅有血液酒精含量测试结果时，醉驾犯罪是否可以认定？如果回答是肯定的，此时是否违反了刑事诉讼法中孤证不立原则？以及，对于作为定罪证据使用的血液酒精含量测试结果证据如何判断其证据能力？

1. 醉驾案独特性决定了可以仅凭血液酒精含量鉴定证据定罪，且不违反孤证不立原则。

根据前述《国家标准》《程序规定》和《指导意见》等，一系列行政性法规或规范文件规定，驾驶人员血液酒精含量是否达到 80 毫克/100 毫升，是判断其是否构成危险驾驶罪的唯一标准。换言之，在醉驾案中，只要驾驶人员血液酒精含量值达到 80 毫克/100 毫升，没有其他证据也可证明醉驾犯罪成立；其他证据再充分，没有血液酒精含量测试结果，也无法证明醉驾犯罪成立。"案件只有一项有罪证据，由于该证据形成了'孤证'，得不到任何其他证据的印证，处于真伪难辨、虚实不明的状态，裁判者当然无法仅凭该项孤证来认定案件事实。"[1] 对于刑法中其他犯罪诸如杀人、抢劫、贪污等，证明行为人有罪证据绝非一项；但对于醉驾案而言，其他证据都无法证明驾驶人员有罪，只有血液酒精含量证据才可以；换言之，醉驾型危险驾驶罪属于本身只重视"一项有罪证据"的罪名，这正是其特殊性之所在。

在英美法系国家，醉驾行为入罪同样也是依赖血液酒精含量这一证据，"在醉酒驾驶犯罪的案件中，案件的审判可以依靠科学而具体的刑事技术证据，比如体内酒精呼气器，根据现行的法律，某人可以基于一个证据而被定罪"[2]。对于醉驾型危险驾驶罪而言，血液酒精含量是案件的直接证据及原始证据，其证明力高于醉驾案中任何其他证据，依据它，完全可以认定犯罪成立。仅凭血液酒精含量证据定罪，不违反孤证不立原则；仅凭呼气酒精测

---

[1] 陈瑞华：《论证据相互印证规则》，《法商研究》2012 年第 1 期。
[2] Boaz Sangero, Mordechai Halpert, "Why a Conviction Should Not Be Based on a Single Piece of Evidence: A Proposal for Reform", 48 *Jurimetrics Journal* (2007).

试或者其他相关旁证定罪,才会落入孤证不立原则所说的范围。在客观真实的前提之下,案件的直接证据能够单独包含案件主要事实的信息,既能够证明犯罪已经发生,也能够证明犯罪是犯罪嫌疑人所实施,而不只是如同间接证据那样只能证明犯罪构成要件的某一环节或片段。因此,对于案件直接证据,是能够证明案件主要事实成立的。① 可以说,在醉驾型危险驾驶罪中,血液酒精含量就是能够证明案件主要事实的直接证据。而孤证不立原则主要是"为了保护被告人的权利,防止案件事实的误认,对某些证明力显然薄弱的证据,要求有其他证据予以证实才可以作为定案根据的规则"②,血液酒精含量鉴定意见的证明力非但不是"显然薄弱",而且能够直接证明案件主要事实,在醉驾案所有证据中,证明力最强。

尤其是,孤证不立原则对于仅凭口供定罪的案件具有特殊的警示意义,而不是针对醉驾这种主要根据生物学测试结论定罪的案件。在我国,"口供为证据之王",仅凭口供定罪的现象曾经且现在仍然是刑事司法实务中较为普遍的现象。由此,孤证不立原则对于防止仅凭口供定罪具有特别的针对意义。刑诉法第64条规定:"对一切案件的判处都要重证据,重调查研究,不轻信口供。只有被告人供述,没有其他证据的,不能认定被告人有罪和处以刑罚;没有被告人供述,证据充分确实的,可以认定被告人有罪和处以刑罚。"据此,仅有被告人的口供而无其他相关证据印证的,则口供作为证据本身的证明力尚存疑问。仅有口供,事实难测,无法证伪;如据此定罪,才违反了孤证不立原则。最近备受瞩目的张高平案中,"唯一的直接证据""来自'牢头'袁连芳供述",而最重要的DNA鉴定证据则被排除,③ 司法人员仅据此口供证据将张高平确定为少女王冬强奸杀人案的罪犯,此案即为违反孤证不立原则定罪的典型案例。但在醉驾案中,无论是否有口供,都不会据此对驾驶人员定罪;它必须验证驾驶人员在驾车时血液酒精含量已经达到醉驾的标准后才能确定。"目前审理醉驾案件几乎无须考虑驾驶者是否处于醉态,而变成一个生物学问题——证明驾驶者的酒精含量是否大于或等于80毫克/100毫升。"④ 显然,孤证不立原则对于仅凭口供定罪的案件尤其具有针对性,对于根据生物学测试

---

① 陈瑞华:《论证据相互印证规则》,《法商研究》2012年第1期。
② 刘善春、毕玉谦、郑旭:《诉讼证据规则研究》,中国法制出版社2000年版,第320页。
③ 记者林战、检察官张飚:《"包青天"难不难》,《南方周末》2013年5月16日第1版。
④ 杨志琼:《美国醉驾犯罪的法律规制、争议及启示》,《法学》2011年第2期。

结论定罪的醉驾案,当其根据驾驶人员的血液酒精含量定罪时,是其犯罪成立要件要求使然,并不违反孤证不立原则。

另外,没有呼气酒精测试结果而仅有血液酒精含量测试结果,也未必是真正意义上的孤证。孤证不立或者孤证不能定案,是我国刑诉法学界与司法实务界的共识。"案件只有一项有罪证据,由于该证据形成了'孤证',得不到任何其他证据的印证,处于真伪难辨、虚实不明的状态,裁判者当然无法仅凭该项孤证来认定案件事实。"[①] 显然,所谓孤证,在刑事诉讼中,是指有罪证据是孤立的。孤证概念是相对的,绝对孤证并不存在,醉驾案也不例外。根据司法实践,总体上醉驾案的"证据应包括以下主要方面:(1)查获经过;(2)证人证言;(3)犯罪嫌疑人供述及现场同步录音录像;(4)呼气酒精含量检验单和血液中酒精含量鉴定结论;(5)血液提取笔录;(6)犯罪嫌疑人的身份证明材料"[②]。可见,血液酒精含量测试结果是有罪证据,也是能够直接证明案件待证事实的主要证据;仅有此项证据,是相对于没有呼气酒精测试结果的案件而言的;除此之外,即或没有呼气酒精测试结果,也有证人证言、犯罪嫌疑人的供述或者其他证据证明其系属饮酒后驾车。如果说直接证据是相对的,而在现实案件中,间接证据的数量是绝对的,"在诉讼程序中人们发现并于审判程序提交的证据大多是间接证据,对于喜欢著名的米勒类推标准(Miller Analogy Test)的人来说,直接证据相对于间接证据,仅仅是间接证据的冰山一角"[③]。换言之,直接证据是悬浮于海面上的冰山一角,间接证据才是构成整个冰山的大部分。如果有其他能证明案件事实某一片断的间接证据如证人证言等,且"经法庭举证、质证后""作为醉驾定罪的补强证据",[④] 当血液酒精含量这一直接证据与其他间接证据相印证,形成被告人醉酒驾车的证据链时,当然能够证明其醉驾案犯罪的成立。

总之,根据血液酒精含量测试结果定罪恰恰体现了醉驾案的独特性,而不存在违反孤证不立的证据法基本原则。只要经过查证属实,证明血液酒精含量鉴定证据是客观准确的,而且其来源合法,取得程序没有违反法律规

[①] 陈瑞华:《论证据相互印证规则》,《法商研究》2012年第1期。

[②] 高晓军:《醉驾:争议中前行》,http://www.jsfy.gov.cn/llyj/xslw/2012/10/31164349681.html。

[③] David A. Binder, Paul Bergman, *Fact Investigation*, West Publishing Co., 1984,转引自赵信会《英美证据评价制度的定位》,《法律科学》2010年第4期。

[④] 吴伯初:《应完善醉驾行为定罪的证据收集》,《江苏法制报》2011年5月9日第6版。

定，就可以作为定罪证据使用。

2. 血液酒精含量鉴定证据必须经查证属实后，才能作为醉驾案中的定罪证据予以使用。

刑诉法第 48 条第 2 款规定，"证据必须经过查证属实，才能作为定案的根据"。据此，血液酒精含量鉴定证据经查证属实后，可作为定罪证据使用。问题是，如何查证属实？对此必须联系证据的属性进行思考。刑事案件的定罪证据必须具有客观性、关联性和合法性，这是刑事证据证明标准所必须要求的。所谓"证明标准是法律规定的运用证据证明待证事实所要达到的程度的要求"[1]。刑诉法第 53 条规定："证据确实、充分，应当符合以下条件：（一）定罪量刑的事实都有证据证明；（二）据以定案的证据均经法定程序查证属实；（三）综合全案证据，对所认定事实已排除合理怀疑。"具备了客观性、关联性与合法性的证据力最强，根据这样的证据一般能够证明待证犯罪事实是否达到了确实充分的程度。因此，在某种程度上可以说证据的客观性、关联性与合法性是上述规定的学理反映。

证据的客观性，要求证据必须是真实存在的可靠与可信的事实；证据的关联性是指证据所包含的证据事实与所要证明的案件事实的联系；证据的合法性，要求侦查人员在证据的取得上必须严格遵守法定程序。[2] 很显然，证据的客观性主要是回答证据是否确实亦即实质真实的问题；证据的关联性，主要是解决各个证据之间是否与待证事实有关；合法性则是回答证据是否非法或存有瑕疵。这决定了作为醉驾案定罪证据的血液酒精含量鉴定证据必须具有客观性、关联性和合法性。在证据三属性中，客观性是证据最本质的特征，它与合法性一起解决证据定性问题；关联性解决的是证据定量问题，对它"的判断是一个法官自由裁量权范围内的事"，加之证据的合法性又"包容了证据的客观性和关联性"，[3] 因此，判断一项证据是否经过查证属实，主要是判断其是否具有客观性与合法性的问题；而该项证据与待证事实之间的关联性及其程度，不妨由法官在审理中判定；正因如此，下文对醉驾案血液酒精含量鉴定证据如何查证属实的问题，主要联系证据的客观性与合法性进行探讨。

如果血液酒精鉴定证据客观性存疑，经排除合理怀疑后，方能作为定罪

---

[1] 卞建林：《证据法学》，中国政法大学出版社 2002 年版，第 256 页。
[2] 陈瑞华：《刑事证据法学》，北京大学出版社 2012 年版，第 81—83 页。
[3] 汤维建：《关于证据属性的若干思考和讨论》，《政法论坛》2000 年第 6 期。

证据使用。

血液酒精含量鉴定证据的客观性，也就是证据是否准确的问题；如实反映案件的客观真实，事实清楚，证据确实充分，换言之，血液酒精含量鉴定证据只要在客观性上不存疑问，则其必然是准确的。然而，醉驾案定罪证据客观（准确）性究竟应该达到何种程度，事关证据的客观性标准问题，同时也是证据法理论与实务中向来有争议的话题。联系刑诉法有关规定及相关法理分析，血液酒精含量鉴定证据的客观性，只需达到排除合理怀疑证明标准即可。

其一，从刑事法理论分析，如果按照刑事案件的事实真相来要求证据的客观性，则证据必然能够全面彻底地证明案件的事实真相并恢复案件的本来面目，这种要求，意味着刑事案件的证据应该达到客观真实程度的最高证明标准。这固然有利于案件的侦破和查处，但忽视了法院在实际办案中这一证明标准的可操作性。今天"无论是在英美法还是在大陆法国家，法院对案件事实的确定，都不需要达到客观真实的程度，而最多只需要达到'排除合理怀疑'的程度"①。对于客观性存疑的证据，只要经过"认真、仔细地审查、判断"，"进行多方面的对比和鉴别，以判明真伪，并对其中存在的矛盾加以合理排除"，即可认为是"经过查证属实的证据，"②并以之作为最后定案的根据。其二，从我国刑事诉讼实践分析，目前审判前程序缺少中立裁判者，此时"要求警察和检察官对案件事实的揭示都达到客观真实的状态，这显得有些不切实际。事实上，警察和检察官如果自认为案件事实已经达到了这种客观真实的程度，那么，谁又能对此作出公平的判定呢？"③ 更何况，如果说"'事实清楚，证据确实、充分'标准的背后体现的是一种'绝对的确定性''客观的确定性'，那么，要求在审判前的程序中就达到这种最高程度的证明，显然存在逻辑上的矛盾。因为，既然侦查程序、起诉程序就要求结论绝对正确，那么，为什么还需要审判程序呢？"④ 可见，强调绝对确定与真实的标准既不符合司法现实也违背诉讼程序的内在法理。对于醉驾案血液酒精含量这一证据的客观性，亦应以排除合理怀疑为标准。其三，我国刑事诉讼立法也确立了排

---

① 陈瑞华：《刑事诉讼法的前沿问题》，中国人民大学出版社2000年版，第210页。
② 崔敏：《怎样看待刑事证据的客观性？》，《法学杂志》1984年第5期。
③ 陈瑞华：《刑事诉讼法的前沿问题》，中国人民大学出版社2000年版，第212—213页。
④ 熊秋红：《对刑事证明标准的思考》，《法商研究》2003年第1期。

除合理怀疑这一案件事实的证明标准。前述第 48 条第 2 款虽然是将"排除合理怀疑"作为下位款项即第 2 款的第 3 项规定在条文中，使得"排除合理怀疑"从法条层级上分析似乎只是第 48 条确立的"证据确实、充分"的下位规则，但该条对"排除合理怀疑"的要求建立在"综合全案证据"的基础上，即综合全案证据可以排除合理怀疑的证据即为确实充分的证据。可见，从该条表述分析，"排除合理怀疑"实则"证据确实、充分"的同义反复。

达到排除合理怀疑证明标准的血液酒精含量鉴定证据，即或没有其他证据相印证，亦可对驾驶人员认定醉驾型危险驾驶罪。也因此，在司法实践中，对于仅有血液酒精含量测试结果而无呼气酒精测试结果的案件，都按照危险驾驶罪予以了处理。

案例 5：2011 年某日，朱某在湖北鄂州某停车场内倒车时与停放的另一辆小轿车相撞，造成两车受损并发生纠纷。警察接到报警后赶赴现场。在现场，民警闻到朱某身上有酒气，即要求朱某接受呼气酒精测试，但朱某拒不配合呼气酒精测试。民警将朱某带至该市某医院抽血检验，结果显示朱某血液酒精含量为 158 毫克/100 毫升，达到醉酒驾驶机动车标准。法院判决被告人朱某犯危险驾驶罪，判处拘役 3 个月，并处罚金 5000 元。朱某没有提出上诉。[①] 本案虽然只有朱某的血液酒精含量测试结果，没有呼气酒精测试及其他证据，但是，由于血液酒精含量值测试结果这一证据是在正常状态下取得，呼气酒精测试结果是由于朱某拒绝所致，且血液酒精含量是本案的直接证据，能够证明案件的主要事实，本案中虽然既没有呼气酒精测试结果，案件也没有显示其他旁证，但最终仍以醉驾型危险驾驶罪定罪量刑。

如果血液酒精含量测试结果合法性存疑，经排除合理怀疑后，才能作为定罪证据用。

事实上，排除合理怀疑不仅是刑事证据客观性的标准，而且是证据合法性的标准。原因在于，在刑事诉讼中，证明有罪的标准通常是排除合理怀疑。[②] 证据的合法性要求证据的取得要依照法定程序而进行，违反法定程序而取得的证据则不具备合法性；如果血液酒精含量鉴定意见的取得在合法性上存疑，则同样必须排除合理怀疑后，才能作为定罪证据使用。"犯罪事实

[①] 案例来源：前述公安部《指导意见》公布的醉驾实案。
[②] 易延友：《论无罪推定的涵义与刑事诉讼法的完善》，《政法论坛》2012 年第 1 期。

必须以'证据'为基础，证据又必须经过'合法调查'始得为法院判断之依据，此点昭示现代刑事诉讼法追求法治程序的核心问题。"[1] 对于醉驾型危险驾驶罪来说，除了必须依照刑事诉讼法对证据收集等的规定之外，还必须遵循前述《程序规定》，该规定第三章详细规定了醉驾案的查处程序，从呼气酒精测试到血液酒精含量测试中的抽血条件与抽血程序及口头传唤、询问、约束醉驾者等均做了规定，但是醉驾案件证据收集很多细化问题在刑诉法中找不到答案；对于醉驾案来说，血液酒精含量鉴定证据的取得主要涉及一个最根本的问题，犯罪嫌疑人拒不配合警察测试时，警察可否采取强制手段进行证据收集？其中，最常见的强制手段是：强制截停和强制测试；采取这两种强制手段取得的证据是否具有合法性，由此成为一个必须回答的问题。很显然，这涉及如何排除合理怀疑以保证血液酒精含量鉴定证据的合法性这一更为细致的问题。

总之，单独的血液酒精含量鉴定证据，只要其客观性与合法性经过核实，达到排除合理怀疑的程度之后，该项证据就达到了证明醉驾案成立犯罪的证明标准，据之定罪并不违反刑诉法中孤证不立的原则。前述案例3中的乙虽然只有血液酒精含量测试结果，没有呼气酒精测试以及其他旁证，但是据此证据亦可以对乙以醉驾犯罪定罪量刑。至于前述美、加等国出现了很多无辜的人因单一的刑事科学证据而被错误定罪的问题，只是表明其在血液酒精含量鉴定证据的证明力上可能并没有达到排除合理怀疑的证明标准，而不能据此否认单个血液酒精含量测试结果作为定罪证据的证据效力。对于如何排除合理怀疑以确保血液酒精含量鉴定证据的客观性与合法性，由于这一问题自身内容的复杂性，并考虑到血液酒精含量测试结果作为定罪证据的重要性，故留待他文专门论及。

（三）证据规则之三：无呼气与血液酒精含量测试结果时不能仅根据旁证定罪

"一项专业机构的研究结果表明"，醉驾入刑以来虽然酒驾行为大幅度

---

[1] 林钰雄：《严格证明与刑事证据》，法律出版社2008年版，第5页。《刑事诉讼法》第50条规定："审判人员、检察人员、侦查人员必须依照法定程序，收集能够证实犯罪嫌疑人、被告人有罪或者无罪、犯罪情节轻重的各种证据。严禁刑讯逼供和以威胁、引诱、欺骗以及其他非法方法收集证据，不得强迫任何人证实自己有罪。必须保证一切与案件有关或者了解案情的公民，有客观地充分地提供证据的条件，除特殊情况外，可以吸收他们协助调查。"

下降，但与此同时，"酒驾司机逃避酒精测试和顶包行为也频频发生"。[1] 这意味着，实务中有的驾驶人员可能确系酒后驾车，甚至也可能是醉驾，但是基于司机逃跑或顶包等种种原因，并没有任何酒精测试意见以资证明，即既没有呼气酒精测试结果，也没有血液酒精含量测试结果，但也许会有一些其他相关证据，比如同乘者证人证言，饭店老板的证明，视频证明，这些旁证也许能够证实驾驶人员系饮酒后驾车，此时能否仅依这些旁证推定醉驾型危险驾驶罪成立？总之，"判断证据'确实充分'标准不易把握。对于醉驾案，证据上一般要求有血液酒精含量测试结果、现场查获录像、犯罪嫌疑人供述等基本证据材料。但据检察官透露，实践中，有些案件犯罪嫌疑人拒绝配合血液酒精含量检查，或者犯罪嫌疑人现场逃跑，归案时已错过测试时间，导致无法进行酒精含量鉴定的如何处理？能否根据喝酒的种类、数量进行推定？能否重新进行侦查实验？这一系列问题给司法认定带来困难"[2]。

对于这类没有任何酒精测试结果，只有其他旁证的疑似酒/醉驾案，目前理论和司法实务中似乎存在着一种入罪化趋势，即尽管没有酒精测试结果，只要有其他旁证能够证明，酒驾情节或醉驾型危险驾驶罪似乎均可认定，前述案例 4 即为适例。

案例 6：某日晚，一辆桑塔纳行驶至河北邢台市中兴西大街地道桥上时，径直撞向道路中间的隔离栏。事故发生后，数名男女阻挠警察执法，车上驾驶人员乘机弃车而逃。经事后证实，肇事人员为邢台县国税局南石门税务分局负责人，系酒后驾公车所为。[3] 有观点主张，"对于交警盘查时，弃车而逃，有其他证人证明或者交警能证实其曾经喝过酒的，也一律认定为醉驾"[4]。因此，主张认定本案成立醉驾型危险驾驶罪。再如前述案例 4 中袁某胡某顶包案，地方司法机关认为，既然地方司法文件规定，"有其他相关证据证明行为人饮酒的，可以认定行为人酒后驾驶机动车辆"，"据此认为，犯罪嫌疑人袁某具有'酒后驾驶'之情节"当然可以认定。[5] 这两个案件

---

[1] 记者张维：《应提倡堵疏结合宽严相济酒驾治理方式》，《法制日报》2012 年 4 月 6 日第 6 版。

[2] 同上。

[3] 案例来源：杨涛：《分局长酒驾后逃跑给立法者出难题》，《新京报》2011 年 12 月 26 日第 3 版。

[4] 杨涛：《分局长酒驾后逃跑给立法者出难题》，《新京报》2011 年 12 月 26 日第 3 版。

[5] 参见王威、郭鼎《妻子顶罪逃避酒精测试被揭穿"酒驾"没商量》，《检察日报》2012 年 5 月 2 日第 7 版。

中，驾驶人员系酒/醉驾看似旁证凿凿，但在缺乏任何酒精测试结果情况下仅根据旁证认定酒/醉驾，既违背了刑事实体法对醉驾型危险驾驶罪构成要件的规定，也违背了刑事程序法有关无罪推定的基本法理。

从刑事实体法的角度分析，没有任何酒精测试结果仅仅根据旁证定罪，违背了罪刑法定原则。《刑法修正案（八）》第22条对于醉驾型危险驾驶罪规定的构成要件是"醉酒驾驶机动车"，而"醉酒驾驶"的成立标准又是《国家规定》中规定的，血液酒精含量大于或者等于80毫克/100毫升的为醉酒驾车。在没有酒精测试结果的情况下，根本无法得知驾驶人员的血液酒精含量，此时，即或其他旁证再充分，也不能证明醉驾行为的成立。如果仅仅依靠旁证定罪，则等于是将醉驾成立标准即80毫克/100毫升虚置，也等于变相修改了刑法对"醉酒驾驶"的规定。[①] 在缺乏酒精含量值测试结果的前提下，从实体法角度分析，不宜仅根据旁证定罪，否则就是变相修改了刑法对该罪"醉酒驾驶"成立要件的规定，并违背了罪刑法定原则。同时，在缺乏酒精测试结果的情况下主张仅仅依照旁证认定成立醉驾犯罪，也许与我国历来重视严密刑事法网以保护社会的理念有关。但是，面对醉驾犯罪这种并未设立情节而仅依"醉酒驾驶"即可认定犯罪成立的罪名而言，与其重复在理论逻辑上争论可否将刑法第13条犯罪概念中的但书适用于该罪，莫如严把证据关从而严把入罪关，将有事实存疑的此类案件一律不作犯罪处理，反而是更宜为理论和实务工作者所能接受的方式。

从刑事程序法的角度分析，没有酒精测试结果仅仅根据旁证定罪，违背了无罪推定原则。

"无罪推定原则是现代法治国家刑事司法通行的一项重要原则。尽管

[①] 前已述及，血液酒精含量值立案标准目前是由《国家标准》规定。有观点认为："该标准的法律位阶仅属于部门规章，作为行政处罚的依据并无不当，但现在却直接导致犯罪构成要件的认定，其合法性与正当性有待完善。"（参见张屹《关于醉酒驾驶案件相关问题的研究》，"2012年江苏省全省法院重点调研课题"，2013年2月，第19页）这一看法值得商榷。不同于故意杀人罪等自然犯，醉驾型危险驾驶罪是国家为了行政管理目的而设立的行政犯，行政犯是违反行政法各种取缔罚则情节严重的行为，而行政法的内容又不是刑法本身所规定的，这决定了行政刑法规范都是空白刑法规范。在空白刑法中，刑法只规定了罪名或部分构成要件及法定刑，而将犯罪构成要件的一部或全部委托给行政管理法规，被委托指明参照的行政管理法规对犯罪构成要件起补充说明作用。《国家标准》作为与《道交法》配套实施的行政规章，其所规定的关于醉酒驾驶标准，正是填补"醉酒驾驶"这一空白刑法规范的行政规范。当行政犯采用空白刑法立法方式时，将犯罪构成要件的一部分或全部委托给行政管理法规来补充，可以克服成文法典的稳定性与社会生活的变化所导致的行政管理法规及行政违法变化之间的矛盾，这种立法模式与现代法治国思想及罪刑法定原则是一致的。参见刘艳红《空白刑法规范的罪刑法定机能》，《中国法学》2004年第4期。

'排除合理怀疑'并没有直接表达出无罪推定,但它隐含了这样的理念:只有所有的合理怀疑已经被排除,被告人才应当被认定有罪。"① 这意味着,在醉驾中,在事实存疑的情况下,如果不能排除合理怀疑,则不能认定驾驶人员有罪。血液酒精含量标准在客观性与合法性上排除合理怀疑后可以作为定罪证据使用,盖因醉驾犯罪本属于依赖血液酒精含量定罪的罪名。在缺乏任何酒精含量值的前提下,纵然其他证据再详细,驾驶人员是否实施了醉酒驾驶行为仍属争议事实,而"如果是否实施犯罪属于争议事实,则对该事实应当证明到排除合理怀疑的程度"②。如果无法达到排除合理怀疑的程度,就应该适用无罪推定原则。无罪推定是对犯罪嫌疑人和刑事被告人的一种程序保障,其核心内容是强调未经证明有罪即应当视为无罪,它贯穿于刑事诉讼的始终。刑诉法第171条第4款规定:"对于二次补充侦查的案件,人民检察院仍然认为证据不足,不符合起诉条件的,应当作出不起诉的决定。"第49条规定,"公诉案件中被告人有罪的举证责任由人民检察院承担"。据此,就醉驾案而言,在侦查起诉阶段,如果没有酒精测试结果,公诉机关应当要求退回公安机关补充侦查,如果经过补充侦查后仍然无法落实酒精测试结果这一证据问题,则不应作为醉驾犯罪起诉。如果无法获取驾驶人员的血液酒精含量证据,则意味着控诉方所承担的证明犯罪嫌疑人有罪的责任未能完成,也无法排除法官对所指控事实的合理怀疑,此时如若仅凭其他旁证对驾驶人员定罪,实为有罪推定。如果案件仍然进入审判阶段,"只要审理结果法院未能形成有罪判决的心证,即法院依法调查证据后,对于被告犯罪事实的心证未能达到确信无疑的有罪判决门槛时,被告受无罪推定原则之保护,法院应为被告无罪的判决"③。换言之,对于缺乏酒精测试结果的"醉驾"案由于缺乏能够直接证明犯罪成立的定罪证据,因而即或进入审判阶段也只能根据无罪推定原则判定驾驶人员无罪。

案例7:深圳市南山区的"酒后驾车顶包案"。犯罪嫌疑人孔某酒后驾驶车辆与电动自行车相撞,造成两人轻伤。事故发生后,孔某弃车逃逸,由另一同伴"顶包",时隔4天后,孔某被抓获归案。但由于错过了血液酒精含量测试的时间,已经无法补充酒精含量鉴定。本案中,孔某在案发后时隔

---

① 王凤翔:《也谈"排除合理怀疑"证明标准》,《检察日报》2013年5月3日第3版。
② James Fitzjames Stephen, *A Digest of the Law of Evidence*, second edition reprint, ST. Louis F. H. Thoma and Company 1879, p. 115, 转引自易延友《论无罪推定的涵义与刑事诉讼法的完善》,《政法论坛》2012年第1期。
③ 林钰雄:《严格证明与刑事证据》,法律出版社2008年版,第167页。

4天也就是案发后的第5天才归案,此时已经测试不出孔体内的血液酒精含量,虽然有大量相关人员的证人证言,但也不应据此认定孔某成立醉驾型危险驾驶罪。① 之所以如此,盖因我国长期以来法网恢恢疏而不漏的惩罚犯罪理念使然。在当今我国刑诉法第2条已将"尊重和保障人权"的价值理念写入法典之后,在刑事法理论与司法实务中就应逐步"消除必罚主义的影响,沿着法律正当程序的要求严格依法收集和审查判断证据,以实现相对的实体真实为归宿,完成证明的任务"②。为此,必须明确实体真实不但是相对的,而且"实体真实发现,既不是刑事诉讼法的唯一目的,更不等于'有罪必罚'或'不计代价穷追猛打被告'。刑事程序同受其他刑事诉讼目的的支配,其中又以法治国原则及其衍生的诸多原则为要。发现实体真实,也只能在法治国的界限之内而为之,法律保留原则、比例原则及证据禁止(证据排除)法则等不论,无罪推定更是其中的核心原则"③。在缺乏任何酒精测试结果的情况下,意味着案件事实并没有得到有效揭示;仅仅根据相关旁证定罪,无法排除对犯罪嫌疑人可能不成立醉驾犯罪的合理怀疑。

事实上,在无任何酒精测试结果而导致"醉驾"案件事实存疑的情况下,根据无罪推定原则对犯罪嫌疑人不以犯罪论处,虽然看似不利于保护道路交通安全和打击治理醉驾犯罪,但从法治国人权保障的根本理念出发,这样做利大于弊。在刑事司法领域,从任意司法到程序司法的演进被认为是法制史上的重大变革,无罪推定原则为刑事诉讼中针对犯罪嫌疑人、被告人的各项人权保障制度提供了依据,国家刑罚权的实现必须建立在正当法律程序的基础之上。④ 其实,整个英美法国家(地区)醉酒驾驶的鉴定实际上是国家在追求最大化减少醉酒驾驶犯罪,维护公共社会安全的利益和驾驶人员为代表的公民全力维护自身合法权益尤其是宪法权益的利益之间的博弈,而在这个博弈的过程中还有律师和司法机关的参与。比如庞大的律师从业人员根据科学研究和从业经验,对各种醉驾测试进行无孔不入的质疑,并孜孜不倦地宣传这些质疑,以期从根本上动摇醉驾指控依据;另外,政府为了应对这些质疑,想方设法为执法人员提供各种培训,以确保其正确执行各种醉驾测

---

① 案例来源:记者游春亮、通讯员程海龙:《深圳办理醉驾案件半年面临多重法律难题》,《法制日报》2011年12月6日第4版。
② 樊崇义:《从"排除合理怀疑"看实体真实相对性》,《检察日报》2013年5月3日第3版。
③ 林钰雄:《严格证明与刑事证据》,法律出版社2008年版,第125页。
④ 参见熊秋红《人、人权与刑事法》,《人民检察》2007年第23期。

试。① 又比如美国联邦最高法院和各州法院法官在司法审判中通过对于每个程序合宪性的细致审查和质疑要求政府应当通过侵犯性更小的程序来保证公路的安全和公民权利的实现。正是由于这些主体的参与使得国家和公民之间的博弈得以尽量保持平衡,从而最大限度地既减少了醉驾案,又保障了公民的宪法权利。在缺乏犯罪嫌疑人酒精测试结果之时,仅仅根据相关旁证定罪,不但会导致醉驾犯罪无限扩大,而且会松弛刑诉法上的"犯罪事实清楚、证据确实充分"之定罪标准,最终会导致入罪扩大化和醉驾犯罪处罚范围宽泛化,从而不利于保障公民人权。

三 结语

对于深化理解倚重酒精含量鉴定证据以解决实体定罪问题的醉驾犯罪,采用刑事一体化的研究方法不但如前述为醉驾案自身特性所决定,而且能够吸纳刑事程序法证据理论构建严格的入罪证据规则,从而真正实现刑事法的人权保障精神。"尊重和保障人权"写入刑诉法既给"惩罚犯罪"划定了一个清晰的界限,又给刑事诉讼中的公权力系了一个安全带;② 它对于理解我国《刑法》第 1 条规定的"惩罚犯罪"刑法任务具有重要的指示意义,即国家刑罚权的发动、对于犯罪的惩罚及国家和人民利益的保护,不得以牺牲公民的人权保障为代价。本文对醉驾案件证据规则的确立,正是为了实现罪刑法定原则实质侧面即刑罚法规的妥当性之要求,以充分实现刑事法罪刑法定原则的保障机能以及刑事程序法尊重和保障人权的任务。根据驾驶人员血液酒精含量是"构成危险驾驶罪的唯一标准"的制度设计,针对醉驾案实体要件的认定取决于程序鉴定意见的独特性,基于司法实务对解决醉驾犯罪证据问题的需求——"我院还及时与公安部门进行座谈,形成危险驾驶案件证据体系和标准"③,确立以上醉驾案证据规则,可以为司法实务办案提供具有操作性的经验法则,并建立起醉驾行为的出罪机制。与其仅仅停留于实体法层面,在刑法逻辑理论层次上分析犯罪概念但书可否适用于醉驾案,或

---

① 杨志琼:《美国醉驾犯罪的法律规制、争议及启示》,《法学》2011 年第 2 期。
② 卞建林、褚宁:《刑诉法学研究七大看点引人关注》,《检察日报》2012 年 12 月 25 日第 3 版。
③ 记者周斌、黄洁,见习记者蒋皓:《尽快出台司法解释统一醉驾量刑》,《法制日报》2012 年 10 月 20 日第 4 版。

更为抽象地从刑事政策的角度宽泛性地讨论"毁其一生不如宽严相济"[①]，莫如结合醉驾犯罪的独特性，从刑事程序法的层面建立具体的醉驾案件证据规则体系，从而严把入罪关。通过尝试建立醉驾案证据规则，反思《醉酒解释》仅仅根据呼气酒精含量测试结果定罪的规定，警惕理论与实务中仅仅根据呼气酒精测试结果甚至仅仅根据旁证定罪可能导致扩大化入罪的不妥做法，对于缺乏血液酒精含量测试结果的醉驾案件力主根据刑诉法中的无罪推定原则，将对醉驾犯罪嫌疑人或者刑事被告人的人权保障落到实处。

确立某类或某种刑事案件证据规则，其内容往往繁杂良多，但考虑到"传统证据法从其理论根基到制度安排都将定罪权的滥用视为主要的假想敌，证据在不同程度上被塑造成防止法院任意定罪的制度保障"[②]，因此，本文所确立证据规则，主要是针对司法实践中比较突出的呼气与血液酒精含量测试鉴定证据的证明能力及与其他证据材料之间的关系等，从如何防止醉驾案的任意定罪以严格限制其入罪范围的角度来进行探讨，从而难免挂一漏万，且不够细化和严格。但是，过分严格而细致的证据规则，也许只会导致"理论上的高标准、执行中的低标准"[③]，从而导致难以操作，并损害醉驾案刑事诉讼制度运行的整体效益；同时，这也表明了今后理论与实践对此问题进一步探讨的必要性。

[①] 记者张维：《应提倡堵疏结合宽严相济酒驾治理方式》，《法制日报》2012年4月6日第6版。
[②] 陈瑞华：《量刑程序中的理论问题》，北京大学出版社2011年版，第76页。
[③] 熊秋红：《对刑事证明标准的思考》，《法商研究》2003年第1期。

醉驾犯罪血液酒精含量鉴定
证据证明力之判断

刘艳红[*]

摘　要：我国醉驾案的立案标准是驾驶人员的血液中酒精含量值；血液酒精含量鉴定意见由此成为醉驾案最重要的定罪证据。血液酒精含量鉴定证据证明力只有经过排除合理怀疑之后才能确定。如果血液酒精含量鉴定意见的形成过程中遵循了鉴定证据取得所应遵循的必要性、中立性、专门性等原则，且其中不存在无法排除的怀疑，其客观性即可得到证明。基于驾驶权是一种法律许可的特别权利而非自然权利的观念，在驾驶人员拒不配合查验血液酒精含量值的情况下，警察可以基于合理怀疑而采取必要的强制手段如强制截停与强制测试等，采取类似强制手段取得的证据，其合法性不存在疑问。当血液酒精含量鉴定意见的客观性与合法性存疑时，宜按照刑事诉讼法中的无罪推定原则，对驾驶人员不作犯罪处理。

关键词：醉驾犯罪；血液酒精含量；合法性；客观性

一　问题的提出：如何判断醉驾犯罪证据的证明力

根据2011年12月9日《公安机关办理醉酒驾驶刑事案件程序规定（试行）（征求意见稿）》（以下简称《程序规定》）第3条规定，醉驾型危险驾驶刑事案件（以下统称为"醉驾案"），是指在道路上醉酒驾驶机动车构成危险驾驶罪的案件。当前我国醉驾案的立案标准是驾驶人员的血液中酒精含量值。2013年12月18日最高人民法院、最高人民检察院、公安部颁布《关于办理醉酒驾驶机动车刑事案件适用法律若干问题的意见》（以下简称《醉驾解释》）第1条规定，"在道路上驾驶机动车，血液酒精含量达到80

---

[*]　刘艳红，东南大学法学院教授。

毫克/100毫升以上的，属于醉酒驾驶机动车，依照刑法第一百三十三条第一款的规定，以危险驾驶罪定罪处罚。"同时，《醉驾解释》第6条明确指出："血液酒精含量检验鉴定意见是认定犯罪嫌疑人是否醉酒的依据。"这些规定既明确表明了醉驾型危险驾驶罪的定罪标准，同时也是对根据《刑法》第13条"但书"对醉驾型危险驾驶罪出罪渠道的间接否定。这表明，醉驾案的审判主要是依靠对驾驶人员的血液酒精含量检验鉴定意见，因此，血液酒精含量鉴定意见，是认定醉驾案最重要的定罪证据。无论血液酒精含量检验鉴定结果能否与呼气酒精含量检验结果或其他旁证相互印证，甚或只有血液酒精含量检验结果这一项鉴定证据，只要该证据达到了刑诉法所要求的证明标准，即可作为定罪证据使用。在刑事诉讼法中，证明标准是指刑诉法规定的运用证据证明待证事实所要达到的程度的要求；根据刑诉法原理，证据必须具有客观性、关联性与合法性才能达到证明标准的要求。证据的客观性，要求证据必须是真实存在的可靠与可信的事实；证据的关联性，是指证据所包含的证据事实与所要证明的案件事实的联系；证据的合法性，要求侦查人员在证据的取得上必须严格遵守法定程序。① 很显然，证据的客观性主要是回答证据是否确实亦即实质真实的问题；证据的关联性，主要是解决各个证据之间是否与待证事实有关；合法性则是回答证据是否非法或存有瑕疵。这决定了作为醉驾案定罪证据的血液酒精含量检验鉴定证据必须具有客观性、关联性和合法性。在证据三属性中，客观性是证据最本质特征，它与合法性一起解决证据定性问题；关联性解决的是证据定量问题，因此，判断一项证据是否经过查证属实，主要是判断其是否具有客观性与合法性的问题；而该项证据与待证事实之间的关联性及其程度，不妨由法官在审理中判定。正因如此，下文对醉驾案血液酒精含量检验鉴定证据如何查证属实的问题，主要联系证据的客观性与合法性进行探讨。

　　证据客观性与合法性达到何种程度才能证明犯罪的成立？对此，《刑事诉讼法》第53条明确规定，"证据确实、充分，应当符合以下条件：（一）定罪量刑的事实都有证据证明；（二）据以定案的证据均经法定程序查证属实；（三）综合全案证据，对所认定事实已排除合理怀疑。"可见，当血液酒精含量检验鉴定证据的客观性与合法性达到排除合理怀疑的程度之后，该项证据就达到了证明醉驾案成立犯罪的证明标准；如何排除合理怀疑以判断血液酒精含量检验鉴定证据的客观性与合法性，从而表明其具有定罪证据的

---

① 参见陈瑞华《刑事证据学》，北京大学出版社2012年版，第81、83、43页。

证明能力，由此成为一个重要的问题。

二 醉驾犯罪血液酒精含量证据客观性的判断标准：排除合理怀疑

既然血液酒精含量检验鉴定结果客观性存疑，经排除合理怀疑后，才能作为定罪证据用；那么，如何排除合理怀疑以确保血液酒精含量检验鉴定证据的客观性必须仔细分析。

要确定血液酒精含量检验鉴定证据的客观真实性，必须明确排除合理怀疑所要达到的标准。"排疑性标准。一般情况下证据并不能以真或假来评判，也就是既不能完全肯定证据为真，也不能完全肯定证据为假。证据的真实与虚假性表现为真假之间的'度'，即证据的可信度。证据的疑点是得到合理排除，而不是绝对排除，也就是说证据的真实程度比证据的虚假程度要大。"[①] 据此，只要血液酒精含量检验鉴定证据的真实程度高于虚假程度，即可认定为客观真实。血液酒精含量检验鉴定证据的客观性依赖于一系列的条件，"主要在于其形成过程中应遵循一些基本原则。这些原则对于鉴定证据具有普遍适用的意义，属于公理化的原则"[②]。这些原则主要包括所要证明的事实必须根据专门的知识和经验判断的必要事实原则，鉴定人立场中立、鉴定活动实事求是的客观中立原则，鉴定必须由具有鉴定资质与鉴定能力的人运用可靠的知识进行的科学可靠原则，得出结论的鉴定材料应具有真实性的来源真实原则等。[③] 只要血液酒精含量检验鉴定结果是依照上述原则取得，其中不存在无法排除的怀疑，则其客观真实性即可得到证明。

醉驾案必须依照血液酒精含量检验鉴定意见，此项鉴定意见属于必须根据专门的知识和经验才能进行判断的事实，符合必要性原则。进行血液酒精含量检验鉴定时，依照2011年8月11日公安部《关于公安机关办理醉酒驾驶机动车犯罪案件的指导意见》的规定，是由"县级以上公安机关检验鉴

[①] 林世雄、常新征：《"确实、充分"标准与公诉证据体系要求》，载第八届国家高级检察官论坛论文集《证据制度的完善及新要求》，国家检察官学院、中国人民大学法学院，2012年11月21日，第183页。

[②] 黄维智：《鉴定证据客观性保障》，《社会科学研究》2005年第5期。

[③] 同上。除此之外，还有双方平等原则和意见公开原则，前者是指诉讼双方当事人在诉讼过程中对启动鉴定有平等的请求权，后者是指应当及时将鉴定意见向双方当事人公开。这两项原则所涉及的内容，在《刑事诉讼法》第146条、第190条以及《程序规定》中均有明确规定，同时亦为我国鉴定证据所遵循的原则。

定机构或者经公安机关认可的其他具备资格的检验鉴定机构进行",具有资质的鉴定机构中的鉴定人员一般都是与醉驾双方当事人并不熟悉的人,可以保证他们在鉴定立场上的中立性;这些鉴定人员当然也属于可以运用可靠科学知识真实、准确反映被鉴定对象进行鉴定活动的,因此,此项证据在客观中立与科学可靠原则上一般也不存在问题。

至于来源真实原则,则可能出现问题会多一些。对于醉驾案件来说,得出鉴定意见的鉴定材料不是指纹、工具或其他物证,而是鉴定对象,亦即涉嫌醉驾的驾驶人员;事关醉驾案血液酒精含量检验鉴定意见是否准确的问题,几乎都由驾驶人员设置的障碍或者自身体质等因素所引起。常见的主要有犯罪嫌疑人逃跑、遇警察查车时现场喝水或者饮酒、"顶包"、拒不配合抽血等干扰查处措施。实务中,有的驾驶人员"在远处看到交警弃车而逃"[1],"等体内酒精挥发了,再来接受处理"[2];有的驾驶人员拒绝进行血液酒精含量检验鉴定,"醉驾行为人如对测试持抗拒态度,到医院后不配合进行血液酒精浓度测试,执勤交警会在确保其人身安全的前提下对涉嫌醉驾的犯罪嫌疑人用强制手段带到医院进行血液酒精测试,但是如果碰到暴力抗拒测试的会给交警执法造成很大阻碍"[3];有的驾驶人员与其近亲属或者朋友"共同参与策划'顶包'把戏,导致公安机关未能及时对"犯罪嫌疑人"进行酒精测试"[4];有的驾驶人员"事先在车内准备好酒,一旦遇到交警查醉驾,以蒙混过关,对于此情形,虽然公安部下文要求同样立案侦查,但事实上,在法庭上如何来认定其体内酒精标准进而追究其刑事责任仍然是一个问题"[5];等等。对于上述种种情况,应具体问题具体分析。

如果驾驶人员逃跑而无法进行血液酒精含量检验鉴定,此类案件缺乏直接的定罪鉴定意见,即或有其他人证明其系醉酒驾车,但也只能依照无罪推定原则不以犯罪论处。根据《醉驾解释》第6条规定:"犯罪嫌疑人经呼气酒精含量检验达到本意见第一条规定的醉酒标准,在抽取血样之前脱逃的,可以以呼气酒精含量检验结果作为认定其醉酒的依据。"可见,如果在血液酒精含量检验鉴定之前已经对驾驶人员做过呼气酒精含量检验,即便驾驶人

---

[1] 米娜:《"醉驾入刑"还需增强威慑力》,《黑龙江日报》2012年5月15日第3版。
[2] 杨涛:《分局长酒驾后逃跑给立法者出难题》,《新京报》2011年12月26日第3版。
[3] 罗意欢:《危险驾驶罪法律适用之惑》,《检察日报》2013年2月26日第3版。
[4] 参见王威、郭鼎《妻子顶罪逃避酒精测试被揭穿"酒驾"没商量》,《检察日报》2012年5月2日第7版。
[5] 杨涛:《分局长酒驾后逃跑给立法者出难题》,《新京报》2011年12月26日第3版。

员逃脱,也可以其呼气酒精含量检验结果作为定罪依据。

如果驾驶人员对测试持抗拒态度,"碰到暴力抗拒测试的",其所涉及的问题是,警察可否"用强制手段带到医院进行血液酒精测试",这涉及强制抽血是否程序合法的问题。对此,将在下文血液酒精含量检验鉴定证据的合法问题中述及。

如果驾驶人员找人顶包,由于顶包案中血液酒精含量在不同主体之间存在差异,处理时宜慎重。如果道路上相关录像资料显示,驾驶人员是在警察查处之前临时替换,而对之前驾驶人员血液酒精含量检验鉴定结果已到达立案标准的,则此类顶包案可以醉驾型危险驾驶罪论处;如果没有明确的证据表明警察查处之前驾驶人员已经被"顶包",即使被"顶包"驾驶者的血液酒精含量已达到立案标准,也不能据此对此类案件以犯罪论处;如果"顶包"案情明确,比如甲确系"顶包"了乙,但对甲血液酒精含量检验鉴定结果没有达到80毫克/100毫升,而乙已逃跑,此时案件宜按前述"驾驶人员逃跑而无法进行血液酒精测试"的情况对待,不能以犯罪论处。总之,醉驾型危险驾驶罪的特点是必须是饮酒后驾车,只有在证据证明饮酒主体与驾车主体同为一体且其血液酒精含量检验鉴定结果达到醉驾案定罪标准时,才能以犯罪论处。

如果交警查车之时驾驶人员当场喝水或者当场饮酒,分两种不同情况进行处理。

第一种情况,对于当场喝水或者饮料意图稀释体内酒精的,此时对驾驶人员抽血测试,无论其结果达到或者未达到立案标准,均存在测试结果是否客观地反映其之前的体内酒精含量,亦即鉴定证据证明力问题。即使稀释后,如果鉴定意见显示驾驶人员血液酒精含量已达到立案标准,当然可以定罪;没有达到的不能反推"如果没有稀释则一定会达到"的逻辑认定犯罪成立;换言之,此类案件宜根据血液酒精含量检验鉴定实际结果定性,而不宜使用不利于犯罪嫌疑人的推论。

第二种情况,对于当场饮酒以混淆案情的,需具体情况具体分析。A饮酒后驾车,在通过某路段十字路口时,恰遇警察查车并对驾驶人员进行呼气酒精含量检验抽查。A紧锁车门拒不出来,警察敲窗,A突然拿出事先准备好的白酒一瓶咕咚喝下近半瓶。随后,A摇下车窗并声明:"酒是刚才喝的。"警察验血后,A血液酒精含量为102毫克/100毫升。事后警察以此为依据对A以涉嫌醉驾案立案侦查。侦查过程中,未能找到有关A喝酒的有力证据。此案中,A的血液酒精含量达到了醉驾犯罪的立案标准,可否直接以该罪论处,则取决于证据的证明力。对于醉驾这样的新型犯罪来说,目前立法或司法解释并没有对此类问题进行明确规定，司法实践中，"对当事人有在呼气测试或者抽血检验前饮酒的以及在抽血前脱逃等阻碍执法工作的，一律以实际测试的酒精含量进行立案侦查"①。问题是，以实际的酒精含量作为立案侦查的标准，并不意味着就能以之为据予以定罪；立案侦查过程中，显然存在着要进一步查明"实际测试的酒精含量"之证据是否"确实充分"的问题。醉驾入刑后，理论与实务工作者对驾驶人员的血液酒精含量何时鉴定最为准确的问题进行了研究试验与关注，结果显示，"一般在酒后1个小时至90分钟内可以测出酒精含量的最高点"②。根据国内某大型报纸媒体所组织的一次志愿者测试"酒驾标准"的测试试验，人体喝酒之后的10分钟内，均不会达到醉驾标准，连酒驾的成立标准20毫克/100毫升也无人达到；但是，在志愿者"停喝一小时后酒精含量最高"，随后体内酒精含量呈下降趋势。③ 可见，当场饮酒以混淆视听，并非不能对其体内酒精含量值真伪进行鉴别，血液酒精含量阈值并非简单的"血液+酒精"，因为人在饮酒后酒精融入血液之中需要一段时间；如果饮酒后不久即对驾驶人员进行血液酒精含量检验鉴定，如上述案例中的A，鉴定意见的准确性一般不会受刚刚饮酒这一事实的影响，该结果显示的基本上是其当着警察的面饮酒之前的血液酒精含量；如果鉴定意见显示已达到立案标准，一般而言，可以依之定罪量刑。如果当场饮酒混淆视听，但并未随后进行血液酒精含量检验鉴定，例如假设前述案例中的A饮酒后在车内紧闭门窗达至一小时左右才开门，警察若对其进行血液酒精含量检验鉴定，则极有可能显示的是其在警察面前饮酒之后血液内的酒精含量；此时，其鉴定意见的证明力明显弱于饮酒后马上进行鉴定所形成的意见，如果没有足够的鉴定技术表明该意见是验证之前的体内血液酒精含量，则不能据此认定驾驶人员成立醉驾型危险驾驶罪。可见，驾驶人员当着警察的面饮酒后，其血液酒精含量鉴定证据的证明力与其饮酒后和血液酒精含量检验鉴定之间的时间成反比，时间间隔越近，其证明力越高；时间间隔越久，其证明力越低。从证据学的角度，究竟可否精确到饮酒与验血之间间隔多久取得的证据为定罪证据，以及如何处理处在中间地带即既不太短也不太长的间隔时间之时取得的血液酒精含量检验鉴定证据，均要求理论与实务进一步围绕"以固定驾驶人血液酒精含量为重点，

---

① 丁国锋、陈卫:《绝大多数醉驾案法院判了实刑》,《法制日报》2012年1月18日第5版。
② 参见陈霞《醉驾入刑,证据体系最关键》,《兰州晨报》2011年5月9日第9版。
③ 参见钱卫华《停喝一小时后酒精含量最高》,《京华时报》2012年6月27日第13版。

进一步规范证据收集"①的课题予以精细化研究。

总之，血液酒精含量检验鉴定证据的客观性，只要达到排除合理怀疑的标准即可；在其客观性存疑时，不妨按照刑事诉讼法中的无罪推定原则，对驾驶人员不作犯罪处理，"在无罪推定原则之下，只要法院最后未能就被告犯罪事实形成确信无疑的有罪心证时，应判处被告无罪"②。当然，从确保血液酒精含量证据的客观性角度出发，如能"建立一套区别于传统取证程序的特殊采集程序"③，则对于推动醉驾案证据规则的形成有直接作用。但是，在当前我国《司法鉴定法》尚未出台的情况之下，仅仅根据前述《司法鉴定决定》抽象的规定，根本"不足以对复杂的司法鉴定问题作出科学的、严格的、全面的规范"④，更谈不上对醉驾案血液样本证据的采集制定有针对性的规定。

三 强制截停和强制取证时证据的合法性判断：基于驾驶权非自然权利观之分析

如果血液酒精含量检验鉴定结果合法性存疑，经排除合理怀疑后，才能作为定罪证据用；那么，如何排除合理怀疑则必须结合实践中醉驾犯罪血液样本的采集等程序分析。血液酒精含量检验鉴定证据收集中涉及的最根本程序问题是，犯罪嫌疑人拒不配合警察测试时，警察可否采取强制手段进行证据收集？根据醉驾案的特性，警察在证据收集中常采用的强制手段是强制截停和强制测试，因此，以下探讨主要围绕采取这两种强制手段取得的证据是否合法而进行。

首先，强制截停驾驶人员车辆后取得的血液酒精含量检验鉴定证据的合法性问题。警察强行拦截他人车辆进行酒后驾车检查，这种强制截停行为是否属于程序违法？其所取得的血液酒精含量检验鉴定证据是否无效？回答是否定的。基于合理怀疑的强制截停在程序上是符合我国法律规定的，在法理上符合"驾驶是特别权利而非自然权利"观之内涵，强制截停后所取得的血液酒精含量在证据的合法性上不存在疑问。

---

① 刘海东、曾凯：《县域醉驾重点要查二轮摩托》，《检察日报》2013年3月26日第3版。
② 林钰雄：《严格证明与刑事证据》，法律出版社2008年版，第182页。
③ 王志刚：《论血液样本证据的特性及其采集司法程序的完善》，《政治与法律》2012年第3期。
④ 熊秋红：《司法鉴定制度改革有待深化》，《中国司法鉴定》2010年第6期。

《程序规定》第 8 条规定："交通警察在道路执勤执法中发现机动车驾驶人有酒后驾驶嫌疑的，应当对其进行呼气酒精测试。"第 9 条则规定，如果当事人涉嫌酒后驾驶机动车，应当抽取血样，检验体内酒精含量。显然，"交通警察在道路执勤执法中发现机动车驾驶人有酒后驾驶嫌疑的"，有权对当事人进行酒驾的测试；既然要进行酒驾测试，当然需要驾驶人员的配合，其首要配合就是停驶其车辆，以便下车接受警察的检查。当遇到驾驶人员拒不停车甚至意图强行闯关或者逃跑时，警察有权予以强制截停。刑法中的其他犯罪在查处之时往往已出现犯罪行为和被害人，随后基于已发生的客观行为或被害人的报案再锁定了犯罪嫌疑人后才进行抓捕等查处工作。但是，酒后驾车不同，在发生交通事故和被确定为醉驾之前，它看起来既没有所谓的犯罪行为，没有任何直接的被害人，也没有明显的证据表明其系酒后驾车，因而强制截停而查处酒驾的程序正当性尤需质疑；更何况，警察的强制截停很可能会侵犯到那些根本没有酒后驾车的当事人的行路权利，它似乎会使"公民的自主性受到影响"。[①] 然而，道路强制截停行为是警察行使交通管理和犯罪查处的权力之使然，而车辆驾驶人员在道路上行使车辆则是一种行路的权利，此种权利在行使过程中警察可否进行"干涉"，要联系相关法律的规定分析。2011 年 4 月 22 日修正的《道路交通安全法》（以下简称《道交法》）第 83 条规定，"交通警察调查处理道路交通安全违法行为"是其权力，第 115 条规定交通警察"违反规定拦截、检查正常行驶的车辆的"要给予"行政处分"。这些规定表明，警察强制截停车辆并非可以随意行使的权力，而是必须符合法律规定；对于查处酒驾行为而言，强制截停必须是因为"发现机动车驾驶人有酒后驾驶嫌疑"，换言之，正因为如此，在极为重视程序法的英美法系，对于警察的强制截停也是认可的，只不过，它们所认可的强制截停是"基于合理的怀疑（Reasonable Suspicion）"的强制截停，"警察强制截停汽车需要一个合理的理由"，以免警察随意截停车辆，[②]这与我国《道交法》的前述规定相似。可见，只要强制截停不是随意进行，而是基于合理怀疑，那么，其在程序上就是正当的。

　　在法理上，一方面，强制截停看似涉及权力与权利之间的博弈，侵犯了

[①] Jeff Swain, "Blood Search Warrant Program Successful with Juries Too", 38 *The Prosecutor* 2 (2008).

[②] Thomas M. LocKney, Mark A. Friese, "Constitutional Roadkill in The Courts: Looking to The Legislature to Protect North Dakota Motorists Against Almost Unlimited Police Power to Stop and Investigate Crime", 86 *North Dakota Law Review*. 1 (2010).

驾驶人员的驾驶权利,但实际上,强制截停是为了更好地保护道路行驶者的权利;通过基于合理怀疑的强制截停,排除不安全驾驶的隐患或者现实危害,确保道路上其他行车人的驾驶权利正常行使。我国《道交法》第1条明确规定,"为了维护道路交通秩序,预防和减少交通事故,保护人身安全,保护公民、法人和其他组织的财产安全及其他合法权益"特制定本法。这正表明,当警察强制截停而行使查处违法车辆的权利时,正是为了更好地保护驾驶者的驾驶权。"当酒驾者已对公共安全构成严重危害时,其行为便不再属于纯粹的私人行为。作为行政执法部门,可以从有益于公众利益的角度出发"①,对行驶车辆及驾驶人员行使适当的查处权力。

另一方面,虽然驾驶者的驾驶行为是一种权利,但它不是自然权利,而是行政法律赋予的特别权利。驾驶权显然不同于生命、健康、平等自由等天赋人权一样被作为自然权利对待。驾驶权是一种发展性授益权利,②即由国家对符合机动车管理办法规定的申请机动车驾驶证的人经考试合格后核发驾驶证,并提供相应的道路条件,从而发展公民自身利益的权利。在法理上,相对于生命权、健康权这类人人与生俱来即应享有的天赋人权,诸如驾驶权这类经由法律赋予某人或某类人的权利往往被称为特别权利。正因如此,"驾驶是一种特别权利(Privilege)而不是自然权利(Nature Right)的原理已经被英美法系国家法院认可将近100年。"③ 更确切地说,驾驶权是一种 Qualified Privilege,即有资格条件要求的限制性特别权利。既然"在公路上驾驶车辆不是自然权利,而是一种特别权利,因此需要服从因公共利益的合理管制"④;既然驾驶权是国家允许个人从事某种活动并经行政许可之后所取得的授益性权利,而"行政许可的实质是行政权力对私人权利进行的一种干预或限制"⑤,当警察为了维护公共安全和交通秩序而采取必要的强制手段查处酒后驾车时,正是为了实现行政许可背后所欲实现的国家管理这一行政目的之结果。正因如此,警察基于合理怀疑的强制截停是完全合法的,采取此种强制措施后所取得的血液酒精含量检验鉴定证据具有合法性。

实务中警察强制截停车辆的合理怀疑主要来源有:警察自己的发现和他

---

① 余东明、王家梁:《交警详解出台酒驾新规台前幕后》,《法制日报》2012年2月28日第4版。
② 参见方世荣《论行政相对人》,中国政法大学出版社2000年版,第92页。
③ People v. Rosenheimer 102 N. E. 530, 532 (N. Y. 1913).
④ Standish v. Dep't. of Revenue, 683 P. 2d 1276, 1281 (Kan. 1984).
⑤ 周佑勇:《行政法原论》(第二版),中国方正出版社2005年版,第275页。

人的举报。

一是警察自己的发现。道路上行驶异常一般能够引起警察的察觉，比如，车辆呈S状行驶，在道路上摇摆迂回，大幅度拐弯或频繁变道，对交通信号灯视而不见，超速行驶或者速度时快时慢变化极大，或者突然刹车紧急制动，或无理由加速或减速或停车，等等。这些异常行驶现象往往能引起警察的关注，成为怀疑"机动车驾驶人有酒后驾驶嫌疑"的根据事由；在此情况下，警察为了"调查处理道路交通安全违法行为"当然可以而且应该对车辆进行查处，如遇车辆驾驶人员拒不停车的，则警察可以强制截停。例如，C某夜晚8点左右驾驶标致车通行于某路口时，恰遇红绿灯跳转，标致车强行左转逆行。正在路口检查酒后驾车的交警朱某发现该车举动异常，马上通过对讲机与同事联系，要求叫停该车。标致车无视交警的停车手势，强行闯过。朱某立即跨上摩托车直追而去，在某店子附近，强行将该车截下。经血液酒精测试，C体内酒精含量已达到130毫克/100毫升。该案中的C某在路遇红灯后即转入左道逆行，随后C又对警察叫停车辆拒不执行，此时如不对C驾驶的车辆强制截停，则无异于放纵犯罪。因此，本案中强制截停后对C进行血液酒精检验鉴定证据是合法的，可以作为定罪证据使用。

二是来源于他人的举报。在他人举报后，警察根据举报主动查处，对被举报车辆强制截停后予以血液酒精检验鉴定。某检察院调查报告表明，醉驾者案发绝大多数不是由交警部门主动查获，而是来自事故一方当事人的举报。"通过他人报警发现的较多，而通过交警巡查发现的比例较低，某种程度上说明交警部门夜间的执法检查力度还是相对较弱。"[1] 醉驾举报可分为两种，一种是实名举报，一种是匿名举报。对于举报者身份明确所举报内容事实清楚，警察接到这样的醉驾举报后如果在查处过程中驾驶者拒不停车，警察当然有权力截停，此时实名举报者的举报即可被认为是"基于合理怀疑"的强制截停。匿名举报决定了举报内容的真实性程度要低于实名举报，据此举报进行强制截停显然难以一律被认为是"基于合理怀疑"而进行的，否则，即有侵犯人权之虞。举报不但是我国司法实务中查处醉驾案的主要信息来源，而且是我国实务所大力倡导的。如前述，某市"通过他人报警发现的较多，而通过交警巡查发现的比例较低"；某省会城市交警则"倡导餐饮娱乐经营者的社会责任，同时在餐饮业发展几万

---

[1] 吴贻伙：《醉驾入刑后，缓刑适用率居高不下》，《检察日报》2012年2月14日第4版。

名酒驾信息员,对违法行为进行监督和举报"[1]。同时,实务中还普遍认同"应广泛发动群众,鼓励及时举报,营造强大声势,形成全社会共同抵制醉驾的良好局面"[2]。我国这种依重于举报的现状,决定了实践中可能难以避免警察依据匿名举报而对驾驶人员强制截停;对于匿名举报的醉驾案,可援引美国理论与实务界的做法,即只要该举报是"足够具体并且能够被简单地证实的信息",[3] 同时警察在根据这一信息进行截停之前"通过亲自观察而观测到驾驶人员以异常方式的驾驶"[4],此时对车辆进行强制截停就可以被认为是基于合理的怀疑的强制截停,因而是合法的。美国司法实务中即发生过仅仅依靠匿名举报而在没有证实任何可疑行为的基础上而截停他人汽车并查处了驾驶人员的醉驾案件,而被弗吉尼亚州最高法院推翻了醉驾犯罪的定性。[5]

总之,无论是警察基于自己观察到的异常驾驶行为进行强制截停,还是基于他人举报而进行的强制截停,均需所观察的事实或举报的事实使人达到对醉驾行为可能存在合理怀疑的程度,在此情况下,警察才能对车辆进行强制截停;否则,强制截停就是违法的,其所取得的证据也是不能作为定罪证据被采信的。

其次,强制驾驶人员进行测试所取得的血液酒精含量检验鉴定证据的合法性问题。实务中,驾驶人员拒不配合呼气或者血液酒精含量检验鉴定现象时有发生。有的驾驶人员醉酒后沉沉入睡而不出来,此时可否强行砸开车门并抽血测试?有的驾驶人员紧闭车窗拒不出来,此即实务中广泛发生的"醉酒司机躲车内避查怎么办?"的问题,此时可否"通过破拆车窗等方式,强制驾驶人下车接受酒精含量测试"[6]?有的驾驶人员下车后拒不配合呼气或抽血酒精含量检验鉴定,此时可否"用强制手段带到医院进行血液酒精

---

[1] 余东明、王家梁:《交警详解出台酒驾新规台前幕后》,《法制日报》2012 年 2 月 28 第 4 版。

[2] 高晓军:《醉驾:争议中前行》,http://www.jsfy.gov.cn/llyj/xslw/2012/10/31164349681.html。

[3] Denise N. Trauth, "Requiring Independent Police Corroboration of Anonymous Tips Reporting Drunk Drivers: How Several States Courts are Endangering the Safety of Motorists", 76 *The University of Cincinnati Law Review* 323 (2007).

[4] Harris v. Commonwealth 668 S. E. 2d 147 (Va. 2008).

[5] Harris v. Commonwealth 668 S. E. 2d 141, 147 (Va. 2008), cert. denied, 130 U. S. 10 (2009) (mem.).

[6] 王彬:《醉酒司机躲车内避查怎么办》,《北京晨报》2012 年 10 月 29 日第 15 版。

测试?"①，等等。种种现象都体现了在驾驶人员拒绝配合酒精含量检验的情况下可否由警察强制进行测试的问题。

目前在理论和实务中，对于是否可以强制测试，有观点认为，可以采取强行破窗等强制措施检验驾驶人员的血液酒精含量。清华大学"醉驾和超速司法解释及相关问题研究"课题组专家就认为："在这种情况下，经合理劝说之后仍拒不打开车窗或车门接受体内酒精含量测试的，可以按照驾驶人具有醉酒驾驶的重大嫌疑，立即进行刑事立案，并运用开锁等技术手段打开车锁。必要时，可以通过破拆车窗等方式，强制驾驶人下车接受酒精含量测试。如果驾驶人未达到饮酒驾车标准，也没有其他违法行为，警方应当对因强制打开车窗、车门造成的损失，给驾驶人予以合理补偿。"② 这种观点基本合理，但如同强制截停一样，警察在采取强制手段要求驾驶人员接受血液酒精含量检验鉴定时，必须是基于合理的怀疑。

强制截停与强制测试一样，二者均属于强制性的取证手段，其所涉及的均是取证手段方式是否合法的问题。因此，前述有关警察可以强制截停的分析理由同样适用于强制测试取证手段，此不重赘。需要注意的是，强制测试也必须和强制截停一样，应该以警察的合理怀疑为前提，只有在警察合理地怀疑驾驶人员的驾驶行为可能系酒后驾车行为时，才可以强制驾驶人员接受血液酒精含量检验鉴定。一般而言，诸如驾驶人员紧闭车门拒不出来，或者弃车而逃拒不配合测试，往往正是由于其可能系酒后驾车，所以才会坚决抵制抽血等测试，在美国某州，"对每位拒绝进行呼气或者血液测试的嫌疑人"进行强制测试，"最终导致的定罪率竟然为100%"。③ 因此，面对车内酣睡或门窗紧闭等拒绝配合测试的异常举动，警察可以合理地相信，驾驶人员很可能是酒后驾车，其所进行的破窗等强制测试手段当然可以被认定为基于合理怀疑而进行的，所取得的血液酒精含量检验鉴定证据当然也是合法的。

强制测试在程序法上的合法性虽然可以确认，但我国在对待是否可采用强制测试手段侦查醉驾案的制度设计上依然是有极大的改进空间的。在英国，驾驶人员如果没有合理的理由拒绝配合初步路边呼气测试，则视为有

---

① 罗意欢：《危险驾驶罪法律适用之惑》，《检察日报》2013年2月26日第3版。
② 王彬：《醉酒司机躲车内避查怎么办》，《北京晨报》2012年10月29日第A15版。
③ Dennis R. Cook, "Ouch! Blood Search Warrants after Beeman v. State: an End-Run around The Texas Legislature Resulting in Judicially Sanctioned Batteries", 42 *Texas Tech Law Review* 93, 2009.

罪，将会被判处罚款、处罚分或者酌情驾驶禁令。并且将会被逮捕进而被要求提供证据性的样本以作分析。[①]《香港道路条例》第39B条第5款和第6款也有类似规定，即任何警务人员在根据本条向任何人要求提供样本以作检查呼气酒精测试时，须警告该人没有提供该样本可遭检控。任何人无合理辩解，在根据本条被要求时，没有提供呼气样本，即属犯罪。在这些国家和地区，醉驾案的查处相对容易，实务中警察采取强制测试措施也不会存在什么争议。在美国，存在着默示同意法（Implied Consent Statute），该法规定，所有驾驶人员如果被合理地相信在受影响时进行了驾驶行为，则被认为已经同意进行证据性血液样本测试，否则警察即可采取法定的可惩处措施：暂扣驾驶证。该法的目的是通过鼓励驾驶人员进行证据性血液样本的化学测试来减少醉酒驾驶以及保护公共安全。[②] 相对于醉驾案的处理而言，默示同意法的惩罚手段并不严厉，因此默示同意法的作用目前在美国已被大大弱化，为此，一些州又设计了血液搜查证制度，比如德克萨斯州。通过血液搜查证，授予警察"可以使用必要的暴力手段去收集嫌疑驾驶人员的血液样本"。这些国家和地区针对拒绝酒精测试所作的制度设计，虽然并非完满无缺，但它们至少从理念上体现了对公民人权保障的重视，从程序上减少了警察取证可能遭受的质疑，从而在事前就避免或者说解决了诸如强制测试取证手段及相关证据的合法性问题。为此，我国在今后面对醉驾案这种以鉴定证据作为认定实体要件及犯罪成立与否的特殊罪名时，面对其取证的独特性，应该通过制度设计直接赋予警察强制测试等强制取证手段的合法性，从而既保证警察取证工作的顺利进行，又合理赋予公民配合取证的义务从而更好地保护公民的权利。

如果驾驶人员以强制截停或者强制测试违反了程序法的规定为由申请重新鉴定，该如何处理？此时，"除非有证据证明""抽样程序中存在明显违背或确定违背了相关程序的情形"，否则"对当事人提出的鉴定申请，不是都会像二审案件的二审一样，一一地进行鉴定程序，是要根据司法人员尤其是法院认为确实存在或者可能存在的情况、有必要进行鉴定才去做"。[③] 重

[①] Police Breathalyser Procedure, http://www.drinkdriving.org/police_breath_alcohol_test_preliminary.php.

[②] Tina Wescott Cafaro, "Fixing The Fatal Flaws In OUI Implied Consent Laws", 34 *Journal of Legislation*. 13（2008）.

[③] 赵丽、朱婷：《专家称醉驾案件取证鉴定环节仍需明确标准》，《法制日报》2011年5月9日第4版。

新鉴定与首次鉴定之间往往有一定的时间间隔，而人体内的酒精具有挥发性，故而首次鉴定意见的准确性无疑高于重新鉴定意见。"证据资源有限，是证据法的基本规律和出发点。"① 为有效地打击醉驾型危险驾驶罪，应该极为珍视来之不易的血液酒精含量检验鉴定证据；除非当事人有明确证据证明在抽样测试程序中存在着明显违反程序法的情形，否则一般不应支持重新鉴定。这也是司法实务中并不支持所有重新鉴定申请原因之所在。

比如，甲与朋友喝酒后驾车回家，经过某路段时适逢警察查车。甲拒绝进行呼气酒精含量测试，警察便决定对甲抽取血样，甲殴打警察拒绝抽血。两位警察强行将甲带至医院进行了抽血测试。经测试，甲血液酒精含量值为87毫克/100毫升。甲拒绝承认自己酒后驾车。本案中，警察对甲采取强制手段取得的血液酒精含量检验鉴定证据是客观而合法的，该证据具有客观性与合法性，且是证明案件事实的直接证据，也具有定罪证据的关联性；即使本案没有甲的供述或其他人旁证，也没有甲的呼气酒精含量检验结果，但依照该证据也可以认定甲醉驾型危险驾驶罪成立。至于甲的重新鉴定申请，由于甲只是空泛地认为鉴定意见不准确但缺乏明确理由，故不应予以支持。当然，如果甲对先前的血液酒精含量检验鉴定证据的质疑有合理的根据，符合重新鉴定的条件，需要重新鉴定，如何保证血液样本和醉驾时的血液状况一致？《程序规定》第32条对重新鉴定只是做了权利设计上的抽象规定，而对于重新鉴定的具体问题均未涉及，比如提出重新鉴定申请的次数，提出申请的期限、提出机关及理由，重新检测的仪器与机构，尤其是，对于重新鉴定时所使用的血液证据样本的保全与固定这一核心问题更是没有涉及，其他行政性法规亦没有规定。对此，笔者以为，如何固定血液样本以确保重新鉴定的准确性，与其说是刑事法上的问题，莫如说是一个医疗科学技术上问题，"血液样本是一种典型的'科学检验型'证据"，"离开了科学技术的支撑，血液样本就难以发挥它应有的证明作用"。② 总之，如果"犯罪嫌疑人对鉴定结论提出异议申请重新鉴定，如何保证血液样本不挥发，如何对证据进行保全等问题需在技术上解决"③。这也是醉驾案今后需要进一步探索的问题。

总之，驾驶人员的驾驶行为是行政许可法所特许的一种权利，而不是自

---

① 龙宗智：《两个证据规定的规范与执行若干问题研究》，《中国法学》2010年第6期。
② 王志刚：《论血液样本证据的特性及其采集司法程序的完善》，《政治与法律》2012年第3期。
③ 游春亮、程海龙：《深圳办理醉驾案件半年面临多重法律难题》，《法制日报》2011年12月6日第4版。

然权利，配合警察为了道路交通安全的酒驾检测行为，是驾驶人员的义务；在驾驶人员拒不配合的情况下，警察有权采取强制截停与强制检测手段，二者是警察依据《道交法》和《程序规定》进行的合法的取证行为；据此取得的证据当然既不是类似于刑诉法第 54 条"采用暴力、威胁等非法方法收集"的非法证据，也不属于"通过不规范的取证方法所获取的""瑕疵证据"，[1] 因此对采取这两种方式所取得的血液酒精含量值，既无须排除也无须补正，可以直接作为定案证据使用。

四 结语

从证明标准角度分析，单独呼气酒精含量检验结果不应作为定罪证据使用。《醉驾解释》第 6 条规定可以将呼气酒精含量检验结果作为定罪证据，只适用于驾驶人员逃脱拒绝进行血液酒精含量鉴定的情况下，这绝不意味着呼气酒精含量检验结果在醉驾案中具有普遍性的定罪证据的地位和价值。在我国当前情况下，由于呼气酒精含量检验的主体不具备合法的司法鉴定人资格，测试仪器的精准性也值得怀疑，测试结果的准确性、可靠性与权威性无法保证，因此，呼气酒精含量检验结果可以作为醉驾案的立案侦查依据而非定罪证据。[2] 在一般情况下，只有呼气酒精含量检验结果达到可以与血液酒精含量检验鉴定结果相互印证的程度，才能作为定罪证据使用；因此，一方面应该反对理论和实务中在一定范围内存在的"呼气酒精含量测试的结果也适用于脱逃的犯罪嫌疑人，法院可以此结果，追究其刑事责任"[3] 的不妥看法。另一方面，对于单独血液酒精含量鉴定证据则需要达到能够排除合理怀疑的客观性与合法性，即可作为定罪证据使用。基于驾驶权是一种法律许可的特别权利而非自然权利的观念，在驾驶人员拒不配合查验血液酒精含量值的情况下，警察可以基于合理怀疑而采取必要的强制手段如强制截停与强制测试等，采取类似强制手段取得的证据，其合法性不存在疑问。在既无呼气酒精含量检验结果也无血液酒精含量测试结果的情况下，仅仅根据被害人陈述、证人证言等旁证，不能证明醉驾案犯罪成立，此时应按无罪推定原则对驾驶人员不以犯罪论处。

---

[1] 陈瑞华：《刑事证据学》，北京大学出版社 2012 年版，第 88 页。
[2] 参见刘艳红《醉驾型危险驾驶罪刑事证据规则研究》，《法律科学》2014 年第 2 期。
[3] 王彬：《醉酒司机躲车内避查怎么办》，《北京晨报》2012 年 10 月 29 日第 15 版。

醉驾案件认定引入被告人对质权问题探讨

刘艳红[*]

摘 要：我国醉酒型危险驾驶罪以被告人血液酒精含量值作为定罪标准，血醇司法鉴定报告由此成为认定被告人有罪的核心证据。美国对于醉酒驾驶认定的司法鉴定证据却保持着谨慎怀疑的态度；刑事法理论界对于司法鉴定设备未达到系统安全的标准而表示担忧，国家科学院亦就司法鉴定证据的准确性进行专门研究并提出质疑，联邦最高法院因此在程序上赋予被告人与司法鉴定人对质的权利。我国醉驾犯罪认定程序应适时引入对质权，将鉴定人纳入对质权范围之内，并采取申请制和远程双向视频技术实现对质权的可操作性，以此保证醉驾案件定罪的准确性，确保被告人享有实质而完整的受辩护权，最终实现对被告人的人权保障。

关键词：醉酒驾驶；血液酒精含量；司法鉴定证据；对质权

刑事审判中，科学而特定的司法鉴定证据在刑事案件的侦破中发挥着越来越重要的作用。现代法治理念主要通过诉讼程序的正义而彰显；司法鉴定证据程序的合法性与鉴定证据的可靠性直接影响到鉴定结论的准确性，并进而影响到程序正义能否实现。司法鉴定证据经常是通过由硬件和软件组成的仪器产生出来，比如证据性呼气测试仪器——通过呼出的气体来测量酒精的浓度，以及用于制作DNA基因图的设备。[①] 根据现行的法律，犯罪嫌疑人是可以仅仅依据单个证据便可以被定罪的。一旦嫌疑人被认定为严重的犯罪比如谋杀或者抢劫，其可能会被判处终极刑罚，比如终身监禁甚至是死刑。过去几十年有很多文献已经揭示了一

---

[*] 刘艳红，东南大学法学院教授。

[①] William C. Thompson et al., "Evaluating Forensic DNA Evidence: Essential Elements of a Competent Defense Review: Part 1", 27 *Champion* 16-18 (2003).

个重要的现象——即无辜的人因为单个鉴定证据而被错误定罪。[1] 为此，如何避免司法鉴定设备的不准确性或者不可靠性对司法鉴定结论证明效力的消极影响，以及单个司法鉴定证据如何有效地为入罪发挥作用，必须予以重视和研究。我国醉驾型危险驾驶罪目前仅以驾驶人员血液酒精含量值为标准认定犯罪之有无，是典型的仅凭单个证据定罪的罪名。为了确保醉驾型犯罪定罪的准确性，则须尽量保证血液酒精含量值司法鉴定结论的准确性。纵观世界各国，美国的醉酒驾驶犯罪程序性立法相对完善，实务中亦通过判例确立了对鉴定人的对质权，从而对于保障被告人获得准确定罪和量刑有着极为重要的意义。为此，本文拟借鉴美国经验，尝试构建醉驾犯罪中被告人对鉴定人的对质权，以对抗国家权力机关可能发生的出罪入罪，确保控辩双方地位的平等，最终实现刑法的人权保障机能。

一 对质权产生的域外根基：美国理论界和实务界对司法鉴定证据的质疑

对质权，即被告人与证人面对面就不利于自己的证言进行质疑的权利；它是英美及欧洲大陆长期存在的一种司法制度，其意在于防止国家权力的滥用，通过程序正义以实现司法公平，最终确保被告人的人权。然而，随着一些新型犯罪如醉酒驾驶等的大量出现，司法鉴定证据在刑事犯罪中被作为定罪证据而广泛使用，刑事被告人可否如同在其他并非根据司法鉴定证据定罪的案件一样享有对质权，日益成为刑事程序法与实体法所关注的问题。以美国为例，随着美国司法实务中越来越多的犯罪倚重司法鉴定证据，人们对司法鉴定证据理解的不断深入和加强，美国法学理论界对司法鉴定证据的科学和准确性也日益产生怀疑，这一切导致美国宪法修正案所规定的对质权开始被适用于司法鉴定证据。

美国宪法第六修正案即对质权条款（Confrontation Clause）规定：在所有的刑事控诉中……被告人都享有与对他们不利的证人对质的权利。[2] 第六修正案的对质权条款被视为刑事被告人亲自与控诉证人进行

---

[1] Boaz Sangero, "Miranda Is Not Enough: A New Justification for Demanding 'Strong Corroboration' to a Confession", 28 *Cardozo Law Review* 62–63 (2007).

[2] U.S. CONST Amend Ⅵ.

交叉询问之权利的保障，该条款给予法官和陪审团评估证人陈述是否可靠的方法。但是，美国司法界普遍认为，不提倡对所有刑事案件的证据都使用对质权，因为"如果对于对质权条款的解释没有必要的限制性条件的话就会导致过于极端"[①]，会将所有传闻证据的例外（Hearsay Exception）予以排除。[②] 换言之，刑事被告人并非对所有和证据有关的人都享有对质权，其只可以对言词证据的证人进行对质。其中，司法鉴定证据因为是科学性宣誓，不属于言词证据，鉴定人可以不出庭接受对质。在第六修正案刚出台的时期，美国没有司法鉴定人员，但是那时候有抄写员（Copyist）这种非传统形式的证人，抄写员的作用是对用于刑事控诉以及准备证明事实和准确性的宣誓书进行复制和记录，[③] 其作用类似于现在的司法鉴定人，但是即使抄写员不出庭，其所作的证据仍然可以被美国法院毫不犹豫地予以采纳。然而，随着美国理论及实务界对司法鉴定证据的可采性产生怀疑，司法界对于司法鉴定人是否需要接受对质的态度也随之发生根本转变。

质疑首先来源于美国学术界。美国醉酒驾驶案件中，证据性酒精呼气测试器[④]是用以证明醉酒的重要司法鉴定仪器之一。被测试者口中残留的酒精以及呼吸污染物等会影响证据性酒精呼气测试器，导致这种鉴定设备无法准确鉴定被测试者血液中的酒精浓度。与此同时，美国学术界指出，司法鉴定设备也未达到系统安全工程标准。[⑤] 系统安全工程以工程设计、安全原理和系统分析方法为基础，去预测评价系统的安全性，以控制系统内各种因素，以防止事故发生，[⑥] 它的检测结果更为合理可靠，并因此广泛用于计算机、食品药品及汽车生产

---

① Ohio v. Roberts, 448 U.S. 56, 63 (1980).

② ［美］约书亚·德雷斯勒、艾伦·C. 迈克尔斯：《美国刑事诉讼法精解》（第二卷），魏晓娜译，北京大学出版社2009年版，第222—224页。

③ Bradley W. Hines, "Melendez-Diaz v. Massachusetts: Forcing America to Pay the Premium Price for the Nation's New Confrontation Clause", 21 *George Mason University Civil Rights Law Journal* 123 (2010).

④ 在美国，酒精呼吸测试器分警察使用的初步酒精呼吸测试器和司法鉴定实验室使用的证据性酒精呼吸测试器，后者所测结果作为司法鉴定证据可以作为控诉证据被法院所采纳。

⑤ Mordechai Halpert, Boaz Sangero, "From a Plane Crash to the Conviction of an Innocent Person: Why Forensic Science Evidence Should be Inadmissible Unless it has been Developed as a Safety-critical System", 32 *Hamline Law Review* 65 (2009).

⑥ 参见白勤虎、吴子稳《系统安全·系统安全工程·系统安全分析及评价》，《华东经济管理》1994年第6期。

等领域。然而，目前对美国司法鉴定设备的安全性进行检测所使用的却是终端测试法，它仅对终端产品进行检测，测试结果只能证明产品是否存在瑕疵，而不能证明产品是安全的；而大量研究亦表明，不可靠的司法鉴定仪器常常导致对无辜者的错误定罪。[1] 尽管如此，美国国家公路交通安全管理局（NHTSA）对证据性呼吸测试器的管理和许可的诸多法规和条例却都没有要求该司法鉴定仪器必须经过系统安全工程的安全监测。相关条文只要求司法鉴定设备能通过终端产品测试即可。刑事司法实践中，由于证据性酒精呼气测试器未经系统安全工程监测，可能导致做出错误的鉴定结果，但是这种错误被法院和被告人发现的概率非常小，因而可能增加对无辜之人定罪的可能性。有时，尽管已经发现了这些错误，但是法院却坚持依赖这些司法鉴定证据，甚至作为定罪的唯一证据。[2]

鉴于以上情况，美国国会于 2005 年授权国家科学院（The National Academy of Sciences）对美国的司法鉴定证据的准确性和可靠性进行大范围的研究。国家科学院于 2006 年组成了调查委员会，委员会经过 26 个月的工作，在 2009 年形成了最终的报告：《强化美国的司法鉴定证据：一个推进计划》（*Strengthening Forensic Science in the United States: A Path Forward*），对司法鉴定证据的准确性和可靠性进行了质疑。该报告针对司法鉴定界存在的影响鉴定证据可靠性和准确性的几个主要问题提出了疑问，诸如缺乏可以证实司法鉴定学有效性和可靠性的科学性研究[3]、鉴定过程中存在着观察者偏见[4]、刑事司法鉴定实验室往往受制于执法部门而缺少自主权、司法鉴定实验室和鉴定人员缺乏统一的和强制的资格认证制度，[5] 等等。鉴于学术界对于司法鉴定仪器以及司法鉴定证据的质疑，美国联邦最高法院迅速做出了反应，于 2009 年以梅伦德斯—迪亚兹诉

---

[1] William C. Thompson et al., "How the Probability of a False Positive Affects the Value of DNA Evidence", 48 *Journal of Forensic Sciences* 47-48 (2003).

[2] 关于 DNA 证据参见 Armstead v. State, 673 A. 2d 221, 245 (Md. 1996), 关于醉酒驾驶测试参见 State v. Chun, 943 A. 2d. 114 (N. J. 2008)。

[3] See Committee on Identifying the Needs of the Forensic Science Community of the National Research Council, *Strengthening Forensic Science in the United States: A Path forward* (2009).

[4] D. Michael Risinger et al., *The Daubert/Kumho Implications of Observer Effects in Forensic Science*.

[5] Paul C. Giannelli, "The 2009 NAS Forensic Science Report: A Literature Review", 48 *Criminal Law Bulletin* 439 (2012).

马萨诸塞州案①为契机表达了对司法鉴定证据实务的质疑，并由此确定了被告人对司法鉴定人的对质权。该案在司法鉴定人是否需要出庭接受质证的问题上具有转折性的意义，其判决强制要求控诉方在没有司法鉴定人出庭的情况下不得再将司法鉴定报告作为证据予以提交。这一判决颠覆了在美国实行90年的判例，在该判决之前，控诉方则可以在不提供鉴定人出庭情况下即可将科学证据作为证据来控诉被告人。②

在该案判决中，多数派意见认为，司法鉴定报告是证言性陈述，鉴定人是受第六修正案规制的证人，且上诉人在审案前往往没有机会与鉴定人进行交叉询问，如果鉴定人可以出庭作证的话，一般来说，申诉人有权在审理过程中和鉴定人进行对质。③ 对于上述意见，虽然不乏反对者，但美国联邦最高法院最终以5比4的表决结果，判决凡是控诉方将司法鉴定报告作为控诉证据在庭审中予以使用的，则必须让鉴定人出庭作证，接受被告人及其辩护人的质证，方可确定该证据的可采纳性。④ 自此，被告人对司法鉴定人的对质权得以确定。

然而，严格按照梅伦德斯—迪亚兹诉马萨诸塞州案的判决，虽然能够通过被告人与鉴定人的对质而最大限度地避免因错误的司法鉴定证据导致错判，但是现实的操作却受到了财政压力、鉴定人员数量紧张和时间限制等问题的制约。为此，美国在司法界和理论界开始寻找相应的应对策略；其中效果比较好的主要是弗吉尼亚州所使用的新修订的《告知和要求条例》(Notice And Demand Statute)，以及学术界正在大力提倡的远程双向视频技术的使用。

《告知和要求条例》已经被梅伦德斯—迪亚兹案的多数意见的法官所认

---

① 该案基本案情是：2001年，波士顿警察接到举报，一个凯马特（Kmart）的员工参与疑似的犯罪活动，警察对该名员工进行了监视并发现了同样的可疑行为。警察对该员工进行了羁押和搜查，发现了含有类似可卡因物质的数个透明的白色塑料袋；警察接着逮捕了另外两名嫌疑人，其中一个就是梅伦德斯—迪亚兹。警察将这些塑料袋和其中的物质送到司法实验室进行鉴定，结果为可卡因。梅伦德斯—迪亚兹被指控违反《马萨诸塞州受控制药物法案》(Massachusetts Controlled Substances Act) 下的分配和非法交易可卡因罪。See Melendez-Diaz v. Massachusetts, 129 S. Ct. 2527, 2530 (2009)。

② Amy Ma, Mitigating the Prosecutors' Dilemma in Light of Melendez-Diaz: Live Two-Way Videoconferencing for Analyst Testimony Regarding Chemical Analysis, Vol. 11 Nevada Law Journal, 793 (2011).

③ Davis v. Washington, 547 U.S. 813, 830 (2006).

④ Brooke Edenfield, Who Ya Gonna Call? Confusion Reigns after the Supreme Court's Failure to Define Testimonial and Analyst in Melendez-Diaz v. Massachusetts, Vol. 59 Kansas Law Review, 137-138 (2012).

可，其和该案所做的判决并不产生冲突。美国很多州都有含有《告知和要求条例》内容的法典，比如佐治亚州[①]、德克萨斯州[②]、俄亥俄州[③]和弗吉尼亚州等，其中弗吉尼亚州该条例最为典型。为了应对梅伦德斯—迪亚兹案判决所出现的难题，2009年8月19日，弗吉尼亚州议会对1979年的《告知和要求条例》进行了修正，新修正的条例有很多显著特点。[④] 首先，新条例明确地规定了被告人拒绝权行使的期限，从而有助于控诉方和司法鉴定部门进行协调以确保鉴定人员能够出庭接受对质，并防止了被告人在开庭当天提出拒绝权导致的控诉方的被动局面。其次，新条例明确规定如果被告人没有在规定的时间内拒绝化验证明书（鉴定报告）作为证据被采纳，则视为被告人放弃要求鉴定人出庭的权利。要求权一旦被放弃，被告人就丧失了和不利证人对质的权利。这使得没有行使拒绝权的被告人日后的再次申诉得以避免。

而在理论界，更多的人呼吁使用远程双向视频技术来实现对质权，从而缓解上述的困境。在美国有很多州已经开始或者正在考虑在法庭中使用远程双向视频技术。支持远程双向视频技术可能是解决上述问题最为可行的方案。远程双向视频系统由可便于交流的视频和声频通信的电子设备构成，能够连接在实验室中的鉴定人和在庭审中的法官、陪审团和当事人。鉴定人可以看见和听见法庭中的成员，且在法庭中的人也可以同时看见和听见实验室中的鉴定人，通过这种方式可以实现拟制的面对面的对质。使用这种技术可以使得鉴定人员远程接受对质且完全消除因前往法庭作证的旅途而消耗的时间和费用。鉴定人员因此也可以自由地进行他们自己的工作，需要作证的时候只需要耗费很少的时间成本和经济成本。

美国理论与实务界对司法鉴定证据的怀疑，以及由此通过梅伦德斯—迪亚兹案创立的被告人对鉴定人的对质权，冲破了以往美国理论与司法界对对质权含义的理解，扩大了对质权的适用范围，提高了司法鉴定证据的可采性，有力保障了被告人的人权；因而自该案之后，在诸如醉酒驾驶犯罪等以司法鉴定证据作为定罪结论的刑事案件中，被告人对鉴定人的对质权得以广泛确立和运用。

[①] Ga. Code Ann. § 35-3-154.1（2006）.
[②] Tex. Code Crim. Proc. Ann. art. 38.41 § 4（West 2005）.
[③] Ohio Rev. Code Ann. § 2925.51（West 2006）.
[④] Anne Hampton Andrews, "The Melendez-Diaz Dilemma: Virginia's Response, a Model to Follow", 19 *William & Mary Bill Of Rights Journal* 420（2010）.

二 对质权的缺失：我国醉酒驾驶案件中司法鉴定证据的畸重性

反观我国的立法和司法现状，在对质权严重缺失的情况下，司法鉴定证据的不准确性、不科学性加上我国醉酒驾驶犯罪案件中司法鉴定证据的畸重性使得我国必须反思在该类案件中司法鉴定证据的使用规则。

自《刑法修正案（八）》将醉驾纳入危险驾驶罪规制范围之后，大量的醉驾案件进入刑事司法程序之中；刑法明确设立本罪"在道路上醉酒驾驶机动车"为其成立要件，但被告人是否属于"醉酒驾驶"的实体问题最终却取决于程序上的认定。目前我国对于醉酒驾驶的程序性立法尚处在初步阶段，零散而不统一，但是现有的法律法规、行政规章以及相关的指导意见已经给出了认定醉酒驾驶的依据。根据《车辆驾驶人员血液、呼吸酒精含量阈值与检验》的规定，车辆驾驶人员血液中的酒精含量大于或者等于80毫克/100毫升的驾驶行为即为醉酒驾车。公安部《关于公安机关办理醉酒驾驶机动车犯罪案件的指导意见》规定发现有醉驾嫌疑的，首先进行呼气酒精测试，如果当事人对该测试结果有异议、不配合进行该测试或者因涉嫌醉驾而发生交通事故的，应当进行血液样本的化学测试。另外《公安机关办理醉酒驾驶刑事案件程序规定（试行）》第34条、《山西省公安机关办理醉酒驾驶刑事案件若干规定（试行）》第11条第2款以及《河北省公安厅办理醉酒驾驶机动车刑事案件若干规定（试行）》第9条第2款进一步规定：血液酒精含量检验鉴定结论与呼气酒精测试结果不一致的，应当以血液酒精含量检验鉴定结论为准。通过这些零散的规定可以看出血液样本的司法鉴定报告在醉酒驾驶案件的认定中的重要地位。"血液酒精含量检查结果几乎成了判断司机是否醉酒驾驶唯一而'充分'的依据。"[①]

在司法实践中，血液样本的司法鉴定报告也因此几乎成为铁打不动的核心证据，笔者随机调取了50份因醉酒驾驶而被控诉危险驾驶罪案件的判决书进行统计，[②] 这些判决书分别来自河南省（30份）、重庆市（11份）、陕西省（3份）、湖南省（3份）、湖北省（1份）、福建省（1份）和广西壮

[①] 参见赵丽《醉驾案件取证鉴定环节仍需明确标准》，《法制日报》2011年5月9日第4版。
[②] 为确保统计的准确性，尽量减少主观因素的介入，该50份判决书为笔者以每20份中调取1份的方式随机在中国法院网裁判文书库中抽取。

族自治区（1份）。

对上述50份判决书进行统计发现，在醉酒驾驶案件中，检察机关最常使用的指控证据除了接受刑事案件登记表、立案决定书、查获经过、户口信息①以及证明被告人达到刑事责任年龄的证据之外，主要包括：血液样本司法鉴定报告、证人证言、被告人供述、呼吸测试结果单以及被害人陈述，在这50份判决书中这些证据的使用频率如表1所示。

表1　　　　　　　　　检察机关证据的使用频率情况

证据种类	检察机关的使用频率
血液样本司法鉴定报告	50次
证人证言	36次
被告人供述	24次
呼吸测试结果单	12次
被害人陈述	8次

在醉酒驾驶案件中，证人证言在控诉中主要起到证明交通事故的发生经过或者执法过程的作用，比如在被告人李某某危险驾驶一案中，证人牛某某证实在2011年9月19日21时许驾驶小型轿车在兰考一高门前与一辆摩托相撞的事实。② 再比如在姚某某危险驾驶一案中，证人田某、周某的证言，证实了2011年5月15日18时许，被告人姚某某喝了半瓶酒的事实。③ 这些证据均属于间接证据，无法对刑事被告人的定罪和量刑形成直接有效的影响。被害人的陈述由于仅在有被害人的情况下才会存在，具有一定的局限性，另外其起到的作用也仅仅是证明交通事故的发生经过以及警察执法过程，对于被告人的定罪没有实质有效的影响。比如在被告人邹某犯危险驾驶罪一案中，被害人陈某的陈述只能证明被告人邹某驾驶渝B＊＊＊＊＊隆鑫牌两轮摩托车，在重庆市巴南区东温泉镇将自己撞伤，后被公安机关查获。④ 而呼气测试结果单由于其结果往往和血液样本的司法鉴定报告有差异，在审判中也无法成为被告人最终定罪和量刑的依据。相对而言，

---

① 这些证据主要用来证明案件来源及被告人身份情况，对被告人是否定罪及量刑并不起到实质作用。
② 参见河南省兰考县人民法院（2012）兰刑初字第12号判决书。
③ 参见湖南省新晃侗族自治县人民法院（2011）晃法刑初字第91号判决书。
④ 参见重庆市巫山县人民法院（2011）山法刑初字第265号判决书。

被告人的供述对于证实犯罪与否具有直接证明的作用，因为"作为案件的当事人，他对自己是否犯罪，为何犯罪，怎样犯罪比其他任何人都清楚"①。尽管如此，被告人也无法准确地感知自己血液内的酒精浓度，法院在没有血液样本司法鉴定报告的情况下也不会仅仅依据被告人的供述即行定罪和量刑。由此可见血液样本的司法鉴定报告是醉酒驾驶案件中被告人得以定罪的充分必要条件。

另统计发现，上述50份判决书中均有"被告人在开庭审理过程中对所指控事实（供认不讳）和对公诉方所提交的证据均无异议"的表述，换言之，在所有的50个醉酒驾驶的案件中，被告人及其辩护人进行无罪辩护的次数为0。在这50起案件中，被告人及其辩护人进行最多的辩护理由是：自愿如实（坦白）认罪，认罪态度好；主动缴纳罚金，有悔罪表现；积极赔偿受害人损失；初犯；犯罪情节较轻以及犯罪情节轻微。在这50份判决书中这些辩护理由的使用频率如表2所示：

表2　　　　　　　　　　　被告人及其辩护人辩护情况

辩护理由	被告人及其辩护人使用的频率
自愿如实（坦白）认罪，认罪态度好	44次
主动缴纳罚金，有悔罪表现	15次
积极赔偿受害人损失	15次
初犯	5次
犯罪情节较轻	2次
犯罪情节轻微	2次

通过表2可以看出，被告人及其辩护人所进行的辩护事项均是量刑辩护，而没有进行任何无罪辩护。因此在笔者所随机调取的醉酒驾驶案件中，被告人均被判处有罪。而被告人及其辩护人关于量刑的辩护却起到了极好的法律效果，该50起案件中，虽然法院都做出了有罪判决，但是在量刑上却做出了6种不同的判决：从轻处罚、从轻处罚兼缓刑、缓刑、免于刑事处罚、未明确表示有从轻或缓刑情节（一般表述为综合被告人的犯罪性质，情节及归案后的认罪态度进行判决）以及明确表示没有从轻或者缓刑情节。如表3所示：

---

① 龙宗智、杨建广：《刑事诉讼法》，高等教育出版社2007年版，第134页。

表3　　　　　　　　　　　　　　法院判决情况

量刑判决	法院使用的频率
从轻处罚	35次
从轻处罚兼缓刑	7次
缓刑	2次
免于刑事处罚	2次
未明确表示有从轻或缓刑情节	3次
明确表示没有从轻或者缓刑情节	1次

综上所述，在醉酒驾驶案件中，一旦检察机关出示被告人的血液样本的司法鉴定报告，则被告人必然将被认定为危险驾驶罪，没有任何无罪辩护的余地。一般认为"现行的定罪与量刑一体化的诉讼模式"，定罪问题成为刑事诉讼中的主要程序和中心问题。"而被告人、辩护人对于法院的量刑决策过程参与不足、影响力不充分。"[1] 在醉酒驾驶案件中却恰恰相反，所谓的辩护已经演变为量刑辩护"一枝独秀"的态势。众所周知，辩护权在刑事诉讼程序中占有极其重要的地位，从某种意义上说，"刑事诉讼进化的历史，也可以说是辩护权发展的历史"[2]。"辩护权是刑事诉讼中人权的重要组成部分，对于被指控人辩护权的保障则是刑事程序中人权保障体系的核心和关键。"[3] 我国《刑事诉讼法》第35条规定："辩护人的责任是根据事实和法律，提出证明犯罪嫌疑人、被告人无罪、罪轻或者减轻、免除其刑事责任的材料和意见，维护犯罪嫌疑人、被告人的合法权益。"任何刑事诉讼程序中的辩护必然包含无罪辩护和量刑辩护，无罪辩护相较量刑辩护而言，由于其直接关乎犯罪嫌疑人、被告人的行为是否构成犯罪，在个案中直接体现生命权、人身自由权是否将会被剥夺的问题，因而显得尤为重要。无论无罪辩护成功的概率有多大，只要有辩护成功的可能即可认为被告人享有完全的辩护权。无罪辩护和量刑辩护两者缺一不可，缺乏任何一种辩护，则辩护权就变得不完整，尤其是无罪辩护。

有学者认为，在有些案件中，之所以辩护律师对指控的犯罪事实和罪名

---

[1] 参见陈瑞华《定罪与量刑的程序分离——中国刑事审判制度改革的另一种思路》，《法学》2008年第6期。

[2] [日] 西原春夫：《日本刑事法的形成与特色》，法律出版社、成文堂1997年版，第432页。

[3] 柯葛壮：《刑事诉讼中的人权保障制度》，上海交通大学出版社2006年版，第48页。

没有提出任何的异议和辩护意见，是因为典型的无罪辩护由于被告人自愿认罪而丧失了存在的空间，律师之主要职责即转为了量刑辩护。① 这种将无罪辩护的丧失归因于被告人的自愿认罪的观点不能解释醉酒驾驶案件中零无罪辩护率的原因。因为作为唯一能够认定被告人是否有罪的依据，血液样本的司法鉴定报告被立法者、控诉方和裁判者过度信任和倚重，导致该司法鉴定报告在整个诉讼程序中的地位畸重。需要强调的是，尽管《最高人民法院关于执行〈中华人民共和国刑事诉讼法〉若干问题的解释》（以下简称《解释》）② 和我国《司法鉴定程序通则》③ 等相关法律法规均有司法鉴定人出庭作证，接受询问的规定，但是鉴定人出庭的次数也为零，出庭率为零。④ 同样尽管我国《刑事诉讼法》⑤ 和《解释》⑥ 都规定了被告人及其辩护人有申请重新鉴定的权利，而在血液样本的司法鉴定证据对于定罪如此重要的情况下，这50起案件中，被告人及其辩护人申请重新鉴定的次数也竟然为零。究其原因是司法鉴定人无强制义务接受对质造成被告人及其辩护人对血液样本的司法鉴定报告的产生过程——包括做出司法鉴定证据的设备是否合格、司法鉴定程序是否符合标准、司法鉴定证据是否有效和准确均无法提出质疑，因此申请重新鉴定比较困难且作用低下。可以说被告人及其辩护人在鉴定人不出庭接受对质的情况下只能被动接受司法鉴定报告的"任意处置"。

三 对质权的引入：利用申请制和远程双向视频技术对醉驾鉴定人对质

（一）在我国刑事程序法中设置对质权

正如前文所述，我国在醉酒驾驶案件中，法院过度依赖司法鉴定证据，而在司法鉴定证据的准确性确实受到诸多质疑的情况下，我国立法机关、司法机关和学术界不能置若罔闻。美国解决该问题的方法是通过对宪法第六修

---

① 参见牟绿叶《论无罪辩护与量刑辩护的关系》，《当代法学》2012年第1期。
② 详见《最高人民法院关于执行〈中华人民共和国刑事诉讼法〉若干问题的解释》第145至第146条。
③ 详见《司法鉴定程序通则》第7条。
④ 实际上这并不仅是醉酒驾驶案件中独有的问题，有调查研究表明，北京辩护律师在进行鉴定的案件中，鉴定人的出庭率仅为4.8%。参见北京大学法学院人权研究中心《刑事辩护制度的实证考察》，北京大学出版社2005年版，第71页。
⑤ 详见《刑事诉讼法》第121条和第159条。
⑥ 详见《解释》第59条。

正案中的对质权进行全面解释，进而要求保障被告人的对质权来实现的。与控诉者进行对质的权利可以追溯到古罗马时期。[1] 根据圣经记载，古罗马统治者菲斯缇斯（Festus）在讨论如何适当地处置囚犯时，保罗（Paul）说道：将任何人处死之前不给他们面对面地和控诉者对质以及不给他们对自己的罪行进行辩护的机会，这不是罗马的惯例。同样，对质条款在英格兰要比陪审团审理的权力的历史还要早。[2] 那么何为对质？对质，"又称对质询问（我国台湾学者称"对质诘问"），是指让二人同时在场，面对面进行质问。对质询问既是查明事实的一种方法，又涉及当事人的一种基本权利即对质权"[3]。对质权是国际人权公约所保障的被告人的基本权利，而该项基本权利则主要包括被告人出席法庭与不利于自己的证人面对面的权利和交叉询问的权利。[4] 有学者形象地将该权利称为"眼球对眼球的权利"[5]。由此可见构成对质最基本的要素是两点，即"面对面"（Face to Face）和"质询"（Examine）。[6]

通过交叉询问所留出的空间，能够有助于保障对抗式刑事诉讼，其能够防止被告人受到匿名控告者的侵害。[7] 从发现真实的角度来说对质权的意义在于保证证人提供的是宣誓证言，防止证人作伪证，迫使证人接受交叉询问，为陪审团提供对证人察言观色的机会，等等。[8] 这是为发现真相而发明的迄今最大的法律引擎。[9] 另外，对质权的保障还有利于"防止政府权力的滥用"和有利于"增进社会公众对案件裁判、作出裁判的程序以及法律的信任"。[10]

尽管对质权在保证诉讼公正进行和维护被告人合法权益等问题上都具有极为重要的作用，但是在我国，刑事诉讼中证人的出庭率极其低下。根据最高人民法院综合统计得出的数据，"全国法院一审刑事案件中，证人出庭率

---

[1] Coy v. Iowa, 487 U.S. 1012, 1015 (1988).
[2] Texas v. Pointer, 380 U.S. 400, 404 (1965).
[3] 参见龙宗智《论刑事对质制度及其改革完善》，《法学》2008年第5期。
[4] 参见高长见《证人保护与被告人权利保障》，《西南政法大学学报》2012年第2期。
[5] 易延友：《眼球对眼球的权利——对质权制度比较研究》，《比较法研究》2010年第1期。
[6] 龙宗智：《论刑事对质制度及其改革完善》，《法学》2008年第5期。
[7] 参见樊崇义、王国忠《刑事被告质证权简要探析》，《河南省政法管理干部学院学报》2006年第5期。
[8] Cornelius M. Murphy, "Justice Scalia and the Confrontation Clause: A Case Study in Originalist Adjudication of Individual Rights", 34 *American Criminal Law Review* 1245 (1997).
[9] California v. Green, 399 U.S. 158 (1970).
[10] 陈永生：《论辩护方当庭质证的权利》，《法商研究》2005年第5期。

不超过10%；二审刑事案件中，证人出庭率不超过5%"。宁夏高级人民法院有关统计数字显示，"2002—2007年，在一审刑事案件中，证人出庭率分别为11.24%、3.15%、6.7%、5.68%、5.07%、5.57%。在刑事案件审判中，证人出庭率呈现出逐年下降的趋势，证人出庭率年均仅为5%。但就是这样一个低比率，也高于全国平均水平"[1]。在以法律手段促使证人出庭并且赋予刑事被告人对质权的做法在法治国家已经十分普遍的情况下，我国法律既没有规定证人必须出庭的具体情形，也没有赋予被告人与不利于己的证人当庭作证的权利。将证人是否出庭，是否保证被告人对质的机会完全委诸法官自由裁量和检察官指控犯罪的需要。[2] 这些都表明，在我国，被告人的质证权被"虚置化"。[3]

这种无对质权情形下的刑事审判会产生诸多不良后果：诸如因为在证人不出庭而使得被告人无法实现与证人对质的机会时，无辜者被错误定罪的可能性会增加；不利于实现对被告人的定罪的准确性和量刑的公正性；以及使程序公正受到了极大的伤害，从而使法院裁判单独建立在实体真实的基础之上，而没有程序公正加以支撑。[4]

因此，我国诸多学者建议在我国程序法中设置对质权，有学者认为，在我国可以通过"以立法解释或者司法解释的方式来确立对质权制度，并设置和完善相应的保障机制"。具体而言包括："设置庭前证据开示制度，即控辩双方在法庭开庭审判前都应当向法庭提交相应的证据目录和证人名单以及证人拟作证的内容，以便双方对对方的证据进行质证，并决定是否要求对方提供的证人出庭作证。设置强制传唤作证机制及证人拒绝作证的惩罚机制。对侵犯对质权的审判设置无效制度，即侵犯对质权而进行的审判应当认定为无效。"[5] 另有学者认为在我国的刑事诉讼理念和文化中，需要首先建立"对质权"的概念，"将对质赋予一种权利属性"。在"建立'对质权'的理念与制度的基础上"[6]，促使和保证证人出庭。还有学者认为首先要建立"多层次的刑事被告人对质权权利体系"，将对案件基本事实有争议作为

---

[1] 参见熊秋红《刑事证人作证制度之反思——以对质权为中心的分析》，《中国政法大学学报》2009年第5期。
[2] 易延友：《中国刑诉与中国社会》，北京大学出版社2010年版，第168—172页。
[3] 熊秋红：《从保障对质权出发研究证人出庭作证》，《人民检察》2008年第24期。
[4] 易延友：《证人出庭与刑事被告人对质权的保障》，《中国社会科学》2010年第2期。
[5] 同上。
[6] 参见龙宗智《论刑事对质制度及其改革完善》，《法学》2008年第5期。

所有刑事案件中被告人行使对质权的启动条件。其次"建立刑事诉讼分流机制"以保证重大疑难案件被告人的对质权。①

上述学者通过理念的构建和具体的制度措施的建议意图实现我国刑事诉讼中的对质权。但是这些建议存有局限性，体现在其仅仅解决了证人（主要是不利证人）接受对质的问题，没有解决其他对于证据起到关键作用的主体尤其是司法鉴定人是否需要接受质证以及对质权是否一定要求出庭接受对质的问题。

（二）鉴定人纳入受对质的范畴及其出庭接受对质的分析

通过上述措施设置对质权并严格执行对于普通证人来说具有合理性和可行性，但是对于司法鉴定人来说则很难实现，首先司法鉴定人在我国刑事诉讼法中不属于证人的范畴，如果仅仅将对质权的约束对象理解为证人，则涉司法鉴定证据的案件的被告人尤其是醉酒驾驶案件中的被告人就无法申请鉴定人接受对质，那么是否司法鉴定人有接受质证的必要就需要进行探讨。另外，如果将鉴定人纳入对质权制约的对象中，即如果所有的鉴定人都必须接受质证，那么在醉酒驾驶这种案件高发以及对鉴定证据过于依赖的案件类型中，让鉴定人均出庭接受质证是否可行也就成为疑问。

正如前文所述，我国目前虽有相关的法律法规规定鉴定人出庭作证的制度，但是在司法实践中鉴定人出庭的概率微乎其微。据不完全统计，"在2000年前刑事案件的审理中，鉴定人的平均出庭率不足5%"。另据有关部门统计，"2003年吉林省的高级和中级法院进行司法鉴定的案件共有2153件，其中鉴定人出庭参与质证的仅为17件，出庭率仅为0.8%"②。"2008年度，以江苏省苏州市为例，在苏州市两级法院审理的案件中，司法鉴定部门委托鉴定6009件，法医、物证及声像资料的'三大类'鉴定2831件，占47%，其中当事人申请鉴定的案件5480件，法院依职权鉴定的案件529件，其中因案件需要通知鉴定人出庭86件，实际出庭33件，可以说，绝大部分的鉴定人都不出庭。"③

在司法实践中，司法鉴定证据素有"证据之王"的美誉，在刑事诉讼中的地位举足轻重。一般来说，司法鉴定人出庭参加质证，对其出具的鉴定结论的合法性、科学性和可靠性等问题接受被告人的对质和公诉人员、审判

---

① 参见郭天武《论我国刑事被告人的对质权》，《政治与法律》2010年第7期。
② 参见刘建伟《论我国司法鉴定人出庭作证制度的完善》，《中国司法鉴定》2010年第5期。
③ 参见施晓玲《鉴定人出庭质证的相关法律问题》，《中国司法鉴定》2010年第3期。

人员的询问，不仅是司法鉴定人的法定义务，也是实现刑事审判程序正义、保证审判结果公正的需要和必然要求。具体而言，"从科学性的角度，司法鉴定活动所依据的材料和信息是有限的，且做出判断的时间也是有限制的，不可能像科学研究一样能做出绝对客观的结论"[①]。司法鉴定活动本身存在缺陷性的可能导致法官或者当事人很难通过文书中的内容发现错误，"在中国，因为鉴定人不出庭作证而得不到纠正的鉴定错误，成为产生冤假错案的主要原因之一"[②]。只有让司法鉴定人出庭接受质证，才可能发现司法鉴定过程中可能存在的缺陷和错误。另外"从法律性的角度而言，要求鉴定人出庭接受质证不仅是司法鉴定人应尽的法律义务，也是当事人实现平等诉讼权利的需要，且是法官审查司法鉴定意见的必然要求"[③]。正因为司法鉴定证据本身存在的缺陷以及程序正义的要求，对质权的设置需要将司法鉴定人纳入其范畴之内，而不应将对质权仅设置为针对不利证人的权利。

在一般案件中，由于使用司法鉴定报告的频率较低且案件对司法鉴定证据的依赖不具有唯一性，要求司法鉴定人出庭接受对质不会对检察机关、司法鉴定人和鉴定单位产生过度的压力。但是醉酒驾驶这样的案件存在案件数量过大的问题，据公安部交通管理局提供消息，在《刑法修正案（八）》和修改后的《道路交通安全法》实施的七个月中，全国公安机关共查处醉酒驾驶33183起，全国公安机关已侦查终结并向人民检察院移送审查起诉的案件19836件。[④] 按照这一统计保守推算，一年内将要起诉的醉酒驾驶案件将会达到34000余起。如前文所述，醉驾案件对于司法鉴定证据的依赖性畸重，加上司法鉴定人数量上的限制和工作要求的制约，导致在醉酒驾驶案件中司法鉴定人无法轻易地出庭接受质证，如果盲目地要求司法鉴定人对每一起醉酒驾驶案件的司法鉴定报告都出庭接受质证，则公诉机关和司法鉴定机构会面临很大的财力和时间上的压力。

司法鉴定人出庭接受质证在我国也会产生同样的财政和时间上的压力。尤其是"一些偏远地区法院委托省会城市甚至北京、上海等大城市的权威鉴定机构进行鉴定时，因出庭的路途遥远，花时长，费用大，使鉴定人出庭的可能性很小。加之鉴定人出庭作证的合理费用支出如何负担缺乏统一的法

---

① 参见杜志淳、廖根为《论我国司法鉴定人出庭质证制度的完善》，《法学》2011年第7期。
② 陈瑞华：《刑事诉讼的前沿问题》，中国人民大学出版社2000年版，第422页。
③ 参见杜志淳、廖根为《论我国司法鉴定人出庭质证制度的完善》，《法学》2011年第7期。
④ 参见公安部交管局《醉驾入刑七个月全国查获酒驾20万起》，http://www.mps.gov.cn/n16/n1252/n1837/n2557/3038365.html。

律规定,也严重影响了鉴定人出庭作证的积极性"①。

因此在醉酒驾驶案件中,要求所有的司法鉴定人出庭接受质证就存在很多难以克服的困难,无法要求立法做客观不能的规定。

(三) 实现醉驾案件的被告人对鉴定人对质的可行路径

既然司法鉴定人需要接受被告人的对质,且在醉酒驾驶案件中,司法鉴定证据地位畸重,鉴定人不接受对质可能导致错判,而醉酒驾驶案件又无法要求鉴定人对每一起案件都出庭接受对质,那么如何解决这个矛盾就需要寻求相关的措施。笔者认为既然对质权属于被告人享有的一种权利,则可以由被告人进行选择,首先可以借鉴美国的《告知和要求条例》的经验对醉酒驾驶案件的鉴定人的出庭由被告人进行申请。其次可以借鉴美国为应对梅伦德斯—迪亚兹案的判决而使用的远程双向视频技术,实现对醉酒驾驶案件被告人的对质权的保障。

1. 规定被告人要求鉴定人出庭接受质证的申请制

因为并非所有的被告人及其辩护人都对司法鉴定报告的准确性持有质疑,所以很多被告人在接到控诉机关使用司法鉴定报告的通知后会放弃要求鉴定人出庭的权利。这样不仅没有侵害被告人的对质权,而且也不会浪费司法资源。这样就可以借鉴弗吉尼亚州的《告知和要求条例》的经验,法律并不预先强制所有的醉酒驾驶案件的检察机关必须提供鉴定人出庭接受质证,而改为由检察机关在开庭前30日将血液酒精浓度的司法鉴定报告复印件送达到被告人及其辩护律师以及法院,并告知他们检察机关将在法庭上使用该司法鉴定报告作为控诉证据。被告人在收到该司法鉴定报告复印件之日起10日内向法院提交是否申请鉴定人出庭接受质证并提出合理的理由。法院在收到申请后5日内审查被告人所提出的理由是否合理,并做出是否同意被告人的申请的答复并通知检察机关,如果法院同意被告人的申请,则检察机关必须提供鉴定人出庭接受质证。

就我国醉酒驾驶案件而言,因为很多醉酒驾驶确实发生在驾驶人员摄入大量酒精之后,比如驾驶人员在喝了一整瓶500ml的酒精度为50度以上白酒即行驾驶车辆,后被警察以醉酒驾驶的名义逮捕,最终经司法鉴定为醉酒驾驶。这样的案件如果仍然任由被告人不受限制地要求鉴定人出庭接受质证无疑会导致司法资源的浪费。因此需要被告人在向法院提出申请的时候陈述其对司法鉴定报告所认定的事实的怀疑有合理的理由。这种合理的理由包

---

① 参见施晓玲《鉴定人出庭质证的相关法律问题》,《中国司法鉴定》2010年第3期。

括：被告人能够提供相关的人证或者物证证明自己没有摄入任何酒精，或者摄入的酒精微量等不足以使体内酒精浓度超过法定标准的理由，等等，才可以申请鉴定人出庭接受对质。另外，对于鉴定人出庭接受质证的申请，被告人还必须承担鉴定人出庭的必要的费用。这在国外已有相关的立法例。如德国《刑事诉讼法典》第71条、第72条规定：对鉴定人要依照《证人、鉴定人补偿法》予以补偿。日本《刑事诉讼法》第173条规定："鉴定人可以请求交通费、日津贴费、住宿费、鉴定费，接受因鉴定而需要的费用的支付或者偿还。"[1] 这可以缓解因为要求鉴定人出庭接受质证的财政压力。被告人确实摄入大量酒精后进行驾驶，对自己醉酒驾驶行为没有任何异议，且需要承担鉴定人出庭的交通费用、食宿费用和误工补贴等负担，就会理性进行选择，不会没有任何顾虑地申请鉴定人出庭而导致司法资源的浪费，同时也会缓解鉴定人出庭产生的诸多压力。

2. 有条件地使用远程双向视频技术

即便有申请制可以过滤一部分无必要的鉴定人出庭，但是由于醉酒驾驶案件的基数较大，单一地采用申请制仍然无法彻底地缓解鉴定人出庭接受对质的压力。还必须结合使用相应的技术手段——远程双向视频技术来实现被告人对质权的保障和司法机关压力的缓解双重目标。

远程双向视频技术减少了因为需要司法鉴定的案件的积压，并且使用该技术的司法鉴定实验室已经注意到它们为刑事司法体系提供有价值的科学分析的能力正在上升。这些司法实验室在更高的效率下运转，宝贵的时间没有浪费在公路上，意味着时间就会花在实验室对于其他侦查有重要意义的鉴定工作上了。

通过远程双向视频技术作证和物理出庭没有什么差别。该技术对于证据并不会产生不利影响，鼓励它的实施对于控诉方和被告人都有好处。

使用远程双向视频技术能够满足对质的两个关键要件——"面对面"和"质询"，这种面对面虽然不是物理上的近距离，而是通过双向视频技术实现被告人、辩护人、检察官和法官等都能够清晰地看见和听见远在司法实验室的司法鉴定人员的言行举止的方式来拟制的近距离感。但是通过清晰的视觉和声音传播系统，这些法庭活动的参与主体能够和司法鉴定人实现无异于鉴定人出庭的质询效果。

---

[1] 参见申柳华《对我国鉴定人不出庭现象的反思》，《云南大学学报》（法学版）2004年第3期。

通过远程双向视频技术，被告人及其辩护律师可以就鉴定人是否受到过相应专业训练，是否具有鉴定所需要的专业知识，是否拥有从事司法鉴定业务的职业资格进行发问，同时可以对鉴定结论所依据的科学原理与技术方法是不是可靠的、成熟的进行质疑，还可以对鉴定过程中鉴定人是否遵照正确的实验步骤进行操作、试剂是否有效、技术设备是否足够精密、先进等一系列关乎司法鉴定证据准确性和可靠性问题进行质询。同时法官也可以对被告人与鉴定人的对质过程进行观察，并就相关的疑问对鉴定人进行远程询问。并最终对司法鉴定报告是否可采纳做出判断。

因此我国相关的程序性法规和司法解释可以规定对有条件的地区的法院和司法鉴定机构要求采用远程双向视频技术。在醉酒驾驶案件中，被告人可以选择或者要求鉴定人出庭接受对质，或者申请远程双向视频技术进行法庭对质。如果鉴定人有合理的理由无法亲自出庭，则只能采用远程双向视频技术进行对质。

四 结语

鉴于我国醉酒驾驶案件在立法和司法中对定罪问题过度依赖血液酒精浓度的司法鉴定证据，而在司法鉴定人出庭接受对质的概率几乎为零的情况下，使得被告人及其辩护人无法就可能存在瑕疵和问题的司法鉴定证据进行质疑，从而陷入了零"无罪辩护"的困境，使被告人无法享有完整的受辩护权，最终可能导致冤假错案。而问题的症结是我国刑事诉讼法中对质权相关制度的缺失。借鉴美国的立法经验，在我国设置对质权制度，将鉴定人纳入对质权的规制范畴。在醉酒驾驶案件中，采纳申请制过滤不必要的鉴定人出庭的申请，并在有条件的地区的法院系统和司法鉴定实验室系统内采用远程双向视频技术，这样不仅能够解决在司法鉴定人员短缺的情况下被告人与鉴定人的对质难题，甚至能够解决在其他情况下，证人无法出庭侵害被告人对质权的问题。在醉酒驾驶案件中，由于司法鉴定报告对于被告人的定罪和量刑有着重要的作用，而采用申请制和远程双向视频技术可以促使被告人及其辩护律师在庭审过程中对制作血醇司法鉴定报告的设备、司法鉴定人的资格、司法鉴定的程序、司法鉴定的科学性和准确性等相关问题向司法鉴定人进行质询，便于被告人及其辩护人及时发现司法鉴定过程中出现的瑕疵和问题，并及时提出质疑，进而进行无罪辩护或者量刑辩护，这能够在形式上和实质上保障醉驾案件的被告人的合法权利，让正义真正能够以被看得见的方式实现。

醉驾危险性判断问题

李 川[*]

摘 要：醉驾型危险驾驶犯罪的适用难题体现出抽象危险犯类型化理论与现实危险状况之间存在预设逻辑与实质合理性的冲突，这是由作为传统危险犯两分法逻辑基础的对危险属性的认识错位和分类标准缺陷所致。在推定行为危险的抽象危险犯与独立判断具体可察危险状态的具体危险犯之间，还存有需立法抽象规定与司法具体考量相结合来判断具体行为危险性的第三危险犯类型。在 Hirsch 具体危险性犯理论、Schröder "真正的抽象与具体危险因素的结合"的抽象—具体危险犯理论基础上，Hoyer 提出相对完善的适格犯理论，为第三危险犯类型的判断标准和具体适用提供了类型化逻辑。适格犯理论对我国刑法有重要借鉴意义：一方面通过形式意义上的适格犯更合理地架构了"足以"犯判断标准；另一方面通过实质意义上的适格犯为规定"情节严重"和"情节恶劣"的危险犯提供了具体的解释方法和判断基准。

关键词：危险犯；具体危险性犯；适格犯

一 危险犯两分法的逻辑难题：以醉驾型危险驾驶犯罪为例

危险犯通说依其危险属性的不同划分为具体危险犯与抽象危险犯两类。前者的具体危险是指行为所造成的对法益的现实危险状态，是需在案件中单独具体判断的、独立于行为的客观构成要件结果要素；而后者的抽象危险是一种行为属性，来自依一般经验知识对危害行为的归纳推断，所以符合客观构成要件的行为成立，则行为危险性就推定存在。因此具体危险又称结果属性的危险，而抽象危险又称行为属性的危险。危险属性的二分进一步产生了

---

[*] 李川，东南大学法学院副教授。

危险犯形式意义上的判断机能：刑法规定行为之外还要以具体危险状态作为客观构成要件要素的是具体危险犯，这意味着需在司法中事后判断个案现实对法益危险状态的有无；而仅规定具有危险性的行为作为客观构成要件要素的是抽象危险犯，由于危险基于事先规定的行为预设性推定，司法实践中在行为之外无须单独判断抽象危险。[①] 危险犯理论通过这种两分法逻辑从形式判断到危险特征都设定了相对精细的论理基准，以保障其对危险犯的准确判断与指导机能：归属于危险犯的具体犯罪可根据形式判断标准至少归类于抽象危险犯或具体危险犯之一，并进一步根据其各自危险属性的定型化原理进行构成要件的不同解释和适用。尽管危险犯的理念及其两分理论已成为各国刑法理论的通说并产生了重要的指导效用，但同时在实践中危险犯两分法却产生了以抽象危险犯的可罚性范围失当为代表的认定困难和适用争议，表明这种看似清晰的理论分类值得反思。

以醉驾型危险驾驶犯罪的认定为例。《刑法》仅规定了道路上醉酒驾驶机动车的行为即可构成危险驾驶罪，而未另行规定行为需导致对交通安全的具体危险状态作为构成要件要素，从形式标准上符合抽象危险犯的构造特征。而进一步从抽象危险犯的危险属性来看，该犯罪的危险性来自对醉驾行为的直接推定，即立法者通过一般经验认识将具有交通安全危险典型性的道路上醉酒驾驶机动车行为直接规定为犯罪，构成该行为即推定存在交通安全危险。这就意味着醉驾型危险驾驶犯罪所体现的危险属性来自醉驾行为特征，无须在个案中具体判断。而司法对醉驾行为的一般性解释仍延续抽象危险犯的推定危险模式，以客观抽象的血液酒精含量数值作为认定醉驾行为的绝对标准，[②] 这与抽象危险犯无须进行个案具体危险判断的逻辑保持一致。按此逻辑只要道路上机动车驾驶者血液酒精浓度达到了国标所规定的80毫克/100毫升，就无须再判断其他危险要素而径行构成危险驾驶罪。诚如周

[①] 此处所论的危险犯两分理论是危险犯领域的主流观点，但也有学者认为抽象危险犯与具体危险犯只有抽象程度上的区分，二者在司法判断时都还需具体考察实际危险的有无。参见张明楷《危险犯初探》，《清华法律评论》1998年第1期。而这种程度差异论的出发点是司法判断，所以可以不涉及立法意义上两种危险犯质的差别。但仅是司法视角的程度差异区分两种危险犯很难产生类型化的机能，也缩小了危险犯二分理论的有效适用范围，并不能完整说明危险犯两分的实质内涵。因此笔者仍采主流观点。

[②] 根据2013年12月18日"两高一部"《关于办理醉酒驾驶机动车刑事案件适用法律若干问题的意见》第1条规定："在道路上驾驶机动车，血液酒精含量达到80毫克/100毫升以上的，属于醉酒驾驶机动车，依照刑法第一百三十三条之一第一款的规定，以危险驾驶罪定罪处罚。"权威司法解释仅规定了对机动车驾驶者的血液酒精含量作为醉驾的绝对考量标准，而未规定任何例外。

光权所言:"醉酒驾驶机动车是否构成犯罪,应当以行为人是否在达到醉酒状态时仍然驾驶机动车为准。只要车辆驾驶人员 100 毫升血液中的酒精含量大于或者等于 80 毫克时的驾驶行为,就是醉酒驾驶。对犯罪的成立,不能再附加其他条件。"这种依行为直接推定交通危险的抽象危险犯判断方式看似精确明晰,然而实践中已在两方面体现出具备抽象危险犯典型性的认定争议。

一方面是"存在这种情况,即在实施刑法条文所规定的行为时通常能够发生的危险,在具体的境况下由于特殊的情势而没有发生"。即个案中可能存在抽象危险犯的行为所推定的危险并未实际发生的情形,此时应否入罪难以抉择。如以我国台湾地区宫垂华案为代表的酒量超常类案例所示,机动车驾驶者虽然血液酒精含量已达法定入罪标准,可依法例径行认定该醉驾行为入罪,然而其仍能顺利通过实际驾驶能力测试而表明具备完备的驾驶能力,不会造成实际上的交通危险。[①] 此时对行为人是否入罪即存两种对立的看法。一是坚持抽象危险犯的危险推定属性者如林东茂认为:"抽象危险犯是指,立法上假定,特定的行为方式出现,危险状态即伴随而生;具体个案纵然不生危险,亦不许反证推翻。例如,血液中或呼气中的酒精含量超过一定程度而开车,立法上推测为危险状态已经出现,不再就个案判断;纵然驾驶人酒量过人,亦无改于犯罪的成立。"这派学者坚持以行为符合客观构成要件来推定抽象危险的存在,从而认为酒量大的饮酒机动车驾驶者只要达到了法定的血液酒精含量值标准即可入罪,无须判断个案中实际交通危险之有无。这样的主张坚持了抽象危险犯的推定危险特质,但也产生了处罚无实际危险行为的非合理性问题。如张明楷所言:"对于客观上完全没有任何危险的行为,也认定为危险犯,进而给予刑罚处罚,违反了刑法处罚危险犯的本旨。……它导致刑法处罚单纯的不服从行为,即处罚对法益没有任何侵害危险的行为。"正是从这种对处罚无实际危险行为合理性质疑出发,以限制刑法处罚范围和保障合理性机能为目标,另一种观点认为抽象危险犯的危险推定不具有绝对性,应允许通过反证无实际危险而出罪。如付立庆认为:"行为人并非只要达到醉酒的程度且在道路上实施了驾驶机动车的行为就成立犯罪,而是要求其行为具有危害公共安全的抽象危险才成立犯罪。在此场合,立法者推定只要行为人实施了相应的行为就类型性地具备这样的危险,但是

[①] 参见《检测过关:酒精浓度 0.87 毫克酒驾无罪》,udn.com/news/society/soc6/6183947.shtml。

允许行为人反证并不存在这样的危险。"我国台湾地区法院亦认可这种立场从而判处宫垂华及其类似案例无罪。这种立场虽然从人权保障和限制犯罪圈的角度兼顾了刑法实质合理性因素,但也对抽象危险犯的类型化逻辑形成冲击,由于在抽象危险判断中考量了具体实际危险的有无,从而存在混淆了抽象危险犯和具体危险犯的界限的危险,也即抽象危险犯如果需要司法来具体证明立法者通过刑法规定所保护的法益在事实上陷入了危险时才能成立,抽象危险犯实际上就成为具体危险犯了。酒量超常类案例引入的问题是在抽象危险犯判断时是以行为作为推定危险属性的唯一标准,还是要具体结合个案中实际危险之有无允许反证的矛盾选择问题,体现出考虑实际危险的实质合理性与强调抽象危险的类型化逻辑的矛盾,单从抽象危险犯的教义学理论本身无法得出合理性答案。

醉驾型危险驾驶犯罪另一方面的适用争议来自对抽象危险犯从行为中直接推定危险性的逻辑本身可信性的怀疑。即抽象危险推定所依赖的一般经验认识是否足以可靠,以致可以达到绝对脱离个案中的具体境况而加以纯粹抽象判断的程度。醉驾型危险驾驶罪中血液酒精含量值是确认醉驾行为的绝对标准,而以抽象的驾驶者血液酒精含量值界定行为及其危险性符合抽象危险犯所具有的事先推定危险的特征,是对醉驾型危险驾驶罪之抽象危险犯属性的确认和强化。然而值得怀疑的是,虽然以绝对血液酒精含量值作为醉驾绝对标准进而推定交通危险的认定方法符合抽象危险犯的定型化逻辑,但是否完全穷尽了具有同等危险性的相近行为,从而垄断规范保护目的则值得商榷。现实生活中存在着血液酒精含量未达 80 毫克/100 毫升、但已丧失安全驾驶能力的机动车驾驶者的所谓"酒量超小"型酒驾行为[①]情形,其所造成的实际交通危险可能不亚于血液酒精含量达到 80 毫克/100 毫升的醉驾行为,但是按照前述司法解释由于其血液酒精含量未超标从而不视为危险驾驶犯罪。即规定血液酒精含量值标准的司法解释严格适用的结果,就表现为出于满足抽象危险犯所要求的事先规定行为及其推定危险性的逻辑要求而放弃追究"酒量超小"类酒驾者的刑事责任。从规范保护目的角度视之,醉驾型危险驾驶罪的规定是为了防范不能安全驾驶的行为人对交通安全造成严重

---

① 根据《车辆驾驶人员血液、呼气酒精含量阈值与检验》(GB19522—2004)的国家标准规定,车辆驾驶人员血液酒精含量值达到 80 毫克/100 毫升及以上就符合醉酒之标准,通常称为醉驾,属于危险驾驶罪规定的行为,而车辆驾驶人员血液酒精含量值达到 20 毫克/100 毫升以上未满 80 毫克/100 毫升的为饮酒后驾车,通常称为酒驾,按照《道路交通安全法》应予以行政处罚。

危险。而"酒量超小"的酒驾者其安全驾驶行为能力的丧失可能并不亚于血液酒精含量达到 80 毫克/100 毫升的醉驾者,进而推知其所造成的实际危险性也很可能大于醉驾者。因此以绝对抽象危险犯的逻辑出发,不考察酒驾者所实际造成的危险性,直接放纵血液酒精含量值在 20 毫克/100 毫升至 80 毫克/100 毫升之间的"酒量超小"的酒驾者并不符合该犯罪的规范保护目的。但是如果在个案中对"酒量超小"的酒驾者都采取驾驶能力实际测试,从而考察其对交通安全造成危险的实际程度,又突破了抽象危险犯只事先通过行为推定其危险属性的定型化逻辑,使得风险的抽象判断变回了具体个案审查。

以醉酒型危险驾驶罪为标本所体现的抽象危险犯判断难题集中表明,事先推定抽象危险的预设逻辑与具体危险状况的差异存在理论模型与实质合理性无法兼顾的问题。面对这类难题,一方面原教旨派学者认为应当坚守抽象危险犯的法理逻辑,在坚持只能通过行为推定危险属性的逻辑前提下可以牺牲实质合理性,以保证抽象危险犯和具体危险犯的定型化区隔,才能维系危险犯教义学体系的论理严谨性。如黄荣坚认为:"法官在做个案审理的时候,只要审查行为人的行为是否该当法条所规定的行为要件,而不必审查个案事实中是否果真出现所谓危险结果……从客观不法范围上限缩抽象危险犯(亦即和具体危险犯一样以具体危险为不法要件)和抽象危险犯的立法概念相抵触。"从这种观点出发,醉驾型危险驾驶罪应坚持以血液酒精含量数值抽象确定入罪行为特征并预先推定危险的模式,不考虑具体个案危险实际,必要时可牺牲个案实质合理性:"酒量超常"的驾驶者达到酒精含量入罪值标准即使未造成实际交通危险也要承担刑事责任,"酒量超小"的驾驶者即使已造成实际交通危险但酒精含量未达入罪值也不需要承担刑事责任。另一方面,折中派学者从限制处罚范围和实现规范保护目的的角度出发,认为即便抽象危险犯以从行为中预先推定危险存在为基本特征,但也应允许考量案件实际危险状态进行具体可罚性判断。危险构成要件论的代表人物 Rabl 认为抽象危险犯和具体危险犯不存在实质差别,仅是危险程度的不同,因此抽象危险犯的不法构成要件中仍然应包括具体危险,对具体危险仍然需单独考量其是否存在。即行为所蕴含的抽象危险属性作为构成要件要素也仍需具体的考察,仅是一种依据具体危险阙如可随时反驳的相对推定。[1] Schoröder 虽然认为抽象危险和具体危险有本质上的差别,但是从疑罪从无的罪责原则出

---

[1] Vgl. Kurt O. Rabl, *Der Gefährdungsvorsatz*, Keip, s. 16 (1933).

发，他仍然认为抽象危险犯除了从行为预设危险属性外，还应在个案中表达为可察的危险状态，如不存在这种可察的实际危险，依据推定的危险处罚就导致"疑罪从有"（Verdachtsstrafe），违反罪责基本原则。[①] 所以 Schoröder 认为抽象危险犯一般不需要考虑实际上是否形成具体危险，但如果实际上并未产生任何危险，只能说明立法者对行为推定抽象危险的一般经验性认识存在欠缺，因此应当例外地允许以无实际危险反证行为的不可罚。这两种观点可以说是从法益保护和结果不法的视角切入，认为如果行为未对法益形成具体的危险，法益也未陷入可察的危险状态，则即便危害行为符合客观不法要件，也不应对其施加刑事责任。这样的看法对抽象危险犯的逻辑是种严重冲击，即将本应是行为属性的抽象危险进行具体化考察，认为即便在抽象危险犯中也存在着作为危险状态的客观构成要件要素，从而使得抽象危险犯与具体危险犯并无区分的必要，实际上是将抽象危险犯作为具体危险犯来看待，抹杀了抽象危险犯存在的必要性。[②] 醉驾型危险驾驶犯罪从这种理论看待，就需要判断醉驾行为是否造成了具体危险作为醉驾入罪的标准，这无异于实际规定了具体危险状态作为醉驾入罪客观构成要件要素的做法。

以上分析表明在坚持危险犯两分逻辑的前提下，对抽象危险犯的适用难题并无合适的理论解决办法。对抽象危险犯运用具体危险阙如进行例外反证也只是缓解这一矛盾的权宜之计，且要冒着突破危险犯定型化逻辑的危险。所以抽象危险犯适用难题直接关涉抽象危险犯与具体危险犯两分逻辑的合理性，表明传统危险犯两分法在某种程度上无法满足危险犯解释与适用的机能需要。因此要回应这一问题，需回溯检视作为抽象危险犯与具体危险犯定型前提的对危险属性的理论认识，回到对危险这一概念的界定与理解上来，重新考察危险犯划分的合理性依据问题。

二 从具体危险性犯到适格犯：危险犯第三类型的发展谱系

危险犯两分法的逻辑前提是对危险属性的不同区分，认为表达对法益侵害可能性的危险只存在两种形态：要么是具体可察的对法益的危险状态，要么是从典型行为中归纳或推定的危险属性。然而质疑危险犯分类的研究表

[①] Vgl. Schröder, *Abstrakt-konkrete Gefährdungsdelikte?*, JZ, S. 520f. (1967).
[②] Vgl. Schünemann, *Grundfragen des modernen Strafrechtssystems*, JA, S. 46 (1984).

明，从典型危险行为着手到造成对法益的危险状态是一个渐变的发展过程，在推定行为危险的开端与具体危险状态形成之间还存在着具备独特逻辑的第三种危险类型。而将本应独立判断的这种危险类型强制归类于抽象危险判断或具体危险判断都会产生适用困难，以上醉驾型危险驾驶犯罪的适用难题正是由此产生。因此有必要在对危险属性重新认识的基础上研究危险犯第三类型的形式特征和实质基准，保障危险犯理论与原本逻辑的协调。

（一）具体危险性犯

德国学者 Hirsch 较早对危险犯的二分法提出了质疑，他认为具体危险犯和抽象危险犯的划分实际上并不符合刑法所面对的社会现实，从而忽视了介于两种危险犯之间的具体危险性犯（Konkrete Gefährlichkeitsdelikt）这一类型，在理论适用上留下危险犯类型缺失的逻辑真空，这是导致抽象危险犯适用难题的根本原因。

Hirsch 首先认为传统二分法对危险这一概念的认识就不清晰，[①] 因此应重新界定危险的概念，再以之为基础界定危险犯的分类。他认为危险（Gefährdung）一词在词源学上严格说来就是指法益所陷入的很可能受到侵害的显见状态（Zustand）。这种状态虽然产生自行为，但却是可以在行为之外观察、认识的有相对明确对象的具体状态，所以严格说来危险犯都应该具备这种具体危险状态。这表明 Hirsch 所认为的危险犯（Gefährdungsdelikte）仅是指一般意义上的具体危险犯。接着他延续了 Graul 关于"危险"（Gefährdung）与"危险性"（Gefährlichkeit）的区分，[②] 提出了具有刑事可罚性的"危险性"（Gefährlichkeit）概念，用来表述作为行为所体现的无具体对象的危险属性。"危险性"（Gefährlichkeit）与"危险"（Gefahrdung）的差别就在于前者是从特定行为中体现出来的一般属性，与后者相比无须具体存在可察，也无须有相对明确的侵害对象。因此 Hirsch 将二者区别总结为有无"对象观点"，即有无具体的侵害对象。[③] "危险性"所指代的内容我们并不陌生，一般意义上抽象危险犯中的"危险"即属于 Hirsch 所认为的"危险性"内容。Hirsch 进一步认为存在"危险性犯"（Gefährlichkeitsdelikt）

[①] 广义"危险"一词可以是指德语中的 Gefahr（一般危险），Gefährdung（危险状态），Gefährlichkeit（危险属性），因此早就有学者如 Binding 认为危险概念极易被误用。参见 Karl Binding, *Die Normen und ihre Uebertretung*, Bd. IV, S. 374（1919）。

[②] Vgl. Graul, *Abstrakte Gefährdungsdelikts und Präsumtionen im Strafrecht*, Berlin, S. 152ff.（1991）.

[③] Vgl. Hirsch, *Gefahr und Gefaehrlichkeit*, Arthur Kaufmann-FS, S. 550（1993）.

这一类别,用来指示危险属性可以从行为中推断的犯罪种类,但"危险性犯"不等同于一般意义上的抽象危险犯。因为"危险性犯"可以进一步根据"危险性"性质的差别分为"抽象危险性犯"(Abstrakt Gefährlichkeitsdelikt)和"具体危险性犯"(Konkrete Gefährlichkeitsdelikt),其区分依据在于行为的危险性是可依据一般经验认识直接推定还是需结合个案境况再从行为中推断,也就是立法预先判断和司法嗣后判断的差别。[①] 如果醉驾型危险驾驶罪是依靠立法的明确规定直接从醉驾行为中推定危险性,则应属于"抽象危险性犯";但如果还有赖于结合具体案情才能判断行为的危险性,例如前述"酒量超常"醉驾者情况下,对入罪的判断还需结合行为人虽饮酒但驾驶能力正常从而行为无危险性来判断,则应属于"具体危险性犯"。由于一般意义上的抽象危险犯为体现事先预防需要而有赖于立法对行为危险的事先推定,所以一般意义上的抽象危险犯仅相当于 Hirsch 分类中的"抽象危险性犯",而"具体危险性犯"则是通说二分法所没有涵盖的类型。"具体危险性犯"中的"具体危险性"是指作为行为属性的危险并非基于立法者通过行为规定而推定产生,所以须结合个案具体境况方能判断行为危险性的有无,因此"具体危险性犯"不同于一般意义上的抽象危险犯。此外,"具体危险性犯"也不同于一般意义上的具体危险犯,虽然"具体危险性"和"具体危险"都需要结合个案具体境况才能加以确定,但"具体危险性犯"不要求如具体危险犯般存在具体可察的法益显见危险状态——这种状态需要作为一种行为的结果来独立于行为之外认定,其所谓"危险性"仍然停留在无特定侵害目标的行为属性层面,也即仍然只是存在造成具体危险状态的一种可能性而非现实性。例如醉驾者在空无一人的大街上驾驶机动车时,尚只有因为行为人丧失安全驾驶能力所体现的行为具体危险性,只有随后路人或机动车出现才能将行为的危险性转化为对交通安全的具体危险状态;但如果行驶中一直空无一人就只是存在行为的危险性而非具体危险状态。然而如果醉驾行为人是行驶在车水马龙的大街上,则已经形成了对正在使用道路的各种车辆和行人的交通安全危险状态。

"具体危险性犯"的重要机能在于填补了通说二分的抽象危险犯和具体危险犯所缺失的中间形态,更明确地说是通说抽象危险犯或具体危险犯所无法涵盖的具体危险性为核心的犯罪类型。传统抽象危险犯的典型构造依赖于立法者预先依一般经验认识对行为的危险属性进行抽象归

---

① Vgl. Hirsch, *Gefahr und Gefaehrlichkeit*, Arthur Kaufmann-FS, S. 557 (1993).

纳，其暗含的逻辑前提是特定行为及其危险属性之间的必然对应关系，依靠这种对应关系，司法实践无须具体判断符合构成要件要素的行为是否具有危险性。然而这种对应关系需建立在立法者经验认识的绝对正确性基础之上，否则在抽象危险犯具体适用时就可能出现推定危险与实际危险的偏差，形成如前所论之问题。然而由于主观思维局限性，立法者的主观认识不可能绝对可靠正确，而相反是常常出现认识不足，所以不可避免的是，对行为的危险性认识需要司法者依据个案情况的不同加以补充判断。这里对行为危险的判断就从立法者的事先推定就转变为司法者的事后考量。[①] 而这种判断虽然结合了司法者对个案情况的考量但仍然不能认为是具体危险犯的判断，因为判断具体行为的危险性与判断现实的具体危险状态是两个不同层面的问题，此时的判断仍然是对行为本身的危险属性的判断，可能出现行为危险属性存在而具体危险状态不存在的现象。而这种需要具体判断行为危险属性的犯罪就是"具体危险性犯"，其判断逻辑与抽象危险犯和具体危险犯皆不相同。如以"具体危险性犯"的视角来审视醉驾型危险驾驶犯罪，前述对"酒量超常"或"酒量超小"的醉驾者的危险性判断就都能合理认定。"酒量超常"的醉驾者虽然血液酒精含量已超过法定标准，其行为符合酒驾行为要件，但其行为的危险性还需依据个案境况进行具体判断。"酒量超常"的醉驾者如果可以通过走S步、平衡测试等安全驾驶行为能力的实际测试，其行为即无危害交通安全的危险性，从而不应构成危险驾驶罪。同理，"酒量较小"的酒驾者虽然血液酒精含量未达司法入罪标准，但在其已丧失安全驾驶能力的情形下，依然存在造成侵害交通安全的可能性，从而行为具有危险性，已可以构成危险驾驶罪。当然这种情形下是否实际造成对交通领域对象的具体危险状态，还需根据道路上的通行情况具体判断，而这属于具体危险犯所要判断的指标，在所不问。

"具体危险性犯"表明作为危险犯划分依据的危险标准存在着抽象行为危险性、具体行为危险性和作为结果的危险状态三种不同性质，因此传统形式上以不法构成要件中"危险状态"的有无作为具体危险犯和抽象危险犯划分标准的危险犯判断方法需要重新审视。特别是抽象危险犯和具体危险性犯都是依据行为的危险属性而成立的危险犯形态，如何在形式上区隔抽象危险犯和具体危险性犯还需进一步研究，这是发挥"具体危险性犯"的形式机能的前提要求。而首次提出具体危险性犯形式判断标准的是 Schröder 的抽

---

① Vgl. Hirsch, *Gefahr und Gefaehrlichkeit*, Arthur Kaufmann-FS, S. 557ff.（1993）.

象—具体危险犯研究。

(二) 抽象—具体危险犯

Schröder 同样认为在抽象危险犯与具体危险犯之间存在着无法归类的混合类型，称为抽象—具体危险犯（Abstrakt-Konkrete Gefährdungsdelikte）。[1] 他对抽象—具体危险犯的看法是从对德国刑法"足以"（geeignet）条款的性质的分析引申而出的。他认为德国刑法中规定"足以"造成某种危险的条款通常应理解为行为的危险性判断，但这一危险性判断在特定情形下需依赖抽象危险因素和具体危险因素的结合，即抽象—具体危险犯的判断。而抽象—具体危险犯的判断又可以分为"不完全的抽象与具体危险因素的结合"（Eine gewisse Kombination von abstrakten und konkreten Gefährenelementen）与"真正的抽象与具体危险因素的结合"（eine echte od. Wirkliche Kombination zwischen abstrakten und konkreten Gefährenelementen）两类。

其中前者是指立法者通过抽象规定限定了具体危险犯判断的方向和标准的情形，在具体危险状态的判断时需考虑立法者所指涉的方向。因此"不完全的抽象与具体危险因素的结合"的抽象—具体危险犯仍然是具体危险犯的一部分，只是其具体认定时受到立法者抽象规定的限制。[2]

而"真正的抽象与具体危险因素的结合"的抽象—具体危险犯才是与前述 Hirsch 所论述的"具体危险性犯"相近的危险犯模式：其是指立法者由于面对复杂的情势而能力有限，从而放弃规定明确的推定危险的行为规定模式，而只规定行为危险属性的一般性特征（generelle Massstäbe）或形式特征，而行为的危险属性需在个案中结合具体案件境况由法官加以补充认定。比 Hirsch 更进一步的是，Schröder 在这里给出了具体危险性犯罪类型的形式标准，即是否规定行为危险属性的一般性特征。这种一般性特征只是表明行为应具有某种形式上的危险属性，但对危险属性的判断标准不做抽象规范，从而留待司法结合个案具体判断，只要判断出具体案件中符合一般特征行为的危险属性，则该行为也就可以入罪。如前述醉驾型危险驾驶犯罪所示，刑法规定中仅规定抽象的醉酒驾驶机动车行为即可成立危险驾驶罪，即推定醉酒驾车具有对交通安全的抽象危险，但是规定对机动车驾驶人何为醉酒的标准并未给出具体判断。从 Schröder 的观点出发，该犯罪就是一种抽象—具体危险犯，立法者对醉酒驾车的规定只是一种形式特征，而对其入罪行为特征

---

[1] Vgl. Schröder, *Die Gefährdungsdelikte im Strafrecht*, ZStW, 81, S. 18 (1969).
[2] Vgl. Schröder, *Abstrakt-konkrete Gefährdungsdelikte?* JZ, S. 520f. (1967).

的具体解释可以与司法中对饮酒后驾驶行为的危险属性的具体判断结合起来，通过饮酒者驾驶能力的丧失状况所导致的行为危险性来认定是否属于醉酒驾驶行为。依据这种逻辑，酒量超常的醉驾者由于其未丧失安全驾驶能力，因此驾驶行为并无交通安全的危险性，不应视为入罪的醉酒驾驶行为从而应予出罪；而酒量较小的酒驾者虽未达酒精含量标准但实际丧失安全驾驶能力，行为具备交通安全的危险性应予入罪。但我国司法解释的做法是重新用抽象性的血液酒精含量值作为认定醉驾犯罪的标准，又回到了通过抽象标准推定行为危险性的抽象危险犯逻辑上去了，从而大大限缩了立法所留出的司法裁量空间，反而无法通过具体行为的危险属性判断解决酒量超常的醉驾者出罪与酒量超小的酒驾者入罪的合理性问题。[①]

Schröder 认为与"具体危险性犯"具备相同意义的抽象—具体危险犯主要适用于立法者对行为危险属性做形式性规定的情形，比如以"足以"表述行为危险性的情形。Schröder 虽然谈及了 Hirsch 意义上的"具体危险性犯"所指涉的抽象—具体危险犯的形式标准，但这种判断显然不够全面。即便某罪在条文中并未在形式上明确规定行为的危险属性，但并不意味着就不能作为"具体危险性犯"来判断，如醉驾型的危险驾驶犯罪即是一例。因此还存在着隐含着"具体危险性"作为不成文不法构成要件的抽象—具体危险犯模式有待进一步发掘，而完成这一任务的是 Hoyer。Hoyer 通过其适格犯理论较全面地梳理了"具体危险性犯"的形式标准和实体判断，承认在行为犯中即使未规定危险或危险性的内容也可能存在实质意义上考察具体行为危险性的适格犯，发展了相对成熟完整的危险犯第三类型理论。

（三）适格犯

Hoyer 的理论是在延续 Schröder 对德国刑法"足以"条款的研究过程中逐渐形成的，其将具有"足以"规定的条款和暗含"足以"产生危险作为客观不法要件内涵的犯罪统称为"适格犯"（Eignungsdelikt）。其研究发现

[①] 也有学者认为酒量超常或酒量超小等情况驾驶能力的判断属于司法具体判断标准的问题，而与立法规定此罪的抽象危险性无关，因此抽象—具体危险犯在此无用。参见许玉秀《无用的抽象具体危险犯》，《台湾本土法学杂志》2000 年第 8 期。这种观点认为醉驾犯罪立法是采抽象危险犯模式并无问题，但认为 Schröder 的抽象—具体危险犯分类方法与醉酒后的驾驶能力判断无关则不确实。Schröder 的理论本身就是着眼于立法与司法相结合，以司法在个案中的裁量补充立法的"一般性特征"。在酒驾司法判断中通过行为危险性基准特别给予了司法判断以合理性支持。

适格犯在许多情况下既不能归入抽象危险犯也不能归入具体危险犯，因此质疑传统的危险犯二分法的准确性，并提出适格犯应当作为介于二者之间的独立危险犯类型。①

虽然 Hoyer 的适格犯理论是从形式意义上德国立法中包含"足以"（造成侵害或发生危险）条款的犯罪出发的，但他认为不能将适格犯的认定标准仅限于带有"足以"条款的犯罪。如果只是以刑法条文"足以"字眼作为适格犯的判断基准，则使得适格犯的认定脱离了理论判断而流于形式，也脱离了规范保护目的而失去了存在的意义。因此更重要的是通过适格犯的不断实践累积发现其实质内涵，将"适格犯"归纳出一致的特征和构造。因此 Hoyer 认为适格犯还应包括那些虽然并未在法条中带有"足以"条款，但能够与带有"足以"条款的犯罪具有实质上共同的类型化特征的暗含"足以"内涵的犯罪。② 出于这一前提，Hoyer 在研究适格犯时，将在司法判例中体现"足以"特征的那些犯罪也囊括在内。相较于 Schröder 纯粹以"足以"字眼为判断标准的纯形式化界定不同，Hoyer 认为适格犯应该是形式与实质判断相结合的：既有形式意义上的适格犯，即在条文中包含"足以"条款的那些犯罪；也有实质意义上的适格犯，即虽未在条文中规定"足以"字眼，但同"足以"条款的犯罪体现相同的危险犯构造的那些犯罪。这就大大拓展了 Schröder 的"抽象—具体危险犯"所不能涵盖的暗含"足以"要素的危险犯第三类型的研究范围，也使得这一类型具有更广泛的适用机能。

既然适格犯不能采取纯形式的判断基准，接下来 Hoyer 研究了判断适格犯最为重要的实质基准问题，也即适格犯所赖于定型化的基本特征内涵。而这一问题仍然从带有"足以"条款的性质研究展开。Hoyer 以德国刑法噪音罪为例进行分析。该条文规定设备违反行政法规定造成噪音，足以损害在设备附近的人身健康、动植物或其他重大财产价值的构成犯罪，是典型的适格犯。但当现实中发生案例时，行为人故意制造过量噪音，噪音按照标准是可以造成附近居民健康受损的，但居民没有在家，实际上健康不可能受损的情形下，需判断是否构成噪音罪。Hoyer 认为这里的行为不需承担刑事责任，而得出这一结论有两种判断方式：一是将噪音罪归于抽象危险犯的种类之

---

① Vgl. Hoyer, *Die Eignungsdelikte*, Berlin, S. 19 (1987).
② Ibid., S. 47 (1987).

下，但通过其他方法如合宪性解释①对其适用加以限制；二是另行研究归纳此一类犯罪（即适格犯）共同具备的典型特征，并寻求一致性的理论适用方法。Hoyer 认为第一种方法存在合理性问题而不应采用，因为在立法上对犯罪构成要件规定不加以外在限制时，靠刑事立法所不具备的外来因素如合宪性解释来事后加以限制，是一种非正常的刑法解释方式。事后的限制方法不当地插入了一个立法所未规定的对具体危险的判断，成为一种超法规的难以把握的判断。② 因此 Hoyer 认为必须采用第二种方法，即对适格犯的定型化特征进行归纳来采取一致性的理论适用方法来为此案例出罪。③

而 Hoyer 对适格犯定型化所采用的理论渊源与 Hirsch 和 Schröder 都不相同，他基于注意义务违反来认识适格犯的基本构造，认为适格犯所具有的首要特征是行为具有"过失中继能力"（Fahrlässigsvermittlungsfähigkeit），即适格犯首先应具有类似过失犯所体现的注意义务违反特征，至少是一种对法益侵害来说的过失性行为，有导致法益侵害成立的可能性。当然这种行为与发生法益侵害结果还相距甚远而只是危险性行为，法益侵害结果尚不确定，所以并不能以过失犯论处。"过失中继能力"是对适格犯判断的一种限制，适格犯的成立所制造的危险必须是违反规范的不法风险，所以如果个案行为不具备注意义务违反的特征而未造成不法风险则不能认为成立犯罪。④ 其次，适格犯必须是制造了"危险根源"（Gefahrenquelle）的行为。这里的"危险根源"是指制造一种风险，这种风险有可能使得法益陷入危险状态。所以制造危险根源的行为也可视为制造"危险风险"（Gefährdungsrisiko）⑤ 的行为。但与具体危险犯不同，适格犯的行为仅仅是制造了法益侵害的危险状态

---

① 这种观点在德国有一定的代表性，主要体现为通过宪法解释和适用的方式对抽象危险犯的适用施加限制。主要是指《德意志联邦共和国基本法》第 103 条第 2 款精确地概括的（umrissen）定型化之明确性原则（Bestimmtheitsgrundsatz）要求刑法必须有明确的规定方才对危险行为有可罚性。参见［德］约克·艾斯勒《抽象危险犯的基础和边界》，蔡桂生译，载高铭暄、赵秉志主编《刑法论丛》，法律出版社 2008 年版，第 336 页。
② 这种观点与前述醉驾型危险驾驶罪中对许可抽象危险犯反证观点的批评具有一致性，都认为是不当地进行了具体危险状态的判断并影响刑事责任的成立。前述批评强调的是这一点对抽象危险犯逻辑的违反，而 Hoyer 的批评强调的是对刑法预先规定的构成要件的随意增加从而伤害了对法律的可预期性。
③ Vgl. Hoyer, *Die Eignungsdelikte*, Berlin, S. 49ff. (1987).
④ Hoyer 以过失的方式引出适格犯实际上首先是对注意义务的违反。而以义务违反作为危险犯构成要件并非 Hoyer 的创新，基于行为无价值论的许多学者都提出了这种看法。如 Horn 的"客观注意义务"论、Cramer 的"偶然"论等。
⑤ Vgl. Zieschang, *Die Gefährdungsdelikte*, Duncker & Humblot, S. 65 (1998).

的可能性而非对法益的危险状态本身。最后，对危险的否定因素（Negationfaktor）并不存在。Hoyer 认为从行为制造"危险根源"到具体危险状态的实现是一个渐进的发展过程，这个过程可能因为各种否定因素的出现而被中断，使得针对法益的具体危险状态无法达致。而且，由于阻断了针对法益的具体危险状态实现，行为本身所具有的过失中继能力也彻底丧失，适格犯无法成立。否定因素本身是否存在并非立法可以规定，而是需要在司法中结合案件境况加以判断。这就表明适格犯在立法规定上需为否定因素的判断留有空间，而不能通过立法以典型行为绝对性地推定危险，这是适格犯与抽象危险犯的差别所在。[①] 综视之，Hoyer 的适格犯是由事前立法预设的行为的"过失中继能力"和"危险根源"制造属性与事后司法判断的无否定因素相结合的双重构造模式，其性质既与判断具体危险状态的具体危险犯不同，也与无司法进行否定因素判断空间的抽象危险犯不同，却与前述"具体危险性犯"或"真正的抽象与具体危险因素的结合"的抽象—具体危险犯的判断标准相类似，是新归纳的无法被危险犯两分法所涵盖的第三类型。

适格犯作为危险犯之一种，其所体现的危险特征仍是需要结合具体情势加以判断的行为危险性。按照 Hoyer 的观点，这种判断主要通过对否定风险发生的要素是否存在的考量予以实现。即一般认为行为本身是创造危险源的行为，这种危险源所产生的危险按规律会逐步向危险状态实现，但具体的否定要素会阻断从危险属性向具体危险状态的衍化，从而使得行为无现实的危险属性而欠缺处罚必要性。例如前述酒量超大的醉酒机动车驾驶人尽管违反醉驾规范而血液含量已达入罪标准，产生了对道路交通安全的危险源，但是由于其案件现实中机动车驾驶人酒量超常，并未使得其驾驶能力受损，因此作为一种否定因素并不会导致其血液酒精含量超标后的醉驾行为有危险性，更不会导致道路交通安全陷入危险状态，因此不应成立危险驾驶罪。

三 适格犯在我国刑法中的具体应用

Hoyer 相较于 Hirsch 或 Schröder 观点的发展之处在于提出了判断某种犯罪是否为适格犯的相对明确的标准，即一方面需预先规定具备规范违反和危险制造能力的行为不法构成要件，另一方面又需为否定因素的司法判断留出规定空间。而在确认某种犯罪属于适格犯的基础上，可以通过行为是否违反

[①] Vgl. Hoyer, *Die Eignungsdelikte*, Berlin, S. 63 (1987).

规范义务制造危险根源与存在否定因素两方面来判断具体案件中该种犯罪是否成立。我国刑法中也存在着类似德国"足以"条款所代表的形式意义上适格犯（"足以"犯）以及暗含"足以"致生危险作为不成文构成要件内容的实质意义上适格犯（带有危险犯属性的情节犯）应如何认定与适用的问题。传统理论以抽象危险犯或具体危险犯理论来套用解决这种犯罪的认定，势必会产生如前所述醉驾型危险驾驶犯罪为标本的适用难题。因此结合危险犯第三类型理论特别是适格犯论可对我国刑法中这些难以归类和适用模糊的危险犯类型提供合理认定方法。

（一）"足以"犯应视为形式意义上的适格犯

我国刑法中明确表述以"足以"造成某种实害后果或危险作为不法构成要件的犯罪即"足以"类犯罪共有五种。[①] 传统研究将这些需"足以"造成某种实害后果或导致某种危险方能成立的犯罪一般视为危险犯或具体危险犯。一是规定足以造成某种实害后果的情况即是指危害行为需使得某种法益陷入可受侵害的具体危险状态之中犯罪方能成立，需在行为符合规定之外另行判断对特定对象的法益侵害危险状态的存在，如生产、销售不符合标准的医用器材罪中规定的"足以严重危害人身健康"意味着生产、销售不符合标准的医用器材行为只有使得特定对象的人身健康处于具体的危险状态之中该罪方能成立。另一是规定足以造成某种危险仍是指危害行为需"足以"导致的特定具体危险状态产生犯罪方能成立，仍需在行为符合规定之外另行判断要求"足以"导致的特定的具体危险状态是否实现，如破坏交通工具罪中的足以使火车、汽车、电车、船只、航空器发生倾覆、毁坏危险应理解为破坏交通工具的行为只有使特定交通工具处于倾覆、毁坏的特定危险状态下方能成立。但是这样的危险犯属性认识与司法实践的理解和做法存在明显差异，也与规范保护目的相悖。如果坚守具体危险犯的理论，则"足以"类犯罪所规定的危害行为在仅具有危险属性但并未造成现实危险状态时则不能成立犯罪。如生产不符合标准的医用器材行为未进入销售领域尚未造成具体的危险状态、破坏的交通工具并未上路也未造成具体的危险状态时，都由于具体危险状态的要求而不认为构成犯罪，即便此时已经具备了可判断的行为危险性。

此外，"足以"类犯罪更不可能视为抽象危险犯，因为抽象危险犯的危

---

① 即破坏交通工具罪、破坏交通设施罪、生产、销售不符合安全标准的食品罪、生产、销售不符合标准的医用器材罪、非法采集、供应血液、制作、供应血液制品罪。

险已经从规定的客观构成要件行为中可以推定,而没有另行规定的必要。如果认为"足以"类犯罪是抽象危险犯,那么足以造成某种实害后果或危险的规定就只能是对客观行为要素体现的危险性的同义反复,而无司法实践中再行判断的必要。但我国"足以"类犯罪中对行为的规定无法直接做出抽象危险的推定,"足以"的规定有独立判断机能。如从破坏交通工具的行为本身无法推出一定使交通工具产生倾覆、毁坏危险的看法。偷盗交通轮胎或放火烧毁汽车的破坏交通工具行为根本不会造成交通工具倾覆、毁坏的危险。所以刑法中"足以"造成实害结果或具体危险的规定应有其独立的判断机能,这种机能并非对具体危险状态的判断,而是对具体行为是否具备危险属性的判断。而且从词源学意义上,"足以"指示的是事物或行为本身的可能性,而非现实已经发生的某种可能状态。[①] 所以该类犯罪的立法意图是提前打击具有危险性的行为的危险性而非造成的具体的危险状态。"足以"类犯罪应视为具体危险性犯或适格犯,通过具体考量行为的危险性决定犯罪的成立。

以我国刑法规定生产、销售不符合安全标准的食品罪为例。该罪行为必须足以造成严重食物中毒事故或者其他严重食源性疾病方可成立。理论通说认为这里的"足以造成严重食物中毒事故或者其他严重食源性疾病"应为具体危险犯判断,即必须生产、销售不符合安全标准的食品已造成相对明确的对象陷入严重食物中毒事故或者其他严重食源性疾病的危险状态方能成立。然而这种看法与司法实践不符。"两高"《关于办理危害食品安全刑事案件适用法律若干问题的解释》对"足以造成严重食物中毒事故或者其他严重食源性疾病"的解释之一是生产销售的食品"含有严重超出标准限量的致病性微生物、农药残留、兽药残留、重金属、污染物质以及其他危害人体健康的物质的"[②]。这就表明生产的食品只要含有严重超出标准限量的危害人体健康的物质即可构成"足以造成严重食物中毒事故或者其他严重食源性疾病",即便该产品尚未售出、与消费者接触,根本不可能导致消费者陷入中毒或食源性疾病的危险状态,但仍依司法解释可以构成本罪。所以司法解释暗含的论理是:"足以造成严重食物中毒事故或者其他严重食源性疾

[①] Vgl. Gallas, *Abstrakte und Knonkrete Gefährdung*, in *Festschrift fuer Ernst Heinitz*, Berin, S. 171 (1972).

[②] 参见2013年5月4日最高人民法院、最高人民检察院《关于办理危害食品安全刑事案件适用法律若干问题的解释》第1条。

病"只是表明生产、销售不符合安全标准的食品行为自身所具有的危险属性,且这种属性并非由立法直接推定,还需依靠司法解释,或依据个案境况不同(如配方不同或销售领域不同)而有所差异,因此需在个案中具体判断这种行为的危险属性,但这种判断仍然只是对作为行为属性的危险性的判断,而对行为是否造成有具体对象的现实的侵害危险状态则在所不论。所以,"足以"标准并非对具体危险状态而是对具体行为的危险属性的判断,而这种判断显然不是具体危险犯的判断,而是 Hirsch 所认为的具体危险性犯或 Hoyer 适格犯所具有的判断,即通过立法规定与司法认定相结合来判断具体行为危险性的模式,这种行为的危险性不要求有具体适用对象和现实危险状态。也即生产不符合安全标准的食品是否进入销售领域从而未产生具体危险状态对本罪成立不发生影响。与之相类似的是,生产不符合标准的医用器材行为未进入销售领域尚未造成具体的危险状态、破坏的交通工具并未上路也未造成具体的危险状态等未造成具体危险状态的行为在司法实践中都认为可以构成犯罪。这种判断也不是抽象危险犯判断,因为符合客观构成要件的行为的危险性是需要结合具体境况才能加以判断。如同样是掺入某种禁止作为食品添加剂的化学物质的生产不符合卫生标准的行为,但是添加进婴儿食品和添加进成人食品所可能造成的行为的危险属性则可能截然不同,前者可能会因达到入罪的行为危险性程度而入罪,而后者则可能由于无危险而出罪。然而这些例子从具体危险犯的角度判断都因具体危险状态尚不存在而不能成立犯罪,但依据适格犯则都能得出具体行为的危险性而能够成立犯罪。

上述示例表明,刑法条文中对作为犯罪成立条件的足以造成某种危害或足以造成某种危险的表述并非一定就指向具体危险犯的特征,而可能体现为一种需具体判断的行为的危险属性的适格犯。从规范保护目的和司法解释意图对行为在造成危险状态前就打击危险性行为的立场来看,"足以"类犯罪更应视为与具体危险犯或抽象危险犯不同的具体危险性犯或适格犯。而我国传统观点在抽象危险犯与具体危险犯非此即彼的僵化逻辑下,认为既然该类犯罪并非从行为中直接推定危险属性的成立从而仅规定危害行为,而是在行为之外规定了其他的危险性的判断条件,则不符合抽象危险犯的类型化特征,那就只能是具体危险犯了,进而将"足以"条件的表述就推断为具体的危险状态。更有学者从这样的两分法出发,认为由于"足以"类犯罪中体现"足以"特征的情形既不能视为抽象危险犯也不能视为具体危险犯,因此根本就不能当作危险犯来对待,"足以"特征仅是行为性质或程度的某种要求。这样的认定恰恰体现了危险犯两分法的逻辑缺失,对本应属于适格犯的种类进行了错误的归类，从而要么导致了理论判断与实践认定不相一致的难题，要么因噎废食否定其危险犯性质将认定逻辑模糊化。引入适格犯理论，就可以防止把刑法中规定"引起"某种危险方能成立的犯罪（如妨害传染病防治罪）与"足以"造成某种危险方能成立的犯罪（如生产、销售不符合标准的医用器材罪）在性质上混为一谈，前者是具体危险犯，犯罪成立需独立判断法益陷入具体的危险状态的存在；而后者是适格犯，只需结合具体案件判断行为本身是否具有危险属性即可，是否已引起了对法益的实际危险状态在所不问。

(二) 实质意义上的适格犯保障危险性情节犯合理性

实质意义上的适格犯不以形式上"足以"用语作为判断标准，而以实质上犯罪成立要件包含制造危险源的行为以及为司法上为引入否定因素的危险性判断留有规定空间为确认标准。而我国刑法中以"情节严重"或"情节恶劣"为不法构成要件的危险犯[①]（或具有危险犯属性的情节犯）既无法归类于抽象危险犯也不能视为具体危险犯，其立法抽象规定与司法具体判断行为危险相结合的模式应归摄于实质意义上的适格犯，运用适格犯理论对危险性情节犯的解释可以进行合理性限制。

设置以"情节严重"或"情节恶劣"为规定内容的情节犯的出发点是立法者不能预见构成犯罪的所有情节从而无法做出具体规定，因此只能通过这种相对模糊的表述交由司法者具体判断，这使得"情节严重"或"情节恶劣"在不同犯罪中的内涵由司法者加以确认，从而难以归纳一致性。我国司法对"情节严重"或"情节恶劣"的解释较为宽泛，有时认为是指犯罪的恶劣主观罪过，有时是指客观行为特征（次数、手段、时间、地点和人物等），有时是指具体实害结果，有时是指具体危险状态，有时是以上形态的混合。所以受上述解释内容的差别化影响，情节犯可以成为实害犯、具体危险犯或抽象危险犯。正是这种宽泛的相对随意解释，导致了理论界对情节犯有违反法律明确性导致司法裁量随意的诸多质疑。特别是本应体现行为

---

① 广义情节犯本身比较复杂，一方面是用来表述情节的抽象用语比较宽泛，除"情节严重"或"情节恶劣"的常见表述外，还有专门表述具体情节的，如表述数额的"数额较大"等。由于表述数额或结果等的往往是要求发生实害结果的实害犯，或者与客观属性无关的主观因素，因此并不能为危险犯理论所涵盖，因此其他专门表述具体情节的情形在所不论。另一方面，虽然规定"情节恶劣"或"情节严重"的犯罪绝大多数是危险犯（从实害犯和危险犯二分的意义上），但也有少量实害犯，这部分实害犯同样不能为危险犯所涵盖。本文仅以规定"情节恶劣"或"情节严重"的危险犯为研究对象。以"情节严重"或"情节恶劣"为不法构成要件的危险犯占据情节犯的主要部分，且相对于情节犯中的实害犯，也更容易产生模糊性和争议。因此具有较强的研究价值。

补充规定特征的"情节严重"或"情节恶劣",在许多情况下通过司法解释变为行为之外的实害结果要件或具体危险要件,[①] 从而实际上改变了原立法设置的行为犯属性而重新设置了结果犯或具体危险犯,这在某种程度上不仅突破了实体法规定,更突破了立法的类型化设计,可能违反规范保护原意。这是由于对这类体现危险属性的情节犯性质认识不清和适用方法不明所造成的。这种立法上具备危险犯特征的情节犯在危险犯分类中符合适格犯的典型构造,所以适格犯也可以通过其理论机能为这类犯罪在解释时提供一定的合理适用标准。

规定了"情节严重"和"情节恶劣"的危险犯在立法中并不存在实害或具体危险状态的客观构成要件内容,因此此类犯罪首先性质上不能视为实害犯或具体危险犯。而且由于"情节严重"或"情节恶劣"本身所带来的危害行为特征的不确定性,也无法在立法上直接从客观构成要件行为要素中推定危险性,因此此类犯罪也不可能视为抽象危险犯。而以抽象的行为要素规定与灵活的具备司法裁量空间的"情节严重"和"情节恶劣"规定相结合,体现了这类犯罪立法规定与司法裁量相结合判断行为危险的适格犯属性。一方面情节犯中有对作为不法构成要件行为要素的质的规定性,这符合适格犯危险源制造的行为标准。一般意义上作为刑法不法客观构成要件的行为因素都是危险源制造行为,只不过在实害犯意义上这种危险源发展到了实害的程度,而在具体危险犯意义上危险源发展到了具体危险状态的程度。另一方面,"情节严重"与"情节恶劣"在作为行为犯定量因素时,由于其内涵的模糊性可以为危险性否定因素的判断留有司法裁量的空间。而按照适格犯的要求,"情节严重"或"情节恶劣"作为适用空间引入司法裁量的范围,仅限于结合具体否定因素之有无判断具体行为是否具有危险属性,因此无论司法对"情节严重"或"情节恶劣"做何种解释,都应围绕行为的危险属性的认定展开,而不能突破适格犯的具体行为危险性判断的属性,即不能将"情节严重"或"情节恶劣"解释为具体的法益侵害状态,更不应解释为具体实害结果。

情节犯废除论者认为"情节严重"或"情节恶劣"之类的表述过于模

[①] 2013年7月22日最高人民法院、最高人民检察院《关于办理寻衅滋事刑事案件适用法律若干问题的解释》第2条,将寻衅滋事罪"随意殴打他人"行为所要求的情节恶劣之一解释为"致一人以上轻伤或者二人以上轻微伤的"实害标准,使得寻衅滋事罪部分具备了实害犯的属性。而第3条将"追逐、拦截、辱骂、恐吓他人"行为的情节恶劣之一解释为"严重影响他人的工作、生活、生产、经营的"的危险状态,使得寻衅滋事罪也部分具备了具体危险犯的属性。

糊,违反刑法的明确性原则而应予以取消。但通过上面分析可见,危险性情节犯的合理适用仍具有积极的适格判断机能,可以通过其适格犯或具体危险性犯性质的认定补充对行为认定的合理性。实际上由于立法者力有不逮和经验认知的有限性,对危险犯的规定不能信赖立法者以完全抽象危险犯的模式而不考虑个案的具体行为危险性加以规定,而应适当以抽象行为规定和具体司法判断相结合,具体判断行为的危险属性问题,这正是具备危险属性的情节犯发挥机能的空间。危险犯中规定"情节严重"或"情节恶劣"的要素基于上述的立场有其存在的必要性,当然对"情节严重"或"情节恶劣"的解释也只应限定于对具体行为危险性判断的补充意义上,而不能突破适格犯的性质将情节解释为具体危险或实害。即必须坚持运用具体危险性犯或适格犯的理论来限制对情节的具体解释,使之处于行为危险判断基准的范围之内。这也正是前述 Schröder "真正的抽象与具体危险因素的结合"的抽象—具体危险犯所表达出的基本观点。

四 结语

虽然学界早期曾有过关于是否引进危险犯理论的质疑,但随着抽象危险化的立法趋势和对危险犯的研究深入,危险犯理论已成为研究我国相关犯罪问题的重要教义学资源。[①] 虽然传统危险犯两分法的类型化理论有助于危险犯的研究和适用,但其逻辑上对具体危险性犯或适格犯的忽视也导致了相当理论讼争和适用难题。在危险犯两分法的逻辑下,因为属于具体危险性犯或适格犯的某种犯罪既无法适用于抽象危险犯理论,也无法归类于具体危险犯理论,有的研究就对该种危险犯放弃了危险犯的研究方法;[②] 有的研究则以牺牲类型化逻辑为代价进行折中。[③] 然而这都无益于这一问题的根本解决,反而不利于危险犯理论的发展与适用。特别是如果忽视造成这一问题的根本原因是在于危险犯的类型化逻辑存在缺陷,前述逻辑难题就会反复出现,始

---

① 我国对醉驾型危险驾驶罪的研究大量直接或间接地运用了危险犯的相关理论,另外在涉及危害公共安全罪、食品犯罪、环境犯罪等危险犯罪领域也有大量的运用危险犯理论的研究。

② 比如因为破坏车库内公交车刹车装置还没形成具体公共危险状态,但仍能成立破坏交通工具罪,所以认为破坏交通工具罪既非抽象危险犯也非具体危险犯,其足以造成危险的要件只是一种破坏性质的认定,不能以危险犯理论检验。参见杜文俊、陈洪兵《质疑"足以"系具体危险犯或危险犯标志之通说》,《中国刑事法杂志》2012年第2期。

③ 比如前面谈到的对醉驾型危险驾驶罪可以通过考察实际危险阙如进行反证的见解。参见黎宏《刑法学》,法律出版社2012年版,第92页。

终困扰危险犯理论的逻辑完整性和有效性。所以有必要回溯到传统危险犯两分法的立证基础之上，在对危险的重新界定中发现抽象危险犯和具体危险犯都未涉及的第三种危险犯理论，并对其构造和判断标准进行研究发展，这是形成科学完善的危险犯理论的必然要求。

醉驾犯罪酒精临界值标准法理定位与适用思辨

李 川[*]

摘 要：自《刑法修正案（八）》将醉酒驾驶机动车的行为入罪以来，司法实践沿用的行政执法之酒精临界值国标由于性质不明而面对三个层面的质疑：该标准究竟是实体法还是证据法标准？单采临界值量化标准是否合理？酒精浓度值之检验如何对接刑事程序？借鉴具有丰富醉驾管制经验的德国醉驾犯罪相关理论和实践检视上述问题，可以明确酒精临界值之证据法准则意义，从而形成关于酒精临界值的"绝对不能驾驶"和"相对不能驾驶"的双层证据准则体系，并在刑事程序法意义上更严格地限制采样标准和采样程序，保障诉讼权利。

关键词：酒精临界值；醉驾犯罪；犯罪构成；证据法

《刑法修正案（八）》将醉酒驾驶机动车行为直接规定为危险驾驶罪，使得对醉驾行为的刑事追责从旧有交通肇事罪之实害犯标准降低为抽象危险犯标准，这一方面增强了对交通违法行为的威慑预防效果，但另一方面也赋予了司法认定更艰巨的任务。抽象危险犯"有鉴于附随于特定行为的典型危险，直接由立法方式推定'只要从事该行为即具危险性'，条文中不再以行为在个案中确实已招致一定的危险状态为构成要件要素"[①]。相较于实害犯除在认定符合构成要件之行为要素外还要另行认定实害要素不同，抽象危险犯之成立只需认定行为要素即可，而无须证明行为是否引起实害或具体危险，因此其立法限制更少，对司法认定之依赖性更强。[②] 因此，就醉酒驾驶机动车犯罪（以下简称醉驾犯罪）而言，作为该犯罪行为要素核心的醉酒

---

[*] 李川，东南大学法学院副教授。
[①] 参见林钰雄《新刑法总则》，中国人民大学出版社2009年版，第76页。
[②] Vgl. Roxin Claus, Strafrecht Allgemeiner Teil, Band Ⅰ, 3. Aufl. 1997, S. 123.

标准就成为区分罪与非罪的关键基准，需要特别明确。

一　我国醉驾犯罪酒精临界值标准及适用中的问题

我国目前的刑事司法实践中对入刑醉驾标准沿用旧有《道路交通安全法》之行政执法认定基准，即按照公安部起草、国家质量监督检验检疫总局发布的《车辆驾驶人员血液、呼气酒精含量阈值与检验》（GB19522—2004）的国家标准（以下简称国标）之规定，车辆驾驶人员血液酒精含量值达到80毫克/100毫升及以上就符合醉酒之标准，而车辆驾驶人员血液酒精含量值达到20毫克/100毫升以上未满80毫克/100毫升的为饮酒后驾车[①]，驾驶行为虽然不构成醉酒驾车触犯刑责，但仍依《道路交通安全法》予以行政处罚。

虽然以酒精临界值规范的量化标准相对明确且易于司法认定，然而这种简单抽象化数值标准的合法性与合理性皆值得商榷。[②] 现行认定醉驾犯罪所采的酒精浓度量化标准至少在功能上很难回答三个层面的质疑。

首先，从刑事法理性质审视，在具体说明醉驾犯罪时，现行酒精临界值标准究竟是实体法上的构成要件客观要素还是程序法上的证据要素难以定位。此问题区分之实益在于，一旦酒精临界值可以确认为实体法意义上的犯罪构成要件客观要素，则酒精临界值标准即成为用于表征醉酒这一犯罪构成之客观行为要素以排他性的界分罪与非罪的唯一指标，[③] 实际个案中酒驾者的意识能力和控制能力的状况在作为实体构成要素的酒精临界值面前没有法律意义，亦无须判断。此时即便酒驾者能证明驾驶时尚存有完全的安全驾驶能力也无法对抗血液酒精含量超过酒精临界值这一犯罪客观构成要素认定。此外，作为罪刑法定原则的要求，酒精临界值如果是实体法意义上的犯罪构成要件客观要素，则需尽可能在立法上明确化，相应立法亦需符合法律效力

[①]《车辆驾驶人员血液、呼气酒精含量阈值与检验标准》中文本称为"饮酒驾车"，而在《道路交通安全法》中称为"饮酒后驾车"，其指示的酒精临界值相同，由于司法实践中常将此种情形称为"酒后驾车"，本文下文采用"酒后驾车"或"酒驾"之称谓，并与醉酒驾车之"醉驾"行为相区别。

[②]《车辆驾驶人员血液、呼气酒精含量阈值与检验标准》虽然在第6.2条规定了未达量化标准时可以采用人体平衡实验评价驾驶能力，但是这种驾驶能力实验处于补充次要地位，且其强制性和适用性质都未加以明确，因此具有很大的模糊性和自由裁量性，相较于明确的量化酒精临界值标准，司法实践中常被完全忽视。司法实践中逐渐形成采信上唯酒精浓度值论的传统。

[③] Vgl. Barbara Bialas, Promille-Grenzen, Vorsatz und Fahrlaessigkeit, P. Lang, 1996, S.199.

层级原则而仅限立法机关做出规定,而作为规定酒精界限值的现行国家标准是行政法律文件,其法定效力层级是否足以规定刑事犯罪的犯罪构成要素存在疑问。但如果酒精临界值仅是程序法上的证据要素,即酒精临界值仅是司法机关在量定犯罪时所采纳的证据标准,则其作为证据标准的证明力、反证可能性及其采集证明程序仅需在司法层面进一步探讨,① 这种证据标准则并非具有排斥其他标准的唯一性,应允许司法机关按照需要结合判例进行调整。

其次,就作为司法实务上醉驾犯罪界分依据而言,当现行司法实践单采酒精临界值量化标准而非实际考虑驾驶人之驾驶能力时,则可能导致偏离"醉酒"这一法定要素的本原含义和现实境况,此时是否允许以及如何引入其他证据加以辅证?如当机动车驾驶者血液酒精含量尚未达致80毫克/100毫升的量化酒醉标准,但由于不胜酒力,实际上已处于醉酒状态,辨认和控制驾驶行为的能力大大衰减,确已构成对交通安全的显见危险,此时如不以醉驾犯罪归责,则有丧失本罪对交通安全法益保护原意之嫌。抽象的酒精临界值标准表达出规范的抽象性与形式公正的特征,而个案实务中的驾驶人虽未达该标准但已处实际醉酒状态又具有实体法意义上的刑事归责性,这体现出与酒精临界值这种抽象规范标准相悖反的个案差别和具体认定需要。应如何协调二者之矛盾?是牺牲个案认定的具体差别性以尊重酒精临界值的形式规范效力,还是允许特定情形下引入个案证据设定形式标准的例外情形?构建科学的二者协调方案还需进一步明确。

最后,从采集程序视角出发,以酒精临界值作为判断犯罪成立与否的基准时,酒精含量值采证及确认程序自然应符合比行政处罚程序更加受到严格限制的刑事程序法规则,因此许多程序问题需要从刑事程序法的角度加以准确认定和规范。一方面,就酒精含量值采集的形式差别而论,国标中规定了呼气酒精含量值可以与血液酒精含量值直接换算。但学术研究表明,呼气酒精含量值测试相对于血液测试受到的干扰性较多,其提取的酒精含量值往往缺乏精确性。在认定醉驾犯罪时,可否以模糊的呼气酒精含量值直接替代血液酒精含量值作为准确定罪证据值得商榷。另一方面,血液酒精含量值虽然科学上认为较为可靠,但血液酒精含量采证不可避免涉及侵入性人身强制步骤,其实施和确认程序与人权保障之界限应如何平衡规范?我国《刑事诉讼法》对强制采样程序的规定较为简单,更多强调了侦查机关的强制执行力,而目前由公安部制定的《公安机关办理醉酒驾驶刑事案件程序规定

---

① 参见李云、张会杰《醉驾犯罪之证明》,《国家检察官学院学报》2011年第5期。

（试行）》又更多延续了行政执法中的强制血检程序，其内容虽然比刑事诉讼法细致一些，但仍然是作为公安机关操作守则之性质缺乏对犯罪嫌疑人权利保障的规定，从而给予司法机关较大裁量权，需要进一步规范。

由于酒精临界值标准与醉驾犯罪认定之紧密关系，以上针对酒精临界值标准的三方面问题亦是未来在认定醉驾犯罪时所不得不面对的理论和实践难题。当然，纵观各国立法，以酒精临界值为醉驾犯罪认定内核之国家都对这些问题做出了多元判断和回答。然而出于法律体系和法定模式差异所限，大多数国家酒驾一罪化以及酒精临界值植入立法的"法定犯"模式与我国规定差异较大，其借鉴意义有限。而与我国立法模式相对较为接近从而可资借鉴的是德国立法之经验。首先，德国法律与我国一样，也规定了对酒驾行为按其行为程度之严重性分为受刑罚处罚的犯罪行为以及受行政处罚的道路安全违法行为，实行酒驾行为的二元规制。[1] 其次，在德国醉驾犯罪刑事立法中也未直接规定酒精临界值标准，其酒精临界值是由司法机关依据特定标准在实践中加以具体认定。最后，德国刑事诉讼法中对以血液酒精采集为代表的强制人身采样程序有专章的详细规定，不仅准确界分了司法机关的职权，更对犯罪嫌疑人权利保障设置了专门条款。此外，作为世界上对酒驾法律规制最严格和历史悠久的国家，除了规定模式之融洽性为我国法源借鉴可提供有效的制度资源，德国学者围绕前述酒精临界值的理论性质与认定方法问题也进行了深入探讨与回应，借鉴这些理论分析还可直接为我国酒精临界值理论难题提供针对性的智识资源。

二 酒精临界值标准的性质：醉驾犯罪构成要件符合性证据要素

酒精临界值的法理性质究竟是实体法意义上的犯罪构成要件客观要素，还是程序法意义上的证据标准，是应用酒精临界值标准判断醉驾犯罪时首先需要厘清的基本理论问题。如果酒精临界值标准是犯罪构成要件客观要素，则酒精临界值本身就具有了排他性的唯一标准地位，可以直接镜像性表征刑法危险驾驶罪中"醉酒"之表述，客观抽象性地表达犯罪构成要件客观要素，从而排斥具体个案中驾驶人实际驾驶能力之判断。个案中其他境况证据如人体平衡试验结果的收集变得不再重要，酒精含量值的测定成为唯一重要

---

[1] Vgl. Ulrich Frank, Grundzuege des Verkehrsstrafrechts, W. Kohlhammer, 1987, S. 11.

的证据采集程序。而如果酒精临界值仅为程序法意义上的证据标准时,这种抽象证据标准之合理性就成为需要结合个案情形实时加以总结判断的问题。作为证据标准虽然亦可形成抽象量化值,但从个案例外的角度,酒精临界值标准需要进行一定程度的折中,例外情形之认定与折中方法作为证据规则之一部分都需要另外认定。总之,酒精临界值标准并非当然的程序问题和证据问题,在研究其具体适用前必须就其性质结合实体法理论进行探究。而这种探究首先应从刑事立法原貌出发,对醉驾犯罪的危险犯性质和犯罪构成特点结合酒精临界值特征加以定位判断。在我国对这一问题分析相对空白之情形下,德国酒精临界值的立法模式和理论定位之分析思路可以很好地为我国镜鉴。

从立法模式出发,相比于我国以酒精临界值区别的醉驾犯罪行为与酒驾行政违法行为的简单两元界分,德国法律对酒驾行为之两元界分规定相对更加细致复杂,按照机动车驾驶者的主体特殊身份及驾驶条件构建起复杂的酒驾法律规制体系。其中行政罚立法模式上体现了"法定犯"的特点,即德国的《道路交通法》(StVG)采取了直接以不同机动车驾驶人的差别化酒精临界值作为行政秩序罚标准的立法模式,这等于直接认可酒精临界值标准在行政秩序法中的实体地位。[1] 按照该法第24a条之规定,机动车驾驶者呼气酒精含量达到0.25毫克/100毫升或血液酒精含量达致0.5毫克/100毫升即构成行政违法行为,可处以高达3000欧元罚款以及吊销驾驶执照的处罚。而该法同时对21岁以下驾驶者、两年观察期内的新驾驶者以及营运机动车驾驶者采取更加严厉的"零容忍"制度,任何酒精含量之检出都视为行政违法行为而予以处罚。[2]

自1936年挪威第一次将酒精含量值作为醉驾入罪标准以来,许多国家都采取了这种直接将醉驾犯罪标准量化的"法定犯"模式。刑事法意义上的"法定犯"同刑法中常见的"自然犯"不同,其通常从维护社会和国家法益的角度出发,直接将某种危害公共安全秩序的行为规定为犯罪,而不直接涉及对个体生命健康与财产权利的保护,因此在确定入罪标准时无须实际考量该行为是否要达到造成个体生命健康伤害或财产损失的实际风险,即达

---

[1] Vgl. Peter Hentschel, Trunkenheit Fahrerlaubnisentziehung Fahrverbot im Straf-und Ordnungswidrigkeitenrecht, 9. Auflage, Mün-chen Werner, 2003, S. 25.

[2] Vgl. Bode, H. J., Gesetzesinitiativen zur Aenderung der Ordnungswidrigkeiten-Tatbestaende fuer Kraftfahren unter Alkohol, Blutalkohol, 2010, S. 71ff.

到刑法教义学意义上的"个别危险"之程度，从而可以将社会公共安全或秩序这种抽象法益作为关涉目标，以抽象的驾驶人酒精临界值标准直接表征对公共安全之抽象危险可能性，而无须考虑"自然犯"所面对的具体法益侵害之情境。① 德国立法过去曾经把这种单纯违反公共秩序、未及产生具体危险的较轻行为纳入违警罪的范畴，但自1962年"秩序违反法"（Ordnungswidrigkeitenrecht）体系建立之后，这种行为逐渐仅被视为行政秩序罚之范畴。② 但是这种体现抽象法益保护、只考虑抽象危险的量化立法模式却保留了下来，使得酒精临界值在判断行政违法行为时具有了实体法之意义。

而与之恰成对照的是，现行德国刑法典中规定的危险驾驶罪和酒后驾驶罪则并未直接采用规定酒精临界值标准的"法定犯"立法模式。德国刑法典中的醉驾犯罪分为两种犯罪：一方面是按该法第315c条之危险驾驶罪之规定，将醉酒驾驶行为作为诸多危险驾驶入罪情形之一，规定因为饮酒不能安全驾驶交通工具，造成对他人生命和身体健康危险的，方构成本罪；另一方面该法第316条又规定了酒后不能安全驾驶罪（简称酒后驾驶罪），即当饮酒后不能安全驾驶交通工具，又未按照第315a或第315c条予以归责处罚的，构成本罪。依德国理论及实践通说，其中第315c条犯罪为具体危险犯，以对他人的生命和身体健康之具体危险作为犯罪构成要件之独立客观要素，其所保护之法益除却一般交通安全秩序外尚有个体生命财产安全即个别法益，因此相应处罚较重；而第316条为抽象危险犯的规定，对法益之威胁已抽象表征于酒后不能安全驾驶行为中，无须在行为外再行判断具体危险存否，其定罪标准相对宽泛，因此限制其仅适用于第315c条之外酒后驾驶机动车情形，作为第315c条醉驾犯罪的兜底条款（Auffangtatbestand）。③ 可以说相较于第315c条规定，第316条所保护的法益由于仅限于一般交通安全秩序，等于是通过对交通安全秩序保护实现对不特定主体的生命和健康提前保护，因此其处罚相对较轻。

酒精临界值标准（Die Promillegrenzen）虽然未作为德国刑法中两种醉驾犯罪的叙明罪状明确表达，但不能由此在理论上即否认其作为隐含的犯罪构成因素之可能性。在德国学界理论认识上和司法实践中又确实采信酒精临

---

① Vgl. Schroeder, Die Gefaehrdungsdelikte im Strafrecht, in: ZStW 1969, S. 23.
② 参见黄学贤、崔进文《警察行政行为的司法控制探讨》，《法律科学》2011年第2期。
③ Vgl. Herbert Troendle, Kommentar. Strafgesetzbuch, 315c, 316 StGB, 2008, Aufl. 48, S. 1573, 1584.

界值作为具体认定"醉酒"的重要标准,这表明酒精临界值的法律属性需要进一步在理论上加以探究:在德国刑法未明确表述酒精临界值的情形下,酒精临界值究竟是实体法意义上类似于"法定犯"性质的犯罪构成要件客观要素还是程序法上的司法证据要素?双重属性说认为应区分德国刑法规定的两种醉驾犯罪情形。一方面第316条规定的酒后驾驶罪在危险认定的性质上与《道路交通法》规定的酒驾违法行为接近,都是在行为标准中直接隐含相对抽象的对交通安全秩序之一般危险,从而行为本身即表征了对交通秩序法益侵害可能性而具有违法性,无须如同第315c条般还需进行具体危险存否之判断。因此可以比照《道路交通法》将酒精临界值直接规定为判断标准的模式将特定的酒精临界值视为第316条犯罪构成要件中的客观要素,只不过由于刑法与行政法在行为违法程度上的差异,第316条中的酒精临界值标准应相对于酒驾行政违法行为提高。[①] 但另一方面,德国刑法第315c条由于需要在醉酒行为之外另行判断个体身体健康和生命危险即个别危险的存在,单凭酒精临界值本身无法推断个别危险的存在,酒精临界值本身无法直接表征行为之外对个别法益的具体风险程度,因此这种醉驾具体危险犯不能将酒精临界值作为实体法意义上的犯罪构成要件客观要素,只能用来作为认定犯罪构成要件符合性之部分证据判断准则。[②]

但主流观点并不同意以上看法,从而将酒精临界值标准一概认为仅是一种证明构成要件客观要素的证据标准。无论是德国刑法的第315c条还是第316条规定的醉驾犯罪,其作为刑事立法模式的特点都与作为"秩序违反法"(Ordnungswidrigkeit)的《道路交通法》规定的酒驾违法行为不同。特别是酒后驾车的行政违法行为虽然在保护的法益属性上似乎同刑法第316条规定的酒后驾驶罪非常接近——二者都是为了维护道路交通一般安全与秩序,不涉及个别法益;但刑法第316条规定的酒后不能安全驾驶犯罪所要求的抽象危险应具有一定的"显见可能性"(naheliegende Gefahr),即具有相对显见急迫的危险且无一般规范目的能防范此种危险之发生,[③] 在第316条的规定中这表述为"不能安全驾驶"的用语。与之不同,酒驾行政违法行

[①] Vgl. Krüger, Hans-Peter, Gruppenspezifität der Generalprävention-was aus einer Erhöhung der Promillegrenze zu lernen ist, in: Albin Eser., Straf-und Strafverfahrensrecht, Recht und Verkehr, Recht und Medizin, Heymann, 1995, S. 495ff.

[②] Vgl. Haffke, Bernhard: Zur Problematik der 1,3-Promille-Grenze-BGHSt 21, 157, in: JuS 1972, S. 451.

[③] 参见德国法院判例 BGH, NStZ 1996, 83。

为对道路交通安全秩序的危险仅具有抽象的"遥远可能性"（entfernte Möglichkeit），是为了排除具有显见可能性的抽象危险即"不能安全驾驶"的可能性而存在，因此是一种对危险之危险或损害的可能之可能的认定，[1]因此对行政违法行为相对要求较低且标准应更抽象，以满足最大范围保护交通安全秩序的需求，这一点酒精临界值最为完全抽象的量化标准恰可保证。然而刑法第316条所要求的"不能安全驾驶"的判断并非可以完全抽象成量化指标，其成立虽然无须同第315c条般独立判断个别危险是否存在，但仍需对行为所体现之抽象危险有所限制和界定，有时需从行为本身判断风险的"显见可能性"存在度，即是否危险相对显见急迫且无一般规范目的能防范此种危险发生，以保证行为达到刑事法制裁程度而不偏离规范目的，[2]如驾驶人的实际醉酒行为表现，这就不是酒精临界值标准可以抽象涵盖的。而更明显的是刑法第315c条所规定的醉驾犯罪更需要判断个案中具体的危险是否存在，这就更无法被抽象酒精临界值标准驾驭和等量齐观。综上可见，酒精临界值的标准虽然能够适应行政违法行为的"遥远危险性"危险之判断而具有实体法意义，但就刑事法所要求的具有"显见可能性"判断指标的具体危险性（第315条）和抽象危险性（第316条）的犯罪规定来说，酒精临界值无法作为犯罪构成的客观要素代替行为及其危险判断本身而存在，只能作为司法机关用来判断具体案件中行为是否符合犯罪构成要件客观要素的部分证据标准。正如Janiszewski所言："醉酒驾驶行为作为刑罚可罚性基础的是安全驾驶能力之缺失，而非超过某种酒精临界值。"[3] 德国司法实践对此恰成佐证的是，与醉驾入罪相关的酒精临界值标准是由联邦最高法院引用德国卫生部在案例中表达出来的判例意见，因此在性质上更具有作为司法机关证据证明标准的意涵而非实体立法标准。

与德国不同，我国立法形式上无论是《道路交通安全法》中酒驾行政违法行为的规定还是刑法中醉驾犯罪的规定，都没有采取直接规定酒精临界值量化标准的"法定犯"模式，而是分别采用了"饮酒后驾驶"和"醉酒驾驶"的定性表述。然而我国的《车辆驾驶人员血液、呼气酒精含量阈值与检验》国标却在实质意义上以酒精临界值这种量化标准直接界定了驾驶人"饮

---

[1] Vgl. Schünemann, Einführung in das strafrechtliche Systemdenken, in: Schünemann (Hrsg.), Grundfragen des modernen Strafrechtssystems, J. A., 1984, S. 45.
[2] 参见林钰雄《新刑法总则》，中国人民大学出版社2009年版，第76页。
[3] Vgl. Horst Janiszewski, Verkehrsstrafrecht, C. H. Beck, 2004, S. 165.

酒"和"醉酒"的含义，也即间接界定了酒驾行政违法行为与醉驾犯罪行为。这种界定导致了司法实践中直接以 20 毫克/100 毫升和 80 毫克/100 毫升的酒精临界值作为认定酒驾违法行为和醉驾犯罪行为之绝对指标，使得酒精临界值标准在司法实践中实际被定位于实体法意义上的醉驾犯罪所隐含的犯罪构成要件客观要素，从而 80 毫克/100 毫升的酒精含量值标准成为表征"醉酒"的唯一指标，不仅排除了用以指示驾驶人实际醉酒情况之其他证据存在的必要性，也排除了在该酒精临界值标准以下仍构成醉驾犯罪的可能性。

然而借鉴前述德国理论的分析路径，对酒精临界值刑事法性质的定位探究可能会得出不同结论。与德国双罪体系不同，我国《刑法修正案（八）》在对醉驾行为入罪时仅规定了危险驾驶罪一罪，该罪之犯罪构成要件客观要素仅规定为醉驾行为而没有对具体危险之要求，因而犯罪构成要件符合性判断中无须考察具体危险之存在，仅通过醉驾行为本身表征对交通安全秩序的显见危险并作为其可罚性依据，因此我国醉驾犯罪性质上应属抽象危险犯。如前分析，虽然作为抽象危险犯之醉驾犯罪与道路行政法所规定之酒驾行政违法行为在侵害法益上都系具有抽象性的一般道路交通安全法益，从而可以直接从行为属性中逻辑推定而无须再去判断个别危险的存在，但醉驾犯罪之抽象危险应具有"显见可能性"而与酒驾违法行为的"遥远可能"危险显系差别，后者更加抽象和概念化。而作为犯罪可罚性根据之抽象危险的认定虽然也可以从醉驾行为中抽象推断，但其危险程度受刑法谦抑性影响要受到一定的限制和界定，只有此种危险达到"显见可能"的程度时方可达到刑法规制程度，而"显见可能性"要求考虑行为境况条件，即行为导致的此种危险必须相对急迫且无一般规范义务主体能防止此种危险转化实害。[①] 而抽象危险之"显见可能性"判断虽然不像具体危险犯那样需要单独判断个案境况是否发生具体的针对人身和财产法益之危险存在，但仍然需要结合醉酒行为性质考量行为中能否抽象出达致刑法规范程度的危险。特定情形下这种"显见可能性"可以从较高的驾驶人酒精临界值（如 80 毫克/100 毫升）中抽象体现出来，但驾驶人酒精含量在此种酒精临界值以下时并不能彻底排除"显见可能性"存在可能，此时还需结合驾驶人之酒精控制力和控制状况而考察行为人是否为不能驾驶而驾驶，从而使得危险达到"显见可能性"程度。因此作为抽象危险犯的危险判断是无法完全以酒精临界值的量化标准予以涵盖和表征的；即便在交通安全行政法中可以将较低的酒精临界值作为

---

① Vgl. Horn, Konkrete Gefaehrdungsdelikte, Köln, 1973, S. 165.

实体法意义上酒驾行为的客观判断要素以适应抽象化危险推定的需要，但是在危险驾驶罪认定时，较高的酒精临界值则无法作为犯罪构成要件客观要素涵盖与表征对醉驾行为危险的判断。我国司法实践中将驾驶人酒精临界值标准作为可以直接表征醉酒的犯罪构成要件客观要素而赋予其绝对排他性地位，并不符合危险犯理论之判断。

此外，我国司法实践中所适用的酒精临界值国标是由行政机关颁布的行政法律文件加以规定，如果其可以构成刑法规定的犯罪构成要件客观要素，即是以行政法律文件补充刑法所规定之犯罪构成，有违罪刑法定所要求的法律效力层级原则之嫌。[1] 而且正是这样的认定，使得司法实践中将酒精临界值标准作为排斥其他证据证明力的唯一醉酒判断指标，从而否定了进一步在司法上探究其他证据配合适用条件的可能性，导致标准的僵化性。因此，《车辆驾驶人员血液、呼气酒精含量阈值与检验》所规定的酒精临界值标准，在我国亦应视为仅是证据法意义上的用来体现酒精浓度值证据对驾驶人醉酒程度之证明力的证据规则，即用来证明醉驾犯罪构成要件符合性的证据标准，其是否完整适用和如何适用司法机关有一定的裁量权，从而取决于司法机关具体的确认标准和应用逻辑，因此存在进一步在程序法意义上研究以明确这种标准和逻辑的可能性和必要性。

三 双层证据准则体系："绝对/相对不能安全驾驶"酒精临界值之确立

当酒精临界值仅被认定为是用来证明醉驾犯罪构成符合性的证据要素时，其具体的适用标准、证明效力和证明方法就成为司法领域的证据法问题，由司法机关具体把握。德国联邦最高法院刑事庭在具体适用酒精临界值作为认定醉酒与否的证明标准时，逐渐形成了区分"绝对不能安全驾驶"和"相对不能安全驾驶"两种情境而采用不同证据判断指标的判例指导原则。当驾驶人血液酒精含量达致110毫克/100毫升的临界值及以上时，法官即可认为酒精浓度证据已可证明行为人"绝对不能安全驾驶"，无须其他证据配合就可判定行为人至少构成德国刑法第316条之酒后驾驶罪。[2] 而当

---

[1] 参见刘嘉发《论警察取缔交通违规之职权——以酒醉驾车为例》，《警察大学执法新知论衡》2006年第2期。

[2] 参见德国法院判例 BGHSt 21，157。

血液酒精含量达致 30 毫克/100 毫升以上但未及 110 毫克/100 毫升时，仅认为驾驶人安全驾驶能力堪虞，行为人的意识和控制能力皆会受到酒精影响，存在醉酒而不能安全驾驶的可能性。但其醉酒程度是否能达致危险驾驶罪犯罪构成要件所要求的危险，须配合其他境况证据（Indizenbeweise）如人体平衡实验结果不具备行为控制能力来证明。[1]

而之所以在证据法意义上区分"绝对不能安全驾驶"和"相对不能安全驾驶"两种酒精临界值，是由于这两种酒精临界值恰恰划分了两种不同的驾驶能力受损可能性和证据效力条件区间。正如 Horn 的观点所论，根据血液酒精临界值所区分的"绝对不能安全驾驶"和"相对不能安全驾驶"并非危险程度上的划分或醉酒状态的直接区分，而只是在证据准则的意义上区分了体现不同的证明要求和证据内容的两种条件情形。[2] 也即不能认为血液酒精含量超过 110 毫克/100 毫升的驾驶人其醉酒程度一定超过含量在（30—110）毫克/100 毫升的驾驶人，更不能由此认为前者所体现的对交通安全秩序之危险程度即高于后者。个体的酒量大小和对酒精之耐受性存在巨大差异，酒精耐受力较小的血液酒精含量虽在（30—110）毫克/100 毫升的驾驶者可能比血液酒精含量在 110 毫克/100 毫升以上但酒精耐受性较强的驾驶者更无法控制其驾驶能力，对交通安全之风险更高。

需要注意的是，虽然德国司法实践认为达到"绝对不能安全驾驶"之酒精临界值标准可以直接证明驾驶人不能安全驾驶而驾驶，达到入罪标准，但在证据法上"绝对不能安全驾驶"的酒精临界值的证明力不能视作一种法律推定，而只是法官根据科学性经验法则而形成的高度确信：科学已验证了达到此种较高酒精临界值的情形下行为人无法再具有安全驾驶的认识和控制能力。法律推定是通过立法技术在规范中对事实认定的逻辑思路加以有效性确认，从一事实即可得出具有法律效力的另一事实同样成立的结论。而法律推定之前提是立法之明确规定。酒精临界值作为司法判例形成之原则自然无法视为法律推定的体现，并没有具体规范来确认从这种酒精临界值事实直接推断不能安全驾驶事实之成立。所以判例法中法官对此种酒精临界值效力确认并非来自规范确认，而是科学经验法则。如同科学定理一旦明确后无须再次证明就可确认一样，110 毫克/100 毫升的酒精临界值标准是经过科学研究验证的使人丧失驾驶能力的可靠标准，因此法官可以依凭此可靠的科学研

---

[1] 参见德国法院判例 BGHSt 25, 360 (364)。
[2] Vgl. Hans-Joachim Rudolphi, Eckhard Horn, SK-StGB, Luchterland, 1984, S. 316-317.

究得以形成确信，认可其证明力。① 事实上德国司法实践所采用的110毫克/100毫升的绝对不能安全驾驶酒精临界值即来自德国卫生部的科学研究成果，司法将之纳入证据标准之中体现的只是司法机关对科学经验成果的确认。此种对酒精临界值的确信一旦形成，无须反复验证其科学性和证明力，而是依靠科学验证的先例形成约束力。而且此种约束力一旦形成，可以排除个案中具体的间接反证。②

但"相对不能安全驾驶"之酒精临界值需与境况证据综合推论才能证明酒后驾车达到不能安全驾驶的刑事归责程度，③ 因此允许反证推翻之可能性。"相对不能安全驾驶"的酒精临界值与"绝对不能安全驾驶"不同，其仅能证明存在不能安全驾驶的可能性而非确定性，而具体是否具有安全驾驶之能力须待其他境况证据配合才能确定。如在驾驶能力检验结论为不能安全驾驶的境况证据配合情形下，才能综合证明构成酒后驾驶罪。由于此时酒精临界值标准仅提供一种可能性，因此如有比境况证据效力更优先之反证存在，即当然可以排除犯罪构成要件的符合性而不能予以归责。④

而我国的司法实践中，往往将国标中两个酒精临界值（20毫克/100毫升和80毫克/100毫升）视为区分"醉酒"和"酒后"的绝对标准。即同样是以两个酒精临界值划分的两个酒精含量值区间［不少于80毫克/100毫升以及（20—80）毫克/100毫升］，但我国司法实践视这两个酒精含量值区间是直接区分驾驶控制能力差别的实体性界分，而非证明条件差别：机动车驾驶者酒精含量值大于80毫克/100毫升可以从绝对意义上认为行为人已经丧失安全驾驶机动车能力从而造成了抽象危险而可予以刑事归责；而酒精含量值位于（20—80）毫克/100毫升的机动车驾驶者也可以绝对地认为其尚未完全丧失安全驾驶机动车之能力，其所造成的危险尚只是遥远可能性，尚

---

① 参见德国法院判例 BGHSt 10, 211。
② 参见魏大嗕《台湾高等法院八十八年度上易字第四八五六号判决补充理由——刑法第一百八十五条之三酒后驾车不能安全驾驶之刑事责任》，《台湾本土法学杂志》2000年第8期。
③ 境况证据不必须是自身足够证明犯罪要件成立之直接证据。只要结合其他证据可以在逻辑链条上环环相扣地证明犯罪成立，即符合要求。反证某一境况证据的不成立，打破证据链条，当然亦可作为有效的开罪证据。Vgl. Roxin, strafverfahrensrecht, Beck, C. H., 1995, S. 93.
④ 这种理论的一种现实应用就是美国许多州所采取的与相对不能驾驶相类似的"可推翻的法律推定"之酒精临界值。当达到此酒精临界值时，推定行为人达到醉酒状态，处于酒精实际影响下。但只要辩方能举出比控方具有更强说服力的优先证据（preponderance evidence），比如驾驶能力的当时测试情况表明行为人更能表现出操控驾驶的能力，即可以推翻此种推定。而达到更高的类似于绝对不能驾驶的酒精临界值时，则视为"不可推翻的法律推定"为醉酒。See Taylor, L. E., *Drunk Driving*, Little Brown Company, 1981, p. 248.

未达到刑事规制的程度，因此只是酒驾行政违法行为。由于酒精临界值划分的区间被视为驾驶能力的绝对差别，因此这两个酒精临界值所形成的刑事法意义都是实质性的，从而排斥反证之存在。因此可以认为在德国司法实践中"相对不能安全驾驶"的酒精临界值在我国司法实践中找不到对应的适用条件。然而这种"相对不能安全驾驶"情形所提出的现实举证问题并非在我国就不存在。当驾驶人血液酒精含量值处于低于"醉酒"标准的区间时——即驾驶人血液酒精含量值处于（20—80）毫克/100毫升时，无法排除在某些个案中驾驶人由于酒精消化能力较差而已完全丧失了安全驾驶能力，从而实际上对交通安全秩序造成了显见性的危险而达到了入罪标准。此时如果仍按照我国司法实践中之做法以法律（法规）推定的形式绝对地将其视为未丧失安全驾驶能力，显失合理性。

而从证据标准效力来源之角度深入探讨这种不合理判断的机理，则在于我国对酒精临界值作为证据标准的认定过于绝对，以为用法规推定的形式就可以满足证据标准的合理性要求，而忽视了其背后的科学规律性渊源。如前述德国探讨所示，对证据标准的绝对性认定并非如实体法般来自法律的强行推定，而是来自对科学经验法则的确信。[①] 因此之所以可以认定驾驶人酒精含量高于80毫克/100毫升的可视为绝对的醉酒驾车，是因为这个标准是经过科学验证的符合人类经验认识的规律性法则，即科学实验已经表明了人类酒精含量高于80毫克/100毫升的会完全丧失安全驾驶机动车之能力，[②] 由此对科学经验法则的信任使得司法机关无须再去个案中具体考察行为人是否实际上完全丧失驾驶机动车之能力从而置交通安全于显见危险之中。而现实中由于司法资源之有限性，司法机关不可能也没有必要对每个个案都无视绝对酒精含量值的科学有效性而去单独具体地考察行为人的驾驶机动车能力。[③] 以科学经验法则为可靠依托的醉酒认定标准也是节约司法资源之必要要求。因此醉酒的酒精临界值标准之证据效力性理论上不应视为基

[①] 基于科学经验法则形成的司法确信在西方证据法理论上视为对自由心证原则之限制，在我国对自由心证地位尚未明确的情形下，可将科学经验法则之证明力来源视为经验法则的可靠性。参见蒋贞明：《论经验法则的适用与完善》，《证据科学》2011年2期。

[②] 当然这种经验法则并非必须直接的科学实践经验总结，也可以是参考各国科学经验标准的间接经验借鉴，只要其性质上来自受到认可的科学验证，就具备作为经验法则的可靠性。

[③] 从2011年5月1日《刑法修正案（八）》实施一年来，全国公安机关共查处醉驾犯罪5.4万起，如果每件案件都需要具体考察行为人的实际醉酒程度而履行一般取证程序，浪费人力物力恐不止数倍，刑法效果亦会大打折扣。参见《全国酒驾醉驾降幅均超四成》，http：//news.xinhuanet.com/2012-04-28/c_111862985.htm。

于《车辆驾驶人员血液、呼气酒精含量阈值与检验》国标这种行政法律标准文件的直接推定，而是该国标所传达出来的科学经验法则。同理，酒精含量值位于（20—80）毫克/100毫升的机动车驾驶人如果未经科学验证能表明一定不会完全丧失驾驶能力，从而不会产生显见的危害交通安全之危险——事实上确实也未见此种科学验证，那么现行司法实践中绝对性地推断此时行为绝不会达到醉驾犯罪标准则缺乏效力来源而难以成立。因此仅靠国标行政法律文件之表述推断（20—80）毫克/100毫升的酒精含量值仅作为认定酒驾的行政违法行为由于缺乏科学经验准则支持显然并不合理，这种认定并无法否定在此酒精含量区间之驾驶人完全丧失驾驶能力之可能性，这时需结合具体的情境证据进行认定。如果其他情境证据如人体平衡实验表明行为人完全不能安全驾驶，则仍应认定醉驾犯罪。因此（20—80）毫克/100毫升的驾驶人酒精含量值区间应视为一种构成醉驾犯罪的可能性证据区间，驾驶人是否构成醉驾犯罪，还需结合其他情境证据具体认定，这正如同德国司法实践中的"相对不能安全驾驶"之酒精临界值标准的属性。

因此对我国的两个酒精临界值在性质上也应视为体现不同的证据证明条件要求的具体境况划分。这点也可以从前述酒精临界值之法律属性的角度加以佐证：既然国标中规定的醉酒标准并非实体法意义上的犯罪构成要件客观要素，其就不应作为一种完全排他性的确认醉驾的依据，也即排除机动车驾驶者之血液酒精浓度在醉酒临界值以下仍可以构成醉驾之可能性。如果仅简单地认为达到80毫克/100毫升的血液酒精浓度值就是醉酒，而超过20毫克/100毫升未达到80毫克/100毫升的血液酒精浓度值就不是醉驾不负刑事责任的话，即可能放纵大量的已实际处于醉酒状态并丧失驾驶能力但酒精浓度值未达标准的驾驶人无法追究刑事责任。未达醉酒酒精临界值之酒后驾驶者皆存在丧失安全驾驶能力的可能性而无法排除，因此司法实践中不能以作为行政法律文件的国标规定了醉酒标准的理由强行排除饮酒酒精临界值标准区间〔（20—80）毫克/100毫升〕可能存在的刑事责任。为消解这种司法实践中的不当认识，我国亦应参考德国经验建立双层的"绝对/相对不能安全驾驶"之酒精临界值证据标准体系。

一方面，80毫克/100毫升的醉酒临界值标准同于德国司法实践中的"绝对不能安全驾驶"的酒精临界值标准，血液酒精含量在此标准之上的机动车驾驶人即可证明其醉驾行为之成立。① 而与德国的"绝对不能安全驾驶"的酒精临界值标准之法源不同，我国目前的数值标准是由行政法律文件规定而非来自司法机关判例法则。司法机关对行政法律文件的适用具有可选择性，如认为该国标的醉酒标准体现了科学准则而希望沿用、使之成为普遍证据准则且形成司法约束力，借鉴德国经验形成一定的判例法指导原则不失为有效途径。我国最高人民法院正搜集醉驾犯罪案例以形成指导判例，正是因循此种模式的体现。② 另一方面，借鉴德国经验，可将国标中规定的 20 毫克/100 毫升视为德国司法实践中证据法意义上的"相对不能安全驾驶"酒精临界值标准，此种标准并非在实体法意义上排除醉驾犯罪的成立可能性，仅在证据法意义上表明酒精浓度位于（20—80）毫克/100 毫升的驾驶人在其他境况证据之配合下，可以达致醉驾入罪程度的证明力（如驾驶意识能力测试结果为丧失驾驶能力），亦可以因为境况证据反证不构成醉驾犯罪（如驾驶意识能力测试结果为削弱的驾驶能力而非丧失）。而公安人员此时负有查明证据、为公诉机关配合提供情境证据的相关义务，而非简单地因为血液酒精浓度值低于醉酒标准而放弃提请公诉之可能性。

此外，就是否允许反证的问题上，相当于"绝对不能安全驾驶"的酒精临界值标准在证据法上的证明力具有绝对性，可以排除境况证据之反证，这是前述基于科学经验法则形成的司法确信。但饮酒驾驶的酒精临界值标准并非具有证据法上的单独证明力，需其他境况证据配合，因此应允许其反证的可能性。这是由于，正如德国的通说认识，基于科学研究结论仅表明的是血液酒精浓度达到"绝对不能安全驾驶"酒精临界值之上者几乎皆丧失了安全驾驶能力，但未达该临界值者是否都没有丧失安全驾驶能力则并未加以科学验证从而不可直接推论。③ 总之我国的醉驾和酒驾酒精临界值标准仅是区分不同证据证明规则的两种证据条件，前者证明醉驾犯罪成立不需要其他境况证据配合，达致此酒精临界值标准本身即能证明醉酒不能安全驾驶已构

---

① 当然，基于科学研究方法和路径之差别，酒精临界值也会在数值上有所差别，但性质上可以视为同样经过科学验证的具备经验法则性的可靠规律产物。

② 参见《最高人民法院：酒醉驾车审判指导案例将尽快发布》，http://www.gxnews.com.cn/staticpages/20110519/newgx4dd4e167-3817354.shtml。

③ See Kretschmer-Bäumel, E., "Drinking and Driving in Germany: Behavioural Patterns in Influencing Factors—a Temporal and Cross-cultural Comparison", *Alcohol, Drugs and Traffic Safety*, Vol. 2, 1993.

成危险驾驶罪；而后者在达致酒后驾驶酒精临界值标准之外还需配合其他证据方能证明达到醉酒不能安全驾驶入罪程度。

四 双层酒精临界值标准的司法适用及其人权保障意义

由于酒精临界值是刑事法上证据标准问题，则确定驾驶人酒精浓度值就成为证据提取之刑事程序问题。驾驶人酒精浓度值在技术上有依呼气和抽血检定两种方式，科学普遍认识后者较前者更准确可靠，因此出于刑事证据的严谨性要求，德国刑事司法实践上的酒精临界值标准都是针对血液酒精值而言。[①] 我国的《车辆驾驶人员血液、呼气酒精含量阈值与检验》规定了呼气酒精浓度和血液酒精浓度可以自主换算，将二者的有效性和证明力等而视之。然而如前所述，呼气酒精浓度面临诸多干扰因素，因此相对于酒精浓度其精确性较差。[②] 当酒精浓度值成为证明醉驾行为罪与非罪之关键标准时，具有了区分犯罪成立与否的重要意义，如证据本身存有模糊性之疑问，显然无法作为定罪的确证证据。因此我国应以更精确的血液酒精浓度值来增强证据之严谨性，最大限度地排除定罪模糊性。值得一提的是，公安部制定的《公安机关办理醉酒驾驶刑事案件程序规定（试行）》和部分地方试行的醉驾刑案程序中，规定了呼气酒精测试结果达到或者超过醉驾标准或拒绝呼气酒精测试结果的，需强制抽血采样测试血液酒精含量并以之为证据。这进一步承认了血液酒精含量值的可靠性和权威性，但这是以呼气酒精含量测试为先导条件的。在呼气酒精含量测试受干扰而畸轻或者只达饮酒临界值标准的情形下，仍可能放纵醉驾犯罪。因此未来应在立法和司法上进一步明确血液酒精含量值作为定罪的唯一采信证据地位，增强证据采信标准之明确性。

但亦应注意，血液酒精浓度值虽然相对精确，但其获取往往需要实施抽血这种侵入式的强制身体检查，相对于一般搜身取证更容易侵害人身自由、健康和隐私等基本权，需要刑事诉讼法以特别程序加以倾斜性保护。因此德国的《刑事诉讼法》第81a条专门规定了此种强制身体侵入搜证之特别程

---

① 这点明显比德国《道路交通法》中酒后驾驶违法行为认定在血液酒精值之外允许采呼气酒精值标准更严格。
② 参见游明灿、何敏群、翁景惠《干扰呼气酒精测试物质之探讨》，《刑事科学》2000年第5期。

序：一是该程序得由医疗专业人员按照特定的医疗操作规则予以实施，杜绝操作不当对被检查人身体之伤害；二是该法以健康保障为限，规定在不危害到行为人健康的前提下，方无须取得驾驶人同意即可强制实施检测，但对不是必要采信证据形式之呼气酒精测试则允许驾驶人拒绝检测而不得强制；三是从对自由权之严格保障角度出发，规定通常只有在法官发出授权命令的情形下才能由警察进行检查，在紧急情况下检察官也有权为之，但排除了警察在无授权情形下强制抽血检查的可能性；四是该法还规定为追究醉驾犯罪所取得的血样证据仅可以应用于血液酒精浓度值检测而不能应用于其他目的，且不用时需立即销毁。

我国公安部虽然制定了《公安机关办理醉酒驾驶刑事案件程序规定（试行）》，但仍然是继续沿用行政执法相关做法，只是在技术名称上将以前的行政采证程序转变为刑事采证程序，并规定了与刑事诉讼具体规定的侦查程序之对接步骤。然而其在规定中更多强调了公安机关所拥有的强制人身职权，但对受到强制的犯罪嫌疑人之权利保护则规定稀少，这表明司法实践尚未将强制血样采证提升到刑事程序法意义上之人身权倾斜性保障的程度。这是由于一方面我国的刑事诉讼体系中司法机关之分工和权限层级与德国不同，公安机关之自侦权相当广泛，无须在检察机关和审判机关领导下即可展开证据搜证工作包括人身证据采集程序；另一方面《刑事诉讼法》中对强制身体检查规定非常简单，仅在第130条用一条加以规定，且更多强调了公安机关作为侦查机关的强制人身采证权力和犯罪嫌疑人配合义务，除此之外并无对犯罪嫌疑人接受人身强制采证程序的权利保障措施。前述公安部的部门规章虽然规定较为细致，但往往从自身侦查工作便宜性角度出发来做出规制，其主要内容仍然是公安侦查人员的操作规程性质，从而欠缺对犯罪嫌疑人权利加以特定保护的规定。但对血液酒精测试必需的侵入性抽血程序而言，在如此具有人身自由和健康的基本权利威胁性之采证方式适用时，有必要施加比行政执法程序更加严格的程序限制，体现刑事诉讼法之倾斜性保护。

借鉴德国的相关经验，对这种有可能对人身健康、自由和隐私权等基本权利造成严重伤害的侵入性采证程序应由立法机关在作为刑事程序基本法的《刑事诉讼法》中做出专门的规定和限制，而不能主要依靠部门规章加以规制，一方面这是法律效力层级的要求，另一方面也是以此防止部门利益之彰显从而忽视犯罪嫌疑人基本权利的情形发生。此外，由于侵入性的人身搜证措施与一般无身体伤害之虞的外部人身搜证措施相比，明显具有侵害行为人人身健康权这一重大基本权利的威胁性，故与非侵入性人身搜证措施的法律规定和限制相比应更加复杂和详尽,应单独用专门条文区别规定。目前我国的《刑事诉讼法》将人身检查搜证程序一体规定的方式并未注意到这种差别,未来应做进一步修正完善,用单独条款规定侵入性人身搜证程序。而就规定内容而言,以血样采集为例应在如下程序上进一步进行制度完善。首先,应该在保障被检测人身体健康的前提下来实施此种抽血检验,只有在此种情形下方能强制进行抽血检测,而不以被检测人同意为必要。我国《刑事诉讼法》中仅规定了必要时可以强制实施身体检查,但必要的情形是否包括保障身体健康为前提则没有加以明确从而语焉不详。出于人身健康权之保护目的,在对被检测人身体健康有伤害之虞的情形下,应以取得被检测人同意为前提。其次,应立法明确以血样采集和检测为代表的侵入性人身搜证措施由医疗专业人士依据医学操作规程为之,这是对被害人健康权保障的基本要求。在我国《刑事诉讼法》人身搜证条款中对此也没有规定,因此就无法排除存在非专业操作从而损害被检测人人身健康权的可能性。再次,应进一步在刑事诉讼法中规定由公安机关在检察机关授权和监督下采取此种行为,以保障血液采样程度中犯罪嫌疑人之人身权利受到完整保护和监督。虽然我国公安机关的侦查权力行使并非以检察机关授权和领导为必要,但检察机关在我国具有法律监督主体之地位,检察机关完全有职权监督公安机关的职权行使。而作为对人身基本权利有严重侵害之虞的采证程序,检察机关的介入监督十分必要。最后,应规定符合证据采证程序之血样专案专用,不得挪作他用或长期擅存。采取专案专用的严格保障措施可以防止血样采证后侵害犯罪嫌疑人隐私权利的情形发生。被检测人之隐私权作为基本权利,其应得到与人身自由权和健康权相同程度的保障。

五 结语

我国规定酒精临界值标准的《车辆驾驶人员血液、呼气酒精含量阈值与检验》对酒精临界值的法律性质语焉不详,由此易于形成许多对酒精临界值应用的模糊和争议,如误将酒精临界值作为区分醉驾犯罪和酒驾行政违法行为的绝对标准、处于饮酒酒精临界值之内能否构成醉驾犯罪等许多理论和实践问题。借鉴完善的德国法之相关经验,司法机关可参酌作为行政法律文件的酒精临界值的规定,将之视为证据准则并分情形采用不同的证明标准加以适用,由此不仅能保障酒精临界值标准适用之科学性,还可采取更严格的刑事程序法规定保证采证过程之科学性和权利保障性。

危险驾驶行为入罪的客观标准之分析

李 川[*]

摘 要：危险犯之扩张不可避免但需以谦抑原则加以节制。而危险"显见可能性"理论应因刑法谦抑原则，为危险行为入罪提供相对清晰的立法上和司法上的客观判断标准。危险驾驶罪立法上的入罪范围即哪些危险驾驶行为应该入罪问题与司法认定标准问题，即绝对酒精含量的认定与追逐竞驶"情节恶劣"的认定都由于危险之客观标准的模糊而产生认定困境。通过引入危险的"显见可能性"标准，可在立法上检视出危险驾驶罪已入罪行为虽然具有合理性但范围过窄；在司法上发现绝对酒精含量标准偏离危险的"显见可能性"标准应予修正，并且追逐竞驶之"情节恶劣"性质上应与危险的"显见可能性"标准相契合。

关键词：危险犯；危险驾驶罪；显见可能性

与应因行为处罚阶段前置以降低社会风险的危险犯之扩张趋势相适应，我国《刑法修正案（八）》在交通道路之实害犯罪——交通肇事罪之外增设了具有危险犯性质的危险驾驶罪，以缓解仅罚实害犯对交通安全秩序保护之不足，通过刑事禁止性规范对危险驾驶行为之控制提前制止交通风险，增强交通安全法益之保障力度。然而与实害犯之"结果非价"具有可经验的具体明确性不同，具有"行为非价"特征的危险犯核心要素的"危险"概念本身具有规范上的抽象性和适用场域之限定性。对危险之客观标准的理解直接关涉对危险驾驶罪之入罪标准在立法原理和司法实践上之明确判定，是在危险驾驶罪具体展开之前需明确的核心议题。

---

[*] 李川，东南大学法学院副教授。

一 作为危险犯客观标准之"显见可能性"

风险时代为了更周延地保护法益而不得不扩张可罚性之范围,对刑法最重要的影响之一就是从以处罚实害犯为主转向对危险犯的强调。此种转向可满足为应对不可测之实害风险而提前介入法益保护之功能需要。正如 Herzog 所言:"危险刑法不再耐心等待社会损害结果的出现,而是注重在行为的非价判断上,用制裁手段威慑带有社会风险的行为。"[1] 然而,从刑法谦抑性原则检视危险犯之扩张,则应对这种从"结果非价"向"行为非价"的处罚阶段前置趋势保持足够之警惕,毕竟刑法之最后手段性要求对危险行为之可罚性只有在其他规范手段包括行政罚规范和实害犯之规范皆无法有效保障法益时方才成立。[2] 危险犯之过多滥用存在以风险这一模糊概念对传统法益刑法重构之危险,对罪刑法定原则甚至人权保障都是一种动摇性威胁。[3] 因此危险犯之扩张应是有条件的高度节制性扩张。在立法意义上,每一项危险犯之设立皆需接受刑法谦抑原则视野下的严格审查,符合从刑法谦抑原则引申的入罪标准条件。

换言之,风险社会中的危险无处不在,并非一切生成危险的行为皆需规定为犯罪。一方面人类行为皆具有一定危险性,法律不可能禁止一切产生危险的行为,因此法律规范必定容忍一定危险之合法存在。另一方面,即便作为法所不容之风险,刑事禁止性规范也无须禁止触发其产生的所有行为。特别是随着风险治理的需要和行政管理权之扩张,处罚特定危险行为行政禁止性规范亦大量出现。然而同样都是出于减少法所不容危险之行为的目的,危险犯罪行为与危险的行政违法行为有何区别?此种区分标准一旦模糊,即存在危险犯滥用之可能性,难以防范以扩大法益保护之名行刑罚权滥用之实。犯罪行为与行政违法行为之区别的传统观点往往集中在此两种行为质和量的区分,往往认为犯罪相较于行政违法行为,在量上存在重大的损害性与社会危险性,因此在质上具有深度的非难性和责任性;具体到危险行为场域,危

---

[1] Felix Herzog, Gesellschaftliche Unsicherheit und strafrechtliche Daseinsvorsorge: Studien zur Vorverlegung des Strafrechtsschutzes in den Gefährdungsbereich, R. v. Decker's Verlag, 1991, S. 17.
[2] 参见林东茂《危险犯的法律性质》,《台大法学论丛》1994年第1期。
[3] 参见刘艳红《"风险刑法"理论不能动摇刑法谦抑主义》,《法商研究》2011年第4期。

险犯与危险行政违法行为之主要区分在于其危险性之大小不同。[1] 然而这种观点十分粗糙。一方面，危险性之大小本身仅具有程度上的量的差异，如没有其他更清晰的客观标准，危险犯和危险的行政违法行为之区分仍非常模糊。另一方面，从刑法谦抑原则之基点可见，行为入罪必要性都是针对法益保护而言。而行为危险性之大小与对该种行为的禁止性规范保护法益有效与否逻辑上并无必然联系，因此不宜作为判断法益保护必要性之基准。[2] "危险性"作为法理概念本身具有相当的抽象性，存在多元维度和多重见解，大小并非唯一区分标准。与其说危险性大的行为意味着法益更容易受到侵害，不如说危险越具有急迫性或可能性，越容易造成法益之侵害。[3]

也正因如此，借鉴德国刑事理论与实践，可采用相对清晰的危险之"显见可能性"指标（naheliegende Möglichkeit）而非含混的危险性大小作为界定特定危险行为入罪之危险判定标准。也即当行为所造成的对法益侵害之危险不仅存在且具有"显见可能性"时，对法益保护之现实紧迫性已是箭在弦上，超出了实害犯规范（甚至包括未遂和预备犯之规范手段）和行政禁止规范之有效预防范围，只能通过刑事规范对该种危险行为的单独禁止才能周延对该法益之保护，实现一般预防之目的，此时依据谦抑原则该行为方可具有入罪之必要性和正当性。

当然，"显见可能性"的内涵和判断原则并非一成不变，而是经历了从经验判断到规范进路，最后达致复合标准的延展逻辑。首先，早期"显见可能性"肇始自司法实践之应用和判断，用于确定危险犯之成立，因此其判断标准是依据判决逐渐经验累积归纳的结果，体现出明显的经验论色彩。"显见可能性"的经验判断性质是指其本身之判定与规范评价和价值评价无涉，只是从一般主体出发对危险性所做之事实因果可能性判断。其具体判断又分为两种观点：第一种观点是实害发生的优势可能性（überwiegende wahrscheinlichkeit）理论，即实害发生之可能性明显高于实害之不生之可能性。[4] 此种观点看似采定量的科学性评估进路，但实际上社会事实并不像自然现象

---

[1] 参见戴玉忠、刘明祥编《犯罪与行政违法行为的界限及惩罚机制的协调》，北京大学出版社2008年版，第23页。

[2] 例如在普通道路上以120公里之时速追逐竞驶从一般主体角度出发都认为危险性大，但假使此时道路上无任何车辆，比如位于临时禁行路段，因此不具有危险的急迫性而发生交通事故可能性较小，交通安全法益发生实害可能性亦相对较小。

[3] Schröder, Die Gefährdungsdelikte im Strafrecht, ZStW 81 (1969), S.25.

[4] 参见德国最高法院判例BGHSt 31, 66。

般循可量化的必然规律，因此这种标准在多数案例情形下依旧模糊而往往沦为法官之自由解释的范围。[1] 于是后期德国法院之判例修正了此种观点，采用了显见风险（naheliegende Gefahr）的表述，这种标准认为危险已不是抽象的遥远可能性（entfernte Möglichkeit），而是从一般经验主体的事后事实判断出发具有高度的盖然性，这种高度的盖然性是指危险已不是可争议的抽象判断，而是在生活经验上的显而易见。[2] 而"优势可能性"虽然不是绝对标准，但可以作为显见风险是否存在之结合性参考。这种观点虽然消减了"优势可能性"之绝对僵化性，但其判断基准如 Horn 之观点，依然囿于相对边界不清的一般主体经验，实际上仍是依赖于法官的具体经验性判断，提供的标准尚不够清晰。[3]

为了提供更清晰的判断指标，许多学者转向规范进路来解释"显见可能性"之具体内涵，即在实害发生之时应对危险之"显见可能性"采规范判断或价值判断的立场。代表性之观点如 Schünemann 从信赖义务的角度出发，认为危险未转化为实害之原因如不能归结于基于社会需要而产生的可信赖之规范义务，则应认定行为之危险具有"显见可能性"。[4] Demuth 同样认为需要对实害未发生之原因进行规范判断，但其判断指标将信赖义务进一步明确为社会为防止实害发生而预先明确之物理与制度义务措施，如果危险行为境况下实害之未发生无法归因于这些义务措施之范围，则可确定"显见可能性"之存在。[5] Cramer 将规范性的危险判断观点总结为偶然（Zufall）说。他认为作为可罚性根据之危险应具备非可控性（Unbeherrschbarkeit）的特征，即行为所造成之对法益的危险无论从行为人还是社会规范主体的角度皆无法进行控制和支配，实害之未发生皆系偶然。[6] 当然，对是否可以支配或控制风险是一种规范判断，可采用 Schünemann 信赖义务之准则或 Demouth 的义务措施标准。当不存在必然的规范性义务之介入控制风险而制止实害之发生时，即是偶然。如行为人燃烧濒临他人房屋的柴堆未延及其他房屋或财产物理损失或人身伤害之情形中，如果其原因是突然下雨将火熄灭

---

[1] v. Hippel, Gefahrenurteile und Prognoseentscheidungen in der Strafrechtspraxis, Berlin 1972, S. 106.

[2] 参见德国最高法院判例 BGHSt 18, 271。

[3] Horn, Konkrete Gefaehrdungsdelikte, Köln, 1973, S. 182ff.

[4] Schünemann, Einführung in das strafrechtliche Systemdenken, in: Schünemann (Hrsg.), Grundfragen des modernen Strafrechtssystems, JA, 1984, S. 45.

[5] Jakobs, Strafrecht, Allg. Teil., Berlin 1993, S. 169.

[6] Cramer, in: Schönke-Schröder, StGB, 24. Aufl. [1991], vor § 306, Rn. 5.

这种偶然因素的介入而非行为人之留意,则从偶然说的角度该行为仍然具有危险之"显见可能性",可构成放火罪;但如果此种危险未转化为实害之原因是行为人本身尽密切的注意义务并严格将其控制在不引燃他人财物的范围之内(可信赖义务)或柴堆焚烧场所装有严密的防火势喷淋系统(社会义务措施),则偶然性之不存则可排除危险之"显见可能性"。Cramer带有规范论色彩的"偶然说"一度成为德国司法界所接受的危险"显见可能性"判断指标。① 规范进路的"显见可能性"观点虽然相对来说提供了更清晰的判断指标,但也并非无懈可击。完全忽视经验进路之纯粹的规范论往往在此问题上得出相对荒谬的结论。② 如前述放火烧柴的例子,如果在既无行为人之义务性密切关注亦无防火势喷淋系统,只是由于柴火与最近之房屋或财产之间有一定距离的不易燃沙地而未烧及最近之财产房屋,则从规范论的角度来讲会认为规范上无制止此种火烧行为蔓延的规范义务,因此将此种情形之实害未生归结为偶然性因素,认为危险已具"显见可能性"。而实际上从经验之位置判断由于沙地阻隔此处实害之发生并不具备高度盖然性,造成火灾事故的风险极低,从而使得规范论认定危险已达致入罪之程度显不合理。

所以,危险之"显见可能性"之成立需进行经验性和规范性的双重判断,其指示的内涵如下。首先,危险本身即是一种实害发生的可能性,但作为危险行为入罪标准之"危险"不仅要求此种实害有发生的盖然性,而且具有显而易见的盖然性。其次,这种显而易见的盖然性体现为危险使得法益不受侵害的局面产生了显见恶化的风险危机:法益之恶化趋势使得法益受损具有高度的盖然性;实害之未发生只能依靠偶然因素的介入。③ 依循此种进路,危险之"显见可能性"的判断标准采取两段递进模式,一是要判断危险的显见性,即危险使得法益产生显见的恶化危机,法益之受损害具有高度的盖然性;二是还需要进一步判断危险的急迫性,即受到实害的盖然性程度之高几乎无可挽回,任何具有规范救助义务的主体都不可预料会必然介入,以致实害之未发生只是侥幸,只能取决于偶然因素的介入。前者之判断需从一般生活经验事实出发结合具体行为模式推断实害发生可能性与未发生可能性之相较大小即优势可能性之判断,并以之为参考确定危险之高度盖然性,

---

① 参见德国法院判例 BGH VRS 45, 38。
② Jurgen Wolter, Objective und personale Zurechnung von Verhalten, Gefahr und Verletzung in einem funktionalen Strafatsystem, 1981, S. 217.
③ 参见德国法院判例 BGH, NStZ 1996, 83。

从而确定相涉法益是否"显见恶化"。而后者的"偶然"（Zufall）之判断则属于规范性判断，需先明确当危险产生之时，并无一般规范性义务或措施之必然介入可以消除这种危险转化为实害的可能性，危险之所以未能转化成实害，皆因不可预期亦不可信赖之偶然情势的发生。①

通过两段轮范式，"显见可能性"的观点为危险犯之成立厘定了一个相对清晰的判断指标，这种指标既符合刑法谦抑原则对危险犯作为最后手段性的限制，也为危险犯罪行为与其他具有危险性的行政违法行为甚至合法行为提供判别依据，为立法论和教义学意义上何种危险行为应入罪即其刑事可罚性根据提供相对明确的严格标准。

除了具有立法原理上的指针意义之外，危险"显见可能性"之标准亦可为具体司法实践中危险行为之入罪提供科学周延的认定指标。当然，对不同类型的危险犯，危险的"显见可能性"标准具有不同的指导意义。传统刑法理论上将危险犯一般分为抽象危险犯和具体危险犯两类，对抽象危险犯和具体危险犯之区分虽然有不同的理论观点，但仍以构成要件说为其主流。这种学说认为：具体的危险犯是以发生危险作为构成要件要素的犯罪；抽象的危险犯虽然与前者一样，也以发生危险作为处罚根据，但它是不以发生危险作为构成要件要素的犯罪。② 抽象危险犯的客观行为本身即表明了入罪程度之危险的存在，因此"危险"本身无须作为构成要件因素再行认定。从危险的"显见可能性"角度来说，就是抽象危险犯之规定的行为本身即可推定具有显见性和急迫性的危险，行为本身即是体现危险"显见可能性"的充分客观构成要件要素，因此司法实践中无须在行为之外证成风险的显见性和急迫性，甚至亦无须考虑否定危险存在之反证的否定犯罪可能性。③ 虽然抽象危险犯所具之危险"显见可能性"已无须在司法实践中单独证明，然而其仍然可以作为司法实践中辅助证明是否构成入罪危险行为之间接标准。即司法实践中对抽象危险犯之行为的解释和认定除了要符合行为的法律教义学含义之外，亦不能偏离危险的"显见可能性"这一本源标准。而具体的危险犯仅靠行为本身无法确定危险已经达到入罪的危险程度即危险具有"显见可能性"，因此需以行为造成一定的"显见可能"的危险的结果为必

---

① H. Demuth, Zur Bedeutung der 'konkreten Gefahr' im Rahmen der Straßenverkehrsdelikte, Der normative Gefahrbegriff, VOR 1973, S. 431ff.
② 参见鲜铁可《论危险犯的分类》，《法学家》1997年第5期。
③ 参见林钰雄《新刑法总则》，中国人民大学出版社2009年版，第76页。

要的独立构成要件因素。所以在司法实践中必须独立于行为构成要件要素之外单独证成危险存在且具有显见性和紧迫性、已达致"显见可能性"之程度。所以相对于抽象危险犯中仅具有对行为确证的辅助作用,危险的"显见可能性"标准在具体危险犯认定中具有更为基础和重要之独立地位。

二 基于客观标准不明的危险驾驶罪认定难题

危险驾驶罪作为《刑法修正案(八)》新设之危险犯罪,同样存在厘清其"危险"的客观标准之必然需求。目前对危险驾驶罪在立法到司法两个层面上的相关难题,都与危险驾驶罪之客观标准模糊有关。

一方面,在立法上哪些危险驾驶行为应予入罪以及入罪之危险驾驶行为是否合理值得探讨。在我国刑法尚未确立危险驾驶罪之时,在可科行政处罚的交通行政违法行为中已存在大量的对交通安全法益具有威胁性的危险行为,包括从载客超过额定人数、无证驾驶到非法停放等涵盖面极广的危险驾驶行为。但我国立法机构在确定危险驾驶罪之规范性禁止行为时,并未将违反行政规范义务的危险驾驶行为一概入罪,而是仅提取了道路上醉酒驾驶机动车和情节恶劣的驾驶机动车追逐竞驶两种行为确定为危险驾驶罪之罪状,将大量的其他具有法益威胁性的危险驾驶行为仍留给行政禁止性规范调整。一方面这样的做法总体上体现了刑法的谦抑原则,考虑到刑事规范规制的最后性和补充性,仅将少量不得不由刑事禁止性规范加以制止的行为入罪,其立法原则和立法方向具有合理性。然而另一方面,对哪些危险驾驶行为应该从行政违法行为提升为犯罪行为,由刑法加以规制,则值得商榷。是否无证超速驾驶行为等其他危险驾驶行为相对于醉酒驾驶机动车行为和情节恶劣的驾驶机动车追逐竞驶行为就缺乏入罪的必要性?大量的危险驾驶罪之立法理由的研究主要集中在刑事政策的角度,[1] 认为之所以将醉酒驾驶行为和情节恶劣的驾驶机动车追逐竞驶行为入罪,更多是基于民众和社会热烈关注的程度与行政执法手段捉襟见肘的考虑。然而提升为危险犯的危险驾驶行为除了在刑事政策上应具备合理性之外,更根本的在刑法理论上应该遵从危险犯罪与危险行政违法行为的客观界限标准,达致危险犯应具备的适格性质。这都需要从危险犯理论出发首先确定相对清晰的危险驾驶行为入罪的客观标准进而以此检视当前立法的规定。

---

[1] 参见欧阳本祺《危险驾驶行为入罪的刑事政策分析》,《法商研究》2011年第5期。

另一方面，从司法角度出发，现行危险驾驶罪之司法解释和司法认定亦存在相当难题。我国新设立的危险驾驶罪规定了道路上醉酒驾驶机动车和情节恶劣的驾驶机动车追逐竞驶两种行为，此两种行为在司法认定时由于客观标准之不明确各有其困难之处。一是立法规定道路上驾驶机动车追逐竞驶行为只有在情节恶劣的情形下才构成危险驾驶罪。"情节恶劣"是我国刑法中特有但常用之限制规范方式，本身具有一定的模糊性，既可以是定罪情节，即构成所谓的特定犯罪之"情节犯"的规定属性，也可以是量刑情节，即作为加重处罚之依据。当"情节恶劣"在性质上属定罪情节之时，其本身既可以成为作为客观犯罪构成该当性要件之客观行为的组成部分，也可以成为相对独立于行为之外需另加判断的独立的客观犯罪该当性构成要件要素。[①] 因此就驾驶机动车追逐竞驶行为入罪而言，是否"情节恶劣"本身即是入罪之"危险"程度的法定表述性体现，判定和证明了"情节恶劣"就已满足危险之证明要求；还是需要在"情节恶劣"已认定之外另行判定和证明"危险"之存在与程度，"情节恶劣"只是入罪行为之必要组成部分。这个问题在"危险"之客观标准模糊的情形下几乎无从判断。二是就醉酒驾驶机动车而言，我国司法实践中对醉酒驾驶之认定继续沿用《车辆驾驶人员血液、呼气酒精含量阈值与检验》的国家标准。且不论该标准在法律层级上之形式合理性，就实质层面，依据该标准，当机动车驾驶者每百毫升血液酒精含量达致 80 毫克即可认定醉酒驾驶，而 20 毫克到 80 毫克仅认定为饮酒驾驶，属行政违法行为受行政处罚。纯粹以客观酒精含量指数来推定行为之危险性的司法认定方式虽然符合一定的科学调查依据且对司法确证而言简单便宜，但难免有过于绝对之嫌。[②] 如由于驾驶者酒量不同，机动车驾驶人虽未达到血液百毫升 80 毫克的醉酒标准值但已不胜酒力、完全丧失安全驾驶之控制能力者，其行为实际上已经是具有相当危险性的醉酒驾驶，但在司法中仍依客观酒精含量数值推定则仅属于酒后驾驶而不达醉酒入罪标准，显见不合理性。因此纯粹以酒精含量标准作为醉酒驾驶行为入罪的绝对认定标准是否符合危险犯理论上之客观判断原则，值得商榷。

[①] 参见李翔《情节犯研究》，上海交通大学出版社 2006 年版，第 42 页。
[②] Ivan D. Brown and Alan K. Copeman, "Drivers' Attitudes to the Seriousness of Road Traffic Offences Considered in Relation to the Design of Sanctions", *Accident Analysis & Prevention*, 1 (1975).

三 "显见可能性"标准之具体应用

当危险犯之危险的客观判断标准不明时,模糊而笼统的对"危险"之认识将会导致危险犯入罪认定不论从立法上还是司法上都产生困难。上述危险驾驶罪在立法和司法上之现实困境就体现出对该罪的认定应其提供其"危险"相对明确的客观标准。危险之"显见可能性"作为客观危险的判断标准对危险驾驶罪之困境提供有效的解决之道。

(一) 立法论上作为危险驾驶行为入罪标准

就作为立法原理上的入罪标准而言,前述危险的"显见可能性"标准可作为检视危险驾驶罪立法规定的具体参照。从这个标准出发,道路上醉酒驾驶行为与情节恶劣的驾驶机动车追逐竞驶行为本身确实具有对交通安全法益侵害之显见性和急迫性,具有入罪的理论合理性。一方面,从显见性的角度判断,醉酒驾驶行为对驾驶者之酒精含量要求较高,一般此种情形下驾驶者已完全丧失安全驾驶机动车之判断和控制能力,在行人、机动车交织往返之道路上,从生活经验角度判断显然发生交通事故致使实害之可能性远大于不发生交通事故之可能性,相较于一般较低酒精含量之"酒后驾车"对法益侵害之危险的"遥远可能性",更会造成道路安全的明显恶化危机,具有对交通安全法益之实害的高度盖然性。而情节恶劣的追逐竞驶伴随着无法安全控制的超速驾驶和对道路安全的漠不经心,从一般人经验的角度,也比无证驾驶、违章停车更容易发生交通事故,具备造成实害之优势可能性,对交通安全法益存在着即刻明显的恶化威胁和显见风险。另一方面,从急迫性的角度考虑,在危险具有如此高度盖然性之情形下,如果任凭在众多行人和车辆通行的道路上醉酒驾车和情节恶劣的追逐竞驶行为肆意发展,危险转化为事故并造成交通安全之实害几乎不可避免,无法合理预期实害结果不会发生;而即使实害没有发生,其不生之原因也无法合理信赖和预计而皆系偶然因素介入所致,比如醉酒驾车或追逐竞驶时所处的道路偶然无车或少车、醉酒驾车者偶然被交警拦下等。所以此两种行为皆具有造成"显见可能性"之危险的性质,对法益之威胁更为显著和急迫,可罚性根据能够通过对危险之显见可能性之论证而理论证成。

然而即便如此,在确定危险驾驶罪之行为表现时,依然要问除了以上两种行为之外,是否其他危险驾驶行为就不具备造成危险之"显见可能性",也即是否还有他种危险的驾驶行为达到危险的"显见可能"标准而应予立法入罪。首先，不管是国外立法例还是现实经验都表明，影响行为控制能力从而使得驾驶者丧失安全驾驶机动车能力从而造成道路安全危险之"显见可能"的犯因性因素绝不仅限于醉酒。几乎所有其他国家的危险驾驶犯罪行为中，都将药物影响同酒精影响的驾驶行为同等规定，视服用特定药物后丧失控制能力的驾驶行为与醉酒驾驶行为具有相同的危险"显见可能性"而规定为犯罪。经验亦表明，服用毒品和其他精神作用药物皆可导致等同于甚或严重于醉酒所导致的主体控制能力丧失，由此陷入的对道路交通的危险亦等同甚至大于醉酒驾驶行为所导致的危险，其同样具有"显见可能性"。[1] 因此受药物影响（包括毒品在内的各种精神药物）而不能安全驾驶行为应与醉酒驾驶行为同样立法入罪。如美国许多州采取的 DUI（Driving Under Influence）立法模式，即采取药物和酒精影响下的不能安全驾驶行为规定为一罪的方案，[2] 值得借鉴。

其次，除了醉酒驾车和情节恶劣的追逐竞驶行为之外，还存在他种能造成道路交通"显见可能"的危险的行为存在，这些行为亦应该纳入危险驾驶犯罪的规定之中。诸如在机动车道路上反向行驶、在人行道上违法行驶等行为同醉酒驾驶和情节恶劣的追逐竞驶行为一样，应以其造成危险是否具备"显见可能性"为指标进行分别检视和论证，可证成之特定种类危险驾驶行为表明其他规范手段已无法有效禁止此种行为保护交通安全法益，因此达致需入罪由刑事禁止性规范惩罚之程度。例如在许多国家刑法典中皆纳入危险驾驶犯罪但我国仍以交通违规行为处理之在人行道上驾驶机动车行驶行为之判断。首先就危险之显见性方面，从生活经验出发，人行道之专门区隔即是为了保障道路上行人之安全，在人行道上驾车行驶毫无疑问有造成实害之优势可能性，使得人行道之设置及其安全保障形同虚设，发生对行人的实际损害亦有高度之盖然性；其次就从规范角度出发判断危险之急迫性方面可见，人行道之设置和区隔本身就是社会对行人的安全保障设置，而机动车在人行道上行驶本身就是对此种社会规范性安全设置之破坏，此时并无其他可期待或可信赖的义务性措施介入制止此种行为之继续。实害之事故的未发生只是偶然因素如车辆临时缺油或当时暂时没有行人的原因，如果没有这些偶然因素而进行下去，则导致实害事故几乎不可避免。在人行道上驾驶机动车同醉酒驾驶机动车和情节恶劣的追逐竞驶行为一样可以通过危险之"显见可能

---

[1] Taylor, L. E., *Drunk Driving*, Little Brown Company, 1981, P. 31.
[2] Rune Elvik, Peter Christensen, "The Deterrent Effect of Increasing Fixed Penalties for Traffic Offences: the Norwegian Experience", *Journal of Safety Research*, 6 (2007).

性"证成其入罪必要性,因此未来应在立法时考虑其入罪之可能性。相对而言,也有相当的交通违规行为虽然具有一定的危险性,但在危险之"显见可能性"标准之判断中只要显见性或急迫性两层标准缺失其一,则不应将之纳入刑法规制。如路边违章停车等道路交通危险行为则从经验判断不会致使造成实害事故的可能性远大于未造成实害事故的可能性,不具备危险高度盖然性,即无对道路安全明显恶化的威胁即显见性,即使无偶然因素介入发生事故的可能性也较小,危险之"显见可能性"无法证成。

因此对危险驾驶的应入罪行为应按照其造成的危险是否具有"显见可能性"之标准进行检视归纳,其范围显然不限于醉酒驾驶和严重的追逐竞驶行为。相成例证的是德国刑法典第315C条规定的危险驾驶罪规定了包含醉酒服药后驾驶在内的在高速公路及机动车道路上反向行驶、停车未保持安全距离等九种严重危险驾驶行为,[①] 这值得未来我国该罪之立法进一步借鉴,将具备造成"显见可能性"危险的违规驾驶行为进一步入罪。

(二) 司法论上作为犯罪构成之危险要素判断基准

危险的"显见可能性"标准也为现行的危险驾驶罪之两种行为在司法上的认定提供了具体的判断标准,有助于其现实难题之解决。值得指出的是,由于规定的特殊性,现行刑事立法中的危险驾驶罪既非单纯的抽象危险犯也非纯粹的具体危险犯,而是一种结合了两种危险犯种类的混合危险犯。即现行刑事立法中之危险驾驶罪包括的两种行为分属不同的危险犯性质,因此危险的"显见可能性"标准的司法运用也体现为不同的判断意义和标准。

首先,立法规定驾驶机动车追逐竞驶行为只有在"情节恶劣"的情形下才构成危险驾驶罪。从其立法方式和立法理由分析,在危险犯之分类上应属于具体危险犯。在立法表达方式上,"情节恶劣"附加于"驾驶机动车追逐竞驶"之后,表明其是该行为构成危险驾驶罪的必要限制条件,而不是追逐竞驶行为之一部分,是独立于追逐竞驶行为之外的危险驾驶罪构成要件要素之一,因此应视为独立的定罪情节。作为定罪情节的"情节恶劣"在性质上亦有不同之归类,既可能指示为造成实害后果形成实害犯,也可能指示为行为达致危险程度之恶劣手段[②]或直接造成特定危险形成具体危险犯。

[①] 参见许久生、庄敬华译《德国刑法典》,中国方正出版社2002年版,第156页。

[②] 有观点认为"情节恶劣"包含行为之特定方法或手段之恶劣,应属行为内容之一。笔者认为"情节恶劣"之规定在行为规定之外单独存在,而不属于行为之内容,否则就没必要将情节恶劣单独列出,而直接糅合于行为之规定之中。所以"情节恶劣"应理解为行为之特定方法和手段所体现出对法益之威胁的危险。

而危险驾驶罪本身显然具有危险犯的性质，因此作为危险犯的定罪情节的、用来限制追逐竞驶行为入罪之"情节恶劣"显然非指造成实害后果，而是指示行为之危险性的犯罪构成要素。作为指示危险性的犯罪构成要素，"情节恶劣"既可以直接指示造成具体危险之"显见可能性"的结果——如造成道路上人身和财产可能受损的明显和急迫的危险，也可以借由指示行为手段、方法之恶劣或环境、时间因素表明具体危险之形成——如采用蛇形飙车方式或在交通高峰时段或交通繁忙区域飙车。这些恶劣的情节必然以形成对交通安全的"显见可能性"危险为标准。而不管是直接指示具体危险结果形成还是通过手段方法之恶劣等方式指示具体危险之形成，其判断都要相对于追逐竞驶行为之外另行判断，而非从追逐竞驶行为本身得以直接推定，因此此种危险驾驶行为可以说是具体危险犯。

如前所述，危险驾驶罪之在道路上驾驶机动车追逐竞驶、情节恶劣的行为在性质上属于具体危险犯，情节恶劣就是对行为需达致对交通安全法益"显见可能"的危险的要求，即具体危险的体现。因此"驾驶机动车追逐竞驶行为"与"情节恶劣"各自都属于犯罪构成要件客观要素，在司法确证其犯罪构成客观要素时，除了需举证追逐竞驶行为之存在之外，还需另外举证"情节恶劣"之存在。从刑法教义学的视角检视，"情节恶劣"存在严重的语词模糊之难题，有违罪刑法定原则之明确性之嫌，[①] 未来应以更明确的"造成交通安全显见可能的危险"之危险结果的规定代替。然而在现行立法框架下，可以采取司法限缩解释的方法明确该行为的具体危险犯的性质，以危险之"显见可能性"作为判断"情节恶劣"之实质标准，甚至可按照危险之"显见可能性"基准做出对"情节恶劣"之司法解释，以此部分消解"情节恶劣"之模糊性难题。也即应通过司法解释或司法认定的方法，将"情节恶劣"之标准确立为对交通安全之"显见可能"的危险，用危险的客观判断标准作为"情节恶劣"的标准：追逐竞驶的行为所造成的对交通安全之威胁需达到显见性和急迫性的程度方为"情节恶劣"。显见性要求从一般主体视角都可看出追逐竞驶之行为对法益造成明显的恶化危机，发生实害后果之可能性远大于未发生之可能性，因此具有造成事故实害之高度盖然性，即危险具有显见性；急迫性要求从规范上判断，如果任凭高度盖然性之追逐竞驶行为发展下去，存在发生交通事故侵害交通安全法益的必然性，又无可预期和可信赖的社会义务主体之控制手段的介入，仅在偶然因素的介入

[①] 参见叶高峰、史卫忠《情节犯的反思及其立法完善》，《法学评论》1997年第2期。

情形下才可能意外避免事故之发生。如此可为追逐竞驶行为之"情节恶劣"提供相对明确的司法标准,缓解情节犯规定之内涵的不确定性。

危险"显见可能性"的标准具体可以从两个方面为追逐竞驶行为入罪之"情节恶劣"提供严格和确切的检验基准。

一是从显见性角度出发,当追逐竞驶行为不具有经验判断意义上的造成交通安全恶化危机时,即便在规范意义上无他人可期待之规范制止行为之必然介入,仍然不构成犯罪。如甲乙两人驾车在已经修建完工但尚未开通的高速公路上驾驶机动车追逐竞驶、但未造成实害之行为。由于高速公路尚未开通,则无其他机动车进入道路行驶,此时虽然仍有一定的危险性如碰撞护栏等,但由于道路之平静空旷,从一般生活经验角度难以得出发生实害后果之事故可能性很大甚至盖过了不发生实害事故的结论,更难以认为会造成交通实害之高度盖然性,所以此时并不具备危险之显见性;即便从急迫性的规范角度看可能该路段并无相关责任人看守且飙车人也未尽注意时速限制的信赖义务,也即无义务主体之行为必然介入制止这种追逐竞驶行为的发生,从规范意义上不可预期和可信赖社会控制措施之介入而具有偶然性;亦不能认为构成危险之"显见可能性"而予入罪。此种行为单就显见性要素而言即达不到危险之"显见可能性"之标准,也就不能视为"情节恶劣"。但需注意的是,以上所讲的情形与夜半在车辆相对稀少的道路上追逐竞驶机动车有所不同。虽然夜间车辆相对稀少,但是并无法排除夜晚道路上其他机动车出现之可能性。而由于追逐竞驶行为伴有高速超速行驶以及安全规则忽视,则一旦处于两车之危险半径内的车辆皆存在严重危险,换言之,只要正常经验上追逐竞驶的车辆半径内有可能出现其他车辆,发生实害事故之可能性就极大。而即使是在夜间,道路上遇到其他机动车之可能亦是存在,而一辆其他机动车都没有遇到的可能性反而相对较小,因此依然从经验可期发生交通事故之可能性大于未生交通事故之可能性,优势可能性为参考之高度盖然性仍然可以确认存在。这种以危险半径内触发危险因素之可能性来衡量危险之盖然性的模式亦称"危险区域"论,即以触发危险区域之实害发生之因素即导火索因素的发生之可能性大小作为危险之显见性之判断指标。①

二是从急迫性的角度出发,追逐竞驶行为具有经验论上的危险显见性,但在规范意义上已有可信赖主体之必然介入,这种基于规范义务的介入可以期待也可以信赖而非偶然,则追逐竞驶行为依然不能入罪。如甲乙两人驾驶

---

① Horn, Konkrete Gefaehrdungsdelikte, Köln, 1973, S. 165.

车辆在车辆较多的道路上追逐竞驶,从经验角度判断,行为危险之显见性颇为明显,发生事故之可能性当下远大于未发生事故之可能性,可以说危险性要素已然开启。但如果两驾驶者作为飙车"惯犯"已被交警一直盯梢跟踪,甫一上路已被警察拦下处理,此种情形下可以说危险已不具备急迫性。因为具有制止此种危险驾驶行为之规范义务的警察在此的介入具有必然性:警察已经跟踪盯梢多时,此时两驾驶者再行飙车时被拦截绝非偶然,因此可以期待,此种情形已经不满足急迫性之制止因素介入纯系偶然的要求,所以此次两驾驶者飙车行为已不具备危险的"显见可能性"而达不到"情节恶劣"的要求,所以不能入罪。但如果追逐竞驶行为之所以未造成实害后果端赖不可期待的偶然因素,如用于追逐竞驶之车辆缺油故障或驾驶者临时生病退出等,则危险仍可视为具有急迫性,可视为"情节恶劣"。综上可见,只有当追逐竞驶之行为既满足经验判断上危险之显见性又满足规范判断上之急迫性时,才可认为其行为符合"情节恶劣"之要求应予定罪处罚,危险之"显见可能"之双重判断基准缺一不可。

其次,不难看出道路上醉酒驾驶机动车在危险犯性质上比较明显,属于抽象危险犯的范畴。这是因为在本行为的罪状规定中并无其他单独且具体的要求达致某种危险的客观犯罪构成要件要素而是仅凭行为本身即可构成犯罪,即醉酒驾车行为之可罚性依据是依靠该行为依凭一般社会经验所直接推定的对交通安全法益的危险"显见可能性",这显然符合抽象危险犯之性质特征。因此要满足醉酒驾车行为入罪需要,不必在醉酒驾车行为确证之外另行证明其造成之"显见可能"危险,但危险的"显见可能性"标准仍可为醉酒驾车行为提供辅助认定标准,保证司法认定时不能偏离此种标准。

我国司法实践中依靠酒精含量作为确定醉酒驾驶行为的绝对标准,从危险犯之立场检视,就如同抽象危险犯一样隐含了对行为危险性的直接推定。然而这样过于绝对的推定从危险的"显见可能性"标准来看,不尽合理。在特定情形下,如驾驶者之酒精含量虽未达到醉酒标准但已完全丧失控制能力之情形下,按酒精含量标准不视为构成醉酒驾驶行为入罪,会偏离了危险之"显见可能性"的入罪标准。就显见性而言,未达酒精含量但丧失了控制驾驶能力而驾驶机动车,交通事故发生之可能性已远远大于未发交通事故之可能性,经验判断上具有造成实害之高度盖然性;而从急迫性的角度而言,除非临时被交警查获等偶然因素的介入,造成交通事故之实害几乎无法避免。因此该种行为造成道路交通事故的显见性和急迫性皆非常明显,同酒精含量达致醉酒状态之行为之危险的"显见可能性"相同甚至更为严重,因此从危险之"显见可能性"标准判断已经具有了定罪处罚之应然性。

　　这说明单纯的酒精含量不应作为绝对的醉酒驾驶行为认定标准，应辅以对危险的"显见可能性"的判断。基于此种原理，发达国家在司法实践中多采取了灵活的酒精含量认定方式。如具有代表性的德国双层认定模式，在司法认定中同样存在绝对酒精含量标准与相对酒精含量标准，[①]但此种标准并非直接界定罪与非罪的司法标准，而是仅作为司法衡量中刑事责任确证之方法参考。当驾驶者酒精含量达致较高的绝对酒精含量（相当于我国的80毫克/100毫升）时，行为之危险的"显见可能性"可直接推定，无须考察其他证据即可确认该驾驶行为已符合客观构成要件要素。而当驾驶者酒精之浓度仅达致相对酒精含量（相当于我国的20毫克/100毫升）时，行为之危险程度的判断需结合其他个体证据因素如走S线、延展平衡等来衡量是否构成完全丧失驾驶能力、对交通安全法益是否构成"显见可能"的危险。[②]这种以酒精含量推定为原则，以其他证据体现的危险"显见可能性"标准相结合来考量的相对推定醉酒驾驶行为方法弱化了客观标准的绝对性，值得我国借鉴。

　　以上德国司法实践之判断方法体现出酒精含量绝非判断醉酒驾驶行为之危险"显见可能性"的绝对标准，行为人的行为能力并非仅受酒精控制，还要结合个体生理代谢能力（如所谓的"不胜酒力"）或客观所处具体境况（如"车况较差不易操作"等）来判断危险是否已达"显见可能性"之程度，血液酒精含量应只是其参考。所以衡量入罪之醉酒驾驶行为之性质标准仍然从根本上应归结至危险之"显见可能性"之有无，以此为基准参考酒精含量建构双层认定标准。一是从司法便宜的角度出发，需设计建立在严谨学术研究基础上的绝对醉酒含量值，这种含量值的严谨性需达到在学理上已经证实此种绝对酒精含量对人之神经系统的麻痹作用会导致绝对地丧失控制驾驶能力、达致危险之显见和急迫的"显见可能性"程度，因此方可进行直接推定，因为已经有了科学性的经验证明了此种酒精含量之上的主体驾驶机动车必至危险之"显见可能"，所以无须其他证据配合证明。二是从司法严密的角度出发，需要求对酒后驾驶者之酒精含量在未达绝对值时具体考

[①] 美国亦有类似的区分认定方法，称为"可辩解的法律假定"（Indisputable presumption）与"不可辩解的法律假定"（Disputable presumptions）。参见 C. H. Wecht, S. A. Koehler, "Road Traffic, Determination of Fitness to Drive", *Driving Offense Encyclopedia of Forensic and Legal Medicine*, 1 (2005).

[②] Christian Armbrüster, Grenzen für Grenzwerte der Fahrsicherheit: Die Gefährdung des Straßenverkehrs durch Alkohol, Arzneimittel und Drogen, Juristische Rundschau, 5 (1994), S. 189.

察行为之危险是否达致"显见可能"程度,来决定是否构成醉酒驾驶犯罪行为,而非一概放弃入罪。[1] 此时就需按照危险"显见可能性"的标准来检视酒后驾驶行为:从显见性的角度出发,即要以一般生活经验来判断驾驶者之酒后行为表现出对交通安全造成显见恶化的危机,发生交通事故从而对交通安全之危害的可能性大于不发生交通事故之可能性,危险之发生具有高度盖然性。这是一种事实判断,这种判断通常有事前判断和事后判断两种方法。[2] 可通过驾车行为时之表现如酒后在道路上大幅蛇形变道驾驶或多次急停急刹,亦可通过驾驶行为后之临检表现如无法按要求走 S 形或达致延展平衡来得出,实害发生之可能性因行为人驾驶控制能力之丧失已经具备显见风险,实害之发生盖然性较高。从急迫性的角度出发,需从规范角度判断如非偶然因素之介入,高度盖然性的酒后驾驶行为进行下去,交通事故之发生和实害之造成是必然。之所以危害之未生端赖于偶然因素之介入,如酒后驾驶者离家较近之短暂驾驶已经到家或被警察临时撞见拦下制止。当从显见性和急迫性之角度皆达致危险"显见可能"标准时,酒精含量虽然较低亦应视为应入罪的醉酒驾驶行为,如此方符合危险犯之基准要求。

在风险社会的态势下,危险犯之扩张几乎不可避免,未来刑事立法应因刑事政策的需要会创设更多之危险犯。但如对危险犯之"危险"之客观标准在理论上界定不清,就无法对危险行为入罪的立法标准和司法认定予以明确解释和阐明,危险犯极易成为公权机关自由裁量权过度扩张之借口,有违刑法谦抑之嫌。[3] 危险的"显见可能性"标准不仅为包括危险驾驶罪在内的危险犯入罪提供相对明确的标准,亦为检视和防范危险犯之滥用设置了一道安全阀。

---

[1] 有学者如 Schröder 将此种由抽象危险行为之可罚性与危险判断之具体标准相结合、需由法官对抽象危险行为进行一般性判断之危险犯种类称为"抽象—具体危险犯",认为其介于抽象危险犯与具体危险犯之间,立法者无法自行决定危险之要件,因而交由法官做一般判断。参见 Schröder, Abstrakt-konkrete Gefährdungsdelikte? JZ 1967, S522ff. 但亦有学者如许玉秀认为此种危险犯种类并无存续之必要,以酒精浓度判定危险行为之成立纯粹是对醉酒客观标准之信赖问题。参见许玉秀《无用的抽象具体危险犯》,《台湾本土法学杂志》2000 年第 8 期。

[2] 事前判断多是对行为之后果的抽象判断,主要基于行为表现及一般法则判断危险之可能性;事后判断是修正事前判断之具体判断,主要基于行为时客观情势来修正补充事前判断之不足。参见德国法院判例 RGSt6, 189。

[3] 参见苏彩霞《"风险社会"下抽象危险犯的扩张与限缩》,《法商研究》2011 年第 4 期。

论我国醉驾认定的程序化建构

储陈城[*]

摘　要：醉驾纳入刑法典之后，还需要对相关程序性问题进行研究。我国目前对此还没有完善的立法规定，学术界和实务界对此并没有足够重视。相比较而言，英美法系国家（地区）在醉驾认定程序上规定比较细致、严谨和科学。为了保证醉驾案件当事人在侦查和鉴定过程中权利受到最小侵犯，确保酒精浓度的司法鉴定准确性达到最大化，适当引入英美法国家（地区）的程序性规范不无裨益。因此我国可以设置截停程序、初步呼气酒精测试程序、人体平衡测试程序和可做证据的样本酒精鉴定程序四个步骤构成的层次分明的醉驾认定程序。

关键词：醉酒驾驶；认定程序；初步呼气酒精测试；可做证据的样本酒精鉴定程序

一　现状：我国当前的醉驾认定的程序

随着醉驾受到刑法的规制，我国的立法便需要转而应对醉驾认定程序该如何规范的问题。目前我国与醉驾相关的程序性立法相当落后。在执法和司法过程中，我们可以适用的程序性规定除了《刑事诉讼法》及其司法解释外，主要是新修订的《道路交通安全法》、国家质量监督检验检疫总局发布的《车辆驾驶人员血液、呼吸酒精含量阈值与检验》和公安部颁布的一系列行政规章和指导意见，诸如：《道路交通事故处理程序规定》《关于公安机关办理醉酒驾驶机动车犯罪案件的指导意见》《关于征求对〈公安机关办理醉酒驾驶刑事案件程序规定（试行）〉（征求意见稿）《交通警察道路执勤执法工作规范》《道路交通安全违法行为处理程序规定》等。在地方，各地公安厅制定了地方规定，比如山西省公安厅印发的《山西省公安机关

---

[*] 储陈城，东南大学法学院博士研究生。

办理醉酒驾驶刑事案件若干规定（试行）》、河北省公安厅制定的《河北省公安厅办理醉酒驾驶机动车刑事案件若干规定（试行）》以及福建省公安厅制定的《福建省公安机关办理酒后驾驶车辆案件程序规定（试行）》等。[①]

综合上述的相关的法律、法规以及指导意见的规定，我国对于醉驾的认定程序比较简单，主要有以下几个程序。

（1）截停程序，按照《交通警察道路执勤执法工作规范》附件一第2条第2款和第3款的规定："对有酒后驾驶嫌疑的机动车驾驶人，要求其下车接受酒精检验。对确认没有酒后驾驶行为的机动车驾驶人，应当立即放行。"（2）呼气酒精测试程序，公安部《关于公安机关办理醉酒驾驶机动车犯罪案件的指导意见》规定："检查中发现机动车驾驶人有酒后驾驶机动车嫌疑的，立即进行呼气酒精测试。"（3）血液样本采集与血醇浓度鉴定程序，公安部《关于征求对〈公安机关办理醉酒驾驶刑事案件程序规定（试行）〉（征求意见稿）》第9条规定："当事人涉嫌酒后驾驶机动车，具有以下情形之一的，应当抽取血样，检验体内酒精含量：呼气酒精测试结果达到或者超过醉酒驾驶标准的；对呼气酒精测试结果有异议的；拒绝配合呼气酒精测试等方法测试的；发生交通事故的。"这三项程序本身具有粗糙性，由于各个程序项下的具体规定又有不一致，在实际适用的过程中存在诸多混乱。这导致"各地在醉驾案件的办理过程中各自为战，办案程序很不规范"[②]。另外，这三项程序本身缺乏对驾驶人员基本权利保障的详细措施，在具体的操作过程中会产生诸多侵犯驾驶人员基本权利的现象。

二 问题：我国醉驾认定程序之粗糙性

尽管我国目前醉驾认定程序非常简单和粗糙，但是无论是实务界还是理论界，均没有重视构建细致、严谨和科学的醉驾认定程序这一问题的重要性，而这些简单的程序性规定导致我国实务中醉驾认定程序存在诸多问题难

[①] 有学者认为我国当前醉驾刑事程序的规定只有公安部出台的《公安机关办理醉酒驾驶刑事案件程序规定（征求意见稿）》，参见杨雄、邵汝卿《"醉驾"案件的程序与证据问题研究》，《法学杂志》2011年第10期。实际上这种观点并不正确，上述所列规范所规定的程序在酒后驾驶和醉酒驾驶之间均同样适用。

[②] 宋昌智：《论醉酒驾驶机动车案件的办理》，《山东警察学院学报》2012年第3期。

以解决。这些问题从宏观到微观层面按照程序的先后顺序主要包括以下几个方面。

(一) 我国醉驾认定程序适用法杂糅、立法层级低

随着刑法将醉驾行为纳入刑法的危险驾驶罪中，对于醉驾行为的认定程序应当由相关的刑事程序法进行指导，但是目前我国《刑事诉讼法》和相关的司法解释都没有对醉驾认定程序的具体规定。因此醉驾的认定只能依靠行政程序法和刑事程序法杂糅适用。比如《道路交通安全法》《道路交通事故处理程序规定》和《道路交通安全违法行为处理程序规定》等都是行政程序性规范。而《公安机关办理醉酒驾驶刑事案件程序规定（试行）》《关于公安机关办理醉酒驾驶机动车犯罪案件的指导意见》以及《山西省公安机关办理醉酒驾驶刑事案件若干规定（试行）》则属于刑事程序性规范。即便是前一种的行政程序性规范，其中的程序性规定不仅适用于酒驾，也同样适用于醉驾。[①] 当警察发现驾驶人员有醉驾的嫌疑的时候，究竟该依照哪一个法律规范进行随后的认定程序就会存在混淆。这有可能导致警察在认定醉驾刑事案件的时候，适用了行政程序法的规定。

另外，目前的相关程序性规定还存在立法层级低的问题，很多程序性规定的制定主体为地方行政机关，即便是公安部制定的相关规定也仅仅处于试行阶段或者是指导性意见，尚不具有在全国普遍适用的法律效力。

(二) 强制截停缺乏理由，存在侵犯公民权利之嫌

"任何人有权被推定为无罪，从而在未被最终定罪之前，任何公民在被指控刑事犯罪时均享有一系列程序性权利，从而在制度上生出一系列旨在保障公民人身权利免受恣意侵犯的具体规定。"[②] 具体在醉驾案件的认定领域，公民在遵守基本交通法规的前提下，其在公路上享有自由驾驶车辆的权利，不受其他任何第三方甚至行政机关的干涉。警察的强制截停，将个人进行长时间的阻拦，是对个人自由的限制。[③] 并且，汽车和房屋一样属于个人的财产，所有人对汽车享有基本的支配权。这就意味着警察不得擅自任意截停汽车。

案例1：交通警察李某与张某素有仇怨，某日张某正常驾驶汽车，必须准时达到公司与客户签署商业合同。行至某路口，恰逢交警李某在执勤，李某见到是张某的汽车，意欲刁难，以检查张某是否醉驾为由，要求张某下车

---

① 比如公安部颁发的《道路交通安全违法行为处理程序规定》第33条。
② 易延友：《刑事强制措施体系及其完善》，《法学研究》2012年第3期。
③ 参见蔡震荣《警察职权行使法概论》，元照出版公司2004年版，第62页。

接受一系列的检查,张某认为自己没有任何醉驾的嫌疑,且说明自己时间紧急,但是李某仍然在没有任何合理怀疑的情况下对张某进行截停且完成了后续的程序,最终导致张某合同没有签署,损失巨大。由于我国没有对警察截停程序做出任何权力限制的规定,便会导致本案中驾驶人员人身自由权被任意侵犯。如果我国的醉驾程序性规定不对警察在截停程序中的权力进行合理而有效的限制,便可能会导致警察恣意截停汽车,造成对基本道路交通秩序的破坏,损害在公路上驾驶的人员的人身自由权和正常驾驶的权利。这种盲目性和肆意性地截停汽车,会造成没有醉驾的驾驶人员的驾驶权利被侵扰,而真正醉酒驾驶的行为人则可能逃脱。

(三) 错误的呼气酒精测试可以作为证据使用

在我国,醉驾案件中的血液样本的酒精浓度鉴定结果是唯一正确的。如果呼气酒精测试的结果和血液样本的酒精浓度鉴定结果不一样,则以血液样本的酒精浓度鉴定结果为准。这证明呼气酒精测试的结果是错误的。实际上我国的呼气酒精测试的执行主体是没有鉴定资质的交通警察,且测试的仪器的精确性无法保证。这使得我国的呼气酒精测试实际上就是英美法系国家(地区)的初步呼气酒精测试。而在英美法系国家(地区)的初步呼气酒精测试的测试仪器刻度需要做特殊处理,得出的测试结果要高于实际结果,因此得出测试结果往往是错误的,而该测试所得出的结果只作为警察决定做出是否逮捕当事人的依据,不能作为控诉证据使用。但是在我国司法实务中,呼气酒精测试的结果仍然被作为证明被告人醉驾的证据使用。笔者随机对50份醉驾案件的判决书进行统计发现,在醉驾案件中,检察机关最常使用的主要指控证据除了血液样本酒精浓度的司法鉴定报告,还包括呼气酒精测试结果单,见表1①。

表1　　　　　　　　　　　　醉驾案件中证据使用情况

证据种类	检察机关的使用频率
血液样本司法鉴定报告	50次
呼气酒精测试结果单	12次

证据必须具备真实性,如果一份证据无法真实地反映被告人体内的酒精

---

① 为确保统计的准确性,尽量减少主观因素的介入,该50份判决书为笔者随机在中国法院网中抽取: http://www.chinacourt.org/paper.shtml。

浓度，则不具备证据所必需的真实性。同时，如果呼气酒精测试结果与血液样本的酒精浓度鉴定结果不一致，但是血液样本的酒精浓度鉴定结果能够证明当事人构成醉驾，则呼气酒精测试结果再作为证据使用已无必要。由于当事人的定罪和量刑都不以呼气酒精测试结果为准，则呼气酒精测试结果在案件中不具有关联性。因此呼气酒精测试的结果也不能作为醉驾案件中控诉被告人的证据使用。

（四）缺乏标准的现场清醒测试导致司法资源的浪费

如果警察通过驾驶的迹象或者驾驶人员的外表、言谈举止等表象怀疑驾驶人员有醉驾的嫌疑，便不加选择地送到相关鉴定机构抽取相关样本进行酒精浓度的司法鉴定，这会使得很多具有醉驾表象而实际上没有任何饮酒行为的人被误认为是醉酒驾驶。这样便大大浪费执法上的人力、物力和财力。

案例2：王某刚取得驾驶证不久便驱车上路，在驾车之前，刚刚吃了一些醉虾，由于对酒精过敏，很快面部绯红。在驾驶的过程中，由于技术有限，汽车时而呈蛇形轨迹，被执法的交通警察发觉，怀疑有醉驾的嫌疑。警察将王某的汽车截停之后，发现王某脸部泛红，便要求王某下车进行相关的检测。按照我国现行的程序规定，警察会对王某进行呼气酒精测试，由于王某刚吃完醉虾，有些许酒精在口腔中残留，很有可能无法通过呼气酒精测试，一旦王某没有通过该测试，警察会将王某带至鉴定机构抽取血液进行可做证据的血液样本的酒精浓度鉴定。尽管呼气酒精测试的结果显示王某的酒精浓度仅略高于醉驾的最低标准，且王某除了面部泛红之外，其他都显示正常，但是他仍然要接受血液样本的抽取和酒精浓度的鉴定。如果大量诸如此类的案件最终都要进入最后的程序，而最终得出的结果又是当事人不构成醉驾，这将会耗费相当部分的司法资源。造成这种结果的原因是我国相关醉驾认定程序性规范在截停程序和最后的司法鉴定程序之间没有一个可供交警对涉嫌醉驾的当事人进行筛选的程序。而这个程序在英美法系国家（地区）就是标准的现场清醒检测程序。

在我国，《车辆驾驶人员血液、呼吸酒精含量阈值与检验》以附录的形式规定了两项人体平衡试验——步行回转试验和单腿直立试验，而其他相关的程序性规定则没有提及这两项测试，所以这两项测试都没有在执法和侦查实践中予以采纳。由于缺乏这两种测试方法，我国在认定醉驾的过程中经常出现误认，比如驾驶人员用了漱口水[①]、吃了几口醉虾就被怀疑是醉驾的荒

[①] 参见雷丹《用漱口水后酒精测试"醉驾"》，《深圳晚报》2012年9月2日第10版。

谬情况,① 啤酒鸭、米酒、醉虾等生活中常见的食品由于含有一些酒精,驾驶人员食用后立即进行驾驶,酒精会残留在口腔中,如果直接进行呼气酒精测试,结果自然会显示为醉酒。如果通过初步呼气酒精测试和标准的现场清醒测试结合进行识别,加上适当的询问,则完全可以迅速排除驾驶人员醉酒驾驶的可能。

(五) 缺乏可替代的可做证据的样本的鉴定

诚如前文所言,我国的呼气酒精测试程序实际上与英美法系国家(地区)初步呼气酒精测试是一样的,但是该测试结果又不伦不类地被作为证明醉驾的证据在诉讼中予以使用,充当了英美法系国家(地区)的可做证据的呼气样本的酒精鉴定程序的功能。而初步呼气酒精测试结果的不准确性决定其是不能作为证据在诉讼中使用的。如果将我国本身就不准确的呼气酒精测试程序还原到其初步呼气酒精测试程序的本真角色,那么我国就不存在可做证据的呼气样本酒精鉴定程序,也即呼气无法作为样本在最终的司法鉴定程序中使用。同样我国也没有可做证据的尿液样本的酒精鉴定程序。《道路交通安全违法行为处理程序规定》第34条规定交通警察可以将醉酒驾驶人员带到医疗机构进行抽血或者提取尿样进行酒精测试。而其他相关程序性规范则都没有尿液样本酒精鉴定的规定,所以在实践中尿液样本在醉驾案件的鉴定中基本没有任何用武之地。因而我国驾驶人员在面对最后的司法鉴定的时候,除了可做证据的血液样本的鉴定程序之外,没有任何可选择的余地。血液样本的收集具有特殊性,首先因为血液样本的收集有可能会影响公民的身体健康权,相较之,呼气样本或者尿液样本的采集的侵犯性最小,对于人格尊严的侵犯最少。其次血液含有大量个人隐私,如果采集公民的血液样本,可能会对公民的隐私权构成威胁。血液中的蕴含的DNA信息也被称为"个人隐私的深层次内容和核心部分"②。"采集的样本如果用于DNA检测,则可能透露个人所有的深层隐私,其中,包括我们的父系、母系、手足乃至于不为外人所知的遗传特征和生理缺陷。一言以蔽之,借由DNA检测,政府机关也掌握了'上帝发给被告的身份证'。"③

案例3:某甲是血友病患者,某次大量饮酒后驾驶汽车回家,在某路口,被执行的交通警察怀疑有醉驾的嫌疑,并经过相关程序之后确认极有可

---

① 参见戴辉、张裕《吃下5只醉虾,测试结果为"醉驾"》,《楚天金报》2012年5月1日第1版。
② 刘大洪:《基因技术与隐私保护》,《中国法学》2002年第6期。
③ 林钰雄:《干预处分与刑事证据》,北京大学出版社2010年版,第24页。

能是醉驾，因此需要对其进行可做证据的血液样本酒精浓度鉴定。但是某甲因患血友病，不宜抽血，强制抽血将会严重影响某甲的身体健康。

案例4：某乙是乙型肝炎病患者，饮酒后驾驶被警察发现，警察有合理理由怀疑某乙是醉酒驾驶，因此要求某乙提供血液样本，但是某乙基于患病隐私的考虑，拒绝提供血液样本，只愿意提供呼气和尿液样本。按照我国现有程序性规定，该两个案件当事人都不得拒绝提供血液样本，也不能以任何可替代性的其他样本作为补充。

（六）强制收集血液样本可能引起暴力取证

我国在可做证据的血液样本的收集程序中，没有规定给予当事人拒绝提供样本的自由。换言之，在我国对于醉驾犯罪案件而言，由于犯罪嫌疑人的血液提取以及血液酒精含量是醉驾刑事案件定罪的核心证据，对于当事人拒绝提供样本的情况下，血液样本的采集采取的是强制收集的办法。如《公安机关办理醉酒驾驶刑事案件程序规定（试行）》第10条第2款规定："对酒后行为失控或者拒绝配合抽血的，可以使用约束带或者警绳等约束性警械。"这无疑扩大了警察的权力，使得在抽取血液样本的时候无须任何监督和约束。

就强制抽血而言，虽然我国刑事诉讼法修正案规定禁止暴力取证和不得强迫自证其罪的原则，但是这两项原则均只关注言辞证据，而对于血液——物证却没有予以保护，因此在我国这种立法设置是符合刑事诉讼法的规定的。但是由于血液证据的抽取和其他样本抽取在被侵犯的感觉上存在较大差别，尤其是在驾驶人员处于醉酒状态时会导致驾驶人员的强烈反抗，犯罪嫌疑人由于不配合抽血取证，侦查机关在使用约束带或者警绳等约束性警械手段过程中，对犯罪嫌疑人身体造成不同程度损伤，可能存在暴力取证进而可能影响抽血证据合法性。

（七）没有设置对于治疗状态下的醉酒驾驶人员的特殊对待条款

在醉驾案件中，往往可能发生交通事故，而交通事故的受害人也极有可能就是醉驾行为人自己。

案例5：某丙醉酒驾车，行驶在某路段时忽然撞上了路边的电线杆，某丙重伤昏迷，警察发现某丙具有醉酒的诸多表面特征，在某丙伤势不明的情况下，是否可以仍然依照正常的程序对某丙进行呼气酒精测试？在某丙被送往医院进行治疗之后，警察是否可以无条件地对某丙进行抽血，并对其血液样本进行酒精浓度鉴定？如果某丙受伤之后，已经严重呼吸困难，生命垂危，强制让其进行呼气酒精测试可能会威胁其生命安全。如果某丙受伤，失血过多，在医院治疗过程中强制抽取血样，可能会加重其伤情。由于我国醉驾相关程序性规范忽视了当事人受伤或者处于治疗状态的特殊状况，因此对于特殊状况也没有设置特殊的程序。

（八）当事人怠于对血醇浓度鉴定证据提出异议

刑事审判中，科学而特定的司法鉴定证据在刑事案件的侦破中日益发挥着重要作用。现代法治理念主要通过诉讼程序的正义而彰显；司法鉴定证据程序的合法性与鉴定证据的可靠性直接影响到鉴定结论的准确性，并进而影响到程序正义能否实现。司法鉴定证据经常是通过由硬件和软件组成的仪器产生出来，比如证据性呼吸测试仪器——通过呼出的气体来测量酒精的浓度，以及用于制作 DNA 基因图的设备。① 根据现行的法律，犯罪嫌疑人是仅仅依据单个证据便被定罪的。

在醉驾案件中，"血液酒精含量检查结果几乎成了判断司机是否醉酒驾驶唯一而'充分'的依据"②。而依照《公安机关办理醉酒驾驶刑事案件程序规定（试行）（征求意见稿）》第 10 条第 2 款的规定，血液样本采集两份，一份备案，一份送检，都是由交警持有，而并没有给予当事人持有自己血液样本的权利。这就会产生这样的问题，即一旦血液酒精浓度测试出现错误该怎么办？

案例 6：某丁喝了一小杯白酒之后驾驶汽车，在离家不远的路段，恰逢警察临检，经过呼气酒精测试发现，某丁的血醇浓度约为 88 毫克/100 毫升，于是将其带至指定的医院进行抽血，医院仅抽取了两份样本，检测过程中由于鉴定人员的疏忽，出现了某些不规范操作，导致最终的鉴定结果变大，得出最终的血醇浓度为 81 毫克/100 毫升。由于当事人自己没有任何血液样本可供自行鉴定，因此难以对控诉机关提供的鉴定结果进行质疑，进而常常怠于行使重新鉴定的权利，只能对控诉机关提供的鉴定结果不持任何异议。这也造成我国醉驾刑事案件中的一个奇特的现象：只要控诉机关提供了鉴定结果认定被告人为醉驾型危险驾驶罪，几乎所有的被告人和辩护人都进行无罪辩护。

三 借鉴：英美法系国家（地区）醉驾认定程序

英美法系国家和地区也是醉驾案件的高发区。在英国，16% 的公路死亡

---

① William C. Thompson et al., "Evaluating Forensic DNA Evidence: Essential Elements of a Competent Defense Review: Part 1", 27 *Champion* 16-18 (2003).
② 赵丽：《醉驾案件取证鉴定环节仍需明确标准》，《法制日报》2011 年 5 月 9 日第 4 版。

是醉驾导致的。① 2007 年，美国约有 1427000 人因醉驾而被逮捕。② 正因如此，英美法国家（地区）均出台了相应的法案加以应对。在美国，自 1910 年纽约州和其后的加利福尼亚州第一次在法律上禁止醉驾之后，直至目前，各州均制定了大量的成文法规。早在 1925 年加拿大修订了《刑法典》，就将醉驾列入刑法规制范畴内。英国在 1988 年制定了《道路交通法案》并在 1991 年和 1996 年进行过修正。我国香港地区的《香港道路交通条例》对醉驾也有着非常完善的规定。英美法系国家（地区）的这些法律法规不仅在实体上规定了何为醉驾以及相应的惩处措施，而且还规定了细致、严谨和科学的醉驾认定程序和技术，为确保醉驾案件顺利、合法以及准确地认定提供了程序上的保证，也为涉嫌醉驾违法犯罪的人的基本权利不受侵犯提供了保障。

纵观英美法系国家（地区）的立法规定，其对于醉驾的认定程序主要分为四个部分，分别为：基于合理的怀疑（Reasonable Suspicion）而强制截停、标准化现场清醒测试、初步呼气酒精测试以及可做证据的血液/尿液/呼气样本酒精鉴定。

（一）基于合理的怀疑而强制截停

在醉驾案件中，基于合理的怀疑而强制截停是最先开始的步骤，并且会引起后续的调查程序。③ 警察强制截停汽车需要一个合理的理由，④ 特里诉俄亥俄州（Terry v. Ohio）案的判决书认为警察应该以侦查的目的基于对犯罪行为的合理怀疑来强制截停。⑤ 也即警察需要合理怀疑驾驶人员有醉驾的可能。警察的合理怀疑一般源于以下两个方面。

第一是警察的独立观察。通常如果警察发现驾驶人员涉嫌与一起交通事故有关，且警察已经在现场进行调查而发现该驾驶人员有醉酒的迹象；或者警察观察到车辆驾驶方式异常而显得可疑，这些都表明驾驶人员很有可能处

---

① Lara Naaman, "Sober up, Old Chap: British Forswear Drunk Driving, Turn Keys over to Scooter man", *The Washington Times*, May 8, 2003, at A2.

② Federal Bureau of Investigation, U. S. Dep't of Justice, *2007 Crime in the United States: Table 29* (2008), http://www.fbi.gov/ucr/cius2007/data/table_ 29.html.

③ Colby J. Morrissey, "Anonymous Tips Reporting Drunk Driving: Rejecting a Fourth Amendment Exception for Investigatory Traffic Stops", 45 *New England Law Review* (2010-2011).

④ Thomas M. LocKney, Mark A. Friese, "Constitutional Roadkill in the Courts: Looking to the Legislature to Protect North Dakota Motoridts Against Almost Unlimited Police Power to Stop and Invenstigate Crime", 86 *North Dakota Law Review* (2010).

⑤ Terry v. Ohio 391 U. S. 1 (1968).

于醉酒状态。这时警察就可以强制截停并进行初步的调查。为了便于警察能够更准确地观察醉驾的迹象，美国公路交通安全管理局（NHTSA）进行了调查和研究，将醉驾可能表现出的特征划分为四大类：不能保持正确的行车状态；开车速度和刹车上存在问题；警觉功能缺失；辨别力障碍。一旦出现这些现象，醉酒驾驶的可能性在35%以上。[1] 如果驾驶人员没有出现上述驾驶特征，警察不得对其进行截停。

第二是通过清醒测试站（Sobriety Check Points）强制截停。NHTSA给清醒测试站下的定义是对每辆或者按照特定顺序（比如每五辆截停一辆）截停汽车以检测驾驶人员是否涉嫌醉驾而预先设置的固定地点。[2] 清醒测试站经常会在夜间或者早晨以及周末等醉驾比较集中的时段和地段设置。清醒测试站的最大特点是警察可以不需要像其他强制截停那样需有合理的怀疑即可要求驾驶人员停车。[3] 但是这并不意味着清醒测试站可以随意设置、任意截停汽车。在Ingersoll v. Palmer案中通过了一项判决，在该判决中，法院确立了在计划和执行清醒测试站过程中所必须遵循的标准。（1）设置清醒站必须由警督一级的警察决定。（2）需要有一个中立的准则来确定哪些车辆将会被截停以防止警察的权力滥用，而不是由现场的警察来任意决定。（3）必须考虑公共安全和警察的安全。（4）设置的地点应当由决策官员来选择，主要集中在那些醉酒驾驶发生率较高的地带。（5）清醒测试站设置的起始时间和持续时间需要有限制，必须综合考虑执法的效率和对私权利的侵犯性。（6）清醒测试站的警示灯和信号必须能够清晰可见。（7）截停汽车的时间必须尽量短。（8）必须有前期的宣传以降低清醒测试站的侵扰性以及增强遏制醉酒驾驶的效果。[4]

（二）初步呼气酒精测试

在警察对涉嫌醉驾的驾驶人员截停后，一般会进行初步呼气酒精测试程序以进一步确定驾驶人员是否处于醉酒状态。

初步呼气酒精测试（Preliminary Breath Testing）用来确认驾驶人员是否受到酒精的影响。通常嫌疑人被要求进行初步呼气酒精测试的时候是非逮捕状态，初步呼气酒精测试的结果只是警察在做出逮捕决定之前要参考的众多

---

[1] *The Visual Detection of DWI Motorists*, http://www.nhtsa.gov/staticfiles/nti/pdf/808677.pdf.
[2] Michael F. Lotito, "Unsteady on Its Feet: Sobriety Checkpoint Reasonableness", 67 *Washington and Lee Law Review*（2010）.
[3] Mich. Dep't of State Police v. Sitz 496 U.S. 444, 458（1990）.
[4] Ingersoll v. Palmer 43 Cal. 3d 1321（1987）.

因素之一，因为它是驾驶人员受酒精影响程度的直接显示，能够为逮捕涉嫌醉驾的驾驶人员提供合理的根据（Probable Cause），但是这种测试结果不能在诉讼中作为控诉证据使用。面对醉驾带来的社会风险，绝大多数英美法系国家（地区）都已经通过立法或者判例承认初步呼气酒精测试程序。

初步呼气酒精测试在英美法系国家（地区）的称呼多种多样，在美国和加拿大也被称为初步酒精检查（Preliminary Alcohol Screening 或者 Random Breath Testing），而在我国香港则被称为检查呼吸测试（Screening Breath Testing），这是一种常见的检验醉酒状态的方法。英国1988年《道路交通法案》第6A条给其下的定义是："初步呼气酒精测试是使用经英国国务大臣认可的仪器对嫌疑人提供的呼气样本进行测试，测试结果将会显示某人的呼气或者血液酒精含量是否有可能超过法定的上限。"初步呼气酒精测试的结果只具有盖然的准确性，比如在加拿大，初步呼气酒精测试的仪器经常被校准到血液酒精浓度为100毫克/100毫升时才会显示测试未通过，如果驾驶人员未通过初步呼气酒精测试，便会给警察以合理的根据相信驾驶人员在血液酒精浓度超过80毫克/100毫升的情况下进行了醉驾的行为。[①]

在英美法系国家（地区），拒绝接受初步呼气酒精测试将会受到惩处。在英国，驾驶人员如果没有合理的理由拒绝配合初步呼气酒精测试，则视为有罪，将会被判处罚款、处罚分或者酌情驾驶禁令。并且将会被逮捕进而被要求提供可做证据的样本以作分析。《香港道路交通条例》第39B条第5款和第6款规定："任何警务人员在根据本条向任何人要求提供样本以作检查呼气测试时，须警告该人没有提供该样本可遭检控。任何人无合理辩解，在根据本条被要求时，没有提供呼气样本，即属犯罪。"

（三）标准的现场清醒测试

如果当事人经过初步呼气酒精测试之后，显示体内酒精浓度达到或者超过法定的上限，但是又不能确定其一定是醉驾，则需要结合标准的现场清醒测试，警察通过初步呼气酒精测试和标准的现场清醒测试的结果综合判断是否需要逮捕当事人以进行下一步的鉴定程序。

在加拿大，如果警察有合理的理由怀疑某人体内含有酒精或者吸食过毒品，并且在过去的三个小时内一直在驾驶车辆或者对车辆进行控制，警察可以要求驾驶人员进行身体平衡与协调性测试，以使警察决定是否需要进一步

[①] Robert Solomon et al., "Random Breath Testing In Canada: Evidence And Challenges", 49 *Alberta Law Review* (2011).

的测试。① 在美国虽然没有明确规定现场清醒测试必须进行，但是每一个醉驾案件侦查过程中几乎都包含警察对涉嫌醉驾人员的现场清醒测试。在1977 年以前，美国各州的警察通过自身的执法经验都发展了一套自己的现场清醒测试的方法，传统的研究认为即使是普通人也有能力判断一个人是否醉酒，而不需要特殊专业技能。但是后来大量的资料显示，甚至连专业医师和警察对是否醉酒的判断的准确性都极为有限。正因如此，促使了标准的现场清醒测试的开发。NHTSA 通过研究抽选出三种测试方法——直行和转弯测试（WAT）、单腿站立测试（OLS）和水平眼球震颤测试（HGN）。② 这组测试方法就是现在在美国各州被推荐使用的标准的现场清醒测试。这一组测试主要采用的是注意力分散法，注意力分散法要求被测试人能够一次性对两个物体保持集中的注意力。对于绝大多数人来说，当他们处于醉酒状态时是没有办法充分地分散注意力在同一时间去处理多个任务的。而驾驶时则需要有这种注意力分散的能力，因为为了驾驶安全，驾驶人员必须能够同时控制方向、加速、刹车以及面对复杂多变的环境做出适当反应等。

尽管初步呼气酒精测试和标准的现场清醒测试的准确性在英美法系国家（地区）受到了很多的批判，③ 但是作为驾驶人员是否有可能在摄入酒精的状态下驾驶的盖然性判断手段，它们确实能够发挥重要的作用。严格执行标准的现场清醒测试，通过科学培训的警察能够通过被测试人的测试情况排除出初步呼气测试错误认定为可能醉驾的人。这能够省去对一些不具有醉驾特征的行为人进行逮捕以及可做证据的血液/呼气/尿液样本酒精鉴定程序的进行，也能够避免对正当驾驶的驾驶人员进行不必要的侵扰。

（四）可做证据的血液/呼气/尿液样本酒精鉴定

经过相关测试，警察有合理的根据相信驾驶人员体内酒精含量超过法定上限，就会对涉嫌醉驾的人予以逮捕。当事人被逮捕到警察局或者具有鉴定资质的机构以后，将会进行可做证据的血液/呼气/尿液样本酒精鉴定。该测试的主要内容是要求当事人提供呼气、血液或者尿液样本。在醉驾案件中最核心的程序无疑就是这个鉴定程序，因为无论是标准的现场清醒测试还是初

---

① 参见罗文波等译《加拿大刑事法典》，北京大学出版社 2008 年版，第 177 页。
② Bruce Nelson, "A Brief Summary Of Field Sobriety Tests in DUI Cases", *Nevada Lawyer*, September, 2006.
③ J. L. Booker, "The Horizontal Gaze Nystagmus Test: Fraudulent Science in the American Courts", 44 *Science & Justice* (2004); Leonard Stamm, "The Top 20 Myths of Breath, Blood and Urine Tests", 29 *Champion* (2005).

步呼气酒精测试，都具有客观上的不准确性，因此一般都无法在诉讼程序中起到证明被告人醉驾的作用。而可做证据的血液/呼气/尿液样本酒精鉴定结果要作为证据在法庭上呈现，是控告涉嫌驾驶人员醉酒驾驶罪的最有力的证据。

鉴于可做证据的血液/尿液/呼气样本酒精鉴定在整个醉酒驾驶认定程序中的核心地位，为了保证鉴定的准确性以及保障被测试者的权利，英美法系国家（地区）在仪器选择、程序设置以及结果得出上均有着严格的要求。

（1）可做证据的血液或尿液样本的酒精鉴定。

一旦嫌疑人因与醉酒有关的违反道路交通法规的行为而被逮捕，则需要提供血液或者尿液样本。

在英美法系国家（地区），提供血液和尿液样本，一般在警察局或者医院进行。警察如要求当事人提供呼气样本以外的其他样本，则必须选择让当事人提供的样本是血液样本还是尿液样本。但是如果医生认为因医学上的理由而不能或者不应取得血液样本，则该样本须为尿液样本。血液样本的提供必须由医生或者专业的护士来抽取。

在鉴定实践中，采集血液和尿液样本之前，警察需要做必要的陈述和警告。主要说明鉴定的主要内容和拒绝提供样本进行酒精鉴定将会被起诉的后果。如果嫌疑人同意提供血液样本，必须由医生从嫌疑人身上抽取两份8毫升的血液样本。这样嫌疑人可以选择一份样本自行选择化学分析师进行私下和独立的检测。另外一份将会被送到法医实验室进行分析并确定血液酒精含量。尿液样本一般不需要由医生进行采集。如果最终确定的可做证据的样本是尿液样本，且嫌疑人同意提供两份样本，嫌疑人须在被要求提供尿液样本时起计1小时内，并在上次提供尿液样本之后，提供尿液样本。第一份样本将会被弃用，而第二份样本将会被用于分析。

在英国如果驾驶人员拒绝进行可做证据的血液样本酒精浓度鉴定且没有合理的理由，即属犯罪。这种合理的理由主要是指某人有生理上或者精神上的原因不能提供样本或者会对其身体健康造成损害等。要求嫌疑人接受抽血和鉴定肯定要侵犯到嫌疑人的自由，但是英国通过合理理由的条款平衡了这一缺陷。在英国，拒不提供样本的刑罚和醉驾的刑罚在严厉程度上是大致等同的。同样在加拿大《刑法典》第254条第5款规定：没有正当理由不服或者拒绝服从治安官要求进行证据性血液样本的化学测试的，构成犯罪。英国和加拿大应对当事人拒绝提供血液样本的对策是值得肯定的，其既赋予了驾驶人员选择的自由，也没有使用暴力侵犯驾驶人员的人身权利，而最终的结果也能够很好地威慑醉酒驾驶的犯罪。

(2) 可做证据的呼气样本酒精鉴定。

如果当事人提出合理的理由不宜提供血液或者尿液样本，则警察可以要求其提供呼气样本以做鉴定。可做证据的呼气样本酒精鉴定的准确性要求其测试仪器必须达到一定的标准，在我国香港特区，该种仪器被称为认可呼吸分析仪器，由警务处长通过宪报加以公布。加拿大，该仪器需要由国会认可并且公布。在美国，呼吸测醉仪必须经过定期的校准和维护，以保证其持续的精密性。[①]

在开始可做证据的呼气样本酒精鉴定前，警察要询问嫌疑人在鉴定前的饮食情况，以确定其口腔内不存在其他影响鉴定准确性的物质。[②] 在鉴定实践中，警察一般会询问嫌疑人在此前的 20 分钟是否摄入过酒精、口腔喷雾剂、漱口水、药物等可能含有乙醇的物质。如果嫌疑人做出肯定回答，则在做呼气酒精鉴定之前必须间隔 20 分钟，该 20 分钟的起算点是嫌疑人摄入上述物质之时。另外，同可做证据的血液或尿液样本的酒精鉴定一样，在正式进行呼气酒精鉴定之前，警察还需要对嫌疑人做必要的说明和警告。

警察会要求嫌疑人提供两份呼气样本。呼气样本的提供必须在警察局或者医院进行。[③] 两份呼气样本被鉴定机构进行鉴定之后，其中显示的较低酒精含量的（如果高于法定的限度）那份样本将会作为起诉的证据，而另一份则不予采用。

(五) 针对当事人受伤治疗的特殊程序

由于发生交通事故后，涉嫌醉驾的驾驶人员出现受伤的情形会被送至医院进行及时的治疗，医院病人在医疗上具有一定的特殊性。比如由于处于治疗状态的驾驶人员在交通事故中，可能嫌疑人肋骨受伤、肺部受损或者严重的面部受伤等原因无法提供呼气样本，所以在对待处于医院治疗状态的嫌疑人有一些特殊的规定。根据英国 1988 年《道路交通法》第 6 条、第 7 条和第 9 条的规定，警察在且仅在负责该病人的医生不反对的前提下才有权对医院的病人进行初步呼气酒精测试和可做证据的呼气酒精鉴定。如果医生认为呼气酒精测试和鉴定不利于病人适当的护理和治疗，可以对该测试进行反

[①] Joseph Tacopina, Chad Seigel, *Strategies For Defending DWI Cases In New York*, Aspatore, 2011.

[②] Hlastala, "Physiological Errors Associated With Alcohol Breath Testing", *The Champion*, Jnly, 1985.

[③] 详见修订的 1988《道路交通法案》第 7 条和《香港道路交通条例》第 39C 条第 1 款。

对。而第 7 条和第 9 条规定，警察在且仅在负责该病人的医生不反对的前提下才有权对医院的病人采集可做证据的血液样本。如果医生认为抽取血液样本不利于病人护理和治疗，可以反对样本采集。而《香港道路交通条例》第 39E 条专门设置了保护医院病人这一条，规定医院的病人不得被要求提供呼气样本，以做检查呼气测试或呼气分析，或提供血液或尿液样本以做化验，除非其主诊医生已获知会提出该项要求的提议，经医生同意后，才可以在医院提供样本。如果医生认为要求或提供呼气样本以做检查呼气测试或供呼气分析，或要求或提供血液或尿液样本以做化验，会损害对病人的适当照顾及治疗，可以反对，并以书面的陈述诊断，以证明其反对有理，则警察不得提出检测的要求。在加拿大同样如此，比如在 R. v. Brooke 案中，因为警察没有就被告的身体情况咨询主治医生，法庭对控诉方提出的可做证据的血液样本酒精鉴定证据拒绝采纳。①

从宏观上看，整个英美法系国家（地区）对醉酒驾驶罪中驾驶人员醉酒的认定的四个程序步步递进、层层推理（见图 1）。即便有些程序在醉酒驾驶犯罪的刑事诉讼程序中并不会发挥证据性作用，但这并不影响它们和其他程序在认定驾驶人员是否醉酒驾驶中的相互配合，而这些程序的紧密结合不仅能够提高警察侦查醉酒驾驶的准确度，从而更有力地打击醉酒驾驶犯罪，而且能够在程序上防止警察滥用权力，确保驾驶人员的合法权益得到保护。

另外，从每个步骤来看，很多程序，如强制截停并调查程序、初步呼气酒精测试、现场清醒测试程序等均有实证的科学实验作为基础，立法机关或者相关的政府行政机关通过资助科学实验，设置细致、科学的认定方案。

最后，整个英美法系国家（地区）醉驾的鉴定实际上是国家在追求最大化减少醉驾犯罪，维护公共社会安全的利益和驾驶人员为代表的公民全力维护自身合法权益尤其是宪法权益的利益之间的博弈，而在这个博弈的过程中还有律师和司法机关的参与。比如"庞大的律师从业人员根据科学研究和从业经验，对各种醉驾测试进行无孔不入的质疑，并孜孜不倦地宣传这些质疑，以期从根本上动摇醉驾指控依据；另一方面，政府为了应对这些质

---

① Erika Chamberlain, Robert Solomon, "Enforcing Impaired Driving Laws Against Hospitalized Drivers: the Intersection of Healthcare, Patient Confidentiality, and Law Enforcement", 29 *Windsor Review of Legal and Social Issues* (2010).

疑，想方设法为执法人员提供各种培训，以确保其正确执行各种醉驾测试"①。又比如联邦最高法院和各州法院法官在司法审判中通过对于每个程序合宪性的细致审查和质疑，要求政府应当通过侵犯性更小的程序来保证公路的安全和公民权利的实现。正是这些主体的参与使得国家和公民之间的博弈得以尽量保持平衡，从而最大限度地既保证醉驾案件的减少，又促使公民宪法权利得以保障。

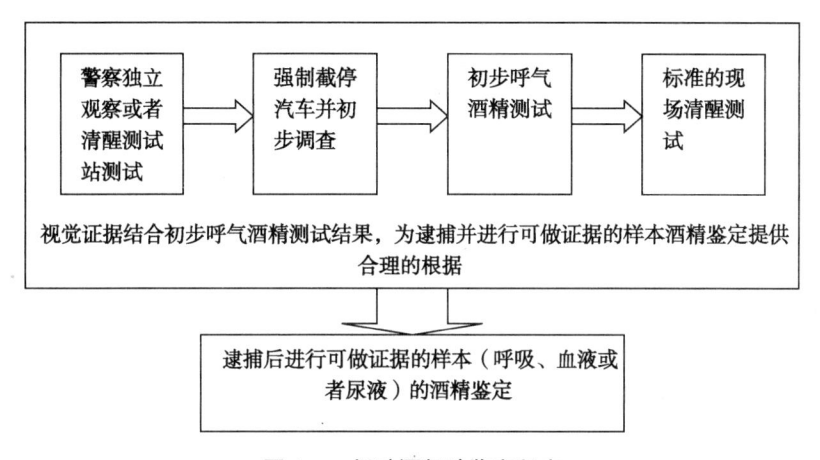

```
┌──────────┐   ┌──────────┐   ┌──────────┐   ┌──────────┐
│警察独立  │   │强制截停  │   │初步呼气  │   │标准的现场│
│观察或者  │──▶│汽车并初  │──▶│酒精测试  │──▶│清醒测试  │
│清醒测试  │   │步调查    │   │          │   │          │
│站测试    │   │          │   │          │   │          │
└──────────┘   └──────────┘   └──────────┘   └──────────┘

视觉证据结合初步呼气酒精测试结果，为逮捕并进行可做证据的样本酒精鉴定提供
合理的根据

         ┌──────────────────────────────────┐
         │逮捕后进行可做证据的样本（呼吸、血液或│
         │者尿液）的酒精鉴定                │
         └──────────────────────────────────┘
```

图 1　一般醉酒驾驶鉴定程序

四　构建：我国醉驾认定程序之确立

基于以上的分析，笔者认为我国的醉酒驾驶的鉴定程序应当借鉴英美法系国家（地区）的经验予以重新构建和完善。

(一) 制定统一的醉驾认定刑事程序规定

"及时制定规范性文件，指导醉驾办案实践。即根据办案需要和当前执法实践所反映的问题，制定专门的查处醉驾刑事案件的操作规程，以统一实践做法，增强案件查处的公正性。"② 因此我国需要有一部完善、统一的对醉驾的侦查鉴定的具体处理程序的权威性规定。比较适当的办法是由公安部、最高人民检察院以及最高人民法院联合就司法实践中如何处理醉酒驾驶刑事案件的认定出台一部刑事程序性法律文件。该法律文件指导司法实践中

---

① 杨志琼：《美国醉驾的法律规制、争议及启示》，《法学》2011 年第 2 期。
② 秦新承：《醉驾案件若干司法问题研究》，《中国刑事法杂志》2011 年第 12 期。

醉驾刑事案件的侦查鉴定程序的进行，其他任何与之相冲突的程序性规定都应当不得适用。另外，有学者认为："在我国，醉酒驾驶等交通违规行为的查处一直以来都是由交通警察承担的，但是，当醉酒驾驶行为在法律上由交通违规行为变为刑事犯罪时，如果仍由交通警察去查处，就难免显得有些不尽合理。"[①] 尽管如此，但是"基于酒驾的数量和交警职能的专业性，同时也考虑到刑警资源的相对匮乏，在当前和今后很长一段时期都不可能由刑警行使酒驾查处职能"[②]。由谁来查处不是问题，而真正的问题是适用何种程序。将适用酒后驾驶的行政程序用于醉酒驾驶的刑事程序明显不妥当。因此，应当将醉酒驾驶的刑事侦查鉴定和酒后驾驶的行政处罚过程中所进行的认定程序进行区别，醉酒驾驶的侦查鉴定不得使用行政程序的规定。如果在处理酒后驾驶的过程中发现驾驶人员可能是醉酒驾驶，则转换到适用上述制定的刑事程序规范所规定的程序重新进行侦查和鉴定。

（二）设置警察截停汽车的条件

在上述的程序性规定中对警察截停驾驶中的车辆设置相应的条件之前，公安部应当根据需要进行调查研究，就我国醉酒驾驶人员驾驶过程中可能出现的特征进行统计和研究，并对道路执法警察进行识别醉酒驾驶的专门培训。在执法过程中，警察对某辆汽车截停的条件是在截停之前需要书面记录该汽车行驶的特征，如果条件允许可以使用摄像器材对汽车的运行轨迹和特征进行拍照或者拍摄。只有在相关的特征和运行轨迹显示为不正常驾驶或者行驶异常有可能是醉酒驾驶的时候，执法警察才可以对该辆汽车进行截停。

（三）设置初步呼气酒精测试和人体平衡测试程序

在对疑似醉驾的车辆进行截停之后，警察通过对驾驶人员近距离观察和询问发现驾驶人员有醉酒的可能，应当首先由受过专业培训的警察使用指定的仪器进行初步呼气酒精测试。需要说明的是初步呼气酒精测试仪器需要进过特殊的处理，使得得出的测试显示的酒精浓度要比当事人体内酒精的真实浓度略高。如果显示呼气中的酒精浓度达到醉酒的程度，则询问驾驶人员是否饮过酒，如果驾驶人员否认摄入过酒精，则应当要求驾驶人员下车接受人体平衡测试程序。如果驾驶人员的初步呼气酒精测试显示的酒精浓度只是刚超过法律许可的上限，而且能够清晰地回答警察的询问，没有明显的醉酒特

---

① 李波：《醉驾入刑的实践困境阐释》，《河南师范大学学报》（哲学社会科学版）2012年第5期。

② 秦新承：《醉驾案件若干司法问题研究》，《中国刑事法杂志》2011年第12期。

征,且能够顺利地通过人体平衡测试程序,应当要求该驾驶人员间隔 20—30 分钟后再进行一次初步呼气酒精测试和人体平衡测试程序,如果仍然能够通过,则应当对该驾驶人员予以放行。除此之外的其他情况都应当可以认定该驾驶人员可能处于醉酒驾驶的状态,需要将其带到指定地点接受可做证据的样本的酒精浓度鉴定。

"有部分观点认为,判定醉驾的标准应坚持以血液中酒精含量为主,辅以体现个体差异的'人体平衡试验'。这样既体现了统一性,又照顾到差异性。"① 虽然该种意见将人体平衡测试程序纳入醉驾侦查和鉴定程序中来,但是没有认清该种程序的真实作用。由于本程序本身并不具有准确性,不能作为认定罪与非罪的证据使用,而只能为警察初步判断行为人有可能醉驾提供根据,并作为警察决定是否进行后续程序的判断依据。

(四) 设置血液、尿液和呼气三种可以作为证据的样本酒精鉴定

如果驾驶人员没有通过初步呼气酒精测试和人体平衡测试程序,则应当进行可以作为证据的样本酒精鉴定。样本应当可以是血液、尿液或者呼气三种之一,这些样本采集之后必须送至具有资质的鉴定机构进行鉴定。由于血液样本的酒精鉴定最具有科学性、出错率最低、准确性最高等特性,所以警察可以要求驾驶人员优先提供血液样本,除非驾驶人员提出证据证明自己有生理、病理或者隐私等原因,无法或者不便提供血液样本,则警察可以要求该驾驶人员提供呼气样本或者尿液样本。当然如果驾驶人员因为同样的原因无法提供呼气或者尿液样本,则必须用血液样本以替代。

(五) 对拒绝进行样本采集的行为设置和醉驾类似的惩罚

如前文所述,"在没有任何外在压力的情况下,除了被害者以及急于证明自己清白的无辜者外,很少有被采集人心甘情愿地配合采集措施的实施,在绝大多数情况下,采集血液样本都会遭到被采集人不同程度的抵制"②。尤其是处于醉酒状态下的驾驶人员往往因为处于非理智状态,会暴力反抗任何的身体接触,在警察对其约束醒酒之后,如果没有任何原因而拒绝提供呼气、血液或者尿液样本,则警察应当避免采取暴力手段进行收集。如果按照美国那样向相关部门申请强制收集样本的令状,③ 可能会因为耗费时间过长

---

① 许文辉、朱里:《"醉驾入刑"的实践思考》,《中国检察官》2013 年第 4 期。
② 王志刚:《论血液样本证据的特性及其采集司法程序的完善》,《政治与法律》2012 年第 3 期。
③ Holly Hinte, "Drunk Drivers And Vampire Cops: The 'Gold Standard'", 37 *New England Journal on Criminal and Civil Confinement* (2011).

而导致最后收集的样本不能准确真实地反映驾驶人员的酒精浓度。醉驾案件"同其他刑事犯罪的一个显著区别就是，侦查机关的取证行为具有很强的时效性，侦查人员一旦没有能够及时收集到证明其有罪、无罪的证据，则以后将很难甚至无法收集到相关证据"[1]。因此与其通过长时间的对当事人采用暴力方式进行拉锯式的样本采集或者申请令状采集样本，不如借鉴英国和加拿大的经验，赋予驾驶人员自行选择的自由，即当事人提供样本进行鉴定可能得出的鉴定结果为不构成醉驾，而当事人不提供样本则必然构成犯罪。此时可以将涉嫌醉驾的驾驶人员拒绝进行证据性血液化学测试的行为作为醉酒驾驶犯罪的表现情形之一，或者单独确立为犯罪且设置与醉酒驾驶类似的刑罚。后一种立法在我国刑法中实际上并非没有先例，刑法第313条的拒不执行判决、裁定罪即是类似的立法原理。

（六）赋予当事人持有样本自行鉴定的权利

基于最终的血液/尿液/血液样本酒精司法鉴定在醉驾案件中的极重要的地位，以及司法鉴定本身可能存在的错误，应当采集三份以上的样本，一份样本由当事人获取并自行选择鉴定机构进行鉴定，另一份样本交由控诉机关所指定的鉴定机构进行鉴定。多余的一份样本留存备案，以备控辩双方对鉴定证据有异议的时候，进行重新鉴定的时候使用。如果控诉机关所提交的鉴定结论与当事人自行选择鉴定机构所得出的鉴定结论均为醉酒驾驶，则没有异议。如果控诉机关所提交的鉴定结论认定当事人为醉酒驾驶，而当事人自行选择鉴定机构所得出的结论为没有达到醉酒驾驶的血醇浓度，则可以提出异议。因为样本的采集为三份以上，所以可以使用之前留存备案的样本进行重新鉴定。

（七）对于亟须治疗或者处于治疗状态的涉嫌醉驾的驾驶人员规定特殊的程序

由主治医生对于驾驶人员的身体和治疗状态中立、客观地提出书面的报告，并就其是否适宜进行相应的鉴定程序以及适宜进行何种鉴定程序中立、客观地出具专业的书面意见，警察如需进行鉴定必须受制于主治医生的意见。

---

[1] 王永杰：《论醉驾的司法实践新问题》，《西部法学评论》2012年第2期。

专题之六：交通拥堵治理

治理交通拥堵的法治思维
——以北京市为例

金国坤[*]

摘　要：限行、限购、提高停车费等治堵措施用尽以后，道路拥堵仍日益严重，交通管理者不得不转变治堵思维习惯，学会运用法治思维和法治方式解决问题。治理交通拥堵需要树立以人为本而不是以车为本的法治理念，在交通拥堵成为常态的情况下，贯彻比例原则，尊重公民意愿和出行自由，追求目标导向，以行政指导方式代替行政强制措施管理交通将成为今后治理交通拥堵的首选。

关键词：交通拥堵；法治思维；行政指导；比例原则

北京市的交通拥堵现象现在已成为常态，人们开始理性地接受了"堵""挤"是生活的一部分。限行、限购等行政手段的作用日渐式微，征收拥堵费等经济手段也已呼之欲出。但人们看到的是，道路交通状况并没有因为采取了治堵措施而得到有效的改善，所有的治堵努力只是暂时延缓了拥堵指数。随着机动车绝对量的增加，拥堵必然会越来越严重。如果抱着既往的治堵思维定式不变，困局将更加难以突破。治理交通拥堵需要法治思维，改变目前走入歧途的行政手段和经济手段治堵的传统思维定式。所谓法治思维，就是要"在法治理念的基础上，运用法律规范、法律原则、法律精神和法律逻辑对所遇到或所要处理的问题进行分析、综合、判断、推理和形成结

---

[*] 金国坤，北京行政学院法学部教授。

论、决定的思想认识活动与过程"①。"法律思维的实质就是从权利与义务这个特定的角度来观察问题、分析问题和解决问题。"② 具体到治理交通拥堵这个问题上，法治思维不再纠缠于道路通行率这个物的概念，以追求一路畅通为目标，而是从交通出行者的感受和权利保护为维度，追求人的出行尊严。法治思维关注的是，治理交通拥堵的措施是否体现了以人为本而不是以车为本，治堵的目的是否使人们能够选择合适的交通方式，充分尊重人的意愿，政府引导、保障人们的出行需求。在拥堵常态化情况下的治堵，法治方式也将是常态化的治理模式。

一　以人为本的治堵理念

以往的治堵措施，无论是行政手段还是经济手段，都体现为以车为本，强调物理属性，试图让道路上的车少一点，走得快一点。法治思维的要义是以人为本，将人作为治理交通拥堵的出发点和归宿。

以人为本理念的内涵要求是什么？首先，要求我们在城市交通管理工作中要注重安全性，努力降低交通事故率、保障人民群众交通安全；其次要注重便捷性，努力为群众创造方便和便捷的出行条件；再次要注重环境协调性，通过加强交通管理，实现有限空间和环境资源的合理利用；最后注重公平性，使每个人享有平等的道路资源使用权利。有一点人们已经达成共识，这就是在城市中心区采用小汽车出行方式是无解的。交通出行结构的思路要进行大调整、大转变。公共交通将是解决城市拥堵病的主要出路，今后的核心是怎么样让老百姓愿意去改坐公交，这就需要在服务上达到方便、舒适、体面、安全的要求，从城市公交容量、网络布局、站点设置、换乘保障、合理票价等方面进行规划。

引导人们改乘公共交通工具、少开车，不是通过行政命令或经济压力，而是通过鼓励、奖励，让人们自己权衡利弊，是以人为本的体现。在韩国首都首尔，为减少交通堵塞，韩国用给少驾车者打折的办法鼓励乘坐公共交通工具。如果韩国人表示自愿每周少开一天车，他的汽车会被贴上一个标签。这个标签使他在停车和经过某些收费隧道时可以享受折扣。以色列运输部和地方政府共同拨出一笔资金，在耶路撒冷、特拉维夫、海法等城市建设自行

---

① 姜明安：《法治是法治思维与法律手段的良性互动》，《北京日报》2012年10月15日。
② 郑成良：《法治理念与法律思维》，《吉林大学社会科学学报》2000年第4期。

车专用道。按照规定,在自行车道的起点和终点将免费向驾车者和公交车乘客提供自行车。我们经常说的最后一公里问题,通过免费自行车是完全可以解决的。这就需要在交通管理中引入行政指导的行政行为方式。相对于行政命令、行政许可、行政强制措施、行政处罚等刚性行政行为,行政指导就是行政机关在其职责范围内为实现一定行政目的而采取的符合法律精神、原则、规则或政策的指引、劝告、建议等行为。行政指导带有柔性,尊重当事人的意愿,不直接产生法律效果。指导的方式可以是奖励、鼓励,提供方便"诱导",如在地铁周边开辟迷你公交跑袖珍线,适应"最后一公里"通公交的需求,也可以是给其造成一些"麻烦",设置"障碍",如为了指导其去中心城区少开车,不是提高停车费,而是采用减少停车位的做法。可以欣喜地看到的是,北京市的治堵策略已经开始朝着以人为本的行政指导方式转变,如北京定制公交平台开始上线,该平台主要面向自驾车或乘坐出租车通勤出行的市民。与普通公交不同的是,定制公交完全依据乘客意愿设定线路,公交部门根据乘客需求开行"居住区—工作地"的一站式商务班车。定制公交的出现证明北京公共交通正在根据市场的需求进行多元化发展,这种创新是非常好的方向。这种方式对减少拥堵、降低排放、提高出行效率是有积极意义的。[①]

法治思维以个人权利为本位,权利必须同等保护,不因财产等因素而变化。为此,在道路资源不变的情况下,可以更多地将道路资源分配给公共交通者使用,提高公共交通的运载能力,以"损害"少部分人的出行权保障大多数人的出行权。让有限的道路资源优先配置给大容量的公共交通,是各国采取的提高出行效率的主要途径。纽约曼哈顿的最新措施则是,单车道,给公交专用,小汽车不能走;三车道,两边公交专用,中间小汽车单行;四车道,两条给公共汽车用。而中国相关部门规定,必须三车道以上才可画公交专用道,"如果路很宽,不堵车,画公交专用道有什么用呢?"[②] 道路狭窄的地方施划公交专用道才能真正提高道路的通行率,当然这个通行率是人的通行率而不是车的通行率。以人为本的治堵思维需要改变目前实行畅通工程的一些做法,如果为确保一路畅通而让行人只能走过街天桥或地下通道,造成老年人的不方便,或者在自行车道施划机动车道,右转车道侵占自行

[①]《北京将推"定制公交"一人一座》,《新京报》2013年7月17日。
[②] 商西:《北京交通发展研究中心主任郭继孚谈北京治堵 没有秩序的管理致停车提价失效》,《京华时报》2012年12月19日。

道，暴露了以车为本的理念，确保了车辆行驶畅通的同时侵害了行人、非机动车驾驶人的路权。以人为本的理念以保障人们出行的自由、方便和安全为目的，如果交通是井然有序的，人们没有感到堵车带来的困苦，通行率低一点也是值得的。

二　立法先行的治堵保障

美国佛罗里达州高级规划师吴里里问诊海口市治堵时，给出的建议是："先制定完善的城市规划与管理的法规，再通过城市管理的各个手段来增加道路通行能力和减少交通量，才能从根本解决交通拥堵这个难题。"[1] 全国人大代表、深圳市市长许勤在2011年全国两会小组讨论会上表示，治理"城市"病尤其是交通拥堵等问题，不仅要靠政府工作层面上出台办法，对许多共性的问题更要及早做深入研究，通过立法来解决。[2] 立法先行，解决交通拥堵问题，已成为拥堵常态化后管理者的共识。以往临时性的管制措施，从实施之日起就有合法性争议，治理交通拥堵的法治化是常态化交通管理的必然。法治化以健全的交通管理法律、法规、规章为基础。建立一个适合拥堵状态下的交通管理法体系是治理交通拥堵的法制保障。

目前尽管有《道路交通安全法》及其实施条例、办法等交通管理法律、法规，但这些立法主要是针对道路安全问题的，不是专门针对治理交通拥堵问题的。对于日益严重的交通拥堵现象，现有法规已不足以解决新出现的问题。从治理北京市交通拥堵的实际需要出发，笔者建议目前应着手制定《北京市道路交通管理条例》《北京市公共交通管理条例》《北京市轨道交通管理条例》3部法规，并起草《北京市交通影响评价办法》、修订《北京市公共停车场管理办法》。

现行《北京市实施〈中华人民共和国道路交通安全法〉办法》是对国家立法的具体化，是在正常状态下适用的交通管理法规。在北京成为"首堵"、交通管理超出安全范畴的情况下，需要制定《北京市道路交通管理条例》，落实北京市综合治堵的各项措施。《深圳经济特区道路交通安全管理条例》已经开了立法治堵之先河，为了缓解交通拥堵，专门设置了"道路交通拥堵的预防和处置"一章，授权深圳市政府可以根据道路交通状况，

---

[1] 文刚：《专家建议立法缓解交通拥堵》，《海南日报》2011年1月6日。
[2] 《深圳市长：治理交通拥堵需立法　会向香港学习》，《新京报》2011年3月14日。

采取机动车保有量增量调控、高峰时段区域限行、合理提高机动车使用成本等交通拥堵治理措施。这为深圳市政府实行限购、限行措施，收取交通拥堵费提供了法律支持。北京市通过制定道路交通管理条例，可以授权市政府采取交通管理措施，如小客车总量控制问题，在条例上只要有一条，本市机动车实行总量控制，具体办法由政府规定即可以使摇号行为完全合法。

为大力发展北京市公共交通事业，解决城市交通拥堵问题，建议北京市人大常委会单独制定《北京市公共交通管理条例》。立法目的在于优先发展城市公共客运交通，规范城市公共客运交通市场秩序，保障营运安全，维护乘客、经营者和从业人员的合法权益。

为强化轨道交通安全运营管理，2004年北京市颁布实施了《北京市城市轨道交通安全运营管理办法》，2007年、2009年进行了修订。《北京市轨道交通安全运行条例》的立法也正在规划中。笔者以为，与其制定轨道交通安全运营条例，倒不如直接制定轨道交通管理条例。理由是现在实践中存在着轨道交通投融资、建设、运营相对分离体制的制约，轨道交通建设与运营衔接不畅，需要统一协调。建设地铁的城市都重视轨道交通的依法管理，大都以地方性法规的形式对建设和运行一并予以立法。北京市也可以考虑制定《北京市轨道交通管理条例》，与修改现行的《北京市城市轨道交通安全运营管理办法》同步进行。

现行的《北京市机动车停车场管理办法》是2001年颁布的。提高停车费是北京市实施治堵工程的重要举措，作为法制保障，需要对现行的《北京市公共停车场管理办法》进行修订，通过立法明确政府、停车企业、停车者三者的责任义务，为加强停车管理提供依据和保障。停车场管理办法的修订涉及管理体制问题。作为一种治堵措施，停车费不再是一种民事行为，而是一种行政收费。

北京市交通委员会2013年制定了《北京市建设项目交通影响评价管理办法》。为了确保"交评"的权威性，应加快建设项目交通影响评估的立法工作，以法律规范形式对城市的土地开发进行控制。

三 目的实现的治堵执法

目的实现的治堵执法是指在交通管理和交通行政执法中，采取哪些管理方式和执法手段有利于治堵目标的实现，就积极主动地采取有效的方式，而不是机械地执行规则。这是实质法治的要求。相对于形式法治，实质法治不仅要求符合法律的条文，而且要求符合法律精神，符合立法的目的。法律的执行应当以立法目的为宗旨，通过严格执法和公正司法引导人们的交通行为。市民拼车出行，在我国城市普遍出现公交拥堵、车速缓慢的情况下，可谓一个减轻道路压力、减少出行成本的好方法。"拼车"在很多国家都备受鼓励，在一些国家甚至会对空车上路的私家车给予处罚。如韩国实行出租车"合乘制"，荷兰阿姆斯特丹20世纪就推行"汽车共享"。在美国经过某些路段时，管理者会对车载人数有一定的限制，只有按标准满载后才可放行。但在我国执法实践中，因拼车收取费用而被认定为黑车的情况屡有发生。按照我国现有道路运输管理的有关规定，利用私家车从事有偿拼车表面上看起来是一种无证经营行为，似乎应当按照黑车来处理。但私家车的拼车并没有"营利"目的，而是互利的补偿行为，因此并不符合非法营运的法定要件。客运部门认定收费拼车行为是否非法，应当以立法目的为宗旨。北京市交通管理部门拟出台鼓励和规范小客车合乘指导意见，鼓励相对固定出行路线的人，通过签订合乘协议，在确保行车规范和安全的前提下合乘出行，减少小客车出行总量，便是目的实现的执法指导原则的体现。

执法行为对市民有一种导向性，法律的功能就在于明确规定支持什么，反对什么，通过奖励和惩罚规范人们的行为。人们交通行为的规范也需要执法者严格执法予以养成。在交通行政执法中，阻碍交通畅通的行为应当成为处理的重点，如根据《机动车交通事故快速处理办法（试行）》，发生事故后，肇事双方必须尽可能快速撤离现场，自行商议解决方式，再到保险公司理赔。据交管部门统计，全市有25%的交通拥堵是由交通违法和交通事故引起的。事故双方在发生事故后不及时撤离事故现场，造成交通拥堵的，交通管理部门不但要依法严处，而且要及时采取措施恢复交通。再如，对于违反限行规定，北京市以往一直采取"一日不二罚"的办法，这也符合《行政处罚法》关于一事不再罚原则的要求。但一些司机便钻了这个空子，拿100元罚款当作限行日的通行费。为此，交管部门调整了电子眼监控系统和交警现场执法系统，对于违反五日制尾号限行规定的车辆，进行连续处罚。显然这样的执法措施更有利于限行政策的执行。

四 损害最小的治堵原则

损害最小化是比例原则的核心。比例原则要求行政管理所采取的措施和手段应当必要、适当；行政机关实施行政管理是可以采用多种方式实现行政目的的,应当避免采用损害当事人权益的方式。任何一项行政强制性的管制措施,对特定的当事人肯定会造成一定的损害或带来相应的影响。当公共利益的需要不得不采取这样的措施时,比例原则要求损害最小化。如目前的机动车购车摇号政策是为了减缓机动车增长速度而不得不采取的应急措施,但在具体操作上可以更精细化一些。如可以分门别类,对仅在五环以外行驶的车辆不限购,牌照标识不同,这样的车辆进五环以内按外地车辆管理。也可以发放仅周末出行的车辆牌照,领取这种牌照的车辆周一至周五尾号限行时段不得通行。

在尾号限行效果越来越不明显的情况下,是否需要实行单双号限行,除了必要性考量以外,还要从损害最小化的治堵原则出发。单双号限行在摇号购车的前提下对治堵显然是有效的,但对公民的出行将造成极大的麻烦。笔者建议可以综合错峰上下班制度,实行同一天内不同时段的单双号限行,如7点至8点单号行驶,8点至9点双号行驶,晚高峰时段相同,其他时段可以取消尾号限行。高峰时段的单双号限行措施,可以预计比目前全天的尾号限行起到更好的效果。这样的举措也可以促使拼车出行风气的形成。

五 危害控制的治堵目标

交通拥堵的危害在表面上是增加了出行的时间,耽误了工作,实际上其造成的潜在危害远不止于此。由于道路拥堵,一旦发生火情和医疗急救等紧急情况,消防车和救护车因难以及时施救而导致生命财产安全没有保障。在交通高峰期内,北京市一辆救护车"不到3公里的路走了40分钟"的事件引发各界关注。救护车虽然在法律上拥有优先通行权,但大城市交通高峰期内的拥堵现状却令"优先"难以实现。北京市急救中心相关负责人曾表示,今后遇到危急重症患者急救转运时,急救部门会加强与交管部门的联动,获取交警的"护航"援助,为危重伤者抢救生命争取时间。[1] 相对"护航",从减少交通拥堵造成的危害角度考虑,开辟绿色通道,是确保城市安全运行必须考虑的因素。快速道的应急车道保证绝对畅通,对于占用应急车道的,实行"零容忍",以危害公共安全从重处罚。对于普遍存在的车辆占用小区

---

[1] 《"不到3公里的路走了40分钟"引发关注 谁来为救护车开道》,《人民日报》2012年12月13日。

消防通道的现象，北京市消防部门曾明令一旦发生火情，消防部门可以强挪机动车。但等到发生火情时再采取措施，必然会拖延救火时间，造成更大的生命财产损失。公安交通和消防部门应当将确保消防通道的畅通作为经常性的工作常抓不懈，建立起拥堵条件下的有效应急机制。

在道路拥堵常态化的情况下，治堵思维需要有所改变，退而求其次，力争在拥堵状态下将拥堵可能造成的损害降到最低，将确保城市安全运行作为治堵考虑的首要目标。一切为了人民，人的生命、财产安全是第一位的，保障人民群众生命、财产安全的是法律，作为交通执法部门，公安交通管理机关、交通行政执法机关等执法主体，执法不能再局限于应急救援、被动应对，而是积极主动地采取有效措施，确保道路交通在拥堵状况下有序运行，避免造成由交通拥堵带来的"次生灾害"，这就需要加强重点领域执法，确保"生命通道"的畅通，以全力保障"高考"那样保障绿色通道的畅通。

六 人人参与的治堵方式

交通是人人必然要参与的，无论是开车还是乘坐公共交通、骑车、步行，谁也难以置身其外。人人参与治堵，不仅是单方面要求交通参与者遵守交通法规，提高交通安全意识，更在于任何一项治堵措施的采取都是经过群众广泛讨论和认可的，治堵决策得到了市民的积极支持，市民自发地组织起来维护交通秩序，参与到治堵行动中。根据过去多年的数据显示，每年9月份是北京市交通拥堵指数最高的月份。为治理拥堵，北京市交通委网站草拟了2013年《"绿色出行畅通北京"9月缓堵专项行动方案》面向社会征集意见。让人人参与到治堵决策中，这样制订的治堵方案会得到广泛的认可和支持，并能自觉遵守和维护，起到事半功倍的作用。反之，政府单方面出台政策，市民消极应对，只能增加执法成本，而对治堵却是徒劳无功。

对于市民们交通出行的自发行为，政府主管部门需要因势利导，顺应发展。北京市"顺风车"公益基金会派志愿者在八达岭高速公路的收费处等候，只要私家车内载有3人或3人以上，无论是搭载自己家人、朋友还是公益拼车，都可以获得一张免费通行券，免缴高速费。组织者王永表示，这有望成为民间组织通过试点来探索和推动政府出台公共政策的先例，他多次呼吁政府出台有关优惠政策，如对满载的顺风车免收高速通行费、优先使用公交车道、不受尾号限行的限制等优惠政策。①发挥民间组织在交通管理中的作用是社会管理创新的重要组成部分，诸如绿色出行组织、环保志愿者组织等在治堵中将会发挥越来越重要的作用。

对于不文明的交通行为，单靠交通执法部门是难以制止的，需要市民的自觉行为。如地铁乞讨，乞讨本身并不是一种非法行为，事先也无法确认，立法上难以做出硬性规定，从执法角度说没有法律禁止难以强制清退。同情弱者本是人的天性，应当鼓励。但对于地铁乞讨而言，每一个交通参与者都应当从地铁运行安全的高度予以思考，自觉抵制。××地铁运营部门用语音提醒乘客不要施舍，也是一种无奈的选择。××市也曾试图立法规定对乘客带进地铁的食物影响站内和车上的环境卫生的予以罚款，但最终正式公布的规定并未采纳"禁止在地铁站台和车厢内吃喝"的条款。对于类似吃食之类的行为，需要依靠道德规则，而不是法律规则的规制。如果法律规定禁止吃食，那么诸如在地铁剪指甲之类的行为也要禁止。从管理的角度说，通过张贴文明公约、语言提醒等形式可以起到作用的，不一定非要立法禁止。立法以后，如果执法不到位，仍然形同虚设。

拒绝行乞、卖艺，自觉不带食物到地铁车厢等，目的是创造良好的地铁环境，吸引更多的交通参与者乘坐地铁出行。地铁作为城市运输的最主要的交通工具，地铁运行的安全、舒适、快捷是根本。

---

① 魏铭言、闫欣雨：《北京回龙观居民拼车福音："顺风车"获政府支持》，《新京报》2013年6月7日。

交通拥堵的法律应对

金国坤[*]

摘要：交通拥堵是现代城市病的表征，世界各国都面临着相同的难题。解决交通拥堵问题，促进交通发展，需要运用法治思维和法治方式，发挥行政指导在交通管理中的作用，坚持以人为本，贯彻交通治理的比例原则，进行精细化管理，实现人和交通的和谐发展。

关键词：交通拥堵；限行；行政指导；法律应对

一 问题的提出

2016年5月12—17日，北京市开展降低机动车使用强度立法民意调查活动。市民可通过北京市交通委官方微信"北京交通"和"北京交通订阅号"、官方微博"@交通北京"、北京市司法局微信公众号"北京普法"等渠道参与答题。[①] 这份由17道题组成的出行问卷，主要对社会公众的出行目的、出行距离、出行方式等进行全方位的调查。问卷设置了类似"您工作日每天上（下）班出发时间""您工作日每天出行距离约多少公里"等填空题，还有类似"您认为造成北京市道路拥堵的原因""为缓解交通拥堵问题，政府如果采取限制性措施，您最不能接受下列哪种"等让市民发表意见的问题。

降低机动车使用强度立法于2016年被列入北京市人大常委会的重点立法项目。这也是北京市人大就缓解北京市交通拥堵的首次立法。尽管北京市早在2008年开始就实行机动车尾号限行措施，但"机动车尾号限行"一直以来都是以政府文件形式出现的，被定义为"地方性临时措施"。对此，早有人提出过不同意见，认为地方性临时措施持续延长缺少法律依据，尾号限

---

[*] 金国坤，北京行政学院法学部教授。
[①] 《降低汽车使用强度开征民意》，《北京日报》2016年5月13日第6版。

行如想继续延续下去，其合法性亟待研究。

2011年以来，北京市实施小客车数量调控，根据的是北京市地方政府规章《北京市小客车数量调控暂行规定》。根据小客车年度增长数量和配置比例确定小客车配置指标，按照公开、公平、公正的原则，以摇号方式无偿分配。这种带有行政许可性质的公共资源配置，以地方政府规章的形式出现，根据《行政许可法》的规定，临时许可一年后如果需要继续实施的，也应该提请地方人大制定地方性法规。

2016年新年伊始，一条关于"北京供暖季实施机动车单双号限行"的传言在网络上疯传。很快有媒体跟进报道说，北京市交通委、北京市委常委会，均曾先后召开会议研究此事，考虑是否将原本只在北京市空气重污染红色预警期间施行的机动车单双号限行政策，进一步升级为在整个供暖期间的常态化。虽然传言很快更新为"限行措施没有通过，暂不实施"，媒体报道也都已经删除，但这还是引起了公众的广泛关注和担忧——单双号限行难道真的要常态化了？更多的人在质疑，机动车单双号限行，是否可以由地方政府自己说了算？这是否侵犯了公民的权益？这么大一笔财产权益的决定，政府不应该随意，说不让用就不让用。即使根据《北京市大气污染防治条例》的授权获得了制定限行措施的权力，政府也依然不能任性为之，还是应该有听证程序或者走一个民主决策的程序、民主立法的程序，充分讨论。北京市人大常委会主任杜德印表示："公共政策制定要有公共治理思维，一定要让广大市民充分发表意见。"对于供暖季单双号限行的问题，涉及公共利益，政府要当好主持人，让公民有序参与到公共治理中，避免行政简单决定。城市公共治理中，要少一些限、控、禁的措施，多一点民主参与讨论，找到解决复杂问题的最大公约数，形成社会共识。原北京市市长王安顺也表示，要更多利用法律的手段解决交通拥堵、大气污染、垃圾污水等城市管理中的热点难点问题。对于大家关注的交通问题，要多用法律的手段、多用经济的手段，少用行政手段解决。

治理交通拥堵的法治化已经提上了议事日程。立法的滞后也是行政主管机关采取临时性行政措施的主要原因之一。立法需要跟进，为治理交通拥堵提供基本的遵循，也规范交通管理行为。为此，"降低机动车使用强度"首次出现在北京市人大常委会2016年立法工作计划名单中，拟7月份第二十八次常委会会议审议《北京市降低小客车使用强度的规定》。北京市人大常委会副秘书长刘维林表示，规定出台前一定会经过充分调研。规定中不一定会直接出现"单双号""拥堵收费"等提法，而是可能会明确，针对这样的情况，经过专家论证或群众参与等程序，授权相关部门采取降低机动车使用强度的措施。针对制定降低机动车使用强度的规定，市人大常委会法制办主任李小娟介绍说，城市的治理和管理不只是政府的事情，公众也不是被管理的对象。为了让城市运转得更好，公众应该是参与者。研究制定降低机动车使用强度规定的过程，也是汇集群众意愿的过程，追求全社会达成最大共识的过程。公众适当降低一下自己的机动车使用强度，也是为了保证大家都能拥有一个比较顺畅的交通环境。"老百姓财产的使用权利是法律赋予的，但有时老百姓为了自己的权利得到更好的行使，也需要让渡一部分权利，这个让渡过程就是一个立法过程。"李小娟介绍说："制定降低机动车使用强度的规定，目前考虑其涉及的主要内容是已经实施多年的机动车尾号限行，此前外界关注的征收拥堵费等问题，暂没有纳入此次立法考虑。不过，在讨论过程中，也会听取各方面的意见。"[1]

降低机动车使用强度立法前进行民调广泛听取社会各界的意见和建议，是市人大"开门立法"原则的体现。组织民调可以更好地了解社会公众日常出行结构和出行规律，征集市民对缓解交通拥堵的意见建议，畅通市民为交通工作建言献策的渠道，为立法汇集民智、凝聚力量，推动社会各界在治理理念和思路上逐步取得共识。

二 当前治理交通拥堵的应对措施分析

2001年12月7日，一场大雪造成"世纪大堵车"。这也是北京市民第一次直接感受到堵车给生活带来的冲击。当天雪后路面结冰，全市车辆寸步难行，下班时间很多人被堵在了路上，只能步行回家。至此，北京进入拥堵的时代，不但上下班高峰时段堵，其他时间也出现了堵车现象。那场大堵车，让北京的交通管理部门认识到，必须建立综合的交通运输体系，并对拥堵问题进行综合治理。2003年，北京市交通局升格为交通委员会，由北京市公安交通管理局局长担任委员会的副主任，至此才将北京市的道路规划、建设、公交运营及路面管理等纳入统一的机构管理。2003年，全市机动车保有量212万辆，较10年前增长了近200%，其中大部分为私人小汽车，达到100万辆。2004—2015年，随着城市化、现代化、机动化进程加快，本市常住人口增长680万人，增幅45%。机动车保有量更是井喷式地增长了

---

[1] 《降低机动车使用强度今年将立法》，《北京青年报》2016年1月26日第4版。

330万辆，增幅达到143%。但受城市空间等限制，同期城市道路增长率仅为58%，远远跟不上机动车的增速。2011年以来，北京市实施小客车数量调控，希望能刹住机动车无序增长的势头，但汽车数量每年仍以3%的速度增长。更值得一提的是，70%以上的小客车集中在五环路以内，日均行驶45公里。这个数据是东京的2倍、伦敦的1.5倍。

2010年，在广泛征求社会各界意见和专家论证的基础上，北京市人民政府发布了《关于进一步推进首都交通科学发展加大力度缓解交通拥堵工作的意见》，决定综合运用科技、经济、必要的行政和法律等手段，加快交通基础设施建设，加大优先发展公共交通力度，加强机动车总量调控并引导合理使用，提高交通综合管理水平，实行建、管、限并举。

在建设方面，根据公共优先原则，为解决居民出行问题，着力加快修建承载量大的地下轨道交通。至2015年年底，北京市轨道交通总里程达527公里。2016年北京市在建地铁达16条，在建总里程近300公里。至2016年年底，16号线一期开通，北京市轨道交通总里程将增长到574公里。北京力争到2020年轨道交通网络规模达到27条线、总长982公里，实现中心城区平均每700米到1000米就有一座地铁站。

在管理方面，提供公交出行和绿色出行。实施"公交优先"是缓解拥堵的有效手段，设置和完善公交专用道是提升公交运行速度的重要措施。经过20余年的发展，目前北京市公交专用道已达到120余条、近400公里。但仍然存在公交专用道不连续、该施划的地方未施划等问题。2015年实施《公交专用车道设置规范》后，公交专用道里程有望达到580公里，市民乘坐公交出行的速度有望提高33%。作为配套措施，公交专用道上每隔400米至500米将加装电子眼，捍卫公交专用车道"不可动摇的地位"。北京在京通快速路开通公交专用道后，公交运行速度显著提升，专用道内公交车运行速度由25公里/小时提高到45公里/小时，公交客流量明显增加，走廊结构趋于优化。同时，按照《2016年缓解交通拥堵行动计划》要求，北京市在路权保障上向自行车和步行倾斜。长期以来，自行车道被汽车吞食，要么成为路边停车场，要么成为右转车道。目前北京市五环内有700公里自行车专用道，2016年将完成300公里自行车道治理，到2020年，北京市在五环内要形成3200公里自行车专用道路，部分路段或者路口将彩色铺设，市民的骑行环境将得到大大提升。未来要恢复自行车出行的传统，让绿色出行的比例从现在的70%提高至75%左右。

在限制方面，实行小客车保有量增量调控，以缓解机动车过快增长势头；继续实施和完善高峰时段区域限行交通管理措施；研究机动车拥有者合理承担使用成本，削减中心城交通流量。

交通问题是解决人的出行问题。人的出行需求决定了交通流量。交通拥堵问题，不是限制车辆出行或降低机动车使用强度所能解决的，或者说不是交通本身的问题，而是一个经济问题、社会问题、政治问题，涉及技术因素、人的素质因素和管理水平。

截至2014年年底，北京市人口2152万人，其中居住在五环以外的有1098万常住人口，占全市的51.1%，三环至六环间聚集了1228.4万常住人口，占57.1%。调查数据显示，北京市超过一半的常住人口都住在了远离城区的五环以外。居住地和工作、学习地分离，交通是联络两地的必要条件，在公共交通不能完全满足出行需求的时候，私家车出行是无奈的选择。疏解核心区的人口、建立行政副中心，在居住和工作、学习区不能合一的情况下，是增加而不是减少了交通需求。北京市自行车出行比例在1980年是62.7%，到2000年下降至38%，到2014年年底更是下降到了11.9%。交通部门期望让骑行在北京重新流行起来，到2020年，本市骑车出行比例恢复到18%。以前人们的生活半圈在半小时自行车范围以内，而且大部分职工生活在工作单位附近，机关、工厂、学校都自己建房分配给职工，单位建幼儿园，在附近上学，上学一般也不需要接送。而30多年以后，随着福利分房的取消和北京高昂的房价，上班族大部分只能在郊区买房，上班地点与生活区相距遥远，自行车难以成为交通工具，而只是健身运动的器材。随着人们经济水平的提高和对美好生活的向往，拥有一辆汽车并成为日常交通工具是每一个人、每一个家庭的愿望。

在长距离的范围内日常出行，可以替代汽车的，除了公共交通工具，就是摩托车、电动自行车等。在台湾，骑摩托车出行是最常见的出行方式之一。在城市的每个路口，一群群骑着摩托车的市民正有秩序地等待交通指示灯，在马路的边上，一辆辆摩托车停放得井井有条。在台北这个停车非常紧张的大都市，政府交通管理部门依然对摩托车网开一面，不但没有强行禁摩，还在各个路段划出摩托车停车位，供骑摩托车出行的人们停车。在北京和其他一些大城市，不仅禁摩，而且还禁止电动自行车出行。2016年3月21日，深圳掀起"禁摩限电"风暴，深圳交警方面表示：深圳道路资源紧缺，路权争夺激烈，交警推出一些限制性措施的同时，也在思考如何让更多使用群体共享道路资源。① 目前北京市电动自行车总数已达400万辆,其中290万辆为不符合注册登记规定的超标车辆。据称这些车辆违法行为多,事故占比大,随意穿行、逆行、闯红灯时有发生,扰乱城市交通秩序,且危及市民出行安全。从2016年4月11日起,北京十条道路禁行电动自行车。同时,考虑到住家、单位和学校在禁限区域内的市民出行的实际情况,允许电动自行车在禁行路段的便道上推行。② 结果是迫使一部分原来骑电动车上班的居民不得不改开私家车上班,增加了道路的拥堵程度。

居民都在尝试找寻最佳的出行方式,改善生活品质,政府是在努力维持交通秩序,力求减少道路汽车通行率,缓解交通拥堵。在博弈中,如何达成双方都能接受的可行的一致意见,听取交通参与者的社会公众的意见是基础性的一步。

三 西方发达国家大城市治理交通拥堵的经验

交通拥堵,是现代世界各国大都市面临的一个共同难题。治堵,考验的是城市的管理水平。人口超过1300万的日本东京,根据2014年的统计数据,人口密度为6106人/平方公里,高于北京的1311人/平方公里。约2190平方公里的东京,机动车保有量超过800万辆。发达的轨道交通系统是东京消除拥堵的利器。目前东京的交通出行总量中,地铁系统占86%,远远高于纽约的54%、巴黎的37%和伦敦的35%。东京汽车出行只占交通总量的11%,另外公交巴士、摩托车及其他(自行车、步行)分别占1%。在东京工作和生活的人,在住宅或职场为中心的不大的圆周内,能够很方便地找到车站。东京都所有住户中,住宅到最近车站距离不足500米的占61.9%,超过1公里者只占0.53%。如果选择自己驾车上下班,那就得自己承担高得惊人的停车费。东京市区停车费用不统一,在路边划定的区域内停车一个小时300日元(约20元人民币)。公务人员出去办事都选择轨道交通,然后实报实销。整个东京都厅上万名公务人员,但是公务车数量仅有10辆左右,因为很少用到。③

---

① 《深圳交警召开新闻发布会回应舆情热点问题"禁摩限电"并非针对快递业》,《南方日报》2016年4月6日第3版。
② 《北京10条大街禁行电动自行车 但允许在便道推行》,《新京报》2016年4月12日第6版。
③ 蒋丰:《东京如何创造治理交通拥堵的奇迹》,日本新华侨报网,http://www.jnocnewsjp。

韩国首尔1988年人口数量就突破1000万，修路的速度永远赶不上汽车增加的速度。之前首尔市的小汽车数量不到100万辆，而之后的20年内小汽车数量增加了两倍，目前已经接近300万辆。在过去20年里，汽车拥有量增加了，人口流动更频繁了，但所幸交通状况并没有太大恶化。目前，首尔市各种交通工具所承担的客运比例分别为：地铁35.2%，公共汽车27.8%，小汽车25.9%，出租车6.2%。首尔市政府一方面坚持不懈地发展公共交通，另一方面持之以恒地引导私家车减少出行。首尔市交通政策担当官慎镛穆介绍，首尔市为鼓励发展公共交通一直注意抓住两个重点：一是不断扩充硬件设施，使地铁线路延伸得更长，让公共汽车跑得更快；二是不断完善软件配套，使公共汽车乘坐更为舒适，让普通市民更愿选择公共交通出行。在交通需求管理方面：一是强制管制办法，划定禁止车辆出入区域或在举办大型活动时强制实行单双号限行措施等；二是经济管制办法，在特定地区收取交通拥挤费或实施停车费用递增制度等；三是经济支援办法，对在换乘中心停车的车辆给予停车费优惠，对购买上下班用中型车辆者给予购车税优惠等。鉴于私家车的用途不同，首尔市政府认识到，如果一律采取强制限行可能会影响部分市民的生活，所以首尔市更多地采取引导方式，开展"一天不开车"活动。"一天不开车"实际上是政府与市民之间的"君子协定"，没有强制性，主要是靠市民的自愿参与和自觉约束。对于参与该项运动的市民，政府将给予多项优惠：如减免5%的汽车税、缴纳交通拥挤费时可享受五折优惠、在公营停车场可享受20%—30%的优惠等。据首尔市的统计，该制度自2004年年末实施以来，参与的车辆已超过94万辆。首尔市政府估计此措施使市中心区的交通流量减少了11%，车辆通行速度提高了3%。[1]

法国巴黎在20世纪70年代初，由于私家车急剧发展，巴黎的城市交通几近瘫痪。如今，巴黎设置了480多条全天或部分时间禁止其他车辆使用的公共汽车专用道。对于小汽车，巴黎市政府规定，每逢空气流通不畅的无风日，则采用分单双号车牌形式来限制轿车进城。为解决交通拥堵以及减少城市温室气体排放量，巴黎政府2007年夏天引进一项"自行车城市"计划，在市内新建的1450个自行车租赁站，为市民提供廉价的自行车租赁服务，以更多的优惠政策鼓励"自行车自由骑"。

英国伦敦对拥堵问题的解决方案第一项就是大力发展公共交通。伦敦市

---

[1] 顾金俊：《韩国首尔市：城市交通管理 探索精细调节交通需求》，《经济日报》2011年4月2日第8版。

内的地铁网络非常发达,共有11条线路,运营里程达400公里,并且在大伦敦城市圈还拥有300公里的市郊铁路,这可以使在上班高峰期间,75%在中心区上班的人群通过铁路网络抵达目的地,节省了在路上拥堵的时间。另外,伦敦市政当局从2003年2月17日开始,规定对进入市中心8平方英里范围内的车辆,从当日早晨7点到傍晚6点30分,征收5英镑的"进城费"。此规定在一定程度上缓解了市中心路段拥堵现象。从2011年1月开始,交通拥堵费上涨到10英镑。收费后,效果十分显著,伦敦交通局在2008年发布的"交通拥堵费"政策评估报告显示,这一政策使伦敦市中心的交通流量减少了21%,与收费前相比每天进入伦敦市中心的车辆减少了约7万辆。[1]

四 治理交通拥堵的法律对策

在分析北京市交通拥堵的原因时,长期以来有认为罪魁祸首是公务用车的。2004年,北京市政协委员李少华递交的一份关于公务车改革的提案中提出,在北京市行驶的车辆中,除了出租车外,公车与私车的比例是4比1,也就是说,每5辆就有4辆是公务车。占26.7%的公车(36万辆)却动态占有道路资源80%,给道路交通造成了巨大的压力。[2] 北京公务车改革2015年年底完成,涉及市、区两级部门4.5万辆公车和21万名公务人员。公务改革后事实上交通拥堵状况并没有得到有效的改善。北京市交通委发布,2016年将研究试点征收拥堵费,并针对小客车、机动车实施更加严格的限行措施。2016年年初,北京市政府办公厅印发《2016年缓解交通拥堵行动计划》,确定了6个方面46项工作任务,以年底为限,逐月倒排制定推进任务表。北京市政府还首次组建缓堵专项督查组,对承担行动计划工作任务的24家市级责任单位和16个区政府进行督查,对任务落实不力的进行通报批评,对不作为的提出建议并报市监察局依法追究责任。[3]

解决北京的交通拥堵问题已经成为市委、市政府治理首都大城市病的重中之重,但病急不能乱投医,更不能乱了方寸。在法治政府建设的大语境下,应当运用法治思维和法治方式解决交通发展问题。

---

[1] 《世界各地治堵妙招盘点》,《西宁晚报》2013年7月11日。
[2] 钱跃:《80%的道路资源原来是被公务车占用》,《中国经济时报》2004年7月8日第1版。
[3] 《北京首设专项督查组抓缓堵 市交通委主任周正宇任组长各区交通缓堵不作为将被追责》,《京华时报》2016年5月16日第7版。

(一) 健全交通法律规范体系，为依法治理交通问题提供基本的法律依据

北京市有关城市道路交通方面的法律规范，目前主要有《道路交通安全法》《道路交通安全法实施条例》《北京市实施〈中华人民共和国道路交通安全法〉办法》，与之相关的还有《北京市大气污染防治条例》等地方性法规和地方政府规章。但道路交通管理主要是安全管理，大气污染防治主要是出于环境保护，治堵本身不是立法的目的。《北京市大气污染防治条例》第63条规定，本市根据国家大气环境质量标准和本市大气环境质量目标，对机动车实施数量调控。第72条规定，市人民政府可以根据大气环境质量状况，在一定区域内采取限制机动车行驶的交通管理措施。限购、限行主要出于大气污染的治理。直接与治堵相关的法律规范只是地方政府规章《北京市小客车数量调控暂行规定》。《立法法》对规章立法权的限制和《行政许可法》对临时性许可的条件决定了这一地方政府规章面临着立法权危机。由北京市人大常委会根据北京市交通发展现状，制定治理交通拥堵的地方性法规，才能为北京市交通发展和管理提供基本的合法性支撑。

(二) 以解决出行为出发点，建立富有效率的交通运行体系

交通问题是个人的出行问题，以限制私家车上路为手段的治堵措施，从根本上没有解决出行难问题。交通管理首先需要考虑的是如何以最便捷的方式将出行的人们运送到目的地。在大规模地发展公共交通的基础上，应提高公共交通的快捷、方便和舒适度，以吸引人们乘坐公共交通工具。为此，施划公交专用道、规划快速公交线路是重要的措施；在地铁口建立大型停车场不现实，但建立大型的公共自行车租赁点和停放点是可行的。通过公租自行车解决人们的最后一公里问题，有条件的小区也可以设立迷你公交线路，在小区与地铁之间穿行。有研究表明，仅仅靠发展公共交通并不能解决交通拥堵的问题，公交出行的增加吸引的人群并不是私家车族，而是那些骑自行车和步行的人，所以对小汽车、私家车需求的管理非常重要。[①] 拼车出行也是提高道路利用率的一个重要因素，对于拼车出行的，政府予以鼓励，可以免除有关费用。在加大对交通违法行为处罚力度的基础上，对缓堵卓有贡献的个人和单位可以予以表彰和鼓励，如对于实行错峰上下班的公司企业给予公开表扬的奖励。

---

① 曾鼐：《专家"把脉"大城市病：仅靠发展公共交通不能解决拥堵》，中新网，http//www.chranews.com/gr/2016/05-09/7863989.shtm。

(三) 发挥行政指导在交通管理中的作用

行政指导是当代各国行政管理的一种柔性方式，是行政机关在其职能、职责或管辖事务范围内，为适应复杂多样化的经济和社会管理需要，基于国家的法律精神、原则、规则或政策，适时灵活地采取指导、劝告、建议等非强制性方法，谋求相对人同意或协力，以有效地实现一定行政目的之行为。相对于强制性行政措施，行政指导更多地体现了对当事人意愿的尊重，乐于为人们所理解和接受。行政指导之所以有效，是因为行政机关采取了奖励、承诺等措施，吸引了当事人自愿按行政意图行事。尾号限行是强制性行政行为，而如韩国首尔采取"每周少开一天车"的活动则是一种行政指导。北京市在交通治堵方面已经自觉不自觉地采用了行政指导的方式，长期实行的公交低票价制对于吸引人们少开车，以公共交通为主要的出行工具方面起到了重要的作用。从鼓励人们乘坐公共交通工具角度看，继续执行低票价制体现了行政指导的行为方式，在治堵措施中今后更应该发扬光大。治堵的本质是让人们出行有保障，能在较短的时间内实现物理位移，而不单是道路的通行率。交通管理者的管理艺术不在于强硬地规定哪条路不准走，哪些车辆不准出行，而是让所有的出行者都合理地选择交通工具，所有在道路上行驶的车辆使用率最大化。这就需要采取引导的方式。出租车合乘、提前约车、提高出租车租价等措施都可以看作行政指导行为。

行政指导要求决策管理者改变思维模式，强调一个"引"而不是"管"，以引导达到管制同样的行政目标。它是潜移默化的，不同于强制性行政命令，带有更多的人性化，当事人也可以权衡选择。它不是通过剥夺出行者自行开车出行的权利，驱使其不得不乘坐公共交通工具，而是通过提高公共交通工具的服务质量，同时提高其自行开车出行的难度，引导其选择公共交通。交管行政管理部门要引导公众使用公共交通，政府部门应该尽量使公共交通舒适便捷。

(四) 按比例原则使交通管理更加精细化

比例原则要求行政管理所采取的措施和手段应当必要、适当；行政机关实施行政管理可以采用多种方式实现行政目的的，应当避免采用损害当事人权益的方式。任何一项行政强制性的管制措施，对特定的当事人肯定会造成一定的损害或带来相应的影响。当公共利益的需要不得不采取这样的措施时，比例原则要求损害最小化。如目前的机动车购车摇号政策是为了减缓机动车增长速度而不得不采取的应急措施，但在具体操作上可以更精细化一些。如可以分门别类，对仅在五环以外行驶的车辆不限购，牌照标识不同，这样的车辆进五环以内按外地车辆管理。也可以发放仅周末出行的车辆牌照，领取这种牌照的车辆周一至周五尾号限行时段不得通行。

比例原则在北京的城市管理，包括交通管理中，也是精细化管理的要求。北京市十一次党代会提出了提高城市的精细化管理水平。在缓解城市交通拥堵方面，要求加快轨道交通建设，实现区域全覆盖，大力改善市民出行条件，进一步提高公交出行比例，加强道路微循环系统和停车设施的建设管理。精细化管理，要求交通管理部门利用现代科学技术，动态监控各条道路的通行情况，及时调整交通标识，在同一时间节点内让各条道路的通行都达到相同的饱和程度，避免所有车辆都拥挤在城市主干道上。精细化，意味着什么都不是一刀切，不同情况可以区别对待。在交通管理中，比例原则还要求在不同的人群之间实现路权的平衡。提高停车费、收取拥堵费等经济手段，在治堵中可能是有效的，但不一定符合比例原则的要求。经济手段以财富作为衡量标准，将更多的路权分配给财富多的人，实质上剥夺或减少了普通人的路权。法治思维以个人权利为本位，权利必须同等保护，不因财产等因素而变化。为此，在道路资源不变的情况下，可以更多地将道路资源分配给公共交通者使用，提高公共交通的运载能力，以"损害"少部分人的出行权保障大多数人的出行权。

（五）科学有效的城市整体规划，是解决交通拥堵和实现交通发展的根本途径

北京市在通州建立行政副中心，如果不解决就近上班问题，只会增加交通流量。北京市在通州设立学校、医院，目的就是吸引在通州上班的人也能居住在通州。交通是城市发展的基础，在以后的城市规划中应坚持"交通的先导性"，要交通引领土地资源综合利用和开发。不能等城市建好了，再回过头考虑交通怎么样配套的问题，而应该首先考虑城市的交通承载力，再来规划城市其他的功能。

交通治堵方案征求民意的法治考量

金国坤[*]

摘　要：北京市交通治堵方案向全社会征求民意，是科学决策、民主决策的体现。决策科学化、民主化需要法治化的保障。通过制定重大决策程序法律规范，为科学决策、民主决策提供基本的法律依据，实现依法决策、科学决策和民主决策的统一。

关键词：民主决策；科学决策；法治化；交通治堵

2004 年国务院《全面推进依法行政实施纲要》要求建立健全科学民主决策机制，实行依法决策、科学决策、民主决策。2010 年国务院《关于加强法治政府建设的意见》进一步提出了要坚持依法科学民主决策，推进行政决策的科学化、民主化、法治化。行政决策法治化与依法决策是不是同一概念的不同表述？依法决策与科学决策、民主决策是什么关系？如何实现行政决策的法治化？本文试图通过对北京市交通治堵决策过程的实证分析，探讨行政决策法治化的途径和方法，以实现建设法治政府的目标。

一　问题的提出：民主决策的尝试及其得失

根据 2005 年国务院常务会议讨论通过的《北京城市总体规划（2004—2020 年）》确定的交通发展指标，预计 2020 年，北京市全市民用机动车拥有量达到 500 万辆左右。事实上，到 2010 年 9 月上旬，北京市机动车保有量已突破 450 万辆。这意味着市区交通流量已超过 2008 年尾号限行政策实施前的水平，尾号限行的效果已经被抵消。而且，机动车数量还在以每天 2000 辆的速度猛增，截至 2010 年 11 月 21 日，北京市机动车保有量已达到 467 万辆，500 万辆的大关随着 2011 年新年的到来被冲破。机动车已经处于

---

[*] 金国坤，北京行政学院法学部教授。

超饱和状态，城市交通生态已十分脆弱。2010年9月中旬的一场小雨，使得北京市区的交通几近瘫痪，拥堵路段达到143条。

面对这样严峻的局面，必须尽快出台交通治堵新政。经过三个多月的反复研究，北京市政府提出了《北京市关于进一步推进首都交通科学发展加大力度缓解交通拥堵的工作意见》，并于2010年12月13—19日面对社会广泛征求公众的意见，问计于民。据一位交通专家表示，北京市交通治堵方案中的每项措施，都是经过多次专家论证后才出现在最终文本上的，每次论证会的讨论都非常激烈，每项措施的背后，都有不同观点的尖锐交锋。政府决策过程是非常慎重的，经过各方面的调研和考虑，力求做到决策的科学性。①

在一周的时间内，交通委共收到网上提出的意见建议2929件，信函和传真425件，总体持赞成支持态度。94.2%的网上留言、来信和传真提出了建设性意见，涵盖交通规划、设计、建设、运营、管理、服务和交通文明等多个方面；表示反对的占5.8%，主要集中在抑制机动车快速增长、单双号限行、公车管理、征收拥堵费等方面。另外，由于治堵措施涉及对外地车辆进京的特别限制，北京市公安交通管理局向河北省公安交通管理局发出警务协作请求，由河北交管部门向河北各界征集对北京市采取限行措施的反应和意见，以及对限行措施规定的具体内容需要细化和解释的建议。

在征求意见的基础上，北京市人民政府新闻办公室于2010年12月23日召开"北京交通改善措施"新闻发布会，正式公布治堵方案。方案在听取意见的基础上作了部分修改，如原规定"必要时，实施重点交通拥堵路段高峰时段机动车单双号行驶措施"修改为"遇有恶劣天气、重大活动、重要节日等可能引发严重交通拥堵情况，适时采取重点交通拥堵路段高峰时段机动车单双号行驶措施"。设定了实行单双号限行的具体条件，避免了行政裁量权的滥用。但在对如何调控机动车增长速度等关键性问题上，原方案规定得比较原则，只是提出按照公正、公开、公平和无偿的原则，合理调控单位和个人年度小客车增长速度，抑制小客车过快增长。至于如何调控，没有具体措施。而正式公布的方案明确了以摇号方式无偿分配小客车配置指标的方法实施对小客车数量的调控措施。

交通治堵措施公布后，一个已经经过征求民意的决策受到了多方质疑。有担心认为，治堵方案本身模模糊糊，回避了关键问题，而且征集民意结果

---

① 邓杭：《政策出台始末经历一波三折》，《京华时报》2010年12月13日第12版。

也不明不白。"在老百姓不清楚、不理解的情况下,问同意不同意,太不严谨了。"令人怀疑治堵方案征求民意是不是一种走过场,将民意当成制定政策的工具,更担心真正的民意难以进入治堵决策。也有市民认为,一个关系全市市民利益的意见征集,只在短短一周时间内,并且只有2900多条意见,这在常住人口超过1800多万的首都,其中占据的比例微乎其微,不能认为这样的意见就代表了全体市民的意见。人们看到,在治堵方案征求意见前后,北京车市火爆空前,人们疯狂买车,或囤积车牌。有人认为,这种恐慌性购车行为说明市民对具体限车措施没有预期,因而盲目行事。[①]

北京市治堵方案征求民意,是一种民主决策的有益尝试,它为我们完善行政决策程序提供了可资借鉴的经验和教训。哪些决策应当征求民众意见?如何征求民众意见?民众意见在决策中处于什么地位和作用?民主的实践证明这不是一个简单的问题。限购这样的决策,如果在措施出台前提前公布并征求较长时间的民意,从自身利益考虑潜在的机动车购买群体就会抢购,征求意见过程越长造成的后果越严重。相反,在征求意见过程中对实质性的措施不具体化,民众无法表达意见和建议,容易使人感到有点缺乏诚意。既然已经征求了民意,正式公布的治堵方案应当是根据征求意见的结果修改而成的,那么,有多少市民在征求意见时表达了应当采取摇号的方式而不是以拍卖车牌或提交泊位证明等方式控制机动车总量?如果市民们没有提出任何关于摇号的建议,摇号措施与征求意见之间就缺乏因果联系,或者说摇号这样的交通治堵新政并没有征求民意。

对治堵方案,特别是限购这样的决策,民众有不同的利益需求。很显然,已经拥有机动车或不打算购车的群体与准备购车的群体的利益诉求是完全相反的,限制外地机动车进京的决策更是只影响到周边地区人群的利益。能否以94.2%的绝对多数认为交通治堵措施代表了民意,成为决策的依据,恐怕涉及外地机动车进京限制的决策,更得听取相关地区的意见和建议。这就给我们研究决策的民主性提出了一个新的课题,在利益多元化的社会,不同的利益主体的诉求是不同的,他们的利益在一个决策中都应当得到体现,那么,通过何种方式征求民意才能充分反映各方面的不同意见?决策者对各种不同利益诉求应当如何平衡采纳,是一个需要通过一定的决策程序规则予以明确的问题。在某种程度上,交通治堵方案征求意见不尽如人意,更深层次的原因就在于,目前对如何征求意见的程序没有专门规定,给政府在自由

[①] 刘泽宁、郭超、尹蔚:《北京疏堵新政明日公布》,《新京报》2010年12月22日第5版。

裁量上留下了很大的空间，征求意见更像是一种"自觉行为"。[①]

二 行政决策程序法定化是科学决策、民主决策的保障

依法决策是指行政决策应当有法律、法规和规章的依据，在法定职权范围内依法定程序做出决策。没有法律、法规、规章的规定，行政机关不得做出影响公民、法人和其他组织合法权益或者增加公民、法人和其他组织义务的决定。从这一要求出发，限行也好、限车也罢，都是对公民财产权的一种影响或增加了义务。北京市通过制定《北京市小客车数量调控暂行规定》这一规章，对小客车增长数量进行调控，是为了实施城市总体规划所采取的一项行政措施，是符合行政合法性原则的。北京市制订交通治堵方案，是北京市政府的法定职责所在，但在决策程序上，现行行政法律规范并没有做出明确的规定，只是国务院文件要求社会涉及面广、与人民群众利益密切相关的决策事项，应当向社会公布，或者通过举行座谈会、听证会、论证会等形式广泛听取意见。涉及全国或者地区经济社会发展的重大决策事项以及专业性较强的决策事项，应当事先组织专家进行必要性和可行性论证。

决策的民主化、科学化是决策正确性的条件，但决策的民主化、科学化需要法律的保障。没有决策的法定化，民主决策可能走过场，专家论证会变成了征求民意，有些地方的价格听证会变成了涨价会，制订好涨价的方案让大家发表意见，即使有不同意见，也不会改变初衷。实现决策的民主化与科学化，必须使民主决策程序和科学论证过程法律化和制度化。因为只有法治化，人民群众才能通过各种法律规定的制度参与政府决策，才能通过法律的途径保证政府决策符合社会公众的利益，如果人民群众的合法权益受到侵犯，也可以运用法律手段及时获得有效的法律救济。专家参与决策只有法定化，专家的意见才具有法律效力，成为行政决策的重要依据，专家对其咨询意见和建议也才能相应地负责。专家论证不是民主决策的体现，而是科学决策的要求。决策是决策者的主观行为，人的意志因素在决策中起着重要作用，而决策程序具有客观性，为在决策过程中减少人的意志的随意性，保证

[①] 吴鹏、杨华云：《公共决策频征民意公众担心仅走形式》，《新京报》2010年12月20日第19版。

决策的客观性、连续性，就要使决策程序法治化。①

更为重要的是，一般人们将依法决策、科学决策和民主决策并行，作为决策的三个必须同时具备的要件。但实际上，这三者之间不是平行的关系，科学决策和民主决策是决策正确性的两翼，而依法决策是科学决策和民主决策的保障。科学决策与民主决策本身有时是一对矛盾。科学决策强调决策的成本效益和客观性，但未必是受到民众认同的。民主决策更强调民众的感受和各方利益的平衡，不一定是最明智的选择。科学决策只有向民众充分公开信息、做出说明的情况下才能得到人民的理解和支持。当民意与专家的论证以及政府的意图不一致时，政府就需要通过法定程序综合权衡利弊，做出各方能够接受的决策。如在生活垃圾处理中，相对于传统的填埋、堆肥方式，焚烧发电以其占地面积小、无害化处理充分、减容减量明显、资源化利用率高等特点，被认为是最科学的，但不管建在哪里，附近居民就会担心环境受到污染，广州番禺业主就拟在番禺大石建垃圾焚烧发电厂签名抗议，住户们纷纷表示，出于环境保护和周边居民身体健康的考虑，不应将发电厂建在居民区附近，希望有关方面慎重考虑民意。事实上，当地政府也承认，决策前并没有与当地民众进行过广泛的沟通和交流，仅与小范围的人、村民、村主任有过沟通。为此，政府部门决定重新考虑，充分听取民意，在征求民众意见的基础上做出正确的选择。决策的科学性需要与民意基础相协调，政府决策的合理性在于应当选择对公民的利益损害最小的方案。詹姆斯·威尔逊曾提出，人们参与政府决策更多的是为了挽回受到威胁的东西而非获取新东西。② 当决策可能损害到利害关系人的利益时，听取利害关系人的意见便是必经程序。

在行政决策过程中，国务院建设法治政府要求提出了要把公众参与、专家论证、风险评估、合法性审查和集体讨论决定作为重大决策的必经程序。但是必经程序并不是法定程序，法律、行政法规，甚至地方性法规尚未见到对重大行政决策程序做出统一规定的，只是一些地方政府以地方政府规章的形式制定了重大行政决策程序规则，如《湖南省行政程序规定》专章规定了行政决策程序，青海省人民政府、广州市人民政府等制定了《重大行政决策程序规定》，更多的是部门、没有行政立法权的地方政府以规范性文件

---

① 徐秀霞：《建立和完善法治化的行政决策机制》，《长白学刊》2007年第6期。
② ［美］科尼利厄斯·M.克温：《规则制定——政府部门如何制定法规与政策》，刘王景、张辉、丁洁译，复旦大学出版社2007年版，第200页。

的形式规定重大行政决策程序规则,如《杭州市余杭区行政决策程序规定》《苏州市安全生产监督管理局重大行政决策程序规定》,不胜枚举。行政决策程序尚没有走上法治化道路。国务院《关于全面推进依法行政的决定》确定的全面推进依法行政的目标是要求科学化、民主化、规范化的行政决策机制和制度基本形成,只强调规范化,没有要求必须法治化,而2000年国务院《关于加强法治政府建设的意见》明确了要加强行政决策程序建设,健全重大行政决策规则,推进行政决策的科学化、民主化、法治化。制定行政决策程序法律规范是当前法治政府建设的一项重要任务。上海市"十二五"规划纲要提出将研究制定重大行政决策程序规定,以避免行政决策出现重大失误、造成重大损失。北京市作为首善之区,从交通治堵方案征求意见和决策过程中,进一步认识到了一个科学、民主的决策需要什么样的决策程序,制定统一的重大行政决策程序规定已刻不容缓,也已具备了应有的条件。

三 科学决策、民主决策法治化的制度设计

依法决策,实现行政决策法治化,不仅是行政决策有法定依据,更是要将科学决策、民主决策的程序法定化。行政决策程序包括重大决策程序、一般决策程序、简易决策程序和应急决策程序。专家论证、公众参与是重大行政决策的必经程序。哪些决策需要经过专家论证、公众参与,各地实践中的经验是以地方政府规章的形式规定了重大行政决策的范围和具体事项,如《广州市重大行政决策程序规定》第5条规定:"本规定所称的重大行政决策是指由政府依照法定职权对关系本行政区域经济社会发展全局,社会涉及面广,与公民、法人和其他组织利益密切相关的重大事项所作出的决定。"第6条相应地列举了重大行政决策事项,其中包括制定城市交通管理方面的重大政策措施在内。明确哪些事项属于重大行政决策,避免了征求专家意见和听取公众意见的随意性。只要属于重大行政决策,必须按照重大行政决策程序规定进行决策,违反法定程序决策的,决策无效。

(一)专家论证制度

专家论证是科学决策的保障。决策承办单位拟订决策草案后,在草案公布前,应当组织专家论证。《广州市重大行政决策程序规定》第11条规定,决策起草部门应当组织专家咨询会,邀请相关领域5名以上专家或委托专业研究机构对决策的必要性和可行性等问题进行咨询。专家不仅要有本专业领

域的专业知识,也需要与决策事项没有利益关系,以确保专家咨询意见的客观性。行政决策专家论证,应避免选择性地邀请对决策事项已表态赞同或可能持赞同态度的专家参与决策论证,形成一种科学决策的假象。政府应建立决策咨询专家库,决策承办单位应当从与重大行政决策相关的专家中随机确定或者选定参加论证的专家,同时建立起专家资格审查制度、专家任期制度、专家回避制度。决策起草部门也可以委托专业研究机构对决策事项进行调研论证,但这样的决策咨询机构应尽量与决策起草部门脱离,由社会上独立的智库承担而不是由政府下属的事业单位承办。河南省郑州市政府认识到,原来的决策咨询机构都是政府的下属机构,这样的机构首先存在着能力不足的问题,再者就是不够客观、独立的问题,为此下发公告面向社会各界选聘市政府决策咨询专家委员,聘请"外脑"为政府决策提供意见。[1]

专家参与决策论证,应当对决策的科学性负责。专家或者专业研究机构论证后,应当出具签名或者盖章的书面咨询意见。专家的意见必须得到尊重。决策承办单位应当对专家论证意见归类整理,对合理意见应当予以采纳;未予采纳的,应当说明理由。专家论证意见应当作为决策说明的组成部分向社会公布。"政府政策的形成"信息尽管有些国家如英国《信息自由法》规定可以免以公开,有些法院在审查信息公开案件过程中采取政策取向的判断,考察披露要求是否会"抑制机构之间或内部的坦率讨论"[2]。但是否开放这些信息,需要根据具体信息开放与否,进行公共利益影响分析,当开放的利益和损害几乎相等时,应该倾向于开放信息。[3] 如果某决定涉及颇具争议的问题,公开内部辩论的信息可能有助于公众更好地理解最后的决定,也应该公开。专家咨询报告是公众参与决策的重要依据,为使公众参与更具建设性,事先公开权威性的论证意见,公众就会比较明智地表达意见,积极配合政府的决策。如在垃圾焚烧场建设中,事先将垃圾焚烧对环境影响情况做出科学的评价,并予以公布,就会消除公众的疑虑。在征求专家意见后,公布的专家咨询意见也可以隐去专家的姓名。

作为一项程序法律制度,专家论证具有法律约束力。重大行政决策没有经过专家论证,不能做出决策。当然,政府是决策的主体,专家咨询只是决

---

[1] 王海圣、马莉莉:《郑州面向全国选聘政府"智囊团"》,《河南商报》2008年4月8日第17版。

[2] Charles H. Koch, Jr., *Administrative Law and Practice* (Vol. I, 2nd Ed.), St.Paul, MN: West Publishing Co., 1997, p.234.

[3] 金国坤:《行政过程中的信息公开问题探讨》,《北方法学》2010年第5期。

策的参考。在美国,咨询委员会的功能仅限于咨询性质,所有其审议的事项都应由有关官员和机关依据法律规定做出决定。[①]

(二) 决策事项公布制度

国务院依法行政纲要要求,社会涉及面广、与人民群众利益密切相关的决策事项,应当向社会公布。《湖南省行政程序规定》更要求除依法不得公开的事项外,决策承办单位应当向社会公布重大行政决策方案草案,征求公众意见。广州市人民政府则明确列举了在环境保护、劳动就业、社会保障、文化教育、医疗卫生、食品药品、住房保障、公共交通、物价、市政公用设施、征地拆迁、公共安全等领域与广大群众利益密切相关、社会涉及面广、依法需要政府决定的重大决策应当公布。

提前公布决策事项是公众参与的前提。应当让公众参与的决策事项,也就是应当提前公布的事项。公共交通是社会涉及面广、与人民群众密切相关的决策事项,依法应当公开。然而,调控机动车总量的限制性措施,有人担心,一旦公布具体措施,会引起社会上在政策出台前的抢购风。事实上,即使方案只是模糊地提出按照公正、公开、公平和无偿的原则,合理调控单位和个人年度小客车增长速度,抢购风潮就已涌起。作为提交公众参与讨论的方案,政府准备采取什么手段调控单位和个人年度小客车增长速度,是摇号发放牌照,还是开停车泊位证明,或者像上海那样进行拍卖,应当提出几种方案,这样公众参与讨论才有的放矢。行政决策程序立法应明确对需要进行多方案比较研究或者争议较大的事项,应当拟订两个以上可供选择的决策方案。

为避免产生恐慌性抢购、影响决策的效果,决策方案公布后,可以采取临时性的行政措施,中止原政策的执行,待决策正式公布后按新规定实施。

(三) 公众参与制度

公众参与是民主决策的体现,它与专家论证共同形成决策的两大根基。《北京市人民政府工作规则》规定,各部门提请市政府讨论决定的重大决策建议,涉及人民群众切身利益的,应按照有关规定,通过社会公示或听证会等形式听取意见和建议。有调查显示,目前一些涉及民生具体事务的行政决策最大的问题是官民脱节,决策背离民意,仅有 23.3% 的受访人士认为现有参与方式能使不同阶层的利益诉求得到表达,超过六成的人对此持怀疑的

[①] 苏苗罕:《联邦咨询委员会法》,《行政法学研究》2006 年第 4 期。

"难说"态度，比例为 60.4%。[①]

重大决策公众参与程序制度应当规定公众参与的方式和途径。行政机关做出决策，既要听取全体民众的意见，更要听取利害关系人的意见。行政决策征求意见的方式主要有两种，一是全面向社会公开征求意见，二是向利益相关人征求意见。全面向社会公开征求意见，应当提前通过新闻媒体向社会公布决策方案和依据，并公布公众提交意见的途径、方式和起止时间。在北京治堵方案征求全社会意见过程中，公众提出质疑比较集中的是提意见的途径不畅和时间仓促。《湖南省行政程序规定》规定，决策承办单位公布重大行政决策方案草案征求公众意见的时间不得少于 20 日。这一规定从制度上确保了公众能有时间充分表达意见。一周的时间，对综合性的交通治堵方案征求意见显得有点匆忙，特别是向河北省征求意见，只限于当天，使征求意见流于形式。

第二种方式是向利益相关人征求意见。有研究表明，"个体公民极少有人会花费资金和时间去关注和理解绝大多数公共决策所具有的错综复杂的细节和过程。在绝大部分决策中，只有那些与利益存在着最紧密关联的人，才愿意付出时间和金钱去理解并影响决策"[②]。采取控制机动车总量的调控措施，已经购买了机动车的人或根本没有打算买车的人是受益者或无关者，只有潜在的购车人才是真正的受影响者，限制外地车辆进京受影响的是周边地区的人群。行政决策尤其需要听取权利受到影响的人的意见。

公众参与是决策民主化的体现，但民主不意味着少数服从多数。在法治语境下，权利需要平等保护，各方利益诉求需要平衡。早在 19 世纪，美国政治学家杰斐逊就提出，多数原则并非意味着可以侵害少数人权利，相反，少数人的权利也应当得到法律的保护。20 世纪法国政治思想家托克维尔更提醒人们，民主制度的一大弊端是会导致"多数人的暴政"，大多数人的专制会剥夺少数人的自由，使个人自由面临极大威胁，因此，少数人权利需要保护。[③] 有学者提出，在研究行政决策民主化的具体实现途径上，不能盲目地搞行政决策的"大民主化"，即群众路线不能被偏僻理解。[④] 危旧房改造

[①] 练情情：《专家建议：公众有权按程序暂停或终止政府决策》，http://news.dayoo.com/guangzhou/200911/13/73437_11272936.htm。
[②] [美] 詹姆斯·费思乐、唐纳德·凯特尔：《行政过程的政治——公共行政学新论》，陈振明等译，中国人民大学出版社 2002 年版，第 252 页。
[③] 金国坤：《尊重民意与符合法治》，《法制日报》2009 年 1 月 22 日第 10 版。
[④] 于立深：《论我国行政决策民主机制的法治化》，《国家行政学院学报》2010 年第 1 期。

中90%的被征收人同意可以做出征收决定，实际上将民主决策变成了民主表决。行政决策的主体不是民众，行政决策的民主性，程序法的任务在于使各方面的意见都能得到充分的表达，特别是利害关系人的利益得到充分考虑，公众的意见能够在决策中得到尊重和体现。

四 以交通治堵决策程序法治化为契机，全面提升政府决策水平

在市场经济条件下，宏观调控慎用行政手段。限购令、限价令以及限行等行政手段尽管能起到立竿见影的功效，但它不符合社会主义市场经济的基本规律，也与法治政府建设相悖。政府实行行政调控应当尽量使用经济手段和法律手段。征收拥堵费、限量拍卖机动车牌照表面上看起来是经济手段，实际上仍然是行政手段。法律手段是市场经济条件下进行宏观调控的必然选择。社会主体的利益是多元的，政府的责任就在于平衡各种利益关系，而平衡利益关系的原则是以人为本，公平公正，而不是以事为本、以物为本，通过剥夺一部分人的权利来满足另一部分人的需要，既不能通过剥夺少数人的权利来满足大多数人的利益，也不能通过剥夺多数人的权利来满足少数人的利益。法治的核心价值观是实现社会的公平正义，法律的作用在于协调各种社会关系，实现社会和谐。重大行政决策的法定程序确保了各方面的利益诉求都能得到表达，政府制定政策不仅考虑成本效益和科学性因素，而且还要考虑社会效益和各方面利益的充分保护，在多种决策方案可供选择的基础上，应当避免采用损害当事人权益的方式。

在交通治堵决策上，其核心是有限的道路资源如何得以公正有效的重新配置，路权是平等的，这种平等是人面前的平等而不是财产面前的平等和物面前的平等。交通科学研究者认为，低成本是造成小汽车滥用的直接原因，因而提出应该善于利用经济手段来调节需求，经济手段调控是解决交通问题的一种终极手段。[①] 从技术角度而言，这是可行的，也可能是符合科学决策要求的。但从法治角度分析，经济手段治理交通的最终结果是以财富为标准使相对比较富有的人独享了路权，而相对不富有的人实际上丧失了路权。路权作为公共资源，政府有责任确保公众的平等使用权，而且应当重点保证绝大多数人的路权，不能以财富为标准分配路权。从成效角度考虑，经济手段

[①] 王歧丰：《经济调控是治堵终极手段》，《北京晨报》2011年1月8日第3版。

远不如实行机动车单双号限行等行政手段更有效。单双号限行，加上新车限购政策，不用说治堵肯定是有效的。但任何行之有效的措施要经得起民意的认可和法律的审查。限行措施，涉及公民的财产权，临时实施可以，但作为长期措施缺乏有效的法律基础。

如果将交通治堵理解为对道路这一稀缺的公共资源的配置的话，那么政府的责任是在其法定职权范围内，依据重大行政决策程序规定，在科学决策、民主决定策的基础上，平衡各方利益，公平地做出交通治堵决策。专家论证和公众参与为政府正确决策奠定了基础，科学性和民主性如何统一，各方面的利益如何协调，需要决策机关根据行政合理性原则的要求，做出正确的抉择。道路这一公共资源涉及每一个出行者的权益，对其的分配，既要确保出行者能够利用道路到达目的地，又要尽量不损害公民利益。以往对道路资源的分配，只考虑到车，没有考虑到车里面的人，尾号限行是对车的限制，不是对人的限制。公共资源的分配应当使需要使用公共资源的人能够公平地享用这一资源，不因收入状况、权力大小等受限定，当少数开车出行的人占用了大多数道路资源而大多数通过公共交通出行的人被挤占了道路资源的现状下，政府的责任就是对道路资源进行重新配置，相应地提高公共交通的道路资源使用量，缩减公车或私车等开车出行者的道路资源使用量，以实现人与人之间路权的平等，使乘坐公共交通的出行者由于增加了路权而能快速地到达目的地，开车出行的由于减少了路权而更堵，从而促使其改乘公共交通。正由于增加了公共交通的路权，可以增加更多的公交运力，既保障了原来的公交出行者的快捷出行，也能够鼓励开车出行者放弃开车而改乘公共交通。否则，公共交通没有增加运力，用行政手段强制人们不开车，公共交通更将不堪重负。在三环和其他主干道施划公交专用道的措施，采用行政指导的方式，吸引人们乘坐公共交通出行，是服务型政府下行政行为的新模式。

从法哲学视角反思国家治理的行政"限购令"
——以国内六市的"限购令"为例

周忠学[*]

摘 要：事实上，人类借助于法律对于社会治理走过了国家治理、社会治理的漫长道路，正迈向综合治理的征程，当下我国城市交通拥堵治理由于治理的复杂性，更需综合治理。城市交通拥堵在世界许多地区普遍存在，在我国尤其如此，我国迅速的城市化使城市交通拥堵的程度不断加剧，故城市交通拥堵的治理成为一个极其重要的理论热点与实践问题。现在我国许多城市为了尽快解决城市交通拥堵问题实行了"汽车限购法令"，令人遗憾的是，学界并没有对综合治理的"汽车限购法令"进行深刻反思。事实上，表征政府管控的"汽车限购法令"存在治理主体单一、机制单调、方式简单的弊端，导致其他主体发育不良、政府失信、社会失序等恶果。这种管控手段已与时令不符，社会的发展已进入综合治理时代，它要求各治理主体平等互动、治理机制协调统一以及治理方式相互配合等。

关键词：综合治理；城市交通拥堵；"汽车限购法令"；互动合作

城市交通拥堵作为社会发展的副产品，在世界诸多地区普遍存在，由此具有了世界性与普遍性。我国在不到30年走过了西方发达资本主义国家300多年的城镇化之路，使我国城市交通拥堵问题尤其严重。现在我国的许多城市都把城市交通拥堵的治理摆在了极其重要的地位，为了尽快走出城市交通拥堵的困境，许多城市都把"汽车限购法令"祭上了神坛。面对众多的汽车购买者，"汽车限购法令"就是限制汽车总量发展，通常的方法是摇号与竞拍。现在"汽车限购法令"在我国保持了一定的流行度，它已从一线城市走向二线或三线城市，并有继续流行之势。现实是，我国社会的全面

---

[*] 周忠学，东南大学法学院博士研究生。

转型使当下社会与传统比较简单的社会有着天壤之别，当代社会的复杂性与不确定性决定了现代社会的综合治理尤其是城市交通拥堵的治理不是政府能包办的，它要求各个主体相互平等合作、有机配合，治理手段方式和谐统一才能达致治理的目的。遗憾的是，学界对于"汽车限购法令"的城市交通拥堵治理几乎处于失声状态，本文以综合治理的路径结合"汽车限购法令"来探讨城市交通拥堵的治理，同时对于综合治理的"汽车限购法令"进行理性检讨。

一 "汽车限购法令"的现实语境与反思的镜像

我国城镇化发展速度惊人。根据国家统计局最新发布的数据显示，2012年年末，中国城镇人口占总人口比重达到52.57%。我国著名学者陆学艺警示道："根据国际经验，我国的城镇化的步幅加快，城镇人口很快超过70%，但国家的政策与城市的管理还没有跟上这个需要。"城市快速发展与城市管理的滞后导致城市交通拥堵日甚，现在不仅是诸如北京、上海、广州等一线城市交通拥堵严重，二线城市同样如此，即使发展较为缓慢的三线城市，交通拥堵也很严重。城市交通拥堵不仅是现在我国不得不面对的一个难题，而且在很长的一段时期内，同样如此。所以治理城市交通拥堵问题不仅考验着城市治理者的能力和勇气，同时也考验着每个城市治理主体的责任与智慧。政府作为城市治理的主导者，是否能有效地治理城市交通拥堵问题呢？

汽车限购现在被我国一些城市作为治理城市交通拥堵最直接的措施。2014年4月29日《杭州市小客车总量调控管理暂行规定》已通过杭州网对外公布，规定于5月1日开始实施。至此，全国已有众多城市旨在为缓解交通堵塞等问题实行汽车限购，简称"汽车限购法令"。在我国，北京、上海、广州、天津等一线城市已步入"汽车限购法令"时代，同时石家庄、贵阳、杭州等二线城市也加入汽车限购行列。据中国汽车协会预测，在不远的将来，中国更多城市因城市拥堵问题步入汽车限购的时代。汽车限购剑指交通拥堵，如天津市2012年中心城区主干路高峰时段平均车速为19.5公里/小时，比2000年下降了18%，已低于20公里/小时的国际拥堵警戒线。市区主要交通节点经常发生严重的交通拥堵，中心城区交通堵点已达135

处。① 其他实行"汽车限购法令"的城市与天津同病相怜，北京有过堵塞时间持续8小时的记录。汽车限购的措施简单直接，而效果又如何呢？"汽车限购法令"在城市化飞速发展的今天到底意味着什么，很值得人们反思！

现在我们整个社会已进入错综复杂的时代，这种时代使过去相对简单的社会统治、社会管理等形式已不能适应整个社会的需要，作为浓缩现代镜像的城市交通更是如此。正如法国学者米歇尔·克罗齐耶指出那样："正如我们无法理解过去生活的机制，现在社会的迅速变化，复杂性快速积累，这超出了能够掌控的范围，同样我们无法简单地适应。"② 这种急剧增加的复杂性使原来的管理或者是治理失效或失灵，这将导致社会的失序，城市交通拥堵治理便是明证。整个社会嵌入一个复杂的系统之中，这个系统面对的是多维环境，③ 社会的任何事情、任何事物都不是简单的单独存在，都要在系统中才能解决。城市交通拥堵的治理也是一样，"汽车限购法令"这一简单行政措施没能适应复杂系统，效果注定不会很好。至今复杂性还没有一个统一的定义，正因为复杂才无法给出统一的定义，有学者指出："复杂性的科学定义无法给出，但其固有的内涵应该是多样性、多元性、开放性以及差异性等等。"④ 这种系统的复杂性要求城市交通拥堵的治理者治理交通拥堵时必须具备治理城市的生态理论，要关注城市交通的生态，即城市交通的内生原理与外在条件生成。毋庸置疑，治理主体的多元、治理机制的多样以及治理方式的多变是复杂生态系统的固有内涵。而"汽车限购法令"所显示的是行政机关的傲慢与高高在上，武断简单地支配治理中的一切。

2003年中国共产党的十六届三中全会提出了社会管理的完善，这区别了过去的社会统治。因为社会统治强调的是治理者的管理、控制社会，社会管理的重点是利用政策法规的协调、规划、监督、调整等。第二年的四中全会细化了社会管理的内涵，即党委领导、政府负责、社会协同、公众参与。扩大了更多管理主体的参与，但隐含的还是政府的地位超越一切。后来，党的十七大更加强化社会管理的内容，要健全基层社会管理体制。社会的快速发展与变化催生了社会管理的变化与内涵的增生，这种社会管理一点点靠近

---

① http://www.tj.gov.cn/hdsq/zxft/zxftzbj/201401/t20140109_228569.htm.
② [法] 米歇尔·克罗齐耶：《法令不能改变社会》，张月译，格致出版社、上海人民出版社2007年版，第10页。
③ [美] 乔纳森·特纳：《社会学理论的结构》，吴曲辉等译，浙江人民出版社2005年版，第126页。
④ 苗东升：《论复杂性》，《自然辩证法通讯》2000年第6期。

了国家治理的内涵。国家治理是各社会主体共同参与社会的治理，彼此平等协作，共同管理社会事务，达致共同治理的良好局面。2013年的十八届三中全会，把社会管理的内涵又向前推进了一步，从概念到内涵都有了一个全新的改观，即国家治理。国家治理的目的是最广大人民的根本利益，治理的基础是激发社会组织活力，创新社会治理方式，治理的关键点是有效预防和化解社会矛盾。

无论是西方的现代复杂系统理论及原理，还是我国实践基础上的社会管理、治理理论，都告诉我们：治理复杂的现代社会需要现代的国家治理理论。现代城市交通拥堵作为现代社会问题的一个方面，治理它必须遵循现代国家治理原理。本文以现代国家治理为镜像，以"汽车限购法令"为具象，把脉现代城市交通拥堵治理，提升中国特色的国家治理理论。在国家治理理论中，居于首位的是治理主体，这是因为没有治理主体就没有治理，同时不同治理主体决定了不同的宏观治理机制与微观治理方式。

二 治理主体跛足之病："汽车限购法令"的异常与主体缺位

现代城市交通处于复杂系统之中，这种复杂系统要求城市交通拥堵的治理建立一个多元主体的网络复杂协同治理结构。我国的治理主体主要有政府、社会组织与公众，他们各自承担不同的职责、发挥各自的功能，彼此相互补充，只有这样才能有效治理城市交通拥堵。当代社会已进入多元主体协作共同治理的时代，这与过去政府为中心的治理模式有着实质性的区别。[1] 遗憾的是，"汽车限购法令"主要强调的是政府。在各地的"汽车限购法令"里，体现的是政府是治理的绝对主体，对于民众或其他主体没有最起码的信任与尊重。如广州与杭州等"汽车限购法令"既没有出台前的沟通，更不用说相应的咨询了。这种对其他主体的忽视甚至是蔑视导致的直接后果是政令的失灵或异化，间接的后果是压制其他主体的成长，最终导致其他主体被边缘化，具体如下。

第一，政府中心主义治理由于缺乏足够的信息与公众的支持，导致"汽车限购法令"的失灵和异化，从而导致城市交通治理的效率低下。

---

[1] 张康之、张乾友：《民主的没落与公共性的扩散走向合作治理的社会治理变革逻辑》，《社会科学研究》2011第2期。

"汽车限购法令"的失灵是指由于其缺乏科学性，在实践中不能针对城市交通拥堵问题的症候解决问题，从而导致"汽车限购法令"的无效。"汽车限购法令"立足于实现城市交通顺畅，因此规范的制定者要具备相对完备的信息与在其他主体参与的情况下，才能制定相对科学有效的制度。在没有完备的信息、公正的程序、更重要的是在没有广泛民主参与情况下制定的规范，当然无法实现预期目的。"汽车限购法令"大都采取摇号与竞拍两种形式限购，无论任何一种形式人们都无法得到一个确定的预期。在这种的制度规范下，人们只好另辟蹊径，据调查，上海有大量车牌"黄牛"、代拍公司、经纪公司携手抢拍、倒卖私车额度以曲线、隐晦违法求得拥有机动车辆资格。[①] 因为造成城市交通堵塞因素众多，"汽车限购法令"缺乏足够的信息，没能针对问题的根本性，无法有效地解决问题，导致"限购令"的失灵。"汽车限购法令"的非理性与人们偏离制定者预设理念的解读相互叠加，后果之一是人们对于"汽车限购法令"相对的反叛。"在某些特殊情况下，人们通过柔性或刚性违反既定的规范的方式，此乃以权宜之计来最大限度地减轻那些人因遭到不公正待遇而产生的困苦视为良策，但毕竟非长久之计。"[②]

　　"汽车限购法令"的异化是指"汽车限购法令"与作为"汽车限购法令"服务主体的人相对立。"汽车限购法令"的本意是实现社会的高效率与安全，促进人的自由与发展，现实是"汽车限购法令"背离自己的主旨，扭曲了"汽车限购法令"的本质。具体表现"汽车限购法令"同自己的本质相去甚远——"汽车限购法令"的现象与本质的异化，即"汽车限购法令"没有完全达到促进社会与人的发展的目的，表征着"汽车限购法令"与社会、人的发展没有同步甚或对立。"汽车限购法令"异化的原因之一就是其僵化，即随着社会的发展，原适应社会发展的制度因社会发展的变化由于保持自身的稳定性而与社会现实格格不入，出现异化现象。为了避免这种异化的发生，多个城市的"汽车限购法令"充分警醒，并做了施行时间的限制，如天津与杭州的"汽车限购法令"规定试行一年，贵阳的为两年，广州的为五年，等等。事实上对于制度本身已具先天的缺陷，无论怎样规定时间的限定都是无用的。人是自由自觉的主体，"汽车限购法令"作为一种

---

　　① 杨解君：《公共决策的效应与法律遵从度——以"汽车限购"为例的实证分析》，《行政法学研究》2013年第3期。

　　② John Rawls, *A Theory of Justice*, Cambridge, MA: Harvard University Press, 1989, p.55.

规范制度应当保障人的自由自觉活动,而不是与此相反,压抑、背离人的活动。现实是"汽车限购法令"的施行让人们用尽可能的手段、方法,甚至违法的方式去反抗这种规范,因为人们在此规范下感觉到的不是幸福而是不幸,"汽车限购法令"变成了异己的力量。"正像社会本身创造着作为人的人一样,人也创造着社会。活动及其成果的享受,无论就其内容或就其存在方式来说,都具有社会的性质:是社会的活动和社会的享受。"[①]

第二,压迫其他主体的成长。

由于出台"汽车限购法令"的政府只重视自己是治理的绝对主体,对城市交通拥堵只是控制和管理。处理问题时重视的是堵而不是疏,把问题延长至以后处理。这是一种不相信社会组织和民众的心理,认为政府是万能的,其他主体没有能力处理城市交通拥堵。这也是一种高高在上的傲慢心理,是一种政府中心主义,这与当前系统复杂的社会发展是背道而驰的。一方面,整个社会不是政府的社会,它是所有社会主体的社会,任何社会问题包括城市交通拥堵问题都需要所有主体的参与,没有所有主体的参与是很难处理好问题的。另一方面,由于政府对社会组织与民众的不信任,政府不会支持社会组织的发展,也不会培育民众;相应的后果是社会组织的健康成长迟滞,自治能力不足,公民参与处理社会问题的热情不高、参与能力得不到锻炼、参与方式不理性。

首先,让我们考量政府中心主义压迫下的社会组织。当代社会组织主要指的是非政府组织,是不依赖于或依附于政府或党政机关的组织,只有这种组织依靠自己自治的生存逻辑生存、发展,代表一种有别于政府的独立力量。在政府中心主义下,由于政府不相信非政府的社会组织,许多社会组织虽然有其名而无其实,它们的成立要么依附于党政机关,要么由部分机关转化而来,依赖政府生存。这些社会组织先天不足,后天也没有受到充分的培养。这些社会组织在成立以后因为没有独立性,只是在党政机关后面具有补充职能,谈不上自治发展。社会组织没有自治发展,处理不了任何问题,不能健康成长,政府机关更是看不起这些社会组织,这形成了恶性循环。

其次,政府中心主义压迫下的民众,参与热情冷淡,即使参与,参与的方式也是非理性的。民众在政府中心主义下,认为政府是万能的,能解决一切社会问题,因此他们无须考虑这些问题,更遑论参与了。部分参与者也只是因为关心自己的利益才参与社会问题的处理。而政府认为民众没有能力解

[①] [德] 马克思:《1844年经济学哲学手稿》,人民出版社1995年版,第75页。

决问题，又自私自利，使问题更加复杂化，也不愿意让民众参加，甚至不愿意让他们知道事情的发展过程。如广州、杭州等地方的"汽车限购法令"都是突然袭击，在民众毫不知情的情况下颁布。实际上，只有在氛围良好的社会中，民众才能明确自己的义务与责任，社会问题才能妥善解决。[1] 由于民众没有受到经常参与社会问题解决的锻炼，即使一些想参与或者已经参与的民众，一是他们不知如何参与，二是参与方式的非理性，其结果是无序化或非制度化。现实中的表象就是群体性事件频发。

总而言之，"汽车限购法令"导致城市交通治理主体较为单一，不仅压迫其他主体的成长，也使自己陷入异常尴尬的境地，与此相连的是城市交通治理拥堵治理机制的单一。城市交通治理拥堵治理机制具有承上启下的作用，对于治理主体而言，治理机制要实现治理主体的谋篇布局的整体规划；对于具体的治理方式而论，它兼具统筹实施之功能。

三　治理机制单调之痛："汽车限购法令"的效度失真与政府失信

机制本来是机械学的一个概念，指机器的构造与原理。后来被医学与生物学引用，指有机体发生变化的相互关系。现在广泛应用于人文学科、社会学科等，形成了种类繁多的多种机制概念。但它们有一点共同的内涵，都是指一个组织或系统内部相互关联的动态发展变化过程。由于现代社会是一个系统复杂的系统，因此现代社会治理也是一个复杂、综合的治理，它需要综合运用政府、市场、社会等手段，有机地把这些手段结合起来才能达到治理的效果、目的，故现代社会治理需要多种手段相互配合。城市交通治理作为现代社会治理的一个重要组成部分，同样需要政府、市场、社会等多种手段的有机配合。

政府手段的治理特点是宏观性、强制性。现代社会不同于传统社会，政府治理的目的不是管理与控制，现代政府治理的目的是"促成现代社会结构合理、社会利益关系公平、搭建改革平台，化解社会问题，达致社会、经济、自然、政府的和谐、自然发展"[2]。政府手段的优势是能集中优势力量、

---

[1] Mark Bevir, David O. Brein, New Labour and the public sector in Britain, *Public Administration Review*, September/October 2001, vol. 61, No. 5.
[2] 李培林：《创新社会管理是我国改革的新任务》，《人民日报》2011年2月23日。

迅速快捷地解决问题，尤其是关系全局、长远的重大利益问题，这些问题有些是市场不能提供的或者是社会不愿、无法做到的；缺陷是具有强制性，有时并不是民众自愿，同时决策滞后、信息缺失等。市场手段的长处是主体地位平等、形式上交换的公平、利益的最大化、效率较高等；短处是实质平等的缺乏、利益的短视、公共产品的不能等。亚当·斯密对此有精彩的描述："每个人都在追逐自己产品的最大价值，把资本发挥得淋漓尽致。通常他们是为了自己的利益，不是为了公共的福利，他们追求的仅仅是自己的利益与价值。"① 社会手段的优点是治理的主动性、自愿性、积极性以及普遍性，可以说任何社会问题的出现都有一定的参与，没有民众的参与不成为社会问题，因此民众的广泛积极、主动参与是解决社会问题的关键与基础。"汽车限购法令"重视了政府的强制手段，弱化了城市交通拥堵治理的市场与社会手段，既有政府自身的因素，也有市场与社会的原因；同时还有其历史与现实的影响，这些因素互相叠加，最终导致政府手段无限放大，但治理的效果很不理想，另外也会导致政府行政手段的不断非理性扩张与市场、社会的发育和成长的迟滞。

与计划经济体制相匹配的政府管理模式并没有随着市场经济体制的发展脱胎换骨，这种社会管理模式的惯性在现实中还有着巨大的力量，一是因为社会变化速度太快，政府管理模式没有及时跟上变化的节奏，政府还没有学会运用市场机制购买公共服务方式，相关人员缺失，等等；二是因为政府的行政管理模式迅速、便捷，政府不愿意随意放弃这种便利的优势；三是政府恐惧市场与社会机制的发展，会削弱政府的权威与权力，因为权威与权力是政府的核心。从社会的角度观之，社会组织与社区发育还有欠缺，还没有能承担起相应责任的能力；民众的参与热情相对较低、理性参与方式还没有形成，所有这些因素都是诸如"汽车限购法令"式的行政方式异常发达的原因。

本来现代社会城市交通的治理应是充分发挥市场原则，政府、社会相互合作，各种权力向度多元一体，而不仅是自上而下，这样才能达到城市交通治理的良效。现在由于偏执于行政法令，压缩市场机制发挥的空间、压制社会的正常发育与发展，其结果没有实现城市交通治理的目标。这不仅造成了市场、社会的发育不良，也导致了政府公信力流失的严重后果。政府公信力

---

① ［英］亚当·斯密：《国民财富的性质和原因的研究》（下卷），孙羽译，商务印书馆1999年版，第27页。

是政府以自身的能力、行为、行政效果获得公众的认可度、满意度、信任度等。它是政府合法性的基础，能有效地增强政府的号召力、影响力与提高行政能力。不幸的是"汽车限购法令"推行使政府公信力不断地流失，其因素有以下两个方面。

其一，"汽车限购法令"的程序瑕疵较多。在制定"汽车限购法令"时，不同的城市采取的程序不同，北京的"汽车限购法令"是由人民政府第81次常务会议审议通过；上海市通过《上海市交通发展白皮书》与上海市交通运输和港口管理局审议《上海市小型货运车辆额度投放使用管理规定》等形式完成"汽车限购法令"；广州以迅雷不及掩耳之势完成"汽车限购法令"社会运行，在人们对此一无所知的情况下，广州市政府于2012年6月30日晚公布，7月1日开始执行。当然，也有个别城市利用形式表现以掩人耳目，如天津、杭州出台"汽车限购法令"前，利用一周的时间向民众征求意见，试想民众还不清楚事情的来龙去脉征求意见的时间就截止了，民众怎么有实质性的意见？作为一个规范性的抽象文件"汽车限购法令"的出台本应该有一个规范性的程序来保证其科学性，因为作为抽象性的规范影响的不是个别人的利益，而是一个群体或者更广范围的人的利益。"汽车限购法令"缺乏规范性程序的根本原因是不相信民众、政府万能的理念根深蒂固，其后果是民众有效参与度低，政府获得的信息不够等不良结局。

其二，"汽车限购法令"的科学度欠缺。由于"汽车限购法令"制定时程序瑕疵众多，其科学性可想而知。"汽车限购法令"的科学度欠佳表现有两个方面：第一，"汽车限购法令"没能针对城市交通堵塞的症状下药；第二，"汽车限购法令"对所涉利益主体处理失当。"汽车限购法令"涉及制度被执行者、既得利益者与制度被执行者之间等多方主体的利益。作为管理者、公共服务的提供者，政府有义务、责任采取合理、合法的措施提供一个顺畅的城市交通环境的公共服务，但政府采取"汽车限购法令"简单地竞拍与摇号，把责任、义务转嫁给被管理者，这对政府而言是不负责任的表现，对被管理者来说，是不公平的体现。同时，政府通过"汽车限购法令"又制造新的不公平，被管理者之间权利、义务、责任不平等。

由于以上两个因素，"汽车限购法令"的效度并不理想，没有达到预期效果，饱受诟病。人们开始追溯"汽车限购法令"的前世今生，当人们清楚这是政府的惰政，"汽车限购法令"就是在政府的畸政下孕育、诞生，政府的信度就越来越差。综归其论，"汽车限购法令"先天主体缺位、后天机制缺乏，直接导致治理方式的单一匮乏。

四　治理方式简单之果："汽车限购法令"的价值偏颇与社会失序

城市交通拥堵的治理不仅需要政府、市场、社会等多种机制，而且需要法律、道德、舆论、习惯等多种治理方式相互有机地配合，因为任何治理方式既有其独特的优势也有其不足。

在现代社会，包括我国，法律越来越受到重视。因为法律具有规范性强、强制力高、很强的确定力以及便利地操作性等优点，这些与社会控制高度契合，故法律被视作社会控制的根本措施。我国古代社会以严刑酷法著称，法律被统治者奉为圭臬；在现代社会里，尤其是我国已逐渐进入陌生人社会，整个国家需要综合运用各种治理方式进行社会治理，法律以其标准统一、适应范围广的突出特点作为社会治理的重要方式之一，备受青睐。故作为城市交通拥堵治理的法律规章因形式便捷、操作简单被作为首选方式，这也是"汽车限购法令"在许多城市流行的原因。但"汽车限购法令"以规范人们的行为见长，主要依靠的是外在的强制力，对于人们的内心影响相对较弱。如果"汽车限购法令"的产生是各治理主体的积极、广泛的充分参与、民主协商的结果，程序规范，内容科学，那么它会得到人们的诚心拥护、认真遵守；但现实如上所述，政府一意孤行，"汽车限购法令"与假设相左，结果是众多公民内心反感，现实对抗。

与"汽车限购法令"这种外在强制相反的其他治理方式，诸如道德、舆论、习惯等不是依赖国家强制力作为后盾，而是依靠社会力量，这些治理方式在一定程度上可以弥补"汽车限购法令"在治理城市交通拥堵上的缺陷。习惯、道德、舆论具体而言为：习惯并不是通过理性的逻辑推理而来，而是一种人的下意识的心理力量；道德是一种价值判断，一种精神力量，这种精神力量外化于行为形成一种现实的力量；舆论是一种具有相当广度的社会现实的意见。由上述可知，习惯、道德、舆论三者的共性都是一种主观性的力量。区别是：习惯没有价值判断，只是一种内心不可言说的潜意识力量，而道德强调对于他人社会的奉献，即罗国杰教授所说的良心，他认为人之所以有道德就是因为人有良心；[①] 与习惯、道德相较而言，舆论则突出的是公众性、公共性。由此而知，与"汽车限购法令"以政府的硬性力量治

---

① 罗国杰：《伦理学》，人民出版社1989年版，第209页。

理城市交通拥堵而言，道德、舆论、习惯则更重于软力量的治理，事实上，两种力量各有千秋，如果这几种方式有机结合、功能叠加，对于城市交通拥堵的治理可以达致理想的治理效果。

但现实是，由于种种因素，习惯、道德、舆论等治理方式在当下的城市交通拥堵的治理中并没有起到应有的作用。为解决城市交通拥堵，政府推行"汽车限购法令"既有其现实的无奈因素，也有其急功近利、好大喜功的一面。事实上，政府强制推行"汽车限购法令"并没有解决城市交通拥堵问题，也没有形成良好的交通秩序，并且还造成了社会失序的后果。

与社会失序相对应的是社会秩序，社会秩序是指社会各主体的一个有序状态，这种状态既有静态的各处其所、相对固定的空间位置，也指动态的一致性、连续性、确定性、可预测性和可控制的相互联系、相互交往和相互作用的状态。由于社会秩序是由人建构而成，故它总是涵摄人的某些价值目标与共识。思想家布尔告诉人们："社会生活的秩序作为一种安排，它要通过社会生活实现人的某种价值，它并不是一种自然演化的自发情势。"[①] 社会秩序是社会发展的前提与条件，它能够提供一个安全健康的环境，人们可以在此情境下有一个良好的预期，据此，社会秩序也是人类持续存在与发展的基本条件与前提。美国学者博登海默指出："我们生活中的每个人都遵循某些习惯或习俗安排自己的生活，故秩序在我们的生活中起着极其重要的作用。"[②] 社会失序将导致社会发展的停滞甚或倒退，个人生存的困难，政府的权威与信任也将受到挑战。归其一点，社会秩序有着非凡的重大作用与意义。虽然社会秩序如此重要，但"汽车限购法令"由于有着先天的本质缺陷与外在不足，对社会秩序有着巨大的冲击与破坏作用。

"汽车限购法令"出台的非民主性、非透明性等形式上的缺陷，导致人们的不满，直接对社会秩序造成冲击。"汽车限购法令"不仅存在形式上的不足，令人不安的是，其在实质上也存在着极其严重的缺陷，这些问题将会对社会秩序造成一定的破坏作用。具而言之，其一，已购车者无疑是"汽车限购法令"的既得利益者，因为凭借已拥有机动车辆的优势，可以置换新车的权利，对原有车辆造成的城市污染或交通堵塞也无须承担相应的责

[①] Hedley Bull, The Anarchical Society: A Study in the Order of world Politics, Palgrave Macmillan, 1997, pp. 3-4.

[②] ［美］博登海默：《法理学法律哲学与法律方法》，邓正来译，中国政法大学出版社1999年版，第223页。

任。而未购车的普通民众因为缺少这个身份需要承受本不应该由他们承受的责任，无疑这是不公平的，不公平的原因就是政府出台的"汽车限购法令"。由于"汽车限购法令"的权利、义务、责任的不公平性表征了"汽车限购法令"的非中立性，"汽车限购法令"的非中立性加剧了人们的不满，导致现存社会秩序的破坏。事实上，看似具有普遍约束力的"汽车限购法令"的非中立性有其必然性与偶然性，"汽车限购法令"非中立性的必然性是因为"汽车限购法令"作为人为的建构物是由部分人来制定的，涵摄一部分人的价值。"汽车限购法令"非中立性的偶然性是指具体由哪部分人制定不是固定的，决定"汽车限购法令"的人肯定要最大限度地维护自己的利益。其二，"汽车限购法令"规定，由于限制机动车的增长量，预购车的主要方式是摇号，中号者购车。本来"汽车限购法令"作为一种制度，应该提供一种规范行为，人们据此可以预期自己的行为是否合乎规范，决定为还是不为。摇号是一种非确定的方式，人们无从判断是否有资格购车，这是一种非预期、机会主义的行为。这在思想上引领机会主义蔓延、扩张，行为上让人们无所适从，增加了社会失序的程度。

社会秩序对于人们至关重要，因为"社会的正常运转是建立社会秩序的前提与基本条件，由于具体制度或其他规则，社会秩序才得以生成、运转"[①]，但由于"汽车限购法令"的形式与实质的缺陷造成社会的失序或加大社会失序的程度，这不能不令人痛惜、遗憾。这种痛惜、遗憾不是普通民众所为，而是政府利用公权力造成的，本来公权力的合法性与使命本质是为私权利服务的，现在却异化为限制正当私权利的专横。

面对"汽车限购法令"治理城市交通拥堵表露的种种缺陷与不足，与其导致的诸如"汽车限购法令"的失灵和异化、政府的失信、社会失序等一系列不良后果，我们应该如何消除"汽车限购法令"的种种缺陷与不足？如何达致城市交通拥堵的治理目标？解决"汽车限购法令"肇致的系列恶果？总而言之，就是如何治理城市交通拥堵？

五 城市交通拥堵的社会综合治理："汽车限购法令"的修塑（代结语）

针对"汽车限购法令"表现的不足，结合现代城市交通发展与复杂系

---

① [美] 布罗姆利：《经济利益与经济制度》，陈郁等译，上海三联书店1996年版，第55页。

统社会的特点,尤其是我国城市交通处于城镇化迅速扩张的时期,宜采取多中心的合作治理路径。多中心的合作治理理论肇始于奥斯特罗姆夫妇,它强调多元主体共同积极主动参与城市交通治理,政府要重新定位自己的角色,灵活运用行政、市场的手段,提升服务功能,与社会组织、民众等密切协作,共同治理城市交通。

多中心的城市交通合作治理理论可分为一般性合作治理、主导型合作治理两种理论。一般性合作治理是治理主体不按能力大小、作用的主次、地位的高低,平等共同参与,有点类似于人多力量大的意味,整个社会,包括政府、市场、社会组织、民众等整体推进,共同治理,同时各种治理手段如法律、道德、习惯等方式方法混同使用。我们知道这种城市交通治理的优势是动员了一切力量与使用了一切可能的方式方法,缺点是没有根据各自主体与手段的特点,优化组合、有机整合,其治理的效果一定大打折扣。主导型合作治理针对一般性合作治理的不足做了改进,在廓清各种主体的职能、作用、地位与各种手段方法的特点上,针对城市交通的公共用品的性质,明确各自主体的职责、性能、分工,指出了政府在治理城市交通上起主导作用,即城市交通治理是政府主导下,各种手段有机配合的合作治理。

(一) 转变政府职能、提升政府能力,积极发挥政府在城市交通拥堵治理中的主导作用

现代城市交通治理要求改变过去的"全能型"管理政府,成为有所为和有所不为的均衡性或扁平性的治理政府。之所以这样转变,既有客观的因素,也有主观的原因。客观的因素主要是社会发展的客观变化,市场经济的发展以及社会力量的壮大促使政府不能像过去一样随便干预一切,否则会遭到市场经济规律的惩罚与社会力量的抵抗;主观的原因就是中国共产党的推动,政府认识到如果像过去那样什么都管,结果什么都管不好。

现代政府转变为均衡性或扁平性的治理政府并不意味着政府的能力下降了或者对政府的要求降低了,恰恰不是这样,现在对政府的要求更高了,政府只有提高自己的能力才能适应它的新角色。均衡性或扁平性的治理政府要求政府的治理更加专业、更加科学,相应的治理能力也要提高。具体涉及城市交通拥堵的治理,从长远观之,要求政府有一个科学的城市规划,定位城市的发展战略、城市区域的功能划分等;中期来看,政府要提供科学的交通设施、引导民众的出行习惯与培育人们的城市交通文明意识,同时不断提高交通警察的管理水平;短期观之,政府要制定科学的交通法律规范及"汽车限购法令"政策等。

我国现代城市交通治理虽然是均衡性或扁平性的治理，各个治理主体都要平等参与城市交通治理，但并不意味着每个主体在治理过程中不加区别地平均使用力量，类似于计划经济时期的大锅饭。这里的平等是指各个治理主体的地位平等，没有高低贵贱之分。由上文可知，政府、市场、社会各有自己的特色，各有自己的优势与不足，因此在城市交通拥堵治理过程中，政府具有全局性、宏观性、长远性，应处于主导地位，尤其在当下的中国，更加如此。政府的主导地位体现在规划的长远性，既重当前又重未来利益；既重社会整体利益，又不忽视个体利益；做公平的规则制定者，公共服务的提供者以及利益纠纷的协调者。[1] 事实上，城市交通拥堵是城镇化过程中消极的副产品，是城市来不及长远规划、公共产品提供不足等原因导致的，这些问题的解决需要一个宏观调控及解决供需问题，政府的超然性、巨大的力量性、强制性等优势，十分有利于处理这些问题。

（二）加快社会组织的发展

社会组织作为社会中一种独立的力量，既起到制约政府不作为、乱作为等作用，也可以支持与帮助民众；作为一个组织主体既可以联结政府，也与民众有着天然的联系。通过社会组织，政府可以更好地知民情、达民意，民众可以更清晰地了解社会情况与更畅快地参与社会的治理，这是因为社会组织主体就是民众，它有着丰富的社会资源及专业技术力量。

遗憾的是，我国当下的社会组织存在规模小、先天发育不足等缺陷，正如我国著名学者李培林所言："我国的所谓的'民间组织'全国统计共有50万个，即使把其他所有的、没有登记的、草根的组织，全部加起来，其力量很是有限。并且就是所谓的'民间组织'也不是真正的民间或真正的社会组织，它们大多都是官办或半官办的，真正的民间社会组织少之又少。"[2] 因此，社会组织的发展迫在眉睫。

社会组织的发展既要立足于社会组织自身的努力，更需政府的支持，因为政府作为超社会的力量，既可以支持社会组织的快速发展，也可以抑制或扼杀社会组织的发展。政府的支持主要是提供发展的平台，包括以下几个方面。第一，提供法律法规平台。首先废除抑制社会组织发展的法律法规，如社会组织成立的不合理要求、附加条件，简化成立的手续，成立后额外的本

---

[1] 丁冬汉：《从"元治理"理论视角构建服务型政府》，《海南大学学报》（人文社会科学版）2010年第5期。

[2] 李培林：《社会治理与社会体制改革》，《国家行政学院学报》2014年第4期。

来不应属于社会组织的负担,等等。其次,制定有关新的合理的关于社会组织成立、运行的法律法规。第二,加快政府职能转变,放权社会组织发展。斩断政府与社会组织的不合理联系,去除社会组织的行政化、垄断化,转变一些社会团体的职能,如工、青、妇、科协、文联等组织,带有半行政的性质,应该让它们回归社会,按照社会的规律去发展,政府放手、放权于它们。第三,政府要给予它们一定的政策资金支持。政策支持主要是提高社会组织的社会参与度,资金支持主要是通过加强政府的服务购买力度支持社会组织的发展壮大。

(三) 培育民众的参与度

民众是社会的基本组成部分,是整个社会的基础,也是社会治理最广大的主体。因此,民众参与社会治理的热情与程度是成功治理好城市交通拥堵问题的基础,民众是城市交通的经历者、承载者、接受者,他们对于城市交通问题的好坏感受最深、最敏感。汉娜·阿伦特曾提出积极的"公民观",她认为积极的"公民观"内涵包括理性公民,且公民具有公共精神,关注公共事务,积极主动热情地参与公共事务。[1] 这种积极的"公民观"使得民众热情关注城市交通并积极参与到城市交通治理当中,这对于治理城市交通拥堵问题十分重要。

事实上,阿伦特的积极"公民观"在我国还需要进一步扩充内涵与外延,对于城市交通拥堵的治理而言不仅需要民众的热情,还要养成良好的城市交通习惯、规范参与行为等。如果没有良好的城市交通习惯,即使城市交通通过强制一时好转,很快就会恢复拥堵情势。如普遍流行的"中国式过马路"、机动车辆呼啸而过斑马线等习惯都是造成城市交通拥堵的因素之一。还有一个情况是民众即使愿意参与城市交通的治理,但不知如何参与或不知参与城市交通治理的方式等,这些问题的解决需要政府努力。我国从传统农业社会迅速转向工业社会或信息社会,物质的情况很好更换,但成长于农业社会的意识、习惯、行为需要相当长的一个过程才能完全转变,以适应现代工业社会或信息社会。这里既需要民众自己主观努力,更需政府的客观帮助,就像我国普法工作有力推动了我国的法治建设一样,政府努力改善民众的城市交通意识、习惯、行为,也会加快我国城市交通治理的好转。政府可以舆论导向、政策扶持、法律法规引导等方式塑造城市交通美德、公共精

---

[1] [美]汉娜·阿伦特:《公共领域和私人领域》,载汪晖、陈燕谷主编《文化与公共性》,生活·读书·新知三联书店 2005 年版,第 70 页。

神、良好城市交通行为等。

（四）城市交通拥堵治理的互动合作建设

这里城市交通拥堵治理的互动机制不仅指政府、市场、社会等机制的建设，还包括城市交通拥堵治理主体的互动机制、城市交通拥堵治理方式的互动机制等。上文有关城市交通拥堵的治理分析一是停留在片面之中，二是还在静态地分析层面。现实中，城市交通拥堵的治理是一个动态的过程，且彼此之间的联系并没有截然分开。因为无论是行政手段、市场手段、社会手段，还是法律、道德、习惯、舆论等方式都是一定主体的手段、方式，因此现实中很难把它们分离开来，且它们又是相互交织在一起，因此，互动首先是城市交通拥堵治理主体的互动，其次，是城市交通拥堵治理手段方式的互动。

1. 城市交通拥堵治理的主体互动合作建设

在当代社会之所以要求城市交通拥堵治理的主体互动合作建设是因为，"在当下的社会任何一个部门或主体，包括公共部门和私有部门、政府与社会等都不能拥有综合、动态解决问题的信息与知识，更没有足够的能力和力量来解决问题"[①]。城市交通拥堵治理的主体互动合作既包括城市交通拥堵治理的主体组织合作建设，也包括城市交通拥堵治理的主体功能合作建设。由上文可知，城市交通拥堵治理要把政府的主导、社会组织与民众的参与等有机整合，建立有机的直接联系机制，做到治理主体都能随时与其他主体联系与合作。这样的目的是各治理主体有效沟通、相互了解，充分感知相互之间的优势与不足，有利于实现城市交通拥堵治理的主体功能合作建设。因此，各种治理主体的网络衔接平台极为关键，通过这个平台各主体相互了解、协商，各治理主体的功能达致优势互补，实现最佳配合，最终完成城市交通治理的目标。

2. 城市交通拥堵治理手段方式的互动合作建设

根据"汽车限购法令"可知，当前我国城市交通拥堵治理的模式是政府处于强势控制地位，市场与社会处于服从的位置，市场与社会无法充分发挥自己的治理功能。这种局势导致了道德、习惯等治理方式无从充分发挥作用。根据上文分析，各种治理机制与方式都有自己的适用范围、特点，城市交通拥堵需要各种治理机制与方式组合成一个有机的整体，各种机制与方式

---

① [美] B. 盖伊·彼得斯：《政府未来的治理模式》，吴爱明译，中国人民大学出版社2001年版，第68页。

相互补充才能有效治理城市交通拥堵。因此，政府、市场、社会的相互衔接的制度平台亟待建立，确保各种机制的无缝衔接；与此同时进行的是法律法令、道德、习惯、舆论等相互结合的技术平台尽快建设。制度平台与技术平台的交织互动，使各种治理主体形成合力、各种机制与手段互为一体，最终实现城市交通拥堵问题的解决。

专题之七：城市绿色交通

我国城市交通环境绿色发展的法治路径

范冠峰[*]

摘　要：如何实现城市交通环境的绿色可持续发展，是步入汽车社会后摆在我们面前的现实问题。实践表明，单靠技术手段无法解决这一难题，而跳出技术思路，运用法治思维和法治方式应对，是解决问题的有效途径：应通过完善交通领域相关立法，奠定城市交通环境绿色发展的法治基础；通过转变交通行政执法体制和执法方式实现对城市交通环境的高效治理，从而达到交通拥堵得以控制和缓解、由尾气排放引发的空气污染状况得以改善、交通安全事故发生率大幅降低的效果，最终实现我国城市交通环境的绿色和可持续发展。

关键词：城市交通环境；绿色发展；法治

步入汽车社会[①]后，如何实现城市交通环境的绿色可持续发展，是摆在我们面前的一个极富挑战性的问题。不可否认，技术进步在某种程度上有利于实现城市交通环境的绿色发展，但同时也无法忽视这样的现实，即技术思路最终会使城市交通环境治理陷入如下怪圈：交通环境恶化—技术进步使之

---

[*] 范冠峰，山东交通学院交通法学院教授。

[①] "汽车社会"是个舶来词，来自日语的"车社会"。20世纪70年代，日本社会家庭轿车的普及，带来许多相关的社会问题，汽车社会这个特定的称谓词就应运而生了。国际上通常认为，一个国家或地区进入汽车社会的标志，是每百户居民的汽车拥有量达到20辆。据公安部最新统计，2015年年初，我国平均每百户家庭拥有25辆私家车，已经超过了国际上公认的汽车社会的标准线。而北京（每百户家庭拥有63辆私家车）、广州（每百户家庭拥有私家车超过40辆）等大城市的每百户家庭汽车拥有量则更高。汽车社会的到来，深刻影响着人们的生活方式和生活理念，同时也带来了环境污染、交通拥堵等一系列严重的社会问题，引起全民关注。

缓解—交通环境进一步恶化……

笔者认为实现城市交通环境的绿色发展,除了利用现有的技术条件加大城市交通环境的包容度和消化能力之外,更应通过法治措施从减少对城市交通环境资源占有的角度来思考问题。交通环境法治的内涵包括两方面内容:一是在立法层面,交通环境治理应有法可依。随着社会经济的发展,城市交通环境的诸多领域亟须立法,如机动车的拥有和使用、路权的界定和划分、城市中心区拥堵费的收取、尾气排放的治理等方面,都需要加以规范;二是在执法层面,交通法规应得以严格执行和普遍遵守。这一层面的基本要求就是执法必严和违法必究,即严格按照法律法规的要求治理城市交通环境。目前,交通执法领域内以罚代管等不规范现象仍然存在,不同交通执法部门之间的权力划分仍未理顺,管理体制存在交叉、分散等问题。这些都严重影响了城市交通执法的效果,不利于实现城市交通环境的绿色发展。

一 我国城市交通环境绿色发展的基本要求和目标

城市交通环境不仅包含城区的道路、桥梁、车辆、行人等城市交通中的直接要素,更应涵盖与交通相关联的其他领域,如城市交通生态环境、城市交通社会环境、城市交通文化环境。

城市交通环境的绿色发展应是建立在可持续发展理念基础之上的效率与公平兼顾的城市交通发展模式。在这一模式下,城市土地资源能得以有效利用,交通工具的污染物排放量达到最小状态,且交通能力能满足城市经济及社会发展的当下需要和未来需要。城市交通环境绿色发展的主要目标是实现"四个友好交通",即土地友好交通、能源友好交通、环境友好交通、居民出行友好交通。绿色城市交通环境应具有以下三个特点:一是城市交通发展布局与城市环境保护和土地规划实现有机结合和良性互动;二是城市交通发展和交通设施建设符合城市交通管理的需求;三是城市交通能力和发展状况既能满足当下的交通需求和环保标准,同时又能为城市未来的经济社会发展留有较为充足的空间。

城市交通环境绿色发展研究始于20世纪90年代,至2002年南非约翰内斯堡世界可持续发展论坛峰会得到进一步强化。与此同时,20世纪末兴起的生态城市建设理论也迎合了交通环境绿色发展的要求,因为生态城市的相关理念与城市交通环境的绿色发展具有相当多的"交集",比如两者都认为城市发展空间是有极限的,应通过包括交通规划在内的各种规划促进城市的良性发展；应进一步改进交通出行方式，打造便捷高效的公共交通，通过立法保护慢行交通方式，使公共交通和慢行交通发挥各自优势，减少小汽车的使用；应加大城市交通环境的治理力度，用法治手段应对日益恶化的城市交通环境。

概言之，笔者认为城市交通环境的绿色发展是指运用科学发展观合理规划城市交通布局，采用低污染、适合城市环境需求的交通运输工具，高效完成各种社会经济活动，使城市交通参与者各行其道、各得其所，真正达到路桥规划合理、天朗气清、人车和谐、车车和谐的发展目标。其最终目的就是以人为本，实现城市交通环境的健康可持续发展。

二 我国城市交通环境绿色发展所面临的严峻挑战

(一) 汽车社会背景下我国城市交通环境恶化

2015年1月，国家公安部交管局公布，截至2014年年底，全国机动车保有量达2.64亿辆，其中汽车1.54亿辆；机动车驾驶人突破3亿人，其中汽车驾驶人超过2.46亿人。2014年，我国新注册登记的汽车达2188万辆，保有量净增1707万辆，均为历史最高水平。汽车占机动车的比率迅速提高，近五年汽车占机动车比率从43.88%提高到58.62%，群众机动化出行方式经历了从摩托车到汽车的转变，交通出行结构发生了根本性变化。全国有35个城市的汽车保有量超过百万辆，北京、成都、深圳、天津、上海、苏州、重庆、广州、杭州、郑州10个城市的汽车保有量超过200万辆。[1] 汽车保有量的迅速扩大，标志着我国已经大步跨入汽车社会。中国用20年左右的时间走过了发达国家长达百年走过的历程，步入"汽车社会"的速度可谓迅猛。随之而来的是与汽车相关的城市交通环境恶化等问题，突出表现为：交通拥堵程度加剧、严重污染天数激增、道路交通事故频发。

1. 交通拥堵加剧

当下中国城市的交通拥堵已不再是北、上、广、深等一线城市的特有现象，它已经和正在加速向二三线城市蔓延，交通拥堵已成为城市的"通病"。交通拥堵带来巨大经济损失，北京市交通发展研究中心研究结果显示，交通拥堵让北京市年损失1056亿元，相当于北京GDP的7.5%。若平

---

[1] 贾世煜：《我国驾驶员突破3亿，机动车保有量2.64亿辆》，《新京报》2015年1月27日。

摊到每辆机动车上，每辆车的年均经济损失达 21957 元。① 汽车拥堵致使驾驶员需频繁启停车辆，造成燃料的额外消耗，据统计仅北京市每年在机动车燃料一项上就浪费了 722.9 万升燃油，平均每辆车每月损失 400 元左右。② 事实上，我们每一个在城市生活的人都感受过堵车时消耗时间的无奈与交通拥堵带来的不便。

2. 严重污染天数激增

据《日本经济新闻》报道，中国 74 座主要城市空气质量处于"严重污染"的天数比例约为 10%。香港《南华早报》报道，2013 年上半年，京津冀地区"重度污染"天数占 26%，罪魁祸首就是 PM2.5。在 74 个城市中，仅有拉萨等 4 个城市达到日本的环境标准。③ 2013 年 1 月和 12 月，全国大多数地区都陷入严重的雾霾之中，中国环境监测总站重点监测的 33 个城市，空气质量级别均为严重污染。多地高速路关闭、航班取消或延误。严重空气污染由两大原因所致，一是交通拥堵，二是重工业污染。

3. 交通事故频发

我国是交通事故多发国家，"十一五"以来，全国道路交通事故死亡人数年均 7.6 万人，占所有安全生产事故死亡总数的 80% 以上。目前中国道路安全形势依然严峻，每年全国各地交警接报事故的总量在 470 万左右，事故总量巨大，每年因道路交通安全事故伤亡人数超过 20 万人，且恶性事故多发、死亡率高。我国交通事故死亡人数占伤亡总人数的比例约为 21%，日本为 0.54%，约为我们的 1/200。④ 近十年来，我国交通事故伤亡总人数一直位居全球首位。随着机动车的剧增，在交通越来越拥挤繁忙的城市中，层出不穷的交通事故让人们对自身的出行安全产生担忧。

（二）过分依赖技术手段解决城市交通环境发展中存在的问题的思路遇到挫折

包括交通拥堵在内的城市交通环境恶化是经济社会发展到一定阶段的产物，我国政府一直高度关注，从"973"计划到"863"计划，从"十五"规划到"十二五"规划，国家安排了许多改善城市交通环境方面的研究课题和技术攻关课题以及城市交通系统和交通规划方面的研究，取得了不少成

---

① 李禾：《交通拥堵造成的损失有多大？》，《南国博览》2013 年第 4 期。
② 罗茜：《交通堵塞带来的损失有多大？》，《百科知识》2013 年第 6 期。
③ 《中国城市空气治理"刻不容缓"，京津冀污染最重》，《参考消息》2013 年 8 月 2 日。
④ 林路：《中国每年因交通安全事故伤亡人数超 20 万》，http://www.chinanews.com/gn/2013/08-30/5227623.shtml。

果。这些技术进步在某种程度上促进了城市交通环境的绿色发展。但技术进步只能在一定阶段和一定区域收到成效，不能从长远和根本上解决问题。甚至会出现这样的情况：有的研究成果还未及推广，交通形势已发生了新变化，致使成果停留在文字层面和过去时阶段。技术总是落后于现实情况，在前瞻性方面存在先天不足。实践证明，没有技术不行，但过分依赖技术甚至单纯依靠技术解决城市交通环境恶化的思路行不通，而法律制度的前瞻性特点可以弥补这一不足。

包括美、日在内的发达国家，其大中城市人均拥有的机动车数量并不比我国少，但为何没有出现类似我国近年来的严重拥堵情况？难道他们的交通技术比我们先进？事实并非如此，发达国家城市交通环境治理的技术并不比我们高明，其投入的人力、物力也并不比我们多，他们之所以取得了比我们好的治理效果，关键在于制度保障，在于因制度的严格执行而在全社会所形成的健康向上的交通文化。

应当承认，进入汽车时代后我国城市交通环境恶化在很大程度上是因为制度缺失或制度流于形式，其根源在于交通法治程度不高，或是立法缺失、无法可依，或是有法不依、执法不严，没有起到惩罚、震慑、规范作用。加之执法部门的"选择性执法"，使得执法者在执法时间、地点、处罚与否、处罚力度等方面存在随意性，更助长了交通参与者的侥幸心理，使有些交通违法行为变本加厉，更不必说在良好的法律制度影响下形成健康的交通文化氛围了，这种立法、执法的畸形现状只能熏染出一种极具特色的交通投机文化。在无法可依或有法不依、执法不严、违法不究的现实状况下，无论多么先进的交通技术手段也无法解决城市交通环境恶化问题。

三 绿色发展思路和法治解决方式已获举国共识

在我国经历了较长时间的经济高速增长之后，反观发展所带来的副产品——环境污染，令人触目惊心，如果任由这样的发展模式延续下去，只能走向自我毁灭。中国共产党审时度势，提出了"科学发展观"：在十七大上对科学发展观做了全面的阐述，在十八大明确将其规定为党的指导思想。明确今后的发展目标是以人为本，实现经济社会全面、协调、可持续发展。十八大报告提出了五位一体的发展思路，将生态文明建设与经济建设、政治建设、文化建设、社会建设并列，对生态环境的重视程度前所未有。"绿色发展"和"美丽中国"被写进十八大报告。在亚洲博鳌论坛年会上习近平的主题演讲就是《携手推进亚洲绿色发展和可持续发展》，将绿色发展提升到发展的战略层面。2013年6月19日，《中国交通报》刊发了《发展绿色交通共建美丽中国》的文章，明确提出加快完善体制机制，为绿色交通发展提供坚实的制度保障。

十八大报告指出制度建设是根本保障，而制度上升到国家层面就是法律，要依法治理，实现法治。十八大提出2020年建成法治政府，让法治成为治国理政的基本方式。执政党明确要求领导干部应运用法治思维和法治方式执政，这在历次党代会属于首次。党的十八届四中全会更是将依法治国提升到前所未有的高度，提出全面推进依法治国，建设社会主义法治国家。

从今后的发展模式和定位上来看，中央高层定下了绿色发展的基调；从发展的保障和引领方面来看，提出了制度建设和法治思维的大方向。这也从战略高度为城市交通环境的绿色发展指明了一条法治化的路径。

四　我国城市交通环境绿色发展的法治路径

（一）将法治思维运用到城市交通环境治理领域，切实转变治理理念

没有科学的理念就没有科学的行动，进而不会产生良好的效果。长期以来，在包括交通领域在内的各领域治理活动中，我国各层级、各部门一直存在两种倾向：一是技术至上理念；二是政策主导理念。所谓技术至上即遇到问题首先想到的是用技术手段来加以解决，认为技术万能；而政策主导更是各主管部门的普遍做法，即针对相关问题下发各种红头文件，出台各种各样的政策。优点在于针对性强，灵活性强，见效快。但其弊端也显而易见：技术并非万能，头痛医头脚痛医脚，不能从根本上解决问题，往往会使矛盾在得到暂时缓解的表面情况下掩盖更大的矛盾，造成积重难返的后果；而过分依赖政策的思想会造成文件泛滥，规章制度随意更改，制度的严肃性和稳定性大打折扣。

无论是技术至上理念还是政策主导理念，究其根源，都是人治思维在背后起作用。而在法治成为世界潮流的当下，人治思维应彻底摒弃。党的十八大报告明确提出法治应成为治国理政的基本方式，第一次把"提高领导干部运用法治思维和法治方式深化改革、推动发展、化解矛盾、维护稳定能力"写入党的行动指南。法治思维要求以合法性为判断起点、以公平正义为判断重点，让法律成为社会治理的最高准则。运用法治思维，实行依法治国，从政策之治到法律之治，是治国方略的根本转变。具体到城市交通环境绿色发展方面，也应运用法治思维，制定相关法律法规，严格依法治理。如英国伦敦曾长期被称为雾都，多次发生光化学烟雾事件，造成严重生态灾难，政府采取各种措施均不见效。后该市转变治理观念，强调法治，颁布《清洁空气法案》，大气污染得到有效治理，雾霾天数大大减少。

（二）完善交通领域相关立法，从源头上保障城市交通环境绿色发展有法可依

首先，注重发挥地方性立法针对性强、相对灵活的优点，加大地方人大和政府在城市交通环境绿色发展领域的立法力度。一方面，各省、自治区、直辖市以及国务院规定的较大城市应结合本地区交通现状与当地经济发展、环境质量关系的具体情况，做好交通领域的立法规划工作，出台符合当地特点的地方性法规或地方政府规章；另一方面，地方人大和政府应做好交通领域内相关法规以及红头文件的清理工作，避免多头管理，互相抵触。各地还应从城市交通环境绿色发展的要求出发，明确立法重点，比如制定优先发展公共交通、限制私人轿车持有和使用区域、加大小汽车在市区的使用成本、严格尾气排放检查等方面的法规。

其次，在制定促进交通环境绿色发展的相关立法时应注意借鉴域外发达国家和地区的经验，少走弯路。如在限制私人汽车的拥有和使用方面，可以借鉴域外城市的立法先例。如新加坡的"购车资格"立法：欲购机动车者拥有"购车资格证件"后才能购车，且规定拥有车辆的期限，私家车10年，出租车7年，到期后资格丧失。该证件由政府每月发放，价格由政府决定，但涨幅惊人，按照2008年的价格，A组车（排量1600cc以下小汽车）的购车资格证约1.4万元新币，到2013年，暴涨到8万元新币左右。[1] 为了达到限购私家车的目的，荷兰法律规定了较高的消费税，为车辆本身价值的30%—50%；丹麦的立法更为苛刻，购买私家车需缴纳相当于车辆本身价值两到三倍的各种税款；新加坡的购车者需支付相当于车辆价值2.5倍的消费税。我国香港早在1982年即立法征收高额车辆登记税。2011年，为缓解交通拥堵状况，香港特区政府再次调高私家车首次登记税。在墨西哥、雅典和圣保罗等城市，则实行了每周对特定车牌尾号的车辆进行轮流限行的方案，也取得了较好效果。[2] 我国北京、上海、广州、天津等特大城市也已经采取或正在考虑采取这些措施。此外，发达国家的大城市还通过立法征收车辆拥

---

[1] 佚名：《国外大城市应对交通拥堵举措有哪些？》，《广州日报》2013年3月21日。
[2] 赵蕾：《城市交通拥堵治理：政策比较与借鉴》，《中国行政管理》2013年第5期。

堵费和高额停车费，来改善城市交通环境。因为道路是一种相对稀缺的公共资源，可通过价格机制实现该资源的优化配置和使用。目前国外城市采取的拥堵费征收方案主要有三种：一是对特定时段和特定区域行驶的车辆收取；二是在特定区域收取高额的停车费用；三是增加用车成本，对车辆定期或定程收取额外费用。我国拥堵严重的大城市也正在组织论证，探寻构建适合各自情况的法律制度。

最后，城市交通领域立法应考虑系统性和前瞻性。城市交通是一个综合性、开放性的系统，不仅涉及车辆、道路等简单要素，而且事关城市发展的兴衰和每个市民的福祉，因此应综合考量，科学论证。尤其应注意城市规划布局的科学性，因为城市规划、城市布局是影响交通状况不可忽视的关键因素。这一方面需要城市建设等部门在考虑城市未来发展时，应征求交通部门的意见；另一方面，交通发展涉及各行各业，牵一发而动全身，交通发展和治理应各方联动，形成合力。同时在立法时应有前瞻性，决不能朝令夕改。

（三）构建适应我国城市交通环境绿色发展的交通执法体制，提高交通行政执法效率

我国城市交通执法体制存在的最大问题就是多家管理、政出多门、各自为政、分散执法。这样的交通执法体制已成为阻碍城市交通健康、快速发展的不利因素。当前，交通行政部门主要负责路政管理、运政管理、稽征管理等，而公安交警部门负责车辆、驾驶员、道路安全等方面的管理。交通管理权的分割，容易引发公安部门与交通部门的分歧与矛盾。这种分散的交通行政执法体制不利于城市交通环境的高效治理，因为实现城市交通环境的绿色发展这一目标需要多方联动，协同管理，而不是条块分割，各自为政。因此，亟须建立综合交通行政执法体制。

建立综合交通行政执法体制有充分的法律依据：《行政处罚法》第16条规定：国务院或者经国务院授权的省、自治区、直辖市人民政府可以决定一个行政机关行使有关行政机关的行政处罚权。《行政许可法》第26条规定：行政机关应当确定一个机构统一受理行政许可申请，统一送达行政许可决定。自2008年起，全国人大通过了国务院的机构改革方案，组建了交通运输部，大部制的推行，为进一步理顺各种关系，真正做到依法治交创造了有利条件。在实践中，各省级交通行政主管部门已经认识到建立综合性交通执法体制的必要性，并从各自实际出发，进行了有益探索。北京、上海、深圳等地交通管理的实践证明，建立交通管理一体化的综合交通行政执法体系，可以避免不同部门之间的推诿扯皮，有利于提高执法效率，最终实现对

城市交通环境的有效治理。也只有如此，才能集中力量加大对群众关心的影响交通环境绿色发展案件的执法力度，如加大对交通拥堵、交通噪音、尾气排放等方面的治理。

究根溯源，车辆激增对道路以及停车位的大量需求与道路及停车位的供给严重不足之间的矛盾是当前我国城市交通环境恶化的关键所在。从表面上看，解决这一矛盾并不难，一是增加供给；二是减少需求。但实际操作并非如此简单：一方面，道路以及停车位的增加极其有限，在不少城市几乎不可能；另一方面，机动车的增加仍然不可遏制，在这样的情势下减少对道路和停车位的需求是不现实的。只有通过优先发展最节约使用有限道路面积的交通工具、抑制不经济使用道路面积的交通工具增长这样的途径来实现，但这些都需要制度建设来实现。除上述客观因素之外，人们的规则意识薄弱也是造成城市交通问题的重要原因，而规则意识只能通过制度的约束来养成。

从制度经济学角度看，制度的存在主要为了减少交易成本。一方面通过规范人们的行为，减少社会生活中的冲突和摩擦，以避免由此带来的效率损失；另一方面使人们对未来形成较为合理的预期，降低不确定性。政府应提供最有效地利用道路设施的政策法规，强化市民的交通守法意识，由被迫减少违章行为到自觉遵章而为，从而消除人为造成的交通拥堵及交通事故。先进国家的做法正基于此：制定严厉的法规，重罚违法者，反过来又提升了人们的守法意识。

总之，我国步入汽车社会后，实现城市交通环境的绿色发展应通过以下途径：完善交通领域相关立法来奠定城市交通环境绿色发展的法治基础；通过转变交通执法思维和执法方式实现对城市交通环境的积极高效治理，从而达到交通拥堵得到控制和缓解、由尾气排放引发的空气污染状况得到改善、交通安全事故发生率大幅降低的效果，最终实现我国城市交通环境的绿色和可持续发展。

电动自行车的治理

施立栋　余凌云[*]

摘　要：在当前的道路交通体系中，电动自行车正扮演着日益重要的角色。但与之伴随的大量车辆超标、交通事故频发等问题，也给管理者提出了诸多难题，亟须出台相应的治理对策。事实证明，采取"封杀"措施，无法彻底解决电动自行车引发的种种难题。应摒弃"以禁止代替管理"的传统管制思维，从加快对现行国家标准的修订、强化生产与销售环节的监管以及加强道路交通管理三个方面，出台更为精细和人性化的规制方案。同时，要对目前在用的超标电动自行车制订特别的管理方案，确保此类车辆的平稳过渡。

关键词：电动自行车；政府规制；国家标准；超标电动自行车

一　引言

最近十余年间，在道路通行空间日益拥堵、机动车尾气污染日趋严重以及燃油价格不断攀升的背景下，电动自行车凭借其便捷、环保、经济的特性，获得了迅速发展。特别是在很多城市纷纷颁布"尾号限行""限购令""禁摩令"之后，它更是扮演了替代性交通工具的角色，成为众多民众尤其是中低收入者首选的出行方式。

然而，电动自行车的普及，也引发了一系列问题。近年来，与电动自行车有关的道路交通事故数量，正急剧攀升。公安部交管局的数据显示，2010年，每10万人中，在涉及电动自行车的道路交通事故中受伤的人数为1.52人，比2004年增长了近3倍；而死亡人数为0.3人，比2004年增长了5

---

[*] 施立栋，苏州大学王健法学院讲师；余凌云，清华大学法学院教授。

倍。[1] 与此同时，目前绝大部分在用的电动自行车，并不符合现行的国家标准。截至2011年6月，全国超标的电动自行车数量已经高达1.2亿辆。[2] 此外，电动自行车被非法改装、驾驶人不遵守交通规则以及规则缺失等问题也十分突出。

当前，如何化解上述诸种乱象，已成为一个普遍性的治理难题，困扰着各地政府。为此，福州、武汉、云南、贵州等地相继出台了加强电动自行车管理的立法。但在实践中，电动自行车的非法改装、超速行驶等现象依然严重，超标车辆的法律地位、通行政策等问题也不断引发争议。这些问题仍横亘于实践部门面前，亟须开展深入研究，提出更为完善的规制方案。

本文将首先检讨电动自行车的规制模式，然后针对当前在实践中所面临的突出问题，分别从国家标准的修订、生产和销售管理、道路交通管理和超标车辆的过渡方案四个方面，提出具体的治理对策。

二 在"禁"与"限"之间

在当前治理电动自行车的初步实践中，各地政府采取了不同的规制进路。概而言之，存在着禁止通行与限制通行这两种规制模式的竞争。在珠海、广州、东莞等少数几个城市中，禁止电动自行车上路行驶；[3] 而在其他地方，则允许符合条件的电动自行车通行。

对于禁止通行的规制方案，不少学者提出了批评，其理由是，从立法权限来看，地方无权颁布这一禁令。[4] 我们认为，从立法权限上质疑该禁令的合法性是难以成立的。因为对地方立法权的判定，遵循的是"不抵触原

---

[1] See Xujun Zhang et al.，"Trends in Electric Bike-Related Injury in China，2004-2010"，*Asia-Pacific Journal of Public Health*，October 4，2013.

[2] 参见焦暄《"新规"带来疑惑：面临限期淘汰，我的电动自行车该怎么办？》，《人民公安报·交通安全周刊》2011年6月3日。

[3] 参见《珠海经济特区道路交通安全管理条例》（2011年修订）第10条；《广州市公安局关于对电动自行车和其他安装有动力装置的非机动车不予登记、不准上道路行驶的通告》（2006年）；《东莞市人民政府关于对电动自行车和其他安装有动力装置的非机动车不予登记、不准上路行驶的通告》（2007年）。

[4] 马怀德教授、毛寿龙教授持此观点。参见万静、马怀德、姜明安、毛寿龙《珠海禁止电动自行车上路是否违法》，《法制日报》2005年7月26日。

则"，即只要不与上位法抵触的，地方便具有进行立法的权限。① 而寻遍相关的上位法，并无明确禁止地方性电动自行车立法的规定。事实上，《道路交通安全法》（2011年修订）还对地方政府制定道路通行规则的权力明确做出了授权。② 据此，是否允许电动自行车通行，以及在怎样的地域范围内通行，应属于一项地方事务。各地政府有权结合本地的实际需要、交通状况等条件，在不与上位法抵触的前提下，出台具体的通行方案。

但是，要证成一项规制措施的正当性，除了满足立法权限这一形式合法性要件外，还应当具有内在的实质合理性。在这方面，行政法上的比例原则为我们提供了一个有益的分析工具。按照学界的通说，比例原则包含"妥当性""必要性"和"法益相称性"三项子原则。③ 以此作为评判准据，即可发现，电动自行车禁令在"妥当性"与"必要性"方面，都存在着可商榷之处。

首先，"妥当性"要求，政府的规制措施必须有助于增进或实现其所追求的目的。考究禁令制定者的初衷，其旨在通过禁止车辆的使用，"釜底抽薪"式地遏制住急剧攀升的电动自行车交通事故。但是，该禁令能否真正达成这一规制目的，却是存在疑问的。因为仅仅注意到伤亡人数的增长，而没有区分事故的发生是因电动自行车一方的过错，还是机动车、行人或其他非机动车的过错，无法确切评估此类事故的真正成因。同时，一项对浙江省2004年道路交通事故数据的分析显示，机动车每万公里的道路交通事故死亡人数为0.206人，这一数据是电动自行车的4倍。④ 这意味着一旦禁止电动自行车上道路行驶，就可能迫使一些人转而购买机动车。增加机动车数量，将会大幅提升道路交通事故的发生概率。

其次，政府对电动自行车的规制活动，也不应以追求道路安全为唯一目的。一方面，作为一种重要的交通工具，电动自行车弥补着公共交通系统的

---

① 参见沈关成《对地方立法权的再认识》，《中国法学》1996年第1期；孙波《试论地方立法"抄袭"》，《法商研究》2007年第5期。

② 该法第4条第2款规定："县级以上地方各级人民政府应当适应道路交通发展的需要，依据道路交通安全法律、法规和国家有关政策，制定道路交通安全管理规划，并组织实施。"

③ 参见余凌云《论行政法上的比例原则》，《法学家》2002年第2期。

④ See Christopher Robin Cheery, *Electric Two-wheelers in China: Analysis of Environmental, Safety, and Mobility Impacts*, PhD Dissertation, Engineering-Civil and Environmental Engineering, University of California, Berkeley, 2007.

不足,它在民众中具有扎实的需求基础。① 另一方面,当前一个完整的电动自行车产业链已经形成。② 在浙江、江苏等省的不少城市中,电动自行车产业已成为当地政府助推经济发展、创造就业岗位的一个支柱产业。考虑到这一现实,政府在出台针对电动自行车的规制措施时,应注意协调、平衡各方的利益关切。理想的政府规制行为,应当是在确保道路安全的前提下,兼顾民众的出行需求和产业的发展利益。遗憾的是,电动自行车禁令显然仅着眼于前者,而完全忽略了后两者,因而在规制目的上顾此失彼,缺乏妥当性。

最后,"必要性"要求,在可供选择的诸种手段中,政府应采取对相对人干预程度最低的手段。而"封杀"电动自行车的管理措施,显然无法满足这一要求。至少,针对当前电动自行车管理中所存在的突出问题,从生产、销售、使用各个环节出台针对性的具体措施,是一种对电动自行车产业和使用者侵害程度更小,也是更为精细和人性化的管理手段。不问当前的电动自行车乱象的具体成因为何,而径直采取全面禁止通行的措施,是传统上"以禁代管"的思维余绪,也是一种"懒政"。

规制措施一旦欠缺合理性基础,势必难以被相对人所遵从,导致其在实践中窒碍难行。电动自行车禁令便是一个生动注脚。事实上,北京、福州和海口曾先后出台过禁止电动自行车通行的规定。但在禁令颁行后,这些城市中的电动自行车销售、上道路行驶等活动很难得到根治,甚至还陷入了"越禁越多"的管制怪圈。③ 鉴于禁止通行措施的实效性不彰,这三个城市先后调整了规制模式,由原先的一律禁止通行,改为有条件地允许通行。目前,国内绝大部分城市均允许符合国家标准的车辆在办理登记后上路行驶。

电动自行车规制模式由"禁"到"限"的转向,意味着实践部门开始摒弃"以禁代管"的思维定式,转而采取更为务实的态度,直面管理过程中所存在的突出问题,寻求更为精细和人性化的治理之道。这是政府规制理

---

① 一项在昆明、上海两地开展的实证研究表明,电动自行车驾驶人的出行里程要远多于自行车骑行者,且在没有电动自行车的情况下,他们更倾向于选择公共交通工具(如公共汽车)。这说明,电动自行车承担了替代性公共交通工具的功能。See Christopher Cherry & Robert Cervero, "Use Characteristics and Mode Choice Behavior of Electric Bike Users in China", *Transport Policy*, Vol. 14 (3), 2007.

② 据中国自行车协会助力车专业委员会主任陆金龙的披露,到2014年年初,全国电动自行车的年销量已达到3500万辆,整个产业规模高达2000亿元,从业人员达200万人。参见《2014年中国电动车发展高层聚智峰会会议记录》,http://www.cn-tn.com/jzfh/hyjl.aspx。

③ 参见郭宏鹏《福州电动自行车禁不住理还乱》,《法制日报》2007年11月27日;马应珊、李利君《海口电动车:行驶在法令与禁令之间》,《人民日报》2007年1月11日。

念所经历的一次重要变革,值得各地的治理实践吸取。为贯彻这一思路,就需要从标准制定、生产与销售管理、道路交通管理等各个环节提出具体可行的治理对策。

三 国家标准的修订

国际经验表明,政府在治理电动自行车时,在可能采取的诸种规制工具中,首选的方式乃是通过制定车辆标准,对其安全运行的各项技术参数详加规定。[①] 在规制理论上,这种标准属于规格(Specification)标准。与更为原则的目标(Target)标准和性能(Performance)标准相比,它的缺点是易于过时,很容易引发技术僵化,阻碍企业的创新行为。[②] 我国现行的电动自行车国家标准便是一个例证。

现行的电动自行车国家标准——《电动自行车通用技术条件》(GB 17761—1999),颁布于1999年。根据该标准,电动自行车的最高车速不应高于20千米/小时,整车质量不得超过40千克,其中,前者是强制性要求,后者为推荐性规定。然而,随着近年来消费者对电动自行车产品的速度、续航里程、豪华性等品质要求的不断提高,目前在道路上骑行的电动自行车,绝大多数已突破了1999年国标中的技术参数。在此背景下,如何处理好现行国标的规定与大量车辆超标的事实之间的矛盾,已成为社会关注的一个焦点。

为缓解上述矛盾,不少省份通过颁布地方性规定,在现行国标所规定的推荐性条款的范围内,对其中的若干技术参数做出了放宽规定。例如,浙江省质量技术监督局2005年制定的地方标准——《电动自行车安全技术要求》(DB 33/572—2005),便将整车质量放宽至50千克。江苏省也有类似的变通规定。[③] 我们认为,这种地方层面的变通措施,虽是旨在回应产业界和民众需求的一种实践努力,但在法律层面却有违法之嫌。因为《标准化法》(1988年制定)第6条明确规定,制定地方标准的前提是"没有国家标准和行业标准"。既然电动自行车的国家标准早在1999年就已经出台,地

[①] See Geoffrey Rose, "E-bikes and Urban Transportation: Emerging Issues and Unresolved Questions", *Transportation*, Vol. 39, 2012.

[②] 参见[英]安东尼·奥格斯《规制:法律形式与经济学理论》,骆梅英译,中国人民大学出版社2008年版,第170页。

[③] 参见《江苏省电动自行车产品备案管理技术参数规范(试行)》(2011年)。

方层面便无权再另行制定地方标准。

因此,现行国标与社会需求之间的张力,只能通过推动全国层面的国家标准的修订来加以化解。而事实上,早在 2002 年 7 月,中国轻工业联合会就将电动自行车国家标准的修订列入了工作计划。截至 2013 年年底,电动自行车国家标准修订草案的征求意见稿,已修改至第 13 稿。[1] 但是,由于产业界与公安交管部门之间难以就其中的技术要求达成共识,新的国家标准已研拟十年有余,至今仍未出台。

我们认为,政府所开展的规制活动,应当能够容纳企业的技术创新行为,不能妨碍市场的发展。但是,现行的电动自行车国家标准,显然没有达到这一要求。为回应产业界和民众的需求,需要加速推进现行国标的修订进程。在这其中,需要发挥政府、企业、行业协会、消费者、专家等主体的不同作用。[2] 而从技术层面来讲,电动自行车国家标准的修订,应着重从以下三个方面展开。

一是放宽对最高设计时速的限制。对电动自行车驾驶人的实证访谈显示,近 80% 的被调查者认为,电动自行车所具有的速度优势,是他们决定是否选择电动自行车作为出行工具的首要考虑因素。[3] 但是现行国标所设定的最高时速限制,却难以满足人们在速度方面的需求。同时,它也显著低于国外的相关标准。在欧盟,电动自行车的最高时速为 25 千米/小时,日本是 30 千米/小时,美国和加拿大则规定为 32 千米/小时。[4] 因此,需要对电动自行车的最高时速限制做出修正。从目前国标修订的基本共识来看,电动自行车的最高设计时速拟提高到 26 千米/小时。[5]

二是引入脚踏通电功能和超速断电技术。现行电动自行车国标的一个重大缺陷,是仅提出了最高设计时速的要求,而缺乏实效性的限速手段。实践

---

[1] 参见宋文明《电动车新国标或年底出台:与欧美标准接轨,关键参数放开》,《中国经营报》2013 年 10 月 28 日。

[2] 对在标准制定过程中,政府、企业、行业协会、消费者和专家应扮演的不同角色的深入阐述,请参见宋华琳《规则制定过程中的多元角色——以技术标准领域为中心的研讨》,《浙江学刊》2007 年第 3 期。

[3] See Jonathan X. Weinert et al., "Electric Two-Wheelers in China: Effect on Travel Behavior, Mode Shift, and User Safety Perceptions in a Medium-sized City", *Transportation Research Record: Journal of the Transportation Research Board*, Vol. 2038, 2007.

[4] See Geoff Rose & Peter Cock, *Encouraging E-bike Use: the Need for Regulatory Reform in Australia*, Institute of Transport Studies Working Paper, 2003.

[5] 参见王南《电动自行车,拟限速 26 公里》,《法制晚报》2012 年 10 月 21 日。

中，原本安装于车辆中的限速装置经常被非法拆除或调节，导致车辆的实际运行速度远远超过最高设计时速。

在国外，为确保电动自行车在实际运行过程中维持在低速水平，在技术层面采取了两种控制手段。（1）将脚踏骑行作为通电的前提条件。加拿大的立法即规定，只有在人蹬车的速度达到 3 千米/小时之时，车辆中的电力驱动装置才能通电。[①] 欧盟 2002/24/EC 号指令也规定，骑行者停止脚蹬踏板，电助力将逐渐减弱直至全部断电。[②] （2）引入超速断电技术。前述欧盟指令规定，当电动自行车的实际运行时速超过最高设计时速时，车辆的电机输出功率将逐渐降低至零。

我们认为，上述比较法上的经验值得借鉴。理由有四点。首先，将脚踏骑行功能作为通电的前提条件，将使得电助力仅被定位为辅助性的动力来源，这样更符合电动自行车作为非机动车的性质。其次，驾驶人在蹬车的过程中，可以保持对道路交通状况的注意力，并动态地调整速度，不至于因疏忽大意酿成交通事故。再次，由于人的体力存在着一个极限，脚踏通电功能的存在，将使车辆的实际运行速度不至于过高。最后，通过引入超速断电技术，可以进一步确保电动自行车在法定的运行时速之内运行。因此，建议在未来修订国家标准时，明确引入脚踏通电功能和超速断电技术。

三是放宽对整车质量的限制。为了回应消费者在通行里程、安全性能等方面提出的更高要求，目前电动自行车企业生产的电动自行车，普遍增加了电池组，增强了车架强度，选用了更重的无刷电机，这些都导致绝大部分车辆的整车质量突破了现行国标中的 40 千克的规定。[③] 考虑到这种生产工艺的改进状况，需要对电动自行车的最高整车质量做出相应修改。从目前国标修订的基本共识来看，电动自行车的整车质量（不含电池）拟放宽至 55 千克。[④]

四 生产与销售管理

政府对电动自行车的治理活动，是由标准订定、生产与销售管理以及路

[①] See Geoff Rose & Peter Cock, *Encouraging E-bike Use: the Need for Regulatory Reform in Australia*, Institute of Transport Studies Working Paper, 2003.
[②] See *Directive 2002/24/EC of the European Parliament and of the Council*.
[③] 参见倪捷《强化路面管理，改善电动自行车交通安全》，《电动自行车》2010 年第 9 期。
[④] 参见王南《电动自行车，拟限速 26 公里》，《法制晚报》2012 年 10 月 21 日。

面管理等环节所构成的。它们环环相扣，共同组合成一个完整的规制"链条"。在当前国家标准尚未做出修订的情况下，生产与销售的管理就被推到了该"链条"的"上游"。加强这一环节的监管，有助于从源头上切断缺陷产品流入市场的渠道。否则，将给后续的路面管理环节带来沉重的治理负担。

然而，在当前的实践中，电动自行车在生产与销售环节的产品质量问题却十分突出。为迎合消费者的需求，很多厂商选择生产和销售在速度、重量等方面超过国家标准的电动自行车。有的还非法拆卸零部件以减轻整车质量，或者拆除、调节限速装置。此外，电池质量不达标、车架断裂、控制器失灵等问题也屡屡发生。对于这些问题，我们建议从以下方面加强对生产与销售环节的管理。

第一，实行动态的目录管理制度。所谓目录管理，是指质监、公安、工商等部门将符合国家标准的电动自行车产品，列入允许在当地进行销售和登记上牌的名录，并进行公告的一项制度。实行目录管理，可以确保在电动自行车出厂之后，继续保持对车辆产品质量的监控，阻止超标车辆进入流通领域和驶入路面。需要注意的是，该目录应当是可以进行动态调整的。质监、工商、公安等部门一旦在执法中发现，列入目录的产品不再符合国标规定的，应及时启动撤销程序，将该产品从目录中删除。

第二，应用信息规制工具。在各种政府规制工具中，信息工具具有成本低廉、实效性强的优势，能够克服传统的处罚、许可等工具规制能力不足的缺陷。[①] 这值得在电动自行车治理中加以应用。对此，可从两个方面着手。一是建立强制信息披露制度。电动自行车销售商应当在营业场所的醒目位置，张贴本地的产品目录，并在消费者购买产品之前，说明该车辆能否在当地登记上牌。因销售者未尽说明义务，导致消费者购买的车辆无法在当地登记上牌的，消费者有权要求退货或更换纳入目录的车辆。二是建立违法信息披露制度。对于进行超标车辆的生产或销售，且拒不改正的厂商，应向社会曝光其违法行为。

第三，明确规定超标电动自行车生产企业、销售商的产品缺陷责任。《产品质量法》（2000年修订）第41条、第42条和第46条规定，不符合国家标准的产品属于有缺陷的产品。生产、销售有缺陷的产品，造成人身、财产损害的，生产者或销售者应承担赔偿责任。据此，如果生产、销售超标电

[①] 参见应飞虎、涂永前《公共规制中的信息工具》，《中国社会科学》2010年第4期。

动自行车，生产企业或销售商应承担相应的产品缺陷责任。但在当前的实践中，对于超标电动自行车引发的损害，生产企业、销售商普遍没有承担起相应的产品缺陷责任，致使此类损害赔偿责任无法获得公平的分担，增加了社会矛盾。因此，建议在进行电动自行车立法时，对超标电动自行车生产企业、销售商的产品缺陷责任做出明确规定，并在生产企业、销售商和消费者中加强对这一规定的宣传，以有效威慑超标电动自行车的生产、销售行为。

第四，推行安全头盔和车辆保险的捆绑销售制度。鉴于当前涉及电动自行车的道路交通事故发生率居高不下，为尽可能地降低此类事故给电动自行车驾驶人、乘坐人员和其他道路使用者造成的伤害与损失，建议在立法文本中规定，销售商在销售电动自行车时，应一并出售安全头盔和车辆保险。

五　道路交通管理

在路面管理环节，确保安全是政府规制活动的核心关切之所在。然而，电动自行车启动快，行驶时噪音小，加速后具有巨大冲量，以及它与其他非机动车辆混行时所存在的较大速度差等特征，给道路交通安全提出了严峻考验。

在当前的道路交通管理实践中，电动自行车的上路行驶产生了一系列疑难问题，包括：是否有必要对电动自行车实行注册登记？如何进一步控制车辆超标和非法改装现象？公安交管部门是否可以禁止电动自行车在一定区域内通行？此外，对于驾驶年龄、行驶车道、驾驶行为规范等方面的具体规则，也需要通过立法予以明确。针对上述问题，我们认为，可以从以下几个方面展开规制。

第一，建立注册登记制度。之所以要求实行注册登记，其目的在于借登记手续，实现对电动自行车的身份化管理，为日后对该车辆违法行为的追究、交通事故的处理提供线索。同时，注册登记环节的存在，也为公安交管部门对超标车辆进行审验，以及对驾驶人展开安全驾驶教育提供了一个制度化的平台。至于注册登记的具体办理，则可以采取简化形式。例如，可以推行"带牌销售"制度，由销售商接受公安交管部门的委托，直接为消费者办理注册登记和上牌手续，并及时地将登记信息传递给公安交管部门，以供后者录入车辆管理信息平台。

第二，在注册登记和路面执法环节强化对超标车的审验力度。在注册登记环节，公安交管部门经审验发现电动自行车不符合国家标准的，应不予办理注册登记。同时，应当查明该车辆的生产或销售渠道，并将该信息抄送至相应的行政管理部门依法查处。在路面执法环节，交通警察查获未办理临时通行登记手续的超标车辆的，应暂扣该车辆，依法处以罚款，并责令恢复车辆的原始面貌或办理临时通行登记手续。

第三，出台具体的通行规则。为确保道路交通安全，还应当对电动自行车的通行规则详加规定。其主要内容包括：(1) 驾驶人应年满16周岁，且无妨碍安全驾驶的身体缺陷；(2) 应当在非机动车道内行驶。在没有划设非机动车道的道路上，应当靠车道右侧行驶；(3) 夜间驾驶应当打开车辆灯光；(4) 只允许搭载一名12周岁以下的未成年人；(5) 禁止实施饮酒后驾驶、扶身并行或互相追逐竞驶等危险驾驶行为；(6) 禁止用于营业性旅客运输。同时，应当在立法文本中规定罚款、扣押车辆等形式的法律责任，对违反上述通行规则的行为施加制裁。

第四，规定限制或禁止通行措施的情形。根据《道路交通安全法》(2011年修正) 第39条的规定，公安交管部门可以根据道路和交通流量的具体情况，对机动车、非机动车采取限制或禁止通行的措施。据此，公安交管部门可以采取在一定区域内禁止或限制电动自行车通行的措施。但是，考虑到目前在很多城市中，快递、外卖、派送报纸等行业普遍使用电动自行车作为"最后一公里"路程的交通运输工具，为防止这些特殊行业受到冲击，建议规定，此类特殊车辆在经公安交管部门核发专用标志后，可免受限制或禁止通行措施的影响。

六　在用超标车辆的过渡方案

目前在用的电动自行车，绝大部分为超标车辆。如何对这类特殊车辆进行管理，是困扰各地政府的一大难题。

在实践中，存在着一种观点，认为既然超标的电动自行车违背了现行法律的规定，那么就应禁止此类车辆上路，或者只有在强制将车辆恢复到国家标准之后才能通行。这一观点显然是基于严格的形式法治立场而得出的，不无商榷的余地。我们当前所处的社会转型期，决定了对政府行为合法性的追问，不能仅停留于法条主义的或者合法律性的立场，而必须超越这一维度，去进一步检讨其可接受性程度。[①] 前述观点所忽视的是，当前超标车辆之所

---

① 参见沈岿《因开放、反思而合法——探索中国公法变迁的规范性基础》，《中国社会科学》2004年第4期。

以大量产生，主要原因在于国家标准已远远不能满足产业界的发展利益和消费者的实际需求。而政府长期以来不重视对超标车辆的监管，甚至放任、默许其生产与销售，又进一步加剧了车辆超标的局面。在此背景下，如果固守形式主义的法治观，禁止超标车辆的通行，将既有悖于民众的合法预期，也难以获得他们的切实遵从。

因此，秉持实质主义的法治观，我们认为，应允许目前在用的超标车辆在道路上通行。同时，为确保此类车辆的通行安全，应当研拟出台特别的管理措施，以及加速其淘汰进程的方案。而作为前提，首先需要明确界定这种车辆的法律性质。

（一）超标电动自行车的法律性质

《道路交通安全法》（2011年修订）第119条规定，设计最高时速、空车质量、外形尺寸符合有关国家标准的电动自行车，是非机动车。但是，对于超过国家标准的车辆应做何种定性，该条并没有做出规定。而在实践中，对这一问题存在着广泛分歧。

在一些地方的规范性文件中，明确将超标电动自行车定性为机动车。例如，广东省中山市人民政府规定，凡不符合现行电动自行车安全技术要求，以电动力驱动的轮式车辆，应认定为机动车。[①] 与之相反，另一种意见则认为超标车辆不属于机动车。2011年，浙江省绍兴市中级人民法院在审理一起交通肇事案件时，即明确拒绝将超标电动自行车认定为机动车。[②]

我们认为，对于超标电动自行车的定性，不宜"一刀切"地做出属于机动车还是非机动车的认定，而应当区分以下两种情形展开讨论。

1. 对于符合机动车国家标准的超标电动自行车，应当定性为机动车。理由在于，2012年修订后实施的《机动车安全技术条件》（GB 7258—2012）已明确将符合机动车安全技术条件的电动自行车归入摩托车的范畴之中。因此，一旦经具有法定资质的机构鉴定，超标的电动自行车符合摩托车技术要求的，就应当将其定性为机动车。对此类车辆的管理，应适用机动车的相关规定。

2. 对于不符合机动车国家标准的超标电动自行车，则应将其定性为一

[①] 参见《中山市联合整治电动车和电动自行车销售及上路行驶秩序工作方案》的附件"电动车、电动自行车的法律界定和使用规定"。

[②] 参见余建华、孟焕良、祝璐《绍兴中院"灵活"审理一起电动车肇事案》，《人民法院报》2011年3月3日。

类特殊的非机动车。这里包含着两层含义。

（1）此类车辆属于非机动车。虽然《道路交通安全法》（2011年修订）第119条规定，符合国家标准的电动自行车为非机动车，但不能由此反推出，不符合国家标准的电动自行车就属于机动车。因为在法解释学上，只有在制定法明确表示，法律效果 R 仅适用于构成要件 A 之时，才能进行反面推论。[①] 既然《道路交通安全法》第119条并没有采取"只有符合国家标准的电动自行车才属于非机动车"的规范表述，就不能做出超标车辆就是机动车的反面解释。同时，由于《道路交通安全法》仅规定了"机动车"与"非机动车"两种车辆类型，因而不符合机动车国家标准的超标电动自行车，就应当归入非机动车的范畴之中。

（2）这种车辆属于一类特殊的非机动车。与自行车与人力车相比，超标的电动自行车在运行速度、整车质量等方面均与普通的非机动车迥异。在与其他非机动车辆混行时，它将给其他道路使用者构成严重威胁。为确保道路交通安全，需要对这类车辆设置特别的管理规则。

（二）针对不符合机动车标准的超标车的特别管理措施

对于未达到机动车国家标准的超标车辆，原则上应适用非机动车的一般规定。同时，考虑到这种车辆毕竟与普通的非机动车辆不同，为此应规定如下特别管理措施。

1. 实行临时通行登记

为了落实身份化管理，超标车辆应同样在经登记后才能上路。但与合标车辆的注册登记不同的是，对超标车辆应实行临时通行登记手续，即它只被允许在一定的过渡期限内通行。各地可以结合本地实际，出台超标车辆的临时通行期限。同时，为了便于路面管理，对超标车辆所颁发的牌证，可以在式样上与合标车辆有所不同，以示区别。

2. 不实行准驾制度，代之以临时通行登记环节的教育培训措施

鉴于目前在用的超标电动自行车数量十分庞大，不宜对此类车辆推行准驾制度，否则将给公安交管部门带来巨大的工作负荷。而且从国外的经验来看，越南、印度等国在对电动轻便摩托车进行管理时，也均没有要求申领驾

---

① 参见［德］卡尔·拉伦茨《法学方法论》，陈爱娥译，商务印书馆2003年版，第266页；［比］马克·范·胡克《法律的沟通之维》，孙国东译，法律出版社2008年版，第216页。

驶证的规定。① 事实上，建立驾驶证制度的初衷，旨在提升驾驶人的安全意识和驾驶技能。但这一规制目标的达成，并非只能借助于申领驾驶证这一方式。我们认为，公安交管部门通过在临时通行登记环节发放宣传资料、开设免费培训班等方式，同样可以对驾驶人开展道路交通安全法规教育和技能培训，而不必苛求于建立准驾制度。

3. 强制佩戴安全头盔

在当前的电动自行车交通事故中，最为常见的伤害部位是脑部的损伤。一项在苏州张家港市所开展的实证调查显示，在所有因电动自行车引起的事故伤害住院病例中，脑部受到伤害的比例高达46.4%。② 而强制要求驾驶人佩戴头盔，可以显著减少此类事故中的伤害。这可以从一项与瑞士的对比性研究中得到证实。在瑞士，在电动自行车交通事故中，头部和颈部受到伤害的比例仅占27.4%。这一数值之所以显著低于中国，是因为在瑞士，电动自行车驾驶人佩戴头盔的比例高达75%，而中国却只有9%。③ 为减少交通事故中的伤害，应强制要求超标电动自行车驾驶人和乘坐人员佩戴安全头盔。

4. 强制车辆保险

由于电动自行车驾驶人多属中低下收入者，因电动自行车引发的道路交通事故（尤其是重伤或者死亡事故）损害，在实践中往往无法得到赔付，致使纠纷难以获得妥善解决。④ 为了切实分散风险、补偿损失，建议参照机动车，建立超标电动自行车的第三者责任强制保险制度。

（三）加速超标车辆淘汰的措施

为加速超标电动自行车的淘汰进程，建议各地政府出台相应的规定，对从事以下活动的厂商或者电动自行车所有人给予一定的经济补偿：（1）生产企业和销售商主动开展"召回改造"服务，对超标车辆进行必要的技术改造的；（2）生产企业和销售商通过以旧换新、折价回购等方式，回收超标车辆的；（3）超标电动自行车所有人提前报废超标车辆的。

---

① See Asian Development Bank, *Electric Two Wheelers in India and Vietnam: Market Analysis and Environmental Impacts*, Philippines: Asian Development Bank, 2009.

② See Wei Du et al., "Epidemiological Profile of Hospitalised Injuries among Electric Bicycle Riders Admitted to a Rural Hospital in Suzhou: A Cross-sectional Study", *Injury Prevention*, Vol. 20, 2014.

③ See Sylvana Papoutsi et al., "E-Bike Injuries: Experience from an Urban Emergency Department—A Retrospective Study from Switzerland", *Emergency Medicine International*, Vol. 2014, 2014.

④ 参见傅勇涛、马超《电动自行车事故多，三者险难推动》，《新华每日电讯》2012年10月26日。

七 结语

当前，随着电动自行车的普及，大量车辆超标、交通事故频发等问题日益突出，亟须采取切实有效的治理对策。其中，对电动自行车采取"封杀"措施，无助于道路安全状况的改善；而且，由于忽略了产业利益和民众需求，其实施效果也并不理想。在电动自行车管理中，应当摒弃"以禁代管"的传统思维，取而代之的，是从国家标准、生产与销售以及道路交通管理三个方面出台更为精细和人性化的规制方案。同时，要对目前在用的超标车辆制定特别的管理规则，以确保此类车辆的平稳过渡。

电动自行车的管理，涉及民众需求、产业利益和道路安全等多元利益的调和，这考验着政府的治理决心与能力。当前，中国已经成为电动自行车的产销大国，所生产的产品不仅充盈于国内市场，还源源不断地运往欧洲、美国、东南亚等地。但是，如何超越产品输出层面，而进一步为其他国家提供可资借鉴的规制经验，将是未来中国在电动自行车领域所可能做出的贡献。本文提出的治理对策，或许将会在这方面提供一些启示。

下 篇

高端论坛与决策咨询

高端论坛概要

一 召开"违反黄灯信号通行行为查处执法方式"研讨会

2013年1月13日,本课题组依托的交通法治与发展研究中心就社会热议的"闯黄灯"问题组织召开"违反黄灯信号通行行为查处执法方式研讨会"。与会主要人员有多所高校的专家学者、黄灯处罚行政诉讼原告×××,也有曾参加公安部交管局就信号灯规范征求意见的本地热心车友等。上述与会人士均认为公安部交管局对"黄灯刚亮时,未过停止线的车辆继续通行应当处罚"的解读存在偏差,并通过各种渠道提出了自己的反对意见,也获得了社会的普遍认同。但是,与会人员同时认为,反对公安部交管局的错误解读,并不意味着对黄灯期间违法通行问题视而不见,相反,公安部交管局应当履行对各地交管部门查处交通违法行为的"执法指导"职责,即在认真研究现有法律依据基础上,根据交管执法特性,通过各种有效指导方式积极推动各地交管部门加强对"违反黄灯信号通行行为"的查处,以促进驾车人对于黄灯信号的正确理解,实现黄灯通行的合法有序。

与会人士认真探讨了违反黄灯信号通行行为查处执法的法理基础、法律依据、执法原则、证据取得、裁量基准与处罚竞合等执法方式问题,同时也对黄灯信号及相关规范的调整进行了深入的探讨,形成了一份"关于对违反黄灯信号通行行为实施执法查处的建议",以"现代城市交通发展的制度平台与法律保障机制研究"课题组名义,并由与会主要人士签名后寄送公安部。会议情况得到多家媒体的报道。

二 举办"首届城市停车治理论坛"

2013年11月24日,本课题组依托的交通法治与发展研究中心联合南京市停车服务业协会、南京交通台，召开"城市停车治理论坛"。与会发表演讲的专家与领导有国家发改委综合运输研究所程世东研究员，湖北省统计局副局长、全国人大代表叶青，南京城市交通规划设计院有限公司董事长、南京市人大常委杨涛，南京市城管局停车管理中心主任刘国强，南京交通台"智勇在线"主持人智勇，南京市停车行业协会秘书长杨明山，东南大学交通法治与发展研究中心研究员过秀成、顾大松、虞青松等。南京天之诚工程项目管理咨询公司总经理、南京城市治理委员会公众委员马志恒与新华报业传媒集团张松磊介绍其停车治理金点子，苏州天鹏物业管理服务有限公司副总经理范春亮就"道路路内停车收费及管理责任相关问题"发言，东南大学法学院本科 SRTP 小组顾泽慧同学介绍"南京市公共停车场市场化运作个案（南京六中地下停车场）调查报告"。最后，中心副主任顾大松发布"城市停车治理南京共识征求意见稿"，并经与会人士讨论后形成定稿。

三 举办"第二届城市停车治理论坛"

2014 年 11 月 29 日，第二届城市停车治理论坛举行，本次论坛围绕"合理调控城市机动车规模的停车治理"的议题，邀请了国内多领域的专家现场作演讲，由本课题组依托的交通法治与发展研究中心举办。通过本次论坛，本课题组向公众与媒体发布了《合理调控城市机动车规模的南京共识（征求意见稿）》，共议调控城市机动车规模的合理方式。

共识一：限牌、限号政策系城市重大公共政策，需要遵循法治思维与法治方式出台。

共识二：限牌、限号政策系调控城市机动车规模的方式之一，但需要接受必要性法律原则的考量。

共识三：停车治理作为合理调控机动车规模方式的基础，在于车主自备车位的法理，城市可以开展相应立法的探索。

共识四：道路停车泊位价格的调整与严格的违停执法，系实现一定范围机动车规模调控的有效方式。

共识五：移动互联网时代推动不停车收费系统、城市统一停车信息平台建设，是合理调控机动车规模的最大公约数。

四 举办"第三届城市停车治理论坛"

2015年10月30日,第三届城市停车治理论坛举行,本次论坛围绕"'互联网+交通'下的停车产业发展"的主题,邀请了国内多领域的专家现场作演讲,由本课题组依托的交通法治与发展研究中心举办。通过"互联网+"与交通的深度对接,在实现城市停车资源最大化利用、解决停车难问题的同时,也将大大促进智慧城市建设。通过本次论坛,形成了《关于加强南京市停车难题治理的决议》,认为停车难题解决方案应当兼顾有车群体和无车群体各方的利益,需要通过事先统筹规划,控制中心城区机动车泊位,在一定程度上通过机动车需求管理方式,合理调控机动车规模。关于互联网时代打车软件的监管问题,顾大松建议政府部门在后台监管,主要通过培育市场与增进市场活力等路径,以行政指导、行政合同等非强制的柔性管理手段进行监管。

五 召开"收费公路通行费价格形成机制研究"国际研讨会

2013年5月25日由本课题组依托的交通法治与发展研究中心主办的以"收费公路通行费价格形成机制研究"为主题的国际研讨会召开。此次国际研讨会汇集了交通、法律、经济三方面的中外专家,研讨会分四个专题进行:第一个专题为"收费公路的现实与理论问题"。第二个专题为"收费公路的政策问题"。第三个专题为"收费公路的法律问题"。第四个专题为"交通运输部《收费公路管理条例(修正案征求意见稿)》的讨论",重点围绕《收费公路管理条例(修正案征求意见稿)》意见集中的五个方面进行了讨论。研讨会紧紧围绕上述四个专题展开,是一次交通与法律、理论与实务交叉的会议。

六 召开"黄灯通行"交通与法律问题研讨会

2012年5月20日,由本课题组依托的交通法治与发展研究中心举办"黄灯通行"的交通与法律问题研讨会。《道路交通安全法实施条例》中规定:黄灯亮时,已越过停止线的车辆可以继续通行,一起诉讼使得浙江律师舒江荣成为闯黄灯被罚第一人,这起案例也是此次研讨会的核心案例,因该案是全国首例,引起了社会广泛关注。本次研讨会对此提出了合理化建议,认为黄灯通行应设定"谨慎通、禁止抢行"的原则,也就是说,在确保安全的情况下可以通过,但如果不能保证安全还抢行,则应该受到处罚。

七 召开第一届新能源交通政策论坛

2016年5月7日,由本课题组依托的交通法治与发展研究中心、中国交通报主办的第一届新能源交通政策论坛召开。与会嘉宾围绕新能源汽车补贴政策改革、新能源交通政策的法理、体系与重点作了精彩报告。中国工程院院士杨裕生作"改革补贴政策发展电动汽车"报告。广州市交通运输委员会客运管理处处长苏奎作"新能源汽车补贴政策怎样更有效率"报告。同济大学新能源汽车产业化研究中心副主任吴小员副教授作"新能源汽车分时租赁进展及其政策支持体系"报告。江苏省人大常委会法工委副主任刘克希作《出租汽车油改气变更登记法律问题》报告。中国交通报运输中心副主任闫新亮作《新能源汽车需要怎么样的补贴政策》报告。南京卓迅汽车租赁公司总经理殷浩作《从网约车角度思考新能源汽车的发展》报告。交通运输部公路科学研究院司法鉴定室主任、副研究员陈宏云作《电动自行车管理政策问题》报告。广州拜客绿色出行公益组织总干事陈嘉俊作《电动自行车的公平路权》报告,交通法治与发展研究中心执行主任顾大松作《新能源交通政策的法理、体系与重点》报告。

八 举办"互联网时代打车软件的政府监管之道"研讨会

2014年3月29日,本课题组依托的交通法治与发展研究中心举办"互联网时代打车软件的政府监管之道"研讨会,邀请各界专家共同探讨打车软件涉及的政府监管与行业发展问题,形成《关于以法治促进手机软件召车等电召服务有序发展的建议》,提交交通运输部,其主要观点在正式出台《交通运输部办公厅关于促进手机软件召车等出租汽车电召服务有序发展的通知》中得到了采纳。参加本次会议的专家有中国交通运输协会常务副会长王德荣,中国道路运输协会副会长兼秘书长王丽梅,国务院发展研究中心《经济要参》申耘主任,国家发改委综合交通运输研究所主任程世东;国家工信部电信研究院何宝宏主任；北京行政学院法学部主任金国坤先生，上海金融与法律研究院执行院长傅蔚冈，新华网江苏频道总编辑彭亚平、财经专栏作家刘远举研究员，东南大学交通法治与发展研究中心主任周佑勇、副主任孟鸿志、过秀成教授，等等。

决策咨询建议

一 完善执法查处，治理交通拥堵

周佑勇　顾大松[*]

城市化、机动化是经济社会繁荣的标志，但随之而来的交通拥堵问题却成为世界各国难以摆脱的困扰。交通拥堵已成为我国大城市的通病，并有向中小城市蔓延的趋势。以北京为例，截至2010年，北京市区每天堵车时间由2008年的3.5小时增至5小时，北京交通已不堪重负。

为解决城市交通拥堵，政府不仅选择传统的增加供给方式——加大交通基础设施建设、发展公共交通轨道交通等，也在大力推动交通供需方式从供给增加到需求管理的转变，实现动态与静态需求管理的结合。在动态的需求管理方面，政府部门加强了对机动车使用的管理，如禁摩、单双号限行、机动车号牌摇号等制度，也在探讨征收拥堵费的可能。但是，交通需求动态管理的必要性往往成为公众质疑的对象。基于管理政策可接受性的角度，静态交通管理政策更值得采用，而既有的交通管理立法是实现静态交通管理的重要抓手，如通过对违法停车的严格执法，可在很大程度上解决路面违法停车影响交通的乱象；通过交通执法促进交通秩序的形成，能在一定程度上缓解城市交通拥堵。因此，有必要利用现有法律资源，完善道路交通安全违法行为执法查处机制，推进城市交通拥堵治理。

1. 建立违反道路通行规定的处罚裁量基准制度

在现行道路交通安全法体系中，道路通行规定共有83条，但其仅对应两条罚则（《道路交通安全法》第89条、第90条），存在立法精细化不足的问题。例如，关于"闯黄灯"与"闯红灯"的法律规定均为未按照交通

---

[*] 周佑勇，东南大学法学院教授；顾大松，东南大学法学院副教授。
本文载《中国社会科学报》2013年8月14日第488期。

信号通行，公安交管部门却未能根据二者可归责性的不同在法定裁量幅度内作出区分，结果出台等同于红灯罚则的黄灯罚则，引发公众质疑。因此，有必要借助裁量基准制度建设，以违反道路通行规定行为的可归责性为重心，在已有法律责任条款的裁量幅度内设定不同处罚标准，通过罚当其责的裁量基准制度建设，避免将"闯黄灯"等同于"闯红灯"的类似错误。

2. 建立渐进的机动车驾驶证累积扣分制度

《道路交通安全法》第24条确立的机动车驾驶人违法行为累积扣分制度，是一个行之有效的管理制度。机动车驾驶证累积扣分，在法律上属于行政许可的后续监管措施，具有附属性、中间性、教育性的特点。公安部《机动车驾驶证申领和使用规定》设置了数量较多的大额扣分措施，有惩戒性的行政处罚倾向，与累积扣分的中间性特点相悖。实践中，已出现一些一次性高额扣分现象，而一些交通管理机关的"满分学习班"则期期爆棚。有必要回归机动车驾驶人违法行为累积扣分制度中间性、教育性的本义，适当调整现有规章中一次性扣12分的规定，在法治精神指引下，以小额、渐进的累积扣分制度实现有效的交通管理。

3. 健全道路交通安全违法行为执法查处的证据规则

道路交通安全违法行为执法查处案件数量多、争议大，需要完备的证据规则保障处罚决定的合法性。《道路交通安全违法行为处理程序规定》确定了一般性的道路交通安全违法行为执法证据规则，但仍缺乏重点争议领域的针对性证据规则。其一，基于廖宗荣诉重庆市公安局交通管理局第二支队道路交通管理行政处罚决定案（《最高人民法院公报》2007年第1期）的判决影响，明确简易程序中1名交通警察事实陈述的优势证据效力。其二，基于"醉驾入刑"后的刑事优先法理，确立酒驾查处程序中交通警察对拒不配合犯罪嫌疑人的强制检查权。其三，在非现场执法中，基于交通技术监控设备的电子警察属性，将在标准化法上作为推荐性标准的《道路交通安全违法行为图像取证技术规范》（GAT832—2009），明确为需要一体执行的强制性取证规范，以统一现场执法与非现场执法取证规范的法律效力。其四，建立非现场执法中违法行为人的认证规则。因交通技术监控设备非现场执法的技术特性，应明确机动车所有人为依社会常理推定的违法行为主体，同时基于家庭成员用车、单位用车、租车公司用车等例外情形，明确机动车所有人之外的用车主体确认规则。其五，细化交通违法行为社会举报的证据效力与交通辅警参与取证的规范。

4. 建立完备的非现场执法告知制度

目前，道路交通违法行为执法查处实践中，呈现非现场执法占比畸高的发展趋势，不利于行政执法教育功能的实现，也在一定程度上侵害了行政相对人陈述申辩的正当程序权利。因此，有必要建立完备的非现场执法告知制度：一是公安机关定期主动确认、更新机动车所有人、管理人、驾驶人联系方式的制度；二是同一车辆重复发生同一违法行为的书面告知制度，以及确立未告知处罚无效规则；三是公安机关为机动车所有人、管理人、驾驶人提供免费互联网站、声讯电话、定制手机短信等多样化的交通违法信息查询方式；四是建立累积扣分临界的书面告知制度；五是车辆违停的及时手机短信、声讯电话自动告知制度。

与此同时，应加强行人、非机动车驾驶人交通违法行为的执法查处，这有利于建立规则公平、权利公平的环境，也能在一定程度上消弭"中国式过马路"引发的城市交通混乱。但是，囿于警力不足及一些群众守法意识薄弱现实，有必要创新行人、非机动车驾驶人履行道路交通违法责任的方式，确立违法行为人选择观看交通事故录像、路口辅助执勤等替代方式，推进对拒不履行法律责任者公布违法事实、纳入社会征信系统记录等配套制度的建设。

二 审查《深圳市人民政府关于实行小汽车增量调控管理的通告》的法律建议书

顾大松[*]

2014年12月29日，深圳市政府发布了《深圳市人民政府关于实行小汽车增量调控管理的通告》（以下简称《通告》），决定自"2014年12月29日18时起，在全市实行小汽车增量调控管理"。明确"全市小汽车增量指标额度每年暂定为10万个""小汽车增量指标通过摇号或竞价方式取得"等具体要求。作为一名关心并致力于交通法治与发展研究的高校教师，建议人认为深圳市政府上述《通告》违法，特依据《广东省行政机关规范性文件管理规定》（广东省人民政府令第93号）第21条规定，建议贵办依法撤销深圳市政府上述《通告》。具体理由如下：

---

[*] 顾大松，东南大学法学院副教授。
该建议书被广东省法制办积极回应，直接推动广东省法制办依法启动审查程序。

1. 深圳市政府《通告》属于《广东省行政机关规范性文件管理规定》中的规范性文件，应属广东省政府法制机构备案审查范围。

《广东省行政机关规范性文件管理规定》第 2 条规定："本规定所称规范性文件，是指除政府规章外，各级行政机关依据法定职权制定发布的，对公民、法人或者其他组织具有普遍约束力的，可以反复适用的文件。"深圳市政府《通告》明确直接限定市民小汽车购买指标、二手车交易及要求竞价购买小汽车指标等内容，属于具有普遍约束力，可以反复适用的规范性文件，属于《广东省行政机关规范性文件管理规定》适用范围。

《广东省行政机关规范性文件管理规定》第 19 条规定："政府规范性文件应当自公布之日起 30 日内由制定机关报上一级人民政府备案，同时提交备案报告、规范性文件的正式文本及说明等。"因此，深圳市政府《通告》应当依法上报广东省政府备案，接受上级人民政府的依法审查。而《广东省人民政府关于加快推进市县（区）政府依法行政的意见》中也对完善规范性文件备案审查制度有明确要求，即"市县（区）政府及其部门要认真执行规范性文件备案制度。县级以上各级政府法制机构必须认真履行对下一级政府规范性文件的备案审查职责，发现下级政府规范性文件与法律、法规、规章相抵触，或者超越法定权限、违反法定程序制发的，要坚决予以纠正，切实维护法制统一。"

2. 深圳市政府《通告》未能履行听取公众意见的法定程序，属于违反法定程序的行政行为。

深圳市政府《通告》中，明确其法律依据为"国务院《大气污染防治行动计划》、《深圳经济特区道路交通安全管理条例》第七十六条规定和《深圳市人民代表大会常务委员会关于市政府治理交通拥堵和交通污染情况专项工作报告的决议》"。同时，《深圳经济特区道路交通安全管理条例》第 86 条规定："市政府及有关部门采取本条例第十八条、第三十六条、第七十六条规定的措施前，应当公告相关预案，听取公众意见。公告征求意见的时间不得少于三十日。涉及收费的，应当公开听证。"

深圳市政府《通告》既涉及诸多市民重要权益，又明确规定了通过"竞价方式"取得小汽车增量指标的收费事宜，依据上述《深圳特区道路交通安全管理条例》经 86 条规定，应经公开听证等方式听取公众意见，方能出台。深圳市政府《通告》未能履行公开听证等听取公众意见法定程序，应属违法行为。

与此同时，深圳市政府《通告》也未能履行中央政府与广东省政府的重大行政决策听取意见程序要求。国务院《关于加强市县政府依法行政的决定》第3条规定:"要完善市县政府行政决策机制,制定与群众切身利益密切相关的公共政策,要向社会公开征求意见。""要扩大听证范围,法律、法规、规章规定应当听证以及涉及重大公共利益和群众切身利益的决策事项,都要进行听证。"《广东省人民政府关于加快推进市县(区)政府依法行政的意见》第三部分"完善行政决策机制,增强决策的科学性、民主性、合法性"中规定:"规范行政决策机制。市县(区)政府要不断完善公众参与、专家咨询和政府决定相结合的行政决策机制,通过制定政府规章或规范性文件,建立健全重大决策规则和程序,坚决制止和纠正超越法定权限、违反法定程序的决策行为。凡重大决策必须经过调查研究、听取民意、专家咨询、合法性论证和领导集体民主讨论等环节,坚持'四不决策'原则,即不经过认真调查研究的不决策、不经过科学论证的不决策、不符合决策程序的不决策、不符合法律法规的不决策。"

3. 深圳市政府《通告》不具备法律、行政法规依据,系违法增设行政许可条件的行为。

深圳市政府《通告》第六部分规定:"自2014年12月29日18时起,单位和个人购置小汽车、小汽车过户、非本市小汽车转入本市的,在申请办理小汽车注册、转移、转入本市的变更登记前,应按规定申请取得本市小汽车指标证明文件。"机动车注册行为在法律上属于行政许可性质,深圳市政府《通告》上述要求系在法律、行政法规之外增设行政许可条件,违反《中华人民共和国行政许可法》第16条、第17条,《中华人民共和国道路交通安全法》第9条与《中华人民共和国道路交通安全法实施条例》第5条规定。

《中华人民共和国行政许可法》第16条、第17条分别规定:"法规、规章对实施上位法设定的行政许可作出的具体规定,不得增设行政许可;对行政许可条件作出的具体规定,不得增设违反上位法的其他条件。"(第14条)"除本法第十四条、第十五条规定的外,其他规范性文件一律不得设定行政许可。"(第17条)

《中华人民共和国道路交通安全法》第9条规定:"申请机动车登记,应当提交以下证明、凭证:(一)机动车所有人的身份证明;(二)机动车来历证明;(三)机动车整车出厂合格证明或者进口机动车进口凭证;(四)车辆购置税的完税证明或者免税凭证;(五)法律、行政法规规定应当在机动车登记时提交的其他证明、凭证。公安机关交通管理部门应当自受理申请之日起五个工作日内完成机动车登记审查工作，对符合前款规定条件的，应当发放机动车登记证书、号牌和行驶证。"《中华人民共和国道路交通安全法实施条例》第5条规定："初次申领机动车号牌、行驶证的，应当向机动车所有人住所地的公安机关交通管理部门申请注册登记。申请机动车注册登记，应当交验机动车，并提交以下证明、凭证：（一）机动车所有人的身份证明；（二）购车发票等机动车来历证明；（三）机动车整车出厂合格证明或者进口机动车进口凭证；（四）车辆购置税完税证明或者免税凭证；（五）机动车第三者责任强制保险凭证；（六）法律、行政法规规定应当在机动车注册登记时提交的其他证明、凭证。"

深圳市政府《通告》依据的国务院《大气污染防治行动计划》《深圳经济特区道路交通安全管理条例》和《深圳市人民代表大会常务委员会关于市政府治理交通拥堵和交通污染情况专项工作报告的决议》并不具有法律、行政法规地位，并不能成为其增设法定行政许可条件的依据。

4. 深圳市政府《通告》未能综合权衡其他合理调控城市机动车规模方式进行决策，系违反行政法上必要性原则的行为。

深圳市政府《通告》依据的国务院《大气污染防治行动计划》第（三）部分"强化移动源污染防治"中规定："加强城市交通管理。优化城市功能和布局规划，推广智能交通管理，缓解城市交通拥堵。实施公交优先战略，提高公共交通出行比例，加强步行、自行车交通系统建设。根据城市发展规划，合理控制机动车保有量，北京、上海、广州等特大城市要严格限制机动车保有量。通过鼓励绿色出行、增加使用成本等措施，降低机动车使用强度。"这一国务院文件虽然要求对特大城市严格限制机动车保有量，但其文件该部分内容仍以"合理控制机动车保有量"为重心，所谓"严格"在于各特大城市采取相关调控机动车规模方式的密度与时序上的要求，并非直接授权采取简单的限牌方式，实则是以行政法上的必要性原则要求行政机关选择调控机动车保有量的多种方式。也就是说，当通过其他方式能达到目的时，行政机关不应采用对相对人影响更重的方式，这就是行政法上必要性原则的要求。

近年来，深圳市相关部门着力于公交都市创建工作，大力提升公共交通的吸引力，创新交通执法方式，严格违停执法与道路停车收费，鼓励多人合乘等汽车共享方式，也在积极探索移动互联网时代城市交通出行方式的创新，这些措施均系合理调控机动车规模，提升城市居民出行质量的有效措施。如2014年12月29日深圳市第五届人民代表大会常务委员会第三十五次会议通过的《关于市政府治理交通拥堵和交通污染情况专项工作报告的决议》就指出："会议要求，市政府应当综合运用经济、环保、法治等各种手段治理交通拥堵和交通污染。要继续加大执法力度，提高交通高峰时段路面见警率和管事率，维护交通秩序，提升交通事故处理效率，确保治理措施落实到位；要进一步完善公共交通资源配置，增加对公交资源的投入，方便市民出行；要合理规划干线道路和轨道交通建设工程，减少路面施工对通行效率的影响。同时，市政府应当尽快研究出台提高用车成本、引导和鼓励绿色出行的其他有效措施，打造低碳绿色交通，确保城市道路交通顺畅，空气环境质量提升，进一步推进我市现代化国际化先进城市建设。"因此，在其他合理调控机动车规模的经济、环保、法治方式尚未发挥效应的时候，深圳市政府不应直接采取限牌的行政手段。

建议人认为，深圳市作为改革开放的桥头堡，特别是在党的十八届四中全会《关于全面推进依法治国若干重大问题的决定》出台后，应当遵循法治思维与法治方式，继续着力于其他合理调控城市机动车规模的方式探索，为内地城市垂范，而非采用现行的《通告》方式。《广东省行政机关规范性文件管理规定》第21条规定："公民、法人或者其他组织认为规范性文件不符合本规定第七条、第八条和第九条的，可以向政府法制机构提出审查建议。政府法制机构应当在15个工作日内做出处理，并将处理结果答复提出审查建议的公民、法人和其他组织。"因此，特根据上述规章规定提出建议，恳请贵办依法予以审查。

此致
广东省人民政府法制办公室

建议人：×××交通法治与发展研究中心　顾大松
2015年1月6日

三　交通限行限购政策的合法性困境及其对策建议

李煜兴*

近年来，因缓解交通拥堵、治理大气污染之名，北京、上海、天津、广

---

* 李煜兴，东南大学法学院副教授。该成果是李煜兴副教授主持的中国法学会2012年度部级法学研究课题"城市交通拥堵治理决策的合法性保障机制研究"的成果要报。

州、杭州、深圳等城市先后出台针对机动车的限行、限购措施,并有不断蔓延之势。以限行限购等手段治理拥堵与污染问题虽有情势所迫、不得已之处,但在全面推进依法治国、建设法治政府的背景下,相关治理措施的决策内容、决策过程、实施程序、实施效果等值得反思。

1. 现状与问题

(1) 限行限购措施缺乏法理上的支撑

我国现行《道路交通安全法》第39条规定,公安机关交通管理部门根据道路和交通流量的具体情况,可以对机动车、非机动车、行人采取疏导、限制通行、禁止通行等措施。但是无论从字面文义解释还是探求立法原意,该限制通行条款针对的只是短时间内、局部地区的临时性管制措施;而非大范围、长时间的交通管制措施。交通限行、限购等措施涉及社会生活的方方面面,关乎政府、机动车的生产者、销售者、购买者、使用者等多元主体利益,决非《道路交通安全法》第39条所能涵盖。北京、深圳等地大多以低位阶的规范性文件的形式,来推进限行、限购措施,存在突破《道路交通安全法》、《物权法》等上位法的可能,存在合法性质疑。

(2) 限行限购决策严重透支政府公信力

依法行政要求政府诚实守信,言行一致,不得出尔反尔、反复无常,同时要求政府公布的信息全面、准确和真实。纵观各地限行限购措施的出台,杭州汽车市场早已传言四起,市民纷纷掀起抢购狂潮,但有关部门多次传递出不会限牌的信息,最终自己翻盘,推出"半夜鸡叫式限牌";深圳相关部门一直信誓旦旦,通过市场机制和经济杠杆治理交通问题,不会采取突然限行限购措施。虽言之凿凿,但突然推出号称"史上最强悍"的限购限行措施。上述言行严重违反诚实守信原则,透支政府公信力,损害法律权威。

(3) 限行限购决策过程漠视公众知情权与参与权

从广州、天津,到杭州、深圳等城市,在出台限行限购政策之前,都没有征求市民意见,贸然出台,民众反应措手不及。国务院《关于加强法治政府建设的意见》明确规定,"制定对公民、法人或者其他组织的权利义务产生直接影响的规范性文件……未经公开征求意见、合法性审查、集体讨论的,不得发布施行"。汽车限购限行政策,作为一项关涉多方群体的重大民生决策,在出台之前如不广泛征求市民意见,不为市民参与决策过程提供便利,显然缺乏公共决策应有的基本民主过程,违反程序正义。公共政策是各方利益平衡下的产物,辩论、博弈、权衡、妥协必不可少。无视民意搞"一言堂"决策,看似提高了行政效率,但埋下了官民对话和信任断裂的伏笔。

（4）限行限购措施决策的有效性与正当性缺失

尾号限行在实施之初，北京市每天减少80万辆私家车上路，效果显著。但随着北京市机动车保有量突破537万辆，限行措施已经难以有效抑制路面交通的车流量，尾号限行效果将被"抹平"。在实施效果上，上海是最早实行车辆牌照拍卖的城市。上海上牌的压力转移到周边苏、浙、皖等省份，上海及周边的车辆消费并没有得到明显抑制。错峰措施的有效性取决于必要的先决条件，必须经过科学的调查和论证才能实施。跟风式的适用该制度，不仅不能缓解交通拥堵，还有可能加重城市拥堵。"堵城"的形成原因有多方面：如城市规划一味"摊大饼"，重土地开发，轻交通协调；科教文卫资源过于集中在大城市；与此同时，公共交通资源配备缺乏合理，比如，在一些大城市郊区，非常缺乏公共交通接驳站这样的场所。

（5）限行限购措施不利于区域经济一体化进程

交通拥堵、大气污染是许多城市面临的共性问题，如果任由"一限了之"的治堵模式蔓延开去，将会降低城市经济融通的活力，也会影响区域经济一体化进程。以京津冀一体化为例，区域发展，交通先行。目前北京、天津"限购+限行"的手段导致"京"字头牌照的汽车工作日高峰时段进不了天津城区；"津"字头牌照的汽车工作日高峰时段进不了北京城区；"冀"字头牌照的汽车工作日高峰时段则既进不了北京也进不了天津。这背后隐藏的物流成本惊人，成为京津冀一体化发展的拦路虎。"限字令"并非万能药，当前有些已经实施"限字令"政策的城市，治堵、治污效果并不明显。交通拥堵、空气污染是在城市发展过程中产生的问题，应在法律的框架下，更多运用市场的手段，综合施策加以解决，而不是运用行政手段，一限了之！

2. 对策与建议

（1）交通限行限购措施的法律价值定位

首先，应均衡限行限购措施的效率与公平价值。城市交通限行限购措施涉及政府、公共交通经营者、私人车主、出租车、居民、汽车生产、销售厂商等的利益。治理过程是对具有准公共物品属性和具有私人物品属性的城市道路资源进行优化配置的过程。拥堵治理势必产生公权和私权的交互影响。法经济学认为，城市交通限行限购措施要遵循效率价值与公平价值均衡原则。效率是城市交通资源配置的核心，公平是节约配置成本的重要手段，如果采取某种公权介入私权手段来治理城市交通拥堵，则必须遵循事后等价交换原则。

其次,交通限行限购措施侧重于不同利益主体路权的均衡。城市道路是重要的公共资源,城市道路是为每个城市居民服务的,每个城市居民享有平等的共有权利。城市交通拥堵问题是一个社会问题,更是一个民生问题。而民众对交通限行限购措施的最大焦虑来自路权分配是否公平。交通问题所映射的路、车和人的矛盾,有时候会体现一种公车与私车、有车一族和其他社会阶层的群体对立感。因交通拥堵所带来的社会总体交通福利的损失主要来自我国城市道路通行权的实际分配的严重不公平,解决城市交通拥堵问题的核心就是从民生的视角,公平地分配城市路权,均等化社会公共服务资源。公平分配城市路权就是要求保证地面公共交通的绝对优先路权、合理保障自行车和步行路权,对小汽车的路权进行适当的经济调节。

(2) 确保交通限行限购政策的合法性与正当性

尾号限行、车牌摇号拍卖、错峰上下班、拥堵费征收等限行限购措施作为政府做出的一项重大行政决策,牵涉面广,影响深远。其依据、内容和程序是否符合法律的要求,是对法治政府建设的考验,它体现了政府依法行政的能力和水平。交通限行限购措施的合法性具体包括形式合法性、实质合法性和程序合法性三个层面。

第一,交通限行限购措施应符合法的形式正义,遵循"法无明文规定不可为"的基本准则,具有法律的明确授权且符合法律的明文规定。交通限行限购措施的形式合法性包括三层要求。其一,交通限行限购措施的权力来源与作用都必须具有明确的法定依据,否则越权无效,要受到法律追究,承担法律责任。其二,特定的涉及民众重大权益的交通限行限购措施事项,必须专属于立法者来加以规范,政府主体不得代为规定。凡是属于法律保留范围的事项,行政机关非经授权不得自行决策与公布。其三,与交通限行限购措施相关的行政立法必须具有明确而具体的法律根据,且不得与上位法律相抵触,凡有抵触,应以法律为准,法律优先于行政法规、规章和其他规范性文件。

第二,交通限行限购措施应全面权衡各种利益关系,以做出最佳的选择判断,从而实现其实体内容的"均衡合理",体现法的实质正义。首先,城市交通限行限购措施的实质合法性要求决策遵循平等对待原则,在同时面对不同利益群体时应当一视同仁,反对歧视;在先后面对多个相对人时应当前后一致,反对反复无常;应当认真区别各相对人的具体情况,按不同情况的比重来设定相对人的权利义务。其次,遵循禁止过度原则。如果交通限行限购措施涉及对特定公众权益的限制，那么在限制个人利益的手段与实现公共利益的目的之间应进行权衡，以选择一种既为实现公共利益所绝对必要，也对相对人利益限制或损害最少的手段。最后，信赖保护原则。要求限行限购措施的决策与执行，应依诚实及信用之方法，当行政相对人对行政行为形成值得保护的信赖时，政府主体不得随意撤销或者废止该行为，否则必须合理补偿行政相对人信赖该行为有效存续而获得的利益。

第三，交通限行限购措施须具备最低限度的程序公正标准。首先，交通限行限购措施的程序正当性要求决策遵循避免偏私原则，政府主体在行政程序过程中应在参与者各方间保持一种超然和不偏不倚的态度和地位，不得受各种利益或偏私的影响。其次，交通限行限购措施的程序正当性要求决策过程遵循行政参与原则，受交通限行限购措施结果影响的利害关系人有权参与决策和实施过程，表达自己的意见，并对行政权力运行结果的形成发挥有效作用。行政参与的核心是公平听证。最后，交通限行限购措施的程序正当性要求遵循行政公开原则，交通限行限购措施与执行的每一阶段和步骤都应以相对人和社会公众看得见的方式进行。公开的内容包括事先公开职权依据、事中公开决定过程和事后公开决定结论。为保障程序正义，政府主体应当建立交通限行限购措施决策的信息公开、社会参与、专家论证、合法性评估等具体的制度。

四 公路免费通行券的构想不可行

虞青松[*]

在2012年之前，随着我国城市居民私家车保有量的增加，每逢节假日，由于收费公路收费效率低下，一些城市进出城路段的收费站口车辆大面积拥堵。为进一步提升收费公路通行效率和服务水平，方便群众快捷出行，自2012年国庆节始，交通运输部开始实行重大节假日免收小型客车通行费的政策。实行一年多以来，多数私家车车主享受到了这一惠民政策带来的好处。

但一些地方进出城路段的拥堵问题并没有随之解决，反而在长假期间有愈演愈烈之势。部分人将此归罪于免费政策本身，认为该政策促使原本没有出行意愿的车主上路，人为加大了车流量，导致高速公路成为"马路停车

---

[*] 虞青松，东南大学法学院讲师。该文载《东方早报》2013年10月9日。

场"。近日,新华社发文提议:"是否可以发放'免费通行券',每辆车每年享受一定公里数的免费通行额度,而时间则自由把握。"

此提议一出即引发热议。赞同者认为这样可以减少部分出行人数,也可以使部分因加班而无法享受该政策的人享受到免通行费的优惠。也有人反对,认为这免费通行券只是看上去很美,实际上根本不起作用。

那么该建议是否具有科学性和合法性,能否推行呢?笔者认为,免费通行券断不可行。理由如下。

其一,违背免费政策本意,且无法律依据。

车辆通行费并非债券,而是基于车辆通行而即时产生的费用。该项费用的法定功能是用于偿还交通部门为公路建设筹集的资金,在经营性公路中还附有支付公路经营公司收益的功能。基于"使用者缴费"原则,凡在收费公路上通行的车辆必须缴纳通行费。在收费期间,任何通行人均负有缴费义务。

但该缴费义务在特定情况下可以免除。基于《公路法》的授权,国务院有权决定何时、何地、何种车辆可免费通行。除了执行特种任务的车辆以及运鲜活农产品的车辆可免费通行之外,国务院依职权扩大了免费范围,重大节假日收费公路对小型客车免收通行费即属新的免费类型。该政策只是在特定时间段内免除了缴费人的缴费义务,但并没有赋予相关车辆免费通行的权利。

就是说,这些车辆仍负有缴费义务,只是该缴费义务在特定的时间段内被免除。国务院的免费政策在法律上属于附款行政行为,只在该政策所涉及的特定时间段内有效,一旦特定期限期满,该政策即失去法律效力,通行人的缴费义务因期满而恢复。

而设立免费通行券的意图,却是要赋予通行人不特定期间内的免费通行权,且其目的是使该项权利可以由通行人在任意时间内行使。显然,此举与国务院免费政策的功能相违背,完全歪曲了国务院的政策意图。此举也超出了国务院的权限范围,通行人需要法律授权才能取得该项权利。免费通行券的提出者显然不懂国务院的权限范围,不明白免费通行券需要由法律赋权才能实现。因此,设立免费通行券的主张没有任何法律依据。

其二,不具有操作性与可行性。

从发放主体资格上看,国务院虽然有权制定免费政策,但基于其权限限制,不具备发放免费通行券的资格。在我国,收费公路的收费主体为交通部门和公路经营公司,其职责为收费,也不具备发放免费通行券的资格。那么谁依法有权来发放免费通行券呢？显然，依照现行法律，任何主体都无权发放。

从发放程序上看，免费通行券需要政府构筑庞大的登记体系和识别体系，通行券本身需要一定的载体。这些都需要政府有庞大的开支。此外，如果将通行券交由各地政府发放，那么政府需要有大量的开支用于各部门的协调，为此支付的成本与直接免征通行费相比，显然高昂得多。此举违背"成本—效益原则"。

从接受主体上看，免费通行券需要车主去受领，如果受领后丢失，需要去补办。这些无形中增加了车主的成本，也将使车主怨声载道。与特定时段车主开车上路即可受益相比，这种操作对车主而言显然更加不利。即免费通行券对车主而言也无成本优势。

其三，将给腐败提供温床。

发放免费通行券的过程是一个财富再分配过程，其间有巨大的利益在转移。撇开免费通行券需要庞大的登记和识别系统不谈，发放通行券将成为相关部门的行政权力。如何让发放工作透明、公开，需要相应构筑庞大的监管体系。一旦失控，将为某些权力部门寻租提供机会，最终将侵害公路收费机制，造成国有资产流失。

其四，将增加不必要的纠纷。

在免费通行券发放及使用过程中，如果发放机关发生错误，或收费站对通行券识别困难，纠纷在所难免。而免费通行券也需要时间识别，无形中增加了通行人过收费站的时间，这与实行免费通行的最初目的即让车辆加速通过收费站是相矛盾的。可想而知，该措施将增加收费站的拥堵，而非让车辆加速通过收费站。因此，此举将继续引发民众的不满。而一旦推行后半途而废，将使政府信用尽失。

由以上几点可知，免费通行券只能是哗众取宠的假设，而非真正可以实施的制度。

那么该如何化解上述交通拥堵难题呢？从最近几轮实行免费通行政策后的拥堵状况，可归纳出此类拥堵的以下特征：一是出城拥堵的单向性；二是交通事故引发拥堵。因此，针对这种拥堵，可以从强化交通秩序管理方面来加以解决。

江苏省交警部门在假日期间的作为可圈可点。该省采取了以下措施：一是提供一站式的"快处快赔"服务，设置22个轻微交通事故临时快速处理点，以加快高速公路事故的处理速度；二是提前分流，对交通拥堵路段提前预警，将车主自主分流与交警强制分流相结合，这种交通诱导措施成绩显著。据统计，10月1—7日，该省高速公路出口交通流量为1306万辆，同比上升16.7%，全省道路交通安全形势平稳，没有发生长时间、长距离、大范围的交通拥堵。

五 对《收费公路管理条例》修订的法律意见

顾大松 虞青松[*]

5月8日，交通运输部公布了《收费公路管理条例》修正案的征求意见稿，开始对外征求意见。该意见稿的核心议题可归纳为两个：一是解决收费公路养护资金的不足；二是构筑公路民营化的基本制度。意见稿将养路费纳入通行费的征收范围，将经营性公路纳入特许经营，以延长收费年限的方式建立节假日免通行费政策的补偿机制，这些属于制度创新，无异于颠覆了原条例所构建的公路收费制度，引发了极大争议。

那么这些创新制度是否符合《公路法》或基本法理？以下提出三点意见。

1. 养路费纳入通行费征收范围涉嫌违反上位法

意见稿第2、7、8、18、20条的修改内容，使养路费成为征收通行费的法定理由。这将产生两个后果：其一，通行费成了养路费的来源；其二，扩大了可收费公路的范围。上述两点均违反《公路法》的相关规定。

首先，《公路法》第36条规定，国家采用依法征税的办法筹集公路养护资金。法律并没有规定可以通过收费方式征收养路费，当初为实现公平税负而把养路费纳入国家税收体系，开征燃油附加税，但意见稿意图改头换面，重新恢复养路费的征收，这是历史的倒退。

其次，该法第59条规定了三种可以收取通行费的公路，收费成因是还贷和偿还投资，不包括养路费。等于是说，意见稿创设了新类型的收费公路，但《公路法》并未赋予国务院可以创设新类型的收费公路。由此可知，意见稿的此项制度创新严重违反《公路法》。

如果该项措施得以施行，就将终结收费公路成为免费公路的可能性，现有的收费公路将永续收费，违背《公路法》第58条对收费公路进行数量控制的规定。意见稿未对《条例》第37条第1项"收费公路的收费期限届

---

[*] 顾大松，东南大学法学院副教授；虞青松，东南大学法学院讲师。

满，必须终止收费"进行修改，如果收费期满后，以养路费为名继续收费，则自相矛盾。意见稿删除该条第 2 项"政府还贷公路在批准的收费期限届满前已经还清贷款、还清有偿集资款的，必须终止收费"则严重侵害公共利益。

2. 国有经营性公路实施特许经营属制度性错位

公路属于基础设施。基础设施的提供方式有两种制度供政府选择：政府采购和特许经营。

在国际上，特许经营是私人参与基础设施建设的一种方式。各国或地区的特许经营一般均要求把基础设施的所有权转入私人名下。因此，特许经营是公用事业私有化的一项措施。比如香港特区对海底隧道采用 BOT（建设—经营—转让）的方式特许经营，其前提是把隧道的所有权归属于经营方，亦即公路特许经营只有在公路私有化背景下才能成立。对于国有化的基础设施，政府往往采用政府采购的方式引导私人参与，而不是特许经营。因此，国有化公路的建设制度应当是政府采购，私有化公路的建设制度才能实行特许经营。

意见稿第 4 条增设了公路的特许经营制度。我国公路能不能特许经营，取决于公路的所有权能否私有化。依照《公路法》，私人参与建设的公路被称为"经营性公路"，经营性公路的所有权仍然属于国家。意见稿第 1 条修改内容规定："收费公路不得无偿划拨。除收费权益以外，收费公路不得转让和上市交易。"该款规定强化了收费公路的国有属性，明确公路所有权的国有化为单一模式，排斥了私有化公路的出现，公路经营公司对公路没有所有权。

由此可知，我国公路建设领域将不存在香港特区那种可以转让公路所有权的私有化建设模式（BOT），只能采用政府拥有所有权的 BTO（建设—转让—经营）模式。就是说，国有化收费公路不适用于特许经营制度，只有私有化公路才能适用特许经营。

一旦对国有化公路实施特许经营，公路经营公司取得的收费权为私权，这会带来相关制度的混乱。

首先，特许经营将使公路收费成为私法活动，而通行费收支属于公路经营公司的商业秘密，公权介入该领域没有法律依据。意见稿第 20 条要求通行费收支公开，就明显侵犯了公路经营公司的经营自主权。

其次，政府干涉私权必须基于法定理由。《公路法》并未规定节假日收费公路可以免收通行费，政府无权通过行政权对企业的收费权进行干预和限制。目前正在施行的节假日免收通行费政策直接减少了公路经营公司的收益，该政策将沦为侵犯企业经营自主权的违法行为，其原因就在于经营性收费公路的制度性错位。从上可知，意见稿以特许经营作为私人参与公路建设制度的法理基础并不明确，意见稿第 4 条的修改内容系法理错误。

3. 对因节假日免收通行费政策减少的收入中的非损失部分，政府无补偿义务

节假日免收通行费政策使公路经营公司的收入减少，但该减少的部分是不是公路经营公司的损失，必须予以衡量，其判断的基准为投资总额。如果在经营期间，因免收通行费政策导致公路经营公司无法收回其投资总额，则构成损失，政府应当予以补偿。但如果仅表现为利润减少，则该减少部分仅为投资的政策性风险，属于企业应当承担的风险，政府无须补偿。

但意见稿第 7 条以延长收费年限方式，对因节假日免收通行费造成公路经营公司减少的收入，不加区分地以"损失"名义进行补偿，此项补偿措施没有法律依据。这不但使收费期限的设定失去意义，公路经营公司延长收费反而有了法定理由。由于延长的计算方式没有确定，公路经营公司与地方政府很容易通过合谋，来任意延长收费期限。这样，免收通行费政策将失去公益性，进而沦为地方政府与企业合谋延长收费年限的工具，会加重公路利用人的负担。对该条的修改应当明确公路经营公司计算损失的依据，而不是在"黑箱"中补偿。由此可知，意见稿偏重对公路经营公司的保护，而忽视了利用人的权益。

就上述三大问题，分别建议如下：其一，删除关于养路费的修改部分，将之交由法律解决；其二，纠正公路特许经营的错位，把公路建设纳入政府采购框架；其三，关于补偿节假日免收的通行费，明确以投资总额无法收回作为对公路经营公司补偿的前提。

六 立法厘清产权，确保国有停车场公益性

虞青松[*]

中国法律对政府投资的公共设施如何实施社会化管理没有明确规定。在市场化下，中国地方政府有一种趋势，纷纷以社会化管理为名，把政府投资的公共设施不加区分地转让给以营利为目的的公司经营，被称为"经营权

---

[*] 虞青松，东南大学法学院讲师。该文载《东方早报》2012 年 12 月 17 日。

转让"。老百姓对此也习以为常，见怪不怪。殊不知对于特定的公共设施而言，地方政府转让经营权的行为严重侵犯了公共利益，导致公共设施丧失公益性。

近来此行为有进入政府规章立法的趋势，停车场立法便是一例。政府投资的公共停车场及道路停车场，其所有权属于国家（以下简称"国有停车场"），为公益性公共设施，其收费不应以营利为目的，任何主体都不得以之为营利的工具。但多数地方政府的立法对国有停车场的公益性熟视无睹，公然将上述国有停车场通过立法允许转让并经营，使之成为公司的盈利工具。地方政府通过此举可以增加财政收入，公司利用国有资产经营并获利，民众却因此增加了负担，此举不具有正当性。此举最让人担忧的是经营公司的盈利状况不固定、不公开，这究竟有没有侵害公共利益？对此很少有人关注。

停车场的产权归属

本文以新修订颁布的《上海市停车场（库）管理办法》（以下简称《办法》）为例，展开立法缺漏的再思考。

随着社会发展，城市化进程加速，社会车辆不断增多，停车日益成为城市的难题。以上海市为例，根据2012年9月19日上海市政府举行的新闻发布会公布的数据，截至2012年6月，上海市收费停车泊位数总计41.29万个，公共停车场（库）数量2213家，公共换乘停车场6个，停车场经营企业共计2116户。本市在2010年末，汽车保有量已经达到309万辆，停车场缺位明显。

由于城市空间有限，停车场的建设与管理，已经成为地方政府的一项重大行政任务。各地纷纷制定或修订停车场立法，以理顺管理体制，解决停车收费争议、停车难等问题。上海市也重新修订并公布了《上海市停车场（库）管理办法》，将于2013年1月1日正式施行。《办法》将停车场分为公共停车场、道路停车场、公共换乘停车场、专用停车场。专用停车场的收费一般由业主决定，本文不予讨论。下文集中讨论公共停车场、公共换乘停车场及道路停车场收费的法律属性及公益性如何保障的问题。

社会投资可以兴建国有公共停车场，也可以兴建私有停车场，但政府投资的公共停车场属于国有停车场。多数城市都明确规定了国有公共停车场的具体管理办法。如北京市草案将驻车换乘、为社会公众提供居住、就医停车服务的公共停车场定性为公益性停车场，按照政府主导、社会参与、企业运作的原则进行建设与管理；南京市在近期听证的草案中，明确规定了政府投资的公共停车场及管理办法，采用招投标、拍卖方式确定经营者。

但上海市《办法》对于公共停车，没有区分政府投资及民间投资，是否为国有停车场，如何确定停车场的管理经营者，对此均没有涉及。《办法》提到了鼓励多元化投资建设公共停车场，但对于多元化投资的途径及产权归属没有规定。这反映出《办法》刻意规避了公共停车场的权属问题。

国有公共停车场收费存疑

对于国有停车场，政府既是停车场的提供者，又是管理者。国有停车场具有公益性，不以营利为目的，其所有权一般不能转移给私人（或公司）。因此，凡进入国有停车场停车的车辆，由国家向停车人征收停车费。该类停车场的停车费不以营利为目的，具有公益性，因此该项收费为行政事业性收费，其收费标准由财政部门制定。

地方政府为国有停车场的管理人，停车费由地方政府的职能部门代表国家征收。市交通运输和港口管理局为国有停车场停车费的征收主体，其所收费用必须缴入财政部门，实行收支两条线管理。

国有停车场的收费不应当有两种属性。对于道路停车场为国有停车场应无争议，如果可以用于经营，相当于利用公共资源为私人牟利，违背"谁投资，谁受益"原则，丧失公益性。对此《办法》第23条明确规定为行政事业性收费。对于公共停车场，政府投资的公共停车场为国有停车场，政府应当鼓励社会投资兴建国有停车场。那么，对于政府投资和社会投资的国有停车场而言，其收费的法律属性应当与道路停车场是一样的，应该同为行政事业性收费。

对于社会投资的私有停车场，其所有权归属于投资人（私人或公司）。因此，凡进入私有公共停车场停车的车辆，由投资人向停车人收费。由于投资人以营利为目的，该费用为经营性收费，其收费标准由物价部门制定。

可知，只有社会投资的私有停车场才存在经营性收费。对于政府投资和社会投资的国有停车场，收取的只能是行政事业性收费。如果把国有停车场纳入经营性停车场，这意味着经营者利用公共资源为自己谋取私利，这让国有停车场丧失了公益性。

《办法》第36条将公共停车场全部定性为经营性停车场，第26条规定公共停车场收费发票由税务部门出具，这表明本市将公共停车场收费列入经营性收费序列。那么这是不是意味着本市的公共停车场全为社会投资的私有停车场，没有国有停车场呢？如果有政府投资的公共停车场，为何不是如道路停车场一样为行政事业性收费？这些问题只能由市交通运输和港口管理局提供答案。

1. 停车场的管理及收费问题

所谓社会化管理，就是由专业化、公司化的企业或私人来承担停车场的建设与管理任务。这里的公司化企业包括国有企业和民营企业。

停车场管理内容涉及规划建设、交通秩序、价格机制、安全管理等，涉及多元主体，法律关系复杂。涉及主体不相同，形成的法律关系也各不相同。

就公共停车场、道路停车场的停车收费行为而言，涉及主体可以归为三类：政府、停车场经营管理者、停车人，政府通过停车场经营管理者实现对停车人的管制。这三方主体通过停车费联系在一起。停车费法律属性不同，形成的法律关系也不同；法律关系不同决定了管理模式的不同。因此，科学管理停车场的前提，就是要明确停车费的法律属性。

停车场的社会化管理模式取决于停车费的法律属性，停车费的法律属性取决于停车场的建设投资主体。停车场的建设投资主体可以分为两种：政府投资和社会投资。

政府投资的国有停车场管理模式可以有两种：一为成立专门的事业单位进行管理；二为社会化管理。在我国事业单位改制转型的背景下，社会化管理成为必然选择。

已经建成的国有公共停车场存在收费和维护问题。道路停车场只存在收费问题。由于两者的所有权均归属于国家，因此两者的管理模式应当是一样的。对于国有停车场，由于其收费为行政事业性收费，因此只能通过代收模式来实现国有停车场的社会化管理。

政府可以通过服务外包的方式，将停车费代收与停车场管理移交给代收公司。代收公司应当通过公开招投标确定，以管理成本最低者参与国有停车场管理，并优先考虑投资兴建国有停车场的专业管理者。政府向代收公司支付管理费用应当公开化，其收益应当固定化，以此堵住滋生腐败的"暗道"。政府不得将这两类停车场交由以营利为目的的私人或公司经营，国有停车场必须以此保障其公益性。

对于非中心城区的国有停车场在收回投资成本后，应当低价收费停放，以维护成本定价。如《办法》已规定公共换乘停车场应当低价，以此减少车辆进入中心城区。对于中心城区的国有停车场，停车费应当以公共资源占用费定价，并实行高收费。

2. 社会投资兴建国有停车场的收益要固定化

对于社会投资修建的公共停车场，依据所有权的不同，可以划分为私有停车场和国有停车场。对于私有停车场，没有公益性制约。对此，政府主要实施价格管制，确定价格上限。对于社会投资国有停车场，政府可以通过公私合作（PPP）模式来建造。对于新建或改建的国有公共停车场，政府可向私人融资。新建停车场可以采用 BTO 模式（企业投资建设、政府取得所有权、企业收费营运、期满移交政府）。改建停车场可以采用 ROT 模式（企业投资改建，政府保留所有权、企业收费营运、期满移交政府）。

对于社会投资兴建的国有停车场，由于国家拥有所有权，停车人实际是向国家缴纳费用，该费用为行政事业性收费。投资企业虽然建了停车场，但由于没有所有权，所以无权以自己名义向停车人收费。因此，对于国有停车场不能特许经营，必须通过授权模式。投资企业经政府授权取得的是行政事业性收费征收权。同时，投资企业还取得了国库资金支配权。即投资企业有权把本应缴入国库的停车费直接用于抵付其投资和收益。

由于国有停车场具有公益性，投资企业的收益必须公开化和固定化。公开化可以通过向政府报备其收益实现。对投资企业收益的确定，可以借鉴台湾民间投资收费公路的收益模式：利润每年不得超过未收回工程费的 8%，每年扣除本金回收部分及利润外，多收部分交给国家或充入下一年的本金回收，不得作为投资者的利润。投资者据此可以提前收回投资额，就是说应将其收益总额固定为投资总额的 8%，投资收回后无偿移交。固定化收益不应当通过年限法来确定，因为年限法使投资企业的收益进入"黑箱"，如我国经营性公路的收费就在"黑箱"中操作，腐败因此滋生。政府对社会投资国有停车场应当通过免税、低息贷款等措施予以支持。

这里需要明确的是，特许经营不适用于固定化收益的公共设施。在特许经营模式下，投资企业取得的利润成为企业的商业秘密，利润高低与第三人无关。即使为暴利，也是其合法收益。但对于公众而言，却丧失了公益性。因此，特许经营不利于公众监督，更无法保障国有停车场的公益性。特许经营只适用于经营者取得所有权的公共设施，如私有停车场。

3. 交通主干道附近的道路停车场应实行高收费

《办法》草案第 19 条规定："公共停车场（库）停车未达到饱和的，其周边 300 米范围内不得设置道路停车场。"该条规定以行政命令方式做出硬性规定，遭到市民的反对，后被删除。事实上对此可以通过价格杠杆实现。

道路停车场收费属于公共资源占用费。对于城市主干道的道路停车场应当实行高收费,使之与公共停车场的收费价格拉开明显的差距,起到经济杠杆的作用。这可以引导停车人将车停到公共停车场,减少道路停车场的使用,减缓道路拥堵。

4. 居民区附近的道路夜间临时停车不得收费

对于居民区附近的道路停车场,是否存在免费的道路临时泊位?城市的收费停车泊位非常有限,本市除专用停车位外,总计收费停车泊位数41.29万个,而汽车保有量已经达到309万辆,专用泊车位不可能有200多万个。在夜间,没有停进收费停车场和专用停车场的车辆不可能停在天上。因此,有大量的车在夜间停在不收费的临时泊位上,《办法》对此没有规定。

对于居民区附近的非主干道临时泊车,属于刚需,收费起不到调节作用,也起不到维持秩序的作用。一旦出现问题,仍需要交管部门介入。因此,该类临时停车泊位不应当收费,这涉及基本民生问题。居民区外道路内的临时停车,应限定时间段,随到随停。比如白天禁止停车,晚上7:00开始车流减少后允许免费停车,早上6:30前把车开走,否则交管部门就贴单处罚。这种方式既充分利用了空间,又不造成交通拥堵。对此,居民通过自律就可以完成,不需要政府投入人力、物力进行管理,同时也可减少因收费而产生的矛盾。

建议对《办法》第19条再加入一款:"对于居民区非主干道,在不影响通行的前提下,夜间×点至第二天早上×点之前允许居民就近免费停车。居民停车必须遵守交通规则,不得设置地锁占用,不得随意停放,影响他人通行。具体范围由公安交管部门划定。"以此保障居民权益,实施人性化管理,避免以后产生争议。

5. 国有停车场收费管理的立法建议

对于《办法》第三章,建议区分国有停车场和私有停车场,分别建立不同的管理模式。为保障国有停车场的公益性,应当明确规定国有停车场不得转让经营并获利。

同时,为使城市有车族与无车族之间达到公共空间利用上的公平性,应当规定从政府的停车费收入中提取一定比例,用于公交系统的建设。建议该章增加以下条款:"政府投资的公共停车场,由交通行政主管部门负责征收停车费,收费标准由财政部门制定。""交通行政主管部门应当通过公开招标方式,确定管理成本最低者为公共停车场管理者,由其负责停车场的日常管理,对其收益应当规定上限。""交通行政主管部门可以将政府投资公共停车场的停车费,交由公共停车场管理者代为收取。""政府投资的公共停车场收费属行政事业性收费，实行收支两条线管理。收入全额上缴财政，支出由财政按批准的预算核拨。""所收停车费除支付公共停车场管理者管理费用外，同时财政部门应从每年的停车费收费总额中，提取百分之×，用于市民公交系统的建设，余额必须用于停车场的新建或改建，不得挪作他用。道路停车场收费金额的使用参照本条。""社会投资建设所有权归国家的停车场，其收费标准依财政部门制定，其收益总额不得超过投资总额的百分之×，具体分摊依招投标文件确定。投资收回后，应当及时将停车场无偿移交给政府相关部门管理。""鼓励社会资本投资私有停车场，私有停车场的停车费由物价部门制定。"

建议将第 28 条第 1 款改为："社会投资兴建所有权归属于国家的公共停车场（库），收取停车费应当使用由市财政部门监制的专用收费票据并免税。社会投资所有权归属于投资者的公共停车场，收取停车费应当使用由市地方税务部门监制的统一发票。"

国有停车场的收费不以营利为目的，属于行政事业性收费。由于政府自身对国有停车场不拥有以营利为目的的经营权，因此不存在经营权的转让。政府自我设定公共设施经营权，并通过转让获益，严重侵害公共利益。在事业单位改制背景下，国有停车场的社会化应当采用代收模式。本市已颁布的《办法》刻意规避停车场的产权，既不利于管理，又不利于社会资本的投资。对此，政府应当在立法阶段予以纠正。由于《办法》并未生效实施，市政府仍可追加更正部分条款，以保障国有停车场的公益性。

七 以法治促进手机软件召车等电召服务有序发展

顾大松[*]

今年上半年，本课题组研究人员通过到城市交通主管部门调研（2014年5月4日到苏州市交通运输局），组织打车软件信息服务提供商（××科技有限公司、××科技有限公司）、出租汽车司机与市民座谈（2014年3月4日），召开专家论坛（2014年3月29日"互联网时代的打车软件政府监管之道"研讨会），开展以出租汽车司机为对象的打车软件使用情况问卷调查

---

[*] 顾大松，东南大学法学院副教授。该项建议书主要观点在正式出台《交通运输部办公厅关于促进手机软件召车等出租汽车电召服务有序发展的通知》中得到了采纳（详见后附《交通运输部规范打车软件新政策的"四大亮点"与"一点遗憾"》一文）。

等方式，就打车软件涉及的政府监管与行业发展问题密集调研，并在认真研究交通运输部于 5 月 27 日发布的《关于促进手机软件召车等出租汽车电召服务有序发展的通知（征求意见稿）》（下称《征求意见稿》）后，形成如下建议，供交通运输部参考。

1. 《征求意见稿》经民主决策、科学决策程序修改后应及时出台

《征求意见稿》定位于"促进………有序发展"，这是 2013 年 2 月 21 日交通运输部发布《关于规范发展出租汽车电召服务的通知》后的政策连续性体现，也是交通运输部顺应手机软件召车方式（下称"打车软件"）市场大发展的表现。因此，《征求意见稿》经过民主决策、科学决策程序并经必要的修改后出台，有利于及时回应社会关切，推动出租车汽车电召服务的有序发展，也有利于在城市交通领域以信息化建设推动交通运输现代化发展。

2. 准确定位出租汽车服务管理信息系统数据交换与共享协议的行政合同性质，依托市场力量稳步推进出租汽车服务管理信息系统建设

2012 年 12 月，国务院印发了《关于城市优先发展公共交通的指导意见》，要求在"十二五"期间，初步建成出租汽车服务管理信息系统。但是，由于地方财力限制，政府主导的出租汽车服务管理信息系统建设进程缓慢，已建成系统则面临着后续软硬件更新、人工服务成本高企等方面的财务压力。我们调研中发展，即使建成后运营成本全由国有交通企业承担的苏州市交通运输局管理信息系统，也面临着这一财务成本问题。近一年来，相关企业以市场方式促成了打车软件的大面积使用，形成了动态的出租汽车运营与服务数据，奠定了通过市场方式建设出租汽车服务管理信息系统建设的基础。由于打车软件信息服务商掌握的动态出租汽车运营与服务数据具有公共性，交通主管部门不能脱位，应当及时跟进并创新监管方式，依托市场力量建设出租汽车服务管理信息系统，进而通过现代信息化手段实现有效的交通运输管理。

《征求意见稿》敏锐地把握住了这一关键问题，提出"研究建立统一、开放的出租汽车服务管理信息系统数据交换与共享协议，实现信息共享和互联互通"。我们认为，打车软件运营过程产生的信息数据具有公共性，软件企业应当履行对主管部门数据实时共享义务，主管部门可借此建设出租汽车服务管理信息系统，实现对出租汽车司机资质、经营行为的动态监管，保障出租汽车运营领域的法律秩序。由于打车软件信息服务商与交通主管部门之间的协议对象为动态的出租汽车运营服务信息，具有很强的公共性，该协议

在法律上属于行政合同性质，并应以此对等安排双方权利义务关系：一方面，打车软件信息服务商有义务向主管部门共享出租汽车经营服务的动态信息；另一方面，主管部门也有义务向打车软件信息服务商免费公开具备合法营运资格的出租汽车驾驶员和车辆信息，并区分打车软件信息服务商掌握信息的公共性与企业性，不干涉、限制打车软件信息服务商的商业发展空间。

基于上述理由，我们就《征求意见稿》中有关统一、开放的出租汽车服务管理信息系统数据交换与共享协议签署与落实的具体建议如下：

第一，明确共享协议的签订主体。建议将《征求意见稿》第二部分中"研究建立统一、开放的出租汽车服务管理信息系统数据交换与共享协议，实现信息共享和互联互通"。修改为"研究基于统一、开放原则下，城市交通主管部门与打车软件信息服务商签订具有行政合同性质的出租汽车服务管理信息系统数据交换与共享协议，明确双方权利义务关系，实现信息共享和互联互通"。

第二，基于行政许可结果公开的法律要求，强调城市交通主管部门主动、免费向打车软件信息服务商公开具备合法营运资格的出租汽车驾驶员和车辆信息的义务。建议将《征求意见稿》第三部分"严格驾驶员终端软件发放与使用管理"中，"手机软件召车信息服务商在发放驾驶员终端软件时，应当与城市出租汽车服务管理信息系统中相关信息进行比对，验证申请注册的驾驶员和车辆具备合法营运资格后方可予以发放"修改为"城市交通主管部门应当主动公开具备合法营运资格的出租汽车驾驶员与车辆，以便于手机软件召车信息服务商在发放驾驶员终端软件时比对、验证。"

第三，明确"企业在前台、政府在后台"的打车软件运营管理模式。城市交通主管部门与打车软件信息服务商就建设城市出租汽车服务管理信息系统的分工，应当遵从十八届三中全会决定提出的发挥市场决定作用要求，发挥信息服务商的市场主体作用，由其在前台运营打车软件，政府则通过市场主体共享的信息系统，结合其他管理工具实施后台监管，各地交通主管部门并无必要自行创设官方打车软件，也没必要在纳管的市场主体打车软件上冠以地方特别识别号码。

3. 以柔性的行政指导、行政奖励方式替代"令行禁止"的传统管理方式，依托市场与社会力量，重点建设出租汽车驾驶员和乘客电召服务诚信体系

交通运输部《关于规范发展出租汽车电召服务的通知》第三部分明确提出，"要加快出租汽车驾驶员和乘客电召服务诚信体系建设，建立诚信档案和奖惩机制。通过采用会员制等形式，培养优质客户群，对电召服务使用次数

多、信誉好的乘客实行价格优惠，优先安排车辆，加强服务保障。对多次失约乘客，记入电召服务不良诚信记录名单。对于乘客失约造成的驾驶员损失，可探索建立补贴补偿机制，对驾驶员进行适当补助"。《征求意见稿》应承继上述文件精神，增加诚信体系建设部分，针对打车软件运营特性，依托社会力量建设出租汽车驾驶员和乘客电召服务诚信体系。

在调研过程中，出租汽车驾驶员对于打车软件使用过程中乘客违约、出租汽车驾驶员刷单、安装加速器现象反映较为集中，他们在普遍欢迎市场主体提供打车软件服务的同时，也表达了诚信系统建设不足严重影响打车软件发展与行业服务质量方面的忧虑。因此，《征求意见稿》定位于促进以手机软件召车方式为主的出租汽车电召服务有序发展，应当在《关于规范发展出租车电召服务的通知》第三部分强调建设诚信体系的基础上，以行业诚信管理经验对接打车软件信息服务商正在进行的诚信体系建设工作，重点突出出租汽车驾驶员和乘客电召服务诚信体系的建设问题。不过，基于诚信体系的社会自主性，且在出租汽车驾驶员与乘客之间多次互动过程方能形成，其建设工作应以市场与社会力量为主导，主管部门则通过柔性的行政指导方式介入。因此《征求意见稿》应重点强调各城市交通主管部门通过行政指导、行政奖励的柔性方式推动出租汽车驾驶员和乘客电召服务诚信体系建设，摒弃传统的"令行禁止"的刚性管理方式。

基于上述认识，我们就出租汽车驾驶员和乘客电召服务诚信体系建设的建议如下。

第一，在正式出台的文件中用专门部分强化诚信体系建设。该部分内容应主要明确各地交通主管部门以行业诚信管理经验对接打车软件信息服务商正在进行的诚信体系建设工作，重点通过行政指导方式提升打车软件信息服务商诚信体系建设质量。同时，鼓励各地交通主管部门推动出租汽车驾驶员诚信体系的自我管理，对出租汽车驾驶员使用打车软件过程中的"刷单""使用加速器""拒载"等不诚信行为予以评定、接受申诉等，如2014年6月3日，南京市出租汽车行业召开"志愿服务博爱车队"成立大会，将分布在28家出租汽车企业和个体经营者中的42支独立开展文明特色服务的车队整合起来，其中具有长期诚信记录的"全国文明出租汽车驾驶员"、南京市"双十佳"驾驶员，均可纳入诚信体系的自我管理主体，发挥其积极作用。

第二，建议通过多元共治方式，寻求特殊群体使用打车软件困难的解决方案。建议由交通主管部门牵头，促成打车软件信息服务商与"志愿者服务博爱车队"等爱心车队的合作，由前者开发约车电话与打车软件的对接方式,将老人、病人等特殊群体的电话约车信息在打车软件司机端(爱心车队司机选装)优先推送,同时交通主管部门依据《关于规范发展出租汽车电召服务的通知》第三部分中的"奖励机制",对优先承接特殊群体打车需求的爱心车队驾驶员予以适当物质奖励或精神奖励。

第三,建议取消少部分城市对于早晚高峰时期打车软件使用的禁令,通过行政指导方式与打车软件信息服务商形成高峰时期的打车软件使用方案。少数城市禁止打车软件早晚高峰时期的使用,系对打车软件刚开始大面积使用的应急性、临时性措施,在打车软件信息服务商取消乘客端补贴,市场归于理性之后,应当及时改变旧有"令行禁止"的传统刚性管理方式,以柔性的行政指导方式促成打车软件信息服务商形成高峰时期的打车软件使用方案。

第四,建议取消《征求意见稿》中无直接法律依据的禁止性规定。《征求意见稿》第二部分强调研究"统一、开放的出租汽车服务管理信息系统数据交换与共享协议",在这一柔性管理方式得以确立前提下,主管部门基于公共利益目标的行业管理要求,可通过协商形成的行政合同条款予以体现,并通过后续合同监督机制保障,无须通过并无法律依据的令行禁止条款予以规定,因此建议取消《征求意见稿》第七部分"对于手机软件召车信息服务商不按要求接入城市出租汽车服务管理信息系统、不完整同步实现信息共享、不接受统一接入管理、违规发放驾驶员终端软件、在软件上提供违规加价议价功能及其他扰乱市场秩序的行为,各地交通运输主管部门要督促手机软件召车信息服务商及时进行整改。对整改不力的,可暂停该手机召车软件在出租汽车市场使用。拒不整改的,责令退出出租汽车市场"部分。

附:

交通运输部规范打车软件新政策的"四大亮点"与"一点遗憾"[*]

今天,交通运输部正式发布了《关于促进手机软件召车等出租汽车电召服务有序发展的通知》,在国家交通运输主管部门层面明确了对打车软件发展的态度,为近期以打车软件为主的出租汽车电召服务发展明确了方向。

---

[*] 本文发表于2014年7月19日,中国交通新闻网。

由于前期通过多种形式参与打车软件监管议题的研究与讨论，我们也在6月10日针对交通运输部5月27日发布的《关于促进手机软件召车等出租汽车电召服务有序发展的通知（征求意见稿）》（以下简称《征求意见稿》）提交了名为"以法治思维与法治方式促进手机软件召车等出租汽车电召服务有序发展"的修改建议，因此，拟结合我们修改建议在正式文件的采纳情况，试对正式发布的《关于促进手机软件召车等出租汽车电召服务有序发展的通知》作一评析。

一言以概之，我们认为，交通运输部有"四大亮点"，同时也有"一大遗憾"。

1. 强调电召服务中的交通公平，提升了文件的高度，夯实了中央主管部门发文的基石

作为中央层级的主管部门，在国家宏观层面规划出租汽车电召服务，必须从交通发展的全局来定位行业指导文件，因此，《关于促进手机软件召车等出租汽车电召服务有序发展的通知》提出了在征求意见稿没有提及的"保障人民群众享有均等化出行服务"，一下子拔高了文件的层次，在出租汽车电召服务层面提出了"交通公平"的原则要求，即在信息服务层面要均等配置打车软件、电话召车等多种方式，为解决打车软件普及过程中特殊群体打车困难问题明确了目标。也就是说，虽然出租汽车并不承担普遍的公共服务义务，但在电召信息建设方面，要保障"人民群体享有均等化出行服务"，将交通信息服务以公平原则统摄，为各地交通主管部门如何配置电话召车与手机软件召车关系提供了明确的原则要求，提升了文件高度，夯实了中央主管部门发文的基石，这是本次正式发文的一大亮点。

2. 从善如流，注重运用法治方式，删除了旧有的无法律依据的"责令退出"要求

我们于6月10日提交的修改建议第三大部分的第四小部分明确提出建议取消《征求意见稿》第七部分"对于手机软件召车信息服务商不按要求接入城市出租汽车服务管理信息系统、不完整同步实现信息共享、不接受统一接入管理、违规发放驾驶员终端软件、在软件上提供违规加价议价功能及其他扰乱市场秩序的行为，各地交通运输主管部门要督促手机软件召车信息服务商及时进行整改。对整改不力的，可暂停该手机召车软件在出租汽车市场使用。拒不整改的，责令退出出租汽车市场"部分。正式出台的《关于促进手机软件召车等出租汽车电召服务有序发展的通知》第七部分中，听取了我们的建议，取消了《征求意见稿》中的上述规定，只是规定"对整

改不力或拒不整改的,可要求出租汽车企业与驾驶员暂停使用该手机召车软件",体现了交通运输部在出台行政规范性文件时从善如流,注重法治思维与法治方式治国理政,也是依法决策的具体体现。

3. 注重社会力量与市场力量的作用,专门增加了"诚信体系建设"部分

我们于6月10日提交的修改建议书中,明确建议"在正式出台的文件中用专门部分强化诚信体系建设。"《关于促进手机软件召车等出租汽车电召服务有序发展的通知》第五部分在《征求意见稿》没有规定的基础上,明确增加规定"鼓励引导社会各方力量发挥市场作用,共同建立诚信档案和奖惩机制,加快出租汽车驾驶员和乘客电召服务诚信体系建设"。

我们在调研过程中发现,出租汽车驾驶员对于打车软件使用过程中乘客违约、出租汽车驾驶员刷单、安装加速器现象反映较为集中,他们在普遍欢迎市场主体提供打车软件服务的同时,也表达了诚信系统建设不足严重影响打车软件发展与行业服务质量方面的忧虑。因此,我们在修改建议书中就提出,交通运输部的正式文件应定位于促进以手机软件召车方式为主的出租汽车电召服务有序发展,以行业诚信管理经验对接打车软件信息服务商正在进行的诚信体系建设工作,重点突出出租汽车驾驶员和乘客电召服务诚信体系的建设问题。而且,基于诚信体系的社会自主性,其建设工作应以市场与社会力量为主导,主管部门则通过柔性的行政指导方式介入。

《关于促进手机软件召车等出租汽车电召服务有序发展的通知》第五部分有关诚信体系建设的要求,与我们的修改建议契合,体现了交通运输部对市场与社会力量为主导建设电召服务诚信体系建设的重视。

4. 体现了"企业在前台、政府在后台"的打车软件运营管理模式,为市场主体通过科技进步改变电召服务预留了空间

《征求意见稿》第四部分中,规定"人工电话召车、手机软件召车、网络约车等各种方式提出的召车需求信息,通过统一的城市出租汽车电召服务平台运转,并推送至统一车载终端播报(统一车载终端可绑定驾驶员终端软件并实现信息同步)",这一规定要求召车需求信息通过统一平台,推送至"统一车载终端播报",这实际上是对市场主流打车软件"手机对手机"技术方式的颠覆,直接影响正在发展的打车软件经营企业的基本技术模式,既不符合手机召车软件的基本技术模式,也与政府与市场关系的定位相悖。因此,我们在6月10日提交的修改建议稿中就提出:"明确'企业在前台、政府在后台'的打车软件运营管理模式。城市交通主管部门与打车软件信息服务商就建设城市出租汽车服务管理信息系统的分工,应当遵从十八届三

中全会决定提出的发挥市场决定作用要求,发挥信息服务商的市场主体作用,由其在前台运营打车软件,政府则通过市场主体共享的信息系统,结合其他管理工具实施后台监管。"

正式出台的《关于促进手机软件召车等出租汽车电召服务有序发展的通知》中,删除了《征求意见稿》中的"推送至统一车载终端播报(统一车载终端可绑定驾驶员终端软件并实现信息同步)"部分,明确肯定了现有"手机对手机"的打车软件基本技术模式,规定"手机软件召车需求信息可在城市出租汽车服务管理信息平台运转后推送至驾驶员手机终端播报,但平台运转不得影响手机召车软件的正当功能及良性竞争"。很好地处理了统一信息管理系统与手机软件运营的关系,即"企业在前台运营,政府在后台监管"。不仅如此,《关于促进手机软件召车等出租汽车电召服务有序发展的通知》还为发挥包括打车软件经营企业在内的市场主体作用升级打车软件为主的电召服务预留了空间,如提出"对于当前出租汽车车载终端设备功能及配置条件相对落后、不能保障手机软件召车服务高质量高效率运行的城市,交通运输主管部门要加快推动出租汽车车载终端设备的升级改造,并鼓励支持市场各方研发推广适应手机软件召车等各种电召服务方式发展的高性能车载终端设备。鼓励手机软件召车信息服务商发挥自身优势,加强订单管理,优化派单规则,提升服务水平,并参与出租汽车服务管理信息平台建设和技术改造"。

5. 未能明确数据共享要求后面的市场主体与政府部门之间的权利义务对等关系,仍有可能造成市场运营与政府监管之间的脱节,不能实现文件目标

正式出台的《关于促进手机软件召车等出租汽车电召服务有序发展的通知》有交通公平原则的引领,有对政府与市场关系区分的准确定位,也能遵守法治精神删除《征求意见稿》中无法律依据的"责令退出"规定,体现了交通运输部民主决策、科学决策、依法决策的水平,也为正确处理出租汽车电召服务的政府监管与行业发展奠定了很好的基础。但是,这一正式出台的文件仍然存在着缺憾,有些缺憾甚至是在《征求意见稿》基础上的退步,有可能造成市场运营与政府监管之间的脱节,不能实现文件的主要目标。

一年多来,打车软件经营企业以市场运营方式促成了打车软件的大面积使用,形成了动态的出租汽车运营与服务数据,奠定了通过市场方式建设出租汽车服务管理信息系统建设的基础。交通运输部在《征求意见稿》中提出"研究建立统一、开放的出租汽车服务管理信息系统数据交换与共享协

议,实现信息共享和互联互通"。我们认为,这一规定敏锐把握住了以市场化方式建立出租汽车服务管理信息系统的重要契机,也在一定程度上准确定位了地方交通主管部门与打车软件运营服务企业之间就信息共享和互联互通之间的"协议"平等地位。因此,在我们就《征求意见稿》的修改建议中,就提出:"明确共享协议的签订主体。建议将《征求意见稿》第二部分中'研究建立统一、开放的出租汽车服务管理信息系统数据交换与共享协议,实现信息共享和互联互通'修改为'研究基于统一、开放原则下,城市交通主管部门与打车软件信息服务商签订具有行政合同性质的出租汽车服务管理信息系统数据交换与共享协议,明确双方权利义务关系,实现信息共享和互联互通'。"

正式出台的《关于促进手机软件召车等出租汽车电召服务有序发展的通知》在《征求意见稿》的基础上做了调整,将《征求意见稿》第二部分中"研究建立统一、开放的出租汽车服务管理信息系统数据交换与共享协议,实现信息共享和互联互通"修改为"各地方交通运输主管部门要加快推动城市出租汽车服务管理信息系统与手机软件召车服务系统实现信息共享和互联互通"。这一调整虽然是对各地方交通运输主管部门在打车软件大发展的现实环境下承担"加快推进出租汽车服务管理信息系统与手机软件召车服务系统实现信息共享和互联互通"职责的要求,也将原有的"研究建立"调整为"加快推动",体现了交通运输部对新形势下建立包括手机软件召车服务信息在内的出租汽车管理信息系统迫切性的认识。

但是,现有文件删除了《征求意见稿》中对于"建立……数据交换与共享协议",使得现有文件要求的"城市出租汽车服务管理信息系统与手机软件召车服务系统信息共享和互联互通"实现方式没有明确。虽然各城市交通运输主管部门在加快推进出租汽车服务管理信息系统与手机软件召车服务系统实现信息共享和互联互通过程中,并不排除运用协议方式实现,但是由于缺少交通运输部门上级文件的明确指导,各地方交通主管部门仍然有可能囿于对数据价值认识的局限,无法通过平等协商的方式推进与打车软件运营企业的信息共享与互联互通,最终形成的局面就是,交通运输主管部门仍然基于传统的出租汽车管理系统进行政府监管,打车软件运营企业基于移动互联网技术形成的手机软件召车服务系统仍然无法与主管部门的监管系统形成有效对接,"水仍然是水,油仍然是油",交通运输部发布《关于促进手机软件召车等出租汽车电召服务有序发展的通知》的主要目标,即"城市出租汽车服务管理信息系统与手机软件召车服务系统信息共享和互联互通"

仍然不能得到实现，这不能不说是《关于促进手机软件召车等出租汽车电召服务有序发展的通知》的最大遗憾。

八 促成城市停车难题治理南京共识，推动地方停车规范的出台

顾大松[*]

1. 城市停车治理"南京共识"

当前，城市停车难已成痼疾，甚至被判为城市"癌症"！旧城区停车场建设先天不足，新建小区饱受车位只卖不租的困扰，本应保障通行的道路上不得已划出停车泊位，人行道总是被无处可去的车辆占据，而寻找空位的车辆则在停车库（场）游荡……供市民游憩的城市空间不断收缩，慢行交通系统无法成网，增加的公共停车设施在庞大需求下如泥牛入海，停车难题有增无已。停车纠纷的不断出现让城市徒增戾气！人们不禁要问：城市停车难题，真的没治了吗？！

今天，我们——有人大代表、政府官员、专家学者，有公众媒体、社会组织、企业单位，也有热心市民、资深网民与高校学生，汇聚在这里共议城市停车难题的治理，形成如下八项共识。

共识一：我们要以所有市民而非仅只驾车人的交通基本权理念，作为处理城市停车难题的根本原则。

共识二：我们要以"公共治理"而非"行政管理"的理念，促成多元主体参与处理城市停车难题。

共识三：我们要以市场决定而非政府负责理念，充分发挥停车产业政策的作用。

共识四：我们要以科技为先的理念，推动城市停车治理的科学发展。

共识五：我们要以公共分享的理念，推动行政机关与事业单位停车场向社会开放。

共识六：我们要以公平负担的理念，通过科学、动态的路内停车泊位施划与收费标准调谐城市交通秩序。

---

[*] 顾大松，东南大学法学院副教授。凝聚城市停车治理南京共识，并直接推动《关于加强南京市停车难题治理的决议》的出台。具体请见后附南京市城市治理委员会《关于加强南京市停车难题治理的决议》。

共识七：我们要以执法与教育相结合的理念，处理每一个现场与非现场执法的违停案件。

共识八：我们要以"德行在先"理念，倡导驾车人文明停车，实现交通秩序的和谐。

2. 推动《关于加强南京市停车难题治理的决议》的出台

在本中心的推动下，"城市停车治理南京共识"付诸实践，在随后制定的《关于加强南京市停车难题治理的决议》中得以充分体现。《关于加强南京市停车难题治理的决议》已于2014年2月25日南京市城市治理委员会第三次会议审议通过。

附：

关于加强南京市停车难题治理的决议

（2014年2月25日南京市城市治理委员会第三次会议审议通过）

近年来，随着社会经济发展和我市市民生活水平的提高，南京城市汽车保有量呈加速度增长。截止到2013年底，全市汽车保有量已达140余万辆，其中私家车近百万辆。然而，全市现有停车泊位仅有56万余，南京市机动车增量与资源供给严重失衡，机动车占用人行道、非机动车道、绿地现象比较突出，对市民出行质量与出行安全造成了较大的影响。

南京市城市治理委员会全体委员认为，南京市迫切的停车难题与关联的交通出行问题，属于城市治理的重要问题。因此，在公众委员就停车难题参与的前期调查、专家论坛、民生议政的基础上，经全体委员充分酝酿讨论，认为：停车难题不是孤立的停车问题，而是与市民出行密切关联的城市交通综合治理问题，应当按照均衡推进市民非机动车与机动车出行质量的整体思路，优化公共交通运行网络、线路，减少绿色出行的资金和时间成本，通过行政、经济、法律等多种管理方式引导市民减少汽车使用频率，合理调控机动车使用规模。因此，停车难题需要政府与主管部门的积极作为，更需要南京市社会公众多元参与、共同治理，方能得到真正解决。

在停车场规划上，由事后增补向事先统筹转变。一是市住房和城乡建设、规划、城市管理、公安机关交通管理等行政主管部门应当根据城市总体规划的要求和各自职责，结合南京发展实际情况，充分调研论证，用前瞻性的眼光完善《南京市公共停车场专项规划和停车场设置规范》，修订《南京市建筑工程配建停车设施设置标准与准则》。城市中心区公共交通资源供应充足，交通拥堵严重，应当规划控制城市中心区停车泊位规模，限制在城市中心区找不到停车位的车辆在城市中心区停车，进而"合理调控机动车规模"。加强城市交通枢纽、城市轨道交通等公共交通换乘中心公共停车场的规划和建设，鼓励私家车与公共交通工具对接，方便市民乘坐公共交通工具进入城市中心区。二是规划行政主管部门在审查建设项目时，涉及停车场的，应当征求公安机关交通管理和城市管理行政主管部门的意见。建设项目没有按照规定设计、申报配建、增建停车场的，规划行政主管部门不得核发建设工程规划许可证；加强施工过程的监督，及时纠正不当行为；未按照规划设计施工建设的，不予验收通过和备案。市规划局、市住建委要落实建设过程监管责任，确保建设项目按规划、建设方案建设，将违规现象消灭在萌芽状态。三是对于未经允许将建设项目配建的停车场停用或者挪作他用，将未经验收或者验收不合格的建设项目投入使用等违法行为，城管、规划、住建、公安机关交通管理等部门应实施联合执法，严肃查处，并向社会公开。四是充分考虑城市道路基本通行功能和市民正常通行需要，在不影响正常交通畅通的情况下，可依法在市民迫切需要的地点施划具有时间限制的道路临时停车泊位。在施划和取消之前，公安机关交通管理部门和城市管理部门应当听取周边单位和市民的意见。

在停车场的建设和运营上，发挥市场的决定作用。一是鼓励民间资本投资建设停车场并用于社会车辆停放，对夜间收费时段，探索推行投资者自主定价。二是市、区政府应当给予政策扶持，鼓励社会组织、企业将自用停车场向社会开放（含错时开放）。汽车驾驶人员应当遵守错时开放约定，不得超时占用。在停车场提示牌上明确停车的具体要求，标明价格违规与停放违规的举报电话、处理方式。三是无特别保密要求的政府机关、事业单位应当向单位周边住宅小区的市民错时开放专用停车场。四是物价、财政、城管、机关事务管理局等单位应当尽快制定相关配套制度，并组织实施。五是将小区停车设施改善与小区环境综合整治结合起来，确保小区停车设施与小区景观同步改造、完善，并在大型停车场周边布置公共自行车点，便于停车换乘，同时提高停车场的服务半径。

在违停治理问题上，由政府部门单向管理向合作治理转变。一是贯彻违法停车处罚的教育与执法相结合原则，执法时，主管部门或其工作人员应当通过机动车驾驶员现场预留电话同步告知违法行为，并依法实施处罚。二是鼓励市民参与机动车违停治理活动,公安机关通过政务微博或政务微信平台,接受市民就性质严重违停行为的拍照举报。三是公安机关交通管理部门应当细化城市管理相关部门、市民参与机动车违停治理的规范,加大对相关主体上传图片的核实、确认力度,积极推进违停治理的公众参与,提高行政执法效能。四是在市政基础设施规划建设过程中,同步规划、同步设计、同步建设城市家具或小品,作为人行道违停治理的方式之一,解决人行道违法停车的顽疾。

在停车收费问题上,以公开、公平、公用、合理促公信。一是城市管理行政主管部门和区人民政府指定的单位,对政府投资建设的公共停车场,应当通过公开招标、拍卖等方式确定公共停车场经营管理者。招标或者拍卖收入应当纳入政府非税收入管理,用于停车设施的建设和管理。二是道路停车泊位收费情况应当及时公开,并加大补贴地铁换乘、定制公交等绿色出行财政投入力度,方便公众绿色出行。

在停车信息平台建设上,发挥科技优先作用。一是城市管理行政主管部门依法组织建立城市公共停车信息系统后,通过交通电台、手机 APP 等多种方式向社会实时公布停车信息。二是细化大中型商场、酒店餐饮、文化娱乐等场所公共停车场的停车信息,并将其纳入城市公共停车信息系统。三是推广不停车交费停车系统,减少交费等待时间,增加停车场周转使用效率。四是加强停车信息数据整理与分析,为公共交通决策提供科学参考。

九 提出应创新打车软件监管模式,以信息化推进交通运输现代化

顾大松[*]

课题组经过调研出租汽车管理部门,组织软件公司、出租汽车司机、市民与专家座谈,就打车软件在各大城市大面积使用引发的监管模式调整问题,形成如下研究结论。

1. 准确定位监管目的,不宜禁止、限制打车软件

打车软件作为移动互联网标志性产品,其技术特征决定了该类软件在城市范围内长期大面积地使用,能够更好匹配需求与供给两端,有效降低城市出租汽车空驶率,提高存量出租汽车资源供给效率,为缓解城市交通拥堵、

---

[*] 顾大松,东南大学法学院副教授。

吸引市民低碳出行发挥积极作用。同时，打车软件的推广使用能在一定程度上遏制非法营运车辆活动空间，降低司机劳动强度，增加司机营运收入，在一定程度上提高了出租汽车司机群体生存质量。而且，在打车软件大面积使用过程中，形成了海量出租汽车资源供给与需求实时数据，为主管部门运用大数据进行交通管理决策奠定了扎实基础。因此，从政府管制增进公共利益目的角度，不能禁止、限制打车软件推广使用。

2. 调整传统监管思路，重点培育市场力量与增进社会活力

打车软件大面积使用对传统监管模式的冲击，因城市不同而程度不一，应区别情况，稳妥调整监管模式，重点在于培育市场力量与增进社会活力两方面：对于电话招车开展较为成熟的城市，鼓励、引导市场主体通过资本重配实现共赢，特别是以十八届三中全会决定"积极发展混合所有制经济"要求为指导，鼓励、引导手机软件经营企业或其战略投资者参股、控股国有出租汽车公司，调整经营策略，消除电话招车平台向手机软件平台转换的体制障碍。电话招车尚未发展或发展迟缓的城市，立足主管部门对出租汽车数量、价格监管现状，引导软件经营企业、出租汽车公司与司机双方或多方建立规范的合同约束机制，着力推进出租汽车司机与乘客基于打车软件平台的诚信系统建设，充分调动出租汽车司机群体自我管理积极性，提升社会活力，有序扩大打车软件应用规模。

3. 创新监管方式，以行政合同、行政指导等非强制手段实施柔性管理

城市道路运输主管部门应迎难而上，创新监管方式，以手机软件大面积推广使用为契机，在出租汽车运营、管理领域率先推进移动互联网时代的信息化建设，引领交通运输现代化战略目标的实现。首先，通过行政合同明确双方权利义务，建立与软件企业实时共享的管理信息系统。打车软件运营过程产生的信息数据具有公共性，软件企业应当履行对主管部门数据实时共享义务，主管部门应当通过与软件企业实时共享的管理信息系统，实现对出租汽车司机资质、经营行为的动态监管，保障出租汽车运营领域的法律秩序。其次，通过行政指导方式，引导软件企业及时回应社会关切。当前，打车软件大面积使用引发的安全担心、特殊群体打车困难等问题，可以说是新技术产生的新问题，并非不能通过技术改进、社会自组织力量克服。因此，主管部门应当积极作为，主要通过行政指导的非强制方式，引导软件企业通过技术升级、创新经营方式，及时回应社会关切，实现政府、市场与社会的良性互动。

综上，打车软件的大面积使用，既是对传统监管模式的冲击，也蕴含了

交通主管部门通过信息化建设推进交通运输现代化的重要契机，进言之，这也是我国在移动互联网时代实现弯道超车、建设网络强国的战略机遇，因此交通运输主管部门应有大担当、大智慧、大视野，大力推进以打车软件为重点的出租汽车监管模式创新。

十 提出《道路交通事故处理程序规定（征求意见稿）》修改建议

顾大松　李弋强[*]

1. 自行协商程序

《道路交通事故处理程序规定（征求意见稿）》（下文简称《征求意见稿》）将原规章中的"自行协商和简易程序"一章，独立分为"自行协商"和"简易程序"两章，并且将"自行协商"一章置于"报警和受案"一章之前，体现了《征求意见稿》强调鼓励在发生轻微道路交通事故时当事人协商解决并迅速撤除现场的价值倾向。

（1）逻辑体系是否合理。

我们认为，将自行协商程序置于报警和受案之前，没有以道路交通事故当事人和事故处理交警的角度去立法，淡化了法律的指引作用，在实践中易导致当事人无所适从。从普通驾驶人的角度来看，发生交通事故后，当事人不会也没有能力去判定该交通事故是该按照自行协商程序处理，还是按照简易程序处理，还是按照一般程序处理。发生交通事故后的第一时间去寻求公安机关交通管理部门的介入与指导，既符合当事人的一般心理，也与我国公安交管机关行使交通事故处置权力相一致。因此，我们建议，报警和受案，仍然应当排列在自行协商程序之前。事故当事人依法报案，警方依法受案后，根据具体情况，公安交管部门具体指导和建议事故当事人按照不同程序处理完交通事故。这样的逻辑体系，方能够体现出法律的指引作用。

（2）"当事人自行协商"与"交警处置事故"的关系。

我们认为，《征求意见稿》关于"自行协商"的程序内容，有混淆"交警处置交通事故义务"、"当事人配合交警处置交通事故义务"以及"当事人民事赔偿自行协商权利"关系之嫌。

---

[*] 顾大松，东南大学法学院副教授；李弋强，东南大学交通法治与发展研究中心兼职研究员，南京工业职业技术学院社科部讲师。

交通事故在本质上是民事纠纷，允许甚至鼓励当事人自行解决民事纠纷无可厚非。但是，公安交管部门对道路交通安全负有管理责任，因此在道路上发生交通事故后，公安交管部门处置交通事故，也是公安交管部门的责任。此外，之所以鼓励当事人轻微事故快速处理，其最重要的目的还是防止道路拥堵，不占用公共资源。同时我们也认为，当事人配合公安交管部门指挥，在现场拍照固定证据后，快速撤离现场也是事故当事人的义务。因此，这些问题都与"交通事故现场处置"相关，而与"当事人民事赔偿自行协商"无关。"事故现场处置"与"当事人自行协商赔偿"是两个不同层面的问题，我们不应将这二者混淆，更不能因此就完全忽视公安交管部门对交通事故处置的责任。接受报警，记录案情，指挥当事人撤离现场，指导当事人如何处理仍然是公安交管部门的义务与责任。

我们建议，应当将"报案和受理"置于"自行协商程序"之前，而对于当事人轻微交通事故撤离现场的规定内容，也应置于"报案和受理"一章，或者在"报案和受理"一章后单独列为"现场处置"一章，具体列明交警处置交通事故的权力，以及当事人服从交警指挥（包括电话指挥）撤离现场的义务。而自行协商程序则置于"现场处置"一章之后，是当事人撤离现场后，如何协商，如何填写自行协商赔偿协议书等内容。

(3) 如何规范"自行协商程序"。

第一，当事人自行协商的是什么？

《征求意见稿》将原规章中第14条当事人自行协商的"损害赔偿协议书"中的"赔偿责任"修改为"当事人的责任"，明显混淆了"事故责任"与"赔偿责任"。这样的修法目的，应当是为了与保险理赔制度相衔接，因为保险公司在理赔时需要"事故责任认定"，而如果自行协商的是"损害赔偿责任"，不是"事故认定责任"，则保险公司可能会因此拒赔。

但是我们认为，当事人有权自行协商的，是交通事故引发的民事赔偿责任，而并非交通事故责任。交通事故责任，是公安交管部门根据当事人行为对事故发生的作用以及过错的严重程度而确定的责任。因而，事故责任是公安机关交管部门依职权做出的责任，具有严肃性。况且，交通事故责任本身具有重要的意义，它是客观存在的，能为道路交通完善提供基础性的数据，能让交通工程专业人员以事故责任大数据为基础，改进道路安全状况。而如果允许当事人协商事故责任，即损害了事故责任认定的法定性，也消减了事故责任认定在道路交通工程上的科学价值。

而如果仅仅因为考虑到与保险制度的衔接，就允许当事人协商事故责任,这就强化了"事故责任"的作用与地位,反而与"交通事故认定制度"淡化"责任认定"的改革初衷相违背。从此次《征求意见稿》对自行协商及简易程序的重视来看,本意就是淡化"事故责任认定",鼓励当事人"民事赔偿协商解决",这也是我国交通事故认定制度改革的大方向。一般公民对于"民事赔偿"讨价还价是可以理解与接受的,而如果对"事故责任"也讨价还价,只会严重损害公安交管部门的"事故认定"权威,让公众越发觉得"事故认定"是公安交管部门非常随意的行为。

我们认为,目前从解决实际问题的角度看,《征求意见稿》中的第14条当事人自行协商的"自行协商协议书"采取"当事人责任"这种比较模糊的说法可以理解。但在法理上,当事人是没有权力协商事故责任的,从长远来看,保险理赔制度应在法律层面做出修改,才能解决这个逻辑上不能自洽的问题。我们建议,现阶段,还是应当采取"事故赔偿责任"的名称更为合适。

第二,自行协商程序与保险理赔制度的衔接。

事故当事人自行协商的是民事赔偿责任,但民事上的"损害赔偿协议书"在理赔时往往不被保险公司所认可。

我们建议,应明确规定,经过公安交管部门审核确认的交通事故自行协商协议书,与事故认定书具有同样的法律地位和效力。

第三,如何防范当事人逃避处理?

轻微交通事故快速处理,使得交通事故当事人处理事故的程序大大简化,方便了当事人,从而也能鼓励当事人遇到事故采取自行协商程序,快速处理。但是,当事人自行协商程序由于弱化了交警现场处置的义务,因而导致当事人承担无法预料的风险。实践中常常出现发生事故后,当事人口头答应前往理赔服务所,但实际上却避而不见的情形。

我们认为,当事人自行协商程序与交警对交通事故的处置义务并不矛盾,公安交管机关有义务对交通事故的基本情况进行记录,并对当事人事故处理进行指导。因而,不应弱化交警处置事故的义务,相反应明确公安交管部门以及当事人的权力与义务。

我们建议,报案与处理应当置于自行协商之前,并且应当明确,发生事故后,当事人应当立即报警,警方接到报警后应当记录"事故双方当事人姓名,联系方式,驾驶证号码,身份证号码"等信息。事故双方当事人在一方报警后,有义务提供相关信息。这样的义务规定,可以强化警方对交通事故的处置权,但同时将警方的处置权力与当事人不愿撤离现场区分开来,警方有权根据相关情形,要求当事人立即撤离现场,并指导当事人后续如何处理。而记录当事人相关信息后,又可以保障当事人知晓对方信息,方便法律诉讼。此外,要求事故当事人有提供驾驶证号码的义务,也能使《征求意见稿》第17条1款1项的要求变为现实。

如果一方当事人拒不配合提供相关信息,或者在提供相关信息后拒绝处理,则可以将此类行为列为"交通失信"行为,在驾驶证审核等方面可以采取限制性措施。如果提供虚假信息,则可根据《治安管理处罚法》相关规定进行治安处罚,甚至可能构成交通肇事逃逸。

2. 交通事故认定

交通事故认定,是交通事故处理的核心问题,也是事故当事人最为关心的问题。此次征求意见稿,对于事故认定基本沿用原规章的思路。我们认为,交通事故认定制度,需要我们在理论上反思,在制度上重建。

(1) 交通事故认定细则是否应当统一?

《征求意见稿》第60条第3款,仍然沿用规定"省级公安机关可以根据有关法律、法规制定具体的道路交通事故认定规则"。

我们认为,这种规定直接导致了全国各地交通事故认定规则不统一。截至2013年,我国共有16个省、自治区、直辖市相继制定了交通事故责任认定规则,包括北京、天津、河北、内蒙古、上海、江苏、安徽、福建、山东、河南、湖北、广东、广西、重庆、四川和贵州。但是,各地区的交通事故责任认定规则在指导原则、责任认定模式等问题上存在较大差异。同样类型的交通事故在不同地区,交警会做出结论不同的事故责任认定。这种状况严重影响了公安交管部门的公信力,也给交通参与者带了极大的困惑。

例如在江苏省,当事人"驾驶机动车观察疏忽,判断操作失误"的违法行为,属于主动型违法行为,应当承担事故全部责任或主要责任,即便对方也有主动型违法行为,也要承担同等责任,因而后果非常严重。而在河北省,该行为仅被赋值2分,为分值最小的违法行为,对交通事故责任认定影响较小。在内蒙古,该行为则既不是"严重过错行为",也不是"一般过错行为",而被界定为"特殊过错行为",按其在不同交通事故所起的作用,既可被评价为严重过错行为,也以被评价为一般过错行为。

又例如,《北京市道路交通事故当事人责任确定标准》附件第31条规定:辅路上行驶的机动车未让主路的机动车先行的,属于严重过错行为,将会承担较大责任。但是其他省份,均未见此规定。这就说明,北京的让行规则,与全国其他地区并不相同。同样一种违法,在不同地区的交通事故责任认定中，却产生如此大的差别，这让交通参与者无所适从。随着越来越多的地方出台交通事故责任认定规则，类似现象会越来越多。这种地区差异性最终会使交通事故责任认定变成一种不确定的法律制度。而法律制度一旦失去了确定性，法律的指引、评价、预测作用也会随之消失。

因此，我们建议，应当修改为"在公安机关交通管理部门制定交通事故认定规则之前，省级公安机关可以根据有关法律、法规制定具体的道路交通事故认定暂行规则"。

（2）事故认定行为及事故认定书的性质是否应当明确？

《征求意见稿》并未对事故认定及事故认定书的性质进行明确。实际上，这种避而不谈的做法，已经在交通事故实践中引发了很大的混乱。

目前在理论上，对交通事故认定的性质有多种看法。有观点认为，交通事故责任认定行为是公安交管部门对交通事故当事人的违章行为，在交通事故中所起的作用的一种定性、定量的认定，是典型的行政确认行为，是一种可诉的具体行政行为。有观点认为，交通事故责任认定是一种准行政法律行为，即行政主体基于行政职权的观念表示以产生观念效果的行为。有观点认为，交通事故责任认定在本质上是一种鉴定行为，是对当事人违法行为与事故损害后果之间事实法律因果关系的判定，而非对法律因果关系的判定。有观点认为，交通事故责任认定具有具体行政行为所应有的一些基本特征，但有所不同，是不完整的具体行政行为。同时，交通事故责任认定具有技术鉴定结论的特征，但与一般技术鉴定也不完全相同。因而交通事故责任认定是兼具技术鉴定特征的不完整的具体行政行为。还有观点认为，交通事故责任认定属于"产生证据效果的准行政行为"，从交通事故责任认定行为的性质看，更符合准行政行为的特点，但在诉讼实践中将事故责任认定书当作证据使用更为合理。

指导理论上的学术观点分歧，实践中的法律条款含混，导致了目前交通事故责任认定行为变成了"四不像"。因而，修订《道路交通事故处理程序规定》时，应当考虑到对交通事故认定行为及事故认定书的性质问题。只有这个根本问题确定下来，相关的配套制度才有完善的可能。如果对交通事故认定及事故认定书的性质始终避而不谈，最终只会让事故认定制度变得越发混乱。

我们建议，应当增加"交通事故认定，是公安机关交通管理部门依据交通法律法规，对交通事故发生的原因作出客观认定的行为"条款。

（3）事故认定书的内容。

《征求意见稿》在第 64 条虽然规定了,"道路交通事故认定书应当载明以下内容:(一)道路交通事故当事人、车辆、道路和交通环境等基本情况;(二)道路交通事故发生经过;(三)道路交通事故证据及事故形成原因的分析;(四)当事人导致道路交通事故的过错及责任或者意外原因;(五)作出道路交通事故认定的公安机关交通管理部门名称和日期"。但实际上,现实中的事故认定书非常简单,就一张纸,仅仅在形式上符合规章的规定,当事人根本无法了解公安机关交通管理部门做出认定结论的理由与法律依据,严重缺乏严肃性。

例如,南京市 2013 年发生过一起一死一重伤的重大交通事故。南京市交警六大队做出前后不一的两次事故认定。

第一次"道路交通事故证据及事故形成原因的分析"如下。

通过现场图、现场勘查笔录、现场照片、当事人陈述、证人证言、现场视频监控录像、检验鉴定等方面证据分析:(1)金某未戴安全头盔驾驶未经登记的大排量二轮摩托车上道路违反限速标志超速行驶,遇情况采取措施不当,撞上道路隔离绿岛,是导致事故发生的直接原因;(2)陈某驾驶机动车先行进入路口左转弯,发现对向来车后停车避让,无过错和违法行为;(3)姜某虽有乘坐二轮摩托车未戴安全头盔的违法行为,但不是造成事故的原因。共计 197 字。

第二次"道路交通事故证据及事故形成原因的分析"如下。

该事故经过现场图、现场勘查笔录、现场照片、当事人陈述、证人证言、现场视频监控录像、检验鉴定等方面证据分析:金某未戴安全头盔驾驶未经登记的机动车违反限速标志超速行驶,通过路口疏忽观察,遇到情况采取措施不当,是导致事故发生的主要原因;陈某驾驶机动车进入路口左转弯时疏忽观察,未及时发现对向来车,影响其行驶,是导致此事故发生的次要原因。共计 165 字。

其中核心内容"陈某驾驶机动车先行进入路口左转弯,发现对向来车后停车避让,无过错和违法行为"与"陈某驾驶机动车进入路口左转弯时疏忽观察,未及时发现对向来车,影响其行驶,是导致此事故发生的次要原因",仅有十余字不一样,但结论完全不同。这类事故认定书,在现实中大量存在,无任何证据、依据可言,极为随意。这样的认定书只会严重损害公安机关交通管理部门的公信力。

此次《征求意见稿》虽然增加了当事人可以查阅、复制、摘录公安机关交通管理部门处理交通事故的证据材料的内容。但我们认为,公安机关的认定行为，无论是行政行为还是技术认定行为，应当公开，接受监督。我们建议，应当增加"除自行协商程序和简易程序外，公安机关交通管理部门应当制作交通事故技术调查报告，详细说明交通事故发生的经过、原因以及做出事故认定的理由"。

十一 提出公安部黄灯"禁行"行政复议申请书

顾大松[*]

申请人：顾大松 东南大学交通法治与发展研究中心研究员
地址：江苏省南京市玄武区四牌楼2号逸夫建筑馆9楼 邮编：210096
被申请人：中华人民共和国公安部交通管理局
法定代表人：杨钧 职务：局长
复议请求：
请求依法确认被申请人于2012年12月28日做出"黄灯亮时，未越过停止线的车辆不得通行"宣传说明的行政事实行为违法。

事实和理由：
据新华网报道，2012年12月28日，被申请人有关负责人在接受记者采访时说明："根据《道路交通安全法》其实施条例的规定，黄灯信号的作用是净空交叉路口，使已经越过停止线的车辆在黄灯期间快速通过。黄灯亮时，已越过停止线的车辆可以继续通行，未越过停止线的车辆不得通行。"被申请人有关负责人接受采访时对有关问题的说明，并非发布规范性文件的抽象行政行为，而是通过宣传方式履行交通执法指导职能的行政事实行为，依法属于行政复议法受案范围。

申请人认为，被申请人做出的"黄灯亮时，未越过停止线的车辆不得通行"宣传行为，无法律依据，也违反常识与科学，属于违法行为。

首先，被申请人行为无法律依据。《道路交通安全法实施条例》第38条规定："（一）绿灯亮时，准许车辆通行，但转弯的车辆不得妨碍被放行的直行车辆、行人通行；（二）黄灯亮时，已越过停止线的车辆可以继续通行；（三）红灯亮时，禁止车辆通行。"这一条款未包含"黄灯亮时，未越过停止线的车辆不得通行"要求。《道路交通安全法》第26条规定："交通信号灯由红灯、绿灯、黄灯组成。红灯表示禁止通

---

[*] 顾大松，东南大学法学院副教授。

行，绿灯表示准许通行，黄灯表示警示。"该条规定中的"黄灯表示警示"，设定了驾车人黄灯期间通过路口的谨慎义务，并未设定等同于红灯的禁止通行义务。

其次，被申请人行为无事实根据。根据常识，交通信号由绿灯转黄灯时，已越过停止线的车辆（车身未全部通过）系绿灯信号期间通行，已接近但未越过停止线的车辆由于处于运动状态，无法在停止线后及时制动。同时，根据交通科学研究，黄灯启亮时接近停止线的车辆，驾驶人减速停车（制动决策）和不停车通过（通过决策）之间，仍然会有进退两难区，因此联合国及相关国际组织通过的交通信号灯国际标准，明确黄灯启亮时并不禁止车辆通过路口。如 1968 年联合国发布的《道路交通标志和交通信号协定》中规定："黄灯是一种警告信号，表示信号灯即将变为红灯，当红灯亮时，车辆不能进入交叉口。"1974 年，欧洲 18 个国家参与，且美、加、澳、日等国派观察员参加的"欧洲各国交通部长联席会议"协议商定了《欧洲道路交通标志和信号协议》中规定："黄灯表示即将亮红灯，除黄灯刚亮时已经接近停止线而无法安全制动的车辆可以驶出停止线外，其他车辆应该停止。"

申请人认为，交通安全事涉重大，被申请人作为"组织、指导和监督地方公安机关依法查处道路交通违法行为和交通事故"的中央职能机构，在履行指导职责时就黄灯通行规范的对外宣传行为，既要尊重科学事实，也要秉持法治精神。而《道路交通安全法》第 26 条明示的"黄灯表示警示"条款，设定了驾车人黄灯期间通过路口的谨慎义务，非禁行义务。因此，依据《道路交通安全法》第 38 条"车辆、行人应当按照交通信号通行"要求及该法第 90 条罚则，可以对黄灯期间未遵守黄灯警示意义的不谨慎通过行为（如加速抢行）予以处罚，但并不针对黄灯期间车辆的正常通行行为。

申请人作为一名普通机动车驾驶员，一向认为黄灯期间路口谨慎通行法有明文，也遵照执行。被申请人宣传有关黄灯期间通行规范的行政事实行为，造成申请人于路口黄灯通行期间极大困惑，也导致其他驾车人因主观理解与客观行车规律不同，引发路口通行的混乱，为申请人驾车出行带来高度盖然的危害可能。因此为维护自身合法权益，特提此申请，希望贵部能依法确认该行为违法。

十二　关于南京市出租车改革与规范网约车工作的建议

顾大松　朱　明*

尊敬的缪市长：

目前，出租车与网约车问题已经成为全国乃至全球城市治理中的一大难点，交通部网约车管理办法征求意见稿经激烈争论后仍未正式出台，而城市推动出租车改革与网约车规范又有迫切需要。交通运输部杨部长今年两会期间提出："我们特别希望针对新业态和传统的出租汽车，各个城市能先行先试，因为出租汽车的管理、城市交通的管理是城市政府的主体责任"，因此，各市根据本地情况及时开展相关工作是趋势，已有城市（去年的上海，今年的深圳）进行了包括网约车规范监管在内的出租车行业改革试点工作。最近，我们对我市出租车改革与发展有一些思考建议，想跟您汇报一下，供您参考。

建议一：以"给出路，重平衡"思路定位南京出租汽车行业改革与网约车规范。

按照"先存量、后增量"的步骤，主动与包括南京本地"有滴"平台网络调度的网约车平台合作。

一、为出租车公司与出租车司机提供转型发展的出路：（1）将南京闲置中高档出租汽车根据交通部去年生效的 76 号令转为预约出租车，减少存量出租汽车数量，减轻传统出租汽车公司与司机营运压力；（2）对服务年限长、有良好记录的出租汽车司机，可通过网约平台认可的租赁公司或进入网约车市场的出租汽车公司，转型为网约车司机，通过网约平台实施集约化管理。（3）对主动实施网络预约方式的出租汽车实施动态定价，建议网约车仅接受平台指定派单业务，不接受扬招业务。

二、为网约车平台上租赁车与私家车分别提供专职化与规范的网约顺风车出路：（1）网约车平台上的租赁公司车辆根据交通部 2014 年 16 号令发预约出租汽车牌照，车辆转性为出租客运属性（若交通部网络预约出租汽

---

* 顾大松，东南大学法学院副教授；朱明，南京公交集团董事长。

本文为顾大松副教授与南京公交集团董事长朱明联名向南京市市长缪瑞林提出的南京市出租车改革与网约车规范建议，获得缪瑞林市长批示，要求由南京市相关部门开展先行先试改革研究，并吸纳建议合理部分。

车管理办法正式出台，则依相关车辆性质与报废年限要求调整），数量以现有车辆为准，优先录用出租车司机；鼓励出租汽车公司与开展网约车业务的汽车租赁公司以新能源车申请预约出租汽车许可，推动绿色交通方式。（2）网约车平台上的私家车经市出租汽车管理协会认证，可在早晚高峰时段有偿搭载顺路客（价格由第三方认定，保险由网约车平台提供）。前提是需要政府主管部门与约车平台进行对话，对没有合法手续的车辆实行严格的清除。

建议二：以"重治理，聚共识"思路推动意见征集与方案形成，减轻主管部门压力。

发挥南京法有明文的城市治理机制作用。（1）由城市治理委员会公众委员开展调研与方案建议，必要的话，可以由城市治理委员会形成决议，确定南京出租汽车行业改革与网约车规范发展方案，减轻主管部门的压力。（2）注重其他城市经验的学习与宣传。去年10月8日上海提出了"政府管平台，平台管车辆"的试点改革方案（但后期处于停滞状态），今年6月15日深圳也提出了明确的网约车监管新思路，即"政府制定监管标准、监测市场运行、评估监管效果，网约车公司具体实施监管标准并承担法律责任，完善司机和车辆准入退出机制，细化司机考核培训、车辆实时监控等具体监管办法"，深圳市交委同时对未遵守约谈要求的网约车平台信息及时公开。建议在我市正式方案尚未形成之前，可借鉴深圳的做法，通过多部门约谈网约车平台方式，要求其向主管部门共享平台运营信息、司机与车辆信息，同时对其违反约谈要求信息及时予以公开。

以上建议，如有不妥请批评指正。

东南大学法学院副教授
南京市城市治理委员会办公室副主任　顾大松
南京公交集团董事长　朱明
2016-6-21

附：

南京市交通运输局2016年7月22日就建议作的回复

您好，您的来信收悉。

现将您关心的有关问题回复如下。

您针对当前新旧业态冲突等问题提出的建议十分中肯，对制定深化出租汽车改革和规范网络平台经营的政策措施具有很好的借鉴意义。

当前出租汽车行业正处于改革的关键时期，是社会各界和新闻媒体的关注热点和焦点。自2014年8月起，市政府办公厅牵头对出租汽车行业改革发展开展专题调研，对出租汽车行业定位、经营权管理、价格机制以及互联网"专车"服务等问题进行了专题研究，拟定了相关改革文件。今年年初，我市委托专业机构以国家的两个文件为基础，结合我市实际，加快研究深化出租汽车行业改革及规范"专车"新业态的举措，并起草了相关改革文件。2016年6月23日，我局参加国务院召开的深化出租汽车工作改革座谈会，将会议精神和要求向市委市政府进行了专题汇报，黄莉新书记对此做出重要批示，要求市政府常务会议研究后，市委常委会专题进行研究部署。

一、我市开展的先行先试工作

行业管理部门支持和鼓励企业改变抱怨和依赖的心理，积极面向市场，顺应大势，转变思路，大胆尝试，勇于创新，加快实现转型升级。同时希望企业能与驾驶员共担经营风险，变革企业经营方式，积极利用互联网信息工具，增加驾驶员收入，并为闲置车辆寻找出路。目前部分大型出租汽车企业已经采取积极行动，探索"出租汽车+互联网"模式，为行业发展积累经验。（1）与现有网络平台合作。中北集团、公交集团等企业已与滴滴平台开展相关合作业务。（2）自主构建网络平台。中北等六家出租汽车企业与通用公司合作构建有滴平台，该平台已于6月28日上线。（3）巡游出租汽车转型预约出租汽车。海博等企业筹备利用出租汽车加入社会现有网络服务平台从事相关业务。此外，11家出租汽车企业将部分车辆改色后加入有滴平台开展相关业务。

二、答复意见

（一）关于传统出租汽车行业实行"双轨制运价""转型预约"等建议，为出租行业与互联网融合发展提供了思路。

1. 关于"双轨制运价"问题。建议传统出租汽车实施"双轨制"运价，即出租汽车在实行网络预约模式时采取动态运价，实行扬召带客模式时采取固定运价。"双轨制运价"对于建立符合市场规律的灵活的出租汽车运价具有重要意义。但出租汽车运价属于政府定价，是《江苏省定价目录》事项，同时在客运和计量法规中也有严格的规定和检测标准，因此在目前价格、客运和计量等法规未做调整的情形下，短期内无法建立出租汽车价格双轨制。此外，根据国家对出租汽车的定位，出租汽车将作为城市交通的组成部分，不属于公共交通范畴。随着出租汽车定位的明确，运价作为影响出租汽车发展的关键因素，也成为我市下一步深化出租汽车行业改革的重点。作为管理部门，我们建议放松对出租汽车运价的管制，巡游出租汽车实行政府指导价，网络预约出租汽车实行市场定价。

2. 关于传统出租汽车转型的问题。关于存量出租汽车转型为预约出租汽车的思路，在目前受网络预约平台冲击，传统出租汽车经济困难的背景下，具有重要意义。但需要明确的是，所谓存量出租汽车是指南京市现有的14143辆出租汽车，而不是由于企业未发包或者闲置的出租汽车。此外，存量出租汽车的转型升级是指出租汽车的经营方式和营运模式的转型升级，不是简单的处理闲置出租汽车。

3. 关于巡游出租汽车驾驶员转为网约车驾驶员问题。建议给予优秀的驾驶员预约出租汽车资格的激励，契合出租汽车发展奖优罚劣，提升服务的宗旨。经营权管理作为出租汽车行业改革的重点，一直是出租汽车行业管理的核心，建立严格且落实到位的进退机制，是深化行业改革探索的重中之重。您的建议为出租汽车行业改革提供了很好的借鉴，后期我市将根据国家出台出租汽车的相关政策规范，综合考虑本市实际和各方建议，制定鼓励行业创新发展的激励措施。

（二）关于对网络平台车辆提出的"租赁车转性"和"私人小客车合乘"等具体建议，对于我市网络平台的规范具有参考意义。

1. 租赁车转性问题。《江苏省道路运输条例》明确规定汽车租赁经营者不得向承租人提供驾驶劳务。目前租赁公司和网络平台通过签订"四方协议"的方式，利用政策和法规不完善，变相从事出租汽车客运的做法已经愈演愈烈。根据交通运输部第16号部令的规定，出租汽车包括巡游和预约两种方式，且均需要取得许可。目前无论从营运资质，还是车辆性质、营运方式等方面来看，租赁经营与出租汽车经营属于两种不同范畴的经营活动，租赁经营属于道路运输相关业务，而出租汽车经营属于道路运输经营。因此租赁公司车辆不符合交通运输部第16号令中规定的预约出租汽车定义，不属于交通运输部第16号令管理范围。鉴于目前实际情况，如何规范网络平台合法健康发展已经成为迫切需要解决的问题，因此2015年10月交通运输部发布《网络预约出租汽车经营服务管理暂行办法（征求意见稿）》征求社会各方意见，拟对平台定位、性质、车辆属性等问题进行明确。由于汽车租赁经营与出租汽车经营属于完全不同的两个范畴，待国家规范明确后，对网络预约出租汽车的车辆性质将会有明确规定,因此不会出现需要租赁车转性经营的情况。另外后期我们也将根据国家规范,结合建议加强对租赁车辆的规范管理。

2. 私人小客车合乘问题。私人小客车合乘也称为拼车、顺风车,一般是由合乘服务提供者事先发布出行信息,出行路线相同的人选择乘坐合乘服务提供者的小客车、仅分摊部分出行成本或免费互助的共享出行方式。私人小客车合乘不以营利为目的。在一定意义上私人小客车合乘有利于缓解交通拥堵和环境压力,但目前市场上充斥着大量私人小客车从事出租客运的非法营运行为。如果不进行规范和整治,将对正常的客运市场造成严重冲击,严重阻碍国家规范协调新老业态发展。因此,作为出租汽车管理主体的城市人民政府将会根据实际情况制定具体的实施细则,鼓励并规范其发展。同时出租汽车协会作为社会团体,不是出租汽车的管理主体,不具备制定和认定具体管理规则的资质和职能。

综上,对于出租汽车客运市场中存在各类非法营运等现象,城市人民政府将进行整顿规范,从而保障整个客运市场健康有序发展,维护乘客和市场参与各方的合法权益。后期相关职能部门将根据国家相关规范,综合考虑本市实际,结合您提出的建设性意见,科学制定符合我市实际的网络平台规范。

(三) 关于"重治理、聚共识"建议,对于形成社会监督、各方监管和事中事后监督具有重要意义。

深化出租汽车改革和网络平台规范是关系到整个出租汽车行业健康、稳定、可持续发展和在信息技术条件下新老业态融合发展的关键政策规范。因此社会各界参与、兼具各方利益、凝聚职能部门合力成为制定政策规范的必备条件,也是检验政策规范是否符合实际的重要标准。建议由城市治理委员会公众委员开展调研和方案建议,我们对此表示衷心感谢,此举将为政府部门制定深化出租汽车改革意见和网络平台发展规范提供社会资料支撑。

1. 听取各方意见。从 2014 年 8 月以来,根据市委、市政府指示要求,我局先后召开了由出租汽车企业代表、行业协会、出租汽车驾驶员代表以及乘客委员会代表参加的座谈会 2 次,组织赴广州、深圳、上海、杭州等地进行深入调研学习 1 次,会同市物价局召开专题座谈会 2 次,邀请交通专家、资深学者和行业人员召开专家座谈会 1 次,同时广泛征求行业协会、企业负责人及出租汽车驾驶员代表对于行业健康发展的意见和建议。目前我局已经拟定深化改革意见草案,并报送市政府。

2. 学习其他城市经验。针对目前网络平台恶性案件频发，利用补贴妨碍市场竞争及激化新旧业态矛盾等问题，我市也将借鉴其他城市的经验，对相关平台进行约谈，同时针对其他城市约谈时平台拒不配合，拒不提供注册车辆人员信息资料等行为，我市也将借鉴您提出的建议，通过多职能部门约谈，督促平台履行责任，对于违反要求的，列入不诚信企业名单向社会公示。

尽管目前出租汽车行业还存在许多的矛盾和隐患，但是作为管理部门，我们会积极依法履行法律赋予的职能，在维护乘客权益和确保行业稳定健康发展的前提下，努力做好出租汽车改革和网络平台规范等工作，一如既往地鼓励行业创新发展，保障群众出行需要，维护城市文明、有序、健康、稳定的交通出行秩序。

感谢您对我市交通事业的关心。

南京市交通运输局
2016 年 7 月 22 日

十三 公安部重视课题组"黄灯通行"研究成果

顾大松[*]

2013 年 1 月 13 日，东南大学交通法治与发展研究中心召开了一场"违反黄灯信号通行行为查处执法方式研讨会"，会后形成了一份《关于对违反黄灯信号通行行为实施执法查处的建议》，与会主要人士签名后寄送公安部。公安部郭声琨部长收到建议书后，委托公安部交通管理科学研究所孙正良副所长等人前来进一步听取意见。

2013 年 3 月 8 日上午，公安部交通管理科学研究所副所长孙正良研究员一行三人，到东南大学交通法治与发展研究中心就"黄灯通行"的交通和法律问题与东南大学交通法治与发展研究中心开展交流活动。中心顾大松副教授，杨洁博士与上海海事大学交通运输学院钱红波副教授，南京本地热心交通法律人士马志诚、张岚、朱立忠参加了座谈会。

---

[*] 顾大松，东南大学法学院副教授。
课题组起草的《关于对违反黄灯信号通行行为实施执法查处的建议》被公安部领导重视并派员听取意见。

座谈会上,孙正良副所长介绍了公安部就"黄灯通行"问题已有的对策及拟议的进一步措施,中心顾大松副教授及其他与会人士也在建议书的基础上,就该问题表达了自己的看法,并提出了进一步的建议。座谈会气氛热烈,既体现了公安部开门决策、广纳建言的良好政风,也体现了东南大学交通法治与发展研究中心作为交通与法律研究智库平台的积极作用。

十四 参加交通运输部出租汽车改革座谈会并出具专家建议

在社会各界热议出租汽车改革新政之际,10月15日,交通运输部组织召开专家座谈会,听取各界专家对深化出租汽车改革的意见建议。针对此次改革新政中的争议焦点、关键突破点,交通运输部领导和各界专家坦诚交流,集思广益,凝聚共识,力求平稳顺利地推进改革,实现新旧业态融合健康发展。课题组成员顾大松副教授参加本次座谈会,并提出"平衡好共性的立法与个性的创新",具体论点如下。

两个文件公开征求意见,体现了民主决策,能够进一步凝聚社会共识。在出租汽车改革进程中,需要注意处理好以下几方面问题。

一是处理好共性规范和个性创新的关系。网约车的管理创新非常需要从试点地方吸取优秀经验并上升为规范。共性的规范和个性的创新之间有冲突。从这个角度来说,要尊重地方的先行先试,把决定权给地方,通过地方法规引领创新。

二是慎重对待部门的行政立法。当前,可以由地方推动网约车的试点,待相关立法条件成熟以后,需要由国家统一规范的,由国务院来制定行政法规。对现有网约车的许可,交通运输部2014年第16号令《出租汽车经营服务管理规定》可以发挥作用,可以制定出租汽车发展规划,推动网约车和巡游出租汽车并行发展。

三是"互联网+"是整合加提效的过程,要用新技术推动城市出行的变革。随着移动互联网技术和新商业的结合,即时约车成为潮流。大家已经开始理解并且实践"不在乎拥有、在乎使用"的新出行方式,这为探索限牌限号限行之外的治堵政策提供了路径。

附：

出租车、网约车新规应重点处理的五大关系及八条修改建议

2015年10月10日，交通运输部发布《关于深化改革进一步推进出租汽车行业健康发展的指导意见（征求意见稿）》（下称《意见》）及《网络预约出租汽车经营服务管理暂行办法（征求意见稿）》（下称《办法》），向社会公开征求意见。这是交通主管部门践行重大交通民主决策要求，向社会公众征求意见的直接表现。不论是传统出租汽车行业的深化改革，还是新兴网络预约出租汽车（下称"网约车"）业态的规范发展，不仅与相关从业者密切相关，也与广大城市居民出行息息相关，甚至是考验国家近年大力推行的简政放权、"互联网+"行动计划、"大众创业、万众创新"行动落实情况的试金石，因此有必要群策群力，共同建言献策。

1. 平衡中央与地方的关系，重点突出城市交通的自主性

《意见》的出台，是相关部委落实《关于2015年深化经济体制改革重点工作的意见》的具体表现，其重心在于"深化改革"。多年来，我国改革成功的经验，往往是少数地方先行先试，进而推广至全国的路径。因此，交通运输部在《意见》与《办法》出台之前，已经通过指导浙江义乌传统出租汽车、上海网约车的改革试点方案方式，发挥了重要的积极作用。而浙江义乌、上海市的试点方案也获得了社会的普遍认可，但效果仍然有待观察，相应的制度化建设仍然在探索，而立法引领网约车创新更是空白。因此，《办法》以部门规章立法方式引领全国网约车创新，在地方的经验积累上仍然存在不足，迫切需要吸引地方城市如上海的试点成果。而且，出台全国性的《办法》规范网约车行为，往往以全国所有城市的共性为基础，而网约车的创新恰与全国一盘棋的部门规章立法存在冲突。与此同时，不论是网约车还是传统出租汽车，均为城市交通的组成方式，相应的制度规范更具有地方性，传统出租汽车的管理也往往是"一城一策"。因此，从中央与地方关系的平衡角度，以深化改革为目标的《意见》与《办法》，应区分传统出租汽车的深化改革与网约车的立法引领创新不同目标。出台全国性的《办法》时，应当特别尊重地方的先行先试，将更多的决定权交给地方，而不是约束地方已有的先行先试。地方已有的先进经验，有普遍适用的可能，《办法》

也应当预留开放空间。

建议一：《办法》应当及时总结上海或其他可能近期进行网约车试点城市的经验，进行修订。

建议二：《办法》应当在附则专设一条，明确"地方性法规另有规定的，从其规定"，以预留试点城市通过地方性法规引领网约车创新的空间。

2. 厘清出租汽车与城市交通的关系，以市场化导向深化出租汽车行业改革

《意见》第一部分"科学定位出租汽车服务"开宗明义提出："出租汽车是城市综合交通运输体系的组成部分，是城市公共交通的补充，为社会公众提供个性化运输服务。"而2015年1月1日施行的《出租汽车经营服务管理规定》（交通运输部2014年第16号令）第3条也对出租汽车在城市交通中的定位作了界定，即"出租汽车是城市交通的组成部分，应当与城市经济社会发展相适应，与公共交通等客运服务方式协调发展，满足人民群众个性化出行需要"。《意见》与第16号令相较，对于出租汽车的定位增加了"城市公共交通的补充"表述。《意见》这一增加条文存在三方面问题。一是自我矛盾。"公共交通的补充"与"个性化服务"是两个非此即彼的关系，不能并列。二是与交通运输部2014年第16号令冲突。第16号令是部门规章，具有高于《意见》作为行政规范性文件的效力，因此《意见》增加"公共交通的补充"违反第16号令规定。三是与后述改革要求冲突。《意见》中"推动出租汽车燃油补贴制度改革"部分中，明确提出"逐步取消出租汽车燃油补贴，促进出租汽车回归合理定位"。出租汽车"公共交通补充"定位，是政府实施燃油补贴的根据。如果保留出租汽车"公共交通补充"的定位，出租汽车燃油补贴政策就应保留，《意见》增加的出租汽车"公共交通补充"定位与相关改革措施存在矛盾。

因此，出租汽车作为城市交通的组成（非公共交通补充）的定位已有规章依据，作为个性化出行服务定位的出租汽车，与家用小汽车功能定位相当，应当基于其市场化定位进行运营服务，各地政府则根据《意见》进行准入、数量、价格管制的放开改革，这也是实施第16号令规章定位的当然要求。而最早以"租赁汽车+代驾司机+网络平台"组合，秉承"法无禁止辄自由"精神，通过市场自发创新形成的网约车，因其源于市场，更应坚持其市场定位。

建议三：删除《意见》（一）"科学定位出租汽车服务"中"是城市公共交通补充"的表述，以遵守交通运输部2014年第16号令第3条规定，体现出租汽车于城市交通中的准确定位。

建议四：删除《意见》（十三）中的"对预约出租汽车运价实行政府指导价或市场调节价"中的"政府指导价"与《办法》第13条第2款"城市人民政府对网络预约出租汽车配置数量有规定和要求的，道路运输管理机构依据其规定和要求，对车辆发放《道路运输证》"，以彰显出租汽车深化改革进程中，对网约车创新市场导向的坚持。

3. 重视新法与旧法的关系，避免部门规章立法创新的悖论

2015年1月1日施行的《出租汽车经营服务管理规定》（交通运输部2014年第16号令）对于预约出租汽车已经法有明文，该部门规章第20条规定："县级以上道路运输管理机构应当按照出租汽车发展规划，发展多样化、差异性的预约出租汽车经营服务。预约出租汽车的许可，按照本章的有关规定执行，并在《出租汽车经营行政许可决定书》《道路运输经营许可证》《道路运输证》中注明，预约出租汽车的车身颜色和标识应当有所区别。"该部门规章第53条中，对于预约出租汽车经营服务的界定也比较清晰，即指"以七座及以下乘用车通过预约方式承揽乘客，并按照乘客意愿行驶、提供驾驶劳务，根据行驶里程、时间或者约定计费的经营活动"。

预约出租汽车的预约方式包括网络预约，也包括其他方式如电话的预约。因此，《意见》与《办法》限定预约出租汽车只能使用互联网平台，既是对已有规章许可条件的限缩，直接违背《中华人民共和国行政许可法》第16条第3款规定，也与预约车有服务于特殊群体如无法操作互联网工具的老年群体优势特性间，具有明显的冲突。如南京的十佳出租汽车司机殷浩创业开办卓迅公司，带领一批出租汽车司机转型做专车司机后，就根据其多年服务经验推出的老人专车服务，通过电话为老人提供看病、出游等预约车服务，获得了普遍的认可与赞誉。

交通运输部在发布《办法》时，虽然未明确是否属于部门规章或部门规范性文件，但根据其名称及其对行政许可的设定，可以判断其属于部门规章的征求意见稿，是部门规章行政立法工作的组成部分。部门规章的制定以实施上位法规定为依据，如《中华人民共和国立法法》第71条第2款规定："部门规章规定的事项应当属于执行法律或者国务院的行政法规、决定、命令的事项。"《办法》对于网约车的统一规定，具有引领创新的明显目的，但是部门规章的法定地位又与网约车的创新发展之间，具有逻辑上的悖论。事实上，作为上位法的国务院第412号令所保留的三项与出租汽车有关的行政许可，并不能当然推出包括预约出租汽车许可。因此，部门规章创设预约出租汽车许可在法理上就存在缺失，而针对互联网平台创设许可更是

超越了行政许可创设的行政许可法要求。对于互联网平台的许可、预约出租汽车的许可，根据网约车创新及城市交通的地方性，更宜由地方政府特别是具有地方性法规立法权的城市创设，这也符合《中华人民共和国行政许可法》有关行政许可创设的法律规范。

建议五：停止《办法》作为部门规章的行政立法进程，待地方城市有关网约车地方性法规立法成熟后，必要时由国务院制定全国统一规范的网约车行政法规。

4. 开创出租汽车公司（网络平台企业）与驾驶员新关系，践行国家"大众创业、万众创新"要求

《出租汽车经营服务管理规定》第5条规定："国家鼓励出租汽车实行规模化、集约化、公司化经营。"对于出租汽车驾驶员是否必须为公司员工，上述规章作为最为全面的行政立法并未作限制性规定，只是鼓励公司化经营，出租汽车的个体经营也未在排除之列。而且，出租汽车服务特征的个体化特性十分典型，一刀切地实施公司化，有违其基本服务特性。因此，应在现有公司化建设基础上，厘清公司与驾驶员之间关系，发展以公司、个体（单车）经营相互补充，集约化经营为方向，与互联网（电话）预约经营模式共存的出租汽车运营服务新局面。

但是，《意见》仍然重点强调出租汽车的公司化经营，如该《意见》（九）就规定："鼓励出租汽车经营者通过兼并、重组、吸收入股等方式，按照现代企业制度实行公司化经营，探索实行员工制管理。"更有甚者，《办法》第18条规定："网络预约出租汽车经营者应当保证接入平台的驾驶员具有合法从业资格，与接入的驾驶员签订劳动合同。"要求网约车一律由运营互联网平台的企业实行公司化经营，既与第16号令有关"公司化、规模化、集约化"要求的鼓励性质不合，也罔顾通过现代互联网技术，就能够推动个体经营的集约化，实现个体化与公司化并存的现实。

与此同时，网约车的市场创新源于互联网企业的"专车"创新，互联网企业的"专车"创新具有整合既存资源（已有的租赁汽车与代驾司机）的特点。这一创新也被交通运输部于2015年1月8日，秉承"互联网+"精神予以肯定。交通运输部的肯定，不仅促成了互联网企业"专车"创新的迅速发展，也为传统汽车租赁企业与代驾企业提供了新的发展契机，并大大促进了出租汽车司机转型专车司机的创业创新，如前述南京市十佳出租汽车司机殷浩转型后创立的卓迅汽车租赁公司，就主要吸纳出租汽车司机转型加盟，通过市场深耕细作，开发了小学生接送、老人看病专车等特色产品，

初步在南京形成了出租汽车司机转型做"专车"司机、转型创业的良好氛围。因此，预约出租汽车的预约方式不限于互联网平台，互联网企业的创新也不代表所有出租汽车经营服务的创新。因此，将传统出租汽车公司与驾驶员的关系限于公司化方向，要求网约车服务必须由互联网企业以公司化方式提供，显然违背了出租汽车经营服务多样化、个性化的趋势，也与国家鼓励"大众创新、万众创业"的要求不合。

建议六：删除《办法》第18条中"网络预约出租汽车经营者应当保证接入平台的驾驶员具有合法从业资格，与接入的驾驶员签订劳动合同"规定，允许互联网企业整合从事预约出租汽车经营的公司与个体司机提供网约车服务，也允许后者通过电话等非互联网方式提供预约车服务，以鼓励大众创业、万众创新。

建议七：《意见》（九）"鼓励规模化、集约化、公司化经营"部分增加一部分，即"逐步发展以公司、个体（单车）经营相互补充，集约化经营为方向，与互联网（电话）预约经营模式共存的出租汽车运营服务"。通过"公车公营"与"单车自营"并行的市场准入机制建设，鼓励出租汽车公司优秀员工转型为个体经营者，并以移动互联网技术引导个体经营者实行集约化管理。

5. 把握网络即时约车与出租车巡游揽客方式的发展关系，推动城市机动化出行方式的变革

当下，移动互联网技术与互联网新商业模式结合，网络即时约车已成为个体机动化出行的主流趋势，超越了传统出租汽车的巡游揽客方式。更有甚者，传统以公益互助为主导的汽车共享活动，在新商业模式的催化下，已经逐渐将汽车共享、共享经济的理念在大中城市居民中普及，人们已经逐渐理解并践行"不在乎拥有，只在于使用"的汽车共享新出行方式。在不久的将来，人们完全可能会在互联网企业整合多种交通方式，提供一站式出行解决方案的便捷交通环境下，主动减少机动车的购买与使用，为城市政府解决交通拥堵问题，提供了限牌、限号、限行等粗暴行政措施外的迥异选择。2016年，交通运输部响应国务院"互联网+"战略要求，提出的"互联网+"便捷交通行动计划，也有可能通过"网络即时约车+公共交通"的无缝对接，通过政府、市场与社会的合作努力得以实现。而整合了巡游出租汽车、预约出租汽车、共享汽车、互联网巴士的一站式网络平台，依托城市政府正在大力建设的公共交通网络，也完全有可能改变城市居民的机动化出行方式，并在根本上改革人们的拥车理念，从而实现城市交通的革命。

建议八：删除《办法》第 17 条中的（网络预约出租汽车经营者）"不得接入其他营运车辆或非营运车辆"相关内容。移动互联网一站式出行平台只有既接入营运的巡游与预约出租汽车，又接入非营运的私人小客车合乘方式，甚至在平台上整合其他的公共交通出行业务，才能真正实现"互联网+"便捷交通。

十五　鼓励并支持交通违规"优惠券"的做法

刘启川[*]

目前，灌云县交警大队已经向市民发放"优惠券"1.5 万多份。"优惠券"上面主要有两部分内容。第一部分是宣传交通法规，"行人、电动车不闯红灯、不走快车道；行人不要翻护栏、过街要走斑马线。违反以上规定，罚款 20 大洋"。第二部分内容则是两个优惠方案，"违规时，出示本券，打五折"以及"违规时，当着交警面拨打任何人电话，接听者只要答对以上规定，免罚"。

实践中，对待交通违规"优惠券"的看法，民众褒贬不一，很多人认为这种行为并不可取，合法性和正当性存在一定的问题。针对该问题，东南大学法学院讲师、东南大学交通法治与发展研究中心研究人员刘启川在《人民日报》2016 年 7 月 7 日第 11 版指出交通违规"优惠券"的正当性与合法性的具体理由。

课题组成员刘启川在接受《人民日报》采访时认为，交通违规"优惠券"是十八大以来国家治理能力现代化在行政执法领域的体现，进一步来说，这是行政治理法治化的缩影。具体理由有三：其一，交通违规"优惠券"彰显的现代行政法中柔性行政的理念，柔性行政倡导通过协商、沟通等民众可以接受的方式，实现行政管理的目的；其二，交通违规"优惠券"不应从形式上理解，而应从其承载的实在内涵来解读，交通违规"优惠券"的使用具有《道路交通安全法》第 89 条设定处罚种类之中警告的性质，由此看来，此举是在《道路交通安全法》第 89 条设定罚制范围内，进行灵活执法，实现执法目的，符合道路交通安全的法律价值；其三，在实践中，税收遵从协议和行政处罚协议书等执法样本与交通违规"优惠券"的执法逻辑和法治精神是一致的。

---

[*] 刘启川，东南大学法学院讲师。

决策咨询课题

一 醉酒驾驶罪的证据问题与鉴定技术规范化研究

本课题系重大项目课题组成员刘艳红教授主持的 2012 年度"东大—东南司法鉴定联合研究中心"委托研究项目,其简要情况如下。

我国《刑法修正案八》在交通犯罪中增设了醉酒型危险驾驶罪,但在认定醉酒的标准上尚存在诸多理论与技术难题,以血液酒精含量值作为唯一的标准反映我国在醉酒驾驶认定标准上的单一和认定程序上的不规范。在血液中酒精含量的检测上,如何采引进或者借鉴国外较为先进的鉴定技术,争取能够克服我国地域差别而对涉嫌醉酒驾驶人员实行无差别的检测,显然是我国醉酒驾驶犯罪在实践中面临的一个极为困难的问题。同时,在证据的收集上,如何及时有效锁定醉酒驾驶人员并及时进行相关检测,以确保醉酒驾驶犯罪证据来源的合法化与有效性,同样也是不容忽视的重要问题。

为此,本课题主要围绕醉酒驾驶犯罪司法适用的现状、醉酒驾驶案件的程序与证据问题、醉酒驾驶血液酒精含量检测中存在的问题、醉酒驾驶血液酒精含量检测的技术及其规范化等展开研究。本课题从分析醉酒驾驶犯罪的立法与司法现状入手,分析实践中该种犯罪行为适用存在的种种问题、借鉴国外醉驾驶犯罪的认定与适用中的理论与技术、在我国建立规范化的醉酒驾驶血液酒精含量检测技术等基本问题,在此基础上,延伸阐述危险驾驶罪的相关问题。本课题的研究在收集大量实务案例的基础上、在介译大量国外资料并进行比较研究的基础上进行,为此,课题的研究采用实证分析方法、比较研究方法、规范分析、价值分析与社会文化分析等研究方法,并结合刑事诉讼法学、刑事证据学、刑事鉴定学、犯罪学、刑事政策学等多学科交叉研究。

本课题的研究已取得多项重要成果。(1)《醉驾犯罪血液酒精含量鉴定证据客观性与合法性之判断》,载《法学论坛》2014 年第 5 期 (CSSCI)。

本项研究对我国醉驾犯罪血液酒精含量鉴定证据客观性与合法性进行了深入反思，提出血液酒精含量鉴定证据证明力只有经过排除合理怀疑之后才能确定。如果在血液酒精含量鉴定意见的形成过程中，遵循了鉴定证据取得所应遵循的必要性、中立性、专门性等原则，且其中不存在无法排除的怀疑时，其客观性即可得到证明。同时认为，基于驾驶权是一种法律许可的特别权利而非自然权利的观念，在驾驶人员拒不配合查验血液酒精含量值的情况下，警察可以基于合理怀疑而采取必要的强制手段，例如强制截停与强制测试等。采取类似强制手段取得的证据，其合法性不存在疑问，当血液酒精鉴定意见的客观性与合法性存疑时，宜按照刑事诉讼法中的无罪推定原则，对驾驶人员不作犯罪处理。（2）《醉驾案件认定引入被告人对质权问题探讨》，载《政法论坛》2014年第4期（CSSCI）。本项研究主张我国醉驾犯罪认定程序应适时引入对质权，将鉴定人纳入对质权范围之内，并采取申请制和远程双向视频技术实现对质权的可操作性，以此保证醉驾案件定罪的准确性，确保被告人享有实质而完整的受辩护权，最终实现对被告人的人权保障。（3）《醉驾型危险驾驶罪刑事证据规则研究》，载《法律科学》2014年第2期（CSSCI）。本项研究提出，醉驾型危险驾驶罪出罪通道不应通过《刑法》第13条中但书现象建立。结合该罪实体要件取决于程序鉴定结果之特性，应跳出刑事实体法之外，结合刑事程序法对刑事证据证明标准有关理论，围绕如何判断醉驾案证据证明力问题并建立相应的证据规则，以严把入罪关。根据醉驾案证据证明力高低不同，提出建立如下证据规则：单独呼气酒精测试结果只能作为醉驾案立案侦查依据而非定案证据使用；单独血液酒精含量测试结果可以作为定罪证据使用，且并不违反刑事诉讼法中孤证不立原则，但其客观性与合法性必须经过排除合理怀疑；既无呼气酒精测试也无血液酒精含量测试结果时，仅凭旁证不能认定醉驾犯罪成立。

二　城市交通文明建设的法治保障机制研究

本课题系重大项目课题组成员孟鸿志教授主持的2012年度国家法治与法学理论研究重点课题，其主要研究内容如下。

第一，城市交通文明的引入与范畴界定。一致性和明确性是文明的内核，一个主题明确、内涵丰富的文明形式，才会具有持久的生命力。城市交通文明作为一个综合性概念范畴，其内涵不应限于机动车礼让斑马线、按序通行、有序停放、文明使用车灯等具象性描述，而应具有更为规范的界定。

城市交通文明在外延上大于文明交通，包括但不仅限于交通行为、交通安全、交通管理等要素。城市交通文明的构建不仅会促进交通本身的发展，更利于实现人与自然、人与人、人与社会的和谐共生、良性循环、全面发展、持续繁荣。因而，城市交通文明更加具有高度性和整合性。本部分将从物质文明、精神文明、政治文明、生态文明的关联层面深入研究城市交通文明的内涵，厘清几者之间的关系，进而构建城市交通文明的基本范畴和内容体系。

第二，城市交通文明建设的法制现状与反省。构建现代城市交通文明的法律保障机制，需要总结提炼已有制度成果的基本经验和教训。本部分将系统梳理我国城市交通文明建设的制度现状和实效状况，深入分析目前城市交通运行中种种陋习的表现形式和成因，重点剖析制约城市交通文明发展的法律制度层面上的问题，总结和提炼国外相关的政策、法制模式、制度设计等基本经验，论证和揭示现代城市交通文明与法律保障机制的内在联系和规律。

第三，城市交通文明建设的法治理念与原则。城市交通文明与和谐社会在理念上深度契合，"诚信友爱、安定有序"等同样是城市交通文明的法治理念和价值追求。城市交通文明不仅是一个构建和谐社会的科学问题，更是一个人权保障的法治问题。如果城市交通没有有效的规则约束，作为城市生活人权的城市交通即缺乏根本上的保障。秩序是最为基本的法律价值，自由、安全等只有在公共秩序文明的基础上才能得以实现。交通自由、交通秩序、交通安全等之间既有一致性，又有冲突性；而为了实现公民的交通权利，交通秩序和安全应当得到优先保障。本部分将以和谐社会和以人为本的基本要求，着重分析城市交通文明建设应遵循的科学原则与法治理念，并在此基础上提出相应的人权保障对策性建议。

第四，城市交通文明建设的法治模式与制度选择。制度模式与选择直接影响着城市交通文明建设的水平。城市交通文明建设需要以自律为基础的交通伦理道德约束以及以人为本的交通法治共同调整，前者依靠人们的交通意识自觉性和社会舆论来维护，在实践中要求个人的理性节制、对他人利益和公共利益的尊重和包容，后者是调整交通社会行为、实施交通秩序与交通安全控制必不可少的强制性手段。因此并非所有内容都要求法律层面的规制，有必要厘清城市交通文明建设中法律保障机制的作用点所在。本部分将重点研究城市交通文明不同侧面的内容对于法律保障机制的要求，提出城市交通文明法律保障的制度体系，同时，借鉴行政法上新兴的软法治理理论探讨城市交通文明建设的治理模式及其必要性,为后续内容的研究提供理论基础。

第五,城市交通文明建设的法律保障制度设计。城市交通文明构建在法律依据层面上极为单薄,因此立法规制在城市交通文明领域存在很大的建构空间。本部分将系统展开论证城市交通文明建设的组织法保障、行为法保障和程序法保障三种制度模式;论证科学的城市交通管理体制和健全的相关组织法在城市交通文明建设中所具有的功能和效应;深入研究现行道路交通安全法及其实施条例的制度缺陷及其制度重构,如与城市交通文明建设直接相关的机动车数量控制制度、机动车拥堵收费制度、机动车驾照扣分制度、节假日免收小车通行费制度等;侧重研究交通管理者的行为程序、法律责任和法律监督机制。本部分还将从法经济学的视角,对城市交通文明建设之多元化的立法成本、法律实施成本和违法成本方面展开论证。

第六,城市交通文明建设的软法保障机制。在城市交通文明建设领域中交通执法裁量与交通引导措施是最为复杂的法律问题,因此,再完备的硬法体系也难以完全承载起对城市交通文明建设的保障功效。当行政法、刑罚等硬法无法有效满足公域之治的时候,软法的作用便凸显出来。本部分将依托新兴的软法治理理论,重点研究城市交通文明建设中的交通执法裁量制度,论证科学的、可操作的、人性化的交通执法裁量细化标准和技术手段;系统研究城市交通文明评估体系及其运行效果;探讨和构建一整套城市交通文明建设的自律约束机制,包括约束交通执法裁量的说明理由制度、跟踪评估制度、问责制度和奖惩制度等。

三 城市交通管制法治化问题研究

本课题系重大项目课题组成员李煜兴副教授主持的2012年度国家社会科学基金项目,其主要研究内容如下。

第一,交通管制的法治困境剖析。分析城市交通管制法治化所面临的理论障碍和现实困境。在授权依据上,交通管制具有《道路安全法》等法律法规的概括授权,但欠缺具体的行为法依据,警察机关裁量权过大,难以受到法律约束。在法律属性上,行政法上抽象与具体行政行为的传统分析框架,行政强制法上行政强制措施与强制执行的分类模式都难以全面揭示交通管制行为的本质属性。在救济途径上,交通管制被排除在行政复议与诉讼范围之外,民众的道路通行权得不到有效救济。在实践效果上,部分城市过多、过滥、过度的交通管制影响着民众的道路通行权益,降低了道路通行效率，成为城市交通拥堵的重要诱因。

第二，交通管制的权力边界分析。研究交通管制权的形式边界与实质界限。首先，交通管制作为一种干涉行政手段，不仅应具有组织法上的概括授权，同时应具备必要的行为法依据，以压缩警察机关的裁量空间和判断余地。法律法规的授权构成交通管制的形式边界。其次，对驾驶人、行人等相对人，特别是对道路形成"依赖利用"的相对人，交通管制实质上是对其道路利用与通行权益的限制或禁止，构成对其公法权利的不利干涉。相对人的道路通行权构成了交通管制权的实质界限。

第三，交通管制的法律属性界定。引入"公物法理论"和"行政过程论"，揭示城市道路交通管制的本质属性。完整的交通管制过程包括"法律法规授权→交通管制决定与通告→管制实施与执行"等多个行为阶段。基于公物法理论，交通管制本质上是对道路公物变更或限制使用的、针对普遍相对人的物上行政行为。同时，借鉴"行政过程论"，着眼于管制行为对道路利用人的权益影响，将整个交通管制过程视为一个有机整体，简化警察机关与道路利用人之间的法律关系，为相对人提供有效的法律救济。

第四，交通管制的原则规制研究。研究法律保留原则和比例原则在交通管制过程中的适用。首先，交通管制具有警察高权属性与利益干涉属性，行使交通管制权必须具有法律法规授权，警察机关实施交通管制应当符合法律法规授权目的，受法律保留原则约束。其次，实施交通管制应遵循比例原则，在交通管制权与道路通行权、安全与秩序价值和通行效率价值之间进行权衡。交通管制的决定与实施，应以维护交通安全和秩序的必要为限，尽可能减少对道路利用人的不利影响，更不得实施过度管制。

第五，交通管制的正当程序研究。研究交通管制决定与实施的程序控制机制。交通管制以道路安全与秩序等公共利益为目的，但也存在侵犯道路利用人权益和被过度滥用的风险。为平衡交通管制权和道路通行权，交通管制时段、路段、范围、措施、方式、疏导方案等的选择与实施都应建立在必要限度的告知制度、说明理由制度、听取利益相关方意见制度等程序机制之上，确保交通管制的程序正当性。

第六，交通管制的救济机制研究。研究交通管制法律救济的必要性与可行性。交通管制本质上是一种物上一般处分行为，并对特定相对人的道路通行权益构成不利干涉。将交通管制纳入行政复议和诉讼范围不仅必要而且可行。同时，应区分不同情形，构建交通管制决定与通告的预防诉讼制度、交通管制措施的撤销与变更诉讼制度、交通管制特别牺牲的行政补偿制度、违法交通管制的行政赔偿制度等司法救济机制。

四 城市交通拥堵治理决策的合法性保障机制研究

本课题系重大项目课题组成员李煜兴副教授主持的中国法学会 2012 年度部级法学研究课题，其主要研究内容如下。

其一，城市拥堵治理决策的实证研究。北京长期遭受城市交通拥堵这一城市顽症的折磨。南京在举办青奥会等大型国际性赛事背景下，城市交通拥堵和治理压力剧增。课题以北京市和南京市为例，分析两大城市交通拥堵的现状；全面梳理、客观描述单双号限行、摇号限牌、错峰上下班、公共交通补贴、交通拥堵费、差别化停车收费政策、交通路网扩建等拥堵治理措施与方案的决策过程与实施效果，为课题进行规范分析、原理分析、对策研究奠定基础。

其二，城市拥堵治理决策的规范分析。依据《道路交通安全法》《大气污染防治法》及其他相关法规规章等实定法规范，对单双号限行、摇号限牌、错峰上下班、差别化停车收费等拥堵治理措施与方案的合法性进行剖析，揭示行政主导之下城市拥堵治理决策的合法性瑕疵。同时，课题引入行政法基本原则，运用行政法定原则、行政均衡原则和行政正当原则，从行政法治视角剖析拥堵治理措施在决策主体、决策权限、决策程序、决策内容与决策效果方面的合法性问题。

其三，城市拥堵治理决策的比较研究。课题着重比较研究了交通工程学、交通管理学领域盛行的交通供给管理模式、交通需求管理模式、交通管理制度完善模式等拥堵治理的理论模式，分析各理论模型的优缺点及其对政府拥堵治理决策的影响。同时，课题比较分析了国内外行政限制性政策、拥挤收费性政策和外延支撑性政策等拥堵治理的政策取向。此外，课题比较借鉴了欧盟、美国、新加坡、中国香港等发达国家和地区在城市拥堵治理过程中所采取的各种治理措施和方案。

其四，城市拥堵治理决策合法性机制完善。首先，城市拥堵治理措施都涉及重大公共利益，并与公民权益密切相关，其决策过程应遵循行政法定原则。要求拥堵治理决策具有法律授权；遵循法律保留原则和法律优位原则。其次，城市拥堵治理决策的实质合法性要求治理方案和措施的内容符合法律目的和行政法基本原则，体现理性精神，协调并兼顾不同利益主体的权益诉求，实现依法决策、科学决策和民主决策。课题重点从比例原则和利益均衡原则层面分析城市拥堵治理决策的实质合法性问题。最后，城市拥堵治理决策的程序合法性问题研究。拥堵治理决策应建立最低限度的正当程序机制，健全完善包括公众参与、专家论证、决策公开等在内的决策程序机制，课题侧重研究城市拥堵治理决策合法性保障的制度构架。

五 北京市治理交通拥堵的法律对策研究

本课题系重大项目课题组成员金国坤教授主持的北京市哲学社会科学规划项目"北京市治理交通拥堵的法律对策研究"，其简要情况如下。

北京的交通拥堵现在已成为常态，人们对它的抱怨越来越少，理性地接受了"堵""挤"成为生活的一部分。北京何时成为"堵城"的，政府采取了哪些治堵措施，成效如何，首先需要加以总结和分析，为进一步治堵积累经验。作为法律对策研究，更需要从法治视角对已往采取的各项治堵措施进行法律评价，为推动依法行政工作问诊把脉。治理交通拥堵运用法治思维具有以下几点现实意义：（一）法治思维有利于提高交通管理的依法行政水平；（二）法治思维有利于实现交通治堵以人为本的执政理念；（三）法治思维有利于贯彻公平正义的法治理念；（四）法治思维有利于形成交通治堵良性互动的法治环境。

本课题不是专门研究治堵的技术性文章，而是从法治角度分析探讨治堵如何体现以人为本，运用法治思维和法治方式制定治堵政策、采取治堵措施，将治堵纳入法制化轨道，提高交通管理的依法行政水平，为建设法治政府树立标本。基于此，本课题的主要研究内容从以下几个方面展开：第一，北京市治理交通拥堵措施及其法律评价；第二，国外大城市治理交通拥堵的经验与启示；第三，治理交通拥堵的法治思维；第四，北京市治理交通拥堵的法律原则；第五，北京市治理交通拥堵的法治方式。

本课题首先对现行各种治堵措施进行了法律分析，提出了行政手段、经济手段治堵尽管立竿见影，但缺乏人性化考量，对公民权利会产生一定的影响。参照国外及境外治堵的经验，通过交通管理立法，尊重公民意愿，实行行政指导已成为治堵的共识。党的十八大发出了运用法治思维和法治方式解决问题的号召，在治堵决策和管理中，应体现以人为本的法治思维，强调对公民出行权的保护，平衡社会公共利益和个人合法权益的关系，将治堵目标从单纯提高道路通行率，实现"一路畅通"，转变到路权的合理分配，以确保每个出行者的出行权为标准，保障人的出行尊严和自由。

六 城市公共交通行业管治模式及规制建设

本课题系重大项目课题组成员杨洁主持的 2013 年度高校基本科研业务费专项资金资助项目,其简要情况如下。

第一,现状问题调研。以南京市江宁区为调研对象,分析江宁区城市与交通发展现状,掌握江宁区公共交通设施供给及服务情况,深入剖析江宁区公共交通发展的制度环境。

第二,国内外经验借鉴。重点研究德国在城市地面公交服务供给领域开展的公私合作运营实践,分析其公益性线路及经营性线路的竞争性招标运行机制,总结德国公共交通联盟建设情况。

第三,城市公共交通定价机制研究。从收费结构、乘客类型、需求频次等角度总结不同票制类型,探讨影响票制与票价的关键因素,分析各种票价水平域的相关特性,在归纳总结国内外公交定价方法的基础上提出不同定价模式的适用条件。

第四,城市公共交通行业绩效管理研究。运用公共部门绩效管理理论,从绩效衡量、绩效评估、绩效追踪三个层面对我国城市公共交通行业绩效管理过程进行理论分析与对策建议,从而对我国城市公交行业发展与服务质量改善提供指导意见。

第五,城市公交客运运营安全保障研究。调研我国城市公交客运安全管理的现状,收集国内外城市公交安全管理的政策法规和标准,深入剖析当前安全运营管理中所存在的问题,提出行政法视野下的城市公交客运安全保障策略。

七 城乡公共客运服务均等化法律规制研究

本课题系重大项目课题组成员杨洁主持的 2014 年度江苏省法学研究青年课题,其简要情况如下。

课题立足于我国公共服务均等化的制度实践,对传统工程学及管理学背景的城乡公共客运运营组织理论与行政法上的法律理论进行综合研究,探寻城乡公共客运服务均等化实现路径及法律保障的新思路与新对策,实现"社会需求→政策指导→法律规范"的演进。首先,从"社会需求"的普遍意愿出发,将城乡公共客运服务从一般公共服务中分离出来,界定城乡公共服务均等化的内涵,通过分析农村客运市场的发展环境、比较城与乡客运发展的关联性与差异性、评估保障城乡公共客运发展的法制现状,为"法定标准"奠定基础。其次,深入现有政策,研究均等化的衡量标准,实现均等化的资金保障制度、绩效管理制度、法律救济制度,将符合社会需求、体现社会公平正义的原则、措施法定化,使"社会需求"中的普遍意愿通过政策、措施抽象出统一的评价标准,最终上升为法定标尺,为界定城乡公共客运服务均等化的实施效果提供判定条件。最后,在坚持城乡统筹协调可持续原则指导下,按照影响经济社会发展公平正义的重要程度不同,将一些可操作性强、民众反响强烈以及政府发展政策中的约束性指标纳入法律约束的范围。

本课题的学术价值和实践意义在于以下几点。一是提炼城乡公共客运服务均等化的基本理念与价值取向。城乡客运服务的提供是缩小城乡发展差距、实现社会和谐稳定的重要举措,迫切需要人文社会科学从不同视角尤其是法学的视角提炼城城乡公共客运服务均等化的基本理念与价值取向,即将科学化与公正性相结合的原则贯彻于城乡公共客运服务均等化的全过程;在城乡客运资源开发与利用的现实纷争处理中体现"以人为本"的公平法治理念;在服务均等化的制度设计上因地制宜,响应"公交优先"战略,体现"科学发展""可持续发展"的科学理念。二是完善提炼城乡公共客运服务均等化的规制体系。全面系统研究城乡公共客运服务均等化法律规制问题,提出科学可行的法律治理理论与对策,不仅是全面建设和谐城市、走可持续发展之路的必然要求,也是全面推进城市政府依法行政、建立法治政府的必然要求,其对丰富和完善我国的交通法治理论和部门行政法学体系,推进和保障城乡公共客运发展,均具有重要的理论价值和现实指导意义。三是支撑上位法的制定与完善。构建符合中国国情的"基本公共服务均等化"法制体系是落实公共服务均等化的重要保障,《城乡规划法》也对城乡交通基础设施一体化规划提出了初步要求,《城市公共交通条例(草案)》目前面向全社会公开征求修改意见,城乡客运服务均等化的法律规制相关研究成果对于上述法律法规的制定及完善具有参考价值。

八 区域一体化进程中的交通法治发展问题研究

本课题系重大项目课题组成员杨洁主持的2014年度江苏省社科基金青年项目,其简要情况如下。

课题立足于江苏建设我国"法治先导区"的实践，综合传统工程学及管理学背景的区域交通运输管理与法律理论，探寻区域交通法律治理的新思路与新对策，实现"现实需求→理论指导→制度设计→实践应用"的演进。首先，从"现实需求"的普遍意愿出发，将区域交通问题从其他区域发展问题中分离出来，搜集和整理国内外典型地区区域交通协调发展案例，分析区域交通一体化发展面临的机遇与挑战、优势与劣势，凝练适合我国发展模式和特色的区域社会经济与交通发展互动关系机理，评估保障区域交通协同发展的法制现状，为法治理论的研究奠定基础。其次，探讨区域交通法治的概念内涵、必要性与可行性、合法性与合理性、理论基础、发展目标、发展模式等根本性理论问题，构筑研究与实践的思想发源和理论基石。再次，围绕政府组织架构调整与运行机制再造，从基础设施规划与建设、运输服务提供与管理、行政执法规范与现代化三个层面对政府的管理体制改革和决策、执行、监督运行机制调整进行制度设计。最后，采用个案分析法，结合苏南现代化建设示范区的发展现状、现实需求和发展态势，在综合网络、综合枢纽等设施的规划建设、运输组织、运营管理、信息化建设、资金筹措等层面应用区域交通法治发展理论成果。

课题研究的价值和意义在于以下几方面。第一，探讨区域交通法治发展研究的理论架构。区域交通发展问题是政治、经济、行政区划、区位、制度、历史、观念、人口、文化、信息等因素共同作用的结果，区域交通法治发展的研究是一个非常复杂的理论体系，有必要在基础理论的高度上，综合前人的研究著述与成果，参酌相邻学科有关区域交通发展问题的真知灼见，提出并阐述区域交通法治发展的基本理论研究框架，并力图呈现出新颖、系统和深入的特色。第二，深化区域交通管理体制机制变革。围绕"交通发展、区域发展、法治发展"这一主题，本课题将根据城乡一体化与区域一体化的趋势，整合现有交通运输管理职能，厘清交通运输内部权责关系，构建集中式与一体化的区域交通运输综合管理体制，在规划、建设、运营、管理各个层面健全优化运行机制，推动区域交通运输决策与管理的科学化、民主化与法治化。第三，完善区域交通协同发展的法制环境。法律治理是区域交通发展的前提和保障，全面系统研究区域交通发展的法制环境，提出切实可行的法治化理论，不仅能促进区域产业、空间与交通一体化的发展，充分发挥交通对区域经济社会发展的引导、支撑和保障作用，也是全面推进政府依法行政、建立法治政府的必然要求，其对于丰富和完善我国的区域交通法治理论和推进区域交通的法制建设，具有重要的理论价值和现实指导意义。

九　我国智能汽车产业发展面临的法律风险及防控机制研究

本课题系重大项目课题组成员杨洁主持的2016年中国博士后科学基金资助项目，其简要情况如下。

当前工业界与法律界已经充分认识到法律规制对智能汽车产业发展有着重要影响，但对于汽车智能化潜藏的法律风险防控模式与机制的研究还存在若干亟待解决的理论和实践问题，主要体现在五个方面。（1）受到学科知识体系的限制，工业界和法律界看待汽车智能化的政府监管与法制变革问题往往存在不同的价值判断，如工业界更期待制度的变革，而法律界则持谨慎观望的态度。现有研究大多在单一学科的简单系统下进行分析论证，忽视了技术风险法律防控的跨学科复杂性。（2）面对技术发展前景和潜在风险的双重不确定性，进行客观、公正的风险评估是建立法律规制的前提。现有研究意识到了汽车智能化技术的应用潜藏着社会风险，但未能借助分析工具揭示风险的范围以及预防措施所带来的系统性影响，因此难以权衡不同的利益价值。（3）风险防控机制不应囿于限制与禁止，还应包括导向与激励。现有研究大多以管理思想为主导主张建立行政性风险规制，未能从行政法上的治理理论入手，建立政府与企业、公众的合作治理模式，以一种积极的风险观来应对技术的革新。（4）由于智能汽车的社会风险尚未转化为实实在在的危害，研究者并未对智能汽车的交通事故责任转移问题予以高度重视。为应对新型的道路交通事故侵权损害赔偿，如何在私法领域推动传统的侵权责任制向责任分担机制和社会保障机制转化，值得深入研究以填补空白。（5）尚未有研究结合我国现行的法律体系，审视不适应智能汽车产业发展的法律规范条文，亟须以正确的立法指导思想提出"立、改、废、释"建议，完善法律体系，通过制度供给、制度导向、制度创新来解决汽车智能化发展面临的制度空白、制度缺陷和制度冲突问题。

本课题在新一代信息技术与制造业融合背景下对我国智能汽车产业发展面临的社会风险与法律障碍全面分析，对法律风险防控治理模式与机制深入研究，为我国汽车产业转型升级提供决策依据与制度保障。具体工作内容包括三个方面。（1）通过文献检索、访谈调研、问卷调查、统计分析等方式认识我国汽车智能化技术研发的最新进展、生产研发机构对法律规范的调整诉求、社会公众对智能汽车技术的认可度与接受度、国外相关立法实践等，全面把握我国智能汽车产业发展潜在的法律风险。（2）构建汽车智能化背景下的技术社会风险法律治理模式与防控机制，更新风险防控的立法理念和责权统一关系，丰富技术法律风险管理的制度建设基础理论，以先进的法治理念、原则与基本制度为科技发展、民生保障营造良好法治环境。（3）针对法制建设明显滞后甚至制约技术发展这一严峻现实，提出可资借鉴的法规调整与完善建议，建立政策保障机制，避免智能汽车产业相关利益主体"有组织不负责任"局面的发生。

十　我国交通警察权要素研究

本课题系重大项目课题组成员刘启川主持的2015年度江苏省法学研究青年课题，其主要内容如下。

第一，我国交通警察权来源要素及其型构。交通警察权的来源要素决定了交通警察权的权限、范围、性质，也直接关系进一步研究规制交通警察权的深入程度。通过梳理我国现有关涉交通警察权的法律规范，并在比较借鉴域外制度的基础上，提出主要通过权力设定的交通警察权来源方式、内部分配交通警察权的来源方式、授权性的交通警察权来源方式、委托型的交通警察权配置方式四种方式，来展现交通警察权来源要素。

第二，我国交通警察权主体要素及其现实问题。我国交通警察权的主体要素的论证主要从三个层面展开：在理论上，交通警察权的主体要素是由群体化与个体化相结合的权力主体加以完成的，无疑，公安机关交通管理部门和交通警察是主体要素的当然内容。作为行政助手的交通协管员或交通辅警也应当作为我国交通警察权的主体要素，尤其是在新行政法学发展的背景下，交通协管员或交通辅警的权力范围应逐步得以扩张。实践中交巡警分离执法与统一执法截然不同的吊诡现象，并不影响巡警成为交通警察权主体要素的法理基础。

第三，我国交通警察权运行要素的实证考察。交通警察权的运行要素，是交通警察在维护交通秩序、处理交通事故以及应对交通违法行为时，所应遵循的方式、步骤、时限和顺序。通过梳理现有交通安全法律规范得知，关涉交通警察权的运行要素程序性更强，更具有操作性，大致涵盖了现代程序的基本要素，如表明身份、说明理由、回避等一般性规定。并且，经过实证调研发现，交通警察权的运行要素在规制交通警察权中的作用已逐步显现。

第四，我国交通警察权对象要素及其最新发展。交通警察权的对象要素，是指交通警察在行使权力之时所指向的车辆、行政相对人、交通事故以及交通违法行为。主要从以下几个部分展开研究。（1）当前《道路交通安全法》关涉"车辆"分类的理论依据、交通警察权与"车辆"的关系类型及其正当性拷辨、现代城市交通发展的轨道交通工具（轻轨、地铁）是否扩充交通警察权的对象要素等。（2）在形式上，交通警察权需要在与下列主体的关系中得以实现：车辆驾驶人、行人、乘车人以及其他相关单位和个人，当然，与之对应的违法行为包括：机动车驾驶人违法行为、非机动车驾驶人违法行为、行人与乘车人违法行为、单位违法行为。特别指出，现实中出现的处罚酒驾特定同车人（2014年深圳交警提议的立法修正案）是否应为交通警察权的对象要素，需要深层次的法理探寻。（3）交通事故是交通警察权作用力发生的基本元素之一，《道路交通安全法》及其相关规范对交通事故设定了清晰的辨识标准。根据实证调研得知，对"道路"的不同认定，将会影响交通事故的定性。

第五，我国交通警察权保障要素的类型与展开。我国交通警察权的保障要素主要包括物质性保障要素与非物质性保障要素。物质性保障要素除了包括巡逻车、勘查车、测速仪、酒精检测仪等国库经费配置的物质性资源外，交通警察权的物质性资源的外延，已经远非现有规范所能涵盖，应当将私人物质性设备有限度地纳入交通警察权的物质性资源，不过，应给予当事人合理的补偿或奖励。提出作为软警力的非物质性要素，主要内容包括交通警察素质与内部自制、执法方式选择与警民关系质量两个方面，并且对非物质性要素的研究不应虚置化，而应借助制度装置加以配套。在国家治理能力与治理体系现代化的背景下，应更为强调非物质性要素的功能发挥。

十一　道路交通警察权力配置的法治路径

本课题系重大项目课题组成员刘启川主持的2015年度国家法治与法学理论研究青年课题，其主要研究内容如下。

第一，我国道路交通警察权能范围的实证分析。通过网络查找、调研等方式，梳理当下我国交通警察执法实践中的各类规范依据，归纳当前交通警察行使的所有权能，总结交通警察权力范围庞杂存在的问题。

第二，域外交通警察权力范围及其镜鉴。通过国外交通警察权力范围的比较研究，可更全面地感知我国交通警察权能空间存在的问题，并能为省思当下庞大并近乎畸形的交通警察权能提供域外经验。

第三，我国交通警察权价值承载及其定位。通过交通警察在警察法治国、自由法治国、社会法治国中不同价值定位的剖析，结合交通警察权能的秉性、大部制改革的基本理论、人权与秩序的博弈分析以及制度规范的功能预设，提出应确立交通秩序为主兼顾人权的"新秩序观"。

第四，"新秩序观"的宏观实益：交通秩序中心化与权力分配体系化。新秩序观的宏观诉求是交通警察积极主动致力于履行交通秩序维护，其他的皆为其辅助事项，当然，民众生命面临重大威胁的情形除外。此外，"新秩序观"在宏观上可有效厘清交通警察部门与其他部门之间的关系，以及警察权内部权力的分配，推进行政权力分配体系化。

第五，"新秩序观"的中观作用：交通警察任务规范的结构变革。确立的"新秩序观"可有效消解当前交通警察任务价值导向不明的难题，并可以此检讨《道路交通安全法》总则规定的交通警察任务的规范结构，在对当前规范结构不同释解方案中，析出一种适合我国交通警察任务规范结构的革新方案，以此指导相关规范的修改与完善。

第六，"新秩序观"的微观验证：我国交通警察权能分流与归位。依据"新秩序观"逐一验证当前交通警察的具体权能是否契合其实质要义，将不契合的权能事项移出。同时依循被移出权能事项的特质，并考虑该权能再次进行配置的科学性与合理性，将其归入应然的权力事项中，实现交通警察权能分流与归位。